Karl-May-Studien Bd. 2
Hg. v. D. Sudhoff (†) u. H. Vollmer

Dieter Sudhoff (†) / Hartmut Vollmer (Hg.)

Karl Mays „Im Reiche des silbernen Löwen"

Dieter Sudhoff/Hartmut Vollmer (Hg.)
Karl Mays „Im Reiche des silbernen Löwen" Karl-May-Studien; Bd. 2
1. Auflage 1997 | 2. Auflage 2010
ISBN: 978-3-86815-505-1
© IGEL Verlag Literatur & Wissenschaft, Hamburg, www.igelverlag.com
Alle Rechte vorbehalten.
Igel Verlag Literatur & Wissenschaft ist ein Imprint der Diplomica Verlagsgruppe
Hermmanstal 119 k, 22119 Hamburg
Printed in Germany

Die Deutsche Bibliothek verzeichnet diesen Titel in der Deutschen Nationalbibliografie.
Bibliografische Daten sind unter http://dnb.d-nb.de verfügbar.

INHALT

Dieter Sudhoff / Hartmut Vollmer
Einleitung 7

Adolf Droop
Karl May. Eine Analyse seiner Reise-Erzählungen 37

Arno Schmidt
Vom neuen Großmystiker 49

Hans Wollschläger
Erste Annäherung an den ‚Silbernen Löwen'
Zur Symbolik und Entstehung 77

Walther Ilmer
Mißglückte Reise nach Persien
Gedanken zum ‚großen Umbruch' im Werk Karl Mays 114

Ulrich Melk
Vom klassischen Reiseroman
zum mythisch-allegorischen Spätwerk
Kontinuität und Wandel narrativer Strukturen
in Karl Mays ‚Silberlöwen'-Tetralogie 147

Wolfram Ellwanger
Begegnung mit dem Symbol
Gedanken zu Karl Mays
‚Im Reiche des silbernen Löwen IV' 165

Ulrich Schmid
Die verborgene Schrift
Karl Mays Varianten zum ‚Silberlöwen III/IV' 182

Jürgen Hahn
Sprache als Inhalt
Zur Phänomenologie des ‚alabasternen Stiles'
in Karl Mays Roman ‚Im Reiche des silbernen Löwen'
Ein Entwurf 202

Volker Krischel
„Wir wollen nicht Herren über euren Glauben sein,
sondern Helfer zu eurer Freude"
Anmerkungen zu Karl Mays
Religionskritik im ‚Silberlöwen III/IV' 248

Christoph F. Lorenz
„Das ist der Baum El Dscharanil"
Gleichnisse, Märchen und Träume in Karl Mays
‚Im Reiche des silbernen Löwen III und IV' 260

Dieter Sudhoff
Karl Mays Großer Traum
Erneute Annäherung an den ‚Silbernen Löwen' 291

Hansotto Hatzig
Die Frauen im Reiche des silbernen Löwen
Lesenotizen und Impressionen 332

Franz Hofmann
Höllensturz und Verklärung
Der Handlungsabschluß im ‚Silberlöwen' als
Paradigma für die Alterswerke Karl Mays 347

Bibliographie 367

Dieter Sudhoff/ Hartmut Vollmer

Einleitung

I

> Was soll man reden, wenn man von Gefühlen bewegt wird, für die es keine Worte giebt!¹

Karl Mays *Im Reiche des silbernen Löwen* gehört zu jenen höchst eigenartigen literarischen Werken, die sich einer umfassend-gründlichen Deutung beharrlich zu entziehen scheinen. Die Romantetralogie ist von einer derart geheimnisvollen Tiefgründigkeit und Vielschichtigkeit, daß es Exegeten geboten schien, von „ersten" oder „erneuten" *„Annäherungen"* zu sprechen.²
Auch der vorliegende Studienband kann und will nicht den Anspruch erheben, eine vollständige, ‚definitive' Werkdeutung zu bieten. Vielmehr sollen wesentliche, erzählkonstitutive, gestaltungs- und gehaltscharakteristische *Aspekte* aufgezeigt werden, die in der (mit diesem Band erstmals unternommenen) Zusammenführung das breite Kompositions- und Interpretationsspektrum des Romans dokumentieren.

Die Problematik einer ‚Annäherung' an den *Silberlöwen* liegt schon darin begründet, daß die Romantetralogie entstehungsgeschichtlich ‚gebrochen' ist, woraus zugleich ihre literarästhetische Heterogenität – in formaler wie inhaltlicher Hinsicht – resultiert. Dies wiederum hat dazu geführt, daß das Werk *im Ganzen* bislang kaum betrachtet worden ist. Vorrangig hat sich die bisherige Forschung mit den letzten beiden Bänden der Tetralogie beschäftigt, dem neben *Ardistan und Dschinnistan* bedeutendsten Paradigma für das symbolisch-allegorische Spätwerk Karl Mays.

Während die ersten beiden Bände des *Silberlöwen,* die vor der vieles verändernden Orientreise 1899/1900 entstanden sind, in der zentralen Geschichte um den geheimnisvollen Verbrecherbund der Sillan noch ganz die bekannten und beliebten Reiseabenteuerfabeln fortsetzen (wobei freilich die Mühsamkeit, die ehemalige Souveränität abenteuerlichen Fabulierens zu erreichen, unverkennbar ist), gelingt May im dritten und vierten Band, erschienen nach dem bedeutenden Roman der Wende *Am*

Jenseits (1899) und dem unmittelbaren erzählerischen Ergebnis der Orientreise *Et in terra pax* (1901), ein literarästhetischer ‚Sprung über Vergangenheiten', hin zu einer nach innen gerichteten, komplexen epischen Gestaltung, die ihm für Exegeten wie Arno Schmidt einen Platz in der „deutschen Hochliteratur"[3] einräumt. Daß die psychische und schriftstellerische Neuorientierung, der befreiende ‚Sprung' über Abgründe, in vielfältigen (bewußten wie unbewußten) Verschlüsselungen, Bildern, Symbolen und Allegorien gar selbst thematisiert und gleichzeitig die Fixierung des persönlichen Schicksals auf menschheitsgeschichtliche Entwicklungen und Fragen ausgeweitet wird, zählt gewiß zu den großen literarischen Leistungen Karl Mays. Gerade der Kontrast zum früheren Schreiben der ersten beiden Romanbände gibt hier interessante und wichtige Einblicke in Mays literarische Progression vom Reiseschriftsteller zum „Großmystiker".[4]

Brüchig, heterogen wie die Romantetralogie als Ganzes offenbaren sich schon die ersten beiden Bände, sowohl in ihrer Fabel (vgl. den überraschenden Sprung vom Wilden Westen zum Orient, den Rückgriff auf alte Romanfiguren[5] und Erzählmuster) als auch in ihrer Komposition (durch eine nicht sehr gelungene Integration bereits veröffentlichter Erzählungen). Im wesentlichen lagen den als Bd. XXVI und XXVII der Freiburger *Gesammelten Reiseerzählungen* Ende 1898 erschienenen Romanteilen Textdrucke des *Deutschen Hausschatzes* (DH) zugrunde: *Im Reiche des silbernen Löwen. Reiseerzählung von Karl May. Erste Abteilung. Die Rose von Schiras. Einleitung* (DH XXIII, 1896/97, Nr. 22-40) – diese ‚Abteilung', die ab Februar 1897 erschien, umfaßt die ersten beiden, im Wilden Westen spielenden Kapitel der Buchausgabe (= XXVI 1-266); und *Im Reiche des silbernen Löwen. Reiseerzählung von Karl May. Erstes Kapitel. – Am Turm zu Babel* (DH XXIV, 1897/98, Nr. 7-52 = XXVI 267-291, 358-624; XXVII 1-452).[6]

Roland Schmid hat dokumentiert, daß der einleitende Nordamerika-Abschnitt, die ‚To-kei-chun-Episode', „bereits lange Zeit vor Ankündigung des ‚Silberlöwen'-Romans fertig" vorlag und „ursprünglich gar nicht für den Hausschatz bestimmt gewesen sein" dürfte, sondern „wohl den Anschluß an ‚Winnetous Tod' für Bd. 9 hatte bilden sollen".[7] Das Manuskript dieser Episode und „weitere 21 Textseiten mit dem Anfang des Orient-Teils" gingen als Beginn der *Silberlöwen*-Erzählung offenbar schon im August und Oktober 1893 beim *Hausschatz* ein.[8] Wie drängende Briefe des *Hausschatz*-Redakteurs Heinrich Keiler belegen, ließ May dann mit der Fortsetzung vermutlich bis zum Frühjahr 1897 auf sich warten. – Noch während des *Hausschatz*-Abdrucks, im Sommer 1898, bereitete May für Fehsenfeld die Buchausgabe des *Silberlöwen* vor, wobei er den Zeitschriftentext nur geringfügig bearbeitete, allerdings zwei umfangreiche Kapitel hinzufügte, um die beiden Bände aufzufüllen: Zum einen die Erzählung *Scheba et Thar*, die im Sommer 1895 entstanden sein dürfte und Ende 1897 im *Regensburger Marien-Kalender* für das Jahr 1898 erschienen war; sie schloß unter dem Titel *Der „Löwe der Blutrache"* die Lücke in Bd. XXVI (291-357). Zum anderen arbeitete May die Erzählung *Die „Umm ed Dschamahl"*, die 1898 als hastiges Ende des *Silberlöwen*-Zeitschriftendrucks, nach Mays Bruch mit Pustet, im *Regensburger Marien-Kalender* für 1899 veröffentlicht wurde[9], zum Abschlußkapitel *Ein Rätsel* aus (XXVII 453-628).

May hat mit diesen Ergänzungen fraglos keine glückliche Hand gezeigt. Während *Der „Löwe der Blutrache"* eine Reihe von Widersprüchlichkeiten in der Fabel erkennen läßt[10], handelt es sich bei *Ein Rätsel* im Grunde um eine vom *Silberlöwen* unabhängige, ganz eigenständige Erzählung. Wie Roland Schmid nachzuweisen versucht hat[11], war der Text ursprünglich gar nicht für den *Silberlöwen* gedacht gewesen, sondern als Anfangskapitel des von May bereits 1896 angekündigten *Marah-Durimeh*-Romans, der seine „ganze Lebens- und Sterbensphilosophie enthalten" sollte.[12]

Wenngleich *Ein Rätsel* gewiß keinen ‚passenden' Schluß der Abenteuerfabel des *Silberlöwen* darstellt, verweist die Erzählung mit ihrer verstärkt weiblich-seelischen Orientierung und ihren einleitenden philosophisch-religiösen Reflexionen bereits deutlich auf das Spätwerk. So endet die Begegnung des Ich-Helden Kara Ben Nemsi mit der ‚Großen Mutter' Marah Durimeh, der er sich demütig als ihr Kind nähert, im Geheimnis des zukünftigen Schreibens: „Du bist mein Sohn, mein Kind, nicht nach dem Körper, sondern nach dem Streben meiner und deiner Seele, nach dem geistigen Wandel, der uns zu gleichem Ziele nach oben führt." (XXVII 613)

Die Entstehung der Romantetralogie setzte sich nach der Jahrhundertwende eigenartig fort: So wie die ersten beiden Bände mit einem erzählerischen ‚Fremdkörper' enden, beginnt der dritte, 1902 erschienene Band: wiederum mit einem gewaltsam hinzugefügten Kapitel, nun aber gewissermaßen in einer umgekehrten Form, nicht als eine angemessene Einleitung des neuen Schreibens, sondern als *Rückgriff* auf die (inzwischen überholte) Abenteuerfabel, um die Romanteile miteinander zu verknüpfen und die mühselige Persienreise der Helden Kara Ben Nemsi und Hadschi Halef Omar fortzuführen. Für das Eingangskapitel des dritten Bandes, *In Basra* (1-66), verwandte May ein Manuskript aus dem Jahr 1898, betitelt *Der Löwe von Farsistan,* das er nach dem Zerwürfnis mit Pustet vom *Hausschatz* zurückgefordert hatte und dem er zur Buchveröffentlichung einen neuen Schluß gab. Am 24. Juli 1901 teilte er Fehsenfeld mit:

> Die Entscheidung ist gefallen! „Im Reiche des silbernen Löwen" wird 4 Bände stark. Ich schrieb dieses Werk bekanntlich für den „Hausschatz" und kam bis zu 100 Seiten des 3ten Bandes. Da beging Pustet einen faux pas[13], und ich erklärte ihm, kein Wort weiter für ihn zu schreiben. Er wollte mich bis vor Kurzem *gerichtlich zwingen*, die Erzählung für ihn zu Ende zu schreiben. Ich *weigerte* mich *absolut*. Da versuchte er, sich öffentlich in den Zeitungen zu rechtfertigen. Es gelang ihm nicht. Nun hat er klein beigegeben und mir die 100 Seiten zurückschicken müssen. Ich vollende Bd. 3 u. 4 also direct für Sie.[14]

Ein ‚Opfer' dieser abermals nicht sehr geschickten literarischen Verknüpfung von Altem und Neuem[15] ist die bei den Lesern beliebte Figur des Sir David Lindsay, der nach seinem furiosen Auftritt im *Basra*-Kapitel spurlos verschwindet. Für den spleenigen englischen Lord, der in der Vergangenheit immer wieder die Abenteuerpfade Kara Ben Nemsis fabelbelebend gekreuzt hatte, war auf der Bühne des neuen ‚Mysterienspiels' kein Platz mehr.

Eine erzählerische Kontinuität, die May im Sinn hatte und die er noch im hohen Alter beschwor, indem er auch das frühere Werk, die klassischen Reiseerzählungen symbolisch zu verklären suchte, konnte es nicht mehr geben: die Kluft zwischen Vergangenem und Zukünftigem war zu groß geworden, die Brücken waren wenig trittfest, sie waren morsch oder schon in die Tiefe gestürzt, nur ein ‚beflügelter' *Sprung* ließ die andere Seite erreichen.

Recht *eigentlich* beginnt der späte *Silberlöwe* denn auch erst mit dem zweiten Kapitel des dritten Bandes, das sinnigerweise *Ueber die Grenze* betitelt ist und mit einer gewaltigen, richtungweisenden Frage Halefs einsetzt, die ohne Umschweife ins Tiefste führt:

"Sihdi, wie denkst du über das Sterben?"

Wir waren stundenlang schweigsam nebeneinander her geritten, und nun erklang diese Frage so plötzlich, so unerwartet, so unmotiviert, daß ich den Sprecher erstaunt ansah und keine Antwort gab. (XXVIII 67)

Es ist kein Zufall, daß es Todesgedanken sind, die den späten Romanteil introduzieren. Mays Spätwerk kreist beständig um die Frage des Sterbens, um die Grenze zwischen Leben und Tod, in der Gewißheit, daß Altes zu sterben habe, um Neues erstehen zu lassen. Das ist auch die Formel der seelischen und literarischen Wandlung. *Am Tode,* so der Titel des *Ueber die Grenze* folgenden Kapitels, kommt es zur Katharsis, die das Ich nach tiefster psychischer und physischer Krise in ein neugeborenes Leben leitet. – Er sei „jetzt das gerade Gegentheil vom früheren Karl", gab May während seiner Orientreise, im September 1899, dem Ehepaar Plöhn preis: „Der ist mit großer Ceremonie von mir in das rothe Meer versenkt worden, mit Schiffssteinkohlen, die ihn auf den Grund gezogen haben".[16] Fehsenfeld teilte er nach der Reise, im September 1900, mit:

Zu Ihrer Orientierung kurz Folgendes: Alle meine bisherigen Bände sind *nur* Einleitung, nur Vorbereitung. Was ich eigentlich will, weiß außer mir kein Mensch [...]. Ich trete erst jetzt an meine *eigentliche* Aufgabe [...].[17]

Die Verwirklichung dieser „eigentlichen Aufgabe" war von Anfang an mit schmerzlichen ‚Toden' verbunden. Dies betraf nicht nur das neue Werk, die Abkehr von vertrauten und beliebten Schreibformen – und damit Verluste der Popularität und der Identifikationsmuster, die May aus den Abgründen seiner Vergangenheit gerettet hatten; ein Blick auf Mays Biographie nach der Orientreise bezeugt auch, welche seelischen Krisen die Entstehung des *Silberlöwen* begleiteten, von denen May sich schreibend zu befreien suchte. So sind die Konfrontation mit der dunklen (biographischen und literarischen) Vergangenheit, die gescheiterte Ehe mit Emma, die zunehmenden Presseangriffe, die Auseinandersetzung mit einer stetig mächtiger werdenden Gegnerschaft, unter der sich besonders Hermann Cardauns, der Chefredakteur der *Kölnischen Volkszeitung*, und Fedor Mamroth, Feuilletonredakteur der *Frankfurter Zeitung*, hervortaten, beherrschende Themen des Romans, die in immer neuen Bildern und Verschlüsselungen erscheinen. Hier ist *eine* der drei großen, in sich wiederum unterteilten Gestaltungsebenen des *Silberlöwen* zu erkennen, die autobiographische Ebene (synchron verschränkt mit der philosophisch-religiösen Ebene und der Handlungsebene), auf der den Selbst-Projektionen des Autors (Ustad, Kara Ben Nemsi, Hadschi Halef Omar, Tifl) die Widersacher gegenübertreten: Cardauns (Ghulam el Multasim), Mamroth (Ahriman Mirza), Karl Muth (Scheik ul Islam) und Emma (Pekala, Gul-y-Schiras). Damit entwirft der Roman geradezu ein Psychogramm seines Autors nach der Jahrhundertwende.

Die Entstehungsgeschichte des späten *Silberlöwen,* dessen Manuskript vollständig erhalten ist[18], läßt sich anhand der vorliegenden Dokumente recht genau rekonstruieren:

Einen ersten Hinweis auf den Beginn der Niederschrift – in der Nacht auf den 9. Februar 1902 – gibt eine Karte Mays an Fehsenfeld vom 6. Februar 1902: „Endlich kann ich Sie benachrichtigen, daß wahrscheinlich schon nächste Woche Manuscript vom Bd III des ‚Silberlöwen' abgehen wird. Vielleicht werden es zusammen 5 Bände."[19] Dem Stuttgarter Druckereibesitzer Felix Krais schrieb er acht Tage später, am 14. Februar, weiterhin an *eine fünfbändige* Ausgabe denkend: „Ich arbeite fleißig am ‚Silberlöwen' und hoffe, daß Band 3 und 4 bis Ostern geschrieben sind. Band 5 kommt bis Pfingsten nach."[20] Allerdings erhielt Krais erst am 4. April 1902 den Manuskriptanfang:

Anbei das erste Kapitel. Schon morgen sende ich noch einmal soviel. Es geht nun so rüstig vorwärts, wie Sie es nur wünschen können. Es liegt ja mir auch selbst daran, diese 3-5 Bände so gut und rasch wie möglich hinauszubringen. Also bitte, lassen Sie recht fleißig setzen![21]

Zurückzuführen war die mehrwöchige Verzögerung der Manuskriptabgabe auf einen Vorabdruck im Koblenzer *Rhein- und Moselboten,* wo vom 15.2. bis 29.4.1902 die ‚Reiseerzählung' *Am Tode* erschien (= XXVIII 67-265).

Abgeschlossen war der dritte Band des *Silberlöwen* Mitte Juli 1902; am 12. Juli, einem Samstag, telegraphierte May an Krais: „Dienstag geht Schluß für Band 3 hier ab. Bitte um größte Eile."[22] Bereits im August 1902 begann die Auslieferung des Bandes. – Am 2. August 1902, während einer großen, mit Emma und Klara Plöhn unternommenen Reise, auf der sich das Schicksal seiner Ehe entscheiden sollte, schrieb May aus Berlin an Fehsenfeld:

Es freut mich herzlich, daß Sie den Band so beeilen. Es beginnt in ihm, zu wetterleuchten. Wo mag das in den nächsten Bänden sich entwickelnde Gewitter noch auftreffen? Arme Bauern, die schuld am eigenen Hagelschaden sind![23]

Es ‚gewitterte' bedenklich, im Roman wie in May selbst. Nach langem Grollen, Donnern und Blitzen rang May sich in der zweiten Hälfte des

Jahres 1902, nah an einem Nervenzusammenbruch stehend, endlich zu dem Entschluß durch, sich von Emma zu trennen und ein neues, glückseliges Leben an der Seite Klaras (der Schakara im *Silberlöwen*) zu beginnen. Eine Reise mit Klara nach Südtirol, an den Gardasee (vom 8.10. bis 15.12.1902), brachte ihm endgültige Klarheit und – zumindest für eine kurze Zeit – die ersehnte Ruhe, die ihn nicht zuletzt auch seinen unterbrochenen *Silberlöwen*-Roman fortsetzen ließ.

Mit der Niederschrift des vierten Bandes begann May Mitte November 1902; am 15. November schrieb er Krais: „Bin auf Auslandsreisen. Studienzwecke für spätere Arbeiten. [...] Beginne jetzt den Schluß des ‚Löwen'. Trete in größter Frische und voller Lust an ihn heran."[24] Im selben Brief bat er Krais um „einige Aenderungen" in den Bänden I-III, die sich besonders auf die Ersetzung des Namens ‚Emmeh' durch ‚Dschanneh' bezogen haben dürften. Am 26. November schickte May vom Gardasee die ersten Manuskripte im Umfang von drei Bogen an Krais, die sogleich für die Lieferungshefte gesetzt wurden; weiterer Text folgte am 6. Dezember. Anfang Januar 1903 lagen elf Bogen des vierten Bandes vor (XXIX 1-176). Darauf folgte eine längere Unterbrechung. Erst am 17. Juli 1903 lieferte May neue Manuskripte, den Rest des ersten Kapitels und das gesamte zweite; am 18. Juli schrieb er Fehsenfeld: „Mit gleicher Post gehen 272 Manuscript (13 Druckbogen) ‚Silberlöwe' nach Stuttgart ab. Er konnte nicht eher kommen, weil sein Inhalt mit den Ereignissen läuft."[25]

Und diese „Ereignisse" der ersten Jahreshälfte 1903, die in den *Silberlöwen* eingingen, ließen den Schriftsteller wiederum kaum zur Ruhe kommen: Am 14. Januar wurde das Urteil in der Scheidungsklage ausgesprochen, am 4. März wurde es rechtskräftig; am 30. März heiratete May Klara Plöhn. – Am 9. Februar kam es in Dresden-Niedersedlitz zur denkwürdigen Begegnung Mays mit Adalbert Fischer, der ab Februar 1901 die Münchmeyer-Romane als *Karl May's Illustrierte Werke* neu herausgegeben hatte. Nach den insgesamt wenig erfolgreichen gerichtlichen Klagen gegen diese Veröffentlichung schloß May mit Fischer im Februar 1903 einen Vergleich; am 4. Mai zog er seine Klage zurück und gab Fischer gar noch einen Band *Erzgebirgische Dorfgeschichten* in seinen neu gegründeten ‚Belletristischen Verlag', eine Sammlung von vier heimatlichen Erzählungen aus der frühen Schaffenszeit, umschlossen von zwei eigens für den Band verfaßten allegorischen Geschichten, die erneut die Kontinuität von

Früh- und Spätwerk sichtbar machen sollten: *Sonnenscheinchen* (entstanden Ende Februar/Anfang März 1903) und *Das Geldmännle* (April 1903).[26] Mit der Arbeit am *Silberlöwen* scheint May nach der Manuskriptsendung vom 17. Juli 1903 zügig vorangekommen zu sein. Schon am 29. Juli sandte er Krais das vollständige dritte Kapitel des vierten Bandes (= XXIX 377-489). Beendet war der Roman am 10. September. Veröffentlicht wurde der letzte Band der Tetralogie im Oktober 1903.

Karl May war sich des Wagnisses sehr bewußt, das er mit dem neuen Schreiben gegenüber seinen alten Lesern einging. Und die immer wieder – auch im *Silberlöwen* – bekundete Zuversicht, daß sie seiner Wandlung folgen würden, auf den ausgelegten (pädagogischen) Pfaden geistiger und seelischer Erhebung und Veredelung, war gewiß eine Selbstermutigung, den eingeschlagenen kühnen literarischen Weg weiter zu beschreiten.

Skepsis und Unverständnis erfuhr May zu seinem Unwillen aber bereits bei Fehsenfeld (im *Silberlöwen* in der Figur des Pedehr chiffriert), der mit großer Sorge um Leserverluste die Wandlung seines Erfolgsautors beobachtete. Mays Brief vom 24. Dezember 1902 an den Verleger, nach der Fertigstellung der ersten Manuskripte für den vierten *Silberlöwen*-Band, enthielt denn auch deutliche Worte, die dem Zweifelnden die Augen öffnen sollten:

Bemerken Sie, daß mit Band IV eine neue Aera angebrochen ist? Der bisher so schweigsame „Silberlöwe" tritt endlich, endlich aus seiner Felsenverborgenheit hervor. [...] Auf wen hat er es wohl abgesehen? Seine Zeit ist gekommen. Wird er wohl hinabspringen in jenes „Paradies", vor dessen Thür der „Baum des Geschwätzes" steht? [...] Vielleicht wird meine Leserwelt, die „Dschamikun", nun endlich klug! „Jugendschriftsteller"! Lächerlich! [...] Merken nun auch endlich Sie, wie Karl May gelesen werden muß! Schreibt er nur für dumme Jungens? Bitte, lesen Sie ihn ja noch einmal! Von vorn, von ganz vorn! Aber geistig! Sie werden dann finden, daß Sie etwas ganz Anderes drucken ließen, als Sie glaubten! [...] Also: *Meine Zeit ist endlich da!*[27]

Ausgelöst vor allem durch die anwachsenden Presseangriffe, sah sich May zu dieser Zeit immer massiver gezwungen, sein literarisches Schaffen zu erklären und den ‚Schlüssel' für ein *richtiges* Verstehen seines Werks zu geben. Ein größerer Versuch dieser Aufklärung und eine Antwort auf die zunehmende Kritik war seine im Januar 1902 anonym erschienene Schrift *„Karl May als Erzieher"* und *„Die Wahrheit über Karl May" oder Die Gegner Karl Mays in ihrem eigenen Lichte, von einem dankbaren May-Leser,* in der er wiederum betonte, daß seine Werke „etwas ganz anderes" seien „als das, was sie dem leichtfertig darüber hinfliegenden Auge zu sein scheinen": „Die Wogen und Wellen dieser *scheinbaren* ‚Reiseerzählungen' werden von einer geheimnisvollen Kraft bewegt".[28]

Derartiger, auf das frühere Werk bezogener Erklärungen bedurfte es beim *Silberlöwen* im Grunde nicht mehr. Obgleich die biographischen Geheimnisse, die den Roman als „rein deutsche Begebenheiten im persischen Gewande"[29] durchweben und bebildern, von den meisten Lesern nicht erkannt wurden[30], waren die oberflächlichen Veränderungen im Vergleich zu den früheren Reiseerzählungen auffällig und rätselhaft genug. Und wie war es denn auch zu verstehen, daß die äußere reiseabenteuerliche Handlung immer weiter zurücktritt, daß über große Strecken des Romans die Helden Kara Ben Nemsi und Hadschi Halef Omar krank darniederliegen, ‚am Tode', daß philosophisch-religiöse, menschheitsgeschichtliche Fragen und eine schonungslose Selbst-Abrechnung des verwandelten Ich im Mittelpunkt stehen, in traumartigen, visionären Bildern gestaltet?

Auch wenn heute, nach der Etablierung einer seriösen Karl-May-Forschung, klärende Antworten vorliegen und der späte *Silberlöwe* – vor allem unter literarästhetischen und literaturpsychologischen Aspekten – ein bevorzugtes Studienobjekt geworden ist, hat das Werk in seiner Vieldeutigkeit das tiefgründige Geheimnis, das große Kunst auszeichnet, bewahren können.

So ist das dieser *Einleitung* vorangestellte, programmatisch zu verstehende Zitat aus dem dritten Band des *Silberlöwen* keine hilflose Frage Mays, es meint nicht das ratlose *Verstummen* vor dem Namenlosen, vor dem Un-Begreiflichen; was sich hier artikuliert, ist die Suche nach dem neuen Ausdruck, es ist die Bedingung eines ‚Sprechens in Bildern und Symbolen': Karl May hat mit seinem späten *Silberlöwen* diese Sprache in beeindruckender Form gefunden.

II

> Es ist mir innerlich, als ob
> ich eine Aeolsharfe sei.[31]

Der vielbeschworene ‚Bruch im Bau' (Otto Eicke), der mitten durch Karl Mays Tetralogie *Im Reiche des silbernen Löwen* geht und so paradigmatisch die Grenze markiert zwischen den Phasen der klassischen Abenteuererzählung und des symbolistischen Spätwerks, spaltet seit Anbeginn auch die Leser und Forscher derart heterogen in Gruppen entgegengesetzter Observanz, daß man mit den Worten des Dichters noch heute von den ‚Haddedihn' und ‚Dschamikun' unter seinen Anhängern sprechen könnte. Wie wenig sich Mays Illusion erfüllte, durch die äußerliche Beibehaltung der Reiseerzählung und die Fortschreibung liegengebliebener Abenteuermotive integrierend auf sein Publikum zu wirken, erwiesen erst unlängst wieder die zahlreichen Presseartikel zum Jubiläumsjahr 1992, in denen das inzwischen längst positiv gewandelte Bild vom Abenteuerschriftsteller beinahe ausnahmslos mit Ignoranz oder rigoroser Ablehnung gegenüber seinem Spätwerk konnotiert war.

Auch innerhalb der engeren May-Forschung und selbst innerhalb der Karl-May-Gesellschaft, die es sich bei ihrer Gründung 1969 doch expressis verbis zu einer vorrangigen Aufgabe gemacht hatte, „den Kunstwerkcharakter der Altersromane zu verdeutlichen", ist die Interessenverteilung, die ungleiche ‚Scheidung der Geister', entgegen allen anderslautenden Bekundungen und Behauptungen[32] bestenfalls graduell verschieden: Nicht allein täuschen die im öffentlichen Diskurs noch immer autoritativ wirkenden, vielzitierten Apologien der Schriftstellerkollegen Arno Schmidt und Hans Wollschläger über das lange Zeit schweigende, sich mit dem Wegfall ‚hochliterarischer' Legitimationszwänge mehr und mehr artikulierende Unbehagen einer Mehrheit hinweg, die relative Präsenz von Arbeiten zum Spätwerk in ihrer Nachfolge läßt auch übersehen, daß sie doch nur von wenigen Forschern getragen werden und daß bis heute – abgesehen vom in mehr als einer Hinsicht singulären Roman *Winnetou IV* – monographische Untersuchungen zum ‚eigentlichen Werk', insbesondere zu den Romanen *Im Reiche des silbernen Löwen III/IV* und *Ardistan und Dschinnistan,* fehlen. Ein grundlegender Rezeptionswandel ist vorerst nicht zu erwarten, im Gegenteil stehen gerade die neueren Tendenzen in der Karl-May-Forschung einer angemessenen Auseinandersetzung mit dem Spätwerk diametral entgegen: So ist das verstärkte Engagement der etablierten Germanistik, wie es sich im Oktober 1992 auf dem Bonner Karl-May-Symposium präsentierte, zweifellos zu begrüßen, doch vermag es sich offenbar ganz überwiegend nur im Hinblick auf diejenigen Werkkomplexe zu realisieren, für die bereits Parameter aus anderen germanistischen Terrains (etwa aus der Forschung zum Kolportage-, Abenteuer- oder Bildungsroman) bereitstehen und klammert konsequent die vor solchem Informationshintergrund als ‚abseitig' empfundenen ‚Altersaberrationen' des Dichters aus, eine Entwicklung, die zweifellos durch das in Radebeul geplante Karl-May-Studienzentrum für Reise- und Abenteuerliteratur des 19. Jahrhunderts weiteren Antrieb erfahren wird.

Der vorliegende Sammelband zum *Silberlöwen,* der wie die vorangegangenen Studienbände über die ungleich populäreren ersten neun Bände der *Gesammelten Reiseerzählungen* (*Karl Mays ‚Winnetou'.* Frankfurt/M.: Suhrkamp 1989; *Karl Mays Orientzyklus.* Paderborn: Igel 1991) herausragende Aufsätze der älteren und jüngeren May-Forschung mit innovativen Neubeiträgen vereint, kann und will in dieser Situation bestenfalls als Korrektiv wirken, nicht aber durch einseitige Wertungspostulate seinerseits polarisieren. (Sollte dennoch dieser Eindruck entstehen, so mag man es den Herausgebern nachsehen, die nach der üblichen Jugendlektüre überhaupt erst durch den *Silberlöwen* zum Wiederlesen Karl Mays fanden.) Ziel und Anspruch war es vielmehr auch diesmal, das Thema in möglichst vielen Aspekten darzustellen und zugleich den methodischen Pluralismus der Karl-May-Forschung zu dokumentieren. Kritische Stimmen zum Spätwerk, die nicht unbedingt der Herausgebermeinung entsprechen, kommen daher ebenso zu Wort wie sich Untersuchungen zu den ersten beiden *Silberlöwen*-Bänden finden, die noch ganz dem Genre der Abenteuererzählung angehören. Wenn beides unterrepräsentiert wirkt, so spiegelt dies nur die tatsächliche Rezeptionslage: Wer die letzten Bände des *Silberlöwen* ablehnt, fühlt sich gewöhnlich auch nicht motiviert, darüber zu schreiben, und die früheren Teile erscheinen zu fragmentarisch und redundant in der Motivik, als daß sie das Forschungsinteresse über Einzelfragen hinaus hätten fesseln können. Insgesamt reicht das Spektrum von entstehungspsychologischen und autobiographisch erhellenden Arbeiten über formalästhetische, sprachliche und strukturalistische Untersuchungen oder Fragen nach dem philosophisch-religiösen Aussagegehalt im geistesgeschichtlichen Kontext bis hin zu Analysen exemplarischer Einzelszenen und zur Betrachtung der Frauengestalten im *Silberlöwen*-Zyklus.

Entgegen der im übrigen thematisch orientierten Anordnung eröffnen mit den Texten von Adolf Droop, Arno Schmidt und Hans Wollschläger drei Altbeiträge den Studienband, die zweifellos als entscheidende Wegmarken in der Rezeption des *Silberlöwen* wie des Spätwerks überhaupt gelten dürfen und nichts an Relevanz verloren haben.

Die heute nahezu verschollene Studie *Karl May. Eine Analyse seiner Reise-Erzählungen,* die der Pädagoge und Schriftsteller Adolf Droop (1882-1938) bereits 1909 im kleinen Verlag von Hermann J. Frenken in Köln-Weiden veröffentlichte, ist schon deshalb von ungewöhnlichem historischem Wert, weil es sich um die einzige wissenschaftlich kompetente und bei aller Sympathie doch zugleich kritisch distanzierte Monographie handelt, die noch zu Lebzeiten des Dichters erschien. Eine Neuausgabe dieser wichtigen Arbeit, die im Gegensatz zu den anderen zeitgenössischen Schriften von Max Dittrich (1904), Heinrich Wagner (1907) und Franz Weigl (1909) ganz ohne unmittelbare Einflüsterungen Karl Mays entstand, ist dringlich zu wünschen und wird inzwischen auch tatsächlich vorbereitet. Vorerst noch ist Adolf Droop, der vor dem Ersten Weltkrieg kurze Zeit sogar als ‚Vorsitzender' einer ‚Karl-May-Gesellschaft' fungierte, bekannter durch seine Ehe mit der jungen und streitbaren May-Enthusiastin Marie Luise Fritsch, seiner ‚Merhameh'[33], als durch seine trotz der schwierigen Quellenlage überaus profunde Werkanalyse, die erst 1936, beinahe drei Jahrzehnte später, durch die berühmte Dissertation Heinz Stoltes qualitativ eingeholt werden sollte. Nicht unerwähnt bleiben soll in unserem Zusammenhang, daß Marie Luise und Adolf Droop 1920 eine – freilich nur kurzlebige – Filmgesellschaft gründeten, die sie nach dem Alter ego Mays im *Silberlöwen* ‚Ustad-Film' tauften. In seiner Studie unternahm Adolf Droop es nach eigenen Worten, „vorurteilslos und sachlich, Wert und Unwert der Reiseerzählungen kritisch herauszuschälen"[34], wobei er ihren „eigentlichen Kernpunkt" – ganz dem Selbstverständnis des alten May entsprechend – „in psychischen, in religiösen und sittlichen Elementen" entdeckte.[35] Dem Spätwerk (das er damals nur bis zum *Silberlöwen* kannte) stand er gleichwohl ambivalent gegenüber:

> So sehr wir anerkennen, daß diese [...] anfangs allzu nackte, nüchterne Darstellungsweise eine künstlerische Verklärung – und gleichzeitig die zuerst recht einseitige Weltanschauung eine Vertiefung – erfährt, so sehr müssen wir es als eine Gefahr betrachten, dass die Ausdrucksform oft zu einer dunklen, mit Allegorien und Symbolen arbeitenden Geheimniskrämerei wird und die Reste der orthodox-religiösen Elemente sich in einen mit spiritistischer, okkultistischer Ornamentik verbrämten Mystizismus zu verlieren drohen.[36]

Bedenkt man, daß Droop außer den recht vagen Selbstaussagen Mays noch kaum interpretatorische Hilfsmittel zur semantischen Erschließung des vieldeutigen *Silberlöwen* zur Verfügung standen, ist die hier formulierte Skepsis leicht nachzuvollziehen (wenn auch der Vorwurf des ‚Mystizismus'

unberechtigt scheint) – immerhin zeigten sich andere May-Freunde weit
verständnisloser, so etwa Lorenz Krapp, der bekannte, „das mystische Dunkel vieler Partien aus dem ‚Reich des silbernen Löwen'" sei ihm „geradezu
körperlich peinlich".[37] Um so bemerkenswerter ist es, daß Droop sich im
Kapitel über *Typische und symbolische Elemente,* das hier erstmals wieder
veröffentlicht wird, dennoch als erster an eine eigenständige Deutung der
Hauptgestalten im *Silberlöwen* heranwagte, sie bewußt als ‚Symbole
universaler Natur' begreifend, und daß er dabei zu Gleichungen fand, von
denen manche erst Jahrzehnte später durch unabhängige andere Forschungen zum exegetischen Allgemeingut wurden. Auch einige seiner
grundsätzlichen Überlegungen hätten schon damals erkenntnisstiftend sein
können, wären sie nur beachtet worden, so der Gedanke, daß die symbolistische Gestaltung bereits präfiguriert sei in der didaktischen, ethisch-religiös
begründeten Typisierung der Reiseerzählungen oder der berechtigte
Einwand, May habe den intendierten Kunstwerkcharakter des *Silberlöwen*
verletzt, indem er den Roman über die legitime Selbstdefinition hinaus zur
kleinlichen Abrechnung mit seinen Gegnern instrumentalisierte.

In der Ära des 1913 gegründeten Radebeuler Karl-May-Verlags geriet
das Spätwerk Mays zunehmend in Vergessenheit; der Verlag selbst, der
seinen Autor zum ‚Volksschriftsteller' stilisieren wollte, hatte wenig Interesse, die unpopulären und damit unprofitablen Bücher herauszustellen und
so das angezielte naive Stammpublikum zu verunsichern. Das 1916 im
Band *„Ich"* veröffentlichte, von Euchar Albrecht Schmid autorisierte, aber
von Wilhelm Koch stammende Kapitel *Der Schlüssel*[38] blieb daher – von
wenigen Ausnahmen in den *Karl-May-Jahrbüchern* abgesehen – jahrzehntelang der einzige Versuch einer interpretatorischen Erschließung des
Spätwerks von dieser Seite, ein, wie anzuerkennen ist, interessanter und
trotz seines allgemein gehaltenen Charakters aufschlußreicher Text, der
auch in veränderter Form noch heute im Band 34 der Bamberger *Gesammelten Werke* enthalten ist. Eigentlich kennzeichnend für die Spätwerk-Rezeption in dieser Zeit aber sind Otto Eickes spekulative Aufsätze über
den ‚verschütteten Quell' und den ‚Bruch im Bau' (KMJb 1930), in denen
er die These vertritt, May habe sich nur unter dem Druck seiner Gegner in
die „Einöden der lebensfernen Symbole"[39] geflüchtet, und es wahrhaftig
unternimmt, eine Fortsetzung der ersten beiden *Silberlöwen*-Bände in der
Manier der alten Abenteuer zu konstruieren.[40]

Ein halbes Jahrhundert mußte vergehen, ehe sich mit dem avantgardistischen Schriftsteller Arno Schmidt (1914-1979), der durch sein provokantes *Sitara*-Buch (1963) später auch entscheidend eine moderne May-Forschung katalysierte, endlich der Mann fand, der mit der nötigen Verve auf die literarästhetische Bedeutsamkeit des Spätwerks, vor allem der Großromane *Im Reiche des silbernen Löwen III/IV* und *Ardistan und Dschinnistan*, aufmerksam machte. Schon der kaum Zwanzigjährige scheint sich dem Thema über einen Vergleich Mays mit Nietzsche genähert zu haben, den er dem Karl-May-Verlag für das (dann nicht mehr erschienene) *Jahrbuch* anbot[41] und der dann Mitte der fünfziger Jahre zur Keimzelle wurde für das hier wieder vorgelegte Rundfunk-Nachtprogramm *Vom neuen Großmystiker*. Längst ist dieser klotzige Titel (resp. die Variante vom ‚bisher letzten Großmystiker unserer Literatur') zum geflügelten Wort geworden, doch ist dieser erste publizierte May-Text Arno Schmidts weit weniger bekannt als man meint: Nachdem der Funkdialog unter der Verantwortung des Redakteurs Alfred Andersch am 25. Mai 1956 mit dem Titel *Der vorletzte Großmystiker. Versuch über Karl May* im Nachtprogramm des Süddeutschen Rundfunks gesendet worden war, erschien wohl noch (am 10.8.1957) eine Adaption in der *Frankfurter Allgemeinen Zeitung*, zum Zitiertext aber wurde die ‚greifbarere', stark veränderte *Abu Kital*-Fassung für den Hessischen Rundfunk (1.7.1958), die Schmidt 1958 in seine Sammlung *Dya Na Sore. Gespräche in einer Bibliothek* aufgenommen hatte und die seither zahlreiche weitere Veröffentlichungen erfuhr; der *Neue Großmystiker* hingegen, heute in der ‚Bargfelder Ausgabe', brachte es erst 1988 zu Buchehren, innerhalb der ‚Zweiten Zürcher Kassette' (*Das essayistische Werk zur deutschen Literatur in 4 Bänden*).[42] Wie Schmidt dem Andersch-Assistenten Hans Magnus Enzensberger (der ihm bei der Materialbeschaffung behilflich war) am 27.12.1955 aus Darmstadt schrieb, ging es ihm nicht um eine ominöse „Rettung" Karl Mays, sondern um „Gerechtigkeit" für dessen letzte Bücher[43], und Andersch selbst ließ er am 22.1.1956 im Begleitbrief zum *Großmystiker* wissen:

Da es sich diesmal nicht darum handelte, einen anerkannten [...] Großliteraten wieder zu beleben; sondern darum, überhaupt erst einmal festzustellen, ob May ins Kontinuum unserer Hochliteratur gehört oder nicht, konnte ich dem Ganzen den weit flotteren Charakter eines Streitgespräches zu geben versuchen – und ich glaube, es ist [...] das leidlich gelungen. Vor allem aber habe ich dem Manne Gerechtigkeit angedeihen lassen; was schlecht ist, auf gut irokesisch zerstümmelt, das wenige Gute als solches gekennzeichnet.[44]

Indem Arno Schmidt – noch relativ moderat im Ton – das frühe und mittlere Werk Karl Mays als ‚quantité négligeablé' abtat, um so vehementer aber die Aufnahme der Romane *Im Reiche des silbernen Löwen III/IV* und *Ardistan und Dschinnistan* in den Kanon der Hochliteratur forderte, wiederholte er im Prinzip nur Mays eigene Selbsteinschätzung im Alter, gab dieser Wertungsdichotomie aber durch sein literarisches Renommee ein solches Gewicht, daß nun zumindest die letzten Bücher des vermeintlichen ‚Jugendschriftstellers' auch für einen kleinen Kreis Intellektueller wieder diskutierfähig wurden. Diese erneute, ‚umgekehrte' Polarisation ist in ihren Übertreibungen gewiß problematisch (Schmidt selbst hat sie nicht daran gehindert, sich in geheimen Stunden gerade auch an den Münchmeyer-Romanen zu delektieren), aber sie war offenbar notwendig, um überhaupt einen überfälligen Revisionsprozeß einzuleiten in einer Zeit, die noch völlig befangen war in einem klassisch-hierarchischen Wertungsmodell von ‚hoher' und ‚niedriger' Literatur; erst die Trivialliteraturforschung der sechziger Jahre mit ihrer eher soziologischen Ausrichtung ließ auch Mays früheres Werk als respektablen Forschungsgegenstand erscheinen, ignorierte aber ihrerseits die Altersromane.

Arno Schmidts besondere Affinität zum *Silbernen Löwen* erklärt sich dadurch, daß er in dieser ‚Auto- und Psychobiographie' Korrespondenzen zu seinem eigenen ichbezogenen Schreiben erkannte, ohne diese freilich öffentlich zugeben zu können. Selber theoriefern, wurde er damit zum Begründer einer biographisch-psychologischen und psychoanalytischen Forschungsrichtung, die ihre überzeugendsten Ergebnisse wohl in den Arbeiten seines Schülers Hans Wollschläger fand, dessen fundamentale *Erste Annäherung an den ‚Silbernen Löwen'* hier denn auch nicht fehlen darf, wenngleich sie nach der Erstveröffentlichung im *Jahrbuch der Karl-May-Gesellschaft 1979*[45] bereits mehrfach nachgedruckt wurde, zuletzt 1989 in der Wollschläger-Kompilation des Dresdner Verlags der Kunst.[46] Im letzten, entstehungsgeschichtlichen Abschnitt seiner Arbeit auf einen frühen Essay *zur Textsituation des „Silbernen Löwen"* (1962) und analoge Ausführungen in seiner Monographie (1965)[47] rekurrierend, eröffnete Wollschläger in den ersten Kapiteln mit der analytischen Differenzierung von Symbolik (im engeren Sinn), Allegorie und Verschlüsselung, die in sich jeweils noch zeitlich strukturiert seien, nicht allein der May-Forschung ungeahnte Perspektiven, und auch mit seinen Überlegungen zur ‚Traumarbeit' oder zur Symbolik als vorsprachlichem Medium der Verständigung und als Potential dichterischer Kreativität überhaupt betrat er eine terra incognita, die wohl weder von ihm noch von anderen je auszuschreiten sein wird.

Eine grundsätzliche Problematik der so wirkungsmächtigen Arbeiten von Schmidt und Wollschläger darf nicht verschwiegen werden: In der erkenntnistheoretisch begründeten Konzentration auf die autobiographisch-psychologische Dimension des *Silberlöwen,* die Mays bewußte Anliegen, das ‚psychodramatische Mysterienspiel' der philosophisch-religiösen Symbolebene, vernachlässigt, sind sie ebenso einseitig wie die frühen Exegesen von Droop oder Koch, die den Wert des Romans primär in seiner ethischen Botschaft sahen. Der erstaunlichen Polyphonie des *Silberlöwen* aber, die sich sowohl strukturell wie semantisch realisiert, vermag letztlich nur eine Synchronisation der verschiedenen Blickrichtungen auf das Werk gerecht zu werden. Ein einzelner Forscher kann dies eo ipso nicht leisten, die Zusammenstellung heterogener Interpretationen im vorliegenden Band macht immerhin das Problem und die heuristischen Grenzen sichtbar.

Außer den Aufsätzen von Christoph F. Lorenz und Dieter Sudhoff aus den *Jahrbüchern der Karl-May-Gesellschaft* sind alle nachfolgenden Arbeiten des Studienbandes Neubeiträge und dokumentieren also den aktuellen Forschungsstand zum *Silberlöwen.*

Walther Ilmer, der seine mitunter naive Freude an der spekulativen ‚Entschleierung' ‚persischer' und anderer ‚Gewänder' in Mays Werken erst kürzlich in einem höchst anregenden, wenn auch nicht unanfechtbaren Buch über *Tragik und Triumph* des *Menschen und Schriftstellers* (1992) kultivierte[48], macht sich in seinem Aufsatz über die *Mißglückte Reise nach Persien,* basierend auf seinen Begleittexten zum *Hausschatz*-Reprint *Im Reiche des silbernen Löwen* (1981)[49], *Gedanken zum ‚großen Umbruch' im Werk Karl Mays* und findet dabei schnell zu seinem ‚Lieblingsthema', dem wahrlich fatalen Dilemma eines Mannes zwischen zwei Frauen. Die angewandte Methode, vom Werk auf das Leben des Autors zu schließen, ist wissenschaftlich nicht sanktioniert und provoziert allenthalben Widerspruch, hat aber nicht zufällig gerade in der May-Forschung eine beachtliche Tradition bilden können: Tatsächlich dürfte kaum ein anderer Schriftsteller sein Leben so direkt in Literatur verwandelt haben wie Karl May, dem das Schreiben über alle literarischen Entwicklungsphasen hinweg vorrangig zur Bewältigung und Überhöhung der eigenen Existenz diente. Ilmers zunächst verblüffende These, der frühe, noch abenteuerliche *Silberlöwe* sei ein ‚rhapsodisches Märchen um drei May-Spiegelungen' (Dschafar, Dozorca und Lindsay) und in den seltsam isolierten Szenen um Hanneh und Emmeh bilde sich Mays krisenhafte Situation zwischen Klara Plöhn und seiner Frau Emma ab, hat daher alle Wahrscheinlichkeit für sich, zumal sie zu erklären vermag, weshalb er die ‚Reise nach Persien' nicht fortsetzen konnte und sich noch *vor* der Jahrhundertwende, der alles wendenden Orientreise, in ein visionäres Schreiben geradezu flüchtete.

Ilmers so inspirierter wie hypothetischer Aufsatz ist zugleich auch eines der seltenen Plädoyers für die oft ungerecht beurteilten Bände *Im Reiche des silbernen Löwen I/II*, ohne daß er deshalb qualitativ polarisierend eine Abwertung des Spätwerks betriebe. Von Ulrich Melks Untersuchung über *Kontinuität und Wandel narrativer Strukturen in Karl Mays ‚Silberlöwen'-Tetralogie* läßt sich letzteres nicht ohne weiteres sagen, vielmehr erscheint ihm Mays Weg *vom klassischen Reiseroman zum mythisch-allegorischen Spätwerk* recht unzweifelhaft als ein Irrweg, den der Dichter nach seiner Meinung besser nicht beschritten hätte. Ähnlich wie bereits in seiner kürzlich erschienenen Monographie über das *Werte- und Normensystem* in der *Winnetou*-Trilogie (1992)[50] analysiert Melk mit bewußter Ausgrenzung biographischer und psychoanalytischer Deutungsmodelle die konstitutiven Erzählstrukturen der ersten beiden *Silberlöwen*-Bände, denen er exemplarischen Rang für das Genre des abenteuerlichen Reiseromans beimißt, und verfolgt dann ihre Transformation in den symbolistischen Folgebüchern. Melks ironisierende Haltung gegenüber dem Alterswerk wird dessen Apologeten irritieren, doch mag sie kathartische Funktion haben, denn tatsächlich läßt sich weder leugnen, daß eine zentrale Konstante des Mayschen Erzählwerks die ‚grandiose Realisation von Größenphantasien' ist, noch daß die poetische Programmatik des Alters-*Löwen* einer traditionellen idealistischen Ästhetik verpflichtet ist. Ob dies allerdings diskreditierend ist, sei vorerst dahingestellt und wird erst die weitere Auseinandersetzung mit Melks provokanten Thesen zeigen müssen.

Ähnlich distanziert wie Melk beurteilt auch der Psychologe Wolfram Ellwanger Mays Spätwerk bei seiner *Begegnung mit dem Symbol* im vierten *Silberlöwen*-Band. Methodisch auf Erkenntnismuster der Tiefenpsychologie zurückgreifend und hier besonders der Analytischen Psychologie Carl Gustav Jungs, die ihm mit ihren hypothetischen Konstrukten des ‚Kollektiven Unbewußten', der ‚Archetypen' und der ‚Individuation' am effektivsten scheint für die psychologische Interpretation literarischer Kunstwerke abseits autobiographischer Gleichungen, hinterfragt Ellwanger den von May eher unreflektiert benutzten Begriff des ‚Symbols' und gelangt dabei zu der paradox anmutenden These, die geringere Rezeption der ‚symbolisch' gemeinten Romane resultiere nicht, wie vermutet, aus einem Übermaß, sondern vielmehr aus einem eklatanten Mangel an wirklichen Symbolen: Was sich ‚symbolisch' nenne, sei überwiegend nur noch konstruiertes Gleichnis, Allegorie oder Verschlüsselung, wo dem Autor hingegen tatsächlich weiterhin archetypische Symbole ‚zustießen', wie in den alten Büchern, seien sie intellektualisiert und so ihrer ursprünglichen Wirkung beraubt. Was Ellwanger mithin aus psychologischer Sicht dem späten Karl May des *Silberlöwen* vorwirft, ist der Verlust der Naivität, die den Leser der klassischen Reiseerzählungen ähnlich unmittelbar gefangennehme wie es die Märchen, Mythen und Legenden tun – ein Vorwurf, der auch von literaturwissenschaftlicher Seite oft erhoben wird und der unbeschadet der Frage seiner Richtigkeit auch rezeptionsästhetisch höchst bemerkenswert ist, denn es dürfte ein seltener Fall innerhalb der Literaturgeschichte sein, daß einem Autor gerade das *Fehlen* der doch sonst gewöhnlich inkriminierten naiven Erzählhaltung negativ ausgelegt wird.

Ellwangers Aufsatz leitet über zu den Beiträgen, die sich exklusiv mit den symbolistischen Bänden *Im Reiche des silbernen Löwen III/IV* befassen und deren literarisch außerordentlichen Rang tendenziell bereits voraussetzen. Einmal mehr wird die starke Wertungspolarisation unter den May-Forschern deutlich, die sich am ehesten dort aufhebt, wo – wie bei Walther Ilmer – zuerst der Mensch Karl May mit all seinen inneren Widersprüchen interessiert.

Wie literarisch ehrgeizig und wenig naiv May tatsächlich im Alter schrieb, offenbart Ulrich Schmids positivistische Aufdeckung der *verborgenen Schrift*, die sich auf Ergebnisse seiner Dissertation über *Das Werk Karl Mays 1895-1905. Erzählstrukturen und editorischer Befund* (1989) stützt; eindrucksvoll dokumentiert seine zitatreiche Darstellung der komplizierten Variantensituation im *Silberlöwen III/IV*, wie mit der thematischen Innovation im Spätwerk zugleich auch ein ganz neues Schreibverfahren einherging, das sich wesentlich auszeichnet durch eine bisher so nie gekannte Verantwortlichkeit vor dem Wort und seinen Implikationen.

Der strukturalistisch inspirierte ‚Entwurf' des Schweizer Philologen Jürgen Hahn *zur Phänomenologie des ‚alabasternen Stiles'* dürfte terminologisch wie gehaltlich viele ‚naive' May-Leser überfordern und verlangt auch dem wissenschaftlich gebildeten May-Kenner eine nicht gewöhnliche, doch jedenfalls lohnende Konzentration ab. Im elitären Anspruch korrespondiert Hahns initiatorischer Essay, den er noch zu einer Monographie ausführen will, mit seinem Gegenstand und wird ihm schon hierin gerecht. Der eigentliche, larvierte *Inhalt* des späten *Silberlöwen* ist für Hahn die *Sprache,* die er linguistisch ernst nimmt und nach den sinnstiftenden Ordnungsprinzipien ihrer stilistisch divergierenden Energien befragt, wobei es ihm darum geht, das Gefälle zwischen nominalistischem und mystischem Sprechen aufzuzeigen. Grundlegend für die linguistischen und innerliterarischen Strukturen mystischer Rede im *Silberlöwen* erscheinen ihm die rhetorischen Figuren der ‚Metapher' und der ‚Metonymie', also der schon in der Scholastik diskutierte semiotische Konflikt zwischen ‚Zeichen für' (metaphorisch) und ‚Zeichen als etwas' (metonymisch), den der Roman in einem ausgesprochen metasprachlichen Umgang mit dem Wort selbst zum Gegenstand seiner Handlung mache, um ‚Wirklichkeit' und ‚Wahrheit' in den Raum der Sprache einzufordern. In seiner Argumentation weist Hahn nach, daß May im *Silberlöwen* nichts geringeres als den kühnen Versuch unternahm, die (dort von den Sillan produzierten) Zerrbilder metaphorisch-demagogischen ‚Anders-Sprechens' zu überwinden und aus ihnen durch Entzerrung das geglückte Bild eines metonymisch-utopischen ‚Wahr-Sprechens', den ‚alabasternen Stil', zu gewinnen; daß ihm dies trotz im einzelnen begrenzter oder sogar trivialer rhetorischer Mittel durch eine subtile Form der Diglossie und die virtuose Handhabung intertextueller Optik, einer sprachlichen Reflexionstechnik in visionären Bildern, tatsächlich auch gelang, müßte den poetischen Rang des *Silberlöwen* eigentlich unstrittig machen und räumt May eine unerwartet prominente Stelle im historischen Diskurs über das Phänomen der Sprache ein – von den vielerlei Bezügen, die Hahn herstellt, sei hier nur die überraschende Nähe zur Poetik des französischen Symbolismus genannt: Arthur Rimbauds Forderung, für das Unbekannte neue Formen zu erfinden („les inventions d'inconnu réclament des formes nouvelles")[51], wird von Karl May buchstäblich erfüllt, wenn auch seine reduzierte Sprache letztlich nicht hinreicht, eine ‚ars poetica perfecta', eine vollendete Poetologie, zu entwickeln – eher ist sie ein ‚Versprechen der Disharmonie', der es in all ihren Brüchen und Verwerfungen auch weiterhin auf die Spur zu kommen gilt. Welch beinahe archaische Faszination einzelne Bilder und Szenen utopisch-monumentalen Ausdrucks auszuüben vermögen, wie die Architekturvisionen, die Gleichnisse, Märchen und Träume oder auch nur die wetterhafte Atmosphäre des konkreten Raums, in dem die Zeit gleichsam in ewiger Gegenwärtigkeit stillzustehen scheint, veranschaulichen exemplarisch die Untersuchungen von Krischel, Lorenz, Sudhoff und – der Handlungschronologie halber an den Schluß dieses Studienbandes gestellt – von Franz Hofmann.

Wie Jürgen Hahn die Sprache, so nimmt Volker Krischel, im Rückgriff auf sein KMG-Sonderheft über *Karl Mays „Schattenroman"* (1982)[52], die offenbare oder verschlüsselte ‚Botschaft' Karl Mays in seinen *Anmerkungen zur Religionskritik* ernst. Am Beispiel der Architekturphantasie vom ‚hohen Haus' und des Scheik ul Islam mit seinen Taki arbeitet Krischel prononciert die kritisch-negative Haltung Mays gegenüber den tradierten Religionsformen und besonders gegenüber einem dogmatischen (Namens-) Christentum heraus, wie es sich für ihn im damaligen Katholizismus konkretisierte; mit Recht weist Krischel jedoch auch darauf hin, daß May keineswegs außerhalb der Kirche gegen sie polemisiert, daß seine kritische Sicht vielmehr mit zeitgenössischen Reformbestrebungen (z.B. dem Modernismus) in der Kirche selbst korrespondiert und er mit der ‚Gemeinde' des Ustad und seiner Dschamikun einen bewußten Gegenentwurf ‚wahrer' Christlichkeit präsentiert. Krischels hermeneutischer Aufsatz widerspricht daher im Grundsatz auch nicht den neueren Erkenntnissen des katholischen Pfarrers Hermann Wohlgschaft, der in seinem *Jahrbuch*-Aufsatz *zur Theologie des ‚Silberlöwen III/IV'* (1990) konstatiert, Mays Roman enthalte nicht weniger als „eine profunde, eine mystagogische, das Geheimnis der Welt und des Menschen zutiefst berührende Theologie".[53] Wohlgschafts theologische Analyse des *Silberlöwen,* die noch zu aktuell ist, um als ‚Altbeitrag' Aufnahme in unseren Studienband zu finden, sei hier zur Vertiefung und Ergänzung oder auch als Gegenrede zur Deutung Krischels ausdrücklich empfohlen, zumal ihr das nicht geringe Verdienst zukommt, erstmals mit der gebührenden Sachkenntnis das geläufige Klischee vom diffus-eklektischen Mystizismus des späten May korrigiert zu haben.[54] Ein grundsätzliches Bedenken, ja Unbehagen gegenüber den wissenschaftlichen Spätwerkanalysen Wohlgschafts und den eher feuilletonistisch-‚seelsorgerischen' *Karl-May-Gratulationen* (1987-1992) seines evangelischen Amtsbruders Ernst Seybold[55], der ebenfalls immer wieder einmal das Spätwerk behandelt, darf hier allerdings nicht verschwiegen werden, und zwar schon deshalb nicht, weil die beiden Geistlichen dank ihres persönlichen Engagements neuerdings die Diskussion zu dominieren scheinen: So begrüßenswert an sich nämlich theologische ‚Annäherungen' an den *Silbernen Löwen* und das Alterswerk insgesamt auch sind, bewegen sie sich doch allemal auf dem gefährlichen Terrain ideologischer Wertung, operieren noch allzu sehr mit vorgefaßten Urteilen und argumentieren zwangsläufig selektiv. Daß all dies mit bester Absicht geschieht und seinen Rückhalt in Mays tatsächlich ‚christologischer' Orientierung hat, ändert nichts daran, daß hier eine einseitige ideologische Vereinnahmung stattfindet, die das widersprüchliche Wesen des Dichters letztlich ungewollt nivelliert.

Bei Christoph F. Lorenz' Aufsatz über die *Gleichnisse, Märchen und Träume in Karl Mays ‚Im Reiche des silbernen Löwen III und IV'* handelt es sich um eine überarbeitete und am Schluß ergänzte Fassung seines *Jahrbuch*-Beitrags von 1984[56], der schon deshalb von besonderem Wert ist, weil er der mehrdimensionalen Bildlichkeit in der Parabel vom *Baum El Dscharanil,* im Märchen vom ‚eingemauerten Chodeh' oder im ‚Großen Traum' auch hermeneutisch gerecht zu werden versucht und sich nicht einseitig auf eine autobiographische resp. auf eine philosophisch-religiöse Deutung dieser zentralen Sequenzen beschränkt. Neben der insgesamt überzeugenden Entschlüsselung einzelner Bilder und Gleichnisse, in denen sich Mays späte Gedankenwelt gleichsam paradigmatisch spiegelt, scheint besonders die Beobachtung wichtig, daß sich mit dem Wechsel vom dritten zum vierten Band auch ein intentionaler Schreibwandel von einer vorrangig autobiographischen Doppelbödigkeit zu einem vielschichtigeren Erlösungsmythos vollzog, der kathartisch durch die Selbstkonfession des Ustad im langen Nachtgespräch (Bd. IV, Kap. *Im Grabe)* vorbereitet wurde, dessen metapoetischer Bedeutsamkeit erst unlängst Dieter Sudhoff eine eigene Studie *Morgengrauen im Menscheninnern* (1992)[57] widmete.

Von Dieter Sudhoff stammt auch die bisher umfassendste, beinahe zeilengenaue und alle Leseebenen erschließende Analyse des ‚Großen Traums' (Bd. IV, Kap. *Unter den Ruinen*); trotz grundsätzlicher Vorbehalte der Herausgeber gegenüber ihren eigenen Arbeiten wird dieser *Jahrbuch*-Aufsatz *Karl Mays Großer Traum* (1988)[58] hier in einer gekürzten Fassung[59] erneut veröffentlicht, da er einem weitgehend in sich geschlossenen Textsegment gilt, das man wegen seiner sprachlichen Dichte und surrealistischen Bilderfülle nicht nur als poetisches ‚Herzstück' des *Silberlöwen,* sondern als eine der literarisch kühnsten und gelungensten Partien im Werk Karl Mays überhaupt werten muß.[60] Noch bei solchen Lesern, die sich ansonsten an der „Durchallegorisierung der Welt" im späten *Silberlöwen* stören, scheinen die grandios-archaischen Phantasmagorien des ‚Großen Traums' ihre faszinierende Wirkung nicht zu verfehlen, wie etwa das Urteil des Literaturwissenschaftlers Werner Mahrholz (1918) erweist:

> Selbst innerhalb dieser etwas tollen Allegorik gibt es Ruhepunkte, in denen der Dichter bedeutende Gedanken in klare Allegorien zu hüllen weiß – als an ein Beispiel erinnern wir nur an den merkwürdigen Traum im vierten Bande von „Im Reiche des silbernen Löwen", worin in Strindbergs autorisierender Art mit typischen Personen merkwürdige Seelengeschehnisse berichtet werden.[61]

Derartige Vergleiche, mag man ihnen nun zustimmen oder nicht, deuten an, daß Karl May sich mit dem ‚Großen Traum' tatsächlich in die Weltliteratur hineingeschrieben haben könnte. Sudhoff meint denn auch (in der hier entfallenen Schlußpassage seines Aufsatzes), daß die „archaische Bildwelt" und „imaginative Radikalität" des ‚Traums' vergleichbar sei mit den Visionen Dantes oder Nietzsches und den Text „nicht nur über manche Literatur seiner Zeit, sondern letztlich über die Zeit schlechthin" erhebe; angesichts der fast schon hybriden Erlösungsmythologie fügt er hinzu:

> Mays Ansprüche waren und sind illusionär, aber es gehört zu den Aufgaben der Literatur, solche Utopien zu entwickeln, und sei es nur, um das Elend der Wirklichkeit fühlbar zu machen. Mays ‚Großer Traum' von der Erlösung blieb ihm und blieb der Menschheit nur ein Traum – doch er war zu träumen, um die Hoffnung nicht zu verlieren.[62]

Von Hansotto Hatzig, der sich bereits in den fünfziger Jahren intensiv mit der existentiellen Dimension des *Silberlöwen* auseinandersetzte und seine intime Textkenntnis seither immer wieder fruchtbar gemacht hat, herausragend in seinem Buch über die Freundschaft zwischen *Karl May und Sascha Schneider* (1967)[63], darf man wohl sagen, daß ihm dieser Roman gerade durch seinen Traumcharakter zu einem ‚Lebensbuch' wurde. So haben seine *Lesenotizen und Impressionen* zu den *Frauen im Reiche des silbernen Löwen* denn auch einen persönlichen Ton, der unmittelbar berührt, und entsprechend eindrucksvoll geraten ihm die Porträtskizzen der Frauengestalten, die in der Tetralogie begegnen. Es ist ja eines der auffallendsten Merkmale des Spätwerks, daß das weiblich-versöhnende Element dort gegenüber der bisher allein dominierenden männlich-aggressiven Potenz zunehmende Bedeutung gewinnt, bis hin zur ‚Großen Mutter', der ‚Menschheitsseele' Marah Durimeh, und daß zugleich vor dem Hintergrund biographischer Veränderungen sich auch das bis dahin eher stereotype Frauenbild individuell differenziert, im *Silberlöwen* etwa von der lasterhaften Gul-y-Schiras über die moralisch ambivalente Pekala bis zur lichten Seelengestalt Schakara. Die sympathischste aller Frauen aber ist wohl nicht nur für Hatzig Halefs geliebte Hanneh: Sie verkörpert in ihrer natürlichen Menschlichkeit das ‚Ewig Weibliche' schlechthin, und sie ist vor allem die Frau, die mit ihrem Schöpfer alt wurde, die ihm von den ‚Weidegründen der Haddedihn' bis ins ‚Tal der Dschamikun' folgte – auch dies eine Utopie Karl Mays, und vielleicht nicht die unwichtigste.

Dem ostdeutschen Literaturwissenschaftler Franz Hofmann kommt das Verdienst zu, bereits zu unseligen DDR-Zeiten, als es keineswegs opportun war, für das Spätwerk eingetreten zu sein und eine ganzheitliche Rezeption gefordert zu haben.[64] In seinem Beitrag *Höllensturz und Verklärung* betrachtet er den *Handlungsabschluß im ‚Silberlöwen' als Paradigma für die Alterswerke Karl Mays* und greift dabei analytisch voraus auf die nachfolgenden Symbolromane, also auf *Und Friede auf Erden!* (1904), *Ardistan und Dschinnistan* (1909) und *Winnetou IV* (1910). Demnach präfiguriert die furiose, Himmel und Erde in Bewegung setzende Endhandlung des vierten *Silberlöwen*-Bandes mit ihrer Koinzidenz von Katastrophe und Apotheose (die ihrerseits eine poetische Übersteigerung früherer ‚happy endings' ist) geradezu leitmotivisch auch Mays spätere Romanschlüsse. Ob hierin eine ‚Erschöpfung seiner schöpferischen Invention' zu sehen ist, darf man bezweifeln – im Grunde stellt sich ja Mays Gesamtwerk als ein ‚Thema mit Variationen' dar, das von Stufe zu Stufe ‚sinnhaltiger' wird –, ursächlich waren wohl eher der unbedingte Wille, die Menschheit und damit auch sich selbst schreibend vom ‚Bösen' zum ‚Guten' hin zu erlösen und die nach jedem illusionären Romanabschluß ernüchternd wiederkehrende Erkenntnis, dies nicht erreicht zu haben und die ‚eigentliche Aufgabe' erneut beginnen zu müssen.

Hansotto Hatzig meint, Karl Mays Roman *Im Reiche des silbernen Löwen* sei in seiner zweiten Hälfte ein ‚Werk der Resignation' – hinter dem Gestus der Beschwörung könnte es so sein. In der Nacht vom 17. auf den 18.

Februar 1902, also kurz nach dem Beginn des dritten Bandes, notierte sich May auf einem Zettel:

Drama: Immer dieselbe Erdenqual, dasselbe Elend, derselbe Jammer! Niemand steigt! Sie wissen nicht, daß niemand stirbt. Sag' es ihnen![65]

Aber nach dem *Silbernen Löwen* schrieb Karl May den Roman *Ardistan und Dschinnistan,* der zumindest für die Nachwelt sein ‚eigentliches Werk' wurde, und in seiner Sterbestunde, am Abend des 30. März 1912, kehrte er ins ‚Tal der Dschamikun' zurück, seiner eigenen Apotheose entgegen:

Es war eine sichtbare Gnade Gottes wie er ihn abrief. Ohne Qual, ohne Leid! Umgeben von seinen Gestalten mit welchen er schon einen Tag zuvor sprach, ohne Fieber. Sein Gesicht zeigte himmlische Ruhe und inniges Glück strahlte aus seinen Augen. Die Umgebung in der er sich befand war das Alabasterzelt aus dem 4. Bd. „Im Reiche des silb. Löwen". Er sah es, von blühenden Rosen umrankt, Gottes Himmel darüber, wie er es beschreibt. Seine letzten Worte waren: „Sieg! Großer Sieg! Rosen – Rosen – rot!"[66]

Paderborn, im Mai 1993

Anmerkungen

1 Karl May: *Im Reiche des silbernen Löwen III.* Freiburg i. Br. 1902, S. 632.
2 Vgl. Hans Wollschläger: *Erste Annäherung an den ‚Silbernen Löwen'. Zur Symbolik und Entstehung.* In: JbKMG 1979, S. 99-136; Dieter Sudhoff: *Karl Mays Großer Traum. Erneute Annäherung an den ‚Silbernen Löwen'.* In: JbKMG 1988, S. 117-183.
3 Arno Schmidt: *Vom neuen Großmystiker (Karl May).* In: Arno Schmidt: *Dialoge 1* (*Bargfelder Ausgabe,* Werkgruppe II/1). Zürich 1990. S. 233.
4 Ebd.
5 Dozorca, To-kei-chun, Marah Durimeh u.a.
6 Ein KMG-Reprint der *Hausschatz*-Texte, mit einer *Einführung* (S. 2-12) und einem *Nachwort* (S. 265-276) von Walther Ilmer, erschien 1982 in der Regensburger Buchhandlung Pustet.
7 Roland Schmid: *Nachwort zur Reprint-Ausgabe* v. Karl May: *Am Jenseits.* Bamberg 1984, S. N27.
8 Vgl. ebd., S. N33.
9 Der Silberlöwe endete im *Hausschatz* mit den Worten: „Wie es kam, daß wir unsere Reise nach Schiras hier unterbrachen und zunächst einen zwar kurzen, aber sehr interessanten Ausflug hinauf in die Berge von Kermanschah machten, und was wir während dieses Rittes erlebten, das steht – ich will es gern verraten, obgleich ich das eigentlich nicht sollte – im Regensburger Marienkalender für das Jahr 1899 zu lesen." (DH XXIV, 1897/98, S. 976).
10 Vgl. Schmid: *Jenseits* [Anm. 7], S. N43.
11 Vgl. ebd., S. 51ff., sowie zur Interpretation der Erzählung: Hartmut Vollmer: *Marah Durimeh oder die Rückkehr der ‚großen Mutter'.* In: *Karl May,* hg. v. Heinz Ludwig Arnold. München 1987, S. 173ff.
12 Brief Mays an Fehsenfeld v. 6.10.1896; zit. nach Schmid: *Jenseits* [Anm. 7], S. N51.

13 Es handelte sich nach Mays Aussagen hier um – bislang nicht aufgefundene – Waschzettel des *Hausschatzes* für den ab Oktober 1898 beginnenden XXV. Jahrgang, die offenbar eine Distanzierung der Redaktion von May bekundeten. In der *Wiener Reichspost* erklärte May im April 1901: „Diese Zettel enthielten einen Passus über mich, welcher mit den persönlichen Versicherungen der Besitzer und des Redacteurs dieses Blattes in solchem Widerspruch stand, daß ich – bitte, ich betone das Wort ‚ich', – *Herrn Commerzienrath Pustet augenblicklich meinen nunmehr festen Entschluß kundgab, von nun an kein Wort mehr für den ‚Hausschatz' zu schreiben,* obwohl diese Arbeit für vier Bände berechnet war." (*Reichspost*, 17.4.1901; zit. nach JbKMG 1982, S. 215). Die distanzierte Haltung des *Hausschatzes* zu May, die schließlich zum Abbruch der Zusammenarbeit führte, dürfte vor allem eine Reaktion auf sich häufende publizistische Angriffe gegen die katholische Zeitschrift gewesen sein. So warf Karl Muth ihr im August 1898 vor, daß sie „das zweifelhafte Verdienst" habe, den Abenteurerroman „unter der Firma *Karl May* in weiten Kreisen eingebürgert zu haben": „Zur litterarischen Geschmacksverderbnis haben die Karl Mayschen Romane sicherlich viel beigetragen, und wenn der ‚Hausschatz' die durch seinen Karl May-Kultus gerufenen Geister heute nicht mehr los wird, so ist das angesichts der letzten Geschichte ‚Im Reich des silbernen Löwen' schon ein bedenkliches Zeichen. Daß diese reiseliterarischen Taxiliaden mit ihren als captationes benevolentiae eingeflochtenen religiösen Phrasen übrigens auch vom erzieherischen Standpunkt aus nicht ganz einwandfrei sind, das beweist nebst dem in einzelnen Internaten erlassenen Verbot dieser Lektüre eine im Mai d.J. durch die Blätter gegangene Notiz, worin aus Bamberg berichtet wurde: ‚Das von hier entflohene, sehr jugendliche Liebespärchen wurde heute in der fränkischen Schweiz aufgegriffen. [...] Der Junge, dem die *Karl Mayschen Romane* den Kopf verdreht haben, war schon im vorigen Jahre nach Triest durchgegangen, um sich nach Arabien einzuschiffen.' Veremundus [Karl Muth]: *Steht die Katholische Belletristik auf der Höhe der Zeit?* Mainz 1898; zit. nach Hainer Plaul: *Literatur und Politik. Karl May im Urteil der zeitgenössischen Publizistik.* In: JbKMG 1978, S. 187f.) Bedenkt man überdies, daß Pustet inzwischen von den ‚unsittlichen' Kolportageromanen Mays erfahren hatte und die Zeitschrift sich nach dem Tod Heinrich Keiters Ende August 1898 alter Verpflichtungen gegenüber May ledig fühlen konnte, daß May sich die Fortsetzungen des *Silberlöwen* zudem offenbar mühsam abringen mußte und sein Verhältnis zum *Hausschatz* durch die vergangenen Zerwürfnisse stets überschattet war, so scheint der Bruch für *beide Seiten* durchaus befreiend gewesen zu sein.

14 Zit. nach Roland Schmid: *Nachwort zur Reprint-Ausgabe* v. Karl May: *Im Reiche des silbernen Löwen III.* Bamberg 1984, S. N3; in einer öffentlichen Erklärung schrieb dazu der *Hausschatz*-Verlag: „Die Fortsetzung seiner Erzählung ‚Im Reiche des silbernen Löwen' strebten wir [...] aus Rücksicht für unsere Abonnenten an; dazu hatten wir um so mehr ein Recht, als Herr Dr. Carl May den Anfang zu dieser Fortsetzung thatsächlich geliefert und dafür treffende Honorar auch in Empfang genommen hat. Nachdem aber Dr. Carl May auf unsere wiederholte bezügliche Aufforderung erklärte: ‚Diese Fortsetzung sei eine derartige, daß sie für den Hausschatz *ganz* ungeeignet sei', gedenken wir von unserem Rechte keinen Gebrauch mehr zu machen." (*Reichspost*, 9.5.1901; zit. nach JbKMG 1982, S. 215f.).

15 Hans Wollschläger [Anm. 2, S. 125] bemerkt zu Recht, daß May mit dem neu hinzugeschriebenen Schluß das Eingangskapitel im Grunde „isolierte".

16 Brief Mays v. 16.9.1899; zit. nach Hans Wollschläger/Ekkehard Bartsch: *Karl Mays Orientreise 1899/1900. Dokumentation.* In: JbKMG 1971, S. 181.

17 Brief Mays v. 10.9.1900; faksimiliert in JbKMG 1984, S. 167-170 (167f.).

18 Zu den Eigenheiten der Manuskriptfassung des *Silberlöwen III/IV*, auf die an dieser Stelle nicht näher eingegangen werden kann, vgl. Wollschläger: *Erste Annäherung* [Anm. 2]; Schmid: *Silberlöwe* [Anm. 14]; Ulrich Schmid: *Textkritik des Abenteuers –*

Abenteuer der Textkritik. Ein Versuch über Leben und Schreiben, über Kleben und Streichen. In: JbKMG 1988, S. 66-82; ders.: *Das Werk Karl Mays 1895-1905. Erzählstrukturen und editorischer Befund.* Ubstadt 1989.
19 Abgedruckt bei Schmid: *Silberlöwe* [Anm. 14], S. N4.
20 Ebd.
21 Ebd., S. N4f.
22 Ebd., S. N5.
23 Ebd., S. N6.
24 Ebd., S. N7.
25 Ebd., S. N12.
26 Ausführlicher zu diesen Erzählungen vgl. Hartmut Vollmer: *Karl Mays ‚Sonnenscheinchen'. Interpretation einer späten „Erzgebirgischen Dorfgeschichte".* In: JbKMG 1985, S. 160-181; Christoph F. Lorenz: *Das Gewissen des Musterwirts. Karl Mays „Dorfgeschichte" ‚Das Geldmännle'.* In: JbKMG 1985, S. 182-217.
27 Faksimiliert in JbKMG 1984, S. 171-174.
28 Reprint der Freiburger Fehsenfeld-Ausgabe v. 1902, Ubstadt 1974, S. 4.
29 Karl May: *Mein Leben und Streben.* Freiburg i. Br. 1910, S. 211.
30 May hat später in seiner Selbstbiographie Interpretationshilfen zum *Silberlöwen* gegeben und das Werk als ein „Beispiel" des ‚gleichnishaften' Erzählens genommen. Vgl. ebd., S. 210ff.
31 Karl May: Notiz aus der Sammelmappe *Wüste,* 1902; zit. nach Max Finke: *Aus Karl Mays Nachlaß.* In: KMJb 1922, S. 53.
32 Vgl. Helmut Schmiedt: *Zwei Jahrzehnte danach: Stand und Aufgaben der Karl-May-Forschung.* In: JbKMG 1992, S. 169f.
33 Vgl. Rudolf W. Kipp: *Die Lu-Droop-Story.* In: MKMG 37 (1978), S. 3-19, u. 38 (1978), S. 3-19; ein Essay desselben Verfassers über *Dr. phil. A. Droop* ist leider noch immer ungedruckt.
34 A[dolf] Droop: *Karl May. Eine Analyse seiner Reise-Erzählungen.* Cöln-Weiden 1909, S. 4; vgl. Heinz Neumann: *Zu Adolf Droops Analyse von Karl Mays Reiseerzählungen.* In: MKMG 39 (1979), S. 32-46, u. 40 (1979), S. 38-46.
35 Ebd., S. 10f.
36 Ebd., S. 41.
37 Lorenz Krapp: *Ein Schlußwort zum Problem Karl May.* In: *Augsburger Postzeitung, Literarische Beilage* Nr. 44 (2.10.1908), S. 347.
38 Euchar Albrecht Schmid: *Der Schlüssel,* in Karl May: *„Ich".* Radebeul 1916, S. 569ff.
39 Otto Eicke: *Der verschüttete Quell.* In: KMJb 1930, S. 65-76, hier S. 67.
40 Vgl. Otto Eicke: *Der Bruch im Bau.* In: KMJb 1930, S. 77-126.
41 Vgl. Hans Wollschläger: *Arno Schmidt und Karl May.* In: JbKMG 1990, S. 16f.
42 Vgl. Karl-Heinz Müther: *Bibliographie Arno Schmidt 1949-1991.* Bielefeld 1992.
43 Arno Schmidt: *Der Briefwechsel mit Alfred Andersch,* hg. v. Bernd Rauschenbach. Zürich 1985, S. 82.
44 Ebd., S. 83.
45 Hans Wollschläger: *Erste Annäherung an den ‚Silbernen Löwen'. Zur Symbolik und Entstehung.* In: JbKMG 1979, S. 99-136.
46 Hans Wollschläger: *Karl May. Grundriß eines gebrochenen Lebens. Interpretation zu Persönlichkeit und Werk. Kritik,* hg. v. Klaus Hoffmann. Dresden 1989, S. 291-321; weitere Abdrucke in: *Protokolle* 1 (1982), S. 3-34 u. *Karl May,* hg. v. Helmut Schmiedt. Frankfurt/M. 1983, S. 188-228.
47 Hans Wollschläger: *„Herr Karl May von der anderen Seite". Zur Textsituation des „Silbernen Löwen".* In: *Konkret* (September 1962), Nr. 9, S. 18f.; ders.: *Karl May in Selbstzeugnissen und Bilddokumenten.* Reinbek b. Hamburg 1965, S. 93-102 (Neufassung: *Karl May. Grundriß eines gebrochenen Lebens.* Zürich 1976, S. 116-127).

48   Walther Ilmer: *Karl May – Mensch und Schriftsteller. Tragik und Triumph.* Husum 1992.
49   Ilmer: *Einführung* und *Nachwort* [Anm. 6].
50   Ulrich Melk: *Das Werte- und Normensystem in Karl Mays Winnetou-Trilogie.* Paderborn 1992.
51   Arthur Rimbaud: *Lettres du voyant.* Mainz 1990, S. 39.
52   Volker Krischel: *Karl Mays „Schattenroman". Gesichtspunkte zu einer „Weltdeutungs-Dichtung".* SoKMG 37 (1982).
53   Hermann Wohlgschaft: *„Was ich da sah, das ward noch nie gesehen". Zur Theologie des ‚Silberlöwen III/IV'.* In: JbKMG 1990, S. 213.
54   Vgl. hierzu Wolfgang Wagner: *Der Eklektizismus in Karl Mays Spätwerk.* SoKMG 16 (1979).
55   Ernst Seybold: *Karl-May-Gratulationen. Geistliche und andere Texte zu und von Karl May.* 5 Sammlungen. Ergersheim, Bad Windsheim 1987-1992.
56   Christoph F. Lorenz: *„Das ist der Baum El Dscharanil". Gleichnisse, Märchen und Träume in Karl Mays ‚Im Reiche des silbernen Löwen III und IV'.* In: JbKMG 1984, S. 139-166.
57   Dieter Sudhoff: *Morgengrauen im Menscheninnern. Bemerkungen zum Nachtgespräch in Karl Mays ‚Silbernem Löwen'.* In: JbKMG 1992, S. 199-217.
58   Sudhoff: *Karl Mays Großer Traum* [Anm. 2].
59   Abgesehen von der radikalen Reduktion des umfangreichen Anmerkungsapparates entfielen insbesondere die Abschnitte *Zur Geschichte des ‚Silbernen Löwen', Bisherige Wertungen, Übers Träumen, Struktur* und *Zum Schluß,* während die eigentliche Interpretation, der Dreierschritt *Der Schatten, Der Zauberer* und *Die verkalkten Geister,* nur gestrafft wurde.
60   Von diesem außerordentlichen Rang zeugt etwa der Umstand, daß Heinz Stolte und Erich Heinemann den Passus in ihre Taschenbuch-Anthologie mit repräsentativen May-Texten aufnahmen und sie auch gleich nach dem ‚Großen Traum' benannten: Karl May: *Der Große Traum. Erzählungen,* hg. v. Heinz Stolte u. Erich Heinemann. München (dtv) 1974 (*Der Große Traum:* S. 142-169).
61   Werner Mahrholz: *Karl May.* In: *Das literarische Echo* 21 (1.11.1918), H. 3, Sp. 138.
62   Sudhoff: *Karl Mays Großer Traum* [Anm. 2], S. 175.
63   Hansotto Hatzig: *Karl May und Sascha Schneider. Dokumente einer Freundschaft.* Bamberg 1967.
64   Vgl. Franz Hofmann: *„... kriegen es nun wieder mit Winnetou zu tun." Schwierigkeiten, sich ein Erbe anzueignen.* In: *Weimarer Beiträge* 32 (1986), H. 12, S. 2080-2094.
65   Zit. nach Finke [Anm. 31], S. 44; dort falsch datiert auf 1912.
66   Brief Klara Mays an Prinzessin Wiltrud von Bayern v. 6.4.1913; zit. nach JbKMG 1983, S. 130.

Abkürzungen

Römische Ziffern beziehen sich auf die im Verlag von Friedrich Ernst Fehsenfeld, Freiburg i. Br., seit 1892 erschienene Reihe ‚Karl May's gesammelte Reiseerzählungen' (bis 1896 ‚Reiseromane'); Reprint: Bamberg 1982-84:

I	Durch Wüste und Harem, 1892
II	Durchs wilde Kurdistan, 1892
III	Von Bagdad nach Stambul, 1892
IV	In den Schluchten des Balkan, 1892
V	Durch das Land der Skipetaren, 1892
VI	Der Schut, 1892
VII	Winnetou I, 1893
VIII	Winnetou II, 1893
IX	Winnetou III, 1893
X	Orangen und Datteln, 1894
XI	Am Stillen Ocean, 1894
XII	Am Rio de la Plata, 1894
XIII	In den Cordilleren, 1894
XIV	Old Surehand I, 1894
XV	Old Surehand II, 1895
XVI	Im Lande des Mahdi I, 1896
XVII	Im Lande des Mahdi II, 1896
XVIII	Im Lande des Mahdi III, 1896
XIX	Old Surehand III, 1896
XX	Satan und Ischariot I, 1897
XXI	Satan und Ischariot II, 1897
XXII	Satan und Ischariot III, 1897
XXIII	Auf fremden Pfaden, 1897
XXIV	„Weihnacht!", 1897
XXV	Am Jenseits, 1899
XXVI	Im Reiche des silbernen Löwen I, 1898
XXVII	Im Reiche des silbernen Löwen II, 1898
XXVIII	Im Reiche des silbernen Löwen III, 1902
XXIX	Im Reiche des silbernen Löwen IV, 1903
XXX	Und Friede auf Erden!, 1904
XXXI	Ardistan und Dschinnistan I, 1909
XXXII	Ardistan und Dschinnistan II, 1909
XXXIII	Winnetou IV, 1910

*

KMV	Karl-May-Verlag, Radebeul bzw. Bamberg
KMJb	Karl-May-Jahrbuch, hg. v. Rudolf Beissel u. Fritz Barthel, 1918-19: Breslau; hg. v. Euchar Albrecht Schmid u.a., 1920-33: Radebeul bei Dresden; hg. v. Thomas Ostwald u.a., 1978-79: Bamberg, Braunschweig
KMG	Karl-May-Gesellschaft e.V., Hamburg
MKMG	Mitteilungen der Karl-May-Gesellschaft, Hamburg 1969ff.
SoKMG	Sonderheft der Karl-May-Gesellschaft, Hamburg 1972ff.

JbKMG   Jahrbuch der Karl-May-Gesellschaft, hg. v. Claus Roxin, Hamburg 1970-73; hg. v. Claus Roxin u. Heinz Stolte, Hamburg 1974; hg. v. Claus Roxin, Heinz Stolte u. Hans Wollschläger, Hamburg 1975-81, Husum 1982ff.

Sperrdruck (im Original) wird grundsätzlich kursiv wiedergegeben.

Vorbemerkung zur zweiten Auflage

Siebzehn Jahre nach dem Erscheinen der Erstausgabe des ‚Studienbandes' zu Karl Mays *Im Reiche des silbernen Löwen* hat sich bei der Planung einer Neuauflage des schon seit längerem vergriffenen Buches unweigerlich die Frage gestellt, die Beiträge des Bandes zu überarbeiten und zu aktualisieren oder sie in unveränderter Fassung neu zu veröffentlichen. Angesichts der Tatsache, dass der Band trotz neuerer Forschungsarbeiten noch immer uneingeschränkte Gültigkeit beanspruchen darf, aber ebenso in der Intention, den Charakter einer ‚historischen Dokumentation' zu bewahren – was traurigerweise auch durch den Tod des Mitherausgebers der *Studien*-Reihe Dieter Sudhoff 2007 bedingt wird –, haben Verlag und Herausgeber sich für eine (abgesehen von kleineren formalen Korrekturen) unveränderte Neuauflage entschieden. Um den neuesten Stand der Forschung zum *Silberlöwen* zu dokumentieren, ist die Bibliographie allerdings aktualisiert worden.

H. V. *Paderborn-Dahl, im Mai 2010*

Adolf Droop

Karl May. Eine Analyse seiner Reise-Erzählungen
[Auszug: Typische und symbolische Elemente]

[...] Es ist [...] ausgeführt worden, daß Mays Reiseerzählungen keine Unterhaltungsschriften sein sollen, sondern daß sie eine didaktische Tendenz verfolgen. Mit dem erzieherischen Bestreben Mays hängt es nun aufs innigste zusammen, daß er sich nicht begnügt, Romanfiguren zu zeichnen, Charaktere, wie sie das Leben bringen mag, reden und handeln zu lassen. Seine ethisch-religiöse Tendenz veranlaßt ihn dazu, seine Gestalten zu Trägern von Ideen zu machen, von Ideen, welche die Schranken eines Individuums überschreiten, welche als unsichtbare Willensfluida Völker und Zeiten durchströmen und beherrschen. So erweitern sich die Individualcharaktere zu *Typen* von Charakterklassen, und Gestalten wie Halef und Hanneh sind anzusehen als personifizierte Konzentrationen von Gruppenideen und Gruppenidealen. Von Gruppenidealen, sage ich, denn Halef ist nicht allein die summierte Quintessenz der hervorstechendsten Charaktermerkmale, die sich bei den Orientalen finden, sondern er stellt eine Entwicklung dar zu einem ethischen Ideal; es wird an ihm gezeigt, was der Orient werden kann an der Hand des kulturell höherstehenden Occidentes; er ist im Nietzscheschen Sinne ein Vorgefühl des Übermenschen, wie er sich aus dem orientalischen Menschen der degenerierten Jetztzeit entwickeln könnte; er ist ein Wurf über das Gegenwärtige hinaus. Ihm zur Seite steht Hanneh, seine Gattin, einst die wilde, rachsüchtige Tochter der Wüste; unter dem Einflusse Kara Ben Nemsis (Mays), der Personifikation des christlichen Ethos, kommt sie zur Erkenntnis ihrer Seele, die der Islam ihr abspricht. Sie wird sich ihrer bewußt, sie ringt nach Erlösung von den Banden des Muhammedanismus und des vertierenden Harems. Sie wird zur „Seele des weiblichen Geschlechtes, die aus der Höhe niederstieg, um Geist in Seele zu verwandeln" (28. 303). Sie ist kein Charakter mehr mit eigenen kleinen Wünschen, die dem anderen fremd und gleichgültig wären, sondern die typische Verkörperung einer allgemeinen, wenn auch in der Jetztzeit wohl nur von wenigen Frauen des Orients klar empfundenen Idee, die wir bei uns mit dem verlästerten Namen Frauenemanzipation belegen, jener

Idee, die, obwohl oft von lächerlichem Flitter verhängt, doch als edlen Kern den unbesiegbaren Trieb des Menschengeistes in sich trägt – den Trieb zur Freiheit der Sonnenhöhe des Übermenschen im Goetheschen Sinne.

Wie die drei Gestalten Bothwell, Lindsay, Raffley drei hervorstechende Merkmale des englischen Volkscharakters darstellen, so erscheint neben dem schon genannten Araberpaare Halef und Hanneh eine dritte Seite des orientalischen Wesens, und zwar die religiöse, in Omar (Bd. 30), der sich aus der naiven Beschränktheit des Arabers zu einem hochherzigen, weitsichtigen Menschentum durchringt. In bezug auf diese Person spricht May sich deutlich in den Worten, welche er Lord Raffley in den Mund legt, über sein Streben nach typischer Gestaltung aus: „Sejjid Omar! Er lebt; er ist da; er ist Euer Diener. Ihr macht keine Lüge, wenn Ihr das in Euern Büchern schreibt. Und was Ihr von ihm erzählt, ist wahr, ist wirklich geschehen. Aber Ihr habt es nicht auf seinen Körper abgesehen, sondern auf das, was diesen Körper aus der Rasse, dem Stamm und der Familie heraus zum Sejjid Omar gebildet hat. Das ist der Geist, die Seele, also der innere Mensch, der innere Araber, der innere Sejjid Omar. Arabische Körper kann man zu Tausenden sehen. Um aber grad diesen Sejjid herausfinden zu können, hat der Körper zu verschwinden. Dann erscheint Omar sofort in seiner ganz besonderen, nur ihm eigentümlichen Gestalt. Und diese, nur diese Gestalt, die geistige, wird von Euch für die Leser Eurer Bücher materialisiert" (30. 365). Und wie erscheint nun dieser Rassentypus? „Ganz wie der Islam, seine Religion! Ein lieber, guter Mensch, im tiefsten Grunde ernst gestimmt, doch äußerlich stets heiter. Für das Hohe, Edle ungemein empfänglich, und doch stets mit dem Kleinen, Gewöhnlichen beschäftigt. Im Kopfe eine erstaunliche Fülle von Ausdrücken, von Worten, deren Sinn und Geist er aber nicht begreift. Fromm von Geburt – ich betone das ganz besonders – , religiös durch die Gewohnheit, würde er sehr leicht für den einzig wahren Glauben zu gewinnen sein, wenn dieser nicht in abendländisch enge, faltenlose Formen gekleidet wäre...." (30. 418) [...] Ein Gleiches sehen wir in den Reiseerzählungen, welche Nordamerika zum Schauplatz haben; dort sucht der Verfasser unsere Achtung und unser Mitleid für die untergehende indianische Rasse zu erwecken, indem er uns den Apatschenhäuptling Winnetou als Personifikation der edelsten Eigenschaften der uramerikanischen Volksseele vor Augen führt.

Das eben gezeigte Bestreben, Charaktere von Einzelpersonen zu Typen von Charaktergruppen oder, mehr noch, zu kombinierten Reflexen völkerpsychologischer Beobachtungen zu formen, schreitet fort zu der Schilderung von Personen, die uns ein Doppelgesicht zeigen, eine real-menschliche Individualität und eine symbolische Gewandung, welche andere Personen oder Seiten ihres Wesens, andere Gruppentypen, andere Ideenpersonifikationen in sich verbirgt. „Der wahre Künstler", sagt May, „hat stets eigene Gedanken. Er bildet niemals nach, selbst wenn er porträtiert. Er schafft dem vorhandenen Körper Geist und Seele. Und ist er nicht bloß Talent, sondern auch Genie, so schafft er auch die gegebene Gestalt vollständig um, ohne daß gewöhnliche Augen es bemerken, und läßt uns, einem Zauberer gleich, dann Wesen sehen, welche zwar vollständig berechtigt sind, der Wirklichkeit anzugehören, aber in der Sprache ganz anderer höherer Welten zu uns reden" (30. 370).

Es darf nun nicht gedacht werden, daß die Stufen: Charakter, Typus, Symbol – eine zeitliche Entwicklung seien, in dem Sinne, daß May zuerst Charaktere dargestellt habe, dann sie zum Typus erweitert und schließlich zum Kunstmittel der Symbolik gegriffen habe, um gewisse Tendenzen zu verkörpern. Die Dinge liegen vielmehr so, daß die Symbolik schon in der idealisierenden Vertiefung der Gestalten Old Shatterhand und Kara Ben Nemsi als ethische Charaktere, sowie in dem Volkstypus Halef Omar beruht. Im Verhältnis zur schriftstellerischen Ausreifung Mays erscheint auch seine Auffassung von der Charakterschilderung bereichert; aber die symbolisierenden Formen nehmen in den letzten Bänden Überhand, entflossen einer bei dem alternden Schriftsteller – eine nicht seltene Erscheinung – sich mehr und mehr vertiefenden Neigung zur *Mystik*.

Über das symbolische Element in den letzten Bänden ließe sich allein ein Buch schreiben; wir müssen uns deshalb auf die wesentlichsten Punkte hinsichtlich Form, Ideengehalt und Tendenz beschränken.

Die Form. Das Kunstmittel des Symbolismus und das der allegorischen Darstellung – es sei mir, um die ohnehin verzwickte Sache nicht noch mehr zu erschweren, gestattet, über die zwischen beiden liegende Bedeutungsgrenze[1] hinweg zu sehen und den erstgenannten Ausdruck auf alles hier in

---

1 Vergl. darüber Bielschowsky, *Goethe II* p. 625: „Symbolisch heißt nicht allegorisch. Dem Allegorischen fehlt es an Leben, an Fleisch und Blut, an Eigenexistenz, es ist nur etwas als Zeichen, das Bild ist Nebensache, das, was es bedeutet, alles, und daher ist Allegorie Sache der Reflexion, ist schlechte Poesie. Dagegen ist gerade die echte Poesie symbolisch: zuerst das anschauliche Bild, etwas für sich, ein rundes, ganzes, volles Individuum; aber daneben noch etwas, was darin liegt und darüber hinausragt, ein Höheres und Allgemeineres, das aber nicht künstlich und reflexionsmäßig hinzugetan wird, son-

Frage kommende anzuwenden – ich wiederhole, das Kunstmittel des Symbolismus ist seinem Charakter nach ein Darstellungsmodus, bei dem die Gedanken nicht an der Oberfläche liegen und durch Nachdenken, das die umhüllende Schale zu durchleuchten versteht, erschlossen werden müssen. So sehr der Schriftsteller, der der Überzeugung sein darf, uns wirkliche Werte zu bieten, von uns, den Lesern, verlangen darf, daß wir uns mit suchender Liebe und eifriger Mühe in seine Werke vertiefen, ohne gleich zu ermüden, wenn die Früchte unseres Forschens sich als spätreife und schwer zu erlangende erweisen – ebenso müssen wir von ihm fordern, daß er uns von Anfang an klar und deutlich zu verstehen gibt, daß wir unter den in leichten Wellen dahin ziehenden Stromspiegel hinabsteigen sollen, um die Goldkörner seiner Gedanken aus der Tiefe zu fördern, uns zu dauerndem Besitz. Ein Genius, welcher Worte der Ewigkeit zu sagen hat, wie Goethe, mag in sein Lebenswerk tiefe Rätsel hineingeheimnissen, die nur durch die Gedankenarbeit von Generationen ans Licht gebracht werden mögen; doch selbst Goethe hat es gesagt, deutlich gesagt, daß man den *Faust* wohl nie ganz würde enträtseln können. Oder nehmen wir einen anderen Dichter und Denker des letzten Jahrhunderts, Nietzsche. Wer seinen *Zarathustra* öffnet, erkennt bereits an der Sprache, daß ihm hier geistige Kost geboten wird, deren er nur durch intensive Tätigkeit des Verstandes und mehr noch der erratenden Phantasie genießen kann. Und May? Hat er uns so erhabene oder neue Werte zu bieten wie Goethe oder Nietzsche? Gewiß nicht. Sind seine Werke geschrieben für die Aristokraten des Geistes oder nicht vielmehr für die Massen des Volkes, die er erziehen will? Kann es denn anders sein, als daß Schriften, die den Tenor von Jugendschriften tragen, Schriften, die in wenig poetischer, ganz unphilosophischer – das Wort im weitesten Sinne genommen – , durchaus populärer Weise die tausendmal gehörten Wahrheiten des Christentums verkünden, als Erzählungsschriften, wenn auch von religiösem, ethischem Gehalt erfüllte, erscheinen, und als weiter nichts? Er aber beklagt sich bitter darüber, daß man ihn so wenig verstanden habe: „Ich schrieb eine Menge Bücher. Ich ließ mein ‚Ich' in ihnen sprechen. Ich wurde nicht verstanden. Ich gab das Köstlichste, was es auf Erden gibt, in irdenem Gefäß. Ich füllte diese Schalen mit einem Rätsel an und ließ die Menschheit trinken. Es tranken Hunderttausende daraus, doch allen war der Trank nichts als nur Wasser. Die Schale täuschte alle! Ich hatte es den

---

       dern natürlich, notwendig daraus hervorwächst."

Menschen zu bequem gemacht. Man trank gedankenlos und lachte mich dann aus. Das ist der große Fehler, den ich mir vorzuwerfen habe, weiter nichts! Der Sterbliche trinkt lieber Sumpfwasser aus goldenen Gefäßen, als Himmelsnektar aus nur irdenen. Da stieg in mir ein heißes Wallen auf. Es griff ein heiliger, wenn auch stiller Zorn in meine Seele. Nicht daß ich diese irdenen Gefäße nun zertrümmerte, o nein! Ich nahm mir vor, nun goldene zu geben, doch mit demselben Trank, den man für Wasser hielt. Ich habe mir das Gold dazu auf diesem Ritt geholt, der mich zum geistigen Haupt der Dschamikun geführt. Du ahnst wohl nicht, wo ich hier suchte und wo ich es fand. Von heute an werde ich im ‚hohen Hause' schreiben – – – ganz anders als bisher. Und hat man es erkannt, wie töricht man einst war, so wird man dann zurück nach jenen Schalen greifen, die man zur Seite stellte. Dann leben meine alten Werke auf. Man wird sie mit ganz andern Augen lesen; die *Seele* tritt hervor, die *tief in ihnen lebt*" (!). So steht's 29. 70; womit zu vergleichen ibid. 159. May gibt in dieser für die Leser nicht sehr schmeichelhaften Expektoration zu, mit dem System der Geheimnistuerei einen Fehler begangen zu haben; aber zu einer wirklichen, objektiven Erkenntnis seines Fehlers scheint er nicht gekommen zu sein; denn gerade der 29. Band und fast in demselben Grade der 30. bringen eine solche Fülle von dunklen symbolischen Figuren, daß selbst das eifrigste Durchdenken, Kombinieren, Vergleichen nur zu unsicheren Deutungsergebnissen zu führen vermag. Jedem Schriftsteller, zumal einem Schriftsteller der Tendenz, muß daran liegen, verstanden zu werden. Keineswegs ist es notwendig, daß er uns alle seine Ideen auf der flachen Hand entgegentrage; aber, wenn wir auch zugeben, daß die *letzten* Bände (i.e. 28, 29 und 30 – alles andere überhaupt nicht) den Stempel verbergender Symbolik erkennbar tragen, so gibt der Verfasser uns doch kaum eine Handhabe, wie die Personen zu deuten sind; er steckt uns keine Grenze für die Erschließung des Rätselhaften und läßt so Tür und Tor offen für die wagehalsigsten Vermutungen. Unbedingt klar ist nur das eine, daß Band 29 eine Summierung seines Wirkens und eine Abrechnung mit den Gegnern sein soll. Die Aufschlüsse über seine Lebensarbeit sind uns für die Beurteilung dieser und der Wesenheit des Schriftstellers, wie des Menschen May wertvoll; aber jene Kritik der Kritiker finde ich geschmacklos, schwächlich und kleinlich. Ein hartes Urteil, das ich erklären werde.

Wenn Max Dittrich (*Karl May und seine Schriften,* Dresden 1904) mit seiner Behauptung Recht hat, daß May in verleumderischer und gehässiger

Weise[1] besonders von einem Teile der katholischen Presse angegriffen worden ist, so kann man es ihm nicht verdenken, daß er sich mit scharfen Waffen dagegen wehrt – aber er hätte es in anderer Weise und an anderer Stelle tun sollen. May selbst wird seine Werke doch wohl als Kunstwerke ansehen, und in ein solches gehören dergleichen unerfreuliche persönliche Ergüsse nicht. Deshalb nenne ich dieses Verfahren geschmacklos. Nach meiner Anschauung hätte May besser getan, wenn er eine Schrift herausgegeben hätte, etwa mit dem nicht mißzuverstehenden Titel *Gegen meine Feinde,* und darin mit klaren, kernigen Worten alle Gegner abgetan hätte. Das hier geübte Verkriechen unter die symbolische Tarnkappe dagegen erscheint schwächlich. Zudem ist es kleinlich; denn in dem ganzen Buche würgt der Schriftsteller an dem Gift der Gegnerschaft. Er schaut mit souveräner Verachtung auf seine Antagonisten herab und kann doch nicht darüber hinwegkommen, obwohl er die Feinde in mehr oder minder deutlicher Weise mit Dorfjungen (29. 378/82), mit Schatten (29. 75/90) und in wenig appetitlichem Bilde mit Maden vergleicht (28. 468/91; 632/3). Eine Andeutung, daß wir es mit symbolisch zu fassenden Gestalten zu tun haben, macht May 29. 126: „Er (der Ustad) liebte es in Bildern zu sprechen. Wer ihn verstehen wollte, hatte nachzudenken. So auch hier. Wen oder was meinte er mit den Dschamikun, denen sein ganzes Herz gehörte? Wo lag

---

[1] Insbesondere ist behauptet worden, May habe Anfang der 80er Jahre neben sittlich einwandfreien Reiseromanen auch pornographische Schundromane geschrieben. Demgegenüber hat May die Erklärung abgegeben, daß jene indezenten Arbeiten aus Schriften, die er in gleicher sittlicher Qualität verfaßt habe, von dem Verleger Münchmeyer ohne sein, Mays, Wissen zurechtgemacht seien.

Es ist dazu zu bemerken, daß diese Romane – die beigegebenen Illustrationen verraten durch ihre Pikanterie mit hinreichender Deutlichkeit, worauf der Verleger spekuliert – vielfach Gestalten und Begebenheiten aufweisen, die an Mays Schreibweise erinnern, daß aber hier nicht allein sinnliche Charaktere und Situationen hineinjongliert erscheinen, sondern, daß die ganzen Arbeiten offenbar zu den Zwecken und im Sinne des Verlegers von einem wohl für Dienstbotengeschmack routinierten, aber sonst in jeder Hinsicht geistlosen Schriftsteller umgeändert und zu literarischem Schund schlimmster Observanz entstellt worden sind. Ich konstatiere hier dasselbe, was ich von der ebenso sinnlosen Behauptung, May habe alle seine „Reiseerlebnisse" erfunden, sei nie in Amerika gewesen usw., gesagt habe, daß nämlich May viel zu arm an Phantasie ist, als daß er sich das alles aus den Fingern hätte saugen können. Ähnlich hier; denn muß man auch den in Frage kommenden Romanen – Titel nenne ich absichtlich nicht – jeden Geist und Geschmack absprechen, Phantasie, blühende Phantasie in Spannungseffekten, Lüsternheiten und allerhand Theatermache entwickeln sie in überraschender Weise. Ich sage nicht, daß May diese Bücher nicht geschrieben hat; ich sage, daß er sie beim besten Willen nicht hätte schreiben *können.*

oder liegt wohl der Duar, über den die ‚Glocken des Gebetes' für jeden Wunsch erklangen? in Persien? Ich will es nicht verraten. Die Folge wird es zeigen!" (vergl. auch 29. 73/5). Deutlicher wird er erst 29. 185, wo er dem Ustad – wer weiß gleich, daß er damit sich selbst meint? – den Rat gibt: „Selbst die, welche an dir hangen, verstehen dich meist falsch; denn es erfordert Gedankenewigkeiten, bevor sie lernen, durch das Wort und die Gestalt hindurch den Sinn, den Geist, die Seele zu erfassen ... Schreibe, wie du ja wolltest, mit deiner Geisterhand ... Versuche es, deinen Lesern ins Körperliche zu übersetzen, was Geist, was Seele ist ... Zeige ihnen einmal ein volles Menschen-Ich, von dessen Wesen sie trotz aller Psychologie noch keine Ahnung haben. Zerlege es vor ihren Augen in deutliche Gestalten ... Man sieht das nicht, was du beschreibst, und denkt darum, du redest nur von körperlichen Dingen." – Aber auch das sind ganz allgemeine Bemerkungen. –

Unter der Voraussetzung nun, daß die in Bd. 28 und 29 auftretenden Personen tatsächlich Symbole universaler Natur sind, und der Verfasser nicht *reale* Persönlichkeiten seiner ihm wohl- oder übelwollenden Bekanntschaft in ihnen verborgen hat, sei ein Versuch gemacht, die Hauptgestalten zu deuten. Der Mayleser möge sich selbst ein Urteil bilden, ob die Erklärung zutreffend erscheint, oder ob eine andere wahrscheinlicher ist.

Der *Schah* ist Gott (29. 120; 254; 362; 396; 402/6; 441/3; 501). Sein liebstes edelstes Pferd ist *Syrr,* das „Geheimnis" zu deutsch. Ich verstehe darunter das „Roß mit der Funkenmähne", die Poesie, das heißt jene Poesie, die allein für May existiert, jenes ideale innere Erleben, das die religiöse Mystik – deshalb „Geheimnis" – zum Grundcharakter und zugleich zur Äußerungsform hat, jene geistige Kraft, welche May wohl als eine Offenbarung ansieht, die ihn über sein früheres Wirken hinaushebt. Diese Abschnitte seiner inneren Entwicklung erscheinen versinnbildlicht in den drei Pferden Rih, Assil ben Rih und Syrr. Hierüber vergl. 28. 257; 29. 473 (oben) und 29. 544/6, wo die Beschreibung des Wettrennens zwischen Syrr, Assil ben Rih und Ghalib mit den vielsagenden Worten geschlossen wird: „So leicht, so schnell kommt der Mensch vom Bösen auf das Gute, wenn er die *Kräfte* zu benutzen weiß, die ihn nach oben und heim zu tragen haben." Der Beweis für die symbolische Bedeutung der Pferde findet sich m. E. 29. 579: „Irre dich nicht! Wir haben nur gesagt, Pferd gegen Pferd und Kamel gegen Kamel; aber wer die sind, die sich eigentlich und in Wahrheit hinter diesen Tieren gegenüberstehen, das scheinst du nicht zu wissen!" Über Syrr besonders siehe 29. 149/152; 208; 403/17; 458/61; 467/74; 507/9; 523/4; 530. Der Syrr wird dem Dichter, so dürfen wir May hier wohl nennen, von *Dschafar Mirza* überbracht. Sollen wir diesen, dessen Ehrentitel „Gehorsam" ist (29. 479), als den Glauben fassen? Oder als das freie Christentum, das sich keiner Kirche, keiner Konfession ein- oder unterordnet, sondern nur Gott ohne Mittelsperson innig anhangen will? Denn: „Er hat kein besonderes Amt. Er verzichtet auf alle Ehren und Würden. Er will sich nicht unter die reihen lassen, welche angeben, die Diener des Beherrschers zu sein, und in Wirklichkeit nur seine Gegner sind. Aber er hat ihm sein ganzes Leben und seine ganze Kraft geweiht, und wo es gilt, das Volk von der Güte und von der Gerechtigkeit seines Herrn zu überzeugen, da ist er stets vorhanden" (29. 109/10; 398/408; 443/8; 480). Dschafar ist der Freund des *Ustad,* der die geistige Macht über die Dschamikun in Händen hält. Wenn nicht alles täuscht, dürfen wir im Ustad ein Abbild Mays als des von der Weisheit und Ethik des Orients erfüllten Denker-Schriftstellers erblicken, während May selbst in den Zwiegesprächen mit jenem als der gereifte Mann erscheint, der die Welt in sich und die Welt außer sich überwunden hat. Andererseits ist May das Menschen-Ich und der Ustad (28. 192; 274/6; 295; 549; 555/8; 29. 117/9; 124/5; 154/186; daraus besonders 159; 191/7; 260; 314; 323/6; 522/3, um nur wenige treffende Stellen zu nennen) – der „Geist" im Gegensatze zu *Schakara,* der „Seele", dem „unbewußten Wissen" (29. 384), dem „Gottessonnenstrahl" (28. 170), die auch als die „körpergewordene Reinheit der Frauenseele" der *Khanum Gul* als der sündigen Sinnlichkeit gegenübertritt (29. 551/3). Über Schakara siehe 28.264; 268; 29. 206/220; besonders 219; ferner 258/9; 387/9; 395; 505/6. Sie ist die Schülerin der uralten *Marah Durimeh* (bereits Bd. 2 auftretend), die, einst eine Königin, jetzt in ärmlichen Gewändern durch die Lande zieht, aber mit wunderbarer Macht über die Herzen begabt, von allen geliebt wird und im Geheimen unermeßlich viel Gutes schafft – die reine christliche Ethik, die sich nicht in lahmen Worten, sondern in wirkender Tat äußert, die Liebe, die den Urgrund der „Menschheitsseele" (vergl. Karl May, *Babel und Bibel,* Freiburg 1906) bildet (28. 557; sowie an den für Schakara angegebenen Stellen). Wie der Ustad die geistige, so hat der *Pedehr* die weltliche Macht über die Dschamikun in Händen. Ich definiere ihn als Personifikation der Tätigkeit Mays als freier Schriftsteller, Verfasser der sogenannten Jugendschriften, „aus denen die Fluten einer unbekannten seelischen Welt hervorbrechen" (28. 169). Über ihn siehe 28. 168/75; 242;

270; 293; 321; 624/7. Die *Dschamikun* endlich sind die von Ustad-May geistig beeinflußten Leser, die Maygemeinde (28. 192/3; 29. 180/1; 559; 561/2).

May, bezw. dem Ustad und seinen Dschamikun, droht nun eine doppelte Gefahr – von Seiten des Ahriman Mirza und des Scheik ul Islam. An mehreren Stellen der ersten beiden Bände des Zyklus *Im Reiche des silbernen Löwen* erzählt May, wie er mit einem Geheimbunde, den Sillan (Schatten), in Feindschaft gerät. Band 28 p. 585 tritt dann der *Aemir-i-Sillan* (= *Ahriman Mirza)*, der Oberste der „Schatten", selbst auf. Eine ungemein wirkungsvolle Gestalt. Über ihn äußert sich May mit ziemlicher Klarheit: „Ahriman, der geistige ‚Weltzerstörer', der mit dem niedern Sinn der blinden Masse kost, um alles ihm Verhaßte zu vernichten." Er nennt ihn „Den Mirza mit dem falschen Prunkgeschmeide. Den Geist der nachgemachten Edelsteine, mit deren Flimmern er der Menge imponiert. Den wohlgesinnten Schmeicheldemokraten, in Wahrheit aber krasser Demagog. Den treuen Förderer des öffentlichen Wohles, der aber nur sein eigenes erstrebt. Den immer hilfsbereiten Volkserbarmer, der aber dieses seines Volkes Seele mit egoistischer Berechnung niedertritt. Den anerkannten Feind und Richter jeder Lüge, der aber doch, sobald sie ihm nur paßt, grad vorzugsweise sie in seinem Stalle züchtet." (29. 115; vergl. auch 130; 140/8; 537/40).

Die zweite Gefahr droht dem Lande der Dschamikun – lies: dem Wirken Mays – vom *Scheik ul Islam*. Es dürfte keinem Zweifel unterliegen, daß in ihm, als einer kirchlichen Gestalt, der unsern Schriftsteller feindliche Teil der katholischen Presse verkörpert werden soll. Man vergleiche 29. 236/41; 249; 264/297; 446/7; 500/1 und 561. Diese beiden, der Scheik ul Islam und Ahriman Mirza, stehen einander als unversöhnliche Feinde gegenüber, verbinden sich aber doch, um die Dschamikun aus ihrem Lande zu vertreiben, damit es „mit dieser gefährlichsten Art des Christentums für immer aus sei" (29. 285), darauf die *Massaban* (die oberflächlichen, unverständigen Leser, die nur nach nichtiger „Unterhaltung" gieren, s. 29. 140/8; 495) wieder hineinzubringen und dann die Herrschaft des Schahs zu vernichten. Abgesehen von einem Dialoge, in welchem beide ihre Stellungnahme entwickeln (29. 479/496), werden sie folgendermaßen charakterisiert: „Beide Heerlager wollen sich vereinigen und hier bei uns beginnen. Welch eine Vereinigung! Die Frommen mit den Gottesleugnern, die Grundehrlichen mit den Fälschern und Betrügern, die Auserwählten Gottes mit den Auserkorenen des Teufels! Die einen haben sich stets als die Aristokraten des Glaubens und der Religiosität und die anderen als Farmasonha (Freimaurer), als niedere Demokraten, als ketzerisches Gesindel bezeichnet; nun aber schließen sie mit ihnen Bruderbund, um sie zum Dank dann anzuspein und wieder wegzuwerfen!" (29. 447/8). Die Bedeutung des Scheiks ist nicht zu verkennen, wenn man andere Gestalten dagegenhält, wie die des *Aschyk,* eines literarischen Spiones (29. 356/63; 371/6; 425/38; 499/502); des *Ghulam el Multasim,* eines literarischen Gegners (28. 473/4; 518ff.; 29. 62; 160; 368; 479/83; 521/2; 569/70; 571/82); des Reiters des *Kiß-i-Darr* (Schundroman), in dem May die Entstellung seiner Werke geißeln will (29. 454; 462/4; 569; 571/9); sowie der *Takikurden,* die „in Beziehung auf den Glauben gegen andere sehr streng sind" (29. 230; 249; 279; 285; 294/5; 485; 489; 495; 496; 533; 542/3; 547). – Von *Tifl* und *Pekala* als Charaktergestalten war bereits die Rede.[1]

Das über Band 28 und 29 Ausgeführte mag zur Beleuchtung der symbolischen Verkleidung, wie sie in den letzten Bänden auftritt, genügen. Ein Eingehen auf Band 30 – insbesondere die Trinität „Yin" (Schiff, Bild, Weib, vergl. p. 433) – möchte ich unterlassen, da nach der Angabe des Verfassers dieser Band den ersten Teil eines Zyklus darstellt, den man erst als Ganzes kennen müßte, um jenen klar deuten zu können. Nur über den 29. 314/352 erzählten Traum mag noch eine Betrachtung, freilich problematischer Natur, folgen.

Der Traum stellt in mystisch-spiritistischer, aber doch gedankentiefer und ergreifender Weise das Ringen Mays um den Glauben dar. – Im Lande der Dschamikun ragen uralte Bauten empor, ein Stockwerk auf das andere getürmt. In ihnen sieht der Schriftsteller die Weltanschauungen in historischer Folge versinnbildlicht. Er dringt in diese Gebäudemasse ein, obwohl er gewarnt wird von dem „Zauberer" = dem Zweifel, der auch der „Wahnsinn" (338) und der „Irrtum" (343) genannt wird. In dem Düster macht sich ein Schattenwesen an ihn heran, die moderne Weltanschauung (der Materialismus?), „der große Held des Tages" (320), dessen Macht und Kunst in geraubten, gefälschten Gedankenwerten besteht. Jener bemächtigt sich der Hand des Wahrheitssuchers und führt ihn weiter, im geheimen

---

1 Siehe Droop, S. 71: „Schroffer noch treten die Widersprüche in der Zeichnung des Tifl und der Pekala hervor, besonders in der des ersteren, der einmal klug, ein andermal dumm, einmal gut, ein andermal schlecht genannt wird, ein Hinundher, das uns durch den Hinweis auf die Doppelnatur des Menschen nicht deutlicher wird (28/29)."

seine Geisteskraft in sich saugend, bis endlich der Träumende sich losreißt und sich innerlich wieder festigt. Er greift eine Fackel von der Mauer – den Glauben? – und scheucht jenes wie alle anderen Schattenwesen von sich. Er geht seinen Weg allein weiter, doch kann er den Ausgang nicht wiederfinden. Nur eine Tür ist ihm offen, und sie führt in einen Abgrund … Da naht ihm der Zauberer. Er läßt dem Eindringling die Wahl zwischen Schatten – Lüge, Scheinmenschlichkeit, Vernichtung der freien Persönlichkeit – und Tod – Geistes- und Seelenmord. Jener weist die Wahl von sich, er wähle sich selbst, sich, die Persönlichkeit. Er fordert den Zauberer auf, das von beiden wahr zu machen, was in seiner Macht stände. Der Zauberer wählt den Tod; aber er selbst wird durch einen Faustthieb in den Abgrund geschleudert. Der Träumende springt ihm nach in die Tiefe; er sinkt in eine eiskalte Flut, die ihm jedoch neue Kraft und neues Leben gibt. Er ruft dem Zauberer zu: „Ich lebe; denn es gibt ja keinen Tod!" Und nun harren beide auf einem erhöhten Steine des Nahens jener Zahllosen, die hier seit je den Tod des Geistes und der Seele gefunden haben … Das erste der Skelette kommt geschwommen: „Wer bist du?" fragte ich (May) ihn. ‚Ich bin der erste Fluch, der hier erschallte. Und du?' ‚Ich bin vielleicht, vielleicht der erste Segen.'" Und dieses Wort – Segen – weckt sie alle. Und wieder spricht das Gerippe: „Heut ist der erste Tag des neuen Mondes. Der Tag der Arbeit an dem Werk der Rache … Habt ihr's gehört, wie mächtig schon das Wort an Säulen rüttelt? Wir wuschen seit Jahrtausenden sie aus (die Säulen, welche die Bauten, die Weltanschauungen tragen). Das ist die Hälfte unseres Werkes, die Zerstörung! Doch wir zerstören nur, um zu erzeugen. Vernichten wir da draußen allen Trug, so fördern wir in diesem Raum die Wahrheit. Und an demselben Tag, da drüben alles stürzt, wird hier das Wunder neu geboren werden, daß Steine schreien, wenn man Gott nicht hört. Ihr wißt es nicht, bei wem ihr Rettung sucht. Es ist der Fluch, der hier so oft erklungen, daß er des Steines Seele werden mußte. Doch fehlt uns noch das Wort für seinen Sockel. Und diese Zeilen fordre ich von euch. Jedoch bedenke eins: Die Seele dieses Bildes ist der Fluch; die Unterschrift wird ihm den Geist verleihen. Gibst du ihm einen Geist, der ihm die Seele stört, so wird das Werk ein Bild des Wahnsinns sein." – Mitleid erfüllt die Seele dessen, der ihnen allen ein Erlöser sein soll. – Und er spricht: „Ihr kamt zu diesem Berg, mit Schatten euch zu streiten. Ihr nanntet Wahn, was ihr vernichten wolltet. Und Wahnsinn ist es noch in diesem Augenblick, daß ihr den Schemen flucht, anstatt der eignen Torheit … Ihr wurdet von dem

Warnenden auf das Gebet verwiesen. Es hätte euch sofort das Licht gebracht." Und nun vermag auch das Skelett zu glauben, daß der Retter gekommen ist: „Du kamst nicht, um die Schatten zu vernichten. Du hieltest jenem Zauberer fest stand. Du schenktest dem Gebete vollen Glauben. Du hattest vor dem Tode keine Angst. Du sprangst aus freier Absicht in die Tiefe." Und warum? Um den Zauberer zu retten, dem jetzt in Gottes Gnade Vergebung werden soll! Vergebung von Seiten aller, die er vernichtet hat. – Da wird die Finsternis zu strahlendem Licht. Die Toten werden zu einem neuen Leben erlöst. Sie ziehen hinauf zum Tempel, um „dem einzig Einen zu sagen, daß sie wieder beten werden." – Dem Träumenden aber verwandelt sich der Zauberer – der Irrtum – in den Warnenden – die Wahrheit – , und er führt den Suchenden in das Geheimnis, „daß beide, Licht und Finsternis, den Tod bedeuten würden, wenn sie sich nicht versöhnt die Hände reichten, grad ihn in ewiges Leben zu verwandeln. Darum die Wahl, die keine Lüge war, obwohl es Tod nicht gibt und doch kein Schatten lebt: Tod oder Schatten?" – Dieses Bild, das „ein Menschenleben, ein Geistesleben, und aber doch das ganze Menschheitsleben" darstellen soll, ist mit dramatischer Kraft gezeichnet und mit reichen lyrischen Farben ausgemalt. Es wäre noch interessanter und würde noch wuchtiger wirken, wenn es nicht gar so … schattenhaft wäre … [...]

Arno Schmidt

Vom neuen Großmystiker
(Karl May)

Stimmen:

erster Sprecher (besonnen, positiv)
zweiter Sprecher (scharf, advocatus diaboli)
Zitate (Männerstimme, jambengewohnt)

1. Sprecher: Goethe sagt einmal.....
2. Sprecher (unterbricht schon jetzt): ... dann hat er an anderer Stelle bestimmt auch das Gegenteil gesagt!
1. Sprecher (ruhig): das ist durchaus möglich : es wäre ja ein Einwand gegen ihn, wenn er sich im Laufe eines solchen Lebens nie gewandelt hätte.
2. Sprecher: Gewiß; jedoch macht dergleichen Polyglossität einen Kronzeugen immer verdächtig. – Aber was hat er diesmal wieder speziell an *(ironisch betonend)* ‚Bedeutend Allgemeinem' geäußert ?
1. Sprecher (zitierend): „Wenn ein Autor eine Auflage von einer Million erreicht: so muß schon etwas an ihm sein !"
2. Sprecher (spöttisch=zuvorkommend): Siehe Courths=Mahler.
1. Sprecher: Die Bibel.
2. Sprecher: Als Pendant vielleicht – ‚Mein Kampf'?
1. Sprecher: Shakespeare!
2. Sprecher: Contra ! : Karl May ! – Aber da hätten wir ja schon die reizendste Blütenlese beisammen; mehr als hinreichend, die Fragwürdigkeit auch dieses Goethewortes zu illustrieren : was ist denn an der Courths=Mahler mehr, als daß sie so ganz Abderit war, und ihre hausmachernen Histörchen mühelos im Ton des Treppenhausklatsches hindahlte ? : Die Erbärmlichkeit des Lesepublikums ermöglicht bei ihr die Auflagenziffer !
1. Sprecher: Und bei der Bibel ?

2. *Sprecher:* Sie erwarten hier nicht im Ernst eine freimütige Antwort : onward Christian Soldiers! – Bei Shakespeare ist es teils das präjudicium auctoritatis; teils die zeitliche Aufsummierung verständnisvoller Verehrer : in 300 Jahren kommen schon ein paar Hunderttausend zusammen. ‚Mein Kampf' erhielten damals alle jungen Leute anläßlich der Eheschließung : kein unfeines Memento bei solchem Anlaß !
1. *Sprecher (amüsiert):* Unverbesserlicher Hagestolz !
2. *Sprecher:* Auch schon ein rares Wort; und eigentlich nur noch die Studie von Stifter, oder ein Schauspiel Ifflands. – Aber von was wird Karl May getragen ? : Von der Jugend.
1. *Sprecher:* Das eben wäre zu untersuchen : sollte *wirklich nicht mehr* an einem Manne sein, von dem eine Nobelpreisträgerin sagen konnte: „Wenn ich nur *eines* seiner Werke hätte gestalten können, dann hätte ich mehr erreicht" ?
2. *Sprecher (mißtrauisch):* Nobelpreisträgerin ? Doch nicht Selma Lagerlöf ? !
1. *Sprecher:* Nein; Bertha von Suttner : Friedenspreis 1905. – Soll ich erst noch Hermann Hesse als Eideshelfer zitieren ? Oder Carl Zuckmayer ? Einstein, Fallada, Rosegger, Molo : Josef Nadler ?
2. *Sprecher (komisch=entsetzt):* Nein, um keinen Preis ! Nicht Rosegger; *das* bitte nicht – *(argwöhnisch=zaudernd)* : Zuckmayer ? ? –
1. *Sprecher:* Bitte ! Anläßlich der berliner Aufführung des ‚Winnetou' schrieb er : „Diese Gestalten leibhaftig auf der Bühne zu sehen, das ist eine solche Erfüllung und ein solches Glück – mich hat es zwischen Lach= und Heultränen herumgeschüttelt ! – daß zunächst mal jede Kritik schweigt."
2. *Sprecher (nüchtern):* Also doch : Jugendreminiszenz ! – Das kommt vor. Ich habe Siebzigjährige gekannt, die noch den ganzen endlosen Namen auswendig hersagten : ‚Hadschi Halef Omar, Ben Hadschi Abul Abbas, Ibn Hadschi Dawuhd al Gossarah !' Aber *Nadler* würde ich doch gern noch hören !
1. *Sprecher:* Aus ‚Maißnische Geistigkeit', Essay von 1934....
2. *Sprecher (verständnisvoll unterbrechend):* Ah ! : Damals war schon bekannt, daß ‚Mein Führer' sämtliche May=Bände griffbereit neben dem Kopfkissen hatte ? –

1. Sprecher: Wir wollen nicht gleich immer auf die anrüchigsten Motive raten.
2. Sprecher: „Von zwei möglichen Auslegungen ist allemal die dem Autor nachteiligste zu wählen"; das hat schon Jean Paul gewitzelt : *auch* ein großer Mann ! – Aber wie stand's 1934 um die ‚Meißnische Geistigkeit' ? Ich ahne Schreckliches.
1. Sprecher (rezitierend): „Die drei Männer, die im engeren Bezirk des Literarischen den meißner Stamm bezeugen können, ..."
2. Sprecher (halblaut einschaltend) ...... und jetzt kommt's .....
1. Sprecher (unbeirrt fortfahrend): „Richard Wagner; Friedrich Nietzsche; *(kleine Kunstpause : dann mit Nachdruck) :* K a r l M a y.... !"
1. Sprecher: Herakles kai pithekos. – *(resigniert)* : Na, ich hab's nicht anders erwartet. – Dabei ist doch wirklich nichts leichter, als zu entscheiden, ob ein Autor zur Hochliteratur gehört oder nicht: das ist ja schließlich keine Frage des persönlichen Geschmacks; sondern man hat da ganz einwandfreie Kriterien – Bemühung um Sprache, Form, Inhalt – aus denen sich die Rangordnung eines Schriftstellers einwandfrei ergibt ! Mich interessiert *nicht,* ob von May bisher 13 Millionen Bände verkauft wurden : *das* ist ein Merkmal, das er sowohl mit dem größten Schöps als auch dem größten Genius gemeinsam hat ! Mich interessiert *nicht,* ob er die exotischen Länder, die er so ausgiebig beschrieb, tatsächlich mit Leibesaugen gesehen hat – Schiller war auch nie in der Schweiz : und *wie* wimmelt es im Tell von Lawinen und Alphörnern ! Ebenso ist mir *völlig uninteressant,* ob er ein Jugend= oder Volksschriftsteller ist : *das* wäre das Stigma des früher oder später *doch* rettungslos für die Versenkung Bestimmten ! *Ich* frage hier lediglich:
   „*Gebührt May eine Stelle im Kontinuum
   unserer Hochliteratur ?* "
Oder, anders formuliert : „Kann ihn ein denkender Mensch über 20, der inzwischen begeistert Goethe gelesen hat, Schopenhauer, die Romantiker : kann ein Solcher ihn noch mit Ehren in die Hand nehmen ?".
1. Sprecher: Ich will noch knapper antworten : Ja !
2. Sprecher: Ohne Einschränkung ?
1. Sprecher: Lediglich mit *der* Einschränkung, die für *jeden* Dichter gilt : ich gebe Ihnen einen *Teil* des Werkes anstandslos preis ! Nennen Sie mir *den* Schriftsteller, von dessen Gedrucktem wir nicht der Hälfte entraten könnten ! *(bedauernd) :* Selbst Edgar Poe.......

2. *Sprecher (sympathisch):* Nun; das hatte immer seine finanziellen oder sonstigen sehr entschuldbaren Gründe : wir verehren ETA Hoffmann ja nicht *wegen* seiner läppischen ‚Räuber'; sondern *trotzdem.* – Also *das* sei Ihnen gewährt : so viele Bände auszuklammern, wie Sie wollen – Hauptsache, es bleibt etwas übrig ! – Zunächst: wer war May eigentlich ?

1. *Sprecher:* Oskar Panizza hat zwar in ‚Imperjalja' allen Ernstes behauptet, daß der eigentliche Verfasser jener Reiseromane Kaiser Wilhelm der Zweite gewesen sei......

2. *Sprecher (lachend einfallend):* in Anbetracht so mancher schnurrbärtiger Teutomanieen gar keine üble Konjektur ! Nicht umsonst ging auf dem Stadtplan von Hohenstein=Ernstthal die ‚Karl May Straße' zwanglos in die ‚Straße der SA' über…

1. *Sprecher:* Aber hier ein Biogramm : 1842 wird er als eines von 14 Kindern blutarmer erzgebirgischer Weber geboren; hübsch zwischen der brusttötenden Stickluft des Heimwebstuhls auf der einen, dem Gejohle der Schnapsdestille auf der anderen Seite. Wenn die Leinenpreise sinken, wird Unkraut von den Schutthalden gekocht : als Folge von Mangelkrankheiten erblindet der Kellerkeim von Jungen für vier ganze Jahre.

2. *Sprecher (betroffen):* Das ist wichtig ! : Also ein isoliertes Geschöpf; organisch auf Gedankenspiele umfänglichster Art angewiesen.

1. *Sprecher:* Unzureichender Schulunterricht addiert sich zu wahlloser Lektüre, vor allem der giftigsten Hundertheftromane....

2. *Sprecher (im Ausschreierton):* Rinaldo Rinaldini, der große Bandit; auch Seeräuber und Inselkönig : von Vulpius, Goethes Schwager ! / Heinrich Anton Leichtweis, der verwegene Räuber und Wilddieb des Rheinlandes; oder dreizehn Jahre Liebe und Treue im Felsengrabe !

1. *Sprecher:* Aber auf dem Hausboden, dicht neben dem leeren Taubenschlag, liegt auch noch dieses Buch :

Zitat: „Der Hakawati. / Das ist / der Märchenerzähler in Asia / Africa, Turkia, Arabia, Persia et India / sampt eyn Anhang mit Deytung, explanatio et interpretatio / auch viele Vergleychung und Figürlichseyn / von Christianus Kretschmannus : der aus Germania war / Anno 1605."

1. *Sprecher:* Und wie dem jungen Goethe – *(entschuldigend):* nur als äußerlicher Vergleich; ich bin nicht Nadler – in löschpapierener Ausgabe immer wieder das Volksbuch vom Doktor Faust in die Finger lief; so

ist es hier, ähnlich bestimmend für Leben und Produktion, das Märchen von ‚Ardistan und Dschinnistan' :

Zitat: Wenn man von der Erde aus drei Monate lang geraden Wegs zur Sonne fliegt, und dann in derselben Richtung noch drei Monate lang über die Sonne hinaus, so kommt man an einen Stern, der ‚Sitara' heißt. Dieser Stern hat mit unserer Erde manches gemeinsam : er dreht sich in einem Tag um sich selber; in einem Jahr um die Sonne. Aber während man auf der Erde 5 oder 6 Kontinente zählt, ist das Festland von Sitara in viel einfacherer Weise gegliedert : es ist ein einziger zusammenhängender Weltteil, der in ein flaches, sümpfe= und wüstenreiches Tiefland, und ein der Sonne entgegenstrebendes Hochland zerfällt. Das Tiefland – flach, ungesund, giftiger Pflanzen und reißender Tiere voll – heißt ‚Ardistan' (von ‚Ard' gleich ‚Scholle, Materie'). Das Hochland – gebirgig, gesund, reich an edenischen Früchten – ist ‚Dschinnistan', und ‚Dschinn' bedeutet ‚Genius; elfischer Geist'. Tief unten herrscht über Ardistan ein Geschlecht von finsteren selbstsüchtigen Gewalthabern; hoch über Dschinnistan gebietet schon seit undenklicher Zeit ein Geschlecht großherziger Fürsten.

Kein Wunder, daß in Manchem, unverschuldet im tiefsten Ardistan Geborenen, die Sehnsucht nach oben so stark wird, daß er sich aufmacht, den Weg nach Dschinnistan zu suchen. Zwischen den beiden Welten aber liegt noch ‚Märdistan'; eine steil ansteigende Wildwaldzone, in die, wie schon der Name sagt, sich nur ‚Männer' wagen dürfen; und wo so viele Häscher lauern, daß Jeder unweigerlich ergriffen, und in die ‚Schmiede der Geister' geschleppt wird.....

2. Sprecher (scharf): Da schmieden Geister ?

Zitat: „Nein : man schmiedet sie ! / Der Sturm bringt sie geschleppt, um Mitternacht, / wenn Wetter leuchten, Tränenfluten stürzen. / Der Haß wirft sich in grimmer Lust auf sie; / der Neid schlägt tief ins Fleisch die Krallen ein; / die Reue schwitzt und jammert am Gebläse. / Am Amboß steht der Schmerz, mit starrem Aug / im rußigen Gesicht, die Hand am Hammer. / : Da, jetzt, o Scheik, ergreifen Dich die Zangen ! / Man stößt Dich in den Brand; die Bälge knarren; / die Lohe zuckt empor, zum Dach hinaus; / und alles, was Du hast und was Du bist, / der Leib, der Geist, die Seele, alle Knochen, / die Sehnen, Fibern, Fasern, Fleisch und Blut, / Gedanken und Gefühle, alles, alles / wird Dir verbrannt, gepei-

nigt und gemartert / bis in die weiße Glut !" *(schreit mit fremder Stimme)* : Allah ! Allah !
(wieder wie zuerst) : „Schrei nicht, o Scheik; ich sage Dir, schrei nicht ! / Denn wer da schreit, ist dieser Qual nicht wert; / wird weggeworfen in den Brack und Plunder, / und muß dann wieder eingeschmolzen werden. / : Du aber willst zum Stahl, zur Klinge werden, / die in der Faust des Parakleten funkelt: / Sei also still !"

2. *Sprecher (unterbrechend):* Was sind das für Verse ? !

1. *Sprecher:* Eine Probe aus dem einzigen Bühnenwerk Mays – allerdings *die* ‚schöne Stelle' – Aber lassen Sie uns erst weiter aus Ardistan erzählen : der begabte Knabe fällt wie üblich dem Rektor auf, dem Pfarrer. Anschließend an die Elementarschule wird familiengemeinschaftlich das Lehrerseminar erhungert : mit 19 Jahren ist May Fabrikschullehrer in Chemnitz......

2. *Sprecher (erläuternd):* Karl-Marx-Stadt : für ostdeutsche Hörer ! –

1. *Sprecher:* Und nun kommt der von der Milieutheorie prophezeite Bruch : einem Stubenkameraden entwendet er die Taschenuhr – die Einzelheiten sind unklar – und geht dafür ein paar erste Wochen ins Gefängnis. Es hieße die Karl May Frage unnötig komplizieren, wollten wir hier auf seine insgesamt achtjährigen Gefängnis= und Zuchthausstrafen eingehen; zumal sie letzten Endes alle auf die *eine* Ursache zurückzuführen sind : das Mißverhältnis zwischen einem phantastisch=überlegenen Geist, und einer unverschuldet=niederziehenden Umgebung.

2. *Sprecher:* Ja, lassen wir das. – Bei der hochentwickelten Technik neuzeitlicher Justiz, die es mühelos ermöglicht, daß die Besten der Nation ‚rechtskräftig' zu Tausenden in Konzentrationslager aller Arten geschickt werden können : da ist es ja schließlich nur noch Glückssache, ob man OT oder sonst einen Scarlet Letter trägt oder nicht !

1. *Sprecher:* Wichtig für uns hier wieder : daß er erneut viele gräßlichste Jahre in Lagen geriet, in denen nur die Flucht in extremste, auch räumlich entlegenst=lokalisierte Gedankenspiele, ihm ein Überleben ermöglichte. Vollkommenheiten, die ihm das Leben versagt, muß die Phantasie liefern. Zur Austarierung der Claustrophobie erzeugt er imaginäre Fluchtbewegungen durch weiteste Räume. In der Einsamkeit der Schweigezelle spaltet sich für immer seine Persönlichkeit : „stunden-

lang täglich unterhielt er sich halblaut mit seinen Figuren" wird später die Frau berichten.

2. *Sprecher:* Ungefährlich, ja unschätzbar, sind solche Menschen in der Einsamkeit, wo ihr Überschuß an Bildkraft und Geltungsbedürfnis sich literarisch emanieren kann; sobald May jedoch mit der Außenwelt in Berührung kommt, gerät er sofort schicksalhaft in die lächerlichsten Situationen : Casella erzählt von einer Begegnung mit dem nun schon Fünfundfünfzigjährigen, wo May in München einem unkritischen Verehrerkreis weiszumachen suchte : er sei eben jetzt zum zweiundzwanzigsten Male nach Amerika unterwegs; wenn er hinüberkomme, könne er sogleich anstelle des – nebenbei am 2. 9. 1874 – verstorbenen Winnetou an die Spitze von fünfunddreißigtausend Apatschenkriegern treten; ja, auch ‚Doktor' sei er selbstverständlich : bei der Universität Rouen seinerzeit promoviert ! – Sogleich steht der alte Mann als lächerlichster Schwadroneur, als widerlichster Bramarbas vor uns ! *(seufzend):* Ach ! Schriftsteller sollte man nie persönlich kennen lernen !

1. Sprecher: Jedenfalls gelang es ihm, dem so furchtbar Gehandicapten, sich mit eiserner Energie wieder eine normale bürgerliche Stellung zu erringen; und ein – zumindest finanziell – erfolgreicher Schriftsteller zu werden. Bezeichnend aber gleich wieder, daß er sich hochtrabende Pseudonyme zulegte; vom noch einfach verantwortbaren ‚Karl Hohenthal' an, bis zu ‚Latréaumont', ‚Ernst von Linden' und ‚P. van der Löwen'.

2. Sprecher: Wohl mehr Spekulation auf deutsche Mentalität : Hermann Gödsche zieht nicht; aber ‚Sir John Retcliffe' : da klingt das Geld im Kasten !

1. Sprecher: Als jedoch der für einen Erfolgreichen unvermeidliche Augenblick eintrat, da man sich auch mit der *Persönlichkeit* des beliebten Schriftstellers zu befassen begann, war Mays Schicksal besiegelt. Seine Gegner machten es sich leicht; zerrten seine Vorstrafen ans Tageslicht; isolierten ihn gesellschaftlich; und verbitterten ihm die letzten fünfzehn Lebensjahre aufs Gründlichste.

2. Sprecher: Sie folgen durchaus seiner Selbstbiographie ? : Nun, ist aber ‚Mein Leben und Streben' eine reine oratio pro domo, wenn je eine war. Dazu gramvoll=unanschaulich; objektiv verlogen; selbst in Einzelheiten verdächtig, dazu nur in ‚Bearbeitung' vorliegend, und überhaupt un-

brauchbar. – Und was hatte er denn schon bis 1900 groß geschrieben, daß Sie ihn einen ‚beliebten Schriftsteller' nennen ?
1. *Sprecher:* Bei May muß man *vier* Perioden literarischer Tätigkeit unterscheiden : er begann als Verfasser von ‚Erzgebirgischen Dorfgeschichten'; und, von keinerlei Sachkenntnis getrübten ‚Historischen Novellen', zumeist vom ‚Alten Dessauer'.
2. *Sprecher:* ...einer Bestie in Menschengestalt, die an beispielloser Roheit ihresgleichen suchte; die Menschenhandel trieb : einen langen Kerl gegen einen Biber; die aber in ihrer volkstümlich=unwiderstehlichen Brutalität mit allen SS=Größen wetteifern kann.
1. *Sprecher:* Beruhigen Sie sich; ich gebe Ihnen alles zu. – Ungefähr gleichzeitig läuft die zweite Gruppe : Lieferungsromane elendester Sorte; ausgesprochene Kolportagehefte, von erschütternd geringem Wortschatz.
2. *Sprecher (spöttisch):* Die ‚Liebe des Ulanen' heißt einer. Der immer wieder beliebte ‚Verlorene Sohn'. Ein ‚Weg zum Glück'. Auch ‚Deutsche Herzen – deutsche Helden'. Und schließlich ‚Das Waldröschen / oder / Die Verfolgung rund um die Erde. / Enthüllungsroman über die Geheimnisse der menschlichen Gesellschaft' : bei dem nannte er sich ‚Ramon Diaz de la Escosura' : stolz lieb' ich den Spanier ! –
1. *Sprecher:* Und selbst falls 5 % der Texte nicht von May herstammen sollten : hier gehört er trotzdem zur untersten Literaturschicht ! – Es schließt sich an die dritte Periode : die der ‚Reiseromane'......
2. *Sprecher (abwehrend=unterbrechend):* Rohe, eilfertige Erfindungen : aus Arabien oder Wildwest; wer also *zwei* kennt, kennt *alle* ! Man hat seine ‚Landschaftsschilderungen' gerühmt : dazu darf man allerdings nie etwas wirklich Gutes gelesen haben ! Voll der stereotypsten Wachsfiguren : sechsmal wird in jedem Buch der Held gefangen, und ebensooft wieder befreit.
1. *Sprecher:* Das liegt in der Entstehungsweise begründet. Zuerst sind nämlich fast stets Einzelepisoden in Zeitschriften erschienen, aus denen May dann später Romanbände zusammensetzte; die Suturen verschmierte, Unstimmigkeiten möglichst ausglich, undsoweiter.
2. *Sprecher (ablehnend):* Das *erklärt* allenfalls ihre Entstehung, *entschuldigt* sie aber nicht ! – Ganz modern ist zur Zeit ja seine ‚Politik der Stärke' : der ‚Henrystutzen' überzeugt als MP; unerbittlich gütige Apostel auf volkswagenschnellen Pferden : die Bösen werden gejagdhiebt; die

Guten siegen lächelnd und prophezeien bei Gelegenheit was Weniges – also gleich bezaubernd für SA wie CVJM.

1. Sprecher: Gut. Seine ersten drei Epochen – *muß* ich es nicht zugeben ? ! – sind literarisch nicht ernst zu nehmen. – Ich will Ihnen sogar selbst noch Material für Invektiven liefern : wie reizend spielen patriotische Gefühle mit hinein ! In dieser Beziehung war er der plattsohligste Philister in Reinkultur, wie er nach 70/71 voll erblühte. Ganz Bier, ganz Männergesangverein; wahrhaft und wehrhaft, rein und ringfertig, und wie die Wortklingklänge alle heißen. Die Deutschen sind das Salz der Erde; und die Bagdadbahn *wird* gebaut : nun, John Bull, nimm Dich in Acht!

2. Sprecher: Da war es ja ein Glück, daß er, 1912 gestorben, den Weltkrieg nicht mehr erlebt hat : wie entsetzlich découvrierend hätte sich da Old Shatterhand benommen !

1. Sprecher: Auch als Verderber der Jugend, wie Sokrates, hat man ihn angeklagt; und zweifellos kommen Grausamkeiten aller Art bei ihm vor : Auspeitschungen, unter denen die Gesichtshaut dekorativ aufreißt. Einmal wird dem Bösewicht raffiniert der Kopf kahl rasiert, und Wasser auf die nackte Stelle getropft, bis der Ärmste dem Wahnsinn nahe ist.

2. Sprecher: Das wäre *kein* entscheidender Einwand : was ist das, gegen unsere heutigen Fortschritte in Mordepik, wo etwa bei Tennessee Williams der Neger sein zu Fetzen massiertes Opfer auf einen Sitz mit Haut und Haaren auffrißt ? ! Viel bedenklicher scheint *mir,* daß er von seinen Bemühungen um die Form damals ganz naiv gestand :

Zitat: „Die Wahrheit ist, daß ich auf meinen Stil nicht im Geringsten achte. Ich schreibe nieder, was mir aus der Seele kommt; und ich schreibe es so nieder, wie ich es in mir klingen höre. Ich verändere nie, und ich feile nie."

2. Sprecher: Ein Mann, der so etwas nicht nur *zugibt,* sondern sich dessen gar noch öffentlich *rühmt,* richtet sich literarisch selbst ! Es mag ja im Volk Kreise geben, die solch handwerksburschenhafte Eilfertigkeit als selbstverständliches Kennzeichen des echten, des ‚geborenen' Dichters ansehen; aber in Wahrheit handelt es sich um nichts als läppischen Größenwahn oder freche Schlamperei !

1. Sprecher: Die Bestätigung liefern die wenigen erhaltenen Manuskripte, die seitenlang *nicht eine* Korrektur aufweisen. – Aber das wäre auch noch zu ertragen, gegenüber dem gewichtigeren Einwand der Wirklich-

keitsfremdheit. Obwohl ich betonen möchte, daß die Jugend noch, gottlob !, meist im ehrenvollen Sinne wirklichkeitsfremd ist.
2. *Sprecher:* Zweifellos ist das verzeihlich=schön. Nichts fataler als ein junger Mensch, der sich allzufrüh schon gut in der Welt zurechtfindet ! Aber es ist doch auch wieder ein Einwand mehr gegen Mays *literarische* Bedeutung. Wie befremdlich überhöht sind zum Beispiel die meisten seiner Frauengestalten : er war scheinbar Anhänger des Matriarchats ! Seine alte Großmutter, mag sie auch die absonderlichste Welleda gewesen sein, dominiert im völlig bachofenschen Sinne : *die* kann freilich nicht verführerisch auf die Sinne der Heranwachsenden wirken ! In dieser Hinsicht kann man May unbedenklich seine verlogene Ungefährlichkeit bescheinigen. Er kennt wohl auch das Schattenbild solch weiblicher Idealfigur : die trägt dann Ponyfrisur – für ihn scheinbar das non plus ultra der Verworfenheit – und wird überhaupt kurzerhand mit der Sinnlichkeit gleichgesetzt.
1. Sprecher: Aber für die Jugend doch durchaus angebracht !
2. Sprecher: Wir sprechen jetzt nicht von der Jugend ! Man kann ein guter Mensch sein, aber gleichzeitig ein spottschlechter *Musikant : ich will wissen, ob May literarisch diskutabel ist !* – Welcher Art ist eigentlich sein Christentum ?
1. Sprecher: Er scheint konfessionell nicht gebunden. Am Anfang seiner Laufbahn stehen die behäbig=verantwortungslosen ‚Geographischen Predigten‘, eine Perlenschnur von Platitüden…
Zitat (kindlich=wichtig, voll kleiner Gelehrsamkeit): „Die Heimat des Menschengeschlechtes, Erde genannt, die sich mit einer Geschwindigkeit von 1687 Komma 5 Kilometern in der Stunde um sich selber bewegt, wiegt ungefähr sechs Null Null Null Null *(leiser werdend, immer weiter, bis 24 Nullen voll sind)....*"
2. Sprecher (hineinsprechend): Er erspart uns von der Quadrillion keine der 24 Nullen, auch im Druck nicht : und wo wäre *der Verstockte,* der bei 24 Nullen *nicht* Gottes Größe empfindet ? ! – Oder wenn er uns mit salbungsvoller Perfidie also die Biologie erklärt :
Zitat: „Gott hat alles weiser angeordnet, als der Gedankenlose begreift.... : Wie könnte allein die Bewohnerschaft Londons jährlich 110 Millionen Stück Austern verspeisen, wenn diese Muschel nicht eine so ungeheure Vermehrungsfähigkeit besäße ?"

2. Sprecher: Ein grausiges Beispiel jener selbstzufriedenen Teleologie, die mit den Schrecknissen des Universums, halb Atombombe, halb schleimige Schmiererei, schäkert. Wie ehrfürchtig dagegen Schopenhauer : „Wenn ein Gott diese Welt erschaffen hat, so möchte ich dieser Gott nicht sein : ihr Jammer würde mir das Herz zerreißen ! !" – Und diese ‚Geographischen Predigten' nannte ihr erster Herausgeber dann – wahrscheinlich in der Entdeckerfreude – ein ‚eigenartiges Werk' !

1. Sprecher: Leider. Kaum eine Höhere Tochter alten Stils könnte süßlicher und verblasener daherschwadronieren – wenn *das* das ganze Geheimnis der alten Mamsell wäre, könnten wir May allerdings sehr kurz abtun. Kein Wunder, daß bei so viel ‚Beweis der Kraft' seine Religion zuerst durchaus das Christentum eines Schwergewichtlers ist. Später tendiert er dann anerkennenswert zum Dualismus; wie ja eigentlich alle seine Bücher, zumindest inhaltlich, von dieser Spannung zwischen Gut und Böse leben : der Mann war im Grunde Manichäer !

2. Sprecher: Ich resümiere : die Produktion seiner ersten 60 Lebensjahre also....

1. Sprecher (bestätigend): ...ist quantité négligeable; und wird früher oder später rettungslos verschwinden. – Aber zu eben dem erwähnten Zeitpunkt trat die bereits angedeutete Wendung ein; Kritik und Konkurrenz begannen sich mit dem bei der Jugend zu einer unbestreitbaren Großmacht gewordenen Karl May zu befassen. Während die Konkurrenz mit ‚Enthüllungen', also ausgesprochen schmutzigen Methoden arbeitete, verschmähte die Kritik dergleichen unsachliche argumenta ad hominem. Sie stellte kurzerhand – und völlig berechtigt ! fest, daß es sich bei Mays bisher vorgelegten Werken um schriftstellerischen Bodensatz handele. Von beiden Seiten sah sich May, der inzwischen eine schöne Villa bei Dresden hatte bauen können, gefährdet. Litt er schon unsagbar unter den abgefeimten Attacken der Neider, so fast noch mehr unter der kühlen Feststellung der Fachleute, daß er, künstlerisch betrachtet, ein Mann fünften Ranges sei.

2. Sprecher: Bei einer Skala von bestenfalls sechs ! – Seine verunglückte Erwiderung bestand zunächst in der Ausrede, daß alle seine Schriften, von der ersten an, nur symbolisch gemeint gewesen seien – eine Tatsache, von der bisher keiner seiner Leser, auch der bestwillige nicht, etwas gemerkt hatte. Schon die sporadische Art der Entstehung seiner Bücher verbietet den Glauben an einen von langer Hand vorbereiteten Plan.

1. Sprecher: Aber jetzt, an der Schwelle des Greisenalters, von gehässigen Gegnern wieder in umheulteste Isolation gedrängt, sich auch künstlerisch ‚herausgefordert' dünkend, beginnt May den ‚Nachweis' zu führen, daß er alle seine Bücher nur symbolisch gemeint habe – es beginnt die *letzte, die vierte* Schaffensperiode : und nun wird es auch für uns wahrhaft ernst.

2. Sprecher (nüchtern): Was für Voraussetzungen bringt May für die beabsichtigte Gleichnisdichtung denn mit ? Ich würde ihn doch jetzt, nach abgelieferten 50.000 Druckseiten, nur noch einen abgenützten Vielschreiber nennen !

1. Sprecher: Und Sie hätten Unrecht! – Durch die vorhergehenden, allerdings gefährlich umfangreichen, Handübungen hat er sich eine, wenn auch noch so fragwürdige Schreibtechnik erworben; durch seine in Steppe und Wüste lokalisierten Gedankenspiele sich die Direktheit und Naivität des Nomaden errungen. Sein geliebter Orient – zu kluger Schonung und Erholung der Phantasie verlegte er ja die Handlung grundsätzlich abwechselnd nach Amerika oder Nahost – ist ohnehin die unverwüstliche Heimat von Les Milles et une Nuits. Und *das* vor allem unterscheidet May, den tiefsinnig=fleißigen Gedankenspieler, vom süchtig=faulen, daß er interessiert=verdutzt beginnt, arabisch zu lernen : man muß sich ja mit den im eigenen Innern ‚Begegnenden' zünftig unterhalten können, wie ? ! So sorgt er allmählich dafür, daß die arrogante Fabel vom allwissend=mächtigen ‚Ich' Old Shatterhands und Kara Ben Nemsis langsam und wenigstens zum Teil zur ‚Wahrheit' wird.

2. Sprecher: Dieses vielfach angegriffene ‚Ich' seiner Romane ist ja letzten Endes weiter nichts, als *die* grammatische Form, die sowohl dem Leser als auch dem Dichter die notwendige Identifikation mit seinen Gestalten erleichtert. So ist es bei Dante wie im ‚Werther', im ‚Taugenichts' wie im ‚Steppenwolf'; und es wäre lächerlich, den Dichter hundertprozentig damit identifizieren zu wollen.

1. Sprecher: Nun hatte aber, wie gesagt, May die Behauptung aufgestellt, daß dieses ‚Ich' nichts als der ‚Jedermann' sei; die ‚Wüsten' seiner exotischen Kriminalromane gleichzeitig ‚Wüsten des Geistes'. Flugs erfindet er einmal mehr die uralten Gleichungen : Weiß gleich Licht gleich Gut gleich Gott. Und, da man ihm solche Feinheiten a posteriori nicht glaubt....

2. Sprecher (berichtigend): .....nicht glauben kann....
1. Sprecher: geht er an die Arbeit des Beweises. – Das beste Beispiel, *wie* diese Reihe der Alterswerke beginnt, ist das kleine Stück vom ‚Zauberteppich' :
Zitat: „Zu Ijâr, dem im ganzen Morgenland bekannten Teppichweber, kam Jussuf el Kürkdschi, der ebenso berühmte Musannîf, um einen Teppich zu bestellen, der Eigentum seines Freundes Mâsak, des jungen Kutûbi, werden sollte."
1. Sprecher: Wenn man nun das türkische Wörterbuch zur Hand nimmt, ergibt sich schon bei der simplen Übersetzung, wie Karl May sich zunächst die Praxis der Symbolik vorstellte – bitte, noch einmal da capo :
Zitat: „Zu Ijâr....
1. Sprecher (halblaut): der Monat *Mai* : er selbst !
Zitat: „Zu Ijâr, dem im ganzen Morgenland bekannten Teppichweber....
1. Sprecher (wie oben): also ‚Spinner' : Schriftsteller !
Zitat: „kam Jussuf el Kürkdschi....
1. Sprecher (wie oben): ‚Josef der Kürschner' : also der bekannte Geheimrat und Herausgeber.
Zitat: „Der ebenso berühmte Musannîf....
1. Sprecher (wie oben): heißt Autor....
Zitat: „um einen Teppich zu bestellen....
1. Sprecher (wie oben): ergo ein Buch....
Zitat: „das Eigentum seines Freundes Mâsak, des jungen Kutûbi, werden sollte."
1. Sprecher (wieder normal): Wobei ‚Mase' Ziege heißt; ‚Mâsak' also etwa ‚Zieger' : und eben das war der Name eines damaligen jungen Verlegers. – „Ich erzähle rein deutsche Begebenheiten in persischem Gewande" sagt May einmal naiv in seiner Selbstbiographie. 1900 nun, als die endgültige Wendung zur Symbolik eintrat, war er gerade mitten in seinem vierbändigen Roman vom ‚Reiche des silbernen Löwen'; die zwei ersten Bände lagen bereits vor – ganz der zum Überdruß geläufige gobelinbunte und =flache unerbittliche Wechsel von Raufereien und Vergebungen. Nun aber, umhechelt von der Meute von Angreifern aller Schattierungen; in seiner bürgerlichen und künstlerischen Existenz entscheidend bedroht, griff May zum ersten, natürlichsten Mittel der Selbsterhaltung : sich all den Ekel und Ärger vom Halse zu schreiben ! –

Und es beginnt eins der allermerkwürdigsten Schauspiele; in solchem Umfang literarisch ohne Parallele.
Der einzig mögliche Vergleich ist der mit den ewig besehenswerten ‚Türkennummern' der ‚Fliegenden Blätter' von 1848 : damals nämlich, als politisches Oppositionsblatt durch Zensurschikanen verärgert, beschloß man angeblich, die Redaktion des Witzblattes in die Türkei zu verlegen – was sich dahingehend auswirkte, daß in der nächsten Nummer zwar die alten wohlbekannten Typen unverändert wieder auftraten; aber – und Spitzweg hat unvergänglich Komisches hier beigetragen ! – *alle mit Turbanen versehen !* Und so erscheinen sie auch auf den 1200 Seiten von Mays ‚Silbernem Löwen' : die beiden Frauen; seine Verleger; Gegner und Freunde : alle in Burnus und Haik. Dies ist ja wohl die erste und verzeihlich=leichteste Art einer Verschlüsselung : der eigene Lebenslauf bietet sich dar zur Deutung. Kindlich ergötzt und boshaft erfindet man Decknamen (zum Teil entzückend in ihrer Bildhaftigkeit !); sich selbst kann man auch einmal herzhaft rühmen; und die Feinde werden nach alter guter Dante=Sitte in *die* Höllentöpfe gesteckt, die am dichtesten beim Feuer stehen.

2. Sprecher: Das ist menschlich begreiflich : Dichtung als Sicherheitsventil. Aber ich möchte festgehalten wissen, daß ein solcher Maskenball noch keine Allegorie ist; nicht Mystik, sondern Mystifikation ! – Aber geben Sie erst einmal kurz den Inhalt der beiden Bände.

1. Sprecher: In Südpersien liegt, umrahmt von hohen Bergen, das Tal der Dschâmikun : der Leser Karl Mays. Hier herrscht er als Ustâd, als Meister; ihm unterstellt der eigentliche Scheik des Völkchens, der Pädâr, der die Gedanken des Meisters sogleich ins Praktische überträgt : das ist sein Verleger Fehsenfeld.

2. Sprecher: Wie leben die Karl May Leser denn dort in ihrem Paradiso terrestro ?

1. Sprecher: Das ist natürlich – wie bei allen literarischen Himmelreichen – der schwächste Punkt. Man lebt dahin, in edler Einfalt, stiller Größe. Erschreckend ohne Details : es sind ja auch gar keine möglich ! Gewiß : man lächelt verinnerlicht zwischen Rosenbüschen; hört Predigten, Harfen= und Glockenklang....

2. Sprecher: Also die üblichen himmlischen Pflastertreter. Und sein Selbstporträt ?

1. Sprecher: Er erscheint sogar gleich doppelt : May als Kara Ben Nemsi besucht May, den Ustâd. Er war, wie bei allen alternden, stark Gläubigen, scheinbar unvermeidlich, nun auch unfehlbar geworden; und voll der widerlichsten – eben nur noch offiziell erklärbaren – Selbstgefälligkeit. Er sieht aus „wie Abraham, der Erzvater"; besitzt ein „Ehrfurcht gebietendes Antlitz" mit der dazugehörigen „tiefen, klangvollen Stimme" darin. „Sein Geist verschmäht schon längst die Oberfläche des Lebens; er schöpft nur noch aus der Tiefe" sagt er bescheiden von sich. Apostrophiert sich bei Gelegenheit aber auch im noch höheren Ton :
Zitat (brünstig; im gewölbten Bariton des Hofpredigers): „Jahrtausende haben da unten gebaut, stark und fest, wie für endlose Zeiten, und doch vergeblich für die Ewigkeit ! : Und da kommst Du, o Ustâd, Du Unbekannter, Du, der Du dem Auserwählten von Chaldäa gleichst...... !"
2. Sprecher (lachend einfallend): Oh Abällíno, Abällíno ! – Auch *er* hat also die bei Unbefangenen so fatal wirkende Überzeugung, Gottes spezieller Vertrauter, sein ‚Buddie', zu sein ?
1. Sprecher (bedächtig=berichtigend): Sagen wir lieber *so* : in dem überdimensionalen Tornado von Schmutz und Haß, der sich um ihn drehte, *mußte* er, um nur überleben zu können, sein Selbstgefühl zu *ebenso* grotesker Höhe steigern ! – Denn er hat Feinde ringsum : im Süden streifen die ‚Massaban', die Unseligen, in denen er die gierigen Schundromanverleger seiner früheren Jahre versinnbildlicht, die vom geistigen Diebstahl Lebenden. Die Hauptgefahr aber droht von Nordwesten her...
2. Sprecher (einfallend): Nordwest, von Persien aus gesehen : die Himmelsrichtung ist in diesem Falle zur Entschlüsselung wichtig !
1. Sprecher: Dort hausen nämlich die mächtigen Taki=Kurden....
2. Sprecher (halblaut): ‚Taki' gleich ‚fromm'.......
1. Sprecher: Und sie werden so charakterisiert : „Die betreffenden Kurden führen diesen Namen, weil sie wegen des Glaubens sehr streng gegen andere sind, und mit großer Bestimmtheit behaupten, daß nur sie allein den Himmel erlangen werden.
2. Sprecher (halblaut): ‚alleinseligmachend' steht wohl an anderer Stelle....
1. Sprecher: „Jeder nicht ganz Gleichdenkende wird als verdammenswerter Ketzer betrachtet und mit unnachsichtlicher, herzloser Strenge verfolgt." Zur Ergänzung werden sie auch noch ‚Ultras' ge-

nannt; oder „denkschwache Eiferer, die Fâtima noch über Mohammed setzen".....

2. Sprecher (verständnisvoll): Ah, jetzt weiß ich schon.

1. Sprecher: Am Freitag beten sie nicht, sondern „plärren, plappern und murmeln" gebetsmühlig. Und eines schönen Tages kommt ins Dorf gar ein Scheïk-ul-Islâm eingeritten, einer der höchsten Würdenträger der Taki, dem „Tausende von Seelen von Allah anvertraut sind", und der von sich behauptet, daß er „Allahs Auserwählter und der Inbegriff des ganzen Koran" sei. Er wird begleitet von 1 ‚Seligen', 1 ‚Heiligen', 1 ‚Hauptpriester' und 2 ‚Generälen'.......

2. Sprecher: Und man erinnere sich, daß etwa die Jesuiten, die ‚Kompagnie Jesu', unter Ordens=‚Generälen' stehen !

1. Sprecher: Dieser Scheïk-ul-Islâm macht dem Ustâd den Vorschlag, auch der Meister der Taki zu werden....

2. Sprecher: Also alles einmal ungeschminkt zusammengefaßt : demnach wäre eines schönen Tages irgendein höherer katholischer Würdenträger bei May erschienen, und hätte ihm den Antrag gemacht, fürderhin offiziell im katholischen Sinne zu werben ?

1. Sprecher: Zweifellos. Und wir lesen manch feine Einzelheit : zum Beispiel hat ‚Allahs Türsteher'.....

2. Sprecher: Wer dächte da nicht an Petri Schlüsselgewalt.....

1. Sprecher: sich zunächst als ‚Katîb' verkleidet – das heißt aber arabisch ‚Schreiber'; und es paßt verdächtig gut, daß es um 1900 tatsächlich einen katholischen Kirchenfürsten dieses Namens gab. Leider läßt uns hier wieder einmal mehr die noch sehr im Argen liegende biographische Forschung im Stich; aber an der Sache selbst kann kaum ein Zweifel sein.

2. Sprecher: Und wie reagiert May, ja *selbst* längst der Auserwählte Allahs, auf solche Offerte ?

1. Sprecher: Wir greifen damit zwar vor; aber – : er wirft Allahs Pförtner hinaus ! Denn May hat mehrfach Ärger mit katholischen Stellen gehabt; stand doch einmal ein Band von ihm auf dem Index des Borromäus=Vereins. Der Gerechtigkeit halber sei erwähnt, daß es bei den Taki auch eine gemäßigte Partei gibt, mit der May dann noch zu einem Modus vivendi kommt. –

Aber wieder zurück : in Karlmayistan erhebt sich, angelehnt an eine mächtige Bergwand, ein uralt=riesiges Bauwerk. Das unterste Stockwerk – wuchtig, düster, allem Folgenden Fundament – steht prähistorisch=entleert. Das nächste darüber mahnt an Altiranisches, an Parsismus; über ihm, im wieder=nächsten, nur einige verstaubte Gegenstände noch : gesprungene Tafeln, ein Siebenarmiges. Ganz oben, scheinbar mitten im Ausbau erstarrt und unterbrochen, ein Gedränge zahlloser Türmchen und Küppelchen, Fialen und Campanile, lächerlich zerspalten.....

2. *Sprecher:* Also ‚Alte Kirchen', ‚Lehrgebäude', in jedem konkreten wie abstrakten Sinne des Wortes; vom düsteren Heidentum bis zur Sektenvielfalt der Christianer.

1. *Sprecher:* Dies eindringlich allegorisch gelungene ‚Rotten Borough' der Religionen nun, wünscht der besuchende geistliche Würdenträger um jeden Preis zu erhalten; denn es gehört auch zu den Dogmen seines Stammes, daß „selbst der Wahn heilig wird, wenn er so lange währte, daß er durch sein Alter zur Ehrfurcht mahnt".

2. *Sprecher (verständnisvoll murmelnd):* Mmmm : die Rolle der ‚Tradition' im Katholizismus.

1. *Sprecher:* Aber in dieser imponierenden Spionagezentrale treibt auch noch eine zweite große Klasse von Gegnern ihr Unwesen : zu den ‚Frommen Lichtern' haben sich, May zu vernichten, die ‚Gottlosen Schatten' gesellt; ein Geheimbund, weit verbreitet über alle Lande; unterirdisch wühlende und raffende Gesellen, die sich an Worten erkennen, an Ringen, und Heimlichkeiten mancher Art. Ihre persischen Namen bedeuten, übersetzt, etwa : Demokraten, Freimaurer, Atheisten. Und an ihrer Spitze steht, hoch und finster, er, der Oberste aller Schatten, *der* Feind par excellence, Ahriman Mirza : Prinz Teufel !

2. *Sprecher:* Oh : Sehr angenehm ! Darf man wissen, wie *diese* Maske aussieht ?

1. *Sprecher:* Ein *schöner* Mann, unleugbar – aber von der verdächtigen Schönheit Lokis. Prächtig gekleidet – obwohl die Goldtressenfülle und Riesendiamanten unecht zu sein scheinen. Bemerkenswert seine Stimme : „Kraftvoll war sie und wohllautend, der feinsten Abtönung, der unwiderstehlichsten Überredung fähig. Plötzlich aber klang sie zischend scharf, schrill, widerlich rauh. Es war die Stimme eines Verführers, aber auch eines grausamen Befehlshabers."

2. *Sprecher (murmelnd=nachdenklich):* Soso. – Wer könnte das denn sein ? – Um 1900; in Persien ? –

1. Sprecher: Ja: im Reich der Zend Avestas und Amdschaspands; des Zervan Akerene und=ä – Zarathustras; *(rasch weiter)* : Über und über ist Ahriman Mirza mit Waffen behängt…..
2. Sprecher: Aahh ! ! : Wer kommt denn da ? *(deklamierend)* : „Du sollst den Krieg mehr lieben als den Frieden; und den kurzen Frieden mehr als den langen !"
1. Sprecher: – immer wippt ihm in der Hand die Peitsche…..
2. Sprecher (zitiert den Beleg): „Nach dem Takt meiner Peitsche sollst Du mir tanzen und schrein !" Oder : „Gehst Du zum Weibe…..!"
1. Sprecher: Seine Methoden faßt er an einer Stelle so zusammen : *„Ich will Edles erreichen, indem ich das Gemeine knechte. Ihr wollt das Niedrige erheben, indem Ihr das Hohe bekämpft !"*
2. Sprecher: Herrenmoral und Sklavenmoral….
1. Sprecher: Bis in Kleinigkeiten hinein erkennt man den Antipoden : „Es gibt ja gar kein Ende !" hohnlacht Ahriman dem Ustâd, der ihn vorm Tode warnen will, die ‚Ewige Wiederkunft' ins Gesicht. – Einmal sagt der „Schwachheithassende" von sich : „Ich bin geladen, wie eine aufrichtige Kanone !"
2. Sprecher: Wie oft und markant hat Nietzsche sich nicht mit seiner Artilleristik gebrüstet ! : „Ich habe die große Kanone; ich schieße die Zukunft der Erde in zwei Stücke !"
1. Sprecher: Und wie bezeichnend, daß er der ‚Kaiser der Schatten' ist ! *Ein* Satz aus dem ‚Ecce Homo' genüge als Beleg für die Berechtigung solcher Allegorie:
Zitat: „Damals – es war 1879 – legte ich meine basler Professur nieder, lebte den Sommer über *wie ein Schatten* in St. Moritz; und den nächsten Winter, den sonnenärmsten meines Lebens, *als Schatten* in Naumburg. Dies war mein Minimum; ‚Der Wanderer *und sein Schatten'* entstand währenddem. Unzweifelhaft : ich verstand mich damals *auf Schatten*….."
1. Sprecher: Also gleich viermal in einem kleinsten Absatz ! – Natürlich ist Ahriman stolz wie Luzifer; ganz Empörer, der sich dünkt, Gott gleich zu sein…..
2. Sprecher (sympathisch murmelnd): „Wenn es Götter gäbe : wie hielte ich's aus, *kein Gott zu sein* ?". – Aber ist diese Ihre Deutung denn auch wirklich gesichert ? Auf den kühnen Wegen allegorischer Interpretation weiß man ja mancherlei Inhalt zu finden : an solcher bisher verachteten

Stelle einer Auseinandersetzung mit Friedrich Nietzsche zu begegnen, wäre ja unerwartet=gespenstisch; unheimlich=amüsant, wie das Ungeheuer aus dem Loch Ness, oder eine fliegende Untertasse unter der Serviette!

1. *Sprecher:* Hören Sie nur weiter! : Er, Ahriman Mirza, wird zwar begleitet von der sinnlichen ‚Gul-i-Schiras', mit Ponyfrisur – nicht die Unfeinste ‚Unter Töchtern der Wüste'! –; aber May selbst gibt ihm zu, „daß er seinen Haß immer Haß genannt hatte, und zu stolz war, fast möchte ich sagen, zu ehrenhaft, um im Verborgenen zu wühlen."
2. *Sprecher (unterbricht):* Oh, das ist schön! Das hätte ich May gar nicht zugetraut!
1. *Sprecher (fortfahrend):* Natürlich muß auch dieser Ahriman vor dem Ustâd zugrunde gehen – : Sie wissen, wie Nietzsche starb?
2. *Sprecher (ablehnend):* Im Wahnsinn.
1. *Sprecher (entschieden): Also* verfällt auch Ahriman am Ende in geistige Umnachtung! Und May ist gut informiert gewesen : brach Nietzsche in Turin neben einem Droschkengaul zusammen, so sinkt auch Ahriman auf sein totes Pferd nieder.
2. *Sprecher:* Sie sagten, daß May ‚gut informiert' gewesen sein muß : läßt sich denn nachweisen, daß er Nietzsche überhaupt gelesen hat?
1. *Sprecher:* Das Verzeichnis von Mays Bibliothek ergibt, daß er *einen* Band ‚Gedichte und Sprüche' von Nietzsche besaß; dazu *acht* Bände ‚Gesammelte Werke'; und weiterhin, ganz auffällig und eindeutig als Zeichen der Beschäftigung mit ihm, nicht weniger als *sechs* Bände *über* Nietzsche : das war damals, um 1900, enorm! Daß in der Villa Shatterhand Nietzsche nicht verstaubte, beweisen auch die Aufsätze von Mays zweiter Frau, die gern einmal ein ganzseitiges Zitat aus der ‚Morgenröte' anhängt. – Eine weitere Pikanterie für den Kenner ergibt sich daraus, daß der hier analysierte ‚Silberne Löwe' 1902/03 in eben der speziellen Nietzsche=Landschaft, zu Riva am Gardasee, geschrieben wurde. *Wie eingehend* May sich eben zu jener Zeit mit Nietzsche beschäftigte, belegt ein Brief vom 14. Oktober 1902, wo er ihn sprachlich kritisiert....
2. *Sprecher (ungläubig=belustigt): May* schulmeistert Nietzsches *Sprache?!*
1. *Sprecher:* Warten Sie nur; die Sache geht anders aus, als Sie denken! – Es heißt da :

Zitat: „Können *Sie* Jemanden bewundern, der es fertig bringt, zu schreiben *(jetzt breit leiernd)* : ‚Die Naturwissenschaft der Tiere bietet ein Mittel, diesen Satz wahrscheinlich zu machen' ? *(Wieder normale Stimme)* : Statt ‚Naturwissenschaft *der* Tiere' müßte es doch wohl zumindest ‚Naturwissenschaft *von* den Tieren' heißen; aber selbst *so* : wo lebt der Mensch, dem dafür nicht ‚Zoologie' einfiele ? Dann weiter; sie ‚bietet ein Mittel' ? : er meint wohl : ‚sie bietet Material dar' ? Auf gut Deutsch jedenfalls hieße Nietzsches Schwulst : ‚Die Zoologie könnte vielleicht Beweismaterial liefern' – und *das* ist Einer, der von sich rühmt, ‚an einer Seite Prosa zu arbeiten, wie an einer Bildsäule' !"

1. *Sprecher:* Sie sehen, May kannte seinen Mann unangenehm gut !
2. *Sprecher (ungläubig):* Ja, ist der angeführte Unfug denn aber auch *wirklich* von Nietzsche ?
1. *Sprecher:* Ich habe die mir natürlich auch nicht geläufige Originalstelle nur durch Zufall gefunden : es ist unleugbar der Aphorismus 377 aus ‚Menschliches, Allzumenschliches'.
2. *Sprecher (betroffen=nachdenklich):* Herz, was willst Du mehr !
1. *Sprecher:* May ist überhaupt viel feiner, als Sie vermuten : er treibt Ahriman in den Wahnsinn, indem er sich ihm als ‚Doppelgänger' zeigt. Gekleidet wie er, mit Halbmaske und Peitsche, sehen sich Ahriman und der Ustâd zum Verwechseln ähnlich ! Wie betroffen muß May die Erkenntnis gemacht haben, daß man seine Helden – man denke an Halef, der nichts Schöneres kennt, als seine geliebte Karbatsche tüchtig ‚sprechen' zu lassen ! – ohne weiteres zum ‚Übermenschen' Nietzschescher Prägung stempeln könnte !
2. *Sprecher:* Die Kongruenz beweist ja jenes Dritte Reich, wo man sich synchron auf die ‚Blonde Bestie' des einen und die ‚Winnetous' des anderen berufen konnte.
1. *Sprecher:* Durch Auseinandersetzungen wie die erwähnten : mit Katholizismus und Zarathusterei, gewinnt der ‚Silberne Löwe' schon entscheidend an Niveau. Noch mehr aber hebt ihn ein anderes aus der Wasserflut der früheren Bände : die erstmalige Bemühung um die Sprache ! Mitten im Prosatext – zunächst liest man darüber hinweg – erscheinen Jamben; bilden Reihen; ganze Ketten von Blankversen fliegen auf; bis es am Ende Seiten fünffüßiger Jamben werden, sogar vermischt mit den schwierigen sechsfüßigen, oder präziser, Trimetern. Anfangs entdeckt man noch die ehrwürdige Unbeholfenheit metrischer Verstöße;

den ‚Schmutzigen Daumen' des Fleißigen. Und hinzu kommt die orientalische Bildhaftigkeit des alten Nomaden, der den Dichter auf seinem Pegasus beschreibt : nicht anspruchsvoll als Gedicht deklariert, nein, bescheiden=selbstverständlich mitten im Text :

Zitat: „Das war das Roß der Himmelsphantasie, / der treue Rappe mit der Funkenmähne, / der keinen andern Menschen trug, als seinen Herrn, / den nach der fernen Heimat suchenden. / Sobald sich dieser in den Sattel schwang, / gab es für Beide nur vereinten Willen. / Die Hufe warfen Zeit und Raum zurück; / der dunkle Schweif strich die Vergangenheiten. / Des Laufes Eile hob den Pfad nach oben. / Dem harten Felsen gleich ward Wolke, Dunst und Nebel, / und durch den Äther donnerte das Rennen / hinauf, hinauf ins klare Sternenland. / Dort flog die Mähne durch Kometenbahnen, / und jedes Haar klang knisternd nach der Kraft, / die von den höchsten aller Sonnen stammt / und drum auch nur dem höchsten Können dient. / Und taten sich die Tore wieder auf, / die niederwärts zur Erdenstunde führen, / so tranken Roß und Reiter von dem Bronnen, / der aus der Tiefe jenes Lebens quillt, / und kehrten dann im Schein der Sterne wieder. / Der Reiter hüllte leicht sich in den Silbermantel, / den ihm der Mond um Brust und Schultern warf, / und seiner Locken Reichtum wehte ihm vom Haupte. / Des Rosses düstre Mähne aber wehte, / im Winde flatternd wie zerfetzte Strophen, / schwarz auf des Mantels dämmerlichten Grund. / Und jene wunderbare Kraft von oben, / die aus den höchsten aller Sonnen stammt, / sprang in gedankenreichen Funkenschwärmen / vom wallenden Behang des Wunderpferdes, / hell leuchtend, auf des Dichters Locken über, / und knisterte versprühend in das All."

2. Sprecher: Nicht eben überwältigend; konventionelle Metaphern – aber immerhin : ich hätt's nicht erwartet !

1. Sprecher: Mit den schon erwähnten ‚Alten Lehrgebäuden' befaßt sich ein höchst bedeutsamer Traum Mays : unter den bröckelnden Hallen gähnt ein schwarzes Seebecken, in welches Schatten und Taki die ihnen Widerstrebenden stürzten....

2. Sprecher: à la ‚Was fallen will, das soll man auch noch stoßen', wie ?

1. Sprecher: Aus all der gequälten Architektonik der Religionen – von vornherein zum Einsturz verdammt – wird am Ende ‚Das Gebet' frei; die einfach=ungekünstelte, keiner kostümierten Zwischenhändler bedürfende, Verbindung zwischen Mensch und Gott; die unvorbelastete; so

sich kein ‚Seil der Bekenntnisse' mehr vor dubiose Paradiese spannt, wie May sie überraschend eindringlich beschreibt :
Zitat: „Ich ritt davon, in dieses vielgerühmte Himmelreich hinein. Fragst Du mich vielleicht, wie lange es dauerte, bis ich es kennen gelernt hatte ? / Ein ganzes ganzes Menschenelend lang ! / Soll ich beschreiben, was ich sah, was ich entdeckte ? / Schon gleich am ersten Tage blieb ich nicht allein : / Der Menschheitsjammer kam zu mir / und weinte mir aus tiefen Augenhöhlen zu : / er hat mich nicht verlassen bis zum letzten Schritt ! / Das Erdenweh gesellte sich zu mir; / es kroch zu mir aufs Pferd, und schlang die Arme fest um meine Hüften. / Des Lebens Elend faßte meinen Bügel / und schleppte sich an meiner Seite weiter. / Es kam die Not gerannt und griff in die Kandare, / um mich in meiner Richtung zu beirren. / Wenn sich die Dämmrung senkte, tanzten die Schatten des Verbrechens vor mir her, und in der stillen Nacht / begannen Schuld und Strafe hinter mir zu heulen. / Ich ritt wochenlang durch Trümmerstätten, in denen mich der hohnlachende Menschenwahn als Gespenst der Vernichtung begrüßte. Ich kam über schier endlose Gräberfelder, aus deren Höhlen das irre Gekicher der Unduldsamkeit schrillte. Ich sah Tempelruinen, in denen der Unverstand im tiefsten Stumpfsinn hockte. Um die zerbrochenen Säulen einstiger Heiligtümer schlug die Narrheit ihre widerlichen Kapriolen. An ausgetrockneten Quellen träumte die Gleichgültigkeit in Lumpen, die ihre Blöße kaum bedecken konnten. Die Scheinheiligkeit andächtelte vor eingestürzten Kapellen, für deren Erhaltung sie keine Hand gerührt hatte....."
2. *Sprecher (bedächtig):* Nicht übel. Unverächtlicher Wortschatz; obwohl vielleicht etwas zu undulatorisch – : und ob ihm Zarathustra nicht doch ein wenig die Zunge gelöst hat ?
1. *Sprecher:* Nur kein Neid; jedem das Seine ! – Leider verbietet die Länge der Stelle, hier die Erlebnisse Mays in den Labyrinthen der ‚Alten Lehrgebäude' zu verlesen : unvergleichlich höhlenhaft, Voyage au Centre de la Terre; ein Gemüt, so einfach gefügt, daß es schon wieder an Tiefsinn grenzt. – Jedenfalls sind hier orientalisch tingierte Symbolik, moreskentänzerhaft verlarvte Biographica – in einer Transformation, die *keine* Verzerrung ist ! – und ein unerwartet=erstaunlicher Überschuß an Formgefühl, derart gekoppelt, daß die beiden letzten Bände dieses ‚Silbernen Löwen' eine Auto= und Psychobiographie einziger Art geworden sind !

2. Sprecher (nüchterner): Vermutlich eine Art botanischer Kuriosität. – Und das also ist Mays Höchstes ?
1. Sprecher: Noch nicht ganz. Zwar komponiert er sogar ‚Ernste Klänge' – er war Orgelspieler. Veröffentlicht auch ein ziemlich ungenießbares Lesedrama, ‚Babel und Bibel' : Sie hörten zu Anfang schon von der ‚Geisterschmiede' ! – Sogar einen Band Lyrik……
2. Sprecher (neugierig): Gedichte ? ! das wäre !
1. Sprecher (seufzend): Ach, das ist etwas, was besser *nicht* wäre ! Vergebens warnte ihn sein Verleger, solche Banalitäten lieber nicht zu publizieren. Die ‚Himmelsgedanken', Goldschnitt rundherum, sind eigentlich nur durch die Naivität bemerkenswert, mit der May einleitend Gott Vater zu sich sprechen läßt : „Ich lieh Dir diese Lieder; / sie sind mein Eigentum."
2. Sprecher: Wer sie also verreißt, versündigt sich eigentlich an Gott ? : Gar nicht dumm eingefädelt !
1. Sprecher: Ganz abgesehen einmal von den vielen sächselnden Reimen auf *(übertrieben kaffeesächsisch):* ‚Süden / Blüten' und ‚reichen / zeigen', gibt *dies* hier ein gutes Bild von der sagenhaft primitiven Formelhaftigkeit seiner Reimereien :
Zitat (aufs grausamste schmalzig, aber keinesfalls sächselnd!): „Es war im Wald. Die Bäume alle *schliefen.* / Der Mond : *belauschte lächelnd* ihren Traum. / Die Schatten lagen ruhig in den Tiefen. / Die Welle *küßte still* des Weihers Saum."
1. Sprecher: Oder :
Zitat (wie oben): „Ich schlafe ein *an meiner Mutter Brust* : / O welche *Wonne,* welche *sel'ge Lust* ! / Die Mutter ist so *fromm,* sie ist *so rein* – : / Und ich will so wie sie *auch* immer sein !"
2. Sprecher: Ts, ts ! Und das zu einer Zeit, wo der Expressionismus längst begonnen hatte !
1. Sprecher: Ja, es ist unsagbar erbärmlich. – Ganz selten – um präzise zu sein : *zweimal !* – gelingen ihm allerdings auch Zeilen wie solche :
Zitat (diesmal schlicht, voller Altersmüdigkeit): „Ich bin so müd', so herbstesschwer, / und möcht' am liebsten scheiden gehn. / Die Blätter fallen rings umher : / wie lange, Herr, soll ich noch stehn ? / Ich bin nur ein bescheiden Gras, / doch eine Ähre trag auch ich; / und ob die Sonne mich vergaß, / ich wuchs in Dankbarkeit für Dich.

Ich bin so müd', so herbstesschwer, / und möcht' am liebsten scheiden gehn; / doch, brauche ich der Reife mehr, / so laß mich, Herr, noch länger stehn. / Ich will, wenn sich der Schnitter naht, / und sammelt Menschengarben ein, / nicht unreif zu der Weitersaat / für Dich und Deinen Himmel sein."

2. Sprecher: Reminiszenz an Klopstock : ‚Saat von Gott gesät, dem Tage der Garben zu reifen', wie ?

1. Sprecher: Mag sein. – Wäre er nun beim ‚Silbernen Löwen' stehen geblieben, hätten Sie recht mit Ihrer Formulierung von der ‚Botanischen Kuriosität'. Als nächstes jedoch wagte er sich – endlich – an sein Kindermärchen von Sitara, dem Stern und dessen Kontinenten, ‚Ardistan und Dschinnistan'. Ein Leben lang hatte ihn der Stoff beschäftigt; nun, fast siebzigjährig, reitet Kara Ben Nemsi auch dorthin. – In einem pränatalen Zustand beginnt das Buch; vor aller Geburt flüstern Seelen mit Seelen; als unverkennbarer ‚Schutzengel' wird der Held nach Ardistan gesandt....

2. Sprecher (erinnernd=erläuternd): zur tönernsten Erde hernieder...

1. Sprecher: Ganz recht. – Ein ‚Edelmensch' nämlich soll auf seinem ‚Pilgrim's Progress' von dieser Welt in die nächst höhere geleitet werden. Nur, daß bei Bunyan alles puritanisch hölzern bleibt; während May in blühender nackter Mystik wuchert, bei der wir die Kühnheit und Anmut des Fortschreitens von einer Gedanken= und Bilderreihe zur anderen, ohne uns etwas zu vergeben, bewundern dürfen ! Er verschafft sich zudem gewichtigste Vorteile über den beschränkten Engländer dadurch, daß er mit einer *seelischen* Entwicklung aufs Geschickteste eine *historische und religionsphilosophische* koppelt. – Nach der Überfahrt im Schiff ‚Die Geburt', landet der Held zunächst an den sumpfigen Gestaden der Ussûl......

2. Sprecher (wiederholt fragend): Der Ussûl ? –

1. Sprecher: Eines schwerfällig=seßhaften Urvolkes, verstrickt in Schamanentum und Mutterrecht; Pfahlbauern im Urschlamm, und athletische Angler. Hier findet er ein Kind Gottes, den ‚Edelmenschen', eingesperrt in den Stachelkäfig des Aberglaubens; heulend umkreist von Geschlechtlichkeiten – symbolisiert in den bärenstarken Hunden ‚Er' und ‚Sie' (die aber durch Kreuzung mit Dschinnistanrassen zu ‚Bruder' und ‚Schwester' veredelt werden können !)

2. Sprecher: Also etwa im Sinne des späten Tolstoi der ‚Kreutzersonate'.

1. Sprecher: May befreit den schönen, riesenstarken und =reinen Erdengast; und geleitet ihn durch mohammedanisch=feindliche Reitervölker, durch lamaistische Städte, hinauf nach Dschinnistan, zu Gott – der erscheint persönlichst als liebevoller Vater, der den Sohn in die Arme schließt; für Feinde aber auch der Emir von Dschinnistan an der Spitze seiner Panzerreiter, ganz ‚Herr der Heerscharen'.
2. Sprecher: Also christliche Mystik in Reinkultur?
1. Sprecher: Ja. Und zwar in weit vielfältigerem, farbigerem und künstlerisch konkurrenzfähigerem Sinne, als Sie annehmen. Ergreifend wird da etwa die Friedenssehnsucht der Menschen als Schrei nach Wasser gestaltet: in den Bildern der steinernen Brunnenengel, den einzigen Zugängen zu dem versickerten ‚Fluß des Friedens'; umheult=vergessen von kriegerischen Wildvölkern; auf den versandeten Sockeln nur die Spuren von Vogelfüßen – dennoch Treffpunkt Aller, die überleben wollen.
2. Sprecher: Stand nicht solch ein ‚Brunnenengel' in seiner radebeuler Villa?
1. Sprecher: Das ist nur belanglos=wichtig. Ebenso wie die Frage, wieweit er etwa in seinen Ussûl ein Super=Patagonien, ein Elefantenzeitalter, nach Vorlage von George Musters, gezeichnet hat. Die Dehnbarkeit der Allegorie erlaubt viel; auch muß die geistreichste Deutung da versagen, wo versäumt wurde, hinreichend Biographisches Detail für den Leser zu sammeln. – Jedenfalls ist dieses Tausendseitenbuch von ‚Ardistan und Dschinnistan' nicht nur, wie May vor allem wollte, ‚zur Lektüre für den Kaiser, für einflußreiche Menschen' gedacht –
2. Sprecher (skeptisch): ..... für *die* wohl am allerwenigsten! –
1. Sprecher: sondern der auch uns Außenstehenden geheimnisvoll=zugängliche Beleg für das Vorhandensein einer eigenartigen geschlossenen Gedankenwelt; eines Binnenreiches, sehr wohl vergleichbar dem ‚Orplid' Mörikes, oder der ‚Gondal=World' der Brontës.
2. Sprecher (gutmütig=ironisch): Also!: Auf in die Buchläden, und diese vier Bände gesichert, wie?!
1. Sprecher: Hier muß ich leider schon wieder ‚Halt' rufen; denn Sie haben damit ein überaus trauriges Kapitel berührt. – Vielleicht haben Sie, als Verehrer des Exakten, sich schon gewundert, daß ich bei keinem meiner Mayzitate eine verläßlich=verbindliche Seitenzahl gab?: das ist nicht meine Schuld. Obwohl es seit über 40 Jahren einen ‚Karl=May=Verlag'

gibt, sind sämtliche Bände im Laufe der Zeit ‚überarbeitet', das heißt : *verändert* worden.

2. *Sprecher:* Tempelschändung ist's nun freilich nicht; weil die meisten Bände, wie Sie selbst zugaben, keinerlei Tempel sind. Aber worin bestehen diese Veränderungen ? Sind sie erheblich ?

1. *Sprecher:* Einmal wurden sämtliche Fremdworte mitleidslos ‚übersetzt', um May auch äußerlich zum Absoluten Volksschriftsteller mit unverdächtig geringem Wortschatz zu stempeln – *und wie übersetzt !* Wenn ursprünglich ein Pferd ‚Lançaden' machte, wird neu ‚Bewegungen' daraus : wenn dem Bearbeiter wenigstens noch ‚Bogensprünge' eingefallen wäre ! Aus ‚Konti', also ‚Schuldbücher', werden neu abgesägt=simple ‚Hefte'. Aus ‚Patriarchalisch' wurde ‚kameradschaftlich' – also ungefähr das Gegenteil; undsoweiter, undsoweiter.

2. *Sprecher:* Sinnloser Purismus : der arme alte Mann !

1. *Sprecher:* Leider : man hat das Erbe schlecht behütet ! Und ging noch viel, viel weiter. Es gibt ja wohl kein erschütterndes Schauspiel, als wenn ein Mann, der jahrzehntelang wertloses Zeug produzierte, sich nun im Alter mächtig aufrafft – *und die Feinde im eigenen Lager* frustrieren aufs plumpste solch anerkennenswerte Steigerung ! Wenn May seine schon mehrfach heute belegten Jamben wellen läßt :

Zitat: „Die Sättel waren hohe Throngestelle, / mit farbenreichem Teppichwerk belegt, / mit Fransen= und mit Federschmuck behangen, / sodaß der Reiter, falls es ihm gelang, / sich auf der stolzen Höhe festzusetzen, / und wenn er jene Phantasie besaß, / die leidenschaftlich gern auf Höckern reitet, / sich leicht als Allahs Liebling dünken konnte – : / Hast Du auch dieses Bild verstanden, Sihdi ?"

1. *Sprecher:* Also untadelige Blankverse; im gewollten, geheimnisvoll=gehobenen Halbsingsang des Märchenerzählers, absichtlich primitiv die Cäsur meist am Ende der Zeile – dann machte die Bearbeitung von 1954-57 in unbegreiflicher Geschmacklosigkeit daraus :

Zitat: „Die Sättel waren hohe Throngestelle, / mit farbenreichem Teppichwerk belegt.... /

1. *Sprecher (halblaut, scharf):* und nun geht's los mit der ‚Verbesserung' ! :

Zitat (übermäßig das Gehinke der Jamben hervorhebend): „mit Fransen= und Federschmuck behängt, / so daß sich der Reiter, falls es ihm gelang, / sich auf der stolzen Höhe festzusetzen, / bei einiger Einbildungskraft, /

leicht als Allahs Liebling dünken konnte – : / Hast Du auch dieses Bild verstanden, Effendi ?"
2. *Sprecher:* Und so rollt der Schüdderump voll abgemurkster Jamben dahin, im grobschlächtigsten Pumpertakt.
1. *Sprecher:* Wenn May an verwickelten Traumtüren eine „dunkle *Schattenhaftigkeit* sich tief verneigen" läßt, so wurde aus dem so glücklich geprägten, larvenhaft=vielgliedrigen, grotesk auf ‚i' geknickten Wort, ein stümperhaft=nichtssagender ‚Schatten'.
Zur Entschlüsselung wichtigste Einzelheiten wurden superklug ‚verbessert' : wenn in ‚Ardistan und Dschinnistan' einer zwölfmal auf den Gong schlug – gleich zweimal sechsmal; entsprechend den ‚sechs heiligen Silben' im Lamaismus : Om mani padme hum – und es früher korrekt *zwölfmal* von der Waldkulisse am Fluß her antwortete; dann weiß die 1955er Ausgabe, daß „ein *hundertfaches* Echo" erweckt wurde. *Warum, um Himmels willen, solche Verstümmelung ? !* Ein ausgesprochener *Feind* des alten Mannes hätte dergleichen nicht boshafter ersinnen können !
2. *Sprecher (trocken):* Ewiges Rätsel des Verlegerherzens. – Was ist denn seitens des Verlages an Positivem geschehen ?
1. *Sprecher:* Man hat z. B. sechzehn Bände ‚Karl=May=Jahrbücher' veröffentlicht; in denen nur selten schätzbares bio= und bibliografisches Kleinmaterial neben knolligen Lobeshymnen körperlich oder geistig Halbwüchsiger steht : zwei Drittel der Papiermasse sind, meines Erachtens, unbrauchbar. – Jedenfalls : wenn es noch keine ernsthafte Karl= May=Forschung gibt – der Karl=May=Verlag ist nicht ohne Schuld daran.
2. *Sprecher:* Was wäre also, Ihrer Ansicht nach, hier zu tun ?
1. *Sprecher:* Was not tut, um das bisher geübte abscheuliche Verfahren zu neutralisieren, wäre Folgendes : wir haben heute nicht mehr den Originaltext, weder des ‚Silberlöwen', noch von ‚Ardistan und Dschinnistan'. Dies aber sind die einzigen, wahrhaft ernstzunehmenden – unbedingt aus der geistigen Quarantäne zu erlösenden ! – Bücher Mays (was, im Vorbeigehen gesagt, schon dadurch belegt wird, daß sie die geringste Auflagenziffer der Romanreihe aufweisen). Deshalb ist es als Erstes erforderlich, einen gesicherten Text dieser Bände herzustellen, vermittels buchstaben= und zeichengetreuer Veröffentlichung der Handschrif-

ten; dazu als Fußnoten die Varianten der noch von May selbst durchgesehenen Ausgaben.
2. *Sprecher:* Ich würde bei Mays Tendenz zum Schlüsselroman – lassen Sie gut sein; ich weiß, der Begriff ist hier nicht ganz zuständig ! – vor allem auch eine umfassende Biographie für nützlich halten.
1. *Sprecher:* Sehr richtig : aber bitte *nicht* von einem Verehrer Mays geschrieben, beziehungsweise von einem finanziell Interessierten ! Am besten wäre ein ehrlicher Gegner. – Hinzu müßte womöglich noch ein Band Briefe kommen, der immer den unmittelbarsten Einblick in eine Gedankenwerkstatt erlaubt. – Ihm *ist* Unrecht geschehen; ihm *geschieht* Unrecht noch *heute* ! Es gilt, unserer Literatur zwei merkwürdige Bücher zu erhalten.
2. *Sprecher:* Da dies aber zunächst nichts als fromme Wünsche sind : was kann man im Augenblick tun, sich diesen beiden Stücken zu nähern ?
1. *Sprecher:* Im Augenblick ist die Situation so : für die kritiklose Jugend mögen die vorliegenden redigierten Bände allenfalls ausreichen; für den älteren ernsthaften Leser, oder gar Literaturhistoriker, sind sie nur unvollkommen brauchbar. Wer den *Dichter* Karl May wahrhaft würdigen lernen will, dem empfehle ich, auf die – allerdings nur noch antiquarisch erreichbaren – Vorkriegsausgaben zurückzugreifen. Zur Freude aller Kenner – deren Anzahl zur Zeit noch bedauerlich gering ist – hat der Karl May Verlag, Bamberg, der in beneidenswertem Besitz der Originalmanuskripte ist, endlich Textkritische Ausgaben einiger Spätwerke angekündigt : sobald sie vorliegen, wird die deutsche Hochliteratur um 2 sehr merkwürdige Bücher reicher sein.
Aber : beschränken Sie sich, ich rate Ihnen gut, strikt auf diese beiden :
,Im Reiche des Silbernen Löwen', und
,Ardistan und Dschinnistan'.
Hier sehen Sie Karl May, als das, was er ist : *der bisher letzte Großmystiker unserer Literatur !* – Der Rest : ist Schweigen.

Hans Wollschläger

Erste Annäherung an den ‚Silbernen Löwen'

Zur Symbolik und Entstehung

> Der Löwe brüllet –
> Wer sollt sich nicht fürchten?
> Der HErr HERR redet –
> Wer sollt nicht weissagen?[1]

I

Man möchte, was Goethe im Hinblick auf Shakespeare sagte und auch verallgemeinert gültig wissen wollte, es sei „genau genommen, nichts theatralisch, als was für die Augen zugleich symbolisch ist"[2], noch genauer und allgemeiner nehmen und eine Grunderkenntnis der Kunstwirkung überhaupt darin gewonnen sehen: ‚Symbolik' stellt im Vorgang der Vermittlung, tief unterhalb aller anderen, vielfältig variablen Medien dessen, was der Jargon ‚die Aussage' nennt, die eigentliche Brücke zwischen Konzeption und Rezeption dar: jenes Zusammenkommen der beiden Stücke einer zerbrochenen Erkennungseinheit, von dem der Begriff sich ursprünglich hergeleitet hat.[3] Sie ist Basis jenes Wiedererkennens, das sich als ‚Verständnis' äußert; sie bewirkt im untersten Grund die Herstellung der Erfahrungsidentität, auf der dieses sich aufbaut. Solche Verständigungskraft ist groß: sie sprengt noch den sonst unüberwindlichen Tatbestand, daß Kunstwerk und Betrachter, gelinde gesagt, immer ‚verschiedene Sprachen' sprechen und daß jenes diesem in allen seinen direkten Ausdrucksformen zu größten Teilen uneigen bleibt und fremd, im Extremfall zur Gänze unzugänglich; ja, sie greift über die größten Zeiten und Weiten hinweg und erreicht uns aus denkerisch fremd strukturierten Kulturkreisen ebenso wie aus lange erloschenen Epochen. Man möchte so weit gehen, sie unter die Rang- und Echtheitskriterien der Kunstschöpfungen selbst aufzunehmen; ihr Fehlen ist das eines Ursprünglichen und liefert die Produktionen der Künstler am ehesten dem Unverständnis, der Überalterung, dem Vergehen aus.

Wenn man für empirisch bewiesen nehmen darf, daß auf ‚Symbolik' elementare Rezeptoren des seelischen Sensoriums ansprechen, so ist auch ihre wichtigste Charakteristik evident: sie gehört – und wir beschränken uns hier, obwohl diese Überlegungen bis ins Allgemeine der Sprachäußerung reichen, auf deren differenzierteste Form – zu den ‚ältesten' Elementen der individualen Kunstäußerungen, wie sie auch geschichtlich das älteste der menschheitlichen ist. Archaisch in beiderlei Sinne, bergen ihre Zeichen ein, vielleicht das Bedeutungsidiom der vorsprachlichen Ich-Entwicklung ebenso wie die Erbschaft aus deren historischer Evolutionsparallele, und möglicherweise sind beide so wenig zu trennen und zu differenzieren wie, auf noch früheren Stufen, die autonome Embryonalentwicklung und die darin reproduzierte Arten-Evolution: – die Annahme eines ähnlichen Vorgangs wie dieses letzten, einer Fortsetzung in den ersten drei Jahren der Ich-Konstitution, die später durch vollkommene Amnesie vom Lebensschicksal abgesondert sind, würde zahlreiche empirische Funde der Psychologie systematisch formulierbar machen.[4] Freud hat von „der sicherlich ‚mitgeborenen' Symbolik" gesprochen, „die aus der Zeit der Sprachentwicklung stammt, allen Kindern vertraut ist, ohne daß sie eine Unterweisung erhalten hätten, und die bei allen Völkern trotz der Verschiedenheit der Sprachen gleich lautet", und auf die Erfahrung hingewiesen, „daß unsere Kinder in einer Anzahl von bedeutenden Relationen nicht so reagieren, wie es ihrem eigenen Erleben entspricht, sondern instinktmäßig, den Tieren vergleichbar, wie es nur durch phylogenetischen Erwerb erklärlich ist".[5] Tatsächlich läßt sich die archaische Vor- und Frühsprache am ehesten differenzieren, wenn man als ihre Basis phylogenetisches Material annimmt, ein sozusagen zeitgerafftes Erfahrungskonzentrat der Kollektivgeschichte, in das sich die individualen Weltwahrnehmungen korrespondierend einschichten. Die oft erschreckend mächtige, für das ganze Leben prägend und bestimmend bleibende Kraft solcher frühen Wahrnehmungen wäre damit verständlich: sie sind auf eine geeignete Korrespondenzbereitschaft in der archaischen Matrix gestoßen, die sie über sich selbst hinaus potenziert und zusätzlich mit dem gesamten Ahnenschicksal belastet.

Wo die Verwurzelung des kreativen Prozesses, ja die Beheimatung der Kreativität selbst in frühesten Ich-Schicksalen erkannt ist[6], werden wir der Zeichensprache dieser frühesten Zeit[7] auch in den Kunstwerken besondere Beachtung zuwenden, zumal in den sprachlichen Kunstgestaltungen, unter deren Parametern dieser eine sich durch seine Sonderstellung, nämlich die Herkunft aus der Vorsprachlichkeit, deutlich abhebt, und erst recht da, wo ‚Symbolik' zum erklärten Programm der künstlerischen Mittel gehört. Denn nicht nur „in den ältesten Sagen der Menschheit" finden sich, wie Freud feststellte, „die Gegenstücke zu diesem phylogenetischen Material"[8], sie bilden auch, zeitunabhängig, einen immer lebendigen Bestandteil im Ausdrucksfundus der künstlerischen Werksprachen, ja vielleicht, wo sie mit analogen Schicksalsmustern des Ichs zusammentreffen, ihre mächtigsten Treib-Sätze, und begründen – wir wollen die These wagen – die unterste Notwendigkeit der Kreativität überhaupt. Die Aufgabe, die verschiedenen Deutungsansätze des Begriffs ‚Symbolik' durch die Zeiten zu verfolgen, soll hier nur gestellt werden; wir wollen uns gleich jener Charakteristik zuwenden, die zu seiner Aufnahme in die Traumlehre der Psychoanalyse geführt hat und sich aus ihr weiter erläutern kann. Diese Charakteristik ist umgrenzt von den Eigenschaften Bedeutungslatenz und Bedeutungskonstanz, und sie nimmt mithin unter den Elementen des dichterischen Phantasierens eine ähnliche Sonderstellung ein wie unter denen des Traums[9]: in beidem sind die symbolischen Materialien der Umwandlungsarbeit entzogen; sie stellen Invarianten dar im Prozeß der Verdichtung und Verschiebung, der beide dynamisch beherrscht; sie sind archaisch vorgegeben und bleiben es, sind unbewußt und bleiben es, und die Interpretation (‚Deutung') kann vom Urheber (‚Träumer') keinerlei Auskünfte (‚Assoziationen') erwarten, ja sie muß, wo sie gelingt, oft auf Einverständnis oder gar Beifall von seiner Seite ganz verzichten. Dies möchte eigentlich dazu anhalten, solche Materialien im Kunstwerk als außerkunsthaft zu bezeichnen und aus der Interpretation ganz auszuscheiden: denn was sich der artistischen Verfügung so strikt entzieht, ja von ihr gar nicht ersonnen und erschaffen werden kann, widersetzt sich unserer Vorstellung von der individualen Kunstleistung, in der wir einzig die bewußte Gestaltung am Werk sehen möchten. Allein, zum einen sind die künstlerischen Hervorbringungen der Menschheit nie von der Individualstruktur ihrer Urheber zu trennen, also etwa ‚objektiv' zu betrachten, so sehr immer die Gestaltung als Objektivierungsarbeit zu verstehen ist; man wird daher bei der Interpretation auch diejenigen Materialien, die scheinbar nur über persönliche Vorgegebenheiten Mitteilung machen, nie vernachlässigen dürfen. Zum anderen ist der Wirkungskreis unbewußter Motivkräfte in den Kunststrukturen weit umfangreicher, als die unpsychologische Auffassung sich vorstellen darf, und vielleicht läßt sich eine Grenze, an der die Freiheit absolut bewußter Formungsverfügung begönne, überhaupt nicht ziehen. Der Begriff der ‚Inspiration', der im Kunstverständnis und -selbstverständnis immer seinen festen, wenn auch inhaltlich diffusen, Stellenwert gehabt hat, zeigt etwas davon an: er umschreibt nichts anderes als ein Bewußtsein von der Mitwirkung solcher unbewußten Motivkräfte, und immer wäre an Goethes erstaunliche Antwort auf die Frage nach der „Idee" im *Faust* zu erinnern: „Als ob ich das selber wüßte und aussprechen könnte!"[10] Mit Recht hat sein Biograph Friedenthal diese Auffassung im französischen Symbolismus des ausgehenden 19. Jahrhunderts fortgeführt gesehen und die Linie bis zu Valérys Satz, seine Verse hätten den Sinn, den man ihnen verleihe, weitergezogen[11]; er hätte auf ihr, wäre ihm der Gegenstand gebührend bekannt gewesen, auch Karl Mays Alterswerk an hervorragender Stelle eintragen können.

Wir wollen dem Eindruck der Beliebigkeit, den solche Äußerungen vermitteln, nun allerdings nicht länger trauen als bis zu der Einsicht, daß sich in ihnen zugleich ein Wissen um die Zuverlässigkeit gerade der unbewußten Mitteilungszeichen ausspricht: sie treffen beim Empfänger auf ein analog im Unbewußten liegendes Rezeptionssystem und werden dort vielleicht exakter verstanden als alle anderen, aus höheren, dem Bewußtsein näheren Schichten stammenden Zeichen; ob in diesen überhaupt je eine voll vermittelbare Eindeutigkeit erreichbar ist, könnte bezweifelt werden. Ihre Unterscheidung freilich ist um so notwendiger, wenn man eine Interpretation nicht nur des vom Sprachgebrauch verwischten Begriffs ‚Symbolik', sondern gerade der von ihm funktionell bestimmten Dichtungsformen unternehmen will. In ihnen finden sich nämlich weitere ‚symbolische' Elemente, die sich von der eigentlichen, der archaischen Symbolik charakteristisch abheben und auch gesondert zu deuten sind. Für die Psychoanalyse hat Ferenczy die Abgrenzung in auch für die Dichtung gültiger Weise definiert: Symbole, speziell der ontogenetischen Partialschicht, seien „nur solche Dinge (resp. Vorstellungen), denen im Bewußtsein eine logisch unerklärliche und unbegründete Affektbesetzung zukommt und von denen analytisch festzustellen ist, daß sie diese affektive Überbetonung der unbewußten Identifizierung mit einem anderen Dinge (Vorstellung) verdanken, dem jener Affektüberschuß eigentlich angehört. Nicht alle Gleichnisse sind also Symbole, sondern nur jene, bei denen das eine Glied der Äquation ins Unbewußte verdrängt ist".[12] Diese Differenzierung greift auf die ältere Unterscheidung von Symbolik und Allegorie zurück, und mit einigem Staunen mag man ihr Wesentliches bereits in voranalytischer Zeit voll erkannt sehen – bei Goethe wiederum, der von der „Symbolik" wußte, sie verwandele „die Erscheinung in Idee, die Idee in ein Bild, und so, daß die Idee im Bild immer unendlich wirksam und unerreichbar bleibt und, selbst in allen Sprachen ausgesprochen, doch unaussprechlich bliebe". Die Allegorie dagegen „verwandelt die Erscheinung in einen Begriff, den Begriff in ein Bild, doch so, daß der Begriff im Bilde immer noch begrenzt und vollständig zu halten und zu haben und an demselben auszusprechen sei".[13] Was Goethe hier Verwandlung nennt, entspricht im psychoanalytischen Modell der Traumarbeit, und demgemäß bestimmt deren Dynamik das Erscheinungs-Bild: im Gegensatz zu den archaischen Symbolen, die starr bleiben („stumm", wie Freud, „unaussprechlich", wie Goethe sagte), sind die Allegorien variable Übersetzungen der latenten Traumstoffe; sie sind der Verdichtung und Verschiebung zugänglich, fügen sich sogar einer gewissen Realitätsanpassung („Rücksicht auf Darstellbarkeit") und gewinnen, auch im Unbewußten, einen relativ individual-schöpferischen Charakter. Für die Erschließung der Kunstbildungen, deren Motivation wir der Traumfunktion weitgehend ähnlichsetzen dürfen, gewinnen wir damit ein bedeutendes Scheidemittel: Wenn verständlich wurde, daß Goethes Bezeichnungen „Begriff" und „Idee" im Kern eine genetische Unterscheidung meinen (Sprach- und Vorsprachlichkeit) und die „Symbolik" geradezu in den Bereich des – so an anderer Stelle[14] – „Unerforschlichen" rücken, so bewegen wir uns bei den Allegorien auf entschieden festerem Boden: ihre Gleichungen sind in beiden Gliedern sprachimmanent. Die Entstellung, auf die sie funktionell hinzielen[15], ist also – wie beim Traum durch Assoziation – durch begriffsbildende Rückübersetzung voll reversibel. Dies gilt freilich nur sozusagen abstrakt; in der Praxis der Deutung ergeben sich – wie in der therapeutischen Analyse – zahlreiche Erschwerungen und Hindernisse. Denn da die Allegorisierung, als Gegenstück der Traumarbeit, wesentlich eine Produktion der „Zensur" ist, also eines unbewußten Systems der Psyche, das die Funktion hat, die Grundinhalte am Vordringen zum System Bewußtsein zu hindern, trifft ihr Ergebnis beim Betrachter auf eine analoge unbewußte Bereitschaft, und es bildet sich ein Über-Ich-Bündnis, das auch die Deutung dem Entstellungsprozeß unterwirft und zu Widerstand und Abwehr, Irrtum und Aufgeben führt. Mit welchen Kontrolldisziplinen dem zu begegnen ist, sei bekannt oder nicht; dem Literaturinterpreten muß jedenfalls bewußt sein, daß auch er mit seiner Arbeit in einen lebendigen Prozeß der Gegenübertragung eintritt, die seine dem ‚Objektiven' zugeneigte intellektuelle Kraft nicht selten unmerklich überwältigt. Wir wollen uns hier damit begnügen, im komplexen Bild der ‚Symbolik' mit den Allegorien (Metaphern, Gleichnissen, ‚Märchen') im Prinzip eine Sonderschicht abgegrenzt zu haben.

Eine solche Abgrenzung kann vielleicht auch für eine dritte Schicht gelingen. Sie birgt in der künstlerischen Produktion am augenfälligsten das Element ‚symbolischer' Um- und Übersetzung, und zwar in so offenbar rationaler, absichtsvoller Systematik, daß der Betrachter nicht zögert, ihre Rückauflösung wie die eines Rebus oder Rätsels unter die primären Forderungen zu rechnen, die das Werk ihm stellt. Entsprechend begreift er sie als bewußtes Formmittel des Autors und bezeichnet dieses mit dem aktiven Begriff ‚Verschlüsselung': der Charakter der Stellvertretung für ein Anderes zeigt sich ihm als ästhetische Reizqualität, die aber das Andere selbst nicht – wie bei Symbolik und Allegorie im beschriebenen Sinne – überwältigt, gar ersetzt, sondern zu seiner Entdeckung geradezu anleitet. Dem Interesse, das sie entbindet, ist oft die Größenordnung des Versteckten, dann Entdeckten gar nicht gewachsen – so wenig wie dem Aufwand des Versteckens selber: meist handelt es sich um Realmaterialien aus dem Lebensumkreis des Autors, die für sich, unmittelbar, gar nicht imstande wären, ihre künstlerische Darstellung zu tragen. Wird man schon dadurch zu dem Verdacht angehalten, daß die hohen energetischen Beträge, die da in Konzeption und Rezeption aufgewendet werden, einem ganz anderen funktionellen Zweck dienen müssen, so erst recht durch den Sog des Geheimnisvollen, der von ihnen auch nach der Entschlüsselung noch ausgeht und die Ahnung vermittelt, daß ein Rest, ja der eigentliche Sinn der so sinnvollen Scharade noch unentdeckt geblieben sei. Auch diese realste Schicht des ‚Symbolischen' gehorcht, gerade wo sie sich der Hermeneutik scheinbar gefügig zeigt, einem Verhüllungsauftrag der seelischen Zensur; sie wurzelt, obwohl eine bewußte, sozusagen autorisierte Ich-Leistung, wie das Ich selbst im Unbewußten, und ziehen wir ein weiteresmal das Analogiebild des Traums bei, so gibt sie sich uns als Wirkungsfeld der ‚sekundären Bearbeitung' zu erkennen, des abschließenden Hauptteils der Traumarbeit. Deren Aufgaben sind Systembildung und Herstellung von Kohärenz zwischen den unbewußten Materialien, also Leistungen kompositorischer Natur, und schon von daher wird evident, warum sie den Tagtraum wie die künstlerischen Phantasiebildungen vorrangig bestimmt: sie bereitet das dissolute Ubw-Gebilde sozusagen auf die Realitätsprüfung vor, indem sie die Urteilskriterien des Tags, der Rationalität, des Bewußtseins form-

und ordnungsbildend darauf anwendet und es sie bestehen läßt. Daß die so hergestellte Realitätsimmanenz, die den in den Tag entlassenen, selbständig gewordenen Kunstwerken von ihren Betrachtern ja zugesprochen wird, scheinhaft bleibt, wahnhaft ist sogar, ja daß die Kunstwerke generell als, freilich höchstrangige, Sonderformen psychotischer Wahnbildungen angesehen werden müssen, als großartige Folge- und Abwehrleistungen von deren genetischer Kondition, ist am Beispiel Karl Mays bereits angedeutet worden[16] und soll später noch ausführlicher erläutert werden; hier genüge es festzuhalten, daß auch die Oberschicht des ‚symbolischen' Konstrukts, die weiter ‚Verschlüsselung' heißen möge (und oft, als Verschlüsselung unkenntlich, die ‚Handlung' selber ist), im Zusammenhang des Untersten steht, d.h. funktionell Entstellung ist und topisch Abkömmling der archaischen ‚Idee'. Eine Hermeneutik, die diesen Zusammenhang verfehlt, muß zwangsläufig scheitern, und daß so viele Interpretationen ‚symbolischer' Kunstgebilde gescheitert sind, läßt sich zuletzt nur als Hinweis darauf begreifen, daß sie der Entstellungsmacht gerade jener Strukturschicht erlagen, die sich dem Verständnis scheinbar am leichtesten erschloß. Gerade deren Deutungstransparenz ist das mächtigste Werkzeug ihres Zwecks.

Es ist vielleicht schon deutlich geworden, daß wir als ‚symbolisch' in der Literatur weit zahlreichere Elemente ansehen müssen, als uns etwa eine erklärte Absicht des Werks zumutet: die Mitsprache des Unbewußten durchdringt nicht nur die Stoffe und ihre Anordnung auch da noch, wo scheinbar nur greifbar dingliche Realmaterialien thematisiert sind, sie bestimmt zuletzt ihr Werden und ihre Eigenart selbst und öffnet den Blick für vielleicht *die* Grundbedingung und -notwendigkeit der Kreativität überhaupt. Wenn wir es unternommen haben, die Bilderschrift dieser Mitsprache für die mechanistische Vorstellung in einzelne Schichten zu zerlegen (Symbolik, Allegorie, Verschlüsselung) und erkennbar zu machen, daß diese sich gegenüber einander wie gegenüber ihrem gemeinsamen Grundsinn wie fassadäre Strukturen verhalten, bestimmt, sich wechselseitig abzudecken und abzudichten, so müssen wir diese Auflösung zugleich doch auch wieder zurücknehmen und den Grundtatbestand wiederherstellen, daß sie alle ein Amalgam bilden, eine geschlossene Erscheinungsform, die ihre Bestandteile erst der Analyse preisgibt. Mit einigem Recht ist der Begriff des ‚Symbolischen' im Sprachgebrauch denn auch ein Oberbegriff geblieben; in ihm wird nicht zuletzt der gemeinsame topische Ursprung anerkannt. Die eigentliche Symbolik, die ihn am reinsten bewahrt und im Gesamtbild nur vereinzelte direkte Zeichen hinterläßt, „Momente", wie Goethe sagte, „ausgesäte Juwelen"[17], prägt und bestimmt auch die ihr aufgelagerten allegorisierenden und verschlüsselnden Umgestaltungen, soviel zusätzliches Material diese auch in den Prozeß einbringen. Sie hält sie als Einheit zusammen, als das eigentliche Tertium aller Komparationen, und man könnte sagen, sie tue dies um so machtvoller, je mehr sie in ihnen aufgehe und verschwinde, ja gerade dadurch am mächtigsten. Zahlreiche Befunde warten hier der Definition; so ist es etwa auffällig, daß auch die ‚jüngeren' Schichten ersichtlich jeweils eine Partialstruktur aufweisen, die der aus phylo- und ontogenetischem Material verschränkten Symbolik ähnelt: auch die Allegorien, auch die Verschlüsselungen sind in zwei Zeitsträngen strukturiert, in denen sich Vergangenheit und Vorvergangenheit verflechten, und es scheint sich da eine Grundqualität des Unbewußten selbst abzubilden: die nämlich, daß es ‚zeitlos' ist, in seinen Produktionen also auch weite chronologische Entfernungen hindernislos überklammern kann. Das Uralter des Es selbst und seiner Bewegungskräfte ist es vielleicht, was die Kunstwerke jenseits aller Individualität nicht altern läßt; ihre Dauer ist zuletzt die Resultante seiner Ewigkeit.

II

Die Komplexität der psychischen Bewegungsgesetze, von denen unsere heutige, wie immer bereits differenzierensfähige Kenntnis wahrscheinlich nur erst die Oberfläche sieht, müßte eigentlich jeden Versuch, ein isoliertes Phänomen allgemein-bedeutend zu klären, entmutigen. Aber gerade wo wir uns darüber im klaren sind, daß die hier zerlegten Wirkungskräfte weit über dieses Phänomen hinausreichen, daß sie in allen menschlichen Hervorbringungen tätig sind und, wie schon gesagt, auch die Vermittlungs- und Verständigungsprozesse dirigieren, dürfen wir uns vielleicht getrauen, den Anspruch aufs Große Ganze zurücktreten zu lassen und im Hinblick auf unseren Sonderzweck auch im Betrachtungsansatz selektiv vorzugehen. Wir wollen uns also über der Beschränkung auf den Spezialfall der Kunstwerke, und innerhalb dieser der aus Sprachmaterial gestalteten, durchaus beruhigen und es dem Deutungsertrag überlassen, sie zu rechtfertigen; einstweilen mag es sinnvoll sein, die gewonnenen Differenzierungen des ‚Symbolischen' noch einmal in einer Übersicht zusammenzustellen:

A. *Grundschicht:* eigentliche Symbolik. Archaisches Material in zwei Partialsträngen: Kollektiv-Repräsentanzen (phylogenetisch; Vorvergangenheit), präödipale Erlebnis-Engramme (ontogenetisch; Vergangenheit). Topisch: vor- und frühsprachlich; unbewußt. Erscheinungsform: „Ideen"-Bilder; unbegrifflich; starr; invariabel. Produktionsprinzip: Es-immanente Materialbildung.

B. *Mittelschicht:* Allegorie (Gleichnis, ‚Märchen'). Jüngeres, vorwiegend ödipales Material in isolierten Zensur-Übersetzungen. Partialstränge: kollektivgeschichtliche Vorstellungen (Vorvergangenheit), individualgeschichtliche Vorstellungen (Vergangenheit). Topisch: unbewußt; grundsprachlich. Erscheinungsform: „Begriffs"Bilder; inkohärent; unbegrenzt variabel. Produktionsprinzip: Traumarbeit (Verdichtung, Verschiebung).

C. *Oberschicht:* Verschlüsselung. Jüngstes Erlebnis-Material in direkten geschlossenen Übersetzungen (‚Tagesreste'), korrespondierend mit A und B, komplementär. Partialstränge: gesunkene Erinnerungen (Vorvergangenheit), aktuelle Erinnerungen (Vergangenheit). Topisch: in der Basis unbewußt, mit weiten Ausläufern ins Bewußte. Erscheinungsform: Rollen, Masken; begrenzt variabel. Produktionsprinzip: Traumarbeit (sekundäre Bearbeitung); Rationalisierung.

Wir nähern uns mit der Skizzierung solcher Grund-, Auf- und Seitenrisse zum Begriff des ‚Symbolischen' dem Verständnis eines Werks, von dem immer schon bekannt war, daß es, in exemplarischer Weise, ‚symbolisch' angelegt und zu deuten sei, und das sich der zwingenden Deutung doch immer wieder entzogen hat. Auch in den zwei Jahrzehnten, die seit Arno Schmidts aufsehenerweckenden Hinweisen auf die „zwei merkwürdigen Bücher" vergingen, auf ihre „eigenartige geschlossene Gedankenwelt" und „blühende nackte Mystik"[18], ist die Interpretation von Karl Mays Altersroman *Im Reiche des silbernen Löwen* nur unwesentlich gefördert worden[19]; ein umgreifendes Erklärungsmodell war bisher nicht zu gewinnen. Dies lag mit Sicherheit darin begründet, daß die einzelnen, auf verschiedenen, eher zufälligen Wegen erlangten Befunde zu einer und derselben Figur jeweils zwar überzeugend belegt werden konnten, sich aber nicht zur Deckung bringen ließen und so eher Unsicherheit stifteten, ja Zweifel an einer erkennbar eindeutigen Intention des Autors überhaupt. Zum Beispiel durfte als beweisbar angesehen werden, daß May in der zentralen Gestalt des Ahriman Mirza seinen Kritiker und Gegner Fedor Mamroth von der *Frankfurter Zeitung* in die Handlung des Buches eingeschleust und eingeschlüsselt hat[20]; zugleich aber hatte Arno Schmidt zweifelsfrei dargelegt, daß ihr ein Porträt Nietzsches unterblendet sei[21]; und schließlich konnte auch der Hinweis, es handle sich dabei um den konkreten Schattenriß einer Vater-Imago[22], auf einige Schlüssigkeit trauen. Die Verwirrung wäre damit groß; denn zwischen Mamroth und Nietzsche eine Verbindung herzustellen, wäre nur sehr gewaltsam möglich, und zwischen beiden und dem Vater May nicht einmal mit Gewalt. Es sei denn, wir wollten uns nun entschließen, die Mitwirkung des Unbewußten am kreativen Prozeß generell voll anzuerkennen und generell nicht mehr, und schon gar nicht im Sinne einer Rangwertung, von den Gestaltungen des Bewußtseins zu sondern – von jener allerletzten Verwandlungs- und Ordnungsarbeit, die nur das Innerste und Unterste in die Rationalwelt nach außen bringt und es für sie beständig macht. Bei May läßt sich, als an einem Musterfall, hier nur besonders deutlich darstellen, was allgemein gültig ist; daß seine Produktion sich regelmäßig bei halbwachen Befindenszuständen vollzog, daß er ihrer bedurfte und auf sie zu warten hatte, um die Niederschrift als nur ihr letztes Stadium zu bewältigen, ist schon ausführlicher dargestellt worden.[23] Und da trägt sich uns nun die Möglichkeit an, das Gemeinsame der drei Gestalten in einer Reaktionsauslösung archaischer Ich-Ängste zu sehen, einer Bedrohungs- und Vernichtungswirkung, die für May an das frühe Vaterbild gebunden war und im Lektüreerlebnis Nietzsches ebenso wiederkehrte wie im Angriff Mamroths zur Zeit seiner größten Lebenskrise. Die sonst nicht recht begreifliche Vergrößerung eines, gar nicht einmal bösartigen, Kritikers bis hin zum Weltgefährder ließe sich so begreifen: der darin produktive Affektbetrag antwortete nicht auf die isolierte Realerfahrung allein, sondern auf eine Kette unbewußt gleichbedeutender seelischer Erfahrungs-Konnotationen. Wir wollen die hier aufdringenden Fragen zur Thematik ‚Ich und Realität' noch offenlassen und einstweilen nur die Deutungsfunde unseres Beispiels in unser Strukturschema des ‚Symbolischen' eintragen, um zu sehen, ob es sie zu vereinen und funktionell durchsichtig zu machen vermag:

Typus	1. Vorvergangenheit	2. Vergangenheit
A. Symbolik	Ur-Vater-Bilder; Grundvorstellung des bedrohenden Bösen	Infantile Vater-Bilder
B. Allegorie	Ahriman (Zoroaster-Lehre); Satan, Teufel, Luzifer	Ahriman Mirza, ‚Fürst der Schatten'
C. Verschlüsselung	Nietzsche	Mamroth

Ähnlich bewährt sich das Gliederungsmodell auch, über das Personale hinaus, bei den abstrakteren Figuren des Buches, etwa den Ortsprojektionen: auch sie verlieren manche scheinbare Inkonsequenz, wenn man in ihrer Symbolik verschiedene Arbeitsstufen des Unbewußten zusammengewachsen sieht und diese als einander abdeckende archäologische Schichten versteht. Ihr statisches Erscheinungsbild, das dem von Kontaminationen ähnelt, ist Endzustand eines dynamischen Prozesses, dessen Sinn Entstellung war und der erst mit deren Gelingen zur endgültigen Ruhe der Gestalt gelangte. Die Rück-Entzerrung, die der Interpret als seine Aufgabe erkennt, führt denn vorab zu einer ‚zeitlichen' Streckung der gleichsam punktuellen Phänomene: sie werden zu Linien psycho-historischer Abläufe und konstituieren die Zeit-Dimension des Werks überhaupt. Das merkwürdige Stillstehen der Handlung, die zeitliches Fortschreiten, überhaupt Bewegung nur manchmal als Episode einläßt, als Übergang von einem statischen Komplex zum andern (und die der Gefahr, sich in Lauben-Beschaulichkeit und Genre-Szenerie selbst zu lähmen, nicht immer entgeht), läßt die Frage nach einer ‚Entwicklung' des Stoffs und seiner Gestalten über größte Strecken ja unbefriedigt und verweist sie ersichtlich an ein anderes Zeitdenken als das gewohnte. Man könnte sagen, die geschichtlichen Bewegungen der Fabel seien gleichsam abgewinkelt von der horizontalen Ebene, auf der sie sich ausbreiten, vertikal abwärts ins Unterirdische: – das von May häufig gebrauchte, wenn auch im allgemeinen Sprachgebrauch blaß gewordene Bild von der „Tiefe", in die es auf der Suche nach dem „Sinn" seiner Gestalten hinunterzublicken gelte, kann der Vorstellung hier behilflich sein. Evolution, Fortgang, Veränderung, ‚Zeit' schlechthin, entsteht im *Silbernen Löwen* erst als Abhängige der symbolischen Form und ihrer genetischen Geschichte; die „Lese-Ebenen" sind vorab zeitlich strukturiert. Das gewinnt dem Werk eine ganz eigene Dimension hinzu – eine ‚vierte' sozusagen (wobei der freilich nur metaphorisch statthafte Bezug jedenfalls dem Moment der erschwerten Vorstellbarkeit voll gerecht würde): alle Bausteine, die den Handlungsraum mit Mosaik auskleiden, sind Endpunkte autonomer Handlungsstränge aus dem Unteren und bergen noch im statischen Erscheinungsbild deren kinetische Energie; aus ihr bezieht das ganze Scharadenspiel seine unvergleichliche Spannung, die der behäbige Darstellungsduktus fast konterkariert. Deutlich wird dies nicht nur an den Figuren, die aus dem Irgendwo und Nirgendwann ihres äußeren Agierens manchmal sogar direkt ausbrechen und sich, bei stillstehender Zeit, in ihre eigene Geschichtsdimension hinunterbewegen (so etwa in dem langen Nachtgespräch, das den IV. Band einleitet); es zeigt sich augenfällig auch in den topographischen Symbolbildern wie etwa dem vom ‚Hohen Haus', in dessen Anblick schon äußerlich Zeit-Zeugnisse geschichtet und ineinander verwachsen sind, und wir wollen unser Strukturmodell auch an seinem Beispiel überprüfen:

Typus	1. Vorvergangenheit	2. Vergangenheit
A. Symbolik	‚Haus' als Gesamtperson und -leib[24]	Infantile Wohnstätte (Geburtshaus[25]); ‚Urszenarium'
B. Allegorie	Hölle; Inneres; Leib-Gefängnis	‚Lehrgebäude' der Kirche
C. Verschlüsselung	Gefängnis Schloß Osterstein[26]	Dschebel Qarantel[27]

Nicht bei allen Topoi des Werkes freilich lassen sich die sechs Felder des Modells mit genauen Bedeutungen abgrenzen – wobei dahingestellt bleiben muß, ob hier eine bloße Erkenntnisschwäche des Interpreten der Grund ist; die Übergänge jedenfalls sind oft fließend und bewahren damit die ursprüngliche Einheit der Teile. Trotzdem ist es unerläßlich, den Versuch einer Aufgliederung dieser Einheit auch da immer wieder zu unternehmen, wo das Material sich dagegen sperrt oder, entgegengesetzt, durch scheinbare Durchsichtigkeit die Bemühung lähmt: der Umgang mit den unbewußten seelischen Bildungskräften in den Kunstwerken ist eine schwierige Disziplin und verlangt vom Interpreten, wie schon angedeutet, eine weit genauer kontrollierte seelische Verfassung, als sie das bloße philologische Bemühen erfordert. Kein Zweifel besteht jedenfalls daran, daß jede einschichtige Deutung ebenso wie jede undifferenziert ganzheitliche beim *Silbernen Löwen* zum Scheitern verurteilt ist, und wer unseren Ansatz für überzogen hält und für die unnötige Komplikation einer einfachen Sache, wäre den Nachweis schuldig, daß er ohne ihn zu einem überzeugenden Ergebnis gelangt. Erst jenseits der Erkenntnis der unbewußten Gestaltungsarbeit kann die der bewußten beginnen, als einer von Komposition und hoher artistischer Verfügung: erst als geordnetes Alles in Einem beweist das Werk auch seinen künstlerischen Rang.

Wo Mays Alterswerk als exemplarisches Modell für ‚Natur'-Gesetzmäßigkeiten der kreativen Produktion erkannt ist, stellt sich die Frage nach seiner Herkunft und Tradition, und sie ist schwer zu beantworten: so offenbar isoliert steht es im Zusammenhang der Literatur seiner Zeitumgebung, so folgenlos auch ist es für die nachgekommene Literatur geblieben. Daß es gleichwohl im Kontext großer Geschichte wurzelt, gibt sich erst zu erkennen, wenn man in seiner Charakteristik auch und gerade die Bedingungen seines seelischen Zustandekommens sichtbar macht: erst als deren Abbild steht es unterirdisch in Verbindung mit etwa den Gleichnissen und Märchen des Orients, mit überhaupt den ältesten Grundgebilden der Dichtungsgeschichte[28], und Mays Berufung auf sie ist sinnvoller, als der nach bloßen Vorbildern suchende, und vergeblich suchende, Betrachter meint. Die Bindung seines Werks an archaische Kunstfunktionen war May nicht ganz unbewußt; sie wuchs, wie immer unzulänglich umschrieben, allmählich in seine späte Kunsttheorie ein. Freilich hat er das Wesen seiner ‚Symbolik' selber theoretisch nicht fassen können, und so sind auch seine eigenen Verständniswinke dem Interpreten nur wenig behilflich. Man wird aber immer auch nach dem Eigenverständnis seiner Produktionen fragen, wo man seinen geschichtlichen Standort einzugrenzen sucht, und sei es, um Goethes Satz gerecht zu werden, „in den Werken der Menschen wie in denen der Natur" seien „eigentlich die Absichten vorzüglich der Aufmerksamkeit wert".[29] Denn auch Mays Zwecke, die didaktischen, auf Welt- und Menschenverbesserung gerichteten, ordnen sich in eine Traditionsreihe ein, die durch die Zeiten reicht und zu ihrer Legitimität ebenso beigetragen hat wie zu ihrer Enge.[30] Daß Goethe hier mehrfach zur Erläuterung Mays zugezogen wurde, mag weit befremdlicher erscheinen, als es in Wahrheit ist: tatsächlich muß man, ungeachtet aller Rangunterschiede, um das nächste Beispiel groß isolierter archaischer Symbol-Dichtung aufzufinden, durch das ganze Jahrhundert zurückgehen, das Mays späte Figurationen von *Pandora* und II. *Faust* trennt – namentlich, quia absurdum, die nichtausgeführten, jene Dramen-Konzeptionen, die sich ihm schemenhaft innerlich entwarfen und seiner begrenzten Gestaltungskraft doch verweigerten: sie hätten vielleicht, nach allem, was sich aus seinen stammelndinbrünstigen Wünschen lesen läßt, jene letzte „Verallgemeinerung" erbracht, die auch in Goethes später Werktheorie das sibyllinische, erst der psychologischen Deutung ganz zugängliche Begriffszentrum bildet. Die Tradition, in die beide, Goethe wie May (und andere) bei aller Ferne der Werkserscheinung gehören, ist deren gemeinsame Herkunft aus dem Ursprünglichen der schöpferischen Notwendigkeit, der zeit- und alterslosen Widerrede gegen das chaotische Schicksal der Menschenart, der sich erringenden Sagbarkeit der allgemeinen Leiden, vor denen das Individuum „in seiner Qual verstummt": – gegenüber diesem Ursprünglichen, das die Interpretation aufzusuchen hat, bleibt alle herkömmliche Deutung bloße Philologie. Mays späte Texte sind nicht nur Beispiele elementarer Kreativität; sie vermitteln durch ihre Faktur Erkenntnis von deren Wahrheit selbst.

III

Wie weit Mays Bewußtsein die elementaren Züge seiner Kompositionen zugänglich waren, ist nicht leicht zu entscheiden; die Abwesenheit umgreifender Erläuterungen erlaubt ja noch nicht unbedingt den Schluß, daß auch seine Gedanken nicht damit beschäftigt gewesen seien. Auffällig ist, daß es sich offenbar mit den Arbeiten selbst entwickelte und erhöhte und daß davon eine Gefährdung des ‚intuitiven' Produzierens ausging, die manche Pause und Stagnation erklären könnte. So nahmen auch die Hinweise auf den ‚symbolischen' Untergrund seines Schreibens während der Arbeit am *Silbernen Löwen* quantitativ zu: man könnte extrem sagen, daß er aus der Gestalt seines Werks selber erst erfuhr und erlernte, was er gestaltete. Dem entspricht die genügend belegte Tatsache, daß er ein Buch stets ohne ein festes Konzept begann[31]; er konnte auf die Bewegungskräfte seiner ‚Quellen' vertrauen und überließ sich ihnen, um die Entwicklung des Gebilds autonom von ihnen dirigieren zu lassen. Das Ausmaß dieser Ich-Passivität ist, auch wenn wir sie als eine Grundbedingung *aller* Kreativität anerkennen, fast befremdlich[32]; May selber scheint sie das nicht gewesen zu sein, sie speiste vielmehr direkt das Selbstgefühl seiner Berufung und entzog sich dadurch der kritischen Reflexion. Als er, nach der halbjährigen Unterbrechung, von der noch zu reden sein wird, die Arbeit am IV. Band des *Silbernen Löwen* wieder aufnahm, bekam sein Verleger Fehsenfeld die – ihm sicherlich wenig sagende – Begründung zu lesen, das Manuskript habe „nicht eher kommen können, weil sein Inhalt mit den Ereignissen läuft"[33], – und damit waren nicht nur Ereignisse von Mays Außenleben gemeint, das um diese Zeit eher zur Ruhe gekommen war; auch verarbeitet die Verschlüsselungsschicht des betreffenden Werkteils vorwiegend ältere Lebensvorgänge. Man kann mit Sicherheit sagen, daß May für seine Produktionen auf einen ganz bestimmten seelischen Ausnahmezustand angewiesen war: er hatte – und oft sehr lange – auf ihn zu warten, um arbeitsfähig zu sein, und wir wollen dem Begriff ‚Inspiration‘, den wir erweitert und präzisiert haben, gern sein Bezeichnungsrecht dafür lassen; die Vorstellung vom ebenso rastlos wie pfuscherhaft kritzelnden Vielschreiber ist jedenfalls töricht und falsch. Grundkondition dieses Ausnahmezustands war, wie schon deutlich geworden ist, die Heraufkunft archaischer Ich-Ängste, die Wiederkehr verdrängter Frühlebensleiden in den Korrespondenzen des Gegenwartstags; das Werk diente ihrer Abfuhr und Verarbeitung, und es bedarf keiner ausführlichen Erläuterung mehr, warum die Formen dieser Verarbeitung nach 1900, nach dem regressiven Zusammenbruch während der Orientreise[34], in so immer erstaunlichem Maß an Komplexität zunahmen und jene ‚Symbolik‘ konstituierten, als deren Funktionsprinzip wir eine mehrschichtige, sich mehrfach abdichtende Entstellung der aus der Verdrängung ausbrechenden Stoffe erkannten: die ‚Ereignisse‘ seines Außenlebens brachten May, wie bekannt, ein jähes Crescendo der Ich-Gefährdung und wirkten so nicht nur produktionsauslösend, sondern unmittelbar formstiftend. Das erst gibt ihnen Anspruch auf genaueste Untersuchung in der Werkanalyse selbst, über ihren stofflichen Niederschlag in der Verschlüsselungsschicht ebenso hinaus wie über das allgemeine Interesse, das der Biograph, auch der soziologisch beschränkte, ihnen zuwendet. Aus solchem Funktionsgefüge wird aber zugleich auch deutlich, warum May die Theoriebildung selbst, die sich ihm aus der Erfahrung des Werkentstehens aufdrängte, mit abwehren mußte – und so erfolgreich abwehrte, daß sie nie zum System gedieh – : eine denkerische Durchdringung hätte das Werk um seinen seelischen Leistungsertrag gebracht und damit um seinen primären Sinn. Die „Absichten" Mays, nach denen wir fragen wollen, sind so immer nur als Bruchstücke zu verstehen, als begrenzte Hellfelder im Dunkelraum dessen, was wir, um seine unbewußten Determinanten zu berücksichtigen, umfassender ‚Motivation' nennen müßten; durch ihren Bruchstückcharakter, ihr Begrenztes und Begrenzendes, geben sie zugleich zu erkennen, daß sie selbst Hilfsmittel der Abwehr waren und gerade da, wo sie die Werkfunktion zu gefährden scheinen, von dieser abhängig bleiben, als letzte Schicht der Entstellung. Mays Erkenntnisse und Erläuterungen zu seiner Symbolik sind selber ‚symbolisch' strukturiert; in ihrer oft gleichnishaften Sprache kommt das zum Ausdruck.

Als „Selbsttäuschung" hat schon E. Schmid[35] den in der Autobiographie vorgetragenen „Arbeitsplan" erkannt – die späte Auffassung Mays, seine Werke seien von Anfang an als „Gleichnisse und Märchen" entworfen und systematisch nach einem festen Konzept ausgeführt worden, auf die Krönung durch ein eigentliches Werk zu, das im höchsten Alter zu leisten sei:

Für alle Fälle aber hielt ich mein Ideal fest, am Abende meines Lebens, nach vollendeter Reife, ein großes, schönes Dichterwerk zu schaffen, eine Symphonie erlösender Gedanken, in der ich mich erkühne, Licht aus meiner Finsternis zu schöpfen, Glück aus meinem Unglück, Freude aus meiner Qual. Dies für später, wenn mir der Tod einst seinen ersten Wink erteilt. Für jetzt aber galt es, zu lernen, viel zu lernen und sich auf dieses Werk vorzubereiten, damit es nicht mißlinge. Jetzt Märchen und Gleichnisse geben, um dann am Schlusse des Lebens aus ihnen die Wahrheit und die Wirklichkeit zu ziehen und auf die Bühne zu bringen![36]

Selbst wenn wir berücksichtigen, daß für den kreativen Menschen wie für den Psychotiker, dessen Lebenswahrnehmung archaisch arretiert ist, die gesamte Realität imaginären, ‚gleichnishaften' Charakter hat, werden wir dieser etwas zu großartigen Summenkonstruktion eines extrem heterogenen und entwicklungsreichen Lebenswerks nicht folgen können: „Der Alternde täuschte sich wohl über seine ursprünglichen Absichten, bedrängt und verwirrt durch die unerhörte Hetze. Das Ergebnis war die Flucht in die Symbolik."[37] Tatsächlich kann kein Zweifel daran bestehen, daß die späten Texte Mays sich durch ihren Zuwachs an Formungskraft und feinmechanischer psychologischer Steuerung von den früheren Büchern entschieden abheben; ebenso deutlich ist allerdings, daß sie nicht ohne alle Kohärenz mit ihnen sind, und die von May immer wieder ausgesprochene Vorstellung, daß jede seiner Altersarbeiten sich zur nächsten, „eigentlichen", wie „Skizze und Vorübung" verhalte[38], hat in gewissem Sinne auch für die mittleren und späten Reiseerzählungen, ja streng genommen für das gesamte Werk inneres Recht. Denn wo die Analyse uns immer einleuchtender zu verstehen gibt, daß auch die frühen Geschichten von archaischen Motiven gelenkt sind und die, nur vergleichsweise ‚naive', Verarbeitung des gleichbleibenden Urstoffs der frühen Lebenserleidnisse darstellen, bekommt Mays Anspruch auf ihr ‚Symbolisches' doch einen anderen Klang, und wir dürfen behaupten, daß er, wenn auch keinen Begriff, so doch eine wachsende Ahnung davon hatte, welche Kräfte in seinen Fabeln, auch den bunt äußerlichen, mitwirkten. In seiner späten Gleichsetzung von individualem Schicksal und Menschheitsschicksal[39] scheint sich sogar Einsicht in die Verschränkung der phylogenetischen und ontogenetischen Energiefelder dieser Kräfte auszusprechen; auch in Sätzen wie denen von den „Märchen, die meinen erzählenden Gleichnissen eingeschoben sind und die Punkte bilden, um welche sich das Interesse des Lesers konzentriert"[40], könnte man eine Vorstellung von der Schichtenstruktur des Symbolischen ausgedrückt sehen. Seine Feststellung, er habe „stets eine Hinneigung zum Symbolismus gehabt, und zwar nicht nur zum religiösen"[41], ist so sicher aus der Selbsttäuschung, zu der sie sich fortspann, auszunehmen: zuletzt war sein gesamtes Sprachwerk Umschreibung und Um-Schreibung verdrängter und verlorener vorsprachlicher Lebenslaute, und nur die Form dieser Umschreibung nahm an Kompliziertheit zu, je mehr das Verlorene ihm im Lauf seines Lebens wiederkehrte, das Verdrängte auf ihn eindrang.

Claus Roxin hat in seiner tiefgreifenden Analyse der 90er Jahre Mays das zunehmende Vordringen der archaischen Motive in die errungene und unter ihrem Druck langsam zerbröckelnde Werkgestalt beschrieben und dargelegt, wie May immer weniger „imstande war, die Abbildungen seiner Angstträume in den Handlungsrahmen seiner Reiseerzählungen zu integrieren."[42] Der Formzerfall, den der psychische Strukturzerfall unmittelbar bewirkte und der zuletzt Beispiele hervorgebracht hatte, in denen „die oberschichtige Fabel sich ins Absurde verzerrt"[43], wurde von der Formbildung des Spätwerks unmittelbar beantwortet, und diese wiederum bewirkte eine neue schützende Strukturbildung im Seelischen mit – durch jene Leistungsfähigkeit des mehrschichtigen Abdeckens, die wir am parallelen Modell der Traumarbeit erläutert haben. Die allegorische Schicht bildete sich bereits vor der Reise, die Mays Zusammenbruch brachte, wie eine Verkrustung über den Wundstellen der Texte ab, und befähigte Kritiker der Zeit haben auch etwas davon wahrgenommen, wenn sie z.B. die Motive der Pilgerschaft, der „Reise ins himmlische Vaterland", und der seelischen Friedenssuche als „Grundbestimmung der Reiseerzählungen" erkannten, von der die „Ereignisse" wie in einen „schwermütigen Schatten" gehüllt seien.[44] Im *Pax*-Roman dann, nach der Reise, bezog May als zusätzliche Deckung auch des allegorischen Konstrukts, das die hier so unvergleichlich machtvoll heraufdringenden Ur-Stoffe zu verhüllen allein nicht mehr ausreichte, die Realität eben seiner Ostasien-Reise mit ein, und das funktionelle Gelingen dieser Rationalisierung dürfte ihn unmittelbar zu dem Gedanken geleitet haben, überhaupt künftig die, ja nicht undramatischen, Vorgänge seines Gegenwartslebens verschlüsselt in den Werkstoff einzuführen, wie es im *Silbernen Löwen* nun geschah – mit einer Genauigkeit und Kraft geschah, die auf die Brisanz der seelischen Stoffe in den Unterschichten schließen läßt. Diese Verschlüsselungsschicht hat May dann später wieder reduziert, reduzieren können, möchte man sagen (wie bereits 1904 im Schlußkapitel von *Friede auf Erden,* wo die Reiserealität über der Allegorie fast ganz wieder zergeht), und auch damit mag es zusammenhängen, daß seine späten Hinweise auf die ‚Symbolik' seiner Bücher sich ausnahmslos auf deren allegorische Formation bezogen. Nur ein einzigesmal unternahm er dabei den Versuch, seinem rückprojizierten „Arbeitsplan" zu genügen, „alle meine Reiseerzählungen, die ich zu schreiben beabsichtigte, sollten bildlich, sollten symbolisch sein"[45], – in einem sehr allgemeinen exegetischen Ansatz zu *Durch die Wüste*[46], und auch da kommt die Abwehr des Tieferen als Funktion der Exegese selbst unmittelbar zum Ausdruck: „Von einem Mystizismus oder dergleichen kann dabei gar keine Rede sein. Meine Bilder sind so klar, so durchsichtig, daß sich hinter ihnen gar nichts Mystisches zu verstecken vermag."[47] Abwehr spricht auch aus der kursorischen Aufzählung seiner ‚Märchen'[48]; sie wirkt geradezu wie eine Mystifikation selbst. Auf den *Silbernen Löwen,* sein größtes formales Kunst-Stück, das Hauptwerk schlechthin, ging er im letzten Alter ebenfalls nur noch sehr wortkarg ein (und das ist um so erstaunlicher, als das Werk sich mit der Selbstbiographie im Charakter der Kampfschrift hätte verbünden können): außer dem kurzen Hinweis auf Schakara, „der ich die Gestalt meiner jetzigen Frau gegeben habe"[49], führte er da lediglich noch einmal die Parabel vom Gebet an, die schon Dittrich und Wagner von ihm gedeutet bekommen hatten[50], und sie diente ihm ein weiteresmal nur eher zur Beschwichtigung: „Ist das nicht Gleichnis? Nicht bildlich? Gewiß! Und ist es etwa mystisch? Nicht im Allergeringsten!"[51] Nimmt man die späten Charakterisierungen zusammen, so erweisen sie sich in ihrer Schweigsamkeit allesamt als Variationen des einen verschlossenen Satzes, durch den er 1906 das Werkverzeichnis im ‚Kürschner' ersetzte: „Zahlreiche figürliche Reiseerzählungen als Vorstudien für seine eigentlichen Werke"[52], – eines Satzes, in dem wir nicht nur, mit Rudolf Kurtz, „die ungewohnte Bescheidenheit zu rühmen"[53] haben. Kein Zweifel: Mays Exegese hat vor dem „eigentlichen" Geheimnis seines Werks kapituliert, hat sich der Entstellung gefügt, die dessen innerster Auftrag war, und die Deutung ist im wesentlichen ohne seine Hilfe zu leisten, ja manchmal vielleicht sogar gegen sie.

Die Charakteristik des Begriffs „Eigentliches Werk" ist schon kurz untersucht worden[54]: May faßte ihn zuletzt zeitlich und verwies auf die „Märchen, aus denen sich mein eigentliches Lebenswerk am Schlusse meiner letzten Tage zu entwickeln hat".[55] Entstanden ist er freilich von Anfang des Spätwerks an parallel zu den exegetischen Hinweisen, die eben dies ‚Eigentliche' im Werk erklären wollten, und es fällt nicht schwer, das tendenziell Antagonistische beider Motivstränge zu erkennen: sie lassen nur einmal mehr den „Geist, den doppelten"[56] begreifen, der im Werk zur Gestalt wurde. Aus den Zeugnissen der letzten Jahre ist zu ersehen, daß der eine den anderen schließlich überwältigte: das ‚Eigentliche', ursprünglich ein qualitativer Begriff, Spiegelbild einer Ahnung der archaischen Leitsubstanz, wurde ins Utopische hinausgedrängt, in die Nachzeitlichkeit, und nahm damit der Exegese des Geleisteten ihren Sinn und Bezug. Aber auch in dieser Zeitverschiebung kommt die ‚doppelte' Wahrheit selbst noch zu Wort: denn was „am Schlusse meiner letzten Tage" zu entwickeln war, hatte sich ebenso schon „am Jenseits" und „am Tode" entwickelt, und der erhoffende Blick in die Zukunft war immer ein Synonym für den „Sprung in die Vergangenheit", den May im *Silbernen Löwen* vollbracht hatte und in der Selbstbiographie beim Namen nennen konnte.[57] Das Bewußtsein der Endzeit, in der er sein „eigentliches Werk" gelingen sah, war im Alter Bedingung für jedes seiner Werke: sie alle sind in der Nähe dessen geschrieben, was „Tod" heißt in seinen Texten und ein Existenzbegriff war, religiös nur rationalisiert; das „Streben", das er im Titel der Selbstbiographie dem „Leben" an die Seite stellte, ist zuletzt, im großen Kanon der Entstellungen, die seine Worte bewegten, nur eine Metathese von ‚Sterben'. Solche Verkehrungen der Begriffe – eines, für den der Lebensbeginn das Erlöschen des Glücks gewesen war und dem das Lebenserlöschen darum als Wiederbeginn des Glücks erscheinen mußte – sind nicht nur, weil sie wahnhaft sind, befremdlich und schwer beschreibbar; sie sind es, weil sie wahr sind zugleich und uns, wo sie kunstbildend wurden, zur Anerkennung gegen unsere eigene Wahrheit zwingen.[58] Das ‚Eigentliche', das vor Sprache und Bewußtsein lag, war für May denkbar nur wieder jenseits des Bewußtseins: in der Sprache selbst konnte diese Wahrheit nur als Umschreibung Platz finden, als ‚symbolische' Übersetzung, und zu den schwierigsten Aufgaben des Interpreten gehört die Pflicht, im Spätwerk selbst die konkreten Begriffe als – entstellende – Metaphern zu begreifen. Daß May, so oft er sein Vor-Leben zur Sprache brachte, dem ‚Tode' nahe war, hat einen tieferen Sinn als den eines leiblichen Befindens; im III. Band des *Silbernen Löwen* freilich war er es auch physisch. Nicht zufällig stehen die Begriffe ‚Leben' und ‚Sterben' darum in den Äußerungen über das Werk oft dicht beieinander; im *Löwen* selbst wird ihre Identität mystisch erörtert. Schon 1896 sollte das immer wieder in die Zukunft aufgeschobene Hauptwerk *Marah Durimeh* „meine ganze Lebens- und Sterbensphilosophie enthalten"[59]; nach der Reise beginnt die Arbeit „an einem besonderen Lebenswerke, welches, wenn ich sterbe, vollendet sein muß"[60]: – so geht es fort, bis die Formel vom ‚Eigentlichen' alle Exegese zum Schweigen bringt und ersetzt. Man kann die Abweisung, die daraus spricht, nur auflösen, wenn man die Zukunft, in die sie weist, als Geschichte, den Inhalt von Mays Enderwartung als prähistorisch im seelischen Sinne erkennt: die Identität der Zeiten, die Doppelbewegung des Rückwärtslebens in der fortschreitenden Gegenwart, war Basis seiner ganzen denkenden und fühlenden Existenz, wie sie Basis der alterslosen Zeitstrukturen im Werk war, und das in einem umfassenden, für die Erkenntnis der Kreativität modellhaften, „allgemein-bedeutenden" Sinne, den der psychoanalytische Begriff der Regression nur erst im Ansatz erklärt. Etwas davon hat schon, unmittelbar nach dem *Silbernen Löwen,* Max Dittrich erspürt, in seiner Umschreibung, man wisse bei May nie, „wo bei ihm das Physische in das Metaphysische übergeht", und es sei gerade das seine „Force".[61] Es ist, gerade das, sein ‚Eigentliches', die Trägerstruktur seiner groß wirkenden ‚Symbolik' und ‚Theatralik', und Dittrich hatte recht, dafür nicht nur die sichere Empfänglichkeit im Unbewußten des Lesenden, sondern auch die spätere theoretische Erfassung zu erwarten: „Einst, wenn man den Verfasser begriffen hat, werden seine Bücher zehnfach so viel erzählen, wie man heute aus ihnen liest."[62]

IV

Der *Silberne Löwe,* der *Am Tode* beginnt und mit diesem Beginn gleich *Über die Grenze* leitet, über „jene Stelle, hinter welcher nur noch innere Ereignisse Geltung haben"[63], stellt die Interpretation vor fraglos ungewohnte Aufgaben, und Claus Roxins Feststellung, es würden „noch mehrere Germanistengenerationen daran zu arbeiten haben"[64], ist nichts weniger als eine Übertreibung; ja, erfahrungsgemäß wird die Germanistik es ohne die Aushilfe anderer Disziplinen auch durch die bloße Quantität ihrer Generationen nicht schaffen. Wir haben hier nur Voraussetzungen andeuten können, einige der Voraussetzungen, als ‚Skizze und Vorübung' selbst, und, unfreiwillig, auch verdeutlichen müssen, daß ein einziger Angang das Ganze nicht zu leisten vermag. Er müßte jener Polyphonie selber fähig sein, der er gilt, und das ist der einstimmigen wissenschaftlichen Darlegung nicht gegeben. So bleibt nur die methodische Beschränkung auf die Verfahrensweise, die einzelnen Dimensionen in Symbolik und Zeitstruktur von Mays „psychobiographischem Versuch über sein bisheriges inneres Leben"[65] zu isolieren und isoliert zu untersuchen, und das erste Bemühen hat dabei der Entstehungsgeschichte zu gelten.

Das Manuskript ist vollständig erhalten[66] und besteht aus fünf separat paginierten Teilen, die im folgenden mit Majuskeln (A-E) bezeichnet werden. Wenn hier vom *Silbernen Löwen* die Rede ist, so ist immer der Spätkomplex gemeint, also der III. und IV. Band des unter dem Sammeltitel veröffentlichten 4-bändigen Werks. Die ersten beiden Bände, eine Reiseerzählungs-Kompilation, die von May mit nicht allzu viel Kritik und Geschick aus verschiedenen, kaum zusammenhängenden Stoffen gebildet wurde[67], waren Ende 1898, also vor der Orientreise, Mays großer Lebenszäsur, und vor dem Wende-Werk *Am Jenseits*[68] bei Fehsenfeld erschienen und hatten, trotz weitangelegter Expositionen, nicht einmal geographisch das Handlungs-Terrain erreicht, das der Titel verhieß.[69] Die Frage, ob May um diese Zeit eine bestimmte Vorstellung vom künftigen Fortgang der Haupterzählung gehabt habe, ist, bei Kenntnis seiner Arbeitsweise, insgesamt wohl zu verneinen; das spätere Wiederaufgreifen einzelner Motive und Figuren blieb ein isolierter, eher mühsamer und lebloser Rückbezug um der, doch nicht rettbaren, Ordnung willen, und die betreffenden Kurzpassagen im IV. Band sind für die Vorstellung vom *Reiche des silbernen Löwen* ebenso entbehrlich wie die gesamte Erzählungsreihe der Bände I und II.

Daß May die Fortsetzung dieser Bände offen ließ, um sich dem *Jenseits-Roman* zuzuwenden (und, nach der Reise, *Et in terra pax*), lag aber nicht nur in der ersichtlichen Materialermüdung des nicht ‚über die Grenze' gelangenden Stoffs begründet, sondern hatte einen äußeren Anlaß auch in der Entzweiung mit dem Verlag Pustet, in dessen Zeitschrift *Deutscher Hausschatz* der Hauptteil des Textes im Vorabdruck erschienen war:

> Ich war grad bis zum Schluß des zweiten Bandes gelangt, da bekam ich von befreundeten Redaktionen einen Waschzettel des „Hausschatzes" geschickt, dessen Inhalt mich veranlaßte, meine damalige Absage zu wiederholen. Ich telegraphierte Pustet, daß ich mitten in der Arbeit aufhören müsse und kein Wort weiter für ihn schreiben werde. Er mußte mir sogar das in seinen Händen befindliche, noch ungedruckte Manuskript wieder senden.[70]

Dieses Manuskript von 1898 bekam May aber erst nach der öffentlichen Auseinandersetzung mit dem *Hausschatz*-Verlag in der Wiener *Reichspost*[71] von Pustet wieder zurück, und zwar im Juli 1901, und es ist dann der Anfang des III. Bandes geworden, obwohl es zum Spätwerk ebenfalls noch nicht gehört.[72]

Doch auch jetzt nahm May – er hatte gerade den *Pax*-Roman abgeschlossen oder vielmehr abbrechen müssen[73] – den „eigentlichen" *Silbernen Löwen* noch nicht wieder auf; statt dessen beschäftigte ihn der Plan, Erzählungen aus seiner Anfangszeit als ‚Karl Mays Jugendwerke' zum Jahresende in zwei Bänden herauszubringen, und die häufigen Hinweise auf diese Früharbeiten in der Abwehr der Pressekritik sind aus diesem Plan zu erklären.[74] Fehsenfeld stimmte grundsätzlich zu, drängte May aber, vorher die noch offen Reiseerzählungen zu schreiben, nach denen eine begreifliche Nachfrage bestand[75]; – so kam das Unternehmen erst anderthalb Jahre später zustande, in einem anderen, aber um so wichtigeren Zusammenhang. Mays seelische Verfassung in diesem Sommer 1901 scheint bereits äußerst kritisch gewesen zu sein[76]: er befand sich in einem jener Zustände des ‚Abwartens', die wir bereits beschrieben haben, und die Auslösung waren fraglos die verschiedenen Bedrohungen, die um ihn zusammenwuchsen. Zum einen waren die Angriffe Fedor Mamroths in der *Frankfurter Zeitung*, obwohl bereits zwei Jahre alt, ihm immer noch bedrückend gegenwärtig, da er sie nicht so hatte erledigen können[77], wie es für sein schlimm davon getroffenes Gleichgewicht notwendig war; zum anderen hatten die in Nachfolge Mamroths aufgekommenen Auslassungen von Hermann Cardauns in der *Kölnischen Volkszeitung* sich für Mays argwöhnisches Denken in Verbindung zu seinem Streit mit dem Kölner Verlag Bachern gebracht, der auch der Verlag der *Kölnischen Volkszeitung* war: mit ihm, der seit 1885 Mays Erzählung *Die Gum* unter dem ihrem Verfasser jetzt fatalen Titel *Die Wüstenräuber* in seiner Romanreihe herausbrachte, hatte May am 9. 11. 1900 gebrochen, und wenn die Affäre auch weniger Aufmerksamkeit verdiente, als sie ihm abgewann, so ist doch auch sie für den *Silbernen Löwen* fruchtbar geworden – in der Parabel des III. Bandes, in der die *Wüstenräuber* das dauernde Tertium comparationis bilden. Schließlich, drittens, war May der Versuch, das Wiedererscheinen seiner alten Kolportageromane zu verhindern, fehlgeschlagen: im März 1901 lag die *Liebe des Ulanen* bei Münchmeyer komplett vor, die anderen Romane begannen zu folgen, und May stand nun vor der Aufgabe, den Rechtsweg einzuschlagen; er dürfte geahnt haben, was da auf ihn zukam, und sein Zögern – er reichte die Zivilklage gegen den neuen Inhaber Fischer (mit Antrag auf Einstweilige Verfügung) erst am 10. 12. 1901 ein, die Klage auf Rechnungslegung gegen Pauline Münchmeyer erst am 12. 3. 1902 – ist nur zu begreiflich. Die unerhörte Verletzung seines Rechts; das Aufrollen einer lange vergessenen Vergangenheit, deren Produktion ihm gerade jetzt, da er, im Tiefsten verwandelt, an seine „eigentliche Aufgabe" ging, besonders peinlich war; das beginnende, wenig schmeichelhafte öffentliche Echo auf die Fischersche Geschäftstüchtigkeit: das alles verband sich zu einer Bedrohungssituation, die zu ältesten Angstmustern in Korrespondenz trat und sein gesamtes Innen- und Außendenken auf Abwehr einstimmte. Zwar geistert die Wendung „Die Angriffe lassen mich kalt" durch alle Briefschaften der Zeit, doch zu Recht nur in dem Sinne, daß er kalt und kaltblütig auf sie reagierte; gleichgültig ließen sie ihn keineswegs, denn er reagierte mit einem Kraftaufwand, der dann – wenn man die Geschichte des aberwitzigen 12jährigen Prozesses überblickt – zugute nur der Literatur gekommen ist.

Unmittelbares Ergebnis dieser Situation war die polemische Broschüre, die unter dem Kurztitel *Der dankbare Leser* bekannt geworden ist.[78] Mays Urheberschaft steht heute außer Zweifel[79] und war auch damals unschwer zu erraten (Cardauns äußerte sich 1907, die Broschüre sei „handgreiflich entweder von May selbst geschrieben oder von ihm inspiriert und mit Material versehen worden"[80]); gleichwohl wahrte May auch seinem Verleger und Drucker gegenüber die Anonymität, sprach grundsätzlich nur von „dem Verfasser" und hüllte die ganze Angelegenheit überhaupt in eine Atmosphäre der Konspiration, die ebenfalls dann im *Silbernen Löwen* wiederzufinden ist. Am 7. 9. 1901 fragte er erstmals bei Fehsenfeld an: „ein

Leser" lasse ihm keine Ruhe und finde es schädlich, daß auf die „Torheiten und Böswilligkeiten" der Gegner keine Antwort erfolge; ihm selber, May, liege das alles zwar „unendlich fern", doch wolle er seine Freunde nicht hindern, für ihn einzutreten; er werde „dem Verfasser" also Materialunterstützung gewähren und sei überzeugt, daß die Arbeit „brillant ausfallen" werde. Sie ist dann u.a. auch durchaus brillant ausgefallen, die Broschüre des *Dankbaren Lesers,* und läßt erkennen, daß Mays volle Kraft von diesem Vorhaben entbunden wurde, jene schöpferische Abwehr-Energie, die für den *Löwen* noch nicht frei war. Zu ihm bildet sie ein deshalb immer betrachtenswertes Vorspiel: auch sie ist bereits ‚symbolisch' angelegt, ja eigentlich ein durchgängiges Gleichnis mit zahlreichen Parallelen zum ‚Tal der Dschamikun', und auch daß ihre Sach-Wahrheit nicht wenigen Entstellungen unterlag, gehört zu diesem Konnex. Fehsenfeld, den die Angriffe auf seinen Autor geschäftlich beunruhigten, stimmte dem Abwehrplan bei, und May benutzte seinen Herbsturlaub auf dem Rigi-Kulm (20. 9. bis 4. 10. 1901) dazu, die Leserbriefe zusammenzustellen, die der Broschüre als Anhang beigegeben werden sollten[81]; anschließend reiste er nach Stuttgart, um bei Druckerei, Binderei und Sortiment selber strategische Vorbereitungen zu treffen: die Kampfschrift sollte ohne jede Vorwarnung auf einen Schlag in 100 000 Exemplaren auf die Walstatt kommen.

Vorher aber fand – klein, doch von größeren Folgen – ein Ereignis statt, an dem wichtig vor allem und vermerkenswert ist, daß es auch vor Niederschrift des Broschürentextes selbst noch stattfand: Am 6. 11. 1901 hielt Hermann Cardauns, der Chefredakteur der *Kölnischen Volkszeitung*, in Dortmund erstmals seinen Vortrag über *Literarische Curiosa: Leo Taxil, Robert Graßmann und – Karl May,* der in der Folge noch verschiedenen Städten im Rheinland zugedacht war, – eine Kundgebung, die May nicht gebührend geringzuschätzen wußte und die zum unmittelbaren Anlaß dafür wurde, daß Cardauns in seinem Feindbild bis ans Lebensende die erste Stelle einnahm.[82] Er war selber nach Dortmund gereist, um sich den Vortrag anzuhören, und die Wirkung ist vorstellbar: zum erstenmal in seinem Leben hörte er mit eigenen Ohren über sich und sein Werk so abfällig und verächtlich reden, wie es der Cardaunsschen Auffassung entsprach.[83] Seine – völlig gerechte – Empörung beschleunigte nicht nur den Entschluß zur Klage gegen die Firma Münchmeyer, sondern auch das Entstehen der Broschüre, deren Text „kurz vor Weihnachten" fertig wurde[84]; das 160-Seiten-Heft, zum Schleuderpreis von 10 Pfennig ausgegeben, lag am 13. 1.

1902 in den Buchhandlungen – so auch in Elberfeld, wo Cardauns für den nächsten Tag seinen Vortrag angekündigt hatte. May hatte sich das Gelingen dieser Strategie am 9. 1. eine nochmalige Reise nach Stuttgart kosten lassen und hielt sich am Vortragstag in Düsseldorf auf, um den Einschlag seiner Granate sozusagen vom sicheren Feldherrnhügel aus zu beobachten.[85] Sie tat auch ihre Wirkung, freilich in vorwiegend für May selbst nachteiliger Weise. Denn aufgrund einiger allzu entstellter Mitteilungen der Broschüre kam es zwischen der *Elberfelder Zeitung*, die Mays Partei genommen hatte, und der *Kölnischen Volkszeitung* zu Streit und Prozeß, der mit der Verurteilung des Elberfelder Blattes endete, und auch Fehsenfeld wurde als Verleger der Quelle mitbetroffen und war – nach Mays Ansicht allzu schnell – bereit, sich zu Widerruf und Kostenübernahme zu verstehen.[86] May hatte sehr bald schon einzusehen, daß sein Abwehrschlag ein Fehlschlag geworden war, und so wandte er sich nun, endlich, der ‚eigentlichen' Abwehr zu:

> Der bisher so schweigsame „Silberlöwe" tritt endlich, endlich aus seiner Felsenverborgenheit hervor. [...] Auf wen hat er es wohl abgesehen? Seine Zeit ist gekommen. [...] Diese Thoren glauben, gewonnen zu haben! Es hing nur ein Fröschlein niedrigster Instanz am Haken! Da posaunen sie von gewonnenen Beleidigungsprozessen! [...] Im „hohen Hause" ist ganz Anderes beschlossen! [...] Es werden von dort aus die Geister niedersteigen, die man so thöricht war, aus ihrer Ruhe aufzustören. Das giebt dann andere Beleidigungsprozesse, geführt von jener höheren Instanz, die jeden ärmlichen „Vergleich" vernichtet und nichts verschenkt, auch keine „fünzig Mark"![87]

Für die Anrufung der „höheren" Instanz der Literatur gab es auch einen äußeren Anlaß (und wie es scheint, hat May solcher Anlässe, aus langer Gewohnheit, auch immer bedurft; sie bildeten so etwas wie einen Pflichtrahmen seiner Arbeitsdisziplin): es kam zur Vereinbarung über einen Vorabdruck des geplanten Abwehrtextes an wirksamer Stelle – in einer Tageszeitung nämlich, im *Rhein- und Mosel-Boten*, in Koblenz – symbolisch genug genau auf der geographischen Mitte zwischen den Hauptquartieren der Feinde Mamroth und Cardauns. Dort wirkte seit anderthalb Jahren als Redakteur Johann Dederle[88], der May zur Zeit der Orientreise, damals noch Redakteur der nun feindlichen *Tremonia* in Dortmund, sein Blatt für die erste Verteidigung gegen Mamroth zur Verfügung gestellt hatte und dafür von der Reise aus nicht nur mit zahlreichen Kartengrüßen, sondern auch mit peinlich ebenso zahlreichen Versprechungen eines erzählenden „Reise-Manuskripts" bedacht worden war. Er hatte May immer wieder daran erinnert, zuletzt in seiner Geburtstagsgratulation zum

25. 2. 1901; jetzt sollte, nach fast drei Jahren, sein Wunsch in Erfüllung gehen. Am Tag nach dem Elberfelder Cardaunsvortrag, am 15. 1. 1902, reiste May von Düsseldorf nach Koblenz, wo er Dederle für den Mittag des nächsten Tages zum Essen ins Hotel bat: bei dieser Gelegenheit wurden dann die Vereinbarungen für den Vorabdruck der „scheinbaren Reiseerzählung"[89] getroffen, mit der die ‚symbolische' Abteilung des *Silbernen Löwen* beginnen sollte. Bis zum Monatsende scheint sich May das gesamte Projekt, das er jetzt auf 5 Bände wachsen sah, in Umrissen dargestellt zu haben; am 6. 2. 1902 konnte er Fehsenfeld mitteilen, daß bald schon Manuskript zum III. Band kommen werde; in der Nacht auf den 9. 2. begann er mit der Niederschrift. Die Arbeit hat Mays ‚Inspiration' ersichtlich in volle Bewegung gebracht: um die Monatsmitte schon bekam Fehsenfeld die glückliche Botschaft, daß er mit dem III. und IV. Band bis Ostern, mit dem V. bis Pfingsten rechnen könne, – eine Illusion, die etwas von Mays innerem Befinden zu dieser Zeit mitteilt. Der Dederle-Text war Anfang April abgeschlossen: – daß die tag-genaue Datierung nicht möglich ist, muß vor allem darum bedauert werden, weil sich so nicht entscheiden läßt, ob der in dieselbe Zeit fallende große Cardauns-Angriff *Herr Karl May von der anderen Seite*[90] für den Schluß noch mitbestimmend geworden ist; er wurde es jedenfalls für die Folge. Der Vorabdruck im *Rhein- und Mosel-Boten* hatte am 15. 2. begonnen und endete am 29. 4.; am Tag danach sandte Dederle das Manuskript nach Radebeul zurück: *Am Tode. Reiseerzählung von Karl May* (MS B, 1-321; EA III, 67-266). Bereits Anfang April hatte May die Vorbereitungen für die Buchausgabe des III. Bandes getroffen: er nahm das von Pustet zurückerhaltene ältere Manuskript mit dem Titel *Der Löwe von Farsistan* wieder vor (A_1, 1-100; EA III, 1-58), überklebte diesen mit *In Basra* und strich den kurzen Schluß[91], um einen neuen zu schreiben, der das Kapitel isolierte (MS A_2, 101-114; EA III, 58-60). Am 4. 4. 1902 ging dieses Manuskript an die Druckerei; die ersten 31 Fortsetzungen des Koblenzer Zeitungstextes folgten als Druckvorlage am 5. 4., die restlichen 24 Anfang Mai.[92]

Die nächsten Monate in Mays Lebensgang sind schwer im einzelnen zu dokumentieren; nur soviel ist gesichert, daß er – in kurzen, intensiven Arbeitswellen – den Text *Am Tode* fortsetzte: am 8. 7. 1902 war das *Bluträcher*-Kapitel, mit dem das Cardauns-Porträt beginnt, abgeschlossen und bis zum 18. 7. möglicherweise auch schon das Schlußkapitel[93], das im Manuskript *Ein At jarysch* heißt und wohl erst in den Fahnen in *Ahriman*

Mirza geändert wurde (MS C, 1-522; EA III, 266-636). Mays körperliche und seelische Verfassung entsprach um diese Zeit ganz dem Zustand, den das Titelwort *Am Tode* umschreibt: es war dies die Zeit seines endgültigen Ehezerfalls, und da dieser seinen Niederschlag nicht nur in zahlreichen Aufzeichnungen, sondern auch in Dokumenten gefunden hat, ist sie detailliert zu belegen. Diese Aufgabe stellt sich auch deshalb, weil Fritz Maschke in seinem Buch über Emma Pollmer allzu selektiv vorgegangen ist[94] und gerade Mays eigene Auffassungen im Scheidungskapitel weitgehend mit Stillschweigen übergangen hat: – auf sie kommt es gerade an, wo es den Bilderbogen des *Silbernen Löwen* zu entschlüsseln gilt, denn es geht da ja nicht um irgendeine objektive Wahrheit, um die es Maschke gegangen sein mag[95], sondern um die einzige Wahrheit überhaupt, nämlich die subjektive Karl Mays, und sie ist natürlicherweise, als Wunsch-Wahrheit, entstellt wie ihre Spiegelung im Buch. Die außerordentlich dramatischen Vorgänge der Sommer- und Herbstmonate sind auch in die Zeitstruktur des *Löwen* unmittelbar eingewachsen: eine ihrer Oberflächen-Schichten besteht aus der 14-Tage-Handlung, die real am 3. 8. 1902 in Berlin begann und mit mehreren Episoden der folgenden Reisewochen überblendet ist; das große Nachtgespräch, mit dem der IV. Band anhebt, dürfte an diesem Datum, dem „Tag der tausend Seligkeiten", sein Grundmodell gehabt haben. Es entschied über die Folgeereignisse[96]: mit dem Entschluß zur Scheidung bekam Mays Leben auch äußerlich eine neue Richtung, und die langsame Rekonvaleszenz, die der Roman schildert, ist ihr Abglanz. Auch die Notizen-Konvolute *Auf der Reise, Die Schetana, Weib* und *Wüste*[97], die in dieser Zeit, im Herbst 1902, entstanden, gehören zu den wichtigen Deutungshilfen beim *Silbernen Löwen* und spiegeln den Wiedergewinn der Ich-Souveränität, wie sie zugleich, stofflich und im Regressionssignal ihrer Versform[98], erkennen lassen, welche innere Analogie zwischen Mays jetzigen Lebensvorgängen und seinen Früherleidnissen bestand. Das hektische Reisen[99], das wie eine panisch bewegte Flucht anmutet, mündete am 13. 10. 1902 in die Ruhe eines Erholungsurlaubs in Riva am Gardasee, wo May mit Klara Plöhn bis zum 15. 12. blieb und auch, wie Hansotto Hatzig festgestellt hat[100], für die Topographie des Dschamikun-Tals ein neues Modell fand. Bedauerlicherweise läßt sich nicht mehr ermitteln, wann genau er die Arbeit am *Löwen* wieder aufnahm; jedenfalls aber ist es hier, in Riva, geschehen[101]: am 26. 11. schickte er Manuskript für die „ersten 3 Bogen" an die Druckerei (= 48 Druckseiten), am 6. 12. weitere 3 Bogen;

daß das Werk mit Band IV seinen Abschluß finden werde, lag um diese Zeit bereits fest. Bis zum Jahresende entstand der Text noch weiterer 5 Druckbogen, der auch gesetzt und umbrochen wurde; Mitte Januar 1903 lagen die ersten beiden Lieferungen (zu je 4 Bogen) fertig vor, und May konnte sie am 24. 1. seinem Freund Dr. Weigl in München schicken. Dann wurde die Niederschrift abgebrochen (MS D, 1-ca 240[102]; EA IV, 1-176).

Die lange Arbeitszäsur von einem halben Jahr, die nun eintrat, erklärt sich nicht nur aus den äußeren Ablenkungen, die Mays Leben erfuhr, so gravierend sie waren: der sich immer mehr entfaltende Münchmeyer-Prozeß nahm Zeit in Anspruch; die Scheidungsklage kam am 14. 1. 1903 zum Urteil, das am 4. 3. rechtskräftig wurde; am 30. 3. heiratete May Klara Plöhn[103]: – all diese Entwicklungen gingen in die Fortsetzung des *Silbernen Löwen* ebenso ein wie die vergleichsweise kleineren Vorgänge, so etwa der um das Doktor-Diplom aus Chicago, das „Ehrengewand des Schah-in-Schah".[104] Aber May wandte sich zwischendurch auch einer ganz anderen Arbeit zu, und daß sie in seinen Selbstzeugnissen, auch in den Briefen, nirgends Erwähnung fand, ist nur zu begreiflich, wenn man ihren Zweck kennt. Am 9. 2. 1903 kam es in Niedersedlitz zu einer Begegnung mit dem Kontrahenten Adalbert Fischer, in deren Folge am nächsten Tag ein Vergleich geschlossen und am übernächsten notariell beurkundet wurde.[105] Obwohl May und Klara von der Beschaffenheit des Fischerschen Charakters einen verheerenden Eindruck hatten, entsprach es wohl einfach Mays Gerechtigkeitsgefühl, Fischer für den Kauf des Münchmeyer-Geschäfts und der 5 Kolportageromane die bona fides zu bescheinigen, so taktisch ungeschickt dies auch sein mochte; und wer die Briefe Fischers an May kennt, muß darüber hinaus auch zu dem Urteil kommen, daß Fischer, innerhalb seiner Charaktergrenzen und um diese Zeit wenigstens, durchaus guten Willens war.[106] Er brachte May nicht nur vollendete Höflichkeit, sondern auch Achtung und Verehrung entgegen, und Mays Entschluß, ihm nun die ‚Jugendwerke', die Fehsenfeld noch nicht hatte haben wollen, in Verlag zu geben und ihn sich so – auch gegen Pauline Münchmeyer – zu verpflichten, ist ohne weiteres verständlich. Denn diese Vereinbarung gehörte zu dem Vergleich, auf den hin May dann am 4. 5. seine Klage zurücknahm: Fischer sollte zwei Bände *Erzgebirgische Dorfgeschichten* veröffentlichen dürfen, als ‚Karl Mays Erstlingswerke', und gründete zu diesem Zweck am 15. 5. eigens seinen ‚Belletristischen Verlag, Dresden Niedersedlitz', in dem der *Band I* dann auch erschien.[107] Für ihn schrieb

May nun – in aller Heimlichkeit, denn Fischer nahm arglos an, die ihm übersandten Manuskripte seien nur Abschriften früher Drucke – zwei gänzlich neue Erzählungen, nämlich *Sonnenscheinchen* und *Das Geldmännle*: Arbeiten, die der sonst schwierigen Beweisführung, daß er von allem Anfang an ‚symbolisch' geschrieben habe, augenfällig nachhelfen sollten.[108] Sie beweisen freilich, daß er nun symbolisch schrieb, und Fischer, der sie mit Begeisterung las (und das *Sonnenscheinchen* mit Recht für ein „allerliebstes Geschichtchen" hielt), ahnte nicht, daß sich die Symbolik auch auf seine eigene Person erstreckte. May hat solche kleinen, sehr humanen Vergeltungen geliebt: auch Fehsenfeld bekam im *Löwen* seinen Teil, und die Wirkung war nur durch den Umstand beeinträchtigt, daß keiner der Betroffenen – und auch niemand in der allgemeinen Leserschaft – die verschlüsselte Botschaft zu dechiffrieren vermochte. Bei Fischer gedachte May um diese Zeit (im März 1903) sogar eine neue Abwehr-Broschüre mit dem Titel *Ahnen Sie etwas?* erscheinen zu lassen, im Münchmeyer-Verlag gegen den Münchmeyer-Verlag; er ließ den Gedanken dann aber wieder fallen, wohl auch auf Abraten seiner Anwälte, die es bei der gerichtlichen Abwehr belassen wollten und damit soviel Recht und Unrecht hatten, wie im Gerichtssaal Platz hat. So blieben die großen Pläne, die auch Fischer an den Namen May knüpfte, jedenfalls auf die *Erzgebirgischen Dorfgeschichten* beschränkt.[109] Das *Sonnenscheinchen* hat May Ende Februar/Anfang März 1903 geschrieben, das *Geldmännle* im April[110]; als letztes Manuskript folgte am 8. 5. das Vorwort – und der schöne Text legte denn zuletzt auch ein kleines Geständnis ab, denn der Satz vom „alten Weg" der Dorfgeschichten, der „aufs Neue zu betreten" war, ließ sich ja kaum anders deuten, als daß der Autor sich an der alten Form aufs Neue versucht habe – mit eben den Geschichten, aus denen die dann folgenden Signalworte stammten:

<small>Wir nehmen uns ein „Sonnenscheinchen" mit, so einen Seelenstrahl, der uns zu leuchten hat, bis wir an unser kleines „Häusle" kommen. Im „Bergle" giebt es Silber, wohl auch ein wenig Gold. Das wird bewacht vom Geist des Neubertbauers. Wer diesen Geist, den doppelten, begreift, der darf den Schatz und dann auch selbst sich heben![111]</small>

Wann May die Arbeit am *Silbernen Löwen* nach diesem vertrackt-beschaulichen Intermezzo wieder aufgegriffen hat, ist nur ungefähr festzulegen: am 17. 7. 1903 ging wieder Manuskript an den Drucker Felix Krais (MS E$_1$, 1-272; EA IV, 177-376), und zwar mit der Weisung, die noch über den Schluß der Druckseite 176 hinausführenden MS-Seiten unberücksichtigt zu lassen und mit dem neuen MS auf Seite 117 (Bogen 12) fortzufahren; es beginnt denn auch mitten im Satz „ich meine Feinde aufzufordern, sich um ihre eigenen Balken, nicht aber um meine Splitter zu bekümmern?" Am 29. 7. folgte bereits das gesamte 3. Kapitel (MS E_2, 273-420; EA IV, 377-489); am nächsten Tag sandte May die korrigierten Druckbogen 12 und 13 (IV, 177-208) hinterher – mit einer scharfen Beschwerde über Eigenmächtigkeiten der Setzer: er war, und nicht nur durch die Münchmeyer-Erfahrungen, hochempfindlich geworden gegen alles ‚Bearbeiten' und bestand auf zeichengetreuem Abdruck seiner Texte.[112] Im August gönnte er sich Besuche und kleine Ferienausflüge, heiter und ruhig geworden über dem Gelingen des Großen Werks; das letzte Manuskript (MS E_3, 421-644; EA IV, 490-639) wurde am 10. 9. 1903 vollendet.

Der *Silberne Löwe* ist Mays Eigentliches Werk geworden – für die Nachwelt. Ihn selber hat das Bewußtsein des Gelingens nicht lange freuen können; schon vier Tage nach dem Abschluß ging neues Manuskript an die Druckerei: *Friede auf Erden* sollte zu Ende gebracht werden und noch bis Weihnachten fertig vorliegen. Man kann aus den gehetzten Daten und Plänen etwas von der tiefen Unruhe lesen, die in May – vom *Löwen* selbst? – aufgerührt worden war, und der völlige Zusammenbruch seiner physischen Gesundheit Anfang November bestätigt dieses Bild.[113] Es war nicht gelungen; auch der *Silberne Löwe,* auch *Friede* dann kam zu den „Skizzen und Vorübungen", gesellte sich zu den „leicht beweglichen Schwalben, die ‚meinem Freund, dem Frühling' voranzufliegen hatten".[114] Die Zukunft, in die May seine Arbeit immer wieder verwies, wollte nicht anbrechen, und vielleicht birgt die Formel vom ‚Eigentlichen' zuletzt auch eine geheime Grenzenerkenntnis seines künstlerischen Vermögens, eine – wie Heinz Stolte mit Bezug auf seine Lyrik und deren Selbsteinschätzung sagte – „leidvolle Weisheit und Ergebenheit".[115] Fast möchte man die immer wieder metaphorisch variierten Beschreibungen seiner Aufgabe, „aus hochgelegenen Marmor- und Alabasterbrüchen die Blöcke für spätere Kunstwerke zu brechen, deren Form ich höchstens andeuten kann, weil mir die Zeit zur Ausführung nicht zur Verfügung steht"[116], manchmal als Hinweise über seine eigenen Grenzen hinaus verstehen, in Zukunft und Nachzeit überhaupt: – waren die „späteren Kunstwerke", die er meinte und erwartete, am Ende gar nicht mehr die eigenen? Er ist der Fremdheit seiner Produktion im Literaturbild seiner Zeit ja fraglos innegeworden; er könnte sich, es ist bei ihm wenig unmöglich, auch als Vorläufer einer späteren Literatur verstanden haben. Einmal hat er das in der Tat ganz direkt ausgesprochen, in einer Notiz über sich als „Schlüssel-Erzähler, der der gegenwärtigen Literatur vollständig neue, äußerst fruchtbare Gebiete erobert" habe: dies werde, meinte er, „die Zukunft ihm danken".[117] Wie absurd immer dieses Selbstvertrauen anmuten mochte, ganz absurd war es nicht: es wäre eine Literatur denkbar, die, im vollen Besitz heutigen psychologischen Wissens, die von May nur erahnten und nur passiv eingesetzten Formmittel bewußt einzusetzen und die Zeichensprache der Kunstwerke unabsehbar zu bereichern wüßte. Sie könnte von ihm lernen; sie müßte sich, wie weit sie immer über ihn hinauswüchse, auf ihn berufen. Und das wäre denn zuletzt nicht das Geringste, das an ihm der historischen Würdigung würdig bliebe: denn – nochmals Goethe – auch „großen Seelen vorzufühlen / ist wünschenswertester Beruf".[118]

Anmerkungen

1 Der Prophet Amos, III, 8 (Luther): ein in der AT-Hermeneutik häufig angeführtes Beispiel, das sich der Leser nach Kenntnisnahme unseres Modells interpretieren möge. – Ich bin mir natürlich bewußt, daß die in diesem Aufsatz skizzierten Überlegungen unendlich vereinfachend sind; es geht nicht anders. Die Fülle dessen, was über ‚Symbolik' gedacht und geschrieben worden ist, von der Theologie bis zur Linguistik, bleibt hier freilich nicht aus Unkenntnis ohne Berücksichtigung; abgesehen davon, daß ihre vollständige Aufschließung ohne EDV-Anlage ohnehin kaum noch möglich wäre, verfolgt der Verzicht auf jede Propädeutik vielmehr den ungewohnten Zweck, das ‚Selbstdenken' des Lesers für eine Thematik freizumachen, die jedenfalls neu durchdacht werden muß und vom größten Teil des früher Gedachten nur unfruchtbar verstellt wird. Auch möchte ich um Nachdenklichkeit für die Behauptung werben, daß alle elementaren Lebenserscheinungen funktionell zuletzt ‚einfach' sind und sich dem, wie immer der Detail-Beschränkung unterworfenen, ‚prinzipiellen' Denken vielleicht am ehesten erschließen.
2 Johann Wolfgang von Goethe: *Shakespeare und kein Ende,* Kap. III (1816); ähnlich auch: *Maximen und Reflexionen,* Nr. 931.
3 In ähnlich elementarer Bedeutung auch bei May: *Ardistan und Dschinnistan,* das Motiv des Brustschilds: XXXI 40f., 377f., 406, 525, 540f.; XXXII 110.
4 Auf dieser Basis hätte Wilhelm Reichs bedeutendes Konzept der „Selbstregulierung" seine Begründung: Kleinkindererziehung nicht didaktische Beeinflussung, als Gewährenlassen und Behüten eines autonomen Prozesses.
5 Sigmund Freud: *Der Mann Moses und die monotheistische Religion.* In: *Gesammelte Werke.* London 1940ff., Bd. XVI, S. 241.
6 Näheres über Kreativitätsentstehung, Phantasiebildung usw. in einem späteren Aufsatz; der Leser lasse sich die apodiktischen Behauptungen einstweilen einfach gefallen.
7 Vgl. Freud: „Man bekommt den Eindruck, daß hier eine alte, aber untergegangene Ausdrucksweise vorliegt, von welcher sich auf verschiedenen Gebieten Verschiedenes

erhalten hat, das eine nur hier, das andere nur dort, ein drittes vielleicht in leicht veränderten Formen auf mehreren Gebieten. Ich muß hier der Phantasie eines interessanten Geisteskranken gedenken, welcher eine ‚Grundsprache' imaginiert hatte, von welcher all diese Symbolbeziehungen die Überreste wären." (*Vorlesungen zur Einführung in die Psychoanalyse.* In: *Gesammelte Werke* Bd. XI, S. 169)

8   Sigmund Freud: *Abriß der Psychoanalyse.* In: *Gesammelte Werke.* Bd. XVII, S. 89.
9   Über beider Strukturverwandtschaft: Sigmund Freud: *Der Dichter und das Phantasieren.* In: *Gesammelte Werke* Bd. VII, S. 211ff. und passim. Das Thema befindet sich zunehmend in Bearbeitung: vgl. Gert Ueding: *Traumliteratur.* In: *Ernst Blochs Wirkung.* Frankfurt/M. 1975; sowie Claus Roxins Rezension in JbKMG 1976, S. 293 ff.
10 Goethe, Gespräch mit Eckermann am 6. 5. 1827.
11 Richard Friedenthal: *Goethe.* München 1963, S. 683; dort Paul Valéry: „Meine Verse haben den Sinn, den man ihnen verleiht. Es ist ein Irrtum, konträr dem Wesen der Poesie, und unter Umständen tödlich für sie, wenn man verlangt, daß jedem Gedicht ein wirklicher Sinn (un sens véritable) entsprechen solle."
12 Sándor Ferenczy: *Zur Ontogenese der Symbole.* In: *Internationale Zeitschrift für ärztliche Psychoanalyse,* 1913, S. 437; vgl. auch Otto Rank und Hanns Sachs: *Die Bedeutung der Psychoanalyse für die Geisteswissenschaften.* Wiesbaden 1913, S. 11ff.
13 Goethe: *Maximen und Reflexionen,* Nrn. 749 und 750.
14 Ebd., Nr. 752.
15 Vgl. Hans Wollschläger: *Das „eigentliche Werk".* In: JbKMG 1977, S. 58ff.
16 Ebd., S. 68f.
17 Zu Shakespeare [Anm. 2].
18 Arno Schmidt: *Dya Na Sore.* Karlsruhe 1958, S. 193, 184, 155.
19 Hans Wollschläger: *Karl May.* Reinbek 1965, S. 93ff.; Zürich 1976, S. 116ff.
20 Ebd., S. 95 bzw. 118.
21 Schmidt [Anm. 18], S. 176-180.
22 Hans Wollschläger: *Der „Besitzer von vielen Beuteln".* In: JbKMG 1974, S. 158.
23 Hans Wollschläger: *„Die sogenannte Spaltung des menschlichen Innern, ein Bild der Menschheitsspaltung überhaupt".* In: JbKMG 1972/73, S. 12ff.
24 K. A. Scherner, auf den Freud sich berief (*Gesammelte Werke* Bd. XI, S. 154), hat das Symbol (1861) als erster identifiziert, wenn auch wohl überbewertet; die allgemeine Bedeutung in der Psychoanalyse ist unbestritten.
25 ‚Wasser' hat, ebenfalls unbestritten, weltweit die Symbol-Bedeutung der Geburt; so auch bei May in *Ardistan und Dschinnistan;* so auch hier, in den Katakomben des ‚Hohen Hauses', wo der Aschyk ‚ausgesetzt' wird.
26 Hans Wollschläger: *Das „Hohe Haus".* In: JbKMG 1970, S. 118ff.
27 Vgl. Hans Wollschläger/Ekkehard Bartsch: *Karl Mays Orientreise 1899/1900. Dokumentation.* In: JbKMG 1971, S. 195: Eintrag Jericho 14. 5. 1900. Vom Dschebel Qarantel machte May ein Foto, das den Eindruck des ‚Hohen Hauses' augenfällig vermittelt.
28 Vgl. die weitgreifenden Aufsätze von Wolf-Dieter Bach: *Fluchtlandschaften.* In: JbKMG 1971, S. 39ff; *Sich einen Namen machen.* In: JbKMG 1975, S. 34ff.
29 Goethe: *Maximen und Reflexionen,* Nr. 1078.
30 Vgl. Gert Ueding: *Glanzvolles Elend. Versuch über Kitsch und Kolportage.* Frankfurt/M. 1973, S. 113ff.
31 Besonders grotesk zeigt dies der Beginn des *Silbernen Löwen* im *Hausschatz*-Vorabdruck (1897), wo die „Erste Abteilung": *Die Rose von Schiras* einen Inhalt verspricht, den der Text bis in kein Wort einlöst. Vgl. auch Wollschläger: *„Die sogenannte Spaltung"* [Anm. 23], S. 12.
32 Näheres in einem späteren Aufsatz; die Ich-Passivität im kreativen Produktionsvorgang hat fraglos ihre Entsprechung im Ich-Verlust des psychotischen Schubs, ist aber gegen

ihn qualitativ durch die Besetzungsverschiebung auf das Ich-Ideal abgesichert (quantitativ durch Ich-Reserven, die aufgrund ihrer Verbindung zu den Produktionsobjekten funktionell intakt bleiben).

33 Karl May: Brief an Fehsenfeld vom 18. 7. 1903; das ‚Mit-den-Ereignissen-Laufen' erklärt auch verschiedene Inkonsequenzen in der Zeichnung der Charaktere, am auffälligsten etwa bei der Figur der Pekala.
34 Vgl. Wollschläger: *„Die sogenannte Spaltung"* [Anm. 23], S. 54ff. Man muß hinzunehmen, daß der Alternsprozeß wohl generell regressive Züge hat; das höchste Greisenalter stellt sich häufig, und nicht nur im Fall zerebraler Demenz, als Wieder-Kind-Werden dar. Die eigentümliche Qualität, die in der Kunst allgemein mit dem Begriff ‚Alterswerk' verbunden ist, könnte aus der Wieder-Annäherung an die elementaren Existenzquellen erklärt werden. Vgl. auch die von Arno Schmidt postulierte ‚Vierte Instanz', die im Grunde eine im Alter wachsende, durch Schrumpfung der Ich- und Über-ich-Funktionen bedingte Durchlässigkeit für archaische Es-Stoffe umschreibt.
35 Euchar Schmid: *Karl Mays Tod und Nachlaß*. In: Karl May: *Gesammelte Werke* Bd. 34. Radebeul 1916, S. 556.
36 Karl May: *Mein Leben und Streben*. Freiburg i. Br. 1910; Reprint, hg. von Hainer Plaul. Hildesheim, New York 1975, S. 150f.
37 Schmid [Anm. 35], Zusatzkapitel *Mein Weg zu Karl May* (ab 11. Auflage, Radebeul 1931), S. 475.
38 Vgl. Wollschläger: *Das „eigentliche Werk"* [Anm. 15], S. 64f.
39 May: *Mein Leben und Streben* [Anm. 36], S. 12 und 300
40 Ebd., S. 151; vgl. damit auch nochmals Goethes vorn zitiertes Bild von den „eingestreuten Juwelen" sowie May, S. 211.
41 Ebd., S. 65.
42 Claus Roxin: *„Dr. Karl May, genannt Old Shatterhand"*. Zum Bild Karl Mays in der Epoche seiner späten Reiseerzählungen. In: JbKMG 1974, S. 60.
43 Ebd., dort auch weitere Beurteilungen.
44 *Allgäuer Zeitung* o. O. u. J., zitiert in: Karl May: *Der dankbare Leser*. Freiburg i. Br. 1902; Reprint Ubstadt 1974, S. 156.
45 May: *Mein Leben und Streben* [Anm. 36], S. 141.
46 Ebd., S. 209f.; früher bereits in: Karl May: *Ein Schundverlag und seine Helfershelfer*. Bd. 1. o. O. u. J. (Dresden 1905), S. 326f.; auch in: Heinrich Wagner: *Karl May und seine Werke*. Passau 1907, S. 39.
47 May: *Mein Leben und Streben* [Anm. 36], S. 209; vgl. dazu noch einmal Freud über ‚Mystik', zitiert in: Wollschläger: *„Die sogenannte Spaltung"* [Anm. 23], S. 85.
48 May: *Mein Leben und Streben* [Anm. 36], S. 212.
49 Ebd. – für viele ein ‚offenes' Geheimnis, da Schakara in den Korrespondenzen Mays bereits seit Jahren zum Synonym für Klara May geworden war.
50 Ebd., S. 210; Max Dittrich: *Karl May und seine Schriften*. Dresden 1904, S. 95; Wagner [Anm. 46], S. 15.
51 May: *Mein Leben und Streben* [Anm. 36], S. 211.
52 *Kürschners Deutscher Literatur-Kalender 1906;* vgl. Erich Heinemann: *Ijar und Yussuf el Kürkdschü*. In: JbKMG 1976, S. 203.
53 Rudolf Kurtz: *Offener Brief an Karl May*. In: *Der Sturm*, 12. 5. 1910; Nachdruck in: JbKMG 1971, S. 232.
54 Wollschläger: *Das „eigentliche Werk"* [Anm. 15], S. 64ff.
55 May: *Mein Leben und Streben* [Anm. 36], S. 211. Heinrich Wagner hat dieses Selbstverständnis treffend in ein Bild gebracht, das unfreiwillig auch die ganze Absurdität mit umschließt [Anm. 46], S. 15.
56 Karl May: Vorwort zu den *Erzgebirgischen Dorfgeschichten*. Dresden-Niedersedlitz o. J. (1903); Reprint, hg. von Ekkehard Bartsch, Hildesheim 1977.

57 May: *Mein Leben und Streben* [Anm. 36], S. 212.
58 Es müßte denen gelingen, denen – wie May – die christlichen Todes- und Jenseitsvorstellungen nicht fremd sind: diese mögen sich auf einer ähnlichen seelischen Strukturbasis gebildet haben.
59 Karl May: Brief an Fehsenfeld vom 6. 10. 1896. In: Konrad Guenther: *Karl May und sein Verleger*. o. O. u. J. (Radebeul 1933), S. 16.
60 Karl May: Brief an Fehsenfeld vom 2. 2. 1901; ebd., S. 19.
61 Dittrich [Anm. 50], S. 82. Dittrichs Buch ist, wie aus der Diktion unschwer zu erkennen, unmittelbar von May inspiriert, partienweise wohl sogar von ihm geschrieben worden.
62 Ebd., S. 126.
63 Karl May: Neues Nachwort zu *Winnetou III* (Freiburg 1903); auch bei Dittrich [Anm. 50], S. 80f.
64 Claus Roxin: *Karl Mays ‚Freistatt'-Artikel. Eine literarische Fehde*. In: JbKMG 1976, S. 225.
65 Karl May: Lebens- und Werks-Charakterisierung für das Nachschlagewerk *Bildende Geister* (gezeichnet: Klara May); auch bei Wagner [Anm. 46], S. 36.
66 Im Archiv des Karl-May-Verlags, Bamberg. Das Manuskript ist mir heute nicht mehr zugänglich (vgl. Anm. 92); die hier referierten Daten habe ich erstmals in einem Aufsatz *Herr Karl May von der anderen Seite* (*Konkret*, September-Heft, Hamburg 1962) mitgeteilt, auf den ich mich hier stütze.
67 Der Vorabdruck von *Im Reiche des silbernen Löwen I/II* begann im *Deutschen Hausschatz* mit Heft 22 des XXIII. Jahrgangs im März 1897 unter dem Titel *Erste Abteilung. Die Rose von Schiras. Einleitung* (MS A, 1-449, nicht erhalten; VA XXIII, 393-731; EA I, 1-266). Weihnachten 1897 folgte dann ein ‚Erstes Kapitel', *Am Turm zu Babel* (MS B, 450-1725, nicht erhalten; VA XXIV, 113-976; EA I, 267-291, 358-624 und II, 1-452). Nach dem Tode des Redakteurs Heinrich Keiter am 30. 8. 1898 kam es zu dem bekannten Bruch mit dem *Hausschatz*; May führte das endlose ‚Erste Kapitel' hastig zu Ende, und die Erzählung schloß mit dem Hinweis, daß die Fortsetzung „im Regensburger Marienkalender für das Jahr 1899 zu lesen" sein werde; dort erschien die Erzählung *Die „Umm ed Dschamahl"* im XXXIV. Jahrgang. Die Buchausgabe der ersten beiden Bände des *Silbernen Löwen* bereitete May im Herbst 1898 vor (bis Anfang Oktober): er fügte, mit einer schwachen Überleitung (Zäsur im *Hausschatz* XXIV, 131) die kleinere Reiseerzählung *Scheba et Thar* ein (MS C, nicht erhalten; VA Regensburger Marienkalender XXXIII; EA I, 291-357) und arbeitete die *Umm ed Dschamahl* zum Abschlußkapitel *Ein Rätsel* aus (MS D, 1-220; EA II, 453-628). Die schlechte Komposition des Ganzen erklärt sich aus Umfangszwängen der Fehsenfeld-Bände, und der Karl-May-Verlag hat die Erzählungen mit Recht für seine Lese-Ausgabe wieder getrennt. Eine genaue Vergleichslesung zwischen Buchausgabe und Vorabdrucken könnte Mays Überarbeitungsweise an einem guten Beispiel aufzeigen und sollte einmal geleistet werden.
68 Entstehungsgeschichte bei Wollschläger: *Der „Besitzer von vielen Beuteln"* [Anm. 22], S. 171.
69 Der Roman war von Anfang an auf 4 Bände geplant und zeigt auch sonst die Wiederkehr älterer Gepflogenheiten der Verfolgung eines Sujets ‚rund um die Erde': – Mays Formen haben das „glanzvolle Elend" der Kolportage leider nie ganz überwinden können. Ihre Endlosigkeit hat freilich noch einen anderen Hintergrund als bloß den geschäftlichen des Hefte-Handels, d.h. der Abonnements-Ausnutzung; er sollte untersucht werden.
70 May: *Mein Leben und Streben* [Anm. 36], S. 235; vgl. dazu auch Hainer Plauls Anmerkung 238, Reprint-Ausgabe S. 428f.
71 *Reichspost*, Wien, 8. Jg., Nrn. 77, 88, 106 und 113 vom 3. 4., 17. 4., 9. 5. und 18. 5. 1901.

72 Eine textkritische Ausgabe sollte dieses Kapitel fortlassen; Mays Sorglosigkeit in der Komposition seiner Texte rechtfertigt eine solche Nachhilfe, und man könnte sich, bei Anerkennung des Umfangszwanges der Fehsenfeld-Bände, vorstellen, um wieviel eindrucksvoller der überhastete Schluß des IV. Bandes ausgefallen wäre, hätte May die hier verschwendeten 66 Druckseiten dort noch zur Verfügung gehabt. Die Editionsweise der ganzen FreiburgerAusgabe ist ein Ärgernis und Autor wie Verleger nicht zu verzeihen.
73 Vgl. Ekkehard Bartsch: ‚Und Friede auf Erden!' – Entstehung und Geschichte. In: JbKMG 1972/73, S. 93ff.
74 Vgl. Ekkehard Bartsch: Nachwort zur Reprint-Ausgabe des *Dankbaren Lesers* [Anm. 44], S. 166.
75 Gemeint waren außer der Fortführung des *Silbernen Löwen* die nie verwirklichten Buch-Pläne *Im Jenseits* und *Marah Durimeh*.
76 In diese Zeit fällt auch die Planung der Gruft auf dem Radebeuler Friedhof, als Ruhestätte für den am 14. 2. 1901 verstorbenen Richard Plöhn und für May selbst; ein späterer Aufsatz wird ihre Geschichte darstellen.
77 Karl May: *Antwort an die ‚Frankfurter Zeitung'*. Neudruck in: JbKMG 1974, S. 131ff.; vgl. auch Hansotto Hatzig: *Mamroth gegen May*; ebd., S. 109ff.
78 May: *Der dankbare Leser* [Anm. 44].
79 Vgl. Bartsch: Nachwort zum Reprint des *Dankbaren Lesers* [Anm. 44], S. 165; wer sich in Mays Stil vertieft, ist ohne weiteres imstande, auch in den Schriften von Dittrich, Wagner und Weigl diejenigen Passagen zu identifizieren, in denen von May selbst geschriebene Texte übernommen wurden.
80 Hermann Cardauns: *Die ‚Rettung' des Herrn Karl May*. In: *Historisch-Politische Blätter*, 140. München 1907, S. 289.
81 Vgl. Bartsch: Nachwort zum Reprint des *Dankbaren Lesers* [Anm. 44], S. 164.
82 Dies war sicher eine Fehleinschätzung: die Rolle des Spiritus rector, die May ihm zuschrieb (*Mein Leben und Streben*, S. 256f.), hätte Cardauns sich in Betracht seiner peinlichen Bundesgenossen später sicher verbeten, so unermüdlich seine Feindschaft gegen May auch blieb; – ich werde die ganzen Auseinandersetzungen später einmal in einer Dokumentation darstellen.
83 Referat im Feuilleton der *Tremonia*, Dortmund, Nr. 474 vom 8. 11. 1901 und nach diesem angeblich auch in mehreren anderen Tageszeitungen; vgl. auch Rudolf Lebius: *Die Zeugen Karl May und Klara May*. Berlin-Charlottenburg 1910, S. 176f.
84 May: *Der dankbare Leser* [Anm. 44], S. 56.
85 Der Vortrag wurde von Emma May und Klara Plöhn allein besucht.
86 *Elberfelder Zeitung* vom 12., 14., 17., 21. 1. 1902 und 27. 2. 1902; *Kölnische Volkszeitung* Nrn. 73/4 und 192 vom 24. 1. und 1. 3. 1902; die Verhandlung gegen Fehsenfeld in Freiburg fand am 24. 6. 1902 statt (vgl. den ‚Da'wa'l Ihana' im *Silbernen Löwen IV*: XXIX 189ff.)
87 May: Brief an Fehsenfeld vom 24. 12. 1902. In: Wollschläger: *Karl May* [Anm. 19], S. 93 bzw. 116; vgl. Guenther [Anm. 59], S. 19.
88 Johann Dederle (1850-1913) war einer der unbeirrbar treuen und treuherzigen Anhänger Mays, der ihm deshalb gelegentlich auch die Anrede „lieber Freund" zukommen ließ. Er blieb beruflich zur Provinz verurteilt: von der *Dortmunder Tremonia* wechselte er unter turbulenten Umständen im Frühjahr 1901 zum *Rhein- und Mosel-Boten* in Koblenz über; 1906 ging er zur *Buerschen Zeitung*,1908 zur *Mülheimer Volkszeitung*. Briefe Mays an Dederle in: Wollschläger/Bartsch: *Karl Mays Orientreise* [Anm. 27], S. 169, 171, 182, 186, 188, 190f., 194, 202.
89 Der Ausdruck wird von May zum erstenmal im *Dankbaren Leser* gebraucht [Anm. 44], S. 4.
90 *Historisch-Politische Blätter für das katholische Deutschland*, München, CXXIX, H. 7, 1. 4. 1902, S. 533ff.

91 Nach dem Satz „[...] dem Wirte den Betrag in die Tasche zu stecken." folgen im alten Manuskript nur noch ein paar durchgestrichene Sätze mit dem Inhalt, daß die Reisenden sich an Bord begeben.
92 Ich habe im Jahr 1955, als ich mit freundlicher Gestattung von Frau Katharina Schmid die mir heute nicht mehr zugänglichen Manuskripte Mays in Radebeul durchsehen konnte, nur wenige Aufzeichnungen gemacht, was wohl begreiflich ist, wenn man sich vor Augen hält, daß Mays Biographie bis dahin praktisch datenlos war und zuerst einmal der einfachsten Grundermittlungen bedurfte. So war auch ein Textvergleich zwischen Vorabdruck und Manuskript von *Am Tode* nicht möglich; nötig ist er aber unbedingt, da die Buchausgabe nach dem Vorabdruck gesetzt wurde und leider nicht anzunehmen ist, daß May selbst das Manuskript noch einmal zur Kontrolle beizog. Man kann nur hoffen, daß der Karl-May-Verlag sich doch irgendwann zu einer textkritischen Ausgabe entschließt, wie er sie vor über 20 Jahren bereits versprochen hat.
93 Der einzige mir bekannte Datenanhaltspunkt steht bei Lebius [Anm. 83], S. 48 (Aussage Emmas vom 13. 12. 1907); die dort erwähnte Reise wurde am 18. 7. 1902 angetreten. Man muß aber, da Emma mit Mays Arbeit nicht gerade vertraut war, die Möglichkeit offenlassen, daß er den Abschluß des III. Bandes sich noch bis in den Herbst hinzog.
94 Fritz Maschke: *Karl May und Emma Pollmer. Die Geschichte einer Ehe.* Bamberg 1972; zur Kritik an Maschkes Buch vgl. MKMG 18-21 (1973/74).
95 Wozu, bei voller Würdigung seines sympathischen Bemühens um Emmas Verteidigung doch gesagt werden muß, daß der Frauentypus, dem Emma zuzurechnen ist, wohl zu weit außerhalb seiner Lebenserfahrung lag: so ist vor allem das *und* in seinem Buchtitel bei der Darstellung zu kurz gekommen.
96 Kurzreferat bei Wollschläger: *Karl May* [Anm. 19], S. 97ff. bzw. 120ff.
97 Erstmals in willkürlicher Auswahl herausgegeben von Max Finke in: KMJb 1922; das Notizenmaterial Mays umfaßt ein Vielfaches des Edierten.
98 Vgl. Wollschläger: *„Die sogenannte Spaltung"* [Anm. 23], S. 59f. u. 70.
99 Daten bei Wollschläger: *Karl May* [Anm. 19], S. 99 bzw. 122.
100 Vgl. auch Hansotto Hatzig: *Mays letzte Reise nach Tirol.* In: MKMG 34 (1977), S. 2f.
101 Die Angaben in meiner Monographie (S. 100 bzw. 123) müssen hier, nach erneuter Durchsicht aller überlieferten Daten, korrigiert werden.
102 Wie umfangreich das Manuskript genau war, läßt sich nicht mehr angeben, da May – wie im Text weiter unten geschildert – bei der Wiederaufnahme der Arbeit den über die Druckseite 176 hinausgehenden Text verwarf; das erhaltene Manuskript schließt mit dem Gedicht auf Druckseite 175, und der Übergangstext bis Druckseite 177 ist darin meiner Erinnerung nach nicht enthalten.
103 Am 30. 3. 1903 um 16 Uhr standesamtlich, am 31. 3. um 10 Uhr in der Lutherkirche in Radebeul.
104 Vgl. einstweilen Wollschläger: *Karl May* [Anm. 19], S. 100 bzw. 124. Das zweifelhafte Diplom ist datiert vom 9. 12. 1902; als ‚Doktor honoris causa' unterschrieb sich May erstmals in seinem bekannten Brief an Fehsenfeld vom 24. 12. 1902 [s. Anm. 87].
105 Durch Rechtsanwalt Trummler vor dem Kgl. Sächsischen Notariat Dresden-Niedersedlitz; vgl. Wollschläger: *Karl May* [Anm. 19], S. 101 bzw. 125f., ferner Hainer Plaul Anm. 283-84 zum Reprint *Mein Leben und Streben* [Anm. 36].
106 Daß Fischer Mays Erwartung, er werde die Kolportageromane bei künftigen Auflagen von allen ‚Unsittlichkeiten' reinigen, nicht nachkam, erklärt sich wohl einfach daraus, daß er nicht über die Cardaunssche Empfindlichkeit verfügte; den Kitsch wahrzunehmen, hinderte ihn sein literarisches Urteilsvermögen. Er hielt die Romane schlichtweg für bedeutend, weil sie ihm viel Geld einbrachten: eine allgemein anerkannte Verlegergewohnheit.
107 Vgl. Ekkehard Bartsch: Vorwort zum Reprint der *Erzgebirgischen Dorfgeschichten.* Hildesheim, New York 1977; auch Plaul [Anm. 36], Anm. 286.

108 Heinrich Wagner [Anm. 46, S. 9] benutzte denn auch gerade das *Geldmännle,* um den Dorfgeschichten nachzuweisen, daß „schon in ihnen das eigentliche Geschehen ein inneres, ein seelisches" sei, und die „Meisterschaft" der frühen Erzählungen zu belegen. Auch Dittrich [Anm. 50, S. 56f.] stützte seinen Hinweis auf deren „weitere Bedeutung und psychologischen Zwecke" auf *Sonnenscheinchen* und *Geldmännle.*

109 Die Dorfgeschichten ‚gingen' schlecht, und der II. Band ist dann, obwohl Fischer willig war, gar nicht mehr erschienen. 1907 übernahm sie Fehsenfeld, nach Fischers Tod und dem Ausgleich mit den Erben (*Mein Leben und Streben,* Anm. 36, S. 254f.), im Format der Illustrierten Ausgabe der *Gesammelten Reiseerzählungen,* die im November 1907 zu erscheinen begann, – merkwürdigerweise ohne das Vorwort.

110 Vom *Sonnenscheinchen* ist das Manuskript (64 Seiten) im Karl-May-Verlag erhalten, vom *Geldmännle* jedoch meines Wissens nicht. May hat jedoch, wie aus der Fischer-Korrespondenz hervorgeht, sehr sorgfältig Korrektur gelesen, so daß der Text der Erstausgabe als zuverlässig gelten kann. Die ersten Exemplare des fertigen Bandes empfing May von Fischer am 14. 5. 1903.

111 May: Vorwort zu *Erzgebirgische Dorfgeschichten* [Anm. 107].

112 Mays heutige Bearbeiter können sich mit Gewinn für ihre Einsicht ihres Archivs bedienen und das betreffende Dokument nachlesen: Brief Mays an Felix Krais vom 30. 7. 1903.

113 Vgl. Bartsch: ‚*Und Friede auf Erden!*' [Anm. 73], S. 107. Der unmittelbare Anlaß für den Zusammenbruch dürfte die Trick-Klage des Gerlach gewesen sein, auf die sich May in *Mein Leben und Streben* (S. 256) kurz bezieht (vgl. Plaul im Reprint Anm. 290): durch sie wurden Mays Strafakten Anfang November 1903 gerichtlich registriert. Ein halbes Jahr später hätte May sie (30-Jahre-Frist) skartieren lassen und damit dem Zugriff seiner Feinde für immer entziehen können: – es ist wohl verständlich, daß ihn dieser wohlüberlegte Schachzug des Gegenanwalts um sein gesundheitliches Gleichgewicht brachte.

114 May, XXIX 159.

115 Heinz Stolte: *Der Volksschriftsteller Karl May. Beitrag zur literarischen Volkskunde.* Radebeul 1936, S. 149.

116 May: *Mein Leben und Streben* [Anm. 36], S. 151.

117 Karl May: *Ein Schundverlag und seine Helfershelfer,* Bd. 2. o. O. u. J. (Dresden 1909), S. 82: meines Wissens die einzige Stelle, wo May sich als ‚Schlüssel-Erzähler' bezeichnet. Die Passagen im *Schundverlag* erscheinen, ohne nähere Angaben, als Zitate; sie stammen jedoch von May selbst, aus einem längeren Manuskript *Aphorismen über Karl May,* das in Abschriften Klaras verschiedenen Redakteuren und Journalisten als Leitfaden für günstige Rezensionen zugesandt wurde. Diesem Manuskript hat auch E. Schmid Teile seines Kapitels *Das „Ich"* (in: May: *Gesammelte Werke* Bd. 34, Anhang, Radebeul 1916ff.) entnommen.

Walther Ilmer

Mißglückte Reise nach Persien

Gedanken zum ‚großen Umbruch' im Werk Karl Mays

Die lebhafte Beschäftigung mit Karl May führt zwangsläufig immer wieder zu seinem Alterswerk, da es mit Recht als literarisch bedeutend – in mancherlei Hinsicht gar als einzigartig – anzusehen ist. Die in den beiden Bänden *Im Reiche des silbernen Löwen III* (ab Kap. 2) und *IV* (XXVIII und XXIX) abrollende große Allegorie, der der vorliegende Studienband größtenteils gewidmet ist, gilt neben *Ardistan und Dschinnistan* als das herausragende Beispiel. Aber hätte Karl May sein ungewöhnliches Alterswerk nicht geschaffen, dürfte das Engagement für ihn nicht weniger stark und lebhaft sein, denn seine Berühmtheit in breitesten Leser- und Bevölkerungskreisen verdankt er den vor der Jahrhundertwende entstandenen Reiseerzählungen, die in ihrer Art nicht minder ungewöhnlich und einzigartig sind als das mystisch überhöhte Alterswerk. Und gerade die letzte dieser Reiseerzählungen – in der Buchausgabe *Im Reiche des silbernen Löwen I/II*, samt dem in gleicher Schreibart verfaßten ersten Kapitel (*In Basra*) des Bandes *Im Reiche des silbernen Löwen III* – , worin die Personalunion Old Shatterhand/Kara Ben Nemsi expressis verbis bestätigt wird, gelang dem Autor so farbig und sprühend und erinnert in ihrem Orientteil so erfolgreich an die früheren Balkan-Abenteuer, daß ihr Schicksal, ein Torso geblieben zu sein, nur bedauert werden kann.

Meines Erachtens ist die Erzählung immer ungerecht beurteilt worden. Wenn Karl May bewußt Zuflucht nahm zu alten Schreibformen und -inhalten, so kam er damit den Wünschen seiner Leser entgegen. Er schrieb nicht für Literaturkritiker, die mehr oder weniger wohlwollend seine schriftstellerische Entwicklung verfolgten; er schrieb für Menschen, die To-kei-chun zum Teufel wünschten und Halef und dessen Kurbatsch liebten und die vom unaufhörlichen Heldenruhm des siegreichen Kara Ben Nemsi und seinen Triumphen über abgefeimte Schurken nicht genug in immer der gleichen Manier hören mochten. Diesen Menschen gefällig zu sein, die ihn um solcher Geschichten willen in den Himmel des Ruhms gehoben hatten, war Karl Mays Pflicht, solange er sie zu erfüllen vermochte. Als er diese Leser nach der Jahrhundertwende enttäuschte, als der künstlerische, ambitionierte Karl May zum Vorschein kam, brach für Millionen seiner Anhänger eine Welt zusammen. Sie wollten es nicht verstehen, daß das Geheimnis um Dschafar und Dozorca kein funkelndes Abenteuer-Sujet mehr abgab. Und sie konnten nichts dafür, daß Karl May sich selbst aus der Bahn geworfen hatte, daß er unruhig ‚neuen Ufern' zustrebte.

*

Karl May verfaßte den Amerika-Teil (XXVI, Kap. 1 und 2) im Herbst 1893, in unmittelbarem Zusammenhang mit dem Schlußkapitel zu *Winnetou III* (*Das Testament des Apatschen,* IX, Kap. 8), kehrte dann aber erst 1897 – nach etwa einem halben Dutzend Marienkalendergeschichten, nach drei Bänden *Old Surehand* und nach den beiden Schlußkapiteln des dritten Bandes *Im Lande des Mahdi* – zu dem Sujet zurück und schrieb den im Orient spielenden Teil (XXVI, Kap. 3-5; XXVII, Kap. 1-5) vor und nach *„Weihnacht!"* (RS 1, A 40; RS 4 – zu den Kürzeln vgl. die ‚Nachbemerkung' dieses Beitrags). Damit sind wichtige Markierungen gesetzt.

*

Als Karl May im Herbst 1893 die *Einleitung* zu SL I in die Zeit unmittelbar nach Winnetous Tod verlegte und seinen Old Shatterhand in einem unansehnlichen, arg mitgenommenen Settler-Anzug auf den Weg zu den Mescaleros schickte, versetzte er sich genau in die Stimmung, die Old Shatterhand beherrschen mußte: „Winnetous Tod hatte mich [...] tief ins Leben getroffen, [...] aller Lebensmut schien mir abhanden gekommen zu sein" (XXVI 1). Daraus erklärt sich dann das gesamte rüd-arrogante Verhalten des Helden gegenüber den Snuffles, gegenüber Dschafars Scout Perkins, gegenüber den Komantschen, erklären sich seine Ungeduld und sein Mißmut darüber, korrigierendes Schicksal in bezug auf den Perser spielen zu müssen und sich dabei einem ständigen Hin und Her von Befreiung und Gefangennahme, List und Gegenlist auszusetzen, statt die eigenen ihm wichtigen Ziele verfolgen zu können. Alles äußerlich Erforderliche nimmt Old Shatterhand ohne innere Anteilnahme vor, setzt seinen guten Ruf aufs Spiel, ist reizbar und ungerecht – und daß Karl May es fertigbrachte, einen unter Winnetous Tod leidenden Old Shatterhand konsequent unwirsch und mit sich selbst im Widerstreit sein zu lassen, daß er mit einer Geschichte solcher Art bewußt Kritik riskierte, das ist gewiß keine geringe schriftstellerische Leistung. (Im übrigen paßte die unruhige Geschichte mit einem zornig-unzufriedenen, glaubhaft ruppigen Old Shatterhand exakt zur damaligen Seelenlage des Autors: Er sah sich um diese Zeit dem Groll seiner Frau Emma wegen eines ihm angelasteten unehelichen Kindes und ihrem Argwohn aufgrund einer ihr nicht genehmen aufkeimenden Zuneigung Klara Plöhns zu May – und umgekehrt – ausgesetzt.[1])

Kritik und Abwertung, so meine ich, sind nicht berechtigt. Alle die vielmals bewährten Requisiten und Versatzstücke werden souverän eingesetzt – Motive und Elemente, die für den Leser unentbehrliche Bestandteile einer Erzählung von Karl May sind. Er erwartet, daß der Held – entgegen aller Wahrscheinlichkeit – beim Belauschen der Gegner immer gerade das zu hören bekommt, was für ihn wertvoll ist, daß er die Aktionen der Gegner vorausberechnet und sich dabei nicht irrt, daß er Schießkunststücke vollbringt, die jeder natürlichen Geschoßstreuung spotten, und daß er ein unfehlbares Erinnerungsvermögen besitzt; er erwartet, daß Karl May die Schauplätze so herrichtet, wie er sie für seine Zwecke braucht, und daß es nicht regnet, wenn der Held den Regen nicht benötigt. Warum hätte Karl May 1893 – oder später – von dieser Linie abweichen sollen!? All das übersah Ernst Weber[2], als er gerade am Beispiel von SL I, SL II Karl Mays „verderblichen Wirkungen" auf die Spur zu kommen glaubte und in seiner Beurteilung danebengriff. Was die früheren Reiseerzählungen – und noch einige später entstandene – so May-immanent durchzieht und was dort fraglos akzeptiert wird, darf in SL I, SL II nicht mit Kopfschütteln bedacht werden. Vielleicht mag ein allmählich ‚May-gesättigter' Leser, der brav alle Bände in der vom Verlag vorgegebenen Reihenfolge (oder nahezu in dieser Reihenfolge) gelesen hat, bei der Lektüre des Dschafar / To-kei-chun-Abenteuers sich plötzlich schreckhaft bewußt werden, daß hier alle alten Muster zum Exzeß vorgeführt werden, und mag – wie unrecht May gegenüber! – Unwillen verspüren. Dabei wird er nicht wissen, daß Karl May dieses Abenteuer lange vor *Old Surehand* niederschrieb; in *Old Surehand* aber sind all die bekannten Handlungsmuster selbstverständlich. Im Gegensatz zu dem Nörgler wird ein Leser, dem SL I, SL II schon kurz nach dem Orientzyklus (I-VI) und der *Winnetou*-Trilogie (VII-IX) in die

Hände geraten ist, vermutlich mit fiebrigen Wangen und stockendem Atem die Geschichte verschlingen.

*

Das gilt erst recht für den Orientteil, der mehrere Jahre nach dem Präludium spielt und den Ich-Erzähler, längst erholt vom grausamen Schock über Winnetous Tod, in gelockerter Stimmung und wahrhaft tatendurstig zeigt. „Old Shatterhand und Kara Ben Nemsi sind Eins, sind dieselbe Person!" konstatiert der gerettete Perser Dschafar (XXVI 94) – aber das im Orient reisende Teil-Ich ist seinem im Wilden Westen die Fährten suchenden Spiegel-Reflex um etliches voraus an menschlichem Anstand und innerer Größe. Old Shatterhand haftet, abgesehen von „Weihnacht!", immer etwas Präzeptorales[3] an, nicht nur in den Amerika-Kapiteln von SL I. Die Polarisation der Spiegel-Hälften Old Shatterhand und Kara Ben Nemsi ist überall im Werk Karl Mays anzutreffen; sie entspricht der unterschiedlichen Situation der beiden und bezeugt Karl Mays bemerkenswertes Talent zur Subtilität. In *Winnetou III*, eingedenk der Rolle als Old Shatterhand, sagt er in Anspielung auf das in SL I erzählte Abenteuer um To-kei-chun, der Dschafar und dessen Begleiter am Marterpfahl sterben lassen will, „es gelang mir aber, sie ihm zu entreißen" (IX 479), womit er sich einer Heldentat brüstet. Indem er *als* Old Shatterhand *von* Kara Ben Nemsi spricht, sagt er treffend: Die „Titel Emir und Effendi gab man mir ohne Examen und Verdienst" (XXVI 93). Und als Ich-Erzähler Kara Ben Nemsi denkt er an „Dschafar, mit dem ich damals drüben im Westen der Vereinigten Staaten zusammengetroffen war" (XXVII 384) – nicht etwa an einen Menschen, „der mir sein Leben verdankte"! Im Wilden Westen kann gar nicht genug bekannt werden über die unumschränkte Unfehlbarkeit Old Shatterhands; im Orient ist Kara Ben Nemsi immer bemüht, ‚im Schatten des Großherrn' zu wandern und alle über seine einzigartige Vortrefflichkeit umlaufenden märchenhaften Schilderungen in angemessenen Grenzen zu halten. Die Aushebung der gefährlichen Schmuggler- und Mörderbande, um die es in SL II im wesentlichen geht, unternimmt er nicht, wie Old Shatterhand das in Amerika zweifelsohne getan hätte, im nahezu selbstmörderischen Alleingang, sondern unter Einschaltung der für solche Aufgaben vorgesehenen staatlichen Gewalten, ohne daß dies dem Ruhm oder der persönlichen Leistung dieses Kara Ben Nemsi Abbruch tut. Wenn Kara Ben Nemsi sagt: „Wer sich mehr zutraut, als er kann, der ist ein eingebildeter Mann; wer sich aber weniger zutraut, als er kann, der ist ein schlechter Mann" (XXVI 597), meint er dasselbe wie Old Shatterhand mit den Worten: „Old Shatterhand weiß stets, was er wagen darf oder nicht" (84) – und doch liegen Welten dazwischen. Auch staunenswerte Behauptungen wie: „Einige kleine Gruppen von kommaähnlichen Strichen hielt ich für bedeutungslos, [...] doch bleiben sie [...] meinem Gedächtnisse scharf und deutlich eingeprägt" (486), klingen bei Kara Ben Nemsi nicht großsprecherisch: es liegt im unverzichtbaren Interesse des Lesers, ihn für ein Beinahe-Universalgenie halten zu dürfen. Wie gern ist Old Shatterhand stolzer Häuptling der Apatschen – und wie heiter nimmt Kara Ben Nemsi wortlos zur Kenntnis, daß Halef ihn für absolut qualifiziert hält, Kriegsminister des Padischah zu sein, und dabei genau weiß, daß sein Sihdi das nie sein möchte (XXVII 112f.). Das Jahre später in *Im Reiche des silbernen Löwen IV* eingebrachte makabre Chodem-Phänomen hatte Karl May längst vorher an sich selbst Old Shatterhand und Kara Ben Nemsi durchexerziert.

Der verblüffend einfache Grund für das Freihalten Kara Ben Nemsis von den ‚Schlacken' Old Shatterhands ist die Introduktion jenes weiteren Alter ego Karl Mays, das als das liebenswerteste aller je seiner Phantasie entsprungenen Menschenkinder jeden Leser gefangennimmt: Hadschi Halef Omar.[4] Halef darf ungestraft von seinem Sihdi und sich selbst als den „größten Helden des Erdkreises" reden – auf keinen der beiden fällt dabei ein Schatten. Immer einmal zwischendurch läßt Kara Ben Nemsi seinem Halef eine Ermahnung zukommen – und verpflichtet sich dadurch zur Selbstdisziplin. Und Halef, dessen „unbefangene und harmlose Ruhmredigkeit" „ihm, ohne verwerfliche Prahlsucht zu sein, zur zweiten Natur geworden" ist (XXVI 281), rechtfertigt dann in einer glänzenden Rede (290f.) die Notwendigkeit aller irgendwann von ihm vorgebrachten Übertreibungen – womit Karl May zugleich vor sich selber seine überschäumenden Prahlereien in der Öffentlichkeit sowohl rechtfertigte wie verurteilte.[5]

Halef gibt in SL I, SL II auch einige der schönsten Sätze von sich, zu denen Karl Mays Meisterschaft im Umgang mit blumigen Wendungen ihn befähigte:

„[...] die beiden Karawanenwege, welche ich quer über sein edles Antlitz gelegt habe" (XXVI 441);

„[...] ich habe die sehnsuchtsvolle Steppe deines Gesichtes ausgemessen" (ebd.);

„Willst du meine Seele so in die Länge ziehen, daß sie einem abgewickelten Bindfaden gleicht [...]? [...] nimm dein doch sonst so gutes Herz auf die Spitze deiner Zunge" (XXVI 386);

„[...] diejenige Freudigkeit der seelischen Einrichtungen, ohne welche das Erdenleben mit einem Knochen zu vergleichen ist, von welchem das Schicksal schon das Fleisch heruntergefressen hat" (XXVII 333);

„[...] um mich zu bewachen, obgleich ich alt und verständig genug war, selbst dafür zu sorgen, daß ich nicht aus dem Korbe weggestohlen wurde." (XXVII 334f.)

Kein Wunder, daß bei solcher Hochstimmung der kühne Streich der Helden gegen die Verbrecher im Birs Nimrud wie im Rausch gelingen muß, daß über weiten Strecken der Erzählung der Hauch spitzbübischer Genugtuung eines fröhlichen Schelmen liegt, der zugleich ein zutiefst frommer und weiser Pilger in Gottes Garten ist, und daß Kara Ben Nemsi, nachdem er wieder einmal das allseits in ihn gesetzte Vertrauen vielfältig verdient hat, beim Pascha von Bagdad erscheinen muß, um zu berichten. Natürlich gibt er das Wort ab an den kleinen Mann, der ein um so vieles besserer Erzähler ist als er selber: „Du weißt, daß nur ich die Gabe der Rede und den Beruf der entzückenden Erzählung habe." (XXVII 443)

*

Doch es mangelt keineswegs an ernsten Tönen. Über manche Passagen hin, so in den Lebensberichten des alten Polen Dozorca und des Offiziers Amuhd Mahuli, entsteht gar der Eindruck, der Autor bewege sich neben den Gefilden lachenerfüllter Lebensfreude hinüber in die Grenzbezirke tiefer Depression, vor der nur Zuversicht in das Walten Gottes ihn letztlich bewahrt. Dozorca und Amuhd Mahuli zählen neben dem unförmigen Diener Kepek und dem teuflischen Säfir – dem Hauptschurken der Geschichte – zu Karl Mays interessantesten Schöpfungen. (Vermutlich hätte bei Verwirklichung des ursprünglichen Handlungskonzeptes auch der Perser Dschafar besonderes ‚Profil' gezeigt.) Zu viel und zu schnell schrieb Karl May, als daß er jemals eine in allen feinen Verästelungen sichtbare Charakterzeichnung hätte vornehmen können (Ansätze sind freilich vorhanden bei Old Death, beim Sendador, beim Reïs Effendina, bei Old Wabble, bei Carpio), doch wäre ihm beschieden gewesen, von vornherein unter anderen äußeren und inneren Umständen schriftstellerisch tätig zu sein, wäre die deutsche Literatur mutmaßlich um eine ganze Anzahl packender ‚gebrochener' Charaktere reicher, deren Schicksal jeweils exemplarisch dastünde. Die Häufung von vier beachtenswerten Figuren solcher Art, mag auch keine von ihnen voll ‚durchkomponiert' sein, in einer Erzählung ist merkwürdig genug.

Dozorca mit der vielbewegten, leidvollen Vergangenheit, der Gottes Gnade leugnet und nicht bemerkt, daß er nur durch Gottes Gnade und Gottes großes Geschenk an die Menschen, nämlich das Prinzip Hoffnung, überhaupt noch lebt, und in dessen monoton abrollendes Alter durch Kara Ben Nemsis Erscheinen ein Lichtstrahl fällt, straft das Image eines lebensunwerten alten Trottels Lügen; Kepek ist in seiner ganzen Tragikomik der Inbegriff sowohl der bedingungslosen Treue wie auch der Erdverbundenheit; das späte Glück des stillen Amuhd Mahuli, dessen Halbbildung, menschlicher Anstand, ängstlich-zweifelnder Griff nach äußeren Gütern und stumm im Herzen getragene Sehnsucht nach der Erkenntnis der wahrhaft zählenden Güter ein gar nicht disharmonisches Ganzes ergeben, befriedigt das Gerechtigkeitsempfinden des Lesers; und der abstoßende Säfir, der rücksichtslose, entmenschte Verbrecher, dem nur das Böse Freude und Genugtuung bereitet und der für Gott, das Jenseits und die Ewigkeit nur entsetzliche Lästerungen kennt, ist um vieles blutvoller und gelungener als der ihm wesensähnliche Dan Etters in *Old Surehand*. Vier Beispiele für Karl Mays um diese Zeit mächtig blühende Gestaltungskraft – inmitten einer sowohl von Tempo als auch von Bedacht, von Phantasie wie realistischem Kalkül im Handlungsaufbau und Handlungsablauf gekennzeichneten Geschichte. Wie schwungvoll-durchdringend wäre diese Gestaltungskraft wohl zur Geltung gekommen, wenn Karl May die ‚richtige' Fortsetzung geschrieben hätte...[6]

*

Wir haben es bei SL I, SL II mit dem unvollendeten rhapsodischen Märchen um drei May-Spiegelungen zu tun: Dschafar, Dozorca und (David) Lindsay. Dschafar ist der reisewillige, lernwillige, bildungsbeflissene Karl May, der sich großen Aufgaben stellen will; Dozorca ist der fehlbare, zu Unrecht um Amt und Würden gebrachte, um Gott ringende Karl May; Lindsay – der am

Schluß des Originalmanuskripts (im Kapitel *In Basra*) noch auftaucht – ist der trotz aller im Leben gewonnenen Erfahrungen innerlich nur unzureichend Ausgerüstete, der sich zu leicht beeinflussen und ablenken läßt.

‚Dschafar' bedeutet wörtlich ‚Stammvater', bezeichnet jedoch dialektal auch einen kürzeren oder längeren Flußlauf. ‚Fluß' könnte Karl May zugesagt haben, da er als Geschichten-Schreiber ‚Dinge in Fluß' hielt. Eher denkbar ist jedoch die Anlehnung an

a) den in der ersten Hälfte des 9. Jahrhunderts in Innerarabien wirkenden Gelehrten Dschaafar esz Ssadik (in neuerer Schreibung Dschafar As Sadik), dessen Beiname ‚der Wahrhaftige, Rechtschaffene, Gerechte' bedeutet, und

b) den zu Ausgang des 15. Jahrhunderts am türkischen Hof lebenden Dichter Dschaafar Tschelebi, der erst Hochschullehrer und später gar oberster Landrichter und Staatssekretär beim Sultan war; als vermeintlicher Aufrührer wurde er 1514 hingerichtet.

Das fügt sich erstaunlich zu dem von Karl May in SL I skizzierten Dschafar, der geheimnisvolle Andeutungen macht über seine hohe Stellung (XXVI 86, 139, 265, 266), der in SL II aber in den Verdacht gerät, der ‚Fürst der Schatten' und somit gefährlicher Staatsfeind zu sein (XXVII 325, 383f.). Freilich unterläuft dem Autor der peinliche Schnitzer, daß Dschafar nach eigenen Worten Hadschi Halef Omar kennt und von ihm alles über Kara Ben Nemsi gehört hat (XXVI 140), daß aber Halef Dschafar nicht erkennt, als er dessen Bild erblickt! (XXVII 383) Immerhin läßt Karl May keinen Zweifel daran, daß Dschafar ein rechtschaffener Mann in verantwortungsreicher Position ist und keineswegs ein Verbrecher: In *Am Jenseits* erwähnt er das bis dahin nie geschilderte Zusammentreffen Kara Ben Nemsis und Halefs mit Dschafar in Persien (!) und bestätigt Dschafars Prinzentitel; der in dieser Szene auftretende Perser Khutab Agha ist mit Dschafar eng befreundet (XXV 141f.). Dabei wird auch der Chandschar ins Spiel gebracht, den Dschafar in Amerika seinem Retter schenkte (142). Vielleicht sollte Kara Ben Nemsi, nach Karl Mays Plänen, als Gefangener der Sillan vor deren höchsten Anführer geschleppt, feststellen, daß dieser den Chandschar *nicht zu identifizieren* vermochte und somit ungewollt verriet, nicht der echte Dschafar zu sein, gegen den er üblen Verdacht ausgestreut hatte? (Womit Kara Ben Nemsis Zweifel an Dschafars Verbrecher-Rolle bestätigt würden.) Karl May bleibt uns die Lösung der Rätsel um den Prinzen Dschafar (den ‚natürlichen Sohn des Prinzen von Waldenburg', als den May sich einst ausgab?), den offenbar ein tückischer Doppelgänger zum ‚Fürsten der Schatten' stempelt (was zurückverweist auf den Uhren-‚Diebstahl', der Mays Leben grundlegend veränderte, und was auch so merkwürdig stimmt zu den später von Richard Krügel und Rudolf Lebius kolportierten Mären über den ‚Räuberhauptmann' Karl May), schuldig, hatte aber doch ersichtlich klare Vorstellungen über den Fortgang der Handlung: Das Doppelbild, das Dschafar (oder seinen ‚Chodem') neben der Gul-i-Schiras zeigt (XXVII 384), sowie deren Bezeichnung als „Witwe des Herrschers" (325) und Mays Notiz „Lindsay muß die Gul-i-Schiraz bringen" (RS 4, N 25), sind drei handfeste Indizien.

Der Renegat Dozorca, dessen polnischer Name (gespr. Do-ßorr-tza, mit Ton auf dem zweiten o) im übertragenen Sinne einen ‚Hausmeister' bedeutet, hat Mühe mit seiner Haushaltung und ist der bedauernswerte Mann auf der Suche nach der verlorenen Liebe. Als Bimbaschi (Major) kam er zu Unehren; dank Kara Ben Nemsi wird er rehabilitiert und zum Mir Alai (Oberst) befördert. Auf den Autor bezogen, ist dies insofern bemerkenswert, weil die ‚Erhöhung' des vordem unrechtmäßig erniedrigten ‚May' (Maj-or) sich in dem nicht-deutschen ‚*M*ir A*lai*' ausdrückt – eine Anspielung darauf, daß er durch exotisch verkleidete Geschichten zu Ansehen gelangte. Karl May hat Mühe, sein ‚Haus'– sowohl im Sinne von Harem (Ehe) wie im Sinne von Lebensführung – in Ordnung zu halten, und entbehrt das, was ihm Liebe in deren höchstem Sinn bedeutet: Mütterliche Umfassung mit Gleichklang der Seelen in auch geistiger Gemeinschaft. Das Selbstporträt braucht hier nicht weiter erläutert zu werden. Dozorca erhält sein verlorenes Vermögen zurück – womit Karl May seine eigene seit 1893 rasch gewachsene Wohlhabenheit nach einigen voraufgegangenen Jahren finanzieller Engpässe meint – , muß aber auf das Wiedersehen mit seinen Angehörigen vorerst noch warten, geht in Sachen Liebeserfüllung leer aus. Fraglos wäre dem Auffinden der Kinder Ikbal und Sefa und des Schwiegervaters Agha Sibil (siehe XXVI 548f.) ein großer Teil der späteren, ursprünglich beabsichtigten Handlung gewidmet gewesen – ungleich dramatischer als in der matt-lustlos-pflichtschuldigen Weise, in der Karl May den Faden in *Im Reiche des silbernen Löwen IV* aufgreift (11, 45, 121, 127, 198, passim). Die hochgeschraubten Erwartungen des Lesers werden, wie im Falle Dschafars, nicht erfüllt.

Lindsay gar bleibt ein folgenloses, sinnloses Intermezzo. Kaum ist er zur Reise nach Persien mit Kara Ben Nemsi und Halef entschlossen, verläßt er

Basra ohne sie – infolge einer plötzlichen Planänderung des Autors! (RS 4, N 25; RS 5, N 3)[7] Handgreiflich symbolisiert Lindsay die Faktizität: So wie er fremder Einflüsterung erliegt und unversehens Kara Ben Nemsi den Rücken kehrt, so ließ Karl May sich mit dem Ende des *Basra*-Kapitels trotz aller noch vorhandenen Bauelemente (RS 4) im Januar 1898 vom Fortgang der Geschichte ablenken und wandte sich aus nie geklärten Gründen anderem zu. Es ist, als habe er die ursprünglich nicht beabsichtigte Trennung Lindsays von Kara Ben Nemsi nachträglich vorgenommen, um auszudrücken, daß er sich damit auf unabsehbare Zeit bewußt von seinem vielversprechenden Werk abwende.

*

Wir wollen nichts einwenden gegen *Ein Rätsel* und gegen *Die „Umm ed Dschamahl"*, mit denen Karl May sich von der Persien-Fabel fernhielt (RS l, A 40; RS 4, N 46-54). Aber gäbe es sie nicht, würden wir sie nicht vermissen. Wir wollen auch nicht krittln daran, daß er den Orientteil (SL II) unterbrach, um im Herbst 1897 *„Weihnacht!"* zu schreiben – denn dies ist eines der besten Werke überhaupt, und es versöhnt uns rundum mit Old Shatterhand. Niemand auch wird Karl May das Recht abstreiten, im Februar und März 1898 in Österreich und Süddeutschland wieder einmal umherzureisen und im April 1898 wegen Studien über den Alten Dessauer nach Gartow zu fahren. Aber hätte er statt all dessen Kara Ben Nemsi mit der Gul-i-Schiras (und vielleicht Dozorcas Tochter) zusammengebracht und hätte er Dschafars Doppelgänger ein wenig von Halef peitschen lassen, gäbe es also zwei Bände Fortsetzung-und-Schluß der bis Basra führenden spannenden Geschichte – wie er es selbst plante! (siehe RS 4, N 46 unten)[8] – , so hätte das seinem Gesamtwerk nur gutgetan. Und es spräche für die Überwindung der Persönlichkeitskrise.

Aber eben diese Krise gab es. Und ihre Ursachen und Wirkungen sind packender als eine gedruckte Erzählung von Karl May.

*

Das Werk Karl Mays ist nie von der jeweiligen inneren Verfassung seines Autors und von den ihn umgebenden Einflüssen zu trennen, und jede Betrachtung zum Werk muß Überlegungen zum psychischen Befinden Mays einbeziehen, wenn es um mehr als um rein handwerklich-literarische Belange geht. Die Gründe für erratisches Schaffen, für längere Pausen, für Produktionsarmut auszublenden, hieße, vor dem Kernstück der Karl-May-Forschung, nämlich der Wechselwirkung zwischen Leben und Werk dieses Schriftstellers, die Augen zu verschließen.

Wir kennen jene Krise als die ‚Old-Shatterhand-Legende', mittels derer Karl May ab 1896 sich öffentlich in verhängnisvolle Prahlereien verstrickte und die er in zahlreichen Briefen an zahlreiche Leser erhärtete. Exemplarisch trat dabei Old Shatterhand weit mehr in den Vordergrund als Kara Ben Nemsi. Der grundlegenden Darstellung, die Claus Roxin hierzu gegeben hat[9], ist wenig hinzuzufügen.[10] Die Krise erzeugte Unrast, Unstetigkeit, Umtriebigkeit mit Hinwendung zu immer neuen Erzählanfängen, Plänen, Skizzen und – wie im Falle der Planung eines Schwanks um den Alten Dessauer – zum Teil skurrilen Einfällen. Sie unterband aber nicht jegliche Fähigkeit zur Konzentration – denn Karl May schuf innerhalb jenes Unrast-Stadiums die beiden genannten bedeutenden Werke *„Weihnacht!"* und *Am Jenseits.* Ungeachtet einer unverbindlichen Anfrage Mays an Fehsenfeld vom 26. März 1897 betreffend „einen interessanten Weihnachtsband" (RS 2, N 4) entsprang *„Weihnacht!"* einem spontanen Einfall im Anschluß an eine längere Reise Karl Mays mit Emma (10. Mai bis 15. Juli 1897); und *Am Jenseits* konzipierte er im Anschluß an seine in Begleitung Emmas unternommene Frühjahrsreise 1898 (RS 3, N 14). Diese Reisen waren Teil und Ausfluß der Unrast, von welcher der äußerlich ruhmumwehte, wohlhabende Villenbesitzer, dessen Ehefrau endlich im längst ersehnten Luxus leben konnte, sich umhergetrieben fand. Die Ehe, die bösen Münchmeyer-Jahre und auch die finanziellen Bedrängnisse der Vor-Fehsenfeld-Zeit überstanden hatte und nun endlich in ruhigen Bahnen hätte verlaufen können, war durch zwei Störfaktoren bedroht:

– Das Wissen Emmas um Karls schuldbeladene Vergangenheit (die den jählings über Erwarten berühmt Gewordenen insgeheim mehr quälte als den vorher mühsam um Erfolg Ringenden) und

– Die Karl May umschwärmende, ihn bewundernde ‚andere Frau', wodurch er im Innersten aufgewühlt wurde, weil sie mit seinem besten

Freund verheiratet war, und vor der er verständlicherweise makellos dastehen wollte.

Ich führe also Karl Mays häufige Fluchtbewegungen jener Jahre im Kern zurück auf sein ihm selbst peinliches inneres Zurückweichen vor Emma und seine gleichzeitige zunehmende, unaufhaltsame, aber keineswegs rein beseligende Hinwendung zu Klara Plöhn. Letzteres war für den im Grunde monogam veranlagten und konfliktscheuen Mann (dessen Masken ja nur seine Angst verbergen sollten) eine wahre ‚fatal attraction', der er widerstehen wollte und nicht widerstehen konnte. Diese meine Erklärung für den *vor* – nicht *nach* – der Jahrhundertwende einsetzenden Umbruch in Karl May mag rein dokumentarisch bedauerlicherweise nicht beweisbar sein; unbegründet ist diese Annahme deswegen nicht.

*

Die Fertigstellung der *Surehand*-Trilogie Ende 1896 hatte Karl May viel psychische Kraft gekostet; sein „Endlich – Endlich – Endlich" (siehe das Faksimile im Nachwort zur Reprint-Ausgabe *Old Surehand I*, N 11) ist beredtes Zeugnis seines Mühens, vom Image der *K*olma *P*uschi, der Konfidentin Old Shatterhands, recte *K*lara *P*löhn, loszukommen. Ein Wiedereinschwenken zur alten Schaffensmanier – nach einer gewissen Erholungspause – im Interesse einer schwungvolleren Produktion, als die unbehagliche, drückende *Surehand*-Erzählung gewesen war, ist nur allzu verständlich. Und dabei lag es, zur Erleichterung des Schaffensprozesses, sogar nahe, auf einst Erfolgreiches zurückzugreifen. Eine „Montage älterer Erzählelemente" (U.Schm. 131, mit Auflistung 131f.)[11] hatte für Karl May alle Vorteile. Eine lockere, wenngleich spannend dahineilende Geschichte mußte der Ruhefindung dienen. Das mit der Redaktion des *Deutschen Hausschatz* bereits vorerörterte Aufgreifen der *Silberlöwen*-Konzeption erschien sehr passend. (RS 4; dort genaue Angaben zur Lieferung von Manuskripten. Der bei RS 1, A 40, genannte Schreibbeginn „Mai 1897" steht im Widerspruch zu RS 4, N 35, wonach im Mai 1897 bereits 670 Handschriftseiten in Regensburg vorlagen; davon umfaßte die *Einleitung*, d.h. der Amerika-Teil, 449 Seiten.)[12]

Im Mai erkannte Karl May, daß er – tranceartig wie fast immer schreibend – sich in eine bedenkliche Lage hineinmanövriert hatte, indem er zwei

für die Handlung entbehrliche Szenen niederschrieb[13], von denen Heinrich Keiter nun bereits Kenntnis hatte (ohne natürlich deren innere Brisanz durchschauen zu können) und die nachträglich zurückzunehmen für den Autor somit nicht praktikabel erschien, da er sonst Befremden ausgelöst hätte:
1. Das Nachtgespräch Kara Ben Nemsis mit Hanneh (XXVI 370-376);
2. Die Einbeziehung der Ehefrau Emmeh (390-397).

Zu 1.: In einem nächtlichen Gespräch mit Kara Ben Nemsi unter vier Augen, zu dem sie durch Halef (!) bitten läßt (XXVI 368), erweist die junge Frau sich als kluge und gedankenreiche, dem welterfahrenen Reisenden ebenbürtige Partnerin.[14] Wenn wir einmal zugestehen, daß Karl May hier die Grundzüge des Sehnsuchtsbildes entwirft, das er sich hinsichtlich einer seinen eigenen geistigen und seelischen Zügen entsprechenden Partnerin ausgemalt hatte, so führt uns das nicht zur Ehefrau Emma – ungeachtet dessen, daß Hanneh Halefs Frau, also die des Alter ego des Autors ist. Hier gilt ein anderer Aspekt: Hanneh ist *die Ehefrau des Freundes* – des Freundes Richard Plöhn, der ebenfalls klein und schnurrbärtig und vertrauensselig (368) war wie Halef. (Vorauseilend sei hier gleich festgehalten, daß May dieses Bild Hannehs als das der in ihrem Innenpotential bewundernswerten Frau von schlichter Herkunft konsequent fortsetzt in *Am Jenseits* und in *Im Reiche des silbernen Löwen III/IV*: Immer ist sie der ruhende, stabilisierende Pol, auf den die überlegene Kraft des Helden zurückgeht.)

Was lesen wir da an jählings Enthüllendem, wenn wir all das schmückende Beiwerk beiseiteschieben?

„Ich wußte, daß du kommen würdest, Effendi, und ich danke dir!" Ich berührte ihre Hand mit leisem Drucke und antwortete: „Dein Wunsch macht mich dir unterthan; ich bin ihm gern gefolgt." [...] „Ahnst du, worüber ich mit dir zu sprechen wünsche?" „Ich vermute es." „Und warum Halef nicht dabei sein soll?" „Auch das errate ich." „Das wußte ich, und darum wagte ich, zu thun, was sonst kein Weib je unternehmen darf. Ich stehe hier vor Allah und vor dir. Allah sieht und hört mich, doch es fehlt mir seine Stimme; antworte du an seiner Stelle! Es wogt ein weites, tiefes Meer in meiner Seele; seine Wellen sind Gedanken, welche bald mich töten, bald mich an das feste Ufer tragen wollen. Es giebt in meinem Herzen einen Himmel, von welchem tausend Sterne strahlen und den bald wieder finstre Wolken decken; die Sterne wollen mir zu Allah leuchten; die Wolken sind die Zweifel, welche mich den rechten Weg nicht finden lassen. In meinem Innern lebt eine Stimme heißer Angst, die nie zur Ruhe kommt; ich höre sie bei Tag und Nacht, im Wachen und im Traume. Sie schreit nach der Erlösung [...]." (XXVI 370f.)

Ich war mehr als überrascht, denn ich hatte [...] keine solche seelische Eruption erwartet. Ich glich einem Menschen, vor welchem plötzlich und ganz unerwartet in ebener Gegend von unterirdischen Gewalten ein Geiser emporgetrieben wird. Was mußte diese Frau im tiefsten Innern durchgefühlt und durchgebangt, durchgehofft und durchgefürchtet haben [...]. (371)
„Der Mann soll ein Bild der göttlichen Allmacht, das Weib ein Bild der göttlichen Güte und Liebe sein. Sind beide das, dann sind sie Mensch im wahren Sinne, sonst nicht! Kann ein Wesen, welches ein Ebenbild der göttlichen Liebe ist, ohne Seele sein?" „Nein, denn grad die Liebe erfordert mehr Seele als alles andere auf der Erde." (372)
„Oh, Effendi, du willst überhaupt nie, daß man dir danke. [...] Jetzt muß ich fort, denn Halef, der Gebieter meines Herzens, könnte ungeduldig werden. Ich sage dir nochmals Dank. Du hast mir ein ganz neues, schöneres Leben gegeben; das werde ich niemals vergessen. [...] Gute Nacht!"(376)

Das ist eine Liebesszene (zu der die Frau die Initiative ergriffen hat). Wenn es keine ist, ist nie eine geschrieben worden und, vor allem, nie eine durchlebt worden. Frau wie Mann sind sich ihrer Unfreiheit bewußt, vermögen aber das Schicksal nicht aufzuhalten. Die hastige Erwähnung des „Gebieters des Herzens", des Mannes im Hintergrund also, dessen Existenz die Normen setzt und somit ‚gebietet', was weiterhin nach außen hin zu tun ist, verweist auf das Prekäre der Situation. Nicht viel fehlte, und Hanneh hätte mit Kara Ben Nemsi beglückt das Nachtlager geteilt. – Oder ist da in lauschiger Nacht, außerhalb des ‚Duar', gar noch etwas vorgefallen, wofür die Frau so überaus dankbar ist, weil es wider alles Erwarten ebenso leidenschaftlich gewährt wurde, wie es begehrt ward? Und verweist auf solcherlei jener beiläufige – und unnötige – Hinweis später, in Bagdad, Kara Ben Nemsi sei „schon in Persien" gewesen (XXVI 527)? (Oder bezog May sich hier auf jene ebenfalls nie in Erzählform präsentierte „Reise nach Persien", auf Rih statt auf Assil Ben Rih, wovon die Rede ist in *Im Lande des Mahdi III*, Kap. 3, entstanden 1896; XVIII 153f.?)[15] Die Reaktion des heimwärts stelzenden Mannes ist typisch die des sich überlegen Gebenden:

Welche Tiefe des Gefühles und zugleich welch kindliches Empfinden! (XXVI 376) Und was für ein kluges und energisches Frauchen war diese kleine Hanneh geworden! (377)

Jedermann bejaht, daß Karl May in *Szepter und Hammer* (1879) sein akutes Herzensweh beschrieb, als er in einem für den gesamten Handlungsgang bedeutungslosen Auftritt den Literaten Karl Goldschmidt über seine flatterhafte Emma Vollmer klagen ließ. War er seitdem von jedem Herzensweh verschont geblieben? Oder hatte er es aus seinen Schriften ausgesperrt? Alle Reiseerzählungen sprechen dagegen – so wie die Münchmeyer-Romane. Im Laufe der Jahre aber hatte er reichlich an Subtilität gewonnen, schrieb über seine Konflikte kaschierter als in der kruden Weise von 1879. „Ich hatte meine Sujets aus meinem eigenen Leben [...] zu nehmen" (*Mein Leben und Streben,* S. 139) gehört zum Wahrsten, was er je sagte; denn er erzählte immer von sich selbst. Nichts spricht dagegen, daß auch – und gerade – das Nachtgespräch mit Hanneh auf den ganz persönlichen Gefühlsturbulenzen des Autors beruht.

Zu 2.: Obwohl Kara Ben Nemsi „eine volle Woche der Gast der Haddedihn" gewesen ist (XXVI 289) und dabei gewiß manche Gelegenheit zur vertrauten Zwiesprache mit Halef hatte, schweigt er über seine Heirat (wie auch in dem Brief, worin er seine Ankunft und Reisepläne mitteilte, 270), die er aber hätte erwähnen müssen, wäre ihm planvoll an der Einbeziehung Emmas gelegen gewesen. Erst *nach* dem Aufbruch zur lockenden Reise nach Persien – und *nach* dem Tête-à-tête mit Hanneh – denkt er an seine Ehefrau Emmeh (390).[16] Und muß von Halef hören: „Gestehe, daß du wegen dieser Frau ein böses Gewissen gehabt hast!" (393) – eine sehr bemerkenswerte Formulierung, die innerhalb der Oberflächenschicht des Erzählten deplaziert ist, aber sogleich Sinn macht, wenn die tieferliegende Bedeutung erkannt wird. Kara Ben Nemsi bestreitet die Richtigkeit der Beobachtung Halefs. Rasch singt er Emmehs Lob in den höchsten Tönen; doch Halef stellt fest: „Meine Hanneh kann mehr, viel mehr! Das ist auch ganz natürlich, weil deine Emmeh keinen Halef hat, von dem sie alles lernt." (396) Nachdem Karl May aus Furcht vor einer skandalösen Affäre mit Klara, die zudem Emma eine sehr brauchbare und gefährliche Waffe gegen ihn geliefert hätte, sich beeilt, vor sich selber alle Vorzüge seiner Frau aufzubauen, und dabei Halt zu finden versucht, schleicht sich alsbald wieder der ihr vorgeworfene Makel ein, sie nehme nicht innerlich Anteil an seinem Schaffen und sei nicht bildungsfreudig – im Gegensatz zu Klara. Bemerkenswert ist hier der gegenüber früher erkennbar veränderte, selbstbewußte Ton des Kleinen, den der Autor auch sogleich selbst kommentiert:

Er hielt sich jedenfalls, natürlich ohne es mir zu sagen, für mir wenigstens gleichgestellt, und so hatte ich jetzt manches ruhig hinzunehmen, was sonst wohl nicht ohne Rüge geblieben wäre. (397f.)

Die innere Haltung gegenüber dem Freund, von dessen Frau man unablässig träumt und dessen Vorwürfe man fürchtet, ist ja auch befangener als die von solchem Schatten ungetrübte.

Das nachträgliche, verspätete und, was den Erzählstoff betrifft, grundlose Einbringen Emmas in die gesamte Szenerie ergibt sich aus dem vorausgegangenen Nachtgespräch. Karl May hätte selbst noch unter dem Eindruck der Erinnerung an dieses Gespräch, dessen Wiedergabe und Aufputz ihm aus der Feder floß, ohne daß es zur eigentlichen Planung gehörte, jede Erwähnung Emmas vermeiden können. Doch die Seele drängte nach außen, weil das Dilemma ein Ventil benötigte. Aus dem nicht-fiktiven Nachtgespräch Mays mit Klara Plöhn hatte sich, auch wenn es ohne jeden Austausch von Zärtlichkeiten verlaufen war (was ebenso möglich ist wie das Gegenteil), für beide, und für die unwissentlichen Mitspieler Emma May und Richard Plöhn, eine neue Lage ergeben.

Kurzerhand, nach hastiger Ablenkung durch ein fesselndes Abenteuer in der nun wieder ‚richtigen Handlung', nämlich der Begegnung der Helden mit dem Pädar-i-Baharat und anderen Sillan, deren Fortgang er bis Seite 670 der Handschrift (= XXVI 451) gedeihen ließ, brach May auf, um seine Ehe zu retten und Abstand zu Klara Plöhn zu gewinnen.

*

Er blieb über zwei Monate lang fort. Die triumphalen Old-Shatterhand-Auftritte während dieser Reise übertünchten die tiefen Ängste, er könne jetzt die Aufdeckung seiner Vergangenheit unbedacht selber herausfordern oder Emma könne unüberlegt das eine oder andere ausplaudern. Es galt, Emma fester an sich zu binden denn je – aber nicht nur wegen der Vergangenheit, sondern auch wegen der Zukunft. Unter den im Jahre 1897 – und noch später – obwaltenden äußeren Lebensumständen kam für den auf dem Zenit des Ansehens stehenden Schriftsteller eine Trennung von Emma nicht in Betracht, ganz davon abgesehen, daß Richard Plöhn auch ein gewichtiges Wort mitzureden gehabt hätte, sobald es um Klara ging. Aber Sehnsüchte tötet der Mensch nicht einfach ab; und wenn es um das Verlangen nach der Nähe eines anderen Menschen geht, das aus Gründen der Konvention oder aus anderen Umständen heraus nicht erfüllt werden kann, so muß man eine Lösung herbeiführen. Mit der Frage nach einer Lösung vor dem suchenden Auge hastete Karl May durch die Lande – und hielt Hof mit dem Gehabe eines Weltmannes, dem Furcht vor der Vergangenheit wie Furcht vor der Zukunft unbekannte Schemen sind.

Mag aber nicht all das, was da vor Zuhörern im Hotel Trefler in München und anderswo machtvoll nach außen quoll an unkontrollierten Aufschneidereien, Prahlereien, Unglaublichkeiten – die *eigentlich nie hätten gesagt werden dürfen* – , vielleicht nur Surrogat gewesen sein für das, was Karl May in Wahrheit das Herz abdrückte und was *noch viel weniger gesagt werden durfte*: Daß nämlich er, der umjubelte Mittfünfziger, Idol seiner Millionen Leser, Seelenqual litt, weil er die Frau seines Freundes begehrte!?

Der Schock ereilte ihn, als er um den 10. Juli herum Besuch bei Pustet und Keiter in Regensburg abstattete und unversehens auf seine Kolportagetätigkeit für Münchmeyer angesprochen wurde.[17] Damit wuchs der Druck der Vergangenheit zur ungeheuren Last und verdrängte seine Liebessehnsüchte.

*

Nach der Heimkehr von der Reise (15. Juli 1897) nimmt der „interessante Weihnachtsband" die Gedanken gefangen – nicht zuletzt angeregt durch die Aufenthalte in böhmischen Ortschaften, womit die böse ‚Winterreise' 1869/1870 sich im Gedächtnis meldet. Am 12. August bereits hat Karl May das Buch mehr oder weniger fest konzipiert (RS 2, N *5),* aber widmen kann er sich ihm noch nicht, denn Heinrich Keiter wartet mit Recht auf erkleckliche Mengen an Manuskript für den nächsten Jahrgang, und May schreibt bis etwa Mitte September an der Sillan-und-Dozorca-Geschichte weiter, weil es dort jetzt rein um Abenteuer und um leicht zu Bewältigendes geht: das Nachtgespräch mit dem alten Polen ist insofern kein Problem, weil May sich auf ‚festem Boden' bewegt, auch wenn er immer wieder neu über Gott und dessen Gnade sowie die Suche nach ihr reflektiert. Eine autobiographisch relevante Textstelle ist so eingebettet in munter bewegtes handlungsrelevantes Geschehen, daß das Bewußtsein sie wahrscheinlich zugedeckt hat: „Haltet treu zusammen, und zankt euch nicht, denn der Streit zwischen Mann und Weib ermüdet die Zungen und beschleunigt die Vermehrung der Magenkrankheiten!" sagt Halef spöttisch zu Safi und dessen Frau, die aneinandergefesselt sind (XXVI 467). Die Äußerung ist zu situationsimmanent, um entbehrlich genannt zu werden. Das Manuskript gelangt bis mindestens Seite 930 (= XXVI 624; RS 4, N 36f.), vermutlich aber sogar weit darüber hinaus, bis Seite 1315 (= XXVII 218; ebd.), weil das der bis zum Gesamtumfang von 1725 Manuskriptseiten noch ausstehenden Blätterzahl und der nach der Fertigstellung von *„Weihnacht!"*

(Mitte November 1897; RS 2, N 10) noch verbleibenden Zeit für Arbeiten im Kalenderjahr 1897 (wobei schöpferische Pausen unbedingt einkalkuliert werden müssen) eher entspricht. Das Handlungsbild und sein Spannungsreiz sind ungetrübt. Halefs häufiges Erwähnen seiner Hanneh, die er jedesmal mit einem anderen blumigen Soubriquet bedenkt, ist im Erzählfluß legitim und erfüllt Lesererwartungen. Und nur einmal geraten die Fäden durcheinander, an einer Stelle (XXVII 40), die Karl May allen Berechnungen nach wahrscheinlich gerade erreicht hatte, als er wieder einmal einen Abstecher – als Denkpause – unternahm und an dessen Ende, am 12. August, er von Dresden in aller Eile an Fehsenfeld schrieb (RS 2, N 5-9): Halef schwärmt davon, als Sieger über die Sillan zu Hanneh zurückzukehren, und befleißigt sich dabei ganz seiner gewohnten amüsanten Weise; doch fährt er plötzlich ohne jede Notwendigkeit fort:

„Ist deine Emmeh vielleicht anders gesinnt als die holde und unvergleichliche Besitzerin meines Frauenzeltes? Hat sie deinen Körper und die Unverletzlichkeit deiner Glieder etwa lieber als deinen Ruhm, als die Ehre, das Weib eines Mannes zu sein, vor dem alle Schurken zittern und den alle Halunken fürchten?" (40)

Hier wird Karl May zu persönlich, als daß wir nicht stutzen müßten. Für Emma ist es, aus Karls Sicht wie aus ihrer Sicht, wichtig, nicht nur einen gesunden, sondern auch einen nach wie vor schaffensfreudigen und seinem Ruhm gerecht werdenden Mann zu haben. Voraussetzung dafür war der Bestand der Ehe und war der Schutzmantel über Mays Vergangenheit. Unter dem unmittelbaren Druck der Unausweichlichkeit der Manuskriptlieferung hatte der in Schreibdisziplin erfahrene Autor, dem die seit April dahinwogende Geschichte unverkennbar Freude bereitete, die Beklemmung mißachten müssen, die seit Pustets und Keiters Bemerkungen über die Münchmeyer-Romane nicht weichen wollte. Nun nahm sie mitten im Schreibprozeß drohende Formen an. Damit wurde aber zugleich auch der Schatten Klara Plöhns wieder heraufbeschworen: vor ihr mochte Karl May nicht kriminell befleckt dastehen[18], und beide Frauen verlieren wollte er ebensowenig wie sich aus dem Schriftstellerhimmel stürzen lassen. Und statt es im Manuskript bei einem gelassenen ‚Nein' Kara Ben Nemsis und bei Halefs Befestigen des Wasserschlauchs am Sattel bewenden zu lassen, läßt May es zu folgendem Dialog kommen:

[Kara Ben Nemsi:] „Was das betrifft, so kann ich dich beruhigen; meine Emmeh, mit welcher sich keine Haremsbewohnerin der ganzen Erde vergleichen kann, möchte auch keinen Feigling zum Manne haben." [Halef:] „Das freut mich um ihretwillen, doch bitte ich dich, in dem Lobe, welches du ihr jetzt brachtest, eine Ausnahme gelten zu lassen. Wenn du sagst, daß keine sich mit ihr vergleichen könne, so mußt du bedenken, daß mich das sehr betrüben muß, indem du deine Emmeh da über meine Hanneh stellst!" „Darf ich meine Frau nicht ebenso loben wie du die deinige?" „Ja; aber es darf nicht so weit gehen, daß meine Hanneh sich vor deiner Emmeh tief verneigen müßte. Lassen wir es bei dem Uebereinkommen, daß sie beide unvergleichlich sind! So, nun habe ich den Wasserschlauch an den Sattel gebunden und wir können fort." „Ja, reiten wir weiter!" (40)[19]

Im Lichte unserer bisherigen Überlegungen spricht dieser in der Handlung entbehrliche Dialog für sich. Er besagt neben anderem, daß Mays Bestrebungen, sein Denken und Fühlen nicht unter Klara Plöhns Einfluß zu stellen, noch nicht den Sieg davongetragen hatten.

Danach geht alles gut, bis kurz vor Manuskriptseite 1315 im September das innere Räderwerk noch einmal knarrt. Im Zusammenhang mit einer Ermahnung Kara Ben Nemsis, Halef solle vorsichtig sein, wie Hanneh ihm das auferlegt habe[20], erwidert der Kleine:

„Die Wünsche meiner Hanneh, welche die Rose unter allen Blüten und Blumen des Erdreiches ist, sind mir stets allgegenwärtig; darauf kannst du dich verlassen. Ja, ich bin sogar überzeugt, daß du nicht so oft an deine Emmeh denkst, wie ich mich der holden Gebieterin meines Frauenzeltes erinnere." (201)

Da hält der Autor sich seinen Zwiespalt wieder einmal vor Augen.

Wenige Seiten später war der Punkt erreicht, an dem das Rumoren der Vergangenheit neben der Zukunftsangst die Oberhand gewann: Kara Ben Nemsi läßt sich täuschen und sich etwas vorgaukeln und gerät in Gefangenschaft (wie Halef vor ihm).

Ich wurde am ganzen Körper gepackt, wieder niedergerissen, gebunden und erst die Böschung hinab und dann durch das Gebüsch geschleift, bis man mich am Feuer lang auf die Erde warf. – – – (218)

Mit dem völlig glaubhaften Zusteuern auf diesen Punkt gehen die geplanten Ereignisse in der Erzählhandlung eine fast unheimliche Symbiose ein mit der Besorgnis vor heimlichen Zusammenkünften und mit dem immer heftigeren Verlangen, die seit Regensburg aufgeweckten Schrecken durch geistige Arbeit zu verscheuchen und die innere Stabilität wieder herzustellen. Der oben zitierte Satz ist eine Umschreibung der ‚Gefangenschaft', der Karl May durch Klara Plöhn anheimfallen konnte, und eine Umschreibung auch jener anderen ‚Gefangenschaften', denen er durch Unvorsichtigkeit tatsächlich anheimfiel – vom Kerzendiebstahl über den Uhren-‚Diebstahl' bis zur Fron als Verfasser von Kolportageromanen.

So schickte Karl May das ganze fertiggestellte Manuskript an Keiter, wobei fast alle der von diesem unter dem 29. September 1897 zusätzlich erbeten (etwa) 500 Seiten (RS 4, N 36) zu diesem Zeitpunkt bereits unterwegs gewesen sein müssen, und wandte sich energisch dem „hochinteressanten Weihnachtsband" zu.

*

Mit „*Weihnacht!*" gelang Karl May – immer im Sinne der hier verfolgten Argumentation – eine beträchtliche Leistung in Sachen innerer Vergangenheitsbewältigung.[21] Die Abgeschiedenheit, die er aufsuchte, um große Teile der Erzählung niederzuschreiben (RS 2, N 10), kam ihm zustatten. Insgeheim nahm er hierbei Abschied von der Old-Shatterhand-Legende – der Ich-Held, der uns in „*Weihnacht!*" entgegentritt, ähnelt dem Old Shatterhand aus *Old Surehand* nur noch sehr entfernt. Er sah der Fortführung der Orient-Geschichte um Dozorca und den Säfir offenbar gelassen entgegen, da er „*Weihnacht!*" mit einem ausdrücklichen Hinweis auf eine Reise zu Halef ausklingen läßt (XXIV 621); und die Wiederaufnahme der Handlung zeigt auch deutlich den früheren Schwung. Sogar eine kritische Holperstelle mit Bezug zur Autobiographie, worin es um Kara Ben Nemsis zweimalige Unvorsichtigkeit geht, durch die er in Gefangenschaft geriet (XXVII 218 und 240f.), wird vom Autor ohne inneren Aufruhr elegant gemeistert:

[Halef:] „Du hast dich blamiert, unendlich blamiert! Wenn meine Achtung und Liebe zu dir nicht die Größe meines ganzen Herzens hätte, so würde die Fülle meiner Ehrerbietung sich in ein Nichts verwandeln. [...] Und denke auch an Emmeh, welche die einzige Perle deines Harems ist! Was wird sie sagen, wenn sie erfährt, was du in der heutigen Nacht begangen hast! [...] Ich weiß, daß du Bücher schreibst, in denen alles steht, was du von mir und dir zu erzählen hast. Nun denke dir die vielen, vielen Menschen, welche durch das Lesen dieser Bücher hinter das Geheimnis kommen, daß es in deinem Verstande einige Stellen giebt, welche zugeklebt und ausgebessert werden müssen! Muß das nicht schrecklich für dich sein? Ich will mich aber als dein wahrer Freund erweisen und dir erlauben, diese in die Bücher gehörige Stelle wegzulassen, verlange aber dafür allen Ernstes, daß du es von jetzt an aufgibst, bei mir immer nach ähnlichen Stellen der Reparatur zu suchen! Und nun sei nicht allzu betrübt und niedergeschlagen, sondern tröste und ermanne dich! Es giebt ja keinen Menschen, der nicht einmal einen Fehler macht, und so darfst du nicht gleich an dir selbst verzweifeln. Ich will dir ganz gern behilflich sein, dich aus der Tiefe der selbstverschuldeten Betrübnis zu erheben, und erteile dir das tröstliche Zeugnis, daß du dich im übrigen gar nicht übel benommen hast. Was wahr ist, das gebe ich zu!" (355f.)

Hier mischen sich die Stimmen des ‚niederen' Alter ego und (fiktiv) die des Freundes Plöhn. Es hat – so soll hier kombinatorisch unterlegt werden – ein zweites heimliches Treffen mit Klara gegeben, dessen mögliche Folgen Karl May sich aber von vornherein warnend ausgemalt hatte. Ein leidenschaftliches Umarmen – ein Niederziehen zur Erde (218) – oder ein gurrender Lockruf mit anschließendem „Schlag [...] auf den Kopf" (240f.): Er mußte all solchem entgehen. Die Zusammenkunft, die zu seiner definitiven ‚Gefangennahme' in Klaras Armen hätte führen können, verlief also in einer Weise, daß May sich „gar nicht übel benommen" hatte. Und der Halef in ihm, der ihn schon so manches Mal aus verzwickten Lagen hatte entkommen lassen, zeigte vielleicht auch jetzt den rettenden Ausweg. Es hieß aber, beim Niederschreiben der „Sujets aus dem eigenen Leben" aufzupassen und so manche gefahrbergende „in die Bücher gehörige Stelle wegzulassen"!

Bald darauf, als Halef mit dem undankbaren ‚Kammerherrn' abrechnet, schimmert die private Gedankenwelt des Autors wieder durch. In seinem und Emmas Leben gab es damals den schwärmenden Studenten Max Welte, der offensichtlich Emma verehrte und an ihren spiritistischen Sitzungen teilnahm.[22] Für Karl May lag es nahe, sich in Gedanken ein Verhältnis Emmas mit dem romantischen Burschen – als ‚Kammer'herrn – vorzustellen; dadurch brachte er Emma in eine kompromittierende Situation und schuf somit ein Gegengewicht zu seinen eigenen lastvollen Ausbruchs-Phantasien. Dem ließ er freien Lauf, indem er schrieb:

„Da fährt er hin, doch ohne Pferd und Wagen!" lachte Halef. „Nimm mir es nicht übel, Sihdi, aber solche undankbare Halunken könnte ich umbringen! [...] ich sage dir, wenn du nur noch eine Lippe oder einen Finger für ihn bewegst, so schreibe ich deiner Emmeh, welche die Zierde deines Harems ist, einen monatelangen Brief, in welchem ich ihr erkläre und beweise, daß sie im höchsten Grade unglücklich ist, wenn sie sich nicht so schnell wie möglich an einen andern Türken verheiratet." (375f.)

Gerade noch rechtzeitig biegt der Satz vor der Katastrophe ab: ‚daß sie im höchsten Grade unverfroren ist, wenn sie sich nicht so schnell wie möglich von dem Menschen abwendet (und nicht nur auf deine dauernde Nachsicht baut)!', muß es natürlich heißen. Eifersucht auf einen jüngeren Liebhaber Emmas aber (sei sie berechtigt oder nur ausgemalt) bestätigt Mays Absicht, das Band zu Emma nicht zu durchschneiden. Wäre sie ihm inzwischen gleichgültig geworden, hätte er erleichtert reagiert. Eine selbst schuldig gewordene Emma hätte ihr Wissen um seine Vergangenheit nur schlecht ins Feld führen können.

*

Vor diesem Hintergrund sehen wir die Szene, in der Kara Ben Nemsi das Bild der alles andere als harmlosen ‚Partnerin' des getäuschten Dschafar erblickt, der Gul-i-Schiras:

[...] ein wunderschönes, orientalisches Frauenangesicht mit geheimnisvollen Dunkelaugen, aber kalten, unerbittlichen Lippen und rätselhaften Sphinxzügen, ein Gesicht, welches mich sofort, doch nicht etwa den Menschen, sondern den Psychologen in mir, gefangen nahm. Das Original zu diesem weiblichen Porträt war sicher keine im Harem psychisch vernachlässigte, sondern ganz gewiß eine geistig bedeutende Persönlichkeit. (XXVII 384)

Ganz ähnlich beschrieb Karl May später in *Mein Leben und Streben* (S. 187, 189, 190) die Wirkung Emma Pollmers auf ihn. Die natürliche, weibliche, erotische Ausstrahlung wird zur Schonung der Gefühle des Autors und seiner Leser als rein psychologisch fesselnd beschrieben. Was immer aber an Zügen und Wesen Emmas in diese Schilderung der Gul hineinfloß, wurde durchwoben von den sinnbetörenden Merkmalen der hübschen Klara Plöhn. In entsprechende Gewänder gehüllt, hätte sie leicht als Orientalin angesehen werden können.[23] Die „geheimnisvollen Dunkelaugen" und, wenn sie nicht lächelte, auch die „sphinxartigen Züge" waren ihr eigen; und „kalte, unerbittliche Lippen" sind hier mühelos als Schutzwall im beunruhigten Denken eines Mannes zu sehen, der den leidenschaftlichen Kuß solcher Lippen fürchtet und doch auch herbeisehnt. Zu einer „geistig bedeutenden Persönlichkeit" war die für Kunst aller Richtungen aufgeschlossene Klara im Laufe der Jahre für Karl May mehr und mehr geworden: mit der engsten Freundin seiner Frau vermochte er, auch wenn ihre formale Bildung zu wünschen übrig ließ, angeregt den geistigen Austausch zu pflegen, der ihm bei seiner rein erdverwurzelten Emma versagt blieb.

Die Birs-Nimrud-Episode der Gesamterzählung ging aber, als Karl May bei dieser ‚bildreichen' Szene angelangt war, ihrem raschen Ende entgegen – und im bald Folgenden mußte der Held auf die sehr lebendige Gul-i-Schiras treffen, die ja Lindsay bringen sollte (vgl. nochmals RS 4, N 25). Welche inneren Stürme Karl May im Januar 1898 verarbeiten mußte, liegt im Dunkel verborgen; und wir wissen nur eins: Er brach jählings die Arbeit an dem höchste Leserspannung weckenden Manuskript ab *(In Basra)* und verließ abermals in Begleitung Emmas die Heimstatt. Und wieder blieb er viele Wochen fort. Er, der bis dahin stets so Gesunde (sieht man von den Augenbeschwerden 1894 und 1895 ab), war sogar unterwegs wochenlang krank. Und er nahm die Arbeit an der abgebrochenen Erzählung schließlich nicht wieder auf. Fehlte ihm die Kraft zur Gestaltung einer Szene, in der der untadelige Kara Ben Nemsi der Versucherin gegenübertritt, deren Bild ihn verfolgte?

*

Das Wiederaufleben der Old-Shatterhand-Legende bei Mays Auftritt in Wien, im Februar 1898, und auch vor den Mitgliedern des bayerischen Königshauses, Ende März, belegt den Zwiespalt, in dem er sich befand. Der Seifenblasen-Charakter der Pose, in der er nach außen hin wohl oder übel verharren mußte, wurde ihm mehr und mehr bewußt. Wieder daheim, schleppte er sich mit Reminiszenzen an seine alten *Dessauer*-Humoresken – ein unverkennbares Fluchtsymptom, da er über die derbe Spaßigkeit und Banalität dieser Frühwerke längst hinausgewachsen war – , erwog eine dreiaktige Posse über jenen verblichenen Volkshelden und begab sich dieserhalb nach Gartow.[24] Kein Gedanke mehr an Ikbal (‚Glück') und Sefa (‚Wonne'), die Kinder Dozorcas.

Am 19. Mai hieß es plötzlich in einem Brief an Fehsenfeld:

Der nächste Band ist der 25te, also ein Jubiläumsband; da muß ich etwas Vorzügliches bringen, weiche also von meiner bisherigen Absicht ab und werde einen Band schreiben, der entweder den Titel „*Vom Tode erstanden*" oder „*Am Jenseits*" hat. [...] Ich hoffe, recht bald anfangen zu können. (RS 3, N 14)

Er fing nicht an. Bis zum Herbst 1898 reiste er immer wieder unstet umher[25], ohne etwas zu produzieren. Von einem vierwöchigen Aufenthalt im Gebirge erfahren wir durch einen Brief Emmas an Agnes Seyler.[26] Einmal, im August, nahmen Emma und Karl May das Ehepaar Plöhn für drei Tage mit – die große Ausnahme, die vielleicht nur deshalb keine Probleme schuf, weil auch Mays Hausarzt Dr. Mickel die Kurzreise mitmachte.[27] Zu diesem Zeitpunkt bereitete Karl May sich bereits darauf vor, allen Arbeits- und Schaffens-, Ehe- und Freundschafts-Problemen mittels einer langen Reise in den Orient für geraume Zeit zu entrinnen: eine Flucht vor dem eigenen Ich.

Im Brief vom 2. August 1898 an Fehsenfeld sprach er vom Aufbruch zu dieser Reise „im Spätherbst" (RS 4, N 46, N 48); Emma schrieb später an Agnes Seyler[28], ihr Mann wollte „gleich nach Weihnachten fort, aber allerlei Abhaltungen verzögerte[n] das Schreiben des 25. Bandes ‚Am Jenseits' so sehr, daß er vor Mitte März nicht fortkommt". Die Fertigstellung dieses Buches, das er am 2. August noch keineswegs begonnen hatte und erst etwa Mitte September am „einsamen Orte" (RS 3, N 15) Kirchheim/Teck – einem Fluchtpunkt ähnlich Birnai, wo er an „*Weihnacht!*" schrieb – in Angriff nahm, war ihm inmitten seiner peinigenden Unrast ungemein wichtig geworden. Es war, als habe ihn ein Trotz erfaßt, vor sich selbst „etwas Vorzügliches" beweisen zu müssen.

Im August und September betrieb er geradezu hektisch die Vorarbeiten für die Buchausgabe der noch im *Deutschen Hausschatz* laufenden Erzählung *Im Reiche des silbernen Löwen* (SL I, SL II) (RS 4, N 46), doch sollten daraus die Bände 26 und 27 werden und notfalls vor Band 25 erscheinen (der noch gar nicht in Arbeit war). Als May zu seinem Schrecken bemerkte, daß er sich hinsichtlich des Umfangs des Bandes 27 um rund 180 Druckseiten verrechnet hatte (RS 4, N 47), verfaßte er nicht etwa zusätzlichen Text zu dem bereitliegenden *Basra*-Kapitel – was ihm leichtgefallen wäre, hätte er sich im Zustand seelischer Unbeschwertheit befunden, und womit er Kara Ben Nemsi und Halef dann am Ende des zweiten Bandes wenigstens nach Persien hineingebracht hätte! – , sondern hängte die zu einem völlig anderen Stoffkreis gehörende Erzählung *Ein Rätsel* als Schlußkapitel an. Weder sich selbst noch seinen Lesern erwies er damit einen Dienst.[29]

*

Die schroffe Abkehr von einer typisch Mayschen Reiseerzählung wie SL I, SL II und die totale Hinwendung, nach vielmonatiger Pause, zu einem Werk wie *Am Jenseits,* das, „überhöht von visionären Bildern und Gesichten" (RS 3, N 18), „den Leser immer wieder zu [...] nachdenklichem Innehalten" (ebd.) nötigt, Visionen, „unter denen die Schilderung des Jüngsten Gerichts besonders eindrucksvoll herausragt" (ebd.), vollzieht sich nicht ohne tiefsitzende und tiefgreifende innere Ursachen. Durch Karl Mays Persönlichkeit ging, bildlich gesprochen, im Jahre 1898 ein Riß, wie nur eine heftige Gemütserschütterung ihn zu erzeugen vermag.

Solche ‚Spaltungen' hatte er in ähnlicher Art schon früher erlebt, und immer beruhten sie auf schockartigen Auswirkungen auf das Gemüt; sie hatten ihn verstört und gar kriminell werden lassen. Als nach über zwei Jahrzehnten kontinuierlicher – und letztlich erfolgreicher – schriftstellerischer Arbeit die Phase der Ruhe hätte dominieren müssen, trug ihn die Liebe und Verehrung seiner Leser in eine Art Wahn, aus dem er erklärlich eines Tages wieder herausfinden mußte, wenn er lebenstüchtig bleiben wollte. Dies war mit Verstandeskräften zu bewerkstelligen; und diese Verstandeskräfte waren es auch, die ihn überhaupt zur Weiterarbeit befähigten und ihn daran hinderten, die uferlosen Prahlereien in sein Werk zu übertragen: *Old Surehand, „Weihnacht!", Im Reiche des silbernen Löwen I/II* und die kürzeren Erzählungen, die in der Zeit der ‚Old-Shatterhand-Legende' entstanden, sind bei aller brisanten autobiographischen Relevanz frei von Anflügen übersteigerter Prahlsucht. (Selbst der ‚Grenzfall' der ‚Errettung' der Silberbüchse Winnetous aus dessen Grab, in *Old Surehand III*, S. 328f., kann noch hingenommen werden.) Sehr schwer mit Verstandeskräften zu bewältigen aber ist ein Aufruhr des Gefühlslebens, der auf der Beziehung Mann – Frau beruht und einen Mittfünfziger unerwartet trifft.

Die Voraussetzungen für einen solchen Aufruhr waren bei Karl May gegeben: In seiner den Erfordernissen des praktischen Lebens und dem fröhlichen Genuß dieses Lebens zugewandten Ehefrau fand er nicht – zumindest nicht ganz im erwünschten Maße – das Echo für die mit seinem Schaffen ganz selbstverständlich verbundenen Träume und für die dieses Schaffen durchziehenden seelischen Vorgänge.[30] Und als eine höchst attraktive junge Frau in sein Leben trat, die ihn – den viel Älteren und vom Nimbus Umwehten – merken ließ, daß sie etwas vom inneren Impetus eines Schriftstellers verstand, ergab sich alles Weitere zwangsläufig – quälende Gewissenskonflikte eingeschlossen.[31]

Aus solchen Konflikten heraus erklärt sich schlüssig Karl Mays erratisches Betragen, und erklärt sich sein Buch *Am Jenseits*, das von einem blinden Visionär und von einer nahezu idealen Frau namens Hanneh beherrscht wird. Das Buch verdankt sein Entstehen nicht einer gläubigen Hinneigung Mays zum Spiritismus, dessen Theorien aber interessierten ihn, weil Klara Plöhn eingeschworene Anhängerin dieser ‚Lehre' war. Emma hatte ihn nie dafür zu erwärmen vermocht. Als aber Karl May sich unverhofft von Klara Plöhn im Innersten verstanden glaubte, erregte das in ihm seinerseits den Wunsch, *ihre* Gedanken- und Geistes- und Seelenwelt zu begreifen und sich darum auch mit dem Spiritismus auseinanderzusetzen. Er nahm den Spiritismus zum Anlaß, geistig vorzudringen zu Wertgehalten, die jener zu repräsentieren vorgab. Daß May dabei in – und mit – seinem Buch weit am Spiritismus vorbeiging und diesem keine Möglichkeit gab, sich des Menschen Karl May zu bemächtigen, ist ein ganz besonderes Verdienst.[32]

Die Visionen des somnambulen Blinden (dem May in einem vage geplanten Fortsetzungsband vermutlich das Wunder der eigenen Heilung von der Blindheit zuteilwerden lassen wollte), die eindringlichen Schilderungen der ‚Waage der Gerechtigkeit' und der ‚Brücke Es Ssiret', die über dem Abgrund zur Hölle den Weg zum Himmel weist, sind die Schreckensvisionen Mays, der blind dahertappt auf der Suche nach lauteren Gründen, mit denen er sein persönliches Tun innerlich rechtfertigen könnte. Und die schier unbegreiflich erscheinende Szene des Anspuckens, das der Ich-Erzähler durch den Münedschi erleidet (XXV 442-444), ist die Widerspiegelung der Erkenntnis der eigenen Schimpflichkeit: Der Vorstoß in die höheren Regionen des Literaturschaffens, die Befreiung aus festgefahrenen Geleisen, die ihm als Anker vorgeschwebt hatte[33], wird ihm nur um den Preis der Sünde eines Ehebruchs – und sei er vorerst begrenzt auf Gedanken – ermöglicht. Karl May, so lange Zeit rechtschaffen und stets bemüht, Gott wohlgefällig zu handeln, fürchtet die dereinstige Strafe des Jüngsten Gerichts, die er neuerdings heraufbeschwört.

So läßt er zur Balance der Waage Kara Ben Nemsi alias Hadschi Akil Schatir und Halef immer wieder Gutes und Anerkennendes über Emmeh sagen – doch gleichzeitig wird Hanneh zum Mitmenschen von rühmlichem Format, der Prototyp der erstrebenswerten Gefährtin und dabei zur energischen Frau von ungewöhnlicher seelischer Stärke, wird zum stabilisierenden Pol im bedrohlichen Leben. In konsequenter Fortführung des Bildes, das er der Hanneh im Nachtgespräch verlieh, macht Karl May sie zum Ideal, dem seine Bewunderung gilt. „Sie will nicht [...] nur die willenlose Spielpuppe ihres Mannes sein, die er vor andern Leuten nicht sehen läßt!" (XXV 28), ist sein einleitender Befund in einem Dialog mit Halef, der direkt zurückführt zur Erinnerung an das Nachtgespräch; und mehr und mehr im Verlaufe der Erzählung wird Hanneh gepriesen (und mit Emmeh verglichen); und Kara Ben Nemsi kann es sich auch nicht versagen, die ihn unverhohlen Anschwärmende zu warnen:

„[...] die heißesten Kämpfe werden [...] im verborgenen Innern ausgerungen, wo der Einfluß dunkler Mächte größer ist als im sichtbaren Leben, welches nur die Wirkungen dieses Einflusses zeigen kann. Wohl dir, meine liebe Hanneh, wenn deine Engel die Hände über dich breiten, um solche Mächte und solche Kämpfe von dir fernzuhalten! Nicht jeder besitzt die Ueberzeugungskraft, welche erforderlich ist, siegreich aus ihnen hervorzugehen." Da lächelte sie mich herzig an und sagte: „Sihdi, warum sollte ich kämpfen, also etwas so Schweres thun, was ich ja gar nicht nötig habe? [...] Was du mir giebst, ist gut." (XXV 87f.)

Ja, diese Hanneh ist selbstbewußt genug, aus ihrer Zuneigung zu Kara Ben Nemsi keinen Hehl zu machen:

„Ich bitte dich, Effendi, sag' deiner Emmeh, der Bewohnerin deines Zeltes, von mir, daß sie dich stets recht herzlich, recht wahr und innig lieben soll! Du bist ein unerschöpflicher Spender der Liebe; ihr Quell, der in dir liegt, kann zwar nie versiegen, aber trotz seiner Fülle soll er doch auch nehmen dürfen und empfangen, was er giebt. Sage ihr also das, und füg' hinzu, daß Hanneh auch dich liebt!" (421)

Dies ist das von Karl May nachempfundene Wissen, daß Klara Plöhn bereit war, in die Schranken zu treten, um ihn für sich zu gewinnen.

*

Hier beginnt, im Zusammenhang mit der anschließenden Bespuckung, die Furcht – und beginnt das Wissen sich zu verfestigen, das sich auf dem Weg der ‚Reise nach Persien' ankündigte: Sobald er die Grenze überschreitet, hat er sich festgelegt, gibt es kein Zurück mehr, muß er weiter und weiter vordringen in das bisher unbekannte Gebiet. Und weil er davor zurückschreckte, brach er Anfang 1898 die geplante Persien-Erzählung ab, bevor Kara Ben Nemsi und Halef die Gul-i-Schiras und das Land der Schatten und des Doppelgängers erreichen. Und darum gibt es auch keinen Fortsetzungsband zu *Am Jenseits,* denn dessen Visions-Szenen und Hanneh-Szenen hatten den Zweck der gesamten Anstrengung erfüllt: Karl May schrieb das Buch nicht, weil er das für die ersten fünfzehntausend Exemplare pränumerando fällige Honorar von 6.000 Mark – neben den ebenfalls je 6.000 Mark für die Bände 26 und 27 – in seine Reisekasse einzahlen wollte. (Fehsenfeld hätte ihm den Betrag anstandslos vorgeschossen.) Er schrieb das Buch, um Klarheit über sein Wollen zu gewinnen. Und so gelangte er ein weiteres Mal, wie nach dem Nachtgespräch und nach dem Bild der Gul-i-Schiras, zur Furcht. Und damit zur Flucht.

Er flüchtete aus dem vertrauten Umfeld, dem er sich nicht mehr zugehörig fühlen mochte, in die Welt da draußen, von deren belebenden Eindrücken er Rettung erhoffte. Er flüchtete vor Emma und vor Klara, ohne sich gleichwohl von ihnen trennen zu wollen: Das unbekannte Neue ängstigte, so sehr es lockte. Er flüchtete vor den Kritikern, die gerade begannen, die Stimme zu erheben, flüchtete – zu einem besonders ungünstigen Zeitpunkt

– vor Pauline Münchmeyer und vor Adalbert Fischer, flüchtete, weil er dem Alten May in sich nicht mehr zutraute, der Probleme noch Herr zu werden, und dem Neuen May noch nichts zutrauen durfte. Er ließ eines seiner schönsten Märchen unvollendet zurück, weil der Abgrund, den der Aufruhr in seiner Seele aufgerissen hatte, ihm den Rückweg versperrte zur munteren, frohgemut großartige Abenteuer aneinanderreihenden Reiseerzählung volkstümlichen Gepräges. Er erkannte, daß derselbe Aufruhr latenten Gaben Bahn brach, mit denen umzugehen er noch zögernd lernen mußte. Das Schweigen des vordem so charakteristischen Fabuliertalents war nicht gleichbedeutend mit der Einordnung des unvermuteten Künstlerischen in höhere Ebenen des Seins und des Tuns. Und so zog er aus, das Fürchten zu verlernen.

*

Der ‚Bruch‘, so er einer war, kam nicht erst während der Orientreise oder gar unter dem Eindruck der dann folgenden Angriffe der Gegner Karl Mays, wie Otto Eicke einst meinte[34]; er kam irgendwann im Verlaufe des Jahres 1898, als May, nach Jahren einer Reihe als harmlos-platonisch abgetaner Beziehungsschritte, sich die Wahrheit nicht mehr zu verhehlen vermochte und der Gefühlsaufwallung so ‚wie vor den Kopf geschlagen‘ erlag, daß er die Geschichte Dschafars und Dozorcas, wie er sie hatte weiterschreiben *wollen,* einfach nicht weiterschreiben *konnte.* Er stand ratlos neben sich selber – denn Liebe vermag nicht nur zu beflügeln, sondern auch zu lähmen, wenn sie zur Unzeit ans Herz klopft.

All das war, im nachhinein gesehen, für Karl Mays Entwicklung unerläßlich, weil es sich als die notwendige Vorbereitungsphase für *Im Reiche des silbernen Löwen III/IV* und für *Ardistan und Dschinnistan* erwiesen hat. Doch diese einseitige Sicht verdeckt, daß wir die wahre, die echte, die herrliche und von Heldenabenteuern prall gefüllt dahinbrausende Fabel von der *Reise nach Persien* nie erfahren haben und nie mehr erfahren werden.

*

Wir wissen, wie gewandelt Karl May zurückkehrte von jener sechzehnmonatigen Reise, die ihn hatte stärken sollen und ihn statt dessen fast zerstörte.

Wir wissen, zu welch größerer Härte als der seiner Ich-Helden er sich plötzlich fähig zeigte, indem er Emma von sich stieß, und wie im Gegensatz dazu vermehrte Milde und Menschheitsliebe und Friedenssehnsucht das Werk beherrschten. Wir wissen, daß er noch einmal genas, daß das Wunder von Waldheim sich nach dreißig Jahren wiederholte; aber diese Genesung hatte er nur seinem schon damals intakt gebliebenen Kern zu verdanken – nicht der Frau, der er sie zuschreiben zu müssen glaubte und deren wahre innere Größe er maßlos überschätzte. Als er 1902 den Schritt von Emma fort zu Klara hin definitiv vollzogen hatte, als er die zuvor so gefürchtete Grenze überschritt, brachten nahe ‚am Tode' Kara Ben Nemsi und Halef die so lange nicht erreichte Grenze nach Persien hinter sich und wagten den ‚Sprung über die Vergangenheit'. Da meinte der von sich selbst Umhergestoßene noch, Klara bedeute sein unumschränktes Glück. Als er später die Wahrheit durchschaute, mußte er vor sich selbst und vor der Außenwelt die Fiktion aufrechterhalten. Doch schon in der schillernden Ustad-Fabel, in deren Schatten und Todesnähe die ursprünglich geplante Abenteuergeschichte vom *Reiche des silbernen Löwen* einmündete, flüchtete er von der Gestalt der Schakara fort zu Hanneh als dem Ideal der tüchtigen Lebensgefährtin. 1897 hatte er Klaras Image mit Hanneh verwoben; jetzt bebte er vor dem Irrtum. Schakara hat viele schöne Worte und große Gesten und hockt verführerisch darnieder und ist de facto mehr Schein als Sein. Hanneh, die ganz und gar Unprätentiöse, entpuppt sich abermals als die stabilisierende Kraft. Die Frau, die sich des Vertrauens des Kranken bemächtigt hatte, verblaßt hinter dem ‚eigentlichen' Wunschbild, macht Platz für die Frau, die den Todkranken, das niedere und längst veredelte Ich, ins Leben zurückruft. Das neuerlich gewandelte Hanneh-Bild ist das der Mutter, das für Karl May stets nur ein Wunschbild blieb.

Nachbemerkung:

Im vorliegenden Aufsatz greife ich zurück auf einige der Gedankengänge in der Einführung und im Nachwort zum KMG-Reprint *Im Reiche des silbernen Löwen,* 1981, der den Text des Erstabdrucks im XXIII. und XXIV. Jahrgang der Zeitschrift *Deutscher Hausschatz in Wort und Bild* enthält. Korrekturbedürftig sind mehrere meiner dortigen Angaben über die Zeit der Entstehung des Textes. Maßgebend insofern sind die seither vorgelegten Arbeiten von Roland Schmid:
- *Die Entstehungszeiten der Reiseerzählungen.* In: Reprint-Ausgabe von *Auf fremden Pfaden,* A 19-42 (Sigel RS 1)
- (Zur Werkgeschichte) „*Weihnacht!*" In: Reprint-Ausgabe von *Am Jenseits,* N 2-13 (Sigel RS 2)
- (Zur Werkgeschichte) *Am Jenseits.* In: Reprint-Ausgabe von *Am Jenseits,* N 14-24 (Sigel RS 3)
- (Zur Werkgeschichte) *Im Reiche des silbernen Löwen I/II.* In: Reprint-Ausgabe von *Am Jenseits,* N 24-25 (Sigel RS 4)
- (Zur Werkgeschichte) *Im Reiche des silbernen Löwen III/IV.* In: Reprint-Ausgabe von *Im Reiche des silbernen Löwen III,* N 2-12 (Sigel RS 5)

Großenteils greifen meine hier vorgelegten Ausführungen über die von 1981 hinaus.

Literarisch-kritische Würdigung im Zusammenhang mit Karl Mays übrigem Schaffen vor und nach der Jahrhundertwende erfahren die Bände *Im Reiche des silbernen Löwen I/II* bei Ulrich Schmid: *Das Werk Karl Mays 1895-1905. Erzählstrukturen und editorischer Befund.* Materialien zur Karl-May-Forschung Band 12. Ubstadt 1989. (Sigel U.Schm.)

Die Kürzel SL I, SL II beziehen sich auf die Bände XXVI und XXVII der *Gesammelten Reiseerzählungen,* Freiburg 1898 (Reprint Bamberg 1984), jedoch *ohne* den in XXVI 291-358 hineingepferchten Abstecher zum *Löwen der Blutrache* und *ohne* das angeklebte Schlußkapitel *Ein Rätsel* in XXVII. Mit diesen nicht zum ursprünglichen Text gehörenden Erzählteilen hat Karl May hier ungeschickt Seiten gefüllt, um annähernd den üblichen Bandumfang zu erreichen.

Anmerkungen

1 Vgl. Walther Ilmer: *Karl May – Mensch und Schriftsteller. Tragik und Triumph.* Husum 1992, S. 123.
2 Ernst Weber: *Karl May. Eine kritische Plauderei.* In: *Zur Jugendschriftenfrage. Eine Sammlung von Aufsätzen und Kritiken.* Leipzig 1903. 2. verm. Aufl. 1906, S. 22-47. Weber liefert eines der wenigen Beispiele eines Kritikers, Karl May literarisch statt menschlich-moralisch herabzuwürdigen, gerät aber sogleich in unsachliche Polemik. Auch bei Adolf Droop: *Karl May. Eine Analyse seiner Reise-Erzählungen.* Cöln-Weiden 1909, findet sich Kritik an SL I, SL II, obschon in Maßen (S. 17f.). Karl Mays wirkliche literarische Torheiten und Ungereimtheiten (die auf Seiten 5-6 der in meiner ‚Nachbemerkung' erwähnten *Einführung* aufgelistet sind und hier nicht noch einmal genannt werden) finden sich weder bei Weber noch bei Droop erwähnt.
3 Vgl. Claus Roxin: *Vorläufige Bemerkungen über die Straftaten Karl Mays.* In: JbKMG 1971, S. 73-109 (S. 94).
4 Vgl. die grundsätzlichen Ausführungen von Claus Roxin: *Bemerkungen zu Karl Mays Orientroman.* In: Dieter Sudhoff/Hartmut Vollmer (Hg.): *Karl Mays Orientzyklus.* Karl-May-Studien Band 1. Paderborn 1991, S. 83-112 (S. 100).
5 Vgl. Walther Ilmer: *Karl May: Die langanhaltende Wirkung eines sanguinischen Visionärs.* In: Walther Ilmer/Christoph F. Lorenz (Hg.): *Exemplarisches zu Karl May.* Frankfurt/M., Bern, Berlin 1993, S. 25.
6 Die tatsächliche Gestaltung der beiden Bände *Im Reiche des silbernen Löwen III/IV* wird damit nicht im geringsten etwa abgewertet; sie unterliegt ganz anderen Betrachtungskriterien. Hier geht es schlicht um die Manier der ‚echten' Reiseerzählung wie SL I, SL II.
7 Vgl. auch Hans Wollschläger: *Erste Annäherung an den ‚Silbernen Löwen'. Zur Symbolik und Entstehung.* In: JbKMG 1979, S. 99-136 (S. 125 sowie Anm. 91 auf S. 134).
8 Natürlich bitte von Karl May geschrieben! Nicht von einem Epigonen, wie das Otto Eicke vorschwebte. Vgl. Otto Eicke: *Der Bruch im Bau.* In: KMJb 1930, S. 77-126.
9 Vgl. Claus Roxin: *„Dr. Karl May, genannt Old Shatterhand". Zum Bild Karl Mays in der Epoche seiner späten Reiseerzählungen.* In: JbKMG 1974, S. 15-73.
10 Versuche siehe bei Ilmer [Anm. 1], S. 135-148.
11 Vgl. auch die Auflistung innerhalb der in meiner ‚Nachbemerkung' genannten *Einführung*, S. 6 (bei Abschnitt VIII).
12 Roland Schmid äußerte im Gespräch am Rande der KMG-Tagung in Augsburg (6.-8. Oktober 1989), das Versehen sei in „April 1897" zu korrigieren. Sein vorzeitiges Ableben hat entsprechende Maßnahmen verhindert.
13 Handlungstechnisch nicht erforderliche Textstellen und -passagen deuten bei Karl May immer auf durchschimmernden seelischen ‚Zündstoff' hin.
14 Die Bewertung des Nachtgesprächs durch Droop [Anm. 2], S. 121, geht an der Sache vorbei.
15 Reisen nach Persien spielen bei Karl May expressis verbis erst eine Rolle, seit er Plöhns in enger Freundschaft verbunden war.
16 Über die treuherzig-oberflächliche Erklärung, Karl May habe den Lesern des *Deutschen Hausschatzes* aufgrund neugieriger Anfragen etwas über sein Privatleben mitteilen wollen, können wir getrost hinweggehen. – Zu Kara Ben Nemsis Angabe, er sei „seit fast zwei Jahren" mit Emmeh verheiratet (XXVI 397), vgl. das in meiner ‚Nachbemerkung' genannte *Nachwort* (S. 268f.).
17 Vgl. Wilhelm Vinzenz: *Karl Mays Reichspost-Briefe. Zur Beziehung Karl Mays zum „Deutschen Hausschatz".* In: JbKMG 1982, S. 211-233 (S. 223 unten).

18 Daß er ihr vor seiner Orientreise manches gestand, wie seine Notizen vom 21. und 22. Juni 1899 belegen (vgl. deren Abdruck im JbKMG 1971, S. 215), war von ihm im Sommer 1897 noch nicht abzusehen.
19 Das dreimalige ‚Emmeh' auf dieser Seite entging der späteren Änderung des Namens in ‚Dschanneh', der in den Bänden 26 und 27 ab 1905 erschien. Vgl. hierzu im einzelnen Hansotto Hatzig: *Dschanneh – ein Name ohne Gestalt.* In: MKMG 26 (1975), S. 18- 23.
20 In einem Einsprengsel der ‚Außenhandlung' in die ‚Binnenhandlung' (letzteres ein Terminus, den ich gern von Claus Roxin übernehme), während des Nachtgesprächs, bittet Hanneh, Kara Ben Nemsi möge Halef vor Gefahr bewahren und ihn lebendig zurückbringen: „Ich will sein Weib, aber ja nicht seine Witwe sein!" (XXVI 375) Es besteht kein Anlaß zu der Vermutung, Karl May habe damals bereits von einer lebensgefährlichen Erkrankung Richard Plöhns gewußt und ihn auf Reisen mitnehmen wollen. Mit Blick auf die spätere Teilnahme Plöhns am zweiten Teil der Orientreise Mays freilich erscheint die Äußerung fast gespenstisch.
21 Vgl. die Beiträge von Walther Ilmer in den JbKMG 1987, 1988, 1989. – Grundlegende Beiträge zu diesem Werk Mays liefern Heinz Stolte: *Der Fiedler auf dem Dach. Gehalt und Gestalt des Romans „Weihnacht!"* In: JbKMG 1986, S. 9-32, und Gerhard Neumann: *Das erschriebene Ich. Erwägungen zum Helden im Roman Karl Mays.* In: JbKMG 1987, S. 69-100.
22 Vgl. Fritz Maschke: *Karl May und Emma Pollmer. Die Geschichte einer Ehe.* Bamberg 1973, S. 76, 77, 80. – Vgl. Andreas Barth: *Max Weltes Beziehungen zu Karl May.* In: *Karl-May-Haus-Informationen* 4 (1990), S. 27ff. – Zu Mays späteren Behauptungen über Emma und Welte vgl. seine Schrift *Frau Pollmer. Eine psychologische Studie.* Prozeßschriften Bd. 1. Veröffentlichung aus dem Nachlaß. Bamberg 1982.
23 Vgl. Gerhard Klußmeier/Hainer Plaul: *Karl-May-Biographie in Dokumenten und Bildern. Der große Karl-May-Bildband.* Hildesheim, New York 1978, S. 165. Die Aufnahme zeigt (von links) Emma May, Klara Plöhn und Agnes Seyler in sogenannter ‚Harems-Kostümierung'. Verschiedene in diesem Bildband wiedergegebene Porträtaufnahmen Klara Plöhns vermitteln deutlich den Eindruck reizvoller und leicht orientalisch ‚angehauchter' Züge.
24 Vgl. Erich Heinemann: *Dr. Karl May in Gartow.* In: JbKMG 1971, S. 259-268.
25 Amand von Ozoroczy: *Das zweite Ave Maria. Beitrag zur „Spätlese in Deidesheim".* In: MKMG 25 (1975), S. 7-11 u. MKMG 26, S. 3- 9.
26 Dieser vom 28. Februar 1899 datierte Brief ist abgedruckt bei Maschke [Anm. 22], S. 226f.
27 Wie Anm. 25, S. 10.
28 Wie Anm. 26.
29 Im XXV. Jahrgang des *Deutschen Hausschatzes* (Okt. 1898-Sept. 1899), für den *In Basra* (samt ursprünglich gedachtem weiterem Text) bestimmt gewesen war, konnte dieses Fragment auf keinen Fall (isoliert) erscheinen, da Karl May ja keinen sonstigen Folgetext mehr geliefert hatte. Er hätte ihn von der Redaktion zurückerbitten und für den Band XXVII verwenden können – natürlich unter Preisgabe einer künftigen Zweitverwendung im *Deutschen Hausschatz.* Doch hätte ihn ja – ‚normale' Schaffensumstände vorausgesetzt – nichts daran zu hindern brauchen, die Fortsetzungsbände III und IV, so wie sie hatten *werden sollen,* unmittelbar für Fehsenfeld zu schreiben. (Die Rückgabe des *Basra*-Fragments durch die Redaktion aus ganz anderen Gründen, 1901, und die Niederschrift der Bände III und IV als Fehsenfeld-Bände, ebenfalls aus anderen Gründen – vgl. RS 5, N 3 – , bleibt unberührt.)
30 Der in Anm. 26 erwähnte Brief vom 28. Februar 1899 läßt zumindest in bezug auf *Am Jenseits* anderes vermuten.

31 Bei ‚nachdenklichem Innehalten' an dieser Stelle meiner Ausführungen mag vielleicht auch der bisher noch etwas voreingenommene Leser Neigung zum Kopfnicken verspüren. Wir halten uns beim Gesagten schlicht an die allgemeine Lebenserfahrung.
32 Deplaziert freilich erscheint die Einflechtung, Winnetou habe gelegentlich im Dunkeln Geistern zugewinkt (XXV 340). Meines Erachtens ist dies eine Geste gegenüber Emma als Anhängerin des Spiritismus.
33 Dieses ‚Leitmotiv' ist vorgezeichnet durch Halefs Wunsch nach Veredelung (XXV 73f.), und durch die (nicht konsequent eingehaltene) ‚Verwandlung' Kara Ben Nemsis in den Hadschi Akil Schatir. Diese reichlich entrückte Gestalt, hinter die der Alleskönner Kara Ben Nemsi zurücktreten soll, ist der auf dem Weg ins Metaphysische begriffene Karl May. – Zu Karl Mays Unentschiedenheit über seine Themen und Stoffe in der Zeit der ‚Old-Shatterhand-Legende' vgl. ausführlich Ilmer [Anm. 1], S. 135-148. – Zu *Am Jenseits* unter verschiedenen Betrachtungswinkeln siehe (neben der in meiner ‚Nachbemerkung' angeführten Dissertation von Ulrich Schmid) vor allem: Hans Wollschläger: *Der „Besitzer von vielen Beuteln". Lese-Notizen zu Karl Mays ‚Am Jenseits'. (Materialien zu einer Charakteranalyse II)* In: JbKMG 1974, S. 153-171; Hartmut Vollmer: *Karl Mays ‚Am Jenseits'. Exemplarische Untersuchung zum „Bruch" im Werk.* Materialien zur Karl-May-Forschung Band 7. Ubstadt 1983; Hermann Wohlgschaft: *„Das ist die Wage der Gerechtigkeit." Bemerkungen zu Karl Mays ‚Jenseits'-Roman.* In: JbKMG 1988, S. 184-208.; Eckard Etzold: *Am Ort der Sichtung. Ein literarisches Todesnähe-Erlebnis.* SoKMG 81 (1989).
34 Otto Eicke: *Wenn sie geschwiegen hätten!* In: KMJb 1928, S. 115-125; ders.: *Der verschüttete Quell.* In: KMJb 1930, S. 65-76.

Ulrich Melk

Vom klassischen Reiseroman
zum mythisch-allegorischen Spätwerk

*Kontinuität und Wandel narrativer Strukturen in Karl Mays
‚Silberlöwen'-Tetralogie*

Das übliche Unterteilungsschema für das Œuvre Karl Mays ordnet die ersten zwei Bände und das erste Kapitel des dritten Bandes den klassischen Reiseromanen, den restlichen dritten und den vierten Band des *Silberlöwen* dem Spätwerk zu. Dieses Schema scheint mir zwar in seiner Terminologie nicht gerade optimal, es wird aber leichterer Verständigung wegen hier beibehalten. Das „Nebeneinander zeitlich bestimmter (Spätwerk) und thematisch-gattungsspezifischer (Reiseromane) Bezeichnungen"[1] ist m.E. Ausdruck dafür, daß die Relation zwischen den unterschiedlichen Textklassen noch kaum ausreichend rekonstruiert ist.[2] In einem ersten Teil sollen im folgenden einige zentrale Strukturen des Reiseromanteils und deren Korrelation skizziert werden, im zweiten Teil soll entsprechendes für das Spätwerk-Segment der Tetralogie geleistet werden.

Ob Wilder Westen oder Orient[3]: einer exotischen Welt, die voller Gefahren und Abenteuer steckt, gehören beide Handlungsräume an. Und in der lustvollen Überwindung von tierischen wie menschlichen Gefahrenrepräsentanten kultiviert und realisiert der Text denn auch nicht nur sein Abenteuer-, sondern auch Abenteurerideal. Der Fokus des Erzählens liegt stets auf dem *exzeptionellen Individuum,* Old Shatterhand bzw. Kara Ben Nemsi, also der literarischen Figur des fabelhaften Reiseromanschriftstellers höchst selbst, denn bekanntlich postuliert der Text eine Personalunion von oberstem Helden und Ich-Erzähler. Hoffnungslose quantitative, freilich nicht qualitative Unterlegenheit gegenüber einer potentiell feindlichen Umwelt kennzeichnet seine Aktionsbedingungen. Noch jeder bereiste Raum ist durch das Fehlen von institutionalisierten politischen oder rechtlichen Ordnungen, die allgemeinverbindlich-respektabel wären, charakterisiert; die jeweilige Bevölkerung ist denkbar heterogen zusammengesetzt, und das in ethnisch-kultureller wie ethischer Hinsicht. Mannigfache verbrecherisch inspirierte bis kriegerische Konflikte prägen denn auch die Welt der Exotik, die allerdings zuversichtlich ihrer Regelung von berufener Hand entgegensehen kann. Für diese Konflikte gilt generell, daß sie eindeutig moralisiert sind, und – was die Übersichtlichkeit der Verhältnisse noch enorm verbessert: daß der unvermeidlich Partei ergreifende Shatterhand/Kara Ben Nem-si dabei immer im Besitz der Wahrheit und des Rechtes ist. Die Konzeption der Konfliktregelungen korreliert nun mit einem *kriegerischen Wertsystem,* einem *heroisch-stoischen Verhaltensmodell ‚Mannsein'* – daß ein Mann tapfer zu sein hat, erweist sich immer wieder als *interkultureller Minimalkonsens.* Als ein Scout im Moment der Gefahr den geforderten Mut ermangeln und die seinem Schutz anbefohlene Reisegruppe schmählich im Stich läßt, zieht dies folgende Wertung nach sich:

„Ein Pferdedieb ist eben ein Dieb, doch kann man immerhin einen gewissen Respekt vor seinem Mute, seiner Kühnheit haben; aber einen Scout, der so feig handelt wie Ihr, den muß man verachten." (XXVI 51)

Ähnlich würde ein Indianer, Beduine, Kurde[4], kurz: der Angehörige jeder der ethnisch-kulturellen Gruppen, auch geurteilt haben, die sich das bewahren konnten, was nach der Logik des Textes als ‚natürlich-unverfälschtes Empfinden' gilt. Daß die Abwägung aus dem Munde eines so bekenntnisfrohen Christen wie Shatterhand stammt, den ja damit die vergleichsweise höchstdifferenzierte Ethik bindet, ist nur um so bezeichnender für folgenden Sachverhalt: das Verfügen über das Merkmal ‚Tapferkeit' stellt die notwendige, wenn auch nicht hinreichende Bedingung dar, ob aus Feinden ggf. Freunde[5], zumindest jedoch sich wechselseitig respektierende Gegner werden können. Schon aufgrund der ihm vorzugsweise zugeordneten numerischen Unterlegenheit ist natürlich das *exzeptionelle Individuum* in besonderem Maße dazu prädestiniert, Mutproben allerhöchsten Aussagewerts abzuliefern. Der Luxus einer anspruchsvollen christlichen Ethik kommt dann noch hinzu. Den kann man sich freilich nur als Ausnahmeheld leisten, denn die Pflicht zur Schonung der Feinde ist in der unbarmherzig rauhen Welt der Exotik zuweilen mit massiven operativen Wettbewerbsnachteilen verbunden. Mit dem Einsatz emotionaler Stärke und Widerstandskraft ist es natürlich nicht getan. Kenntnis fremder Sprachen, Sitten und Gebräuche, das Verfügen über avancierte Kampfestechniken, die Beherrschung der hermeneutischen Disziplin des ‚Spurenlesens'[6]: das sind nur einige der handwerklich-operativen Qualitäten, die, fein aufeinander abgestimmt, das System ‚Held' verlangt; im Orient fehlt ein typischer

(Fach-)Begriff zu seiner Bezeichnung, die entschieden höher differenzierte Nomenklatur des Wilden Westens stellt dafür die Kategorie ‚Westmann' bereit. Wie selbstverständlich sind damit die sozialen Relationen verknüpft. In der Welt der Exotik bestimmt also das Leistungsprinzip die Position, die innerhalb sozialer Hierarchien einzunehmen ist; Anführer sollte stets der größte Held sein. Bekanntlich sind die o.a. heroischen Qualitäten und Fertigkeiten ziemlich ungleich auf das Textpersonal verteilt. Der Grad, in dem die Figuren über sie verfügen oder nicht verfügen, entscheidet nun aber auch darüber, welche der narrativ-strukturellen Funktionen wie *Held, (Selbst-)Helfer, Opfer* oder *Widersacher* mit ihnen verknüpft werden können. Shatterhand/Kara Ben Nemsi, exzeptionelles Individuum und Ausnahmeheld schlechthin, stellt seine überragenden Fähigkeiten ausnahmslos in den Dienst der Umwelt. Äußerer Zwänge sowieso ledig, scheint er auch nach inzwischen erfolgter Verheiratung (vgl. XXVI 390) immer noch keine schönere Beschäftigung zu kennen, als für die Befreiung der lieben Mitmenschen aus der Gefangenschaft der bösen Feinde das eigene Leben aufs Spiel zu setzen. Die Objekte der Rettungsaktionen, die seinen heroisch-karitativen Alltag im ersten Teil der Tetralogie markieren, sind u.a. der Perser Dschafar Mirza und die beiden Snuffles, die gleich mehrfach den Commanchen entrissen werden müssen, ein persischer Kammerherr sowie Freund Halef und schließlich Marah Durimeh inklusive zweier Dienerinnen. Der Text klassifiziert die Fähigkeit zur Selbsthilfe als die Voraussetzung zu der Hilfe, als die sozusagen leichtere Übung. Als leidliche Selbsthelfer hätten Halef oder die beiden Snuffles zu gelten, allesamt freilich sind sie in besonders prekären Situationen auf den Ausnahmehelden angewiesen. Wie überhaupt ihre Fähigkeit zur Selbsthilfe am abgebildeten Handlungsgeschehen selbst kaum nachweisbar, jedoch aus dem Umstand zu erschließen ist, daß von ihnen ein langjähriger Aufenthalt in gefährlichen Gefilden erst einmal erfolgreich zu überleben war, um überhaupt in die Erzählgegenwart und damit in die Einflußsphäre des unvermeidlichen Beschützers eintreten zu können. Ob erst dessen übergroße Autorität die häufigen Fehlleistungen seiner Gefährten provoziert, „die wieder zu Schülern Old Shatterhands werden"[7], oder ob das exzeptionelle Individuum die ihm gemäßen exzeptionellen Gefahren erst anzieht, vor denen jeder andere zu kapitulieren hat, läßt sich nicht entscheiden. Scharf abgegrenzt sind diese heroisch eher niedrigen Chargen immerhin von der Gruppe gänzlich unheroischer Figuren, die als die geborenen Opfer die

Manövriermasse im Kampf zwischen Gut und Böse bilden. Darunter sind frei von jedem verächtlichen Makel eigentlich nur Marah Durimeh und deren Dienerinnen, denn Frauen sind *natürlich* von der Verpflichtung zu einer heldischen Gestaltung der Realität grundsätzlich entbunden – was nicht heißt, daß deswegen ein tapfer agierendes Kurdenweib nicht mit Sympathie bedacht werden könnte (vgl. XXVII 552f.). In Marah Durimeh, ganz die ‚Hohe Frau', wird auf dem Gebiet der *spirituellen Hilfe* dem exzeptionellen Individuum überdies eine ernsthafte und ausnahmsweise ertragene Konkurrenz erwachsen.

Um als Gegner eines superlativischen Ausnahmehelden fungieren zu können, sind in den klassischen Reiseromanen zwei Klassen des Widersachers präpariert: da gibt es einmal das Modell des ‚Ausnahmeschurken', dem, weil oft solo operierend, nolens volens heroische Qualitäten nicht abgesprochen werden können. Die Brüder Melton aus *Satan und Ischariot* sind typische Vertreter dieser Spezies; Santer hingegen, der Mörder von Intschu tschuna und Nscho-tschi, repräsentiert entschieden das Ideal der Verwerflichkeit. Der Reiseromanteil der *Silberlöwen*-Tetralogie realisiert dieses Modell nicht, sondern mobilisiert die zweite Klasse von Widersachern, wo heroische Defizite durch numerische Überlegenheit kompensiert werden.

Signifikant für die Reiseromane Mays ist, den starken Schultern des Ausnahmehelden zu vertrauen und ihn als den privilegierten Bedeutungsträger einzusetzen. Die postulierte Personalunion aus Protagonist und Erzähler läßt es ja schon aus Gründen einer abenteuerlich spannenden Handlung wünschenswert erscheinen, daß mit der Figur des exzeptionellen Individuums neben der strukturellen Funktion des Helden und des Helfers auch die des Selbsthelfers, die wiederum die des Opfers voraussetzt, verknüpft werden kann. Der erzählerischen Realisierung stehen nun natürlich die superlativischen Qualitäten eines Shatterhand/Kara Ben Nemsi entgegen. Da selbst eine Übermacht von Feinden diesen oft nicht in die gewünschte Rolle zu bringen vermag, müssen zuweilen die Gefährten den Part von unfreiwilligen Widersachern übernehmen. Den Anlaß dazu bieten häufig Autoritätskonflikte, also die Verletzung der o.a. Regel, wonach der (weisungsbefugte) Anführer der größte Held zu sein hat. Wiederholt macht sich eines solchen Vergehens Jim Snuffle schuldig. Überschätzung seiner Fähigkeiten läßt ihn subalterne Funktionen wie Pferdebewachung verschmähen, um unbefugt den Shatterhand reservierten Part zu übernehmen.

Sein eigenmächtiger Kundschaftergang endet daher notwendig desolat (vgl. XXVI 192ff.), indes noch ohne den Ausnahmehelden damit unmittelbar in Kalamitäten zu bringen. Dazu kann es erst kommen, als sich Kara Ben Nemsi wider besseres Wissen von Halef die Erlaubnis zu so einem hochbegehrten Gang abtrotzen, bzw. -schmeicheln läßt (vgl. XXVII 203ff.); gerade den Freunden des ‚Erzähler-Helden' bleiben ja undankbare Rollen selten erspart. Sprichwortgetreu wird jedenfalls die Regel durch die pedantische Moral, die jeder Geschichte solch einer Regelverletzung und ihrer Konsequenzen unvermeidbar zugrundeliegt, bestätigt.

Das anspruchsvolle operative Anforderungsprofil der exotischen Welt verlangt nun zwar entsprechend ausgeprägte Qualitäten auf Seiten des Helfers, das System ‚Helfer' ist aber mit Leistungen solcher Provenienz mitnichten erschöpft. Hanneh und der polnische Bimbaschi Dozorca liefern dem exzeptionellen Individuum Gelegenheit, sich auch als religiösspirituelle Autorität zu profilieren. Mit dem christlichen Glauben im Besitz des privilegierten ideologischen Systems kann ihm das freilich nicht schwerfallen. Gegenüber der borniert chauvinistischen Seelenlehre der ‚Muselmänner' etwa muß Kara Ben Nemsis religiöse Unterweisung für feministische Ohren Balsam sein. So prompt wird Hanneh von quälenden Selbstzweifeln befreit und für den rechten Glauben gewonnen, daß sie um Fortsetzung und Ausdehnung der missionarischen Tätigkeit auf ihren Ehemann bittet:

„Und sprich nicht viel von Muhammed mit ihm! Denn nur dieser falsche Prophet ist schuld an dem Glauben meines Halef, daß nur die Männer Seelen haben. Sprich lieber mit ihm von Isa Ben Marryam und vom heiligen Buche der Christen! Das wird sein Gedächtnis und seine Liebe stärken und ihn nicht in Gedanken fallen lassen, welche das Weib seines Herzens nur betrüben können." (XXVI 375)

In die christliche Domäne fällt auch der Grund für das verfehlte Leben des Bimbaschi, der schnell ausgemacht ist. Zutiefst erschrocken, ist Kara Ben Nemsi kaum in der Lage, das schwerwiegende Wort auszusprechen, das die schreckliche Wahrheit über den alten Polen festschreibt. Doch leichthin antwortet der:

„Ein Renegat. Sprich das Wort nur immer aus! Was willst du? Ich war nie ein frommer, überzeugter Christ gewesen, und mein Uebertritt [zum Islam] wurde mit einer höheren Charge belohnt; das war es, was ich wollte." (546)

Gottlob kann aber Dozorca sein Leichtsinn ausgetrieben und die Wichtigkeit v.a. des regelmäßigen Gebets plausibel gemacht werden; eine Einsicht, die ihm um so leichter fallen muß, als damit die ‚begründete' Hoffnung verknüpft wird, daß seine totgeglaubte Familie noch lebt. Begründet ist diese Hoffnung, weil dem, der sie äußert, offensichtlich intime Kenntnisse über den göttlichen Heilsplan und darin eine privilegierte Rolle zugeordnet sind.[8] Ohne falsche Schonung, vielmehr „mit voller Aufrichtigkeit", die nun einmal zu den „Verpflichtungen des Seelenarztes" (611) zählt, wird der leichtfertige Pole über eigene Verfehlungen und die pädagogischen Absichten Gottes aufgeklärt, als dessen Sprachrohr Kara Ben Nemsi höchstselbst fungiert:

„Du bist nicht imstande, einzusehen, wie barmherzig er [Gott] trotz allem, worüber du klagst, gegen dich gewesen ist, mit welcher Langmut er gezögert hat, dir deine Schuld voll anzurechnen und welch eine unverdiente Gnade von ihm es für dich ist, daß er dir jetzt einen Lichtstrahl sendet, und zwar grad durch mich, gegen den du ihn verleugnet oder gar der Ungerechtigkeit beschuldigt hast." (610)

Zusammenfassend läßt sich feststellen, daß dem exzeptionellen Individuum kaum eine Gelegenheit vorenthalten wird, um sein überaus beeindruckendes heroisch-operatives wie ethisches Profil immer wieder präsentieren zu können. Eine wesentliche Ausnahme allerdings ist anzumerken. Daß nämlich dem Ausnahmehelden die kulturell höchst gewertete Realisation des Systems ‚Helfer', also das repräsentative Selbstopfer als Erlöser und Heiland, vorbehalten bleiben muß, ist ein Manko, das als latenter Schmerz schon aus früheren Reiseromanen zu erschließen ist[9], aber erst im *Silberlöwen* manifest wird – per Wunsch-Annonce Kara Ben Nemsis:

„Oh, wenn ich könnte, ich würde gern, sehr gern für jeden einzelnen Menschen den Tod erleiden, wenn er dadurch zu der Einsicht käme, daß jedes gesprochene und unter Umständen auch jedes nicht gesprochene Wort dort vor dem Richter mit Centnerschwere in die Wagschale fallen wird." (612)

Solch wertvoller Vorbereitung auf das Jüngste Gericht muß die Menschheit freilich bis auf weiteres entraten. Der ehrgeizige Wunsch läßt sich ja im Rahmen der klassischen Reiseromane mit ihrem Autobiographie- und Authentizitätspostulat beim besten Willen nicht erzählerisch realisieren.

Von Kollisionen mit den Normen des kulturellen Realitätsbegriffs sind die Reiseromane ohnehin schon geprägt. Offensichtlich lassen sich nämlich die Regeln, nach denen die dargestellte Welt strukturiert werden muß, um als Spielplatz für Größenphantasien fungieren zu können, nur allzu oft nicht mit den Realitätsnormen vereinbaren. Diese wunderbaren und wundersamen Erfolge des Ausnahmehelden, aber auch die bemerkenswerte Häufung unmotivierter „glücklicher Schicksalswendungen" bilden nun eine „Klasse der statistischen Unwahrscheinlichkeit"[10], der im Spätwerk dann eine Klasse *systematischer* Unwahrscheinlichkeit gegenübersteht. Zur Rettung des Authentizitätspostulats (implizit auch des Anspruchs auf ein Mindestmaß an literarischer Respektabilität) sind in den Reiseromanen den statistischen Unwahrscheinlichkeiten regelmäßig und notorisch *Zufallsthematisierungen* nachgeschaltet. Eine simpel-plumpe Variante stellt die folgende förmliche und steife Verlautbarung des Erzählers dar, wo offenbar eine hochgradig konnotative Peinlichkeit benannt werden muß, um sie dementieren zu können: „Ich lasse nämlich den General nicht etwa als schriftstellerischen Deus ex machina an dieser Stelle erscheinen" (XXVII 272). Interessanter sind die Fälle, in denen die Religion, also der (christliche) *Wissensmodus* ‚Glauben', vom exzeptionellen Individuum oder vom Erzähler sozusagen als *Kohärenzjoker* eingesetzt wird:

> Wie ich schon oft im Verlaufe meiner Erzählungen gethan habe, betone ich auch jetzt wieder, daß ich kein Anhänger der Lehre der Zufälle bin. Ich hege vielmehr die vollständige und unerschütterliche Ueberzeugung, daß wir Menschen von der Hand des Allmächtigen, Allweisen und Alliebenden geführt werden, ohne dessen Willen – nach dem Worte der heiligen Schrift – kein Haar von unserem Haupte fällt. (XXVI 267)

Obwohl der ‚Kohärenzjoker' hier zu vergleichsweise unspektakulären Zwecken ausgespielt wird – Konstruktion eines Zusammenhangs zwischen den Schauplätzen Wilder Westen und Orient anhand der Figur des Persers Dschafar – : seine vielfältigen Einsatzmöglichkeiten dürften klar sein. Den hochinteressanten Implikationen dieser textuellen Strategie einer Selbstimmunisierung gegen Falsifikation kann aus Raumgründen nicht weiter nachgegangen werden[11], dazu nur so viel: Indem hier das zweifellos in der zeitgenössischen Kultur schon reichlich angestaubte religiöse Konzept eines ‚Textcharakters' der Realität inklusive eines ‚metaphysischen Textproduzenten' reaktiviert wird, können die Reiseromane, die sich aufgrund des Autobiographiepostulats als Teil dieser gelebten und wirklichen Welt gerieren, an sie gerichtete Zweifel an die allerhöchste Instanz verweisen, an den ‚metaphysischen Textproduzenten' – das Glaubwürdigkeitsproblem eines semiotischen Objekts kann so als allgemeinmenschliches Glaubensproblem kaschiert werden.

Ab dem zweiten Kapitel des dritten Bandes, *Ueber die Grenze* betitelt, kommt es zu merklichen Veränderungen in der Tetralogie, die den Übergang ins Spätwerk einleiten. Erstes Anzeichen dieser Veränderung ist eine Typhus-Erkrankung, die zunächst Halef und schließlich auch Kara Ben Nemsi ergreift. Sie geht einher mit einem sukzessiven Abbau der physischen und geistigen Stärke und Beweglichkeit. So wird erst sehr spät das abgekartete Spiel der Dinarun alias Massaban durchschaut. Die hatten unerkannt die beiden Helden in eine verzweifelte Notlage manövriert, um sich dann als falsche Freunde und Helfer profilieren, Dank und damit Unterstützung im Kampf gegen ihre Feinde, die edlen Dschamikun, gewinnen zu können. In einem letzten heroischen Kraftakt vor dem endgültigen gesundheitlichen Zusammenbruch wagt man den lebensgefährlichen Sprung über eine Felsspalte (vgl. XXVIII 253ff.), der in die Obhut der Dschamikun führt. In deren hochidealischem Gemeinwesen wird man aufopferungsvoll gesund gepflegt. Das in jenen Gefilden herrschende heroische Anforderungsprofil stellt sich als kaum geringer heraus als im übrigen Teil der exotischen Welt. Der Geheimbund der Schatten, dessen Bekämpfung die Anstrengung von Halef und Kara Ben Nemsi bisher schon galt, erweist sich nämlich als Teil einer Verschwörung mit den verwerflichen bigott-fanatischen Taki-Kurden, durch welche die Existenz der braven Dschamikun bedroht wird. Obwohl Kara Ben Nemsi auch nach seiner Genesung nie wieder die ganze Herrlichkeit der operativ-handwerklichen Seite seiner heroischen Qualitäten an den Tag legt – was bisher noch immer der wesentliche Garant jeden Erfolges war – , gelingt die Zerschlagung der bösen Feinde, und das Gute siegt. Es hat dies mehrerlei Gründe. Zum einen nämlich übernimmt Kara Ben Halef, der Sohn Halefs, partiell diesen Part des heroischen Erbes, was den nützlichen Nebeneffekt hat, daß der Effendi für jene Aufgaben frei wird, die schon eher einem „Sechzigjährigen" (vgl. 345) gemäß sind. Da das Alter des Helden bisher in den Reiseromanen meist schamvoll verschwiegen wurde, hat diese Information entschieden als Sensation zu gelten.

Die erfolgreiche Regelung der dargestellten Welt wird indes v.a. dadurch möglich, daß sich ihr Anforderungsprofil seit dem Reiseroman-Segment nicht unwesentlich verändert hat. Die altersgemäßen Aufgaben, die Kara Ben Nemsi übernimmt, sind die nun eigentlich bedeutsamen.

Zu den weiteren Neuheiten des Spätwerks gehört allein schon, daß die Summe der zurückgelegten heroischen Reisekilometer[12], krankheitsbedingt, äußerst gering ausfällt. Damit geht einher, daß geistige Auseinandersetzungen zwischen Ustad und Effendi breitesten Raum im Geschehen beanspruchen. Und auch das ist bedingt durch die fabelhafte Krankheit, die krisenhaft-kathartisch eine Schärfung der Sinne für die Tiefendimensionen des Seins mit sich bringt und als Folge die Abenteuerfront zusehends von außen nach innen verrückt. Über weite Strecken führen nun die abenteuerlichen Spuren in die Vergangenheit, und erst nach ihrer (so die Textposition) *erfolgreichen* Bewältigung können Gegenwart und Zukunft gemeistert werden. Zu den zweifelhaftesten Ergebnissen dieser Vergangenheitsbewältigung gehört ein Deutungsmodell, das der ‚Ich-Erzähler-Held' für die Reiseromane ex post vorschreiben zu können glaubt. Zugrunde liegt diesem Deutungsmodell eine nicht sonderlich originelle Ästhetik, die mit Eigentümlichkeiten des Spätwerks korrespondiert. Zu konstatieren ist etwa die ehrgeizige Anstrengung, Freund und Feind mit einer über das konkrete Geschehen hinausweisenden Dimension zu befrachten, also zu zeichenhaften Trägern einer sekundären Bedeutung, vulgo: ‚Sinnbildern für alles mögliche und unmögliche', aufzuputzen. Auch die systematische Abweichung von den Nonnen des kulturellen Realitätsbegriffs, die etwa das Geschehen des ‚Großen Traums' aufweist, gehört hierher. Diese miteinander korrelierenden Veränderungen haben alle ihren Ausgangspunkt in der fabelhaften Erkrankung. Denn daß es sich dabei um einen nicht auf physische Prozesse begrenzten Vorgang handelt, das legen schon die Selbstbeobachtungen und Reflexionen Halefs nahe:

„Ich habe aufzuhören, zu sein, der ich war, und ich habe anzufangen, ein ganz Anderer zu werden. Ich habe zu sterben, an jedem Tage und an jeder Stunde, und an jedem dieser Tage und an jeder dieser Stunden wird dafür etwas Neues und Besseres in mir geboren werden." (72)

Selbst der eher bodenständige Halef fühlt sich nun also zu metaphysischen Spekulationen genötigt, offenkundig bringt die Krankheit sogar eine latente Persönlichkeitsspaltung an den Tag. Von den wahrheitsliebenden, sanften und guten Personenanteilen, mit dem Namen ‚Halef' bedacht, werden die eitlen, ruhm- und prahlsüchtigen geschieden, die als der ‚Hadschi' bezeichnet werden. Orientierung in diesem Komplex neuartig verwirrender Grenzerfahrungen zu liefern, diese Aufgabe kommt in dem Kapitel mit dem programmatischen Titel dem ‚Buch der Bücher' zu; die Zahl der Bibelzitate und -anspielungen ist signifikant hoch und bleibt es auch in der Folge. Selbst bei Halef fällt schließlich der Groschen:

„Das heilige Buch der Christen spricht von einem alten Adam, den man ablegen soll, damit ein neuer, gerechterer und besserer an seine Seite trete. Ob da wohl der Hadschi und der Halef gemeint sind, welche in mir wohnen?" (113)

Dieses biblische Gleichnis vom alten und neuen Adam impliziert die Kombination zweier verschiedenartiger Begriffe von Leben. Dem normalsprachlichen Begriff steht eine uneigentliche, im Sinne der Rhetorik *emphatische* Verwendung von Leben gegenüber. Die wiederum ist Teil eines metaphorischen Denkmodells, das der Klassifikation in *Geburt-Leben-Tod* im biologischen Sinn eine zweite Kategorisierung überlagert.[13] Entsprechend funktioniert denn auch die religiöse Aufklärung, die Kara Ben Nemsi Pekala zuteil werden läßt:

„Man kann körperlich leben und geistig oder seelisch doch gestorben sein. Und wie das Eine möglich ist, so auch das Andere. Auch Isa Ben Marryam, den wir den Heiland nennen, verlangt vom Menschen, daß er neu geboren werde. Wer hat da aber zu sterben? Die Bibel antwortet: Der alte Adam. [...] Du siehst also, daß die christliche Religion ein Sterben und Geborenwerden mitten in diesem unsern gegenwärtigen Leben von uns fordert." (553)

Bei der Untersuchung der erzählerischen Umsetzung dieses metaphorischen Denkmodells ist zunächst die Krankheitsgeschichte zu rekonstruieren. Die Merkmale, die Ansteckungs- und Heilungsort zugeordnet sind, stehen oppositionell zueinander. Da ist einmal Basra, das auf versumpftem Grunde steht, „welcher gefährliche Miasmen erzeugt" (3), wo man folglich die „pest- und fieberschwangeren Dünste einer nicht bloß orographischen Tiefe" (291) einatmet. Dem stehen dann die lichten und reinen Höhen der Dschamikun-Gefilde gegenüber, wo die Heilung der beiden Patienten schließlich auch gelingt. Nicht zuletzt aufgrund einer Blumen- und Dufttherapie, welche die Wirkung der guten Bergluft wesentlich verstärkt. Diagnose und Therapie sind nämlich bei den Dschamikun Resultat einer ganzheitlichen ärztlichen Betrachtungsweise. Leib und Seele, physischer und ethischer Bereich sind darin unlösbar miteinander verbunden; wie der Pedehr weiß, gibt es keine böse Seele. Im Gegenteil:

„Die Seele scheut alles Böse, sogar schon alles Häßliche. [...] Bei bösen Dünsten, bei häßlichen Gerüchen oder gar bei wirklichem Gestank befindet sich der Mensch nicht wohl; er atmet schwer; er kann sogar das Bewußtsein verlieren. Die Seele zieht sich von den Sinnen zurück, welche ihr diese Schmerzen bereiten." (325)

Das zu verhindern, also den Verwesungsgeruch zu überdecken, soll daher Zweck der Dufttherapie sein. Diese ganzheitliche Betrachtungsweise ermöglicht nun, erzählerisch höchst ökonomisch und sozusagen organisch, die Krankheit zum Träger der weiteren narrativen Veränderungen, zur

Einführung des metaphorischen Denkmodells zu funktionalisieren[14]: Das ethisch defizitäre Leben, der alte Adam, muß durch die Krankheit zu einem Ende, zum metaphorischen Tod geführt werden, um die Wiedergeburt des neuen und emphatischen Lebens einzuleiten.

Nun ist freilich nicht nur der Halef, sondern auch Kara Ben Nemsi erkrankt. Sind mit Eitelkeit, Ruhm- und Prahlsucht beim Hadschi schnell die Defizite ausgemacht, tut man sich beim Effendi ungleich schwerer, ethische Defekte, welche die Anfälligkeit für die bösen Miasmen und damit den Ausbruch der Krankheit verschuldet haben, zu entdecken. So berichten diverse Träume Halefs nur von den unangemessenen Reaktionen auf, wie es scheint, nur allzu menschliche Verfehlungen Kara Ben Nemsis. Die Kritiker aus Dschermanistan erscheinen als Maden am Leib des Effendi. Da aber ohnehin das „alte Fleisch herunter muß" (vgl. 489), also das Böse in ihm, was auch immer das sein soll, zu vertilgen ist, stehen noch sie im Dienst seiner weiteren Vervollkommnung und Verherrlichung. Worin aber die Verfehlungen bestehen, deren sich Kara Ben Nemsi schuldig gemacht hat, darüber gibt auch seine öffentlich abgelegte Beichte nur sehr zurückhaltend Auskunft. Es ist da vage von „äußeren Niederlagen" die Rede, die freilich sogleich wieder zu „inneren Siegen" führten (vgl. 625). Schlau wird überdies die Privatbeichte mit der angeblich in der Bibel enthaltenen Menschheitsbeichte verknüpft. Von der Menschheit sei nämlich dann folgendes zu erwarten: „Sie nehme diese Beichte mit in die ihrige auf! Dann kann ihr nicht vergeben werden, wenn sie nicht mir vergiebt!" (626) Zutiefst erschrocken über die kühne Offenheit und die Ankündigung einer literarischen Veröffentlichung, repräsentiert der Pedehr gegenüber der Privatbeichte das Rezeptionsideal. So versichert er dem armen Sünder, kein Dschamiki werde ihm die Verzeihung verweigern. „Für die andern aber, die es thun, sei das, was du schreibst, wie nicht geschrieben, denn du beichtetest der Menschheit, aber nicht denen, die aus ihr getreten sind!" (627) Die Gemeinschaft der Guten, und nichts anderes meint ja die emphatische Verwendung von ‚Menschheit' hier, hat demnach die Pflicht, dem Effendi zu verzeihen – bei Strafe des Ausschlusses. Auch die endlosen Auseinandersetzungen mit dem Ustad geben wenig Aufschluß über die Verfehlungen des exzeptionellen Individuums, das in den Reiseromanen ja schier makellos agierte. Bei aller Seelenidentität, „Geisterliebe" (XXIX 56) oder Geistesverwandtschaft, die zwischen den beiden herrscht, die sich auch durch wohl ähnliche Lebensschicksale verbunden wissen, ist die Rollenverteilung doch meist eindeutig. Während also der Ustad von seiner Vergangenheit berichtet, die von unangenehmen Presseangriffen sowie nutzlosen Verteidigungs- und Rechtfertigungsbemühungen seinerseits geprägt war, übernimmt Kara Ben Nemsi ab einem schnell erreichten Genesungsgrad den vielbewunderten Part, die Irrtümer des Seelenfreundes zu korrigieren. Seine Ausführungen lassen sich in etwa dahin zusammenfassen, daß gegenüber beliebigen Angreifern ‚nur' immer die hierarchisch höchstmögliche Position, der *ideale* Standpunkt moralisch-ethischer Vortrefflichkeit einzunehmen ist. Optimale Souveränität ist dadurch gewährleistet, ihrem Inhaber eröffnet sich eine grandiose Perspektive:

„Er hebt die Angreifer aus ihrer Tiefe zu sich empor, um sie zu durchschauen. Da fällt der ganze Schmutz und alles, was sie sonst noch gewichtig gemacht hat, von ihnen ab. [...] Sie sind ja ganz nur Schmutz und ohne jede Spur von Geist gewesen, und so versteht es sich ja ganz von selbst, daß, sobald der Unflat abgefallen ist, für ihn von ihrer ganzen Existenz nichts mehr vorhanden sein kann." (41f.)

Um wieder auf das metaphorische Denkmodell mit seiner uneigentlichen Verwendung von Leben-Tod-Geburt zurückzukommen: Zu den Ausflüssen Kara Ben Nemsischer Weisheiten, die sich über den armen Ustad ergießen, gehört auch die Vorstellung von drei Arten von Leben, nämlich dem körpergeleiteten, dem verstandgeleiteten Leben geistiger Individualität sowie dem Geist und (gottgezeugte) Seele, Verstand und Glauben vereinenden Leben (vgl. 34ff.). Während der Ustad bisher nur die zweite Lebensstufe geistiger Individualität erklommen hat, denn die Presseangriffe hatten ihn in eine tiefe Glaubenskrise gestürzt, bewegt sich der Effendi, zumindest rhetorisch, schon auf der dritten Stufe, die dem Bereich des emphatischen Lebens angehört. Und nachdem er auf die Frage des Ustad, ob er Kara Ben Nemsi bzw. Old Shatterhand sei, geantwortet hat, er sei es gewesen (vgl. 67), und damit also sein altes Ich inklusive Henrystutzen und all der heroischen Attribute aufgibt, ist es nur eine Frage der Zeit, bis dem Tod des alten Lebens, der logisch die Wiedergeburt bzw. „Auferstehung", wie der Text es nennt, in ein „schöneres, edleres, unendlich wertvolleres" (70) nach sich zieht, eine entsprechend grandiose erzählerische Präsentation folgt, was dann in der Szene des ‚Großen Traums' realisiert wird. Bevor diese nun einer Würdigung unterzogen wird, sollen zunächst die poetologisch-ästhetischen Implikationen, die angeblich den Tod des Abenteurer-Ichs begründen, bewertet werden. Die Personalunion aus Ich-Held und -Erzähler, zu deren Stabilisation in den Reiseromanen wie o.a. wenn auch nicht die Hölle, so doch alle Himmel in Bewegung gesetzt wurden, sei gedacht gewesen als ein dem Leser aufgegebenes Rätsel,

„aus dessen Thür das von seinen psychologischen Fesseln befreite Menschheits-Ich wie ein im Freudenglanze strahlender Jüngling hervorzutreten hat.[15] [...] Dieses so oft verspottete und so leidenschaftlich verhöhnte ‚Ich' in meinen Werken war nicht die ruhmeslüsterne Erfindung eines wahnwitzigen Ego-Erzählers [...]." (67)

Diese „Ignoranz" habe aber im Erzähler nicht nur einen „heiligen Zorn" wachgerufen (vgl. 70), sondern ihn auch zu einer neuen Ästhetik bewogen, als deren Ausdruck u.a. der ‚Tod' des alten Abenteurerhelden zu gelten habe. Die bitteren Klagen der nach wie vor als Ich-Erzähler auftretenden Erzählinstanz über die von Unverständnis geprägten Rezeptionsweisen können hier, wo sich die Analyse im Unterschied zu der mehrheitlichen Tendenz der May-Forschung auf die Rekonstruktion der am Primärtext nachweisbaren Bedeutungen beschränkt[16], nicht weiter interessieren, schließlich fand sich dafür bisher kein Zeugnis. Die ‚symbolische' Deutung der Reiseromane ist selbstverständlich inakzeptabel.[17]

In einem späteren Gespräch mit dem Ustad skizziert der mißverstandene Ich-Erzähler sein poetisches Programm, das sowohl ästhetische Produktionsbedingungen als auch die literarische Sendung berücksichtigt. Selbstverständlich stehen dem dichterischen Geist nicht nur

„die Tore anderer Welten offen. Er geht da aus und ein. Ist er zurückgekehrt, um zu berichten, so kann er das nur in der Sprache tun, die man hier in der Körperwelt versteht. Und dieses Uebersetzen ist nicht leicht [...]." (183)

Auch ist nur zu einleuchtend, daß es bei dem also Geschauten „um Unbeschreibliches, um Heiliges sich handelt" (ebd.). Aufgrund dieses zweifellos „elitären Selbst- und Kunstverständnisses ist in einem wissenschaftlichen Aufsatz jüngeren Datums ein Bezug zu Kafka konstruiert worden.[18] Elitär daran ist allerdings nur der Anspruchsinhalt, beileibe nicht der Kreis derer, die ihn für sich reklamieren. Der Kult um den *priesterlich-visionären Dichter,* also um einen mehr oder weniger würdigen Abkömmling des alten Geniebegriffs, und um das *Unsagbar-Numinose* scheint vielmehr nicht allein im ausgehenden 19. Jahrhundert ein verbreitetes Phänomen zu sein.[19] Bekanntlich feiert diese Vulgärversion der alten idealistischen Ästhetik noch heutzutage bisweilen fröhliche Urstände. Seinen Niederschlag findet dieses poetische Programm in den penetranten Allegorisierungs-, Symbolisierungs-, meist freilich Mystifizierungstendenzen.

Ein gelungeneres Beispiel für das schon erwähnte Verfahren, die Eigennamen literarischer Figuren zu Klassennamen umzufunktionalisieren, ist der *eponyme* Hadschi. Hier wird nun freilich der bekannte Eigenschaftskomplex einer hinlänglich etablierten Gestalt, also ein im Textparadigma bereits profiliertes Element, in ein neues semantisches Feld überführt. Nur pure Redundanz resultiert aber aus diesem Verfahren, wenn etwa die Massaban, eine Gruppe des Textpersonals, von der nicht viel mehr bekannt ist, als daß es sich bei ihr um ein recht räuberisches Gesindel handelt, zur Klassifikation jenes in aller Welt beheimateten Gesindels herhalten müssen, dessen Eigenart der mangelnde Respekt vor geistigem Eigentum ist (vgl. 140f.). Selbst der Hinweis auf das *Bio-Lesemodell,* das sich Szenen wie diesen unterschieben läßt, ändert daran wenig. Abgesehen davon, daß detaillierte Kenntnisse über Mays private und öffentliche Kämpfe kaum zum kulturellen Wissen der Epoche, der die Tetralogie angehört, zu zählen sind, deswegen aber auch nicht unter die am Text nachweisbaren Bedeutungen zu rechnen sind, bietet ja dieser ‚Mummenschanz' nicht einmal eine sonderlich originelle Deutung an. So neu und für das Spätwerk spezifisch sind solche Verfahren im Dienst der Bedeutungssuggestion ja keineswegs. Helmut Schmiedt hat einen in den Reiseromanen häufig wiederkehrenden sprachlichen Sachverhalt folgendermaßen beschrieben: „Bildhafte Formeln werden wörtlich genommen und zur Aktion verwandelt, Sprachgebärden in Handlung umgesetzt und szenische Darstellungen aus stehenden Redensarten gewonnen."[20] Letztendlich organisiert der Text mit solcher *Verwandlung* und *Umsetzung* nichts anderes als ein wechselseitiges Bestätigungsverhältnis. Denn Sprichworte, stehende Redewendungen u.a. dem kulturellen Fundus angehörige ‚Sinn-‘ und ‚Bedeutungsträger‘ lassen die also gewonnene szenische Darstellung genauso an ihrer mehr oder weniger kostbaren Last partizipieren, wie die narrative Bebilderung umgekehrt die Gültigkeit der bebilderten Regularität demonstriert. Das Verfahren des Spätwerks läßt sich folglich als das Bemühen einordnen, dem kulturellen Fundus die eigenen Geschöpfe unterzuschieben, was innerhalb der dargestellten Welt natürlich gelingt, aber bekanntlich auch bei Teilen der Fan-Gemeinde Mays von Erfolg gekrönt war und ist.

Ein kaum erfreulicheres Phänomen ist der ausgeprägte Hang zum Idyllisieren, den v.a. die Schilderung des idealischen Dschamikun-Alltags aufweist. Arno Schmidt hat das prägnant gekennzeichnet:

Man lebt dahin, in edler Einfalt, stiller Größe. Erschreckend ohne Details : es sind ja auch gar keine möglich ! Gewiß : man lächelt verinnerlicht zwischen Rosenbüschen; hört Predigten, Harfen= und Glockenklang....[21]

Unverächtlicher Ausdruck einer für das Spätwerk nun auch wirklich spezifischen Eigentümlichkeit sind die Passagen mit systematischer Abweichung von den Normen des kulturellen Realitätsbegriffs: in der Tetralogie also die Szene des ‚Großen Traums', die leider Episode bleibt. Eingeleitet wird der Eintritt in die ‚fremde' Welt durch eine Erläuterung, die sich insofern auf die kulturellen Realitätsnormen bezieht, als sie mit der Ankündigung neuartiger Erfahrungen auch die der Kapitulation der verfügbaren Terminologie zu ihrer Bezeichnung verknüpft: Der Schlaf führt den Helden „in jenes seelische Gebiet hinein, welches für uns noch im Geheimen liegt und mit dem Verlegenheitsnamen Traumwelt bezeichnet wird" (314). Fürwahr nur scheinbar träumend, begibt sich der Held, zunächst als Ustad agierend, in das unterirdische Labyrinth des Ruinenbauwerks auf Dschamikun-Grund, und damit der Protagonist in eine mythische, der Text in eine *fantastische*[22] Sphäre. Und auch in dieser gespenstischen Welt scheut der Ausnahmeheld, der im entscheidenden Augenblick natürlich wieder die Kara-Ben-Nemsi-Identität annimmt, nicht Tod, Schattenspuk oder einen vermeintlich teufelsgleichen ‚Zauberer'. Er reüssiert daher letztlich aufgrund der schon in den Reiseromanen erfolgbringenden Kombination von heroisch-operativer und ethischer Souveränität, denn selbstredend ist er sich nicht zu schade, in privilegierter Situation den Beistand Gottes zu erflehen. Neu ist die erzählerische Präsentation dieser größten unter den bisher schon nicht eben bescheiden dimensionierten Großtaten des exzeptionellen Individuums, die das Prinzip der *biblischen Hermeneutik*[23] realisiert. Der Ausnahmeheld erfüllt nämlich spontan und bis ins Detail genau sämtliche Bedingungen, an welche die Erlösung dieser Welt verknüpft war. Diese Bedingungen waren aber seit undenklicher Zeit im Text der „Sage vom verzauberten Gebete" (339) fixiert. Einer der weniger glücklichen Vorgänger des ‚Erlöser-Helden' will darüber – vor seiner Reduktion zum Schatten – von Marah Durimeh einst Kunde erhalten haben. Und nach Wiedereintritt in die Tagesrealität bestätigt Schakara, die Lieblingsschülerin der ‚Hohen Frau', daß tatsächlich vor wenigen Jahren Marah Durimeh einem Fremdling diese Sage mitgeteilt habe (vgl. 352f.). Also keineswegs auf die Gestaltung eines Traumgeschehens reduzierbar, verwirklicht sich der Text hier vielmehr auf *fantastische* Weise, d.h. aller hinderlichen Realitätsnormen ledig, den alten Traum der Reiseromane: seinen Helden in die Rolle des spirituellen Erlösers stecken zu können. Der Rest der Erzählung ist mehr oder weniger Epilog. Angesichts solcher Würden in der selbstbewußten Gewißheit eigener Stärke definitiv bestärkt, fällt es nun auch nicht mehr schwer, mit Jung-Karas und des schnell angelernten Ustads operativer Hilfe die verbliebenen heroischen Herausforderungen, also die beiden Ausnahmeschurken samt deren verwerflichem Gefolge, zu überwältigen. Der Scheik ul Islam ist dabei ein eher konventioneller Vertreter des Ausnahmeschurken. Er realisiert mit seiner heuchlerischen Bigotterie, seinem Machtstreben und Fanatismus das bisher schon den Schiiten reservierte Ideal der religiösen Verwerflichkeit – dies allerdings höchst überzeugend. „Prinz Teufel"[24] aber, wie Arno Schmidt Ahriman Mirzas Namen zutreffend übersetzt, werden vom Text dadurch die Honneurs gemacht, daß sich auch an ihm das Prinzip der biblischen Hermeneutik verwirklicht: er glaubt nämlich an die „Sage vom Chodem des Menschen" (537) – einen Text mit einer mitnichten befreienden oder gar frohen, vielmehr entschieden satanischen Botschaft, die sich dann, unterstützt durch einige Taschenspielertricks des Ustad, in seiner Person und ihrer angemessen vollzieht.

Um Kontinuität und Wandel hinsichtlich eines wesentlichen Merkmals der Mayschen Texte noch einmal zu betonen: Sowohl die Strukturen der Reiseromane als auch die des Spätwerks produzieren die erzählerischen Rahmenbedingungen für eine denkbar grandiose Realisation von Größenphantasien. Die narrativen Elemente Ich-Held und (textinterner) Ich-Erzähler tauschen beim Übergang von den Reiseromanen zum Spätwerk gegenüber einer dritten narrativen Größe, Gott, den Platz, der jeweils gegen das ‚Realitätsprinzip' verteidigt werden muß. Wo in den Reiseromanen die überdimensionalen Erfolge des Helden mit dem Authentizitätspostulat zu kollidieren drohen, schiebt der Ich-Erzähler die Verantwortung auf den metaphysischen Textproduzenten ab, tritt dabei also letztlich als gestalterische Größe zurück. Ganz anders im Spätwerk, wo für die Helden-Erlebnisse das Authentizitätspostulat wegfällt. Der Ich-Erzähler erhebt nun im Rahmen der neuen Ästhetik ganz ‚realistisch' Ansprüche auf eine privilegierte Beziehung zu Gott und gewinnt zusätzlich die ‚dichterische Freiheit', seinen Helden auf *fantastische Weise* die alten Erfolge übertreffen zu lassen.

Die in Mays Œuvre eingesetzten erzählerischen Mittel sind vor dem Hintergrund des zeitgenössischen Literatursystems kaum sonderlich originell. Das heroische Wertsystem etwa läßt sich auch in den ‚Germanen'-Dramen, die ja im Deutschen Realismus heftig grassierten, nachweisen.[25] Metaphorisches Denkmodell ‚Leben-Tod-Wiedergeburt' und fantastische Elemente im Spätwerk sind auch in der Literatur der Frühen Moderne ein verbreitetes Phänomen.[26] Wenn May in der Forschung gelegentlich eine singuläre Rolle innerhalb der deutschen Literatur zugedacht wird, so trifft diese Einschätzung wohl höchstens auf Rezeptions- und Produktionsweisen zu, die freilich in der Textanalyse kaum von Belang sind. Interessant werden m.E. die Mayschen Texte v.a. dort, wo sie sich in erzählinterne Dilemmata zu verstricken drohen, weil dann die durchaus traditionellen Elemente auf eine originelle und artistisch-halsbrecherische Weise kombiniert werden, um selbstgeschaffene Nöte zu eskamotieren.

Anmerkungen

1 Vgl. *Karl-May-Handbuch,* hg. v. Gert Ueding. Stuttgart 1987, S.170.
2 Sieht man von der Vielzahl biographisch und psychoanalytisch geprägter Textanalysen ab. Vgl. zur grundsätzlichen Problematik solcher Ansätze Michael Titzmann: *Strukturale Textanalyse.* München 1977, S. 330ff.
3 Die ersten beiden Kapitel von XXVI spielen im Wilden Westen, der Rest im Orient.
4 Vgl. die analoge Kurden-Klassifikation XXVII 474.
5 Eine Möglichkeit, die im Paradigma ‚Reiseroman' grundsätzlich angelegt ist, in der Tetralogie aber nicht realisiert wird.
6 Vgl. dazu Ingmar Winter: *„Bin doch ein dummer Kerl". Vom Spurenlesen beim Spurenlesen.* In: JbKMG 1987, S. 47-68.
7 Gerhard Neumann: *Das erschriebene Ich. Erwägungen zum Helden im Roman Karl Mays.* In: JbKMG 1987, S. 77.
8 Kara Ben Nemsi wird daher auch epidemisch von prophetischen Ahnungen heimgesucht.
9 So im *Winnetou;* vgl. dazu Ulrich Melk: *Das Werte- und Normensystem in Karl Mays Winnetou-Trilogie.* Paderborn 1992, S. 109-112.
10 Marianne Wünsch: *Die fantastische Literatur der Frühen Moderne.* München 1991, S. 25.
11 Vgl. dazu Melk [Anm. 9], S. 45-47; anhand eines ähnlichgelagerten Falles wird diese Strategie dort ausführlich dargestellt.
12 Eine hohe Zahl ist geradezu eines der definitorischen Merkmale der Reiseromane.
13 Zur Terminologie vgl. Marianne Wünsch: *Das Modell der „Wiedergeburt" zu „neuem Leben" in erzählender Literatur 1890-1930.* In: *Klassik und Moderne,* hg. v. Karl Richter u. Jörg Schönert. Stuttgart 1983, S. 379-408.
14 Weshalb u.a. die mit dem medizinischen Wissen schon damals nicht mehr vereinbare ‚Miasmen'-Theorie wohl verwendet wurde.
15 Die Katachrese findet sich so im Primärtext.

16 Vgl. dazu auch Volker Klotz: *Über den Umgang mit Karl May. Unter anderm: psychoanalytisch: unter anderm.* In: JbKMG 1980, S. 12-27.
17 Darüber herrscht breiter Konsens.
18 Vgl. Dieter Sudhoff: *Morgengrauen im Menscheninnern. Bemerkungen zum Nachtgespräch in Karl Mays ‚Silbernem Löwen'.* In: JbKMG 1992, S. 214.
19 Zur Kongenialität von Schriftstellerkollegen vgl. Renate Werner: *„Wir von Gottes Gnaden, gegen die durch Pöbels Gunst". Ästhetik und Literaturpolitik im „Münchner Dichterkreis".* In: Nationale Mythen und Symbole in der zweiten Hälfte des 19. Jahrhunderts: Strukturen und Funktionen von Konzepten nationaler Identität, hg. v. Jürgen Link u. Wulf Wülfing. Stuttgart 1991, S. 172-198.
20 Helmut Schmiedt: *Karl May. Studien zu Leben, Werk und Wirkung eines Erfolgsschriftstellers.* Frankfurt/M. 1987, S. 58.
21 Arno Schmidt: *Vom neuen Großmystiker.* In: Bargfelder Ausgabe, Werkgruppe II, Bd. 1. Zürich 1990, S. 220.
22 Zur Definition des ‚Fantastischen' vgl. Wünsch: *Die fantastische Literatur* [Anm. 10], S. 25ff.
23 Zum Begriff vgl. Neumann [Anm. 7], S. 79.
24 Schmidt [Anm. 21], S. 223.
25 Vgl. Michael Titzmann: *Die Konzeption der „Germanen" in der deutschen Literatur des 19. Jahrhunderts.* In: Link/Wülfing [Anm. 19], S. 120-145.
26 Vgl. Wünsch: *Die fantastische Literatur* [Anm. 10], S. 54f.

Wolfram Ellwanger

Begegnung mit dem Symbol
Gedanken zu Karl Mays
‚Im Reiche des silbernen Löwen IV'

I

Viele schätzen „Im Reiche des silbernen Löwen" am höchsten von Mays Schriften [...]. Ich verkenne nicht den Wert der tiefen Gedanken, die in dieser Erzählung wie auch in „Ardistan und Dschinnistan", in „Friede auf Erden", in „Am Jenseits" und in „Winnetous Erben" verborgen liegen, verkenne nicht die Kunst der Durchführung eines Plans, der darauf ausgeht, jeder Person, jeder Oertlichkeit, jeder Teilhandlung einen tiefern Sinn unterzulegen. Ich weiß auch die erhabenen Endgedanken zu würdigen, auf die die genannten Werke zustreben. Aber ich halte es doch für gewiß, daß sich Karl May mit diesen Romanen *allein* seinen Weltruhm niemals erschrieben hätte [...]. Was wird [...] in den „sinnbildlichen" letzten Werken aus Hanneh, [...] was aus Halef Omar selbst, aus Old Shatterhand und Kara Ben Nemsi. Als Symbolgestalten, als blutlose Schatten verblassen sie in der Vorstellung derer, die sie liebgewannen. Der gesunde Hauch des Lebens weicht von ihnen [...]. Der Puls des Lebens [...] stockt und pocht kaum noch zuckend unter einer künstlichen Hülle [...].[1]

Mehr als 2.500 May-Seiten habe ich also, wiederholte Lektüre nicht gerechnet, damals gelesen, darunter für mich so langweilige wie die Gedichte, das verlogene „Ich" und die mir unverständlichen symbolischen Romane, mit denen der Autor in die Weltliteratur einzugehen gehofft hatte: eine kindliche Leistung, die mich mit Schauder erfüllt, wenn ich bedenke, daß eigentlich ein Buch es nur war, das ich wirklich liebte und wieder und wieder las: „Winnetou" 1. Band.[2]

Solchen Gedanken und Aussagen über das Spätwerk Karl Mays begegnet man vielfach auch heute noch. Bei Umfragen unter Studenten, die Karl Mays Bücher lasen oder gelesen hatten, zeigte sich, daß ein großer Teil der Leser die späten Romane ablehnte, weil sie ihnen befremdlich, langweilig erschienen oder weil sie schon nach wenigen Seiten ‚stecken geblieben' waren. Die meisten der Studenten kannten nur die Bamberger Ausgabe; von denjenigen, die auch im späteren Jugendalter noch Karl May lasen, meinte eine beachtliche Anzahl, am besten gefielen ihnen die Bücher, die ‚in Deutschland spielten', wie *Das Buschgespenst* oder *Der Fremde aus Indien,* und am spannendsten überhaupt seien Bände wie *Schloß Rodriganda, Trapper Geierschnabel* usw. und ‚wo Sam Hawkens in Rußland ist'. Also nicht Karl Mays Werk selbst, sondern vor allem seine Bearbeitung und für den Geschmack jugendlicher Leser zubereitete Verfremdung erfuhr eine besonders positive Beurteilung. Es gab jedoch auch recht differenzierte

Aussagen, vorwiegend aber zu den bekannten abenteuerlichen Reiseerzählungen und den Geschichten, die Karl May für die Jugend geschrieben hatte; die Beurteilung des Spätwerks war zwiespältig. Eine begeisterte, aber kritische Karl-May-Leserin, Teilnehmerin eines Pflichtseminars über *Entwicklungspsychologie des Kindes- und Jugendalters,* in dem regelmäßig auch Karl May und seine Werke zur Sprache kamen, meinte, eigentlich sei Old Shatterhand/Kara Ben Nemsi ein ‚frömmlerischer Macho', und das bleibe er auch im *Reiche des silbernen Löwen.* Man brauche nur das Gespräch im IV. Band zu lesen: „Old Shatterhand – ich *war* es, – das glaubt ihm doch keiner – , und Umkehr?, der bleibt, wie er ist." In der nächsten Seminarveranstaltung sagte sie:

„Hören Sie sich das mal an, ich habs abgeschrieben: ‚Knochen krachten; mehrere Menschen riefen um Hilfe. Hu und Hi stürzten auch hinaus. Es gab noch einige Schreie und wiederholtes Knacken und Splittern von Knochen; dann war es still. Wir eilten [...] hinaus. In einiger Entfernung von unserer Wohnung [...] lagen vier Menschen, und bei jedem stand einer der Hunde. [...] Von den vier Personen lebte keine mehr. Ihre zerbissenen Gurgeln hingen heraus und ihre Vorderarme, mit denen sie sich gewehrt hatten, waren vollständig zermalmt. ‚Kennst du sie?' fragte ich den Mir [...]. Er schaute nieder und antwortete erstaunt: ‚Der Leutnant von der heutigen Wache mit drei Soldaten! Was wollte er hier, wo er nichts zu suchen hat? [...] Auf wen war es abgesehen? Auf mich oder auf euch? Ihr seht, sie waren scharf bewaffnet!' Ich mußte sofort an den ‚Panther' denken, [...] sagte aber nichts, sondern erkundigte mich: ‚Die drei Soldaten sind gleichgültig. Aber kennst du die Familie des Leutnants?' ‚Ja.' ‚Wer und was ist sein Vater?' ‚Er ist tot. Auch er war Offizier; aber ich ließ ihn wegen Ungehorsam erschießen.' – Das ist aus dem geläuterten Spätwerk, ‚Ardistan und Dschinnistan', zweiter Band, Seite 127f., Fehsenfeld-Ausgabe, – anhören aber tut sichs wie ‚Waldröschen'!"

Solchen, z.T. spürbar emotional vorgetragenen Stellungnahmen stehen gegenteilige Beurteilungen gegenüber, etwa die Auffassung, die „symbolisch-allegorischen Romane Mays mit der Verflechtung von Reiseabenteuer, seelischen Projektionen, philosophisch-religiösen und autobiographischen Verschlüsselungen" stünden „einzigartig in der deutschen Literatur. So sind auch Arno Schmidts bewundernde Worte über den ‚letzte(n) Großmystiker unserer Literatur' die Reverenz an einen Schriftsteller, den die Rätselhaftigkeit, unter der Oberfläche des Verkennens, als Ausdruck tiefgründigen Schreibens auszeichnet."[3]

II

An dieser Stelle braucht die Auseinandersetzung um das Für und Wider in den Meinungen zu Karl Mays Spätwerk nicht fortgesetzt zu werden. Das Spätwerk scheint mir zu Recht ein sinnvoller Gegenstand literaturwissenschaftlicher und psychologischer Forschung zu sein. Im folgenden wird daher der Versuch unternommen, von der Seite der Psychologie her (die sich in diesem Falle als Hilfswissenschaft der Literaturwissenschaft ausweisen kann) auf einige wenige, aber auffallende Merkmale und Begriffe im Spätwerk Karl Mays beschreibend und möglicherweise erklärend einzugehen. Hier sind vor allem die Begriffe ‚Symbol' und ‚symbolisch' zu nennen, die gerade bei der bisherigen Interpretation des Spätwerks durch die Literaturwissenschaft, aber auch schon durch Karl May selbst, als Wesensmerkmale der letzten Romane des Dichters verstanden werden. Ich möchte mich bei diesem Versuch auf den IV. Band des *Silbernen Löwen* beschränken und mich dabei stellenweise methodisch tiefenpsychologischer und persönlichkeitspsychologischer Gedankengänge sowie der sogenannten ‚indirekten Methode' der entwicklungspsychologischen Märchenforschung bedienen, welche die Wirkung von Märchen auf Leser oder Hörer aus der Analyse des symbolischen Märcheninhalts und seiner Beziehung zur Persönlichkeit und (alters- oder entwicklungsgemäßen) psychischen Situation des Lesers oder Hörers zu verstehen sucht.

Ausgangspunkt für die folgenden Überlegungen ist ein Gedanke von Christoph F. Lorenz in einer Bemerkung über Otto Eicke, der behaupte, Karl May habe in *Im Reiche des silbernen Löwen* die „Flucht in die Symbolik" angetreten. Lorenz meint hierzu:

May ist nicht einfach vor seinen Gegnern in die Symbolik geflohen. [...] Archetypische Urbilder psychischer Grundsituationen finden sich immer wieder in seinen frühen Erzählungen: Gefangenschaft und Befreiung, Ölbrand und Blindheit – diese Bilder verfehlen ihre Wirkung nicht, weil sie mit Urängsten und Urhoffnungen der Menschheit in enger Verbindung stehen. Der Alptraum des Todesrittes über den Salzsee und Kara Ben Nemsis Kriechen durch den engen Kanal in den Brunnen, der im Hof Abraham Mamurs steht – diese elementaren Angstsituationen [...] haben seitdem auf Millionen Leser unvergilbte Suggestivkraft ausgeübt. Im Alterswerk werden die Bilder nun bewußt hergestellt, obwohl auch in sie manches Unbewußte eingegangen ist – sie werden vor allem von einem festen Kunstwillen umgegossen in künstlerisch anspruchsvolle und auf der anderen Seite schlichte Formen: Märchen, Traum, Parabel. *Das* ist die eigentliche Leistung des Alterswerkes; es bedurfte keiner Gegner von außen, um May zur Symbolik zu zwingen.[4]

Von besonderer Bedeutung ist in diesem Gedankengang die Aussage: „Im Alterswerk werden die Bilder nun bewußt hergestellt". Handelt es sich dann noch um symbolische Bilder? Lassen sich symbolische Bilder bewußt herstellen? Könnte man nicht vielmehr behaupten: Symbole machen wir nicht, Symbole stoßen uns zu!?

Was sind überhaupt Symbole? Karl May selbst verwendet diesen Begriff noch recht einfach und vordergründig:

> Man sieht, daß ich ein echt deutsches, also einheimisches psychologisches Rätsel in ein fremdes orientalisches Gewand kleide, um es interessanter machen und anschaulicher lösen zu können. Das ist es, was ich meine, wenn ich behaupte, daß alle diese Reiseerzählungen als Gleichnisse, also bildlich resp. symbolisch zu nehmen sind. Von einem Mystizismus [...] kann dabei gar keine Rede sein. Meine Bilder sind so klar, so durchsichtig, daß sich hinter ihnen gar nichts Mystisches zu verstecken vermag.[5]

Die Begriffe „bildlich resp. symbolisch" und somit ‚Symbol' werden hier im Sinne von Gleichnis, Zeichen, Abbildung verstanden. Im ersten psychologischen Lexikon in deutscher Sprache, Fritz Gieses *Psychologischem Wörterbuch* aus dem Jahr 1920, wird Symbol in ähnlicher Weise als Symbolon, Merkzeichen, als Versinnbildlichung, Darstellung durch Gleichnis bestimmt.[6] Eine solche Definition sieht Symbol als bloßes Semion, als Zeichen für etwas, erfaßt aber noch nicht, was Symbol als ‚psychologischen' Begriff ausmacht. Symbol ist mehr und anderes als nur Zeichen ‚für etwas'. Symbol ist auch Sinnbild, das Bedeutungen ausdrückt, die man ohne Kenntnis des Zusammenhangs, in denen sie erscheinen, nicht verstehen kann oder die auch für einen geheimen Sinngehalt stehen können.[7] Dazu gehören religiöse Zeichen wie Kreuz oder Heiligenschein, aber auch viele Symbole des Alltags und Regeln des sozialen Lebens, Gesprächsgepflogenheiten, Gebärden, Handlungsmuster, Erlebnisweisen u.a.m. Im Sinne einer solchen Alltagssymbolik kann z.B. die räumliche proxemische Situation im Nachtgespräch zwischen Kara Ben Nemsi und dem Ustad angesehen werden: Kara Ben Nemsi sitzt, der Ustad steht oder geht hin und her. Sitzen im Gespräch ist aber nicht immer ein Zeichen der Bequemlichkeit, vor allem dann nicht, wenn der Partner steht. „Sitzen ist [...] Rechtsritual – ein Ausdruck der erhöhten Stellung im Staat, in der Gerichtsgemeinde und in der Familie".[8] Die von Kara Ben Nemsi und dem Ustad eingenommene Sitz- und Raumordnung ‚symbolisiert' den gerichtlichen Charakter des Nachtgesprächs, demonstriert zugleich die ‚Hoheit' und Überlegenheit Kara Ben Nemsis, und macht seine Aussage vom nicht mehr bestehenden Old Shatterhand/Kara Ben Nemsi zumindest zweifelhaft. (Die seit Jahrhunderten bestehende Symbolik von Sitzordnungen macht es begreiflich, daß auch heute noch bei internationalen politischen Zusammenkünften so auffällige Schwierigkeiten bei der Festlegung der Sitzordnung für die einzelnen Delegationen auftreten.)

In der psychoanalytischen Literatur findet sich der Hinweis, das Symbol sei „ein stellvertretender anschaulicher Ersatzausdruck für etwas Verborgenes, mit dem es sinnfällige Merkmale gemeinsam hat oder durch innere Zustände assoziativ verbunden ist".[9] Das Symbol zeigt eine Tendenz vom Begrifflichen zum Anschaulichen und steht so in der Nähe des sogenannten prälogischen Denkens. Symbole finden sich in Märchen und Mythen, in den Sitten und Gebräuchen der Völker und in der dichterischen und profanen Sprache aller Kulturen.[10] Symbole stellen dar und repräsentieren, aber sie haben auch eine Anschauungs- und Erlebensfunktion. „Im Symbol schauen wir zumeist einen sehr komplexen Tatbestand an. Wir erfassen seine Bedeutung, ohne daß wir ihn damit auf logische und rationale Weise begreifen."[11] Symbole verdichten Erlebnisse zu komplexen Anschauungsformen, gehen also über bloße Bildübersetzungen hinaus. Sie verbinden Gegensätzliches und enthalten so oftmals ihr eigenes Gegenteil. So ist z.B.

die Natur der Schlange, die Heil und Unheil, Dunkel und Licht, Leben und Tod, satanisch Böses und göttlich Gutes, männlich und weiblich zugleich ist, nicht eindeutig bestimmbar, sondern nur in der Form des Sowohl-als-auch [...]. Offensichtlich vereinigt das Symbol in sich Gegensätze, die rational kaum mehr faßbar sind – widersprechen sie doch in der begrifflichen Fassung dem Satz vom Widerspruch. Im Rahmen des Geistes sind solche Gegensätze zusammen nur greifbar in dem nahezu mystischer Erfahrung entspringenden Begriff des Nikolaus Cusanus von der Coincidentia oppositorum.[12]

Wir finden die verführende Schlange im Paradies, zum andern die heilende eherne Schlange, die im 4. Buch Mose vorkommt. Auch die Schlange am Stab des Äskulap, dem Berufssymbol des Arztes, ist im Sinne des Heilens zu verstehen. Das lateinische Wort ‚sacer' heißt zugleich ‚heilig' und ‚verrucht', ‚altus' bedeutet ‚hoch' und ‚tief', und das Wort ‚tabu' weist ähnlich wie ‚sacer' auf die Gegensätze von ‚unberührbar' im Sinne von ‚heilig' und ‚verflucht'.

Symbole sind also „zusammengeballte [...] extreme Gegensätze, deren beide Pole sollen zugleich unaufhebbar vereinigt zusammen gesehen und ausgedrückt werden".[13] Im Symbol werden Vielheiten zu Einheiten zusammengefügt; insofern ist es – worauf Siebenthal hinweist – mit der Dichtung, dem Kunstwerk verwandt. Auch im dichterischen Kunstwerk wird Unterschiedliches, Wesentliches mit geistigen Mitteln dargestellt, die dem ‚bloß intellektuellen' Verständnis und Zugriff nur schwer zugänglich sind. Daher rührt auch die Schwierigkeit einer einseitig ‚wissenschaftlichen' Zergliederung, Interpretation und Deutung von Symbol und Kunstwerk, denn

> unbeschadet dessen, daß vom Symbol her auch ein Appell an die Rationalität erfolgt – sonst wäre die Wahrheitsfrage überflüssig – richten sich alle Symbole doch allererst an das Gefühl. Vom Symbol geht eine suggestiv-numinose Kraft aus, die die Einflußnahme gewöhnlicher Bilder weit übertrifft [...]. Die Symbole sind [...] *Träger von Gefühlen* als Ausdruck der subjektiven Innenwelt, wobei sie ihren Ausdruckscharakter erst mit der (projizierten) Objektivierung im gestalteten Werk (Mythos, Märchen, Gemälde, Dichtung usf.) erreicht haben.[14]

III

Die Wissenschaftsgeschichte unterscheidet drei Hauptrichtungen der Tiefenpsychologie: die Psychoanalyse als Theorie und Methode Sigmund Freuds, die Individualpsychologie Alfred Adlers und Carl Gustav Jungs Analytische (später: Komplexe) Psychologie. Gemeinsam ist ihnen das hypothetische Konstrukt eines seelischen Unbewußten, wobei dieses Unbewußte sowohl topographisch als auch dynamisch verstanden wird. Im einzelnen aber weisen die drei Richtungen erhebliche Unterschiede auf, so auch im Verständnis des Symbols und des Symbolischen im seelischen Geschehen. Freud verwendet den Symbolbegriff hauptsächlich in seinen verschiedenen Schriften zur Traumforschung und Traumdeutung, bei Adler ließe sich der Gedanke des Symbols auf individualpsychologische Vorstellungen von ‚Dressat', Arrangement, Kompensation, Überkompensation oder die Wandlung von Minderwertigkeitsgefühlen zu Minderwertigkeitskomplexen anwenden (ein möglicherweise für die Karl-May-Forschung fruchtbarer Ansatz, auf den jedoch an dieser Stelle nicht eingegangen werden kann), und in Jungs Denken schließlich nimmt der Begriff des Symbols einen weiten Raum ein: im engeren Sinne wie bei Freud in der Deutung von Träumen und neurotischen Symptomen und Syndromen, darüber hinaus aber in der Erschließung von Märchen, Mythen, Kunstwerken sowie in entwicklungs- und persönlichkeitspsychologischen und auch philosophischen und religionspsychologischen Fragen. Freuds Symbolbegriff ist im Vergleich zu Jungs Auffassung enger und wird in seiner Traumdeutung eher kausal aufgefaßt: ein Symbol im Traum tritt auf, *weil* eine bestimmte seelische Konstellation vorliegt und sich im Symbol ausdrückt. Bei

Jung hingegen hat das Symbol auch finalen Charakter: es weist auf Konstellationen und Prozesse, die sich in der Psyche andeuten, vorbereiten, aber der Persönlichkeit noch nicht bewußt sind. Richtig verstanden werden sie zu Hinweisen, Wegweisern für die weitere Persönlichkeitsentwicklung. Darin liegt z.B. die Bedeutung von Märchenhandlungen und Märchenfiguren, die vom Kind (oder Erwachsenen) in einer jeweils aktuellen Entwicklungssituation unbewußt als aktuell ‚verstanden' werden und zugleich Hilfen für die weitere Entwicklungsorientierung bieten. Auch die Bedeutung der in einer bestimmten Altersstufe der Kindheit als hoch aktuell empfundenen Gestalt Winnetous kann so gesehen werden, und ebenso die aktuell erlebten Situationen des Gefangenseins, der Befreiung und immer wieder des Sehens, Schauens, ohne selbst gesehen zu werden, der Schau aus dem Versteck, die auch in der Geschichte von Robinson eine aktuelle und lebenswichtige Verhaltensweise des Helden ist. (Möglicherweise entspricht die Betrachtung von Weltereignissen auf dem Bildschirm im sicheren, ‚höhlenartigen' Wohnzimmer ebenfalls dieser anthropologischen Ur-Situation). – Die Karl-May-Forschung hat sich bisher wohl häufiger mit dem psychoanalytischen Ansatz befaßt, der eher vergangenheitsbezogen ist und versucht, Verhalten und Erleben und die damit verbundenen Symbole als Folge früherer Ereignisse, Schicksale usw. zu verstehen, und hat dabei auch nicht immer begrifflich und terminologisch klar genug zwischen den einzelnen tiefenpsychologischen Ansätzen unterschieden. Für die psychologische und symbolische Deutung des Spätwerks von Karl May wie auch für sein persönliches Verhalten und die Ereignisse seiner letzten Lebensjahre reicht der einseitig psychoanalytische Ansatz nicht aus. Ein etwas salopp formulierter Gedanke der Tiefenpsychologie besagt, Erleben und Verhalten jenseits der Lebensmitte oder im Alter könne man nicht mehr damit begründen oder entschuldigen, man sei in seiner Kindheit zu wenig gestreichelt worden. Es wäre somit hilfreich, gerade im Hinblick auf das Spätwerk und zumal auf *Im Reiche des silbernen Löwen III* und *IV,* den psychoanalytischen Ansatz auf die eindeutig biographischen Daten einzuschränken und die (angeblichen) Symbole, die den ‚dichterischen Gehalt' des Werkes ausmachen, unter dem Gesichtspunkt der Jungschen Psychologie zu betrachten, die hierfür drei hypothetische Konstrukte zur Verfügung stellt: das kollektive Unbewußte, die Archetypen und die Individuation.

IV

Das kollektive Unbewußte ist ein Teil der Psyche, der von einem persönlichen Unbewußten dadurch unterschieden werden kann, daß er seine Existenz nicht persönlicher Erfahrung verdankt und daher keine persönliche Erwerbung ist. Während das persönliche Unbewußte wesentlich aus Inhalten besteht, die zu einer Zeit bewußt waren, aus dem Bewußtsein jedoch verschwunden sind, indem sie vergessen oder verdrängt wurden, waren die Inhalte des kollektiven Unbewußten nie im Bewußtsein und wurden somit nie individuell erworben, sondern verdanken ihr Dasein ausschließlich der Vererbung.[15]

Das persönliche Unbewußte enthält somit die Erwerbungen des persönlichen Lebens, und die Vorstellung eines persönlichen Unbewußten entstammt einer Psychologie der Person von der Art der Freudschen Psychoanalyse oder der Individualpsychologie Adlers. „Darunter aber befindet sich eine Schicht der Seele, die das Individuum mitbekam bei seiner Entstehung, die ihm angehört als Glied der Gattung Mensch. Sie ist allen Menschen, allen Völkern, ja der ganzen Menschheit eigen, sie ist ‚kollektiv'."[16] (Das Wort „darunter" am Anfang des Zitats zeigt die topographische Vorstellung des Unbewußten im tiefenpsychologischen Denken.) Die Annahme eines kollektiven Unbewußten ist das Ergebnis empirischer, therapeutischer Erfahrung, auf die hier jedoch nicht eingegangen werden kann. Sie findet sich bestätigt in den Mythen, Märchen und im Brauchtum und Aberglauben der Völker, in den Religionen, wo Urerfahrungen wie Zeugung, Geburt, Tod, Mutter, Vater, Kampf, Bedrohung, Naturkräfte z.T. auf äußere Sachverhalte, Erscheinungen und Personen projiziert und als ‚echte' Wahrnehmungen erlebt werden. Unter solchen Aspekten erscheinen z.B. die Märchen in einem anderen Licht, als wenn es sich nur um ‚einfache' Geschichten handeln würde. „Der Held muß eine Gefahr bestehen, um zum Glück zu kommen. Er muß eindringen in einen Gefahrenbezirk (Wassertiefe, Höhle, Wald, Insel, Burg usw.), um dort die schwer erreichbare Kostbarkeit als Pfand des Glücks zu suchen (Schatz, Jungfrau, Lebenstrank, Zauberring)."[17]

Hier wird deutlich, wie sehr die Geschichten des Hakawati Karl May formal und inhaltlich den Bildabläufen des kollektiven Unbewußten entsprechen. Man kann vermuten, die starke Wirkung Karl Mays auf den Leser beruhe darauf, daß er die allgemeingültigen ‚Wahrheiten' der Menschheit, wie sie im kollektiven Unbewußten aufbewahrt sind, zu lebendigen Bildern gestaltet. Einleuchtend ist dieser Gedanke, wenn man ihn z.B. auf Winnetou bezieht, auf Tangua, Old Wabble, Nscho-tschi,

Kolma Puschi u.a., auf die vielen Situationen, Handlungen, Gefährdungen der Helden der Reiseerzählungen ‚vor dem Bruch'. Und gilt der Gedanke auch für den Ustad, den Pedehr, Ahriman Mirza und Schakara?

V

Eine besondere symbolische Bedeutung im kollektiven Unbewußten haben die sogenannten Archetypen. Sie „sind der ‚psychische Aspekt' der Hirnstruktur [...]. Alle Welterfahrung aller Zeiten fand in den Archetypen ihren Niederschlag [...]. Archetypen sind die formulierten Resultate unzähliger typischer Erfahrungen der Ahnenreihe, sind Millionen Erfahrungen im Durchschnitt."[18] Sie sind Selbstabbildungen oder Anschauungen von Trieben, Drängen, Instinkten im Bewußtsein und zugleich schöpferische Impulse aus dem Unbewußten. Sie sind nicht erfunden, sondern im Lauf der Menschheitsentwicklung gewachsen und finden in den einzelnen Kulturen ihre kulturspezifische Erscheinungsform, aber auch übergreifende, allen Kulturen gemeinsame Bilder. Die Zahl der menschlichen Grunderlebnisse ist begrenzt, und so ist auch die Zahl der archetypischen Bilder beschränkt. Sie strömen uns dann zu, „wenn allgemein menschliche Motive, Grunderlebnisse, wenn die Hauptprobleme der Persönlichkeitsbildung in Frage stehen. Sie tauchen dann auf, wenn in unserem Leben eine Stufe überwunden, eine höhere Stufe gewonnen werden muß. Dieses innere Geschehen, das in den meisten Menschen geschehen muß, wird nun begleitet von diesen Bildern, die den Glanz ewiger Frische haben."[19] Solche urtümlichen Symbole sind ‚die große Mutter', das Kind, der alte Mann, die Hexe, der Teufel, der Krieger, der Held, der Tor, „die Geschichten von Herkules, die Mythen von Baldur und dem bösen Loki, [...] das Märchen vom Zwerg, der seinen Namen nicht nennen will, [...] Dornröschen, das aus seinem Schlafe erweckt werden möchte"[20]; sie erscheinen in den Märchen der Völker, in den Legenden der östlichen und westlichen Heiligen, in den Dichtungen. Wenn im Traum die archetypischen Symbole auftauchen, wird dies von der Analytischen Psychologie als ein Anzeichen der beginnenden Reife angesehen. Sie haben auch eine korrigierende, regulative Funktion auf dem Wege der Individuation.

VI

Individuation ist ein psychischer Prozeß des Aufbaus der Persönlichkeit. Ein erster Schritt hierbei ist das Ablegen der sogenannten Persona, einer Art Maske, für Jung „ein kompliziertes Beziehungssystem zwischen individuellem Bewußtsein und der Sozietät".[21] Die Persona verdeckt Schwächen, aggressive Impulse, Ängste, Laster, Schuld u.a. vor den eigenen und vor fremden Augen. So könnte man in Old Shatterhand/Kara Ben Nemsi eine Persona sehen, die im Individuationsprozeß ‚vor sich selbst' abgelegt werden muß, wie das im Nachtgespräch zu geschehen scheint. Aber legt er die Persona wirklich ab? Bleibt er nicht vielmehr der Unverbesserliche und Unbesiegbare, rechthaberisch, besserwisserisch im Umgang mit Menschen und Pferden, oder ist er nicht zugleich auch der Archetypus des Helden, der deshalb als Held der Dichtung so wirkungsvoll ist, weil er als archetypische Figur in immer neuen, aber zugleich ähnlichen Situationen sich archetypisch bewährt? Ist er aber Persona und legt die Maske ab, ist er dann für den (jugendlichen) Leser, der sich am Helden orientiert, überhaupt noch interessant?

Mit der Persona sind die Inhalte des persönlichen Unbewußten vermischt und verbunden. Bei ihrer Auflösung wird uns ein Spiegel entgegengehalten, in dem ein Bild uns anschaut, das wohl dazu angetan ist, den Hochflug des ‚tadellosen' Ich herunterzudrücken und auszugleichen. Alles Verdrängte, moralisch Anrüchige und Unangenehme hat sich dort zusammengetan und wird nun wach. Es ist der Schatten der hellen, lichten Persönlichkeit [...]. Der Schatten ist das dunkle und peinliche Tor, das durchschritten werden muß auf dem Wege zum kollektiven Unbewußten. Seine Einbeziehung ist der Beginn der objektiven Einstellung zur eigenen Persönlichkeit. Im Traum und in der Phantasie erscheint der Schatten als dunkle Gestalt, als mächtiger und schadenbringender Hüter der Schwelle.[22]

Die gedanklichen und bildhaften Entsprechungen dieser Darstellung bei Goldbrunner mit Gedanken Karl Mays im IV. Band des *Silberlöwen* sind unverkennbar. Durch wachsende Selbsterkenntnis gewinnt die Persönlichkeit an Zugangsmöglichkeiten zum kollektiven Unbewußten. Das Ablegen der Persona und das Abtragen des persönlichen Unbewußten

machen im Gang der Individuation empfindlich. Es ist, als ob eine abschirmende Hand weggezogen wäre und nun die bloße Seele der Wirklichkeit und dem eigenen Erleben ausgesetzt sei. Das Bewußtsein kommt mit dem kollektiven Unbewußten in Fühlung, und dessen oberste Schicht [...] ist gleichsam dessen Komplement und verhält sich zu ihm wie die Frau zum Mann oder umgekehrt. Ist das Bewußtsein des Mannes nach dem männlichen Idealbild hin tendierend, so stellt das Komplement das weibliche in der Seele des Mannes dar – *die Anima*.[23]

Die Anima ist ein Archetypus und hier anders zu verstehen als im Sinne des christlichen Begriffs von der Seele oder in dem Sinne, wie Karl May ihn versteht. Das Weibliche im Mann ist die innere Bereitschaft, die Frau als Mutter, als Braut, als Gattin, als Geliebte zu erleben und die Fähigkeit zu jeder liebenden, hinneigenden Beziehung. Aber die Anima kann dem Menschen auch als Hexe, Dirne, Verführerin entgegentreten, und im Liebeserleben des Mannes kann sie sich als übersteigerte Faszination, Überschätzung, Idealisierung, Verblendung oder in allen Schattierungen der Misogynie äußern. Die Auseinandersetzung des Mannes mit der Anima (analog der Frau mit dem Animus) gehört zu den Aufgaben des Menschen im Individuationsprozeß und sie ist, wie Goldbrunner meint, „eine Entdeckungsfahrt in unbekanntes Gebiet mit allen Gefahren, Nöten und Ängsten eines solchen Unternehmens".[24] Die großen Anima-Figuren im Werk Karl Mays sind wohl Nscho-tschi und Marah Durimeh, wobei man die (allerdings spekulative, aber nachprüfenswerte) Behauptung aufstellen könnte, *die* Anima-Figur, die in positiver Weise als Archetypus des Kindes und Mädchens, dem er sich hätte ‚stellen' müssen, der ihn ‚gefordert' hat, sei am ehesten in Nscho-tschi verkörpert. Das Mädchen begegnet ihm, als er – (bezogen auf das Erscheinungsjahr von *Winnetou I*) – schon jenseits der Lebensmitte ist – aber er ‚stellt' sich nicht, er weicht ihr aus und ‚verdrängt' das Bild des reinen Mädchens, indem er sie umbringen läßt. Marah Durimeh und Schakara sind eher ambivalente Figuren, und wenn Karl May Schakara auch weibliche ‚liebe' Züge verleiht, so zeigt sie andererseits doch auch eine überraschende Gemütskälte: „Er ließ den erhobenen Arm sinken, schüttelte sich wie vor innerem Grauen und fiel dann, wieder ohnmächtig, auf den scheckigen Kadaver des Teufels nieder. Auch uns graute; wir wendeten uns ab. Schakara's Augen aber strahlten in glänzender Freude." (XXIX 601) Im Rahmen dieses kurzen Beitrags ist es nicht möglich, die komplexe Bedeutung der Anima-Figur im Individuationsprozeß darzustellen und sie zum Leben und Spätwerk Karl Mays in Beziehung zu setzen; dies muß einer weiterführenden Untersuchung überlassen bleiben.

VII

Archetypische Symbole tauchen während des individuellen Lebenslaufs immer wieder in Träumen auf, aber auch als individuelle Äußerung und Objektivierung solcher Bilder im bildnerischen oder dichterischen Kunstwerk. Eine Verbindung von beidem findet sich in den Inhalten des traumartigen Zustandes, die Karl May im IV. Band des *Silberlöwen* beschreibt (XXIX 314-352). Es handelt sich bei diesem Traum nicht um einen reinen ‚Symboltraum', sondern um eine vom Dichter als Traum bezeichnete Abfolge von Bildern, Handlungsteilen und Reflexionen. Dabei stehen echte Strukturmerkmale des Traumes – Verdichtungen mehrerer Funktionen und Sinngehalte in einer einzigen Traumfigur, Verschiebungen wie in der Doppelperson ‚Zauberer'-‚Wächter' und ‚sekundäre Bearbeitungen', die dem ganzen Traumgeschehen einen dramaturgischen Sinn geben – neben abstrakten, unanschaulichen Gedankengängen, wie sie im Schlaftraum nicht oder selten auftreten. Auch Elemente der früheren abenteuerlichen Reiseerzählung treten auf wie z.B. der Sturz des ‚Zauberers' durch Kara Ben Nemsis Hieb:

> Er holte aus und schnellte sich mit aller Kraft auf mich, um mich hinabzustürzen, der ich in fast unmittelbarer Nähe der Tür stand. Ich aber wich blitzschnell zur Seite. Die Gewalt des Sprunges trieb ihn also, anstatt mich zu treffen, in die Türöffnung hinein. Er brüllte vor Schreck laut auf und faßte hüben und drüben an, um sich zu halten. [...] Ein Stoß von meiner Faust, und er flog hinaus ins Bodenlose. Die Fackel in meiner andern Hand stand im letzten Flackern. Ich schleuderte sie ihm nach. Von unten klang ein Schrei und dann ein dumpfer Schlag. (327f.)

Dieser Abschnitt unterscheidet sich in nichts von ähnlichen Szenen in Karl Mays Abenteuergeschichten. Auch die Identität des Dichters Karl May mit seiner Gestalt Kara Ben Nemsi zeigt sich hier in alter Größe. Wie er in der Lage ist, räuberische Beduinen oder blutgierige Indianer zu besiegen, so kommt er auch siegreich gegen Geister an, die sich „gegenstandslos weich [...] leichenkühl [...] gallertglatt und schlangenschlüpfrig" anfühlen (317f.). Er vertritt „Wahrheit gegen Lüge, Person gegen Schatten, Individualität gegen Scheinmenschlichkeit, Licht gegen Finsternis!" (321) Und fast biblisch hört es sich an, wenn er zu den Gerippen spricht: „Ihr selbst gestandet ein, daß Euer Wort Euch [...] zerschmettern werde. Glaubt an das meinige, so werdet Ihr von ihm hinaus zur Sonne und an das goldne Tageslicht geführt!" (336) Der Größenwahn Kara Ben Nemsis erreicht seinen Höhepunkt, als sich herausstellt, daß er der verheißene kommende

Mensch ist: „Denn merke wohl, ein Mensch war vorgeschrieben, ein Einziger, der aber Alles tat!" (340) Karl May/Kara Ben Nemsi ist dieser Einzige, der alles tut – unwissend wie ein Märchenheld, zugleich wissend, reflektierend als Dichter sich selbst diese Rolle zuschreibend – er, der ‚Einzige', der dem ‚Zauberer' standhält, dem Gebet vollen Glauben schenkt, vor dem Tod keine Furcht empfindet und aus freier Absicht in die Tiefe springt, der sich eine Christus-Rolle anmaßt, indem er den Vermittler zwischen den Gerippen und Gott spielt und schließlich dem ‚Zauberer' (und damit sich selbst) verzeiht:

„Hier halt ich ihn, den unbedacht Verfluchten. Was er an Andern tat, ist nicht von mir zu richten. Daß er auch mich bedrohte, verzeihe ich ihm gern. Denn ich will ihn aus seiner Finsternis hinaus zum Lichte leiten! Er sei von dieser Schuld erlöst, sei von ihr – – – frei!" (344)

Zusammengefaßt wird die geistige Quintessenz des Traumgeschehens schließlich in dem verlangten Vierzeiler:

Gesegnet sei, wer nach der Wahrheit suchte
Und ihr zu Füßen auch den Irrtum fand.
Drum leg ich ihn, den ich bisher verfluchte,
Mein Gott und Herr, in deine Gnadenhand! (343)

Der ‚Große Traum' ist in seiner Gestaltung vielfältig und widersprüchlich. Wirkungsvolle Bilder stehen neben traktathaften Ermahnungen, und die erhabene Wirkung, die von einigen Darstellungen ausgeht, das Geheimnisvolle, das den Leser anrühren und eine gefühlsbetonte Aufmerksamkeit auslösen könnte, verflüchtigt sich bei der fast banalen Deutung des Traumes durch Kara Ben Nemsi, der ihn zum bloßen Gleichnis für die Machenschaften von Karl Mays Gegnern und Kritikern werden läßt. Enthält der Traum dann überhaupt eine ‚echte' Symbolik, die sich nicht einfach biographisch oder zeichenhaft ‚übersetzen' läßt? Joachim Kalka vermutet sie in den „Landschafts- und Architekturphantasien [...], die im Werk Karl Mays – ob bewußt, halbbewußt, unbewußt geformt – stets zu den am stärksten beeindruckenden Schöpfungen zählen".[25] Im ‚Großen Traum' ist es eine elementare, teils natürliche, teils künstliche Landschaft, eine Verbindung von Entstandenem und Erschaffenem, Wasser und Stein, beides in vorsichtiger tiefenpsychologischer Deutung symbolisch als gegensätzliche Aspekte des Unbewußten verständlich. Traumlandschaft und Handlung lassen sich auf die beiden von der Tiefenpsychologie beschriebenen Aspekte des Unbewußten beziehen: erstens den topographischen, der das

Unbewußte zu ‚lokalisieren' sucht, als gebe es einen ‚Ort der Seele', sei es im Blut, im Zwerchfell, im Herzen oder wie in der Tiefenpsychologie ohne anatomische Festlegung, aber doch ‚örtlich' vorgestellt und landkartenhaft graphisch darstellbar.[26] Zweitens den dynamischen Aspekt, der alles umfaßt, was sich im Unbewußten ‚abspielt', Triebe, Bedürfnisse, aber auch die nicht zur Ruhe gekommenen, vom Bewußtsein verdrängten Inhalte in ihrer unbewußten Auseinandersetzung mit unbewußten Anteilen des Ich und Über-Ich. Im ‚Großen Traum' zeigt der dynamische Aspekt vorwiegend solche Vorgänge, die – dem Bewußtsein zugänglich – bildhaft, allegorisch gestaltet sind und Karl Mays leidvolle Erfahrungen und schuldhafte Verstrickungen betreffen, die unter dem Einfluß und im Sinne eines naiven christlichen Schuld-Sühne-Vergebung-Denkens geschildert werden. Solche Bilder sind nicht ‚geschaut', sie sind ‚gemacht'. Angesichts dieser ‚gemachten' Bilder kann man Karl May Recht geben, wenn er behauptet, seine Werke hätten nichts Mystisches an sich. In solchen Abschnitten sind sie tatsächlich nicht mystisch, allenfalls ‚mystifizierend'. Dies gilt auch für andere Stellen des Romans, außerhalb des ‚Großen Traums'. Wo Symbol sein könnte, wird blasses Bild, oft enttäuschendes Gleichnis. Karl May intellektualisiert, banalisiert, psychologisiert, und das Symbol mißrät. Auch das Doppelgänger-Erlebnis zwischen Ahriman Mirza und dem Ustad im höhlenartigen Raum, das eine der stärksten symbolischen Aussagen des ganzen Romans hätte sein können, wird vom Dichter selbst banalisiert und zum Ergebnis bloßer Täuschung, des geschickten Griffs in die Trickkiste des Erzählers gemacht. Psychologisch ‚richtig', wenn auch auf einen psychopathologischen Aspekt eingeengt, ist die Wahlmöglichkeit, die der Ustad Ahriman Mirza läßt: Tod oder Wahnsinn.

VIII

Die anfangs zitierten Bedenken gegen die ‚symbolischen' Werke Karl Mays und besonders gegen den *Silberlöwen* aufgreifend, könnte man fragen: Liegt die geringere Wirkung des Romans auf viele, besonders jüngere Leser darin begründet, daß zu viele ‚Symbole' darin vorkommen? Daß zu viel ‚nur symbolisch' gemeint sei? Hier sei die umgekehrte These gewagt: Es sind zu wenige Symbole da. Was sich ‚symbolisch' gibt, ist eher Gleichnis, Allegorie, Maskierung, Verschlüsselung, Verkleidung z.T. privater, biographischer Sachverhalte, z.T. auch aus der künstlerischen Entwicklung des Dichters verständlicher Verarbeitungs- und Gestaltungsversuch teils eigener Erlebnisse, teils freier phantasievoller Eigenschöpfungen, aber es sind nicht mehr die zahlreichen, farbigen, auch archetypischen Symbole der früheren Reiseerzählungen und Schriften für die Jugend. Und wo im *Silberlöwen* noch Symbole aufleuchten, werden sie durch Reflexionen und stellenweise auch peinliche Pseudo-Symbole ihrer Kraft und Wirkung beraubt. So wird das Symbol der Kirche auf dem Berg – ein volkstümliches altes Persönlichkeitssymbol (der Burg Montsalvatsch oder auch dem Tempel als Gottessymbol verwandt) zum ‚Kirchlein klein' verniedlicht und verkitscht, während der omnipotente Kara Ben Nemsi sich nur insofern weiter zur ‚reifen Persönlichkeit' entwickelt, als er seinen Vorrat an frommen Sprüchen erweitert. Wo ihm noch Symbole begegnen, ‚zustoßen', werden sie intellektuell und ‚psychologisch' verarbeitet. Diese naive ‚Pseudo-Psychologie' führt sogar so weit, daß er den wahnsinnig gewordenen Ahriman Mirza nicht mehr als Menschen, sondern nur noch als „psychologische[s] Präparat" (632) bezeichnet. Das mag für den Literaturwissenschaftler interessant sein, nicht aber für die vielen Leser. Dort aber, wo dem Dichter die Symbole noch ‚zustießen', wo er nur selten versuchte, sie zu ‚machen', konnten sie ihre Wirkung nicht verlieren. Winnetou, Tangua, Pida, Old Wabble, Nscho-tschi, Kolma Puschi sind symbolische, archetypische Gestalten – die Doppelgänger-Begegnung mit Kolma Puschi in der symbolisch umgrenzten Landschaft, Old Wabbles Tod im gespaltenen Baumstamm sind urtümliche symbolische Situationen, wie sie in ähnlicher Weise in Mythen, Märchen und in den großen Epen der Menschheit vorkommen. Sie wirken, ohne einer intellektuellen Interpretation zu bedürfen, *unmittelbar* auf Wahrnehmung und Gefühl des Lesers. Karl May hat somit spätestens mit der Erfindung Old Shatterhands/Kara Ben Nemsis symbolisch zu schreiben begonnen, ohne dies selbst schon zu wissen; der jugendliche Leser, der unbewußt spürt, daß hier seine eigene Sache in prächtigen Bildern abgehandelt wird, folgt ihm wie dem Königssohn im Märchen, verläßt ihn aber, wo der archetypische Lebensweg des Helden in einem Wust von autobiographischen Verschlüsselungen, lehrhafter Pseudo-Symbolik und schwatzhafter Frömmelei versandet. Für die wissenschaftliche Forschung verliert der *Silberlöwe* seine Bedeutung nicht. Aufschlußreich könnte es sein, unter den Gesichtspunkten der Psychologie von C. G. Jung die Geschichte als Folge symbolisch gemeinter archetypischer Bilder eines gelungenen oder mißlungenen Individuationsprozesses zu ergründen und seelische Entwicklungsvorgänge nicht nur kausal als Folgen irgendwelcher Konstellationen, sondern auch als zielgerichtete, selbstregulierende Persönlichkeitsvorgänge zu sehen. Bleibt man jedoch bei einem psychoanalytischen Denkmodell, so hieße das auch hier, bei der Biographie eines Menschen jenseits der Lebensmitte das Augenmerk nicht mehr so sehr auf die Kindheit als Verursachung späterer Lebensläufe zu richten, sondern auf die wachsenden (oder schwindenden) Fähigkeiten des Ich, sich mit dem Es, dem Über-Ich und der Außenwelt erfolgreich auseinanderzusetzen. Im Falle Karl Mays und seines Spätwerks wäre es dann vielleicht in neuer Sicht möglich zu verstehen, warum der Dichter in den Werken seiner letzten Lebensjahre in einer für ihn so schmerzlichen Weise versucht hat, in Leben und Werk sich eine Heimat „zu – – – ersühnen" (640).

Anmerkungen

1   Otto Eicke: *Wenn sie geschwiegen hätten*. In: KMJb 1928, S. 121f.
2   Günter de Bruyn: *Zwischenbilanz*. Frankfurt/M. ²1992, S. 95.
3   Hartmut Vollmer: *Die ‚eigentliche Aufgabe' des Künstlers. Karl May und der Symbolismus*. In: JbKMG 1992, S. 234f.
4   Christoph F. Lorenz: *„Das ist der Baum El Dscharanil". Gleichnisse, Märchen und Träume in Karl Mays ‚Im Reiche des silbernen Löwen III und IV'*. In: JbKMG 1984, S. 163f.
5   Karl May: *Mein Leben und Streben*. Freiburg i. Br. 1910, S. 209.
6   Vgl. Fritz Giese: *Psychologisches Wörterbuch*. Leipzig ²1928, S. 155.
7   Vgl. Friedrich Dorsch: *Psychologisches Wörterbuch*. Bern, Stuttgart 1987, S. 668.
8   Adalbert Erler: *Handwörterbuch zur deutschen Rechtsgeschichte 4*. Berlin 1990, S. 1679.
9   Vgl. Ernest Jones: *Die Theorie der Symbolik*. In: *Internationale Zeitschrift für ärztliche Psychiatrie* I (1919), S. 253.
10   Vgl. Sigmund Freud: *Vorlesungen zur Einführung in die Psychoanalyse*. In: *Gesammelte Werke* Bd. XI. London 1944, S. 160f.
11   Robert Heiss: *Allgemeine Tiefenpsychologie*. Bern, Stuttgart ²1964, S. 198.
12   Wolfgang von Siebenthal: *Die Wissenschaft vom Traum*. Berlin, Göttingen, Heidelberg 1953, S. 331.
13   Ebd.
14   Ebd., S. 332.
15   C. G. Jung: *Die Archetypen und das kollektive Unbewußte*. In: *Gesammelte Werke* Bd. 9/I. Olten, Freiburg ³1978, S. 55.
16   Josef Goldbrunner: *Individuation*. Freiburg³ 1956, S. 69.
17   Ebd., S. 84.
18   Ebd., S. 114.
19   Ernst Aeppli: *Der Traum und seine Deutung*. Zürich 1943, S. 36.
20   Ebd., S. 38f.

21 C. G. Jung: *Die Beziehungen zwischen dem Ich und dem Unbewußten.* Zürich 1928; zit. nach Goldbrunner [Anm. 16], S. 127.
22 Goldbrunner [Anm. 16], S. 129f.
23 Ebd., S. 130.
24 Ebd., S. 138f.
25 Joachim Kalka, in: *Karl May-Handbuch,* hg. v. Gert Ueding. Stuttgart 1987, S. 299.
26 Vgl. Sigmund Freud: *Das Ich und das Es.* In: *Gesammelte Werke* Bd. XIII. London 1940, S. 252.

Ulrich Schmid

Die verborgene Schrift

Karl Mays Varianten zum ‚Silberlöwen III/IV'

Mehrfach setzen in Karl Mays Werk edle Pferde im leichten Sprung über Abgründe – zum Flug freilich erhebt sich nur eines, das als ‚Roß der Himmelsphantasie' Mays bisherig schreibendes Streben in eine für sein Werk neuartige, zugleich weltentrückte wie weltliterarische Pegasus-Sphäre transformiert. Voraus geht dem Flug dieses ‚treuen Rappen mit der Funkenmähne' allerdings ein Doppel-Sprung, der ‚leicht wie ein Gedanke' über eine ‚schauerliche Spalte' führt, auf deren Grund das ‚Sterben' lauert. ‚In kühnem, festem Bogen' vollzieht sich die Fort-Bewegung von Roß und Reiter, ‚in die Luft' und zugleich ‚über die Grenze', fort aus dem Dunstkreis der wüsten Räuber, die ‚am Tode' angesiedelt sind, und zugleich fort aus der ‚Sackgasse', in der falsche Lesererwartungen Reiter (= Schreiber) und Roß (= Werk) vergeblich festzuhalten suchen.

Dabei bezeichnet der Sprung eine doppelte Überschreitung: Auf die Handlung bezogen erreichen die beiden Protagonisten Kara Ben Nemsi und Hadschi Halef Omar nun endgültig das ‚Reich des silbernen Löwen', das freilich keineswegs in einem realen Abenteuer-Persien angesiedelt ist, sondern vielmehr an Orten wie ‚im Grabe' oder ‚unter den Ruinen' seinen Platz hat. Damit kommt einerseits die bisher nie endende Reisebewegung von Schreibjahrzehnten im Idealtal der Dschamikun zum Stillstand, beginnt aber andererseits – jenseits der Handlungsebene – „eine neue Ära" in Mays Werkgeschichte, wie der Autor selbst in einem Brief vom 24. 12. 1902 seinem Verleger Friedrich Ernst Fehsenfeld erklärt (in: JbKMG 1991, S. 171ff.). Ähnlich schreibt er über den *Silberlöwen* in einem Brief vom 21. 1. 1903 an den Münchner Gymnasiasten Willy Einsle: „Während er [May] mit sichtbaren Buchstaben physische Personen und Thatsachen schildert, legt jenes Unsichtbare in alle seine Worte eine höhere Bedeutung und einen tieferen Sinn." (in: JbKMG 1991, S. 22)

Das entscheidend Neue des Vorgangs faßte May für Fehsenfeld im Bild des „bisher so schweigsamen ‚Silberlöwen'" zusammen, der „endlich, endlich aus seiner Verborgenheit" hervortritt – eine Apotheose, die nicht nur aus der den *Silberlöwen*-Roman konstituierenden Verschlüsselungstechnik oder den neuen Stil- und Sprachelementen ihre Überzeugungskraft und ihren Rang gewinnt, sondern vor allem aus dem „Unsichtbaren", das dem Geschriebenen „eine höhere Bedeutung und einen tieferen Sinn" vermittelt.

Das raumbezogene Doppelwort verweist zunächst auf die doppelte Bedeutungsebene des Erzählten, die sich aus der im Wort von der Schweigsamkeit angedeuteten Verschlüsselung ergibt. Nach ihrer Bedeutung fragt May im bereits zitierten Brief an Willy Einsle, nachdem er eine Reihe von Figuren und Bauten des dritten *Silberlöwen*-Bandes aufgezählt hat: *„Verlegen Sie das Alles einmal nach Deutschland her, in unsere geistige Welt!* Mehr will ich Ihnen heut nicht sagen." (a.a.O., S. 22)

Weit über diese Verschlüsselung von Personen und Sachen aus der realen Lebensumwelt Mays hinaus entwickelt der *Silberlöwen*-Roman freilich in seinen beiden letzten Teilen eine „große Bilderrede" (Hans Wollschläger), die mehrere, differenziert ausbalancierte Leseebenen eröffnet:

Was May beschreibt, bezieht sich auf die greifbare Körperwelt. Der Sinn aber und die Bedeutung offenbaren ganz andere Gebiete. <···> Und jenes Unsichtbare, welches mit mir schreibt? *Ist meine Seele!* (Brief an Willy Einsle, wie oben)

Diesen im Text verborgenen Lektüremöglichkeiten entspricht auf der Ebene des Schreibvorgangs ein für May völlig neuartiges Schreibverfahren. Während die (wenigen) erhaltenen Manuskripte aus der Zeit vor 1900 als Korrekturen fast ausschließlich nur kleine stilistische Glättungen aufweisen, sind die *Silberlöwen*-Manuskripte durch eine im Fortschreiten des Werks rasch steigende Anzahl von (z.T. tiefgreifenden) Korrekturen gekennzeichnet.

Die Handschrift zu *Am Tode,* dem ersten Versuch nach dem nicht veröffentlichten *Gleichnis für Zieger,* die Abenteuermuster der früheren Reiseerzählung durch die Unterblendung von autobiographischem Material doppeldeutig zu gestalten, zeigt deutlich, daß für diese verhältnismäßig einfach strukturierte Verschlüsselung der Konflikte mit den katholischen Verlagshäusern Pustet und Bachem nur eine vergleichsweise geringe künstlerische Innovationskraft nötig war. Die Handschrift weist mit ihren 321 Seiten ebenso wie das anschließende dritte Kapitel im Manuskript C – es umfaßt knapp 100 beschriebene Seiten – jeweils nur eine Überklebung auf, während sich dann die Zahl der Korrekturen rapide erhöht.

Das vierte Kapitel des dritten *Silberlöwen*-Bandes, niedergeschrieben auf knapp 280 Seiten, hat fünf überklebte Stellen, das fünfte, das *Bluträcher*-Kapitel, hat ebenso elf Klebestellen wie das folgende Manuskript D, das mit seinen 238 Seiten den größten Teil des Eröffnungskapitels des vierten Bandes, *Im Grabe,* enthält.

Im letzten *Silberlöwen*-Manuskript E schließlich lassen sich zahlreiche Streichungen und Ergänzungen beobachten; so greift May beispielsweise im letzten Kapitel des Romans, das ca. 150 handgeschriebene Seiten umfaßt, einundzwanzigmal zum Klebstoff, um z.t. beträchtliche Korrekturen anzubringen.

So beeindruckend diese Zahlenspiele (1 – 1 – 5 – 11 – 11 – 21) Mays Bestreben, die Textstrukturen bis ins Detail durchzuarbeiten, auch dokumentieren mögen, bleibt doch festzuhalten, daß sie nur äußerst grobe und unzuverlässige Näherungswerte darstellen. An einigen, wenn auch wenigen, so doch ausreichend beweiskräftigen Stellen der Handschriften zeigt sich nämlich, daß offenkundig auch dort, wo im Manuskript selbst keinerlei Indizien auf eine Korrektur verweisen, bereits eine zweite oder gar dritte Textfassung vorliegen kann.

Das sah so unschuldig aus <···>; aber wehe dem, der diesem Betruge traute! (XXIX 322)

Dieser Satz ist einer der Belege für die Notwendigkeit, dem unschuldigen Erscheinungsbild der Manuskripte heftig zu mißtrauen. Er findet sich im ‚Großen Traum', dem Erlösungs-Mysterienspiel ‚unter den Ruinen' im vierten Band des *Silberlöwen* und beschreibt die Türe, die zum jähen Absturz in das unterirdische Bassin führt. Der eben zitierte Wortlaut des Satzes steht im Manuskript an dem regulären und zu erwartenden Platz, auf der Manuskriptseite 199, wo auch nicht das leiseste Anzeichen erkennen läßt, daß die Formulierung nicht einer allerersten Niederschrift entstammt.

Die andere, mutmaßlich tatsächlich erste Fassung des Satzes klebt erst 17 Seiten später auf der Seite 216 desselben Manuskripts E, allerdings nicht im fortlaufenden Text, sondern auf der Rückseite eines aufgeklebten, 5 Zeilen langen Streifens. Die Tatsache, daß auf diesem Überklebeblatt die Seitenzahl ‚199' deutlich lesbar ist, beweist ebenso wie die Übereinstimmungen im Wortlaut die eindeutige Zuordnung der Variante. Die Differenzen zwischen den beiden Fassungen sind höchst aufschlußreich: durch minimale Veränderungen wird die Passage ausschließlich sprachlich-stilistisch präzisiert und verbessert.

Hieß es zuerst: „dieser führte zum Sturz hinunter, in das Bassin", so ergänzt die Endfassung „zum jähen Sturz". Bestand der zweite Ausgang ursprünglich „aus einer hölzernen, unverschlossenen Thür", so besteht er im endgültigen und gedruckten Text „aus einer hölzernen, unverschlossenen und unverriegelten Thür". Der folgende Satz schließlich verschärft den Akzent des bewußten, vorsätzlichen Betrugs: „Das sah ganz so aus, als ob man durch sie in ein weiteres Gemach oder Gewölbe trete" wird „Das sah so unschuldig aus, ganz genau so, als ob sie in ein weiteres Gemach oder Gewölbe führe". Diese Tendenz unterstreicht zuletzt die Änderung von „aber wehe dem, der diesem Truge traute" in „aber wehe dem, der diesem Betruge traute".

Ein weiteres Beispiel, besonders aufschlußreich und interessant, bietet der Abschluß des Kapitels *Im Grabe,* der gespenstischen Nachtszene, mit der May zu Beginn des vierten *Silberlöwen*-Bandes sich selbst und seiner literarischen Vergangenheit den Prozeß macht. Hier finden sich auf der Manuskriptseite 24 der Handschrift E gleich zwei Überklebungen, also drei Papierschichten übereinander, von denen die beiden aufgeklebten auch jeweils wieder auf der Rückseite älteren Text mit ausgeschiedenen Passagen enthalten. Der unterste dieser Rückseitentexte stammt ganz offenbar aus dem Zusammenhang des Kapitelschlusses und beginnt mitten im Wort:

„ten wir diesen Ausdruck noch einmal bei: Ich wohne in Deiner Gruft, in Deinem Grabe."

Die Rückseite des obersten Blattes dagegen zeigt eine Seitenzahl, nämlich ‚17', und drei Zeilen ursprünglichen Text, der ebenfalls mitten im Wort beginnt:

„-hest <fest?> und Du jetzt ‚Tiefen' nanntest, würde es Dir von jetzt an wohl nicht möglich sein, auch fernerhin nur an der Oberfläche zu bleiben. Das prophezeie ich Dir."

Nun enthält die Seite 17 des Manuskripts E allerdings nichts, in dessen Zusammenhang sich dieses Textfragment einordnen ließe; die Seite 17, wie sie in der endgültigen Handschrift vorliegt, entspricht der Seite 188 des vierten *Silberlöwen*-Bandes und schildert die dramatischen Ereignisse nach dem Ausbruch der Gefangenen, die bei ihrer Flucht den Pedehr gefesselt und geknebelt zurücklassen. Das bedeutet, daß das Nachtgespräch zwischen dem Ustad und dem Ich-Erzähler – es endet in der Fehsenfeld-Ausgabe auf Seite 186 – im ersten Entwurf noch mindestens drei bis vier Seiten weitergegangen sein muß, als es die heutige Handschrift erkennen läßt.

Entziffert man die Überklebestellen auf diese Weise, erkennt man rasch, daß die Korrekturen sehr unterschiedlichen Motiven entstammen. Diese Gründe für Mays Textänderungen sollen im folgenden anhand ausgewählter Beispiele vorgestellt und erläutert werden. Sie lassen sich im wesentlichen in sechs Gruppen ordnen:
1. Kleine stilistische Änderungen im Rahmen eines einzelnen Satzes oder weniger Zeilen;
2. Korrektur sachlicher Fehler;
3. Überklebung einer durch mehrfache Streichungen schwer lesbar gewordenen Stelle;
4. Neufassung einer Passage aus ästhetischen Gründen;
5. Neue Akzentuierung des Handlungsverlaufs oder der Personencharakteristik;
6. Eliminierung von Erzählansätzen zugunsten neuer oder anderer Handlungsstränge.

Der erste dieser Bereiche, die sprachlichen Korrekturen in der Mikrostruktur des Textes, ist für den gesamten *Silberlöwen*-Komplex bisher nur stichprobenartig untersucht; dabei ergaben sich ebenso Korrekturen von fremder Hand wie zahlreiche Varianten, die von May selbst stammen. Die erstgenannte Form findet sich ausschließlich im ersten Teil des Manuskripts *In Basra* (XXVIII 1ff.): höchstwahrscheinlich war es die Druckerei Krais, die hier einzelne Fremdwörter eindeutschte, ein Verfahren, das in den folgenden Handschriften nicht mehr zu finden ist. So wurde beispielsweise „Balance" in „Gleichgewicht" (7), „Situationen" zu „Lagen" (10) und „Signal" zu „Zeichen" (15) verändert.

May selbst ersetzte in der Regel Wörter, die sich innerhalb weniger Zeilen wiederholten, durch synonyme Ausdrücke; Bleistiftstreichungen von versehentlich doppelt geschriebenen Wörtern, fast durchweg mit Tinte nachgezogen, lassen überdies (beispielsweise im Manuskript D) den Rückschluß zu, daß er das Geschriebene zur Kontrolle nach der Niederschrift noch einmal durchlas. Für das Bestreben, Wiederholungen zu vermeiden, lassen sich beispielsweise aus dem vierten Band folgende Beispiele anführen: „Gestalt" wird durch „Figur" ersetzt (19), „legte" (den Arm) durch „schlang" (21), „sprechen" durch „reden" (23), „prächtig" durch „herrlich" (25).

Über diese eher mechanisch ablaufenden Korrekturvorgänge hinaus finden sich freilich auch sprachliche Neuakzentuierungen im Mikrobereich, bei denen die Änderung eine höhere Qualitätsstufe bewirkt. Das können Präzisierungen sein (XXIX 377: die Kapitelüberschrift „Wettrennen" wird in „Vor dem Rennen" geändert), aber auch stilistische Ausweitungen oder Vereinfachungen (für letzteres z.b. XXIX 182: „er wird ihren Wahn beleuchten und Alles das, was hinter ihm sich birgt" wird ersetzt durch „alles das, was hinter diesem liegt").

Ein gutes Beispiel für die Form der veranschaulichenden Erweiterung eines Ausdrucks bietet XXVIII 595: „damit <···> die Hölle ein Beit-y-Chodeh werde wie das, welches hier vor unsern Augen steht!" wird durch eine Einfügung zu „<···> ein Beit-y-Chodeh werde, unendlich größer und unendlich herrlicher als das, welches hier vor unsern Augen steht!"

Um die tatsächliche Quantität und Bedeutung dieser Art von Varianten zuverlässig abzuschätzen, wären sehr exakte Vergleichslesungen nötig, die den handschriftlichen Text Wort für Wort mit der Druckfassung vergleichen – eine Aufgabe, die bisher aus äußeren Gründen nicht zu leisten war. Deutlich wird aber jedenfalls schon aus den Ergebnissen der stichprobenartigen Prüfung, daß Mays neue literarische Intentionen bereits im Bereich der Mikrostruktur in zahlreichen Korrekturen ihren Niederschlag fanden. Daß hier die Grenzen zu den umfassenderen ästhetisch bedingten Neufassungen fließend sind, bedarf keiner ausführlichen Erläuterung.

Zwei Beispiele dafür finden sich im Schlußkapitel des vierten Bandes: allzu knappe Aussagen werden in erweiterter und stilistisch verbesserter Form neu formuliert. So streicht May bei der Schilderung der Naturkatastrophe am ‚hohen Haus' (XXIX 630) einen einzigen Halbsatz („spie die verborgenen Wasser hoch in die Lüfte"), um ihn, auf gleicher Zeile fortschreibend, durch eine höchst anschauliche und zugleich naturkundlich („Wal") wie biblisch („Leviathan") untertönte Metaphorik zu ersetzen:

Und da – da – – da tat sich vor unsern Augen da drüben ein furchtbarer Rachen auf, [spie die verborgenen Wasser hoch in die Lüfte] und begann, die Ruinen mitsamt den herabgestürzten Höhenmassen zu verschlingen! Und während sie in diesem heißhungrigen, gefräßigen Schlund verschwanden, schoß ihm das emporgetriebene Wasser der Tiefe über die Lefzen und wurde zu gleicher Zeit mit einer solchen Gewalt aus dem Kanal in den See gepreßt, daß es sich wie ein beutegieriger, springender Leviathan über seine Fläche stürzte und erst weit draußen verendend niedersank.

Das zweite Beispiel liefert die Auseinandersetzung des Ustad mit der Prinzessin Gul-y-Schiras, die nach Schakara als dem „Geschöpf an deiner Seite" fragt. Der Ustad weist sie daraufhin zurecht, indem er ihren Ausdruck aufgreift (XXIX 553):

| „Geschöpf?" wiederholte er ihren beleidigenden Ausdruck, indem er seinen Blick in ihr Gesicht bohrte. „Ja, Du hast Recht, sie ist ein Geschöpf; wie Du. Du aber bist keines, denn <hier bricht der überklebte Text mitten im Satz ab > | „Geschöpf?" wiederholte er ihren beleidigenden Ausdruck, aber lächelnd. „Ja, du hast recht gesagt, ohne es zu wollen: Sie ist ein Geschöpf Gottes, des Allerhabenen, des Allreinen; sie wurde von ihm erschaffen in seiner Weisheit und Güte. Du aber bist kein Geschöpf, du wurdest nicht von dieser Weisheit und Güte erschaffen, sondern von sündigen Menschen in Sünde gezeugt und geboren." |

Eine weitere, relativ seltene Veranlassung für Korrekturen sind sachliche Fehler; hier seien drei Beispiele stellvertretend angeführt, von denen die beiden ersten räumliche Angaben betreffen.

Im dritten Band befindet sich Hanneh in der offenen Halle an Halefs Krankenlager, als Schakara erscheint und sie zu sich herwinkt, um etwas mit ihr zu besprechen (434). Da Hanneh mit Kara Ben Nemsi spricht, der sich vorher auf dem Weg unterhalb der Halle mit Pekala unterhielt, läßt May im ersten Schreibansatz Schakara „zurück nach dorthin" deuten, „wo Halef lag", und fährt fort: „Hanneh wurde also wohl da oben gebraucht." Die Endfassung dagegen ist korrekt: „Sie hatte mit ihr zu sprechen und winkte sie von Halefs Lager zu sich hin."

Ebenso streicht May am Ende des dritten Bandes während des Schreibens den Hinweis auf das Marmorzelt, als der Ustad auf das Beit-y-Chodeh deutet, „nach dem Tempel, der < gestrichen: „wie droben das Marmorzelt" > drüben hell im Sternenlichte stand" – nach der Topographie des Dschamikun-Tals (493ff., v.a. 509ff.) ist das Marmorzelt nämlich vom Standpunkt der beiden Sprechenden aus nicht zu sehen!

Auch der vierte Band bietet mehrere Beispiele dieser Art von Streichungen; so fällt der Hinweis auf Kara Ben Halefs (ihn besonders ehrende) Anwesenheit bei einer Beratung ersatzlos weg, da der „junge Haddedihn" sich zu diesem Zeitpunkt noch auf seiner Mission beim Schah befindet. Gestrichen wurden hier die beiden Sätze:

Mit herzlicher Freude bemerkte ich, daß unser Kara Ben Halef neben dem Pedehr saß. Es bedeutete eine seltene Ehre und Anerkennung für den jungen Haddedihn, daß er zu dieser Versammlung der Ältesten herbeigezogen worden war! (509, Z. 12)

Weit bedeutsamer (und zahlreicher) als die bisher vorgestellten Variantenformen sind zweifellos die ästhetisch bedingten Korrekturen, die sprachliche Ausdrucksformen, aber auch inhaltliche Aspekte betreffen können.

Zwei dicht beieinander stehende Beispiele aus dem dritten Band belegen beide Formen. In der einen Passage streicht May eine längere Abschweifung, die der Rechtfertigung seines Werks dienen soll und in ihrer essayistisch schweifenden Apologie von der Handlung weit seitab führt (490f.):

Ein Kampf zu dem Zwecke, fehlerhaft zu bleiben,

würde die allergrößte Dummheit sein, die ich mir in meinem Leben vorzuwerfen hätte. Das kann ich hier an dieser Stelle ruhig sagen, da die vorliegenden Reiseerzählungen doch weiter nichts als Etüden oder Vorstudien sein sollen, durch welche ich erfahren will, wie ich mich in jeder Beziehung bei dem aus ihnen herauswachsenden Hauptwerke zu verhalten habe. Wer sie für mehr als Uebungsstücke hält, dem kann ich nur den guten Rath ertheilen, sich durch ebenso fleißiges Ueben ein besseres Unheil anzueignen! Wer sich noch in den geistigen Jahren <?> befindet, in denen ihm die Verwechslung von Vorarbeiten mit dem fertigen Werke verziehen werden darf, dem ist es doch wohl eigentlich untersagt, durch unzeitige Vorschriften die außerhalb seines < bricht im Text ab >	würde die allergrößte Thorheit sein, die ich mir einst vorzuwerfen hätte. Der menschliche Körper ist, wenn er begraben wird, allerdings für die Würmer bestimmt. Aber die Seele, der Geist? Giebt es vielleicht auch geistige Maden, welche in den ethischen Fäulnisstoffen prassen, ohne die wir Sterbliche nicht mehr Menschen sondern Götter wären? Arme, arme Made, wie bist du zu bedauern! Welcher Ordnung der Lebewesen mag dein Organismus angehören, da er dazu bestimmt zu sein scheint, sich an moralischen Leichen vollzumästen! Ich hoffe zu deinem eigenen Heile, daß du nicht in Wirklichkeit, sondern nur in Halefs Traume vorhanden bist!

Im zweiten Fall wird eine allzu provinziell deutsch gefärbte Beispielkette durch Formulierungen ersetzt, die schlichter und somit dem Fest der Dschamikun besser angepaßt sind (493):

Man grüßte ihn heut anders wohl als sonst. Warum auch nicht? Wenn ein deutscher Sangesbruder sein Werktagsgewand mit dem Frack und dem <?> Schaboh klack <?>¹ / vertauscht, wird er ganz ebenso mit andren Augen angesehen. Ich habe auf einem deutschen Vogelschießen die zehn höchsten Chargen <unlesbare Stelle> miteinander sprechen hören. Ihre Kragen waren mit Golde gestickt, ihre Schulterstücke mit goldenen Troddeln behängt, und golden glänzten alle ihre Knöpfe. ¹/ < Fußnote fehlt >	Man grüßte ihn heut anders als wohl sonst. Warum auch nicht? Dünken nicht auch wir uns, ganz andere Menschen zu sein, sobald wir unsere Lenden durch den Frack entblößt und unsere gesellschaftliche Bedeutung in dunkelcylinderhafter Weise „behauptet" haben? Das Festkleid stimmt den Menschen feierlich, und in feierlicher Weise geschah alles, was „unser Kind" am heutigen Tage that.

Dies führt bereits zu den Beispielen, wo die Neufassung durch – nicht selten minimale – Verschiebungen eine neue qualitative Stufe erreicht. So tritt bei der Schilderung der Sphärenmusik, anläßlich des Festes am Beit-y-Chodeh (537), an die Stelle einer weit ausschwingenden Tirade mit mehreren Streichungen ein knappes, in sich geschlossenes Bild von prägnanter Kürze:

Dann aber kommt des Windes zarter Hauch von Ost und West, von Nord und Süd und nimmt, was ertönt und intervallt, auf seine Schwingen. [Des Kindes ersten Laut senkt er ins Mutterherz. Der Jungfrau süßes zögerndes] [<ein oder zwei Worte unlesbar>] [er dem Jüngling zu] Er trägt es durch die ganze Menschenwelt, <C 384: > damit, was der <3 Worte unlesbar>. Jeder Ton, der aus dem Herzen klingt, wird von ihm aufgenommen, um ihn zu verwandten Tönen zu gesellen.	Wie aber klingt so himmlische Musik? Die Winde sagen es. Sie lauschen überall. Und wo ein frommer, heiliger Ton sich hören läßt, da nehmen sie ihn auf, um ihn zur großen Harmonie zu tragen, die betend aufwärts steigt, um als Lob und Dank zu dem zurückzukehren, aus dessen Mund sie einst als erster Ton erklang. Die Harfen schwiegen. Ich schlug die Augen wieder auf. Die vier Spielerinnen legten ihre Instrumente fort. Der Chodj-y-Dschuna zögerte, dies auch zu thun. Er schaute mit za- <Neuer Text:> genden Augen zu mir her.

Während hier der ursprüngliche Text überklebt und neu gefaßt wurde, weil seine Fortsetzung zu lang geworden wäre, gelingt es May am Ende des vom Ustad erzählten Märchens aus ‚Tausend und ein Tag' (596), durch ein einziges neues Wort („ätherwärts") und einen neu gesetzten Punkt eine intensivere Sprachkraft zu erreichen, weil nun einerseits der Duktus der kurzen Sätze bis zum Schluß durchgehalten, andererseits der Bogen der beschriebenen Vorgänge durch das „Und" im letzten Satz abgerundet wird:

Nun schaute er empor. Da kam der Abendstern. Es dufteten ringsum die süßen Nachtviolen. Da schloß der Abgrund sich. Der Himmel that sich auf und mit dem Duft der Blumen schwanden Beide.	Er schaute ätherwärts. Da kam der Abendstern. Süß dufteten ringsum die Nachtviolen. Da schloß der Abgrund sich. Der Himmel that sich auf. Und mit dem Duft der Blumen schwanden Beide.

Bedeutsamer noch als diese ästhetisch motivierten Änderungen sind die Fälle, in denen durch die Korrektur neue Akzente in der Handlungsführung oder bei der Personencharakteristik gesetzt werden. Dies kann die im *Silberlöwen* dargestellten Gegner Mays allgemein betreffen, kann aber auch einzelne Figuren des Dschamikun-Lagers oder deren Gegenspieler innerhalb der Handlung in anderem Licht erscheinen lassen. Darüber hinaus werden auch wesentliche Handlungszüge von May mehrfach während des Schreibens verändert, wobei noch einmal daran erinnert sei, daß der Umfang dieser Korrekturen nur noch mit sehr großen Unschärfen rekonstruierbar ist.

Insgesamt lassen die Änderungen deutliche Tendenzen erkennen: Vor allem werden allzu negative Charakterisierungen der Gegner zurückgenommen und durch sachlichere Formulierungen ersetzt. Dies betrifft beispielsweise zwei Passagen über die Feinde der Dschamikun; im Zuge des Nachtgesprächs zu Beginn des vierten Bandes ersetzt May eine allzu persönlich diffamierende Invektive durch Formulierungen, die eher die unfaire Angriffsweise und die unlauteren Motive der Gegner abqualifizieren, nicht deren geistige Fähigkeiten (183f.):

An diesem Fleiße wächst sodann sein eigner Geist empor und lernt den andern nach und nach begreifen. Doch eben der gedankenschwache Thor, der seine ganze Welt stolz in der Westentasche bei sich führt und Alles, was sich nicht in ihr befindet, für werthlos oder gar verdächtig hält, der will und kann ja überhaupt niemals Etwas begreifen, was seinem kleinen Sinn zu groß und edel ist. Er fühlt die Ohnmacht seiner armen Kräfte und spielt in diese[r] <↑> m [Ohnmacht] <↑> Ungenügen < – > dann den Fuchs mit seinen Trauben, die plötzlich sauer sind, weil sie zu hoch ihm hängen. Für ihn ist alles, was den Geist betrifft,
<bricht im Satz ab>

lernt den andern nach und nach begreifen." So ungefähr, wie ich zu wachsen habe," fiel da der Ustad ein. „Wer aber nicht so lautern Herzens ist," fuhr ich fort, „und trift'ge Gründe hat, den reinern Geist zu hassen, der stürzt sich wütend auf das arme Wort und auf die unwillkommene Gestalt und gibt sich Mühe, beide zu vernichten. Gelingt ihm dies, so prahlt er laut, den Geist besiegt zu haben, und wird von seinesgleichen hoch auf den Schild gehoben. Gelingt es aber nicht, so wirft er um die Blöße, die er sich gab, den Mantel frechen Spottes und greift anstatt des Geistes nun auch den Menschen an, um nichts an ihm zu lassen, was ihn zum Menschen machte. Welch ein Jubel nun für alle, die ebenso niedrig denken wie er! Sie fallen mit derselben Gier über den Verhaßten her. Er wird verhöhnt, geächtet, ausgestoßen <···>.

Ähnlich streicht May gegen Ende des Romans ersatzlos ein Handlungselement, das mit einer „Kriegskasse" der Gegner den Vorwurf verbindet, diese würden im großen Maßstab mit dem Mittel der Bestechung arbeiten (639):

Der Ustad war noch da. Er sagte, daß er soeben erst mit dem Lesen

fertig geworden sei und auch noch Anderes als nur Papiere gefunden habe, nämlich Gold, viel Gold, in zwei eisernen Cassetten, die unter dem Divan lagen. Es scheine das seine Kriegskasse zu sein, um nach gelungenem Massacer an die Schatten und Massaban
< bricht im Text ab>

fertig geworden sei und mir erst morgen mitteilen werde, was er hier so ganz unerwartet gefunden habe. Ich erzählte ihm, in welcher Weise die Schatten entwaffnet und untergebracht worden waren, und dann kam der Kurier, welcher das Schreiben abgab.

Der genaue Vergleich zwischen den Manuskripten und dem Drucktext, bisher nur stichprobenartig durchgeführt, würde möglicherweise noch weitere Beispiele wie das folgende zutage fördern, in dem May ganz offenkundig erst in der Fahnenkorrektur entscheidende Änderungen vornahm. Sie betrafen den ‚Henker' Ghulam el Multasim, dessen im Manuskript allzu eindeutige Gleichsetzung mit dem katholischen Journalisten Hermann Cardauns in der Buchausgabe nur noch stark abgeschwächt erscheint (XXIX 569):

Er <Ghulam el Multasim, der Henker> war mit seinem Anhange bald hier, bald da im Thale aufgetaucht und

<Manuskript E>

hatte immer ganz genau dieselbe einstudirte Rede gehalten, in welcher der Ustad als ein Heuchler, Aufschneider, Lügner, Schwindler, überhaupt als ein gemeingefährlicher und zugleich lächerlicher Mensch bezeichnet wurde. Man solle ihn ja nicht für den edlen [Menschen] <↑> Mann < – > halten, für den er sich ausgebe, sondern doch einmal seine alten Schriften lesen, wegen denen er aus der Gemeinschaft aller wohldenkenden Menschen ausgeschlossen worden sei. In diesen Büchern gähne eine so gräßliche, abgrundtiefe Unsittlichkeit, daß er – nämlich der Henker – es für seine Pflicht [halte] <↓> erachte, diesen höchst gefährlichen <E 531:> Verführer des Volkes endlich einmal zu entlarven.
<Ab hier weiter wie Drucktext>

<Drucktext>

hatte immer ganz genau dieselbe einstudierte Rede gehalten, in welcher der Ustad als ein Mensch bezeichnet wurde, vor welchem man Andere nur warnen müsse. Dieser Ustad gebärde sich als ein treuer Anhänger des Schah-in-Schah, sei es aber nicht. Auch gebe er sich den Anschein, daß ihm nur das Wohl der Dschamikun am Herzen liege, sei aber in Wahrheit nur auf seinen eigenen Vorteil bedacht. Vor solchen Leuten habe man sich mehr zu hüten, als selbst vor den allerschlimmsten Massaban, und so möge man sich nicht darüber wundern, daß er – nämlich der Henker – es für seine Pflicht erachte, diesen höchst gefährlichen Verführer des Volkes endlich einmal zu entlarven.

In ähnlicher Weise schwächte eine neue Formulierung kurz darauf (573) eine wohl allzu direkte Gleichsetzung des Ustad mit dem Autor Karl May ab. Hier hatte der ursprüngliche Text unverkennbar auf die Schlußpassagen von Hermann Cardauns' Aufsatz *Herr Karl May von der anderen Seite* angespielt (In: *Historisch-politische Blätter*, Bd. 129 (1902), S. 517-540, v.a. S. 539f.):

<Der Henker spricht> „<···> Ich frage Euch: Was thut er <der Ustad>

wohl, indem ich ihn vernichte und zermalme? Er lauscht – – – er lauscht – – – und lächelt vor sich hin! Ich weiß, dies Lächeln soll Euch imponieren, jedoch bei mir verfehlt es diesen Zweck! Ich sage ihm dies grad ins Angesicht. Was thut er da? Er schweigt – – – er schweigt – – – er schweigt in sieben Sprachen! Jawohl, in sieben Sprachen! Und das hat er schon jahrelang gethan! Er wird wohl noch in allen Sprachen schweigen! Denn was ich ihm – – –"

Er kam nicht weiter. Der Hauptmann der Leibgarde, der sich mit einigen seiner Leute dem Ausruferstande unauf-

wohl, indem ich ihn vernichte und zermalme? Er lächelt, lauscht und schweigt! Ich weiß, dieses Lächeln soll Euch imponieren, jedoch bei mir verfehlt es diesen Zweck. Es soll den Anschein geben, als ob er mich verachte, ist aber nichts, als nur Verlegenheit! Und warum dieses Schweigen? Wozu hat er den Mund? Wer ange- <E 356:> griffen wird und sich nicht schuldig fühlt, der hat doch wohl die Pflicht, sich zu verteidigen! Er aber sagt kein Wort. Er hat geschwiegen und schweigt immer weiter als ob – – –"

Er kam nicht weiter. Der Hauptmann der Leibgarde, der sich mit einigen seiner Leute dem Ausruferstande unauf-

<Ende der Überklebung> fällig genähert hatte, sprang jetzt zu ihm hinauf, faßte ihn beim Genick und rief: <... >

<Auf den beiden Seiten E 535f. stehen 10 Zeilen auf Überklebungen: auf E 535 unten die letzten 5 Zeilen, auf E 536 oben die ersten 5 Zeilen. Überklebt sind je 5 Zeilen>

Daß allerdings nicht nur Invektiven gegen Mays Gegner zurückgenommen, sondern auch Aussagen über Personen aus dem Bereich der Dschamikun abgemildert wurden, zeigt eine unvollständig überlieferte Variante aus dem zweiten Kapitel des IV. Bandes (251, Z. 16). Hier deutet sich eine Auseinandersetzung zwischen dem Pedehr und dem Ich-Erzähler an, von der nur der Anfang erhalten ist und die offenkundig noch weitergeschrieben wurde. Sie ist ersetzt durch ein Gespräch über das „beste Pferd von Luristan" und seinen Besitzer, den Scheik ul Islam:

„Wenn Weiteres gegeben werden soll, ist dann, wenn ich es sage, auch noch

Zeit."

„Wen von den Dschamikun soll ich bestellen? Man ehrt die Gäste durch die Anwesenheit der Ältesten."

„Bestellen? Ich bestimmte doch soeben, daß Du gegen Jedermann schweigen sollst. Bestellt wird Niemand. Halte ich die Dschemma für nöthig, so sende ich einen Boten, der sie zusammenruft.

Da stand er langsam von der Bank auf, machte ein sehr ernstes Gesicht und sagte:

„Du hast bestimmt, Du, Du! Und ich habe wohl nichts zu bestimmen? Effendi, ich bin der Pedehr, der Scheik der Dschamikun! Das hast Du wohl vergessen!"

Da erhob ich mich auch, legte ihm die Hand auf die Achsel und antwortete: <Schluß der Seite E 102>

Zeit. Zugegen sein werden nur du, der Chodj-y-Dschuna und ich. Er ist der Einzige, mit dem du dich besprechen magst. Ob ich noch andere Dschamikun brauchen werde, das kann ich jetzt nicht wissen; es hat sich erst zu zeigen. Hast du vielleicht einmal vom besten Pferd von Luristan gehört?"

„Schon oft. Es gehört dem Scheik ul Islam und ist der ausdauernste und schnellste Renner aus der Taki-Zucht. Er wurde nie besiegt, und der Besitzer hat schon manchen Preis mit ihm gewonnen."

„Wie kam er zu diesem Tiere?"

„Der Stamm machte es ihm zum Geschenk, um seine beispiellose Frömmigkeit und Glaubensstrenge zu belohnen. Es gab noch keinen Taki, der so hoch gestiegen ist wie dieser Mann. Darum sind sie stolz auf ihn und halten es für eine Ehre, ihn den Ihrigen nennen <E 103:> zu dürfen."

Wenige Seiten später liefert eine Überklebung zwei sehr aufschlußreiche Entwürfe zugleich, die nicht nur andere Akzente in der Personenzeichnung setzen, sondern auch eine andere Planung des Handlungsablaufs erkennen lassen. Der überklebte Text enthält erneut eine, allerdings weniger schroffe, Zurechtweisung des Pedehrs; der neue Text dagegen zeigt diesen weit willfähriger als die ursprüngliche Fassung (261f.):

Man hat ihnen dort im
Duar <?> befohlen <?>, die Waffen abzugeben, alle!"
„Wo?"
„Am Eingang zum Duar."
„Aber, Effendi! Es ist der Scheik ul Islam!"
„Mir gleich! Ich habe meine Gründe! Lassen sie mich durch einen Boten um die Erlaubniß bitten, sie behalten zu dürfen, so gestatte ich es ihnen vielleicht. Besorge das, und laß es mich wissen, wenn sie sich in der Halle niedergesetzt haben."
„Was soll geschehen, wenn sie die Waffen nicht ablegen und aber <?> auch nicht bitten wollen?"
„So werden sie von fünfzig Berittenen an die Grenze gebracht, ganz wie die Massaban, ohne daß Du be-
<Der Text bricht am Ende von Zeile und Seite mit der Worttrennung ab>

Duar gesagt, daß kein Fremder ohne die besondere Erlaubnis des Ustad bei uns Waffen tragen dürfe, sondern sie abzugeben habe, sobald er das Gebiet der Dschamikun betritt. Sie haben sich aber geweigert, dies zu tun."
„Nun, was dann? Hat man sie gezwungen?"
„Nein. Man hat geglaubt, nicht streng verfahren zu dürfen, weil es der Scheik ul Islam sei. Natürlich werden sie auch hier am ersten Hause angehalten. Wenn du willst, werde ich sie unbedingt entwaffnen lassen. Wollen sie es sich nicht gefallen lassen, so mögen sie umkehren, und ich lasse sie von einer Reiterschar begleiten, bis sie über die Grenze sind."
„Recht so Pedehr! So gefällst du mir! Es gibt keinen <E 117> einzigen Menschen, vor dem wir Ursache, uns zu fürchten, hätten <...>."

Besonders interessant ist hier aber der rückseitige Text auf dem aufgeklebten Blatt, der ein Bruchstück einer ganz anderen Fassung der Begrüßung des Scheik ul Islam bietet als das endgültige Manuskript. Dieses Dialog-Fragment stammt mutmaßlich aus der Fortsetzung der eben wiedergegebenen Szene mit dem Pedehr; sollte diese Vermutung zutreffen, so wäre in der Erstfassung die Ankunft des Scheik ul Islam (samt Gefolge) und der offizielle Empfang bald nach der Erörterung mit dem Pedehr gefolgt. Der Inhalt dieser Anweisungen an den Pedehr, nämlich, die Gäste zu entwaffnen, bildet auch das Thema des Gesprächs mit den unerbetenen Gästen. In der Druckfassung beginnt die Begrüßungsszene dagegen erst auf Seite 275 – der Text auf dem aufgeklebten Blatt lautet:

Es giebt unter uns Keinen, der sich für Etwas ausgiebt. Was wir von uns sagen, das sind wir wirklich! <">
„So bist Du also der Scheik ul Islam, kein Anderer!"
„Ja. Warum lässest Du uns so lange warten?"
„Ihr konntet gehen, wenn Ihr nicht warten wolltet. Ich wußte aber, daß Ihr noch morgen und auch übermorgen hier sitzen würdet, denn Euch bringt ja nicht einmal das Gebot der Höflichkeit, des Grußes vom Platze!"
„Wer war zuerst der Unhöfliche? Wer hat uns die Zeichen der Freiheit und der Männlichkeit, die Waffen abverlangt?"
„Das Gesetz? Nicht ich!"
„Welches Gesetz? Es giebt kein solches!"
„Es giebt wohl eines, und zwar hier bei uns!"

Die interessanteste der Neuorientierungen Mays betrifft das Pferd ‚Kiss-y-Darr' alias ‚Schundroman'. Hier enthüllt die Korrektur nicht nur Mays ursprüngliche Einschätzung seiner Kolportageromane, sondern auch die Erregung, in die ihn das Thema versetzte: Er verwechselt beim Schreiben den Chodj-y-Dschuna zunächst mit dem Pedehr und antwortet diesem unangemessen schroff, indem er ihn mitten im Satz unterbricht. Diese Zeilen (nach XXIX 283, Z. 7 von unten) werden ersatzlos gestrichen, als May seinen Irrtum bemerkt und das Wort „Pedehr" jeweils in „Chodj" verbessert:

<Pedehr:> „Noch Eins vorher, Effendi! Ich bin in Sorge und – – –" „Und ich habe keine Zeit," unterbrach ich ihn. „Ich wiederhole Dir, daß Alles gut steht. Seid höflich und paßt auf Alles auf; aber laßt es Euch nicht merken, daß Ihr sie beobachtet!"

Zugleich verrät der mitten im Wort abbrechende ursprüngliche Text, der mutmaßlich noch auf einer unbestimmbaren Zahl von Seiten fortgeführt worden war, daß durch die Überklebung ein Handlungsansatz mit grundlegender Bedeutung geändert wurde (282):

Mich umschauend, sah ich, daß es Tifl

| war. Er ritt ungesattelt. Wie es schien, wollte er an mir vorüber; ich streckte aber die Hand aus; da mußte er an meiner Seite bleiben.
　Sein Pferd war ächtes Blut, wenn auch nicht allererstes, schon ziemlich alt, schlecht gehalten und dabei vollständig verritten, ein Schwarzer.
　„Wem gehört dieser Rappe?" fragte ich.
„Mir", antwortete der Lahme.
　„Das Pferd ist mein Eigenthum."
　„Ich sah es noch nicht. Von wem hast Du es?"
　„Vom Ustad. Er hat es verkauft, und ich kaufte es wie- | war. Er ritt die ungesattelte Sahm und jagte an mir vorüber, ohne anzuhalten und zu fragen, ob es ihm erlaubt sei, mit bei den Gästen zu sein. Er hätte das gewiß nicht gewagt, wenn er nicht von irgend Jemand aufgefordert worden wäre, unbedingt mit nach dem Beit-y-Chodeh zu kommen. An mir vorbeigeritten war er, weil er befürchtet hatte, von mir zurückgeschickt zu werden. Eigentlich war es richtig, dies nachträglich zu tun, und zwar vor aller Augen; aber es lag ja in meiner Absicht, nicht für scharfsinnig und energisch zu gelten, und so hielt ich es für geraten, zu schweigen. |

Ursprünglich sollte offenbar Tifl (die Verkörperung Mays als junger Schriftsteller) zunächst den Kiss-y-Darr, das Pferd ‚Schundroman', nicht nur besitzen (über die Urheberrechte daran verfügen), sondern es auch reiten (in den literarischen Wettbewerb einbringen). Dabei zeigen sich einige Unterschiede zur späteren Konzeption, wobei die letztere weitaus präziser auf den literarischen Bereich beziehbar ist. Nach der Aussage des Ustad (462) war das Pferd (‚Kiss' = Roman; ‚y-Darr' = ‚Schund', diese

Bezeichnung wurde erst später hinzugefügt) ein „Hellbrauner von besten Eigenschaften", der vom Scheik der „Kutubi-Kurden" dem Ustad abgeschwindelt wurde; laut einer Fußnote in *Am Jenseits* bedeutet das Wort ‚Kutub' soviel wie ‚Bücher' (Die Fehsenfeld-Ausgabe, S. 73 u.ö., setzt fehlerhaft durchweg ‚Kultub', während das Manuskript eindeutig ‚Kutub' hat!). Tifls Pferd ist allerdings ein „Schwarzer", wenn auch mit ähnlichen Eigenschaften wie das spätere Pferd des Ustad:

(Tifl) (Ustad, 462)

Schon ziemlich alt, schlecht gehalten und daher verritten, ein Schwarzer. über zwanzig Jahre alt, abgetrieben, entstellt, verletzt, verhunzt, besudelt, beinahe zur Karikatur gemacht <···>

Die Angaben der überklebten Stelle weisen auf einige Besonderheiten hin: Offenbar wollte May den Kiss-y-Darr evtl. auf der Seite der Dschamikun laufen lassen, um seine Qualität zu beweisen. Auch die Farbangabe läßt vermuten, daß May seine Münchmeyer-Romane zunächst durchaus innerhalb seiner anderen Werke führen wollte; als Rappe wäre das Pferd in die Nähe von Assil ben Rih (wohl die Reiseerzählungen) und des Glanzrappens Syrr (Repräsentant des Spätwerks) gerückt, während ein ‚Hellbrauner' doch einige kritische Distanz des Autors May anzeigt. Im ursprünglichen Plan ging der Rappe Kiss-y-Darr offenbar auch nicht durch fremde Hände, die ihn verderben, sondern bleibt im Bereich der Dschamikun, so daß May – durch die Ich-Figuration Tifl – weit stärker als im endgültigen Text die Verantwortung für den Zustand des Pferdes (der Münchmeyer-Romane) übernimmt.

Damit sind wir bereits in dem Bereich angekommen, wo die Korrekturen neue Handlungansätze signalisieren. Aus den zahlreichen Beispielen besonders im vierten Band seien – über die eben beschriebene Stelle hinaus – noch einige wenige Belege angeführt, die überwiegend die Makrostruktur einzelner Szenen betreffen und so die Gesamtproportionen des Romans entscheidend beeinflussen. Dies betrifft vor allem die Fugenstelle zwischen dem dritten und vierten Band, wo im Manuskript der ursprüngliche Romantext am Ende des dritten Bandes noch weiterlief und die endgültige Fassung erst auf einer Überklebung fixiert wurde. Es betrifft aber auch den Übergang vom Manuskript D zum Manuskript E und den Schluß des ersten Kapitels im vierten Band, *Im Grabe*. Im ersten Fall enthält der Schluß von Handschrift D (S. 233f.) zwei Seiten, die von der Buchausgabe grundlegend abweichen (publiziert im Nachwort zum Reprint des KMV *Im Reiche des silbernen Löwen* Bd. III, S. N 9-11); im Manuskript E dagegen fehlen die zwei Seiten (Anschluß-)Text der Buchausgabe (XXIX 175f.); die Handschrift E setzt erst mit der ersten Zeile der Seite 177 des vierten Bandes ein.

Der Schluß des ersten Kapitels *Im Grabe* (193f.) dagegen steht auf einer gleich doppelten Überklebung und zeigt so das intensive Bemühen Mays um einen wirkungsvollen Abschluß dieses Kapitels:

„Ich verlangte zu viel von Deinem noch nicht

genesenen Körper. Darf ich Dich für kurze Zeit wecken, ehe ich aufbreche, Effendi?"	genesenen Körper. Darf ich dich für kurze Zeit wecken, ehe ich aufbreche, Effendi?"
„Ja, unbedingt! Ich habe vorher mit Agha Sibil zu sprechen und dann den Brief nach Bagdad zu schreiben."	„Ja, unbedingt! Ich habe vorher mit Agha Sibil zu sprechen und dann den Brief nach Bagdad zu schreiben."
„So nimm jetzt meinen Dank und schlaf am Herzen der Liebe, die Dich und mich bewacht!"	„So nimm jetzt meinen Dank, und schlaf am Herzen der Liebe ein, die dich und mich bewacht, indem sie uns wie eine einzige Seele umschließt!"
Er zog mich an sich, um mich auf Stirn und Mund zu küssen. Dann wandte er sich zum Gehen. An der Thür schaute er noch einmal zurück und sprach, indem mir heiter zunickte: <Die folgenden zwei Zeilen sind unlesbar> ich Dir von ganzem, ganzem Herzen!" Nun war er fort. Ich wendete mich dem Morgen zu. Der erste Sonnenaufgang hier, in diesem vermeindlichen <!> Grabe	Er zog mich innig an sich, um mich auf Stirn und Mund zu küssen. Dann ging er hinab. Kaum war er fort, so trat die lange zurückgehaltene Schwäche ein. Es überkam mich eine so große Müdigkeit, daß ich schnell mein Lager aufsuchte und mich niederlegte, gleich so, wie ich war. Das Fenster stand offen. Ich richtete den letzten Blick hinaus. Am Himmel begannen die Strahlen in goldenen Funken zu blitzen. Dann war es wie ein Meer des Lichtes, welches mich plötzlich über und über umflutete. Nun schloß ich die Augen und schlief ein, doch ohne daß es um mich dunkel wurde. Wie war das sonderbar! – – –

Der allererste Text (linke Spalte) ging offenbar nach der Manuskriptseite E 24 noch weiter; möglicherweise enthält das erste der beiden aufgeklebten Blätter ein Satzfragment aus dieser Fortsetzung (vgl. S. 190). Die Fassung zwischen diesem ursprünglichen und dem endgültigen Text (rechte Spalte) umfaßt nur zwei Zeilen, ist aber nicht entzifferbar.

Das Nachtgespräch liefert noch einen weiteren Beleg für Mays Durcharbeitung des Textes: Als der Ustad schildert, wie er die Dämonen aus den Ruinen austrieb (XXIX 143f.), bricht May einen allzu klischeehaften

Lösungsansatz ab und ersetzt ihn durch eine weit eindringlichere, eher in Zwielicht getauchte Darstellung:

„Es war die Geisteswüste, genau wie jenes Paradies, von dem ich Dir erzählte."
„In dieses Paradies der Schemen, in dieses Schattenland kamst Du. Weißt Du, wer mit Dir kam?"
„Ich weiß es nicht genau, doch war es mir, als ob der Frühling bei mir sei."
„Er war es auch – – – der Frühling und die Jugend!"
„Die Jugend!" rief er aus. „Wie kommst Du wohl grad hier auf dieses Wort! Ich liebe es. Ein Andrer würde es an meiner Stelle hassen!"

dies, von dem ich dir erzählte, ein flaches, ödes, wüstes Schemenland! Der Stumpfsinn kroch im tiefen <E 144:> Bodenstaube. Der Groll schlich zähneknirschend nachts umher. Der arbeitsscheue Müßiggang schlug frömmelnd sich die Brust und schnappte gierig nach der Dummheit Brocken. Stumm lag der ausgenutzte Fleiß in dürrem Sande. Und über diesen und noch tausend anderen Schatten gab es ein unhörbares Flattern dunkler Flederhäuter, für welche du den rechten Namen, Vampyr, hättest. – – So, so war es um die Bewohner dieses traurigen Gebietes und also auch um meine jetzigen Dschamikun beschaffen, als ich <Ende der Überklebung> zu ihnen kam.

Besonders beachtenswert ist schließlich eine umfangreiche Streichung im letzten Teil des Romans. Hier tilgt May einen Ansatz, der in doppelter Weise auf Vorhergehendes und Künftiges im Werk verweist: Die Absicht, Marah Durimeh und den Scheik von Schohrd zur Entscheidungsschlacht eintreffen zu lassen, knüpft einerseits an die Personen des zweiten *Silberlöwen*-Bandes (*Ein Rätsel:* dort Raïs von Schohrd) an, hätte aber auch den Abschluß von *Ardistan und Dschinnistan* vorweggenommen samt der Rolle, die Marah Durimeh als ‚Friedensfürstin' dort spielt. Im endgültigen Text des letzten *Silberlöwen*-Bandes dagegen tritt sie nicht auf. Sowohl der junge Taki-Kurde Ibn el Idrak als auch der Scheik von Schohrd werden zwar im Anschluß an die im folgenden zitierte Neufassung kurz genannt (608), spielen aber im weiteren Handlungsverlauf nur noch eine marginale Rolle (626: „Drüben erschien der auf dem Nordwestwege versteckt gewesene Scheik von Schohrd mit seinen Leuten, und ihm folgte Ibn el Idrak mit den Takikurden, die er hatte anmelden lassen."). Der ursprüngliche Handlungsentwurf dieser Stelle ist leider nur fragmentarisch erhalten; mehrere Rasuren und Korrekturen bei den Seitenzahlen im Manuskript sowie die Textlücke von der Manuskriptseite E 586 zu E 587 legen den Verdacht nahe, daß die auf Marah Durimeh bezogene Botschaft des Aschyk ursprünglich ausführlicher war (608f.):

Wenn dies gelang, konnten die

Eingeschlossenen keine andere als nur noch eine höchst lächerliche Rolle spielen, und es sei gleich hier gesagt, daß es so gut gelang, wie es gar nicht besser gelingen konnte. 　Hiermit waren diese Feinde kalt gestellt. Es handelte sich also nur noch um die Massaban und Schatten, und vor diesen war es uns ebenso wenig bange wie vor jenen; wir hatten sie ja nun fest und konnten sie erdrücken, sobald es uns beliebte. Aber es sollte sich sogar noch besser für uns gestalten, und zwar in folgender Weise. Ich stand mit dem Ustad und Schakara im Hofe, da kam ein Reiter zum Thore herein, den wir, obgleich es nicht mehr Tag war, sofort erkannten – – – der Aschyk. Er hatte sich in den letzten Tagen nicht sehen lassen. 　„Sehr gut, daß ich Euch gleich treffe!" sagte er in eiligem Tone. „Ich habe keine Zeit. Ich bin ein Bote des Fürsten der Schatten an die Khanum Gul." 　Ich wollte ihm mit einer Frage dazwischenfallen; da fuhr er aber rasch fort: „Fragt jetzt nicht! Er traut mir nicht ganz und zählt die Minuten, die ich zu meiner Botschaft brauche. Ich war mit Ihn el Idrak beim Scheik von Schohrd und traf da Jemand, dem ich von Euch und mir erzählte – – Alles, Alles. Dieser <E 587: > <der Text enthält hier eine Lücke in der Satzkonstruktion beim Seitenanschluß !> dem Liebling, einen Gruß zu bringen!" 　Bei diesen Worten wendete er das Pferd und ließ uns in unserer Freude stehen. Schakara sagte nichts. Hatte sie gewußt, daß Marah Durimeh kommen werde? Wir beiden Andern aber reichten uns froh die Hände und sahen der uns drohenden Nacht nun mit noch ganz andren Augen entgegen als vorher. Man hatte während des ganzen Tages wieder Reißig und	Eingeschlossenen keine andere als nur noch eine höchst lächerliche Rolle spielen, und es sei gleich hier gesagt, daß es so gut gelang, wie es gar nicht besser gelingen konnte. 　Hiermit waren diese Feinde also kalt gestellt, und es handelte sich nur noch um die Massaban und Schatten, vor denen es uns ebenso wenig bange wie vor Jenen war, denn wir hatten sie ja nun fest und konnten sie erdrücken, sobald es uns beliebte. < schräg über die Seite geschrieben:> weiter pag. 587 Man hatte während... <E587:> Man hatte während des ganzen Tages wieder Reisig und

Holz auf sämtliche Häupter und Vorsprünge der Berge geschafft.

Weitere Beispiele ließen sich ohne Mühe anführen (z.b. XXVIII 541; XXIX 261, 354, 475) – sie fügen freilich der Argumentation nur noch zusätzliche Facetten, aber keine grundlegend neuen Erkenntnisse hinzu. Daß und wie sehr May sich bewußt war, mit den beiden *Silberlöwen*-Bänden ein neues Niveau seines Schreibens erreicht zu haben, zeigt neben vielfältigen Briefzeugnissen insbesondere die eingangs unserer kleinen Variantenwanderung angesprochene Parabel vom ‚Roß der Himmelsphantasie', das als Pegasus die Muse des Mayschen Spätwerks verkörpert (XXIX 208f.). Sein Stellvertreter in der Romanhandlung ist der geheimnisvolle ‚Glanzrappe' Syrr, das edelste Pferd des Schah-in-Schah, ‚von Anfang an' gepflegt vom ‚Fleiß' und so zum ‚Wunderpferd' geworden. Ihm gilt eine knapp konzentrierte Charakteristik, die gleichzeitig die mit dem Erscheinen des *Silberlöwen* verbundene neue Stufe in Mays Werkentwicklung umschreibt:

Welch ein feines Empfinden! Und dieser ruhige, sichere Schritt! Leichter, hochgraziöser Rhythmus auf fester Baßunterlage! (467)

Nachbemerkung

Diese Darstellung der Variantensituation im dritten und vierten Band des *Silberlöwen* stützt sich auf die Ergebnisse meiner Dissertation, die Professor Dr. Klaus Kanzog in München betreute. Sie erschien unter dem Titel *Das Werk Karl Mays 1895-1905. Erzählstrukturen und editorischer Befund* 1989 in der KMG-Presse, Ubstadt, als 12. Band der ‚Materialien zur Karl-May-Forschung'. Weitere Beispiele zum Thema, Beschreibungen der Manuskripte sowie Verzeichnisse der von mir erfaßten Varianten finden sich dort im Anhang; die Einordnung der textkritischen Ergebnisse beim *Silberlöwen* in die gesamte Werkentwicklung Mays faßt darüber hinaus mein Vortrag bei der Tagung der Karl-May-Gesellschaft in Wien 1987 knapp zusammen (in: JbKMG 1988, S. 66-82).

Herzlich zu danken habe ich im Zusammenhang meiner Untersuchungen an den *Silberlöwen*-Manuskripten dem Karl-May-Verlag Bamberg, insbesondere Roland Schmid, der mir über Jahre hinweg immer wieder Handschriften und Materialien zugänglich machte und bereitwillig vielerlei Auskünfte gab; dem Karl-May-Verlag ist auch für die Erlaubnis zu danken, die Ergebnisse meiner Untersuchungen zu publizieren.

Die Darstellung der textkritischen Situation ist im vorliegenden Aufsatz möglichst einfach gehalten: die linke Spalte enthält jeweils den gestrichenen bzw. überklebten Text, die rechte die endgültige Fassung. Ergänzungen des Editors stehen in Winkelklammern (< >), von May gestrichene Passagen in eckigen Klammern. Der Ort einer Korrektur wird durch folgende Zeichen markiert:
< ↑ > Korrektur(en) über einer Streichung
< ↓ > Korrektur(en) unter einer Streichung
< – > Korrektur oder Fortsetzung auf gleicher Zeile (Sofortkorrektur).

Jürgen Hahn

Sprache als Inhalt

Zur Phänomenologie des ‚alabasternen Stiles' in Karl
Mays Roman ‚Im Reiche des silbernen Löwen'

Ein Entwurf

I. *Metaphorisches Sprechen – ‚nackt über die Grenze' –
Waffentausch*

arma atque equi conspiciebantur.
(Livius XXI, 4)

„Die Nomaden waren fort, mit ihnen unsere Pferde, unsere Waffen und alles, was wir sonst noch besessen hatten." (XXVIII 79) Wie oft war das den Reisenden in Karl Mays Romanen schon zugestoßen auf ihrem Weg vom Tiefland ins Gebirge, auf ihren zahlreichen Grenzübertritten, daß ihnen die Waffen abhanden gekommen waren, mit denen sie jeweils eine so eindeutige Sprache geführt hatten, die jedermann verstand oder doch bewunderte: „Man erzählt sich Wunderdinge von ihnen und von eurer Fertigkeit in ihrem Gebrauche." (125) Das bisherige Werk Mays dominierte der Anspruch: „arma atque equi conspiciebantur." Sie wiederzugewinnen war für die Helden immer nur ein Routineproblem gewesen, dessen Umstände nicht weiter Zweifel erregten: „Halef war eifrig damit beschäftigt, alles, was ihm gehörte, einzustecken, ich ebenso." (126) So einfach das bis anhin war, so schwierig wird es in der Wendezeit nun, in die das Schaffen Mays mit den *Silberlöwen*-Romanen tritt. Das Routineproblem des Verlustes von Waffen und Pferden gedeiht unversehens zu einem Problem in linguis, das „sehr leicht zu unangenehmen Forschungen und Weiterungen führen [konnte]". „Forschungen und Weiterungen" machen die repertoiregesicherte, „weder für mich noch für Halef unbegreiflich[e]" (99) Wiedergewinnung zu einer ambivalenten Veranstaltung, mit der sich der Erzähler aus dem Parterre des unreflektierten Sprachgebrauches in die metasprachliche Etage einkauft. „Später sahen wir freilich ein, daß uns dies hätte auffallen müssen; zunächst aber erregte der willkommene Fund nicht das geringste Bedenken in uns" (98), denn offenbar hat die wiedergewonnene, bewährte, nun abermals in Gebrauch genommene Armatur ihre Wirksamkeit gewechselt, wenn nicht verloren: die bisherigen Besitzer scheinen sich der Geheimnisse ihrer Waffen und Pferde nicht mehr sicher zu sein. Nafar Ben Schuri gerät seine Erkundigung danach zu einer semiotischen Anweisung: „Bestehen diese Geheimnisse in Worten oder in Zeichen?" Diese vermag nicht viel mehr als ein recht kryptisches Ergebnis einzulösen: „Diese Geheimnisse bestehen eben in Geheimnissen, von denen nicht gesprochen wird!" (123) Die Tautologie, die Anonymität des Passivs dieser orakelnd mystifizierenden Auskunft verweisen in eine semantische Zwielichtzone, in die die Reisenden geraten sind und wo es um ihre Selbstsicherheit bedenklich bestellt ist.

Wir hatten in jüngster Zeit ganz bedeutende Fehler begangen [...]. Wie war es für uns alte, erfahrene, doch sonst so scharfsinnige Leute möglich gewesen, uns solcher Unterlassungssünden schuldig zu machen? (198)

Die bisherige Selbstgewißheit ist der Irritation gewichen. Offenbar ist jetzt eine andere Art ‚Scharfsinn' vonnöten. Die Reisenden leiden plötzlich an einer defizienten Wahrnehmung der Welt: „ihr Selbstbewußtsein ist ihnen verloren gegangen" (180). Und die damit verbundene Kommunikationsstörung manifestiert sich in einer schweren Krankheit, die nicht nur die Glieder, sondern – metaphorisch verkleidet – gleichsam in Form einer Querschnittlähmung auch die Sprache befallen hat. Das wird deutlich, wenn man in Halefs Selbstdiagnose „Beine" durch „Worte" ersetzt:

„Meine [Worte] sind mir abhanden gekommen. Ich weiß zwar ganz genau, daß ich sie noch habe, aber ihr Selbstbewußtsein ist ihnen verloren gegangen. Sie können sich nicht mehr auf sich selbst besinnen, und darum ist es gar nicht zu verwundern, daß sie auch mich ganz und gar vergessen haben, obgleich ihnen das verboten ist. Ich werde einmal versuchen, sie von ihrer Pflichtvergessenheit zurückzubringen." (180)

Es ergibt sich der Befund einer Verständigungskrise, die auf Insuffizienz und – so grotesk das klingen mag – ‚Insubordination' der Sprache beruht; denn die Sprache macht sich selbständig, produziert in statu viae ihren eigenen Sinn: ganz entsprechend der Auffassung heutiger Dekonstruktivisten, die sich darin als gelehrige Schüler der mittelalterlichen Scholastiker entpuppen. ‚Unbotmäßig' erweist sich die Sprache eben nur für den, der zwischen der allgemeinen Bedeutung (significatio) der Wörter und ihren vielfältigen Meinungen (suppositiones) in den verschiedenen Zusammenhängen zu unterscheiden versäumt, nicht wahrnimmt, daß ein Wort in suppositione formali irgendein Objekt be‚zeichnet', in suppositione materiali indessen selbst Gegenstand der Reflexion ist und damit in intentione recta einer sachbezogenen, in intentione obliqua einer sprachbezeichnenden Aufgabe vorsteht (Weinrich 92). So mag denn, was als intentio obliqua geäußert, aber als intentio recta aufgefaßt wird, dem Sprecher durchaus den Eindruck erwecken, daß die Wörter ihn „ganz und gar vergessen haben, obgleich ihnen das verboten ist". Wir werden auf diese Stelle noch mehrfach zurückzukommen haben, da sich in ihr die Sprachproblematik der *Silberlöwen*-Romane regelrecht fokussiert, deren Handlungsverlauf die Lösungsversuche linguistischer Aporien nicht unwesentlich bestimmen. An entscheidender Stelle im großen Gespräch mit dem Ustad (XXIX 2) kommt Kara Ben Nemsi auf den scholastischen Unterschied zwischen intentio recta und intentio obliqua zurück: „Wie alles so ungewöhnlich war, so durfte ich auch dieses Wort nicht in der umgangsüblichen Bedeutung nehmen. [...] Ich konnte überzeugt sein, daß ich seinen Inhalt auch in mir selbst zu suchen und zu finden haben werde." Und damit denunziert er einen Sprachgebrauch, dessen formaler Supposition nicht nur Halef, sondern große Teile seines schriftstellerischen Œuvres überhaupt verpflichtet sind, als im Laufe seiner lebensbedrohenden Krankheit überwunden und nur noch gespenstisch existent. „Effendi, fürchtest du dich vor Gespenstern? [...] Du wirst bei Leichen wohnen." In diesem Gespräch nun wird der Versuch eines neuen ‚anthroposophischen' Itinerars gewagt, das zur Erkenntnis der Wahrheit führen soll, die bisher ‚auf ganz verkehrten anthroposophischen Wegen' angegangen wurde. Die Beschreibung des Itinerars – auch sie ist Teil dessen, was als ‚alabasternes Gebet' in den *Silberlöwen*-Romanen die mythopoetische Einbildungskraft Mays in Bewegung hält – und die Geographie, mit der es sich beschäftigt, gilt dem „Gesamtmensch[en]" (12). Womit ein Stichwort gefallen ist, das uns mitten in die Auseinandersetzung zwischen nominalistischem und mystischem Sprechen versetzt: in einen den ganzen Romankomplex beherrschenden dialektischen Prozeß. Es handelt sich beim *Silberlöwen* ohnehin um ein sprachphilosophisch und linguistisch höchst intrikat vernetztes Gebilde, das – wo man es auch berührt – die sprachliche Thematik in voller Polyphonie zum Klingen bringt, so daß man Mühe hat, einzelne Stimmen luzide zu verfolgen.

Schon der Beginn des dritten *Silberlöwen*-Bandes bietet Begebnisse von trügerischer Harmlosigkeit: einen Aufbruch, einen Grenzübertritt – *In*

Basra, Ueber die Grenze heißen die Kapitelüberschriften – , der, auf die linguistische Folie projiziert, den Blick auf ein Gelände semantischer Untiefen preisgibt, die von der Verständnisschwierigkeit über die Kommunikationsstörung bis zur Aphasie führen können. Mit den Worten von Karl Kraus geht es buchstäblich um einen sprachlichen und seelischen Überlebenskampf: „Was vom Stoff lebt, stirbt vor dem Stoff. Was in der Sprache lebt, lebt mit der Sprache [...], denn man kann zwar nackt über die Grenze kommen, aber nicht ohne Haut, weil die im Gegensatz zum Kleid nicht nachwächst." (Kraus 6f.)

*

Karl Mays Roman *Im Reiche des silbernen Löwen III* setzt mit der Schilderung eines Kommunikationsproblems ein. Kara Ben Nemsi begegnet vor seinem Aufbruch in das persische Hochland einem ehemaligen Reisegefährten, dem Lord David Lindsay, dessen spleeniges Naturell sich gut dazu eignet, in einer parodistischen Beschreibung linguistische Dissonanzen unverfänglich anklingen zu lassen, die leitmotivisch die Partitur dieses umfangreichen Opus durchsetzen. Worum geht es? Um die Sprachunkenntnis des Lords, sowohl um seine Unfähigkeit als auch um seinen Widerwillen, sich fremde Sprachen anzueignen.

Er hegte die unerschütterliche Ueberzeugung, sich selbst auf dem fernsten und unbekanntesten Erdenpunkte mit englischem Wesen und ausschließlich englischer Sprache leicht und mühelos bewegen zu können, und war der Ansicht, daß auch das geringste Abweichen von dieser Gepflogenheit eine Beleidigung seiner Nation bedeute. Diese Einseitigkeit war uns oft in hohem Grade unbequem geworden. Wenn man sich mit einem Begleiter, der die Sprache und die Sitten des Landes nicht kennt und versteht, unter fremden, vielleicht gar nur halb civilisierten Völkerschaften bewegt und dabei oft das Unglück hat, in gefährliche Lagen zu geraten, so versteht es sich ganz von selbst, daß die Anwesenheit eines solchen Gefährten, und wenn er sonst der beste Mensch der Erde wäre, nicht nur hinderlich und störend, sondern unter Umständen sogar verhängnisvoll werden kann. Das aber hatte Lindsay niemals einsehen wollen, und so kann man sich mein Erstaunen denken, als ich hier in Basra auf einmal hörte, daß er plötzlich das Arabische nicht nur verstand, sondern es, freilich noch sehr fehlerhaft, auch sprach! (XXVIII 10)

Die Charakteristik weist Merkmale einer latenten ‚Aphasie' auf: einer „Einseitigkeit", die „uns oft in hohem Grade unbequem geworden [war]", weil die Abneigung des Sprechers fremden Idiomen gegenüber – man wird ihr als metaphorischer Verschlüsselung für einen mentalen Befund ohnehin mehr methodischen als instrumentalen Wert beimessen – seine Dialogfähigkeit, die Textualität von Dialogen überhaupt, gefährdet, zumal bei ihm auch in seiner Muttersprache die Fähigkeit der Wortfindung und Satzbildung auf einen rudimentären „Telegrammstil" in Ellipsen und Apostrophen reduziert ist (Kosciuszko 380).

Im übrigen belegt die ganze Stelle die Unfähigkeit Lindsays, sprachliches Verhalten zu reflektieren oder metasprachlich zu kommentieren. Er bedient sich der Rede in einem ausschließlich objektsprachlich ausgerichteten Vokabular in ihrer rein formalen Supposition; daß er fremde Sprachen zu lernen ablehnt, schließt jeden Zugang zu einer materialen Supposition aus, in der das objektbezogene Wort selbst als Gegenstand des Meinens auftritt: eine conditio sine qua non für den Erwerb von fremdsprachlichen Kenntnissen, für das Übersetzen und den Zugang zu fremden Mentalitäten. Lindsay ist in einem Sprechen jenseits jeglichen metasprachlichen Anspruchs befangen.

Welche Bedeutung kommt dieser lästigen sprachlichen Insuffizienz nun im Kontext zu? Sie ist bei Karl May, dem – wie selten einem Autor – , was er auch schildert und wovon er auch spricht, zur Explikation seiner selbst gedeiht, wohl als Hinweis auf seine persönliche Situation zu deuten. Hier wird eine Spur gelegt, eigene, im Verborgenen bedrohliche Kommunikationsprobleme zu enttarnen und in der Entschlüsselung zu entmachten. Die *Silberlöwen*-Romane *III/IV* gelten bekanntlich als Schlüsselromane, und so kommt der zitierten Charakteristik – ist zu vermuten – , zumal an so exponierter Stelle, ein programmatisches Gewicht zu. Der Text stellt ja klar, daß es vor allem der Autor selbst ist, der an der sprachlichen „Einseitigkeit" des Freundes leidet und in dem ‚morgenländischen Grenzübertritt', „froh [...], daß wir nicht vollständig ausgezogen worden waren" (79), einen sprachlichen Paradigmenwechsel von der unreflektierten Eindeutigkeit der Worte hin zu einem metasprachlichen Vollzug der Rede im Gefühle größerer semantischer Verantwortung vornimmt. Nun wäre es so töricht wie ungerecht, Mays Sprache, wie sie sich bis anhin in seinem Werk manifestiert hat, das reflexive Vermögen abzusprechen. Reflektiert wird ja in „allen theoretischen Akten des Bewußtseins" (Weinrich 124): sprachlich vor allem im Dialog, der – sei es als Verhör oder sokratische Examinierung – für das Gesamtwerk Mays in auffälliger Form strukturbildend ist.

Wenn Sprache – wie auch immer – Ausprägung des Denkens ist, so ist sie in jeder Form auch reflektierend; das reflektierende Moment ist ihr sozusagen eingebildet. „In jedem echten Gespräch wird in Frage gestellt, bezweifelt, zugestimmt, es werden Wünsche, Forderungen, Klagen geäußert und zurückgewiesen. All das sind aber reflexive Prozesse." (Weinrich 104) Diesen reflektierenden Umgang mit der Sprache pflegt May allerorten in seinem Werk; er ist ihm wesensimmanent; und vor allem die vielfältigen Szenen, die sich mit der akribischen Lektüre von Fährten und Spuren beschäftigen, können symbolisch als ein strategischer Entwurf reflektierenden Sprechens gesehen werden. Im dritten *Silberlöwen*-Band werden solche Episoden zu Foren einer linguistischen Destabilisierung, auf denen andererseits eine exegetische Exaktheit praktiziert wird, die an das Vorbild aller Lektionen im Spurenlesen erinnert, das die beiden Snuffles in der Erzählung *Der Geist des Llano estakado* gleichsam zelebrieren. „Schau diesen Sand! Er ist die Schiefertafel. Der, welcher hier geritten ist, hat eine Schrift geschrieben, welche zu lesen ist, nämlich seine Spur." (XXVIII 183) Was an dieser Stelle beschäftigen muß, ist die Problematik sprachlichen Vergegenwärtigens von ‚Wirklichkeit', das jene Lektionen zu Lehrgängen einer Interpretationskunst macht, die strukturell für den ganzen Roman Geltung beanspruchen; zu einer Hermeneutik, die beträchtliche eidetische und mantische Sensorien voraussetzt. Hermeneutik wird hier zum Gegenstand der Handlung, die in ihren forensischen Interpolationen, Parabasen und Predigten Streit- und Unterredungskultur auf hohem Niveau repräsentiert und den ihnen zugrunde liegenden Charakter reflexiven Sprechens eindrücklich exponiert.

„‚Sihdi', sagte er, ‚das ist nun freilich Spurenlesen!'" (194) Im zitierten Kontext (183-197) erscheint dieses als eine metaphorische Möglichkeit, metasprachliche Praxis zu untersuchen, in der Sprache zum Gegenstand und Inhalt einer Romanhandlung avanciert. Die Auseinandersetzung mit dem Scheik der Dinarun Nafar Ben Schuri stellt ‚Spurenlesen' als Vertrauensfrage nicht nur an die Beziehung von Wort (ta dogmata) und Welt (ta pragmata), sondern auch an die Glaubwürdigkeit menschlichen Charakters, die Beziehung zwischen Tun und Sein, Sein und Scheinen[1]: Gegenstand

---

1   Anders gesagt: nicht die Wirklichkeit verunsichert uns, sondern die Meinungen darüber, die Perspektivengebundenheit allen Denkens, in der sie erscheinen; mit den Worten Epiktets: „Nicht die Dinge (ta pragmata) beunruhigen die Menschen, sondern ihre Meinungen (ta dogmata) über die Dinge." Im Akt des Spurenlesens trifft das besonders auf unser Verhältnis zum Vergangenen zu. Denn hier ist die ‚Wirklichkeit' verschwunden, und wir sind auf Wiederherstellungen durch Interpretationen von Überresten und Überlieferungen angewiesen. Solche wiederherstellende Interpretation ist von tiefsitzenden Meinungen und Vorverständnissen abhängig. Die Wirkung des Vergangenen auf die

dieser Prüfungen sind die Dinarun: auch im Umgang mit ihnen spiegelt sich für die Reisenden wie in der Lindsay-Episode eine Verstehens- und Kommunikationskrise.

„Darum will ich dir deine Frage nach unserm Vertrauen jetzt noch nicht beantworten. Du wirst schon ganz von selbst bemerken, ob es wiederkehrt oder verschwunden bleibt. Jetzt wollen wir den unterbrochenen Weg fortsetzen." (197)

Das Leitmotiv des Spurenlesens wird hier also auch ethisch instrumentalisiert. Um so mehr muß der metaphorische Umgang mit Sprache gelernt und praktiziert werden: ihn nicht zu beherrschen ist „nicht nur hinderlich und störend, sondern unter Umständen sogar verhängnisvoll" (10). Von den alten, in ihrer vermeintlichen Eindeutigkeit so glänzenden ‚Waffen und Pferden' umgangssprachlichen Sprechens gilt es Abschied zu nehmen; denn „wenn ich einen so gefährlichen Weg unternommen habe, wie der unsere ist, lasse ich nie eine unbeantwortete Frage auf ihm liegen" (189). Komisch ist diese metaphorische Ausdrucksweise nur in unreflektierter Direktheit, nur wenn man ihren sprachanalytischen Impuls nicht wahrnimmt. Die scheinbare stilistische Unbeholfenheit, ‚Entgleisung' gar, gewinnt in metasprachlicher ‚Weichenstellung' poetische Dignität als Ausdruck einer ‚reflexiven' Position, von der aus gesehen der Handlungsraum der Erzählung – und das gilt für die beiden *Silberlöwen*-Romane *III/IV* insgesamt – zur Szene für die Auftritte des Akteurs ‚Sprache' wird. Man vergegenwärtige sich etwa die semantisch ‚multiple' Dialogstruktur des besprochenen Abschnittes (190f.).

Das ganze Vokabular deutet darauf hin, daß man die Gespräche in diesem Roman als Palimpseste zu lesen hat.

„Und was soll euch diese Fährte nützen?"
„Sie soll mich zu der Kenntnis führen, welche du uns nicht geben willst." (190)

Die Fährte ist also eine Kundgebung, die auf verborgene Bedeutungsschichten verweist.

„Hältst du uns für kleine Buben, denen du auf ihre Fragen mit der Beleidigung des Schweigens antworten darfst?" (191)

Gegenwart konkretisiert sich im wesentlichen in solchen Spuren, ‚Bildern', in die authentische Erfahrung eingegangen ist, die aber ebenso von Vorurteilen und Interessen der Späteren geprägt sind.

Auch Schweigen ist zu deuten: Wort und Welt stimmen nicht mehr überein, so daß eine Sprache lernen von nun an heißen muß, die Fähigkeit, wenn nicht der ‚Polyglossie', so doch der ‚Diglossie' zu erwerben. Daher auch Halefs empörte Frage an den Scheik:

„Denkst du, wir lesen dir die schwere Sprache der Fährten zu dem Zwecke vor, von dir zu erfahren, daß sie unnütz sei?" (191)

Sich nicht mehr verstehen, auch mit dem Vertrautesten, mit sich selbst – in einer Art ‚psychischen Babylonismus' – uneins sein, weil verschiedene Sprachen gesprochen werden, „das brachte mich in einen zunächst zwar nur innern Zwiespalt mit ihm," – Halef, dem Alter ego, – „der uns aber äußerlich gefährlich werden konnte" (190). „Sogar verhängnisvoll" (10), wenn die Diglossie von ‚innerer' und ‚äußerlicher' Sprache nicht beherrscht wird. Die Romanhandlung thematisiert sie in verschiedenen Graden immer wieder: ‚nominalistisch' in den von Halef, ‚mystisch' in den vom Ustad und Schakara dominierten Kapiteln. Doch davon später.

„Wir können weitersprechen" (170), meint Nafar Ben Schuri nach der Vorstellung des höchst wunderlichen Fakirs Sallab zu Kara Ben Nemsi. Seit Erscheinen dieser Person, die – was ausdrücklich betont wird – wie aus „einer unbekannten seelischen Welt" (169) hervorbricht, „Ueberschein" jener „schwarze[n] Pupille[n]", aus deren „Tiefen Blitze aufsteigen", umstürzlerische Lichtsignale aus der ‚spracheigentlichen Provinz' der Dschamikun, die „ihrer Religion [...] keinen Namen [geben]" (193), ist eben gerade das – ein arglos dem ‚Namen' verhaftetes Sprechen – nicht mehr möglich[2]; nicht mehr im alten Stil, sonst laufen wir Gefahr, wie der Scheik das Wesentliche nicht zu verstehen, das die Erscheinung des Fakirs in ihrer Sprache zu verkünden hat. Und dieses Nicht-Verstehen einer vermeintlich geläufigen Sprache, das im schlichten Weitersprechen besteht, kann – wie es für das Wirklichkeitsverständnis des Scheiks auch der Fall ist (170ff.) – „verhängnisvoll werden". Wie er, so muß auch der Leser und interpres, befolgt er die trügerische Anweisung zum Weitersprechen allzu ‚vertrauens'voll, am Ende im „Daraeh-y-Dschib", im „Thal des Sackes", „unserer ‚Sackgasse' gleich" (171), landen – müßig hinzuzufügen, daß es sich um

---

2 Es sei hier schon auf den ‚Blitz' als erhellendes Signal eines ‚(sprech)revolutionären Momentanismus' hingewiesen, der in den *Silberlöwen*-Romanen sich stets mit dem Eintreten eines sprachlichen Paradigmenwechsels verbindet.

eine interpretatorische handelt –, weil er dem Gebot, dem Worte zu mißtrauen: „vorsichtig mit diesem Worte!" (188) zu sein, nicht so subtil gehorcht hat, wie es auf dem Terrain des Mayschen Spätwerkes geboten ist. Es gibt da Passagen, wo May das Wort zum Gegenstand einer Erörterung macht, wie gefährlich es ist, seine Homonymie zu übersehen, woraus schicksalhaft Entscheidung beeinflußt werden kann: „Die Frage Nafars hatte also einen zweifachen Klang, eine doppelte Bedeutung für uns." (137) Die eigentliche Antwort erfolgt dann nicht auf der oberen, „äußerlichen", sondern der unteren, der „inneren", fremdsprachlich überformten Ebene. Die beschriebene Krisis des Vertrages zwischen Wort und Welt fordert für alles wirkliche Verstehen die Bereitschaft des Lesers, in eine semantische Verantwortung zu treten.

Wir haben hier eine etwas ausführlichere Betrachtung der Spuren-Episode eingeschaltet, weil aus ihr symptomatisch erhellt, was es bedeutet, Methode als instrumentalisierte Metapher, Metapher als ‚Grammatik' zu nutzen, um der metasprachlichen Qualität eines Textes ‚auf die Spur' zu kommen, ohne der metaphorischen Verzauberung, der Desorientierung im Felde multipler Konnotationen zu erliegen; denn die Gefahr, daß die Wirklichkeit sich zum Schatten der Wörter auswächst, ist beim metaphorischen Sprechen allerdings groß. Wittgenstein spricht nicht von ungefähr irgendwo vom „Kampf gegen die Verhexung unseres Verstandes durch die Mittel unserer Sprache". So erscheint denn mit dem Eintritt in das literarische Persien Mays in seinen Erzählungen nichts mehr eindeutig. Schon die Lindsay-Charakteristik, von der wir ausgegangen sind, operiert mit metasprachlichem Besteck.

Die Befangenheit Lindsays in eindimensionalem Sprechen wird mit einem Vokabular kommentiert, das zum Inventar reflektierenden Sprachverhaltens gehört; Formeln wie ‚er hegte die [...] Ueberzeugung [...] und war der Ansicht', Verben wie ‚bedeuten', ‚kennen', ‚verstehen', ‚einsehen', ‚denken' – all das sind sprachliche Mittel, sprachliche Defekte, Kommunikationsstörungen zum Beispiel, kenntlich zu machen, über sie zu reflektieren und sie womöglich zu beheben. „Die Mittel nun, mit denen [sprachlogisch verfahrende Autoren] dergleichen zu bewerkstelligen hoffen, sind wieder aus der Sprache selber genommen. Die Sprache muß sich also selber heilen, dazu dienen wiederum ihre metasprachlichen Elemente." (Weinrich 100) Und noch etwas ist dem Text zu entnehmen, daß nämlich Kommunikationsstörungen aus dem unreflektierten Gebrauch von Vokabeln resultieren, die von zentraler existentieller Bedeutung sein können, über die man aber nicht nachdenkt, weil umgangssprachlicher Gebrauch in der Regel überhaupt vom Nachdenken über die Wörter zu dispensieren scheint, indem ein jeder in ihrem Gebrauch sich ihrer ‚Klarheit' und ‚Einfachheit' sicher wähnt. Auch davon bietet der angeführte Text einige Beispiele, die, befragt man sie auf ihren eigentlichen Inhalt, von gefährlicher semantischer Virulenz sind: ‚Wesen' etwa, ‚Sitte', ‚Nation' und nicht zuletzt ‚Sprache' selbst. Im weiteren Fortgang der Handlung gehören dann deren Leitwörter ‚Sterben' und ‚Krankheit' dazu, endlich ‚Wahrheit' und wiederum ‚(wahr) Sprechen'. Die Bedingungen der mit dem klischeehaften Gebrauch dieser Begriffe verbundenen Kommunikationsstörung versucht May in den *Silberlöwen*-Romanen nicht nur durch den Einsatz metasprachlicher Elemente im beschriebenen Sinn zu klären und zu beseitigen, sondern durch Amplifizierung der Begriffe zu umfangreichen Metaphern; ein Prozeß, der zu ganzen Metaphernfeldern ausufern kann: für das ‚Sterben' etwa nutzt er das vielfältigster Assoziation offene Symbol der Rose (XXVIII 71), für die Krankheit die uralte, Platon, Livius und Paulus – um nur einige zu nennen – geläufige Gliederparabel (180), für die Wahrheit Blitz-, Sprung- und Sturzmetaphern (wie sie z.B. XXVIII 169, 250ff. und XXIX 328 das Geschehen wirkungsvoll mitinszenieren), für das Sprechen das Gebet, metonymisch in seiner mineralischen Ausprägung als Alabaster-Erscheinung (z.B. XXIX 311). Mehr allerdings als ein abbildendes Sprechen in Analogien kann diese metaphorische Technik mit all ihren Imponderabilien semantischer Polyvalenz nicht sein. Halef denunziert die von ihm exzessiv genutzte Metaphorik, „die bilderreiche Ausdrucksweise, [die] dem Oriente eigen ist" (XXIX 209), in ihrer Wirkung denn auch gleich mit der Eröffnung: „Das ist eine ganz eigentümliche Empfindung, die ich dir wohl nicht deutlich genug machen kann" (XXVIII 180), wohinter sich die Sehnsucht nach dem ‚eigentlichen', dem ‚wahren' Sprechen versteckt, das die „ganz eigentümliche [...] Empfindung deutlich genug machen kann", es möchte das Zeichen mit dem Bezeichneten koinzidieren, metonymisch Licht werden, was metaphorisch Schatten bleiben muß; daß Wahrheit dergestalt in der Sprache ihre Identität finde, jene seit Platons *Kratylos* alle reflektiert Sprechenden bewegende Sehnsucht, zielt auf die Restauration einer Schöpfung, die auf Gott gründet, in dem wiederum der Logos seine richtende Autorität erkennt; und das zu einer Zeit, da Nietzsche der „Wahrheit" als „ein[em] beweglichen] Heer von Metaphern", als „Illusionen, von denen man vergessen hat, daß sie welche sind" (Nietzsche 880f.), jede Verbindlichkeit und jeden Erkenntniswert abgesprochen hat.

Wenn man nun die zitierte Sprachcharakteristik als eine Metapher auf das Weltbild einerseits Lindsays, andererseits seines Kritikers liest, so wird aus ihr die neue Unübersichtlichkeit evident, die das Sprechen einer aleatorischen Semantik aussetzt und eine auch heute noch provozierende Modernität der *Silberlöwen*-Romane ausmacht. Es ist ja nicht nur die „Desambiguierung" (Weinrich 102) des Wortes, sondern die Destabilisierung eines Redens in Metaphern, der ganzen ausladenden Metapherngebäude seines Werkes, der sich auszusetzen der Autor hier den Mut beweist: der Aufgabe von ‚ordo' und der Bereitschaft zur ‚confusio', dem Gang vom Streben nach der ‚Ordnung' einer selbstverfertigten Weltsicht nicht zu hinterfragender Metaphern zur Erfahrung von ‚Wirrnis' und Wahnhaftigkeit, dem Risiko, die bisher ausgeblendete halluzinatorische Wahnhaftigkeit dieser Metaphernlandschaft erklingen, sich auf ihr ‚Hohl Tönen' einzulassen.

Die Schritte unserer Pferde erregten hier einen wahren Höllenlärm, von den zurückgeworfenen Schallwellen verzehnfacht, dumpf, hohl, ohne Höhe oder Tiefe, unbegrenzt, vollständig klang- und wesenlos. Es war ein Spektakel schattenhafter Geräusche, denen mit dem Inhalte auch das Leben fehlte. (XXVIII 245)

Man wird Zeuge der sukzessiven Aufgabe einer bisher starr verteidigten ‚Autostereotypie', hinter der sich die Angst verbirgt, dem noch immer gepflegten, überkommenen „staarkranken Sprachgebrauche" (XXIX 13) den ‚Staar' stechen zu lassen und sich so dem Zugriff der existenzbedrohenden ‚Erwartung' zu entziehen, jener „Wand von [...] Erwartungen" der Leser nach dem zwanzigsten Buch eines Autors, „gegen die man anrennen muß" und denen man, „um lebendig zu bleiben, [...] durch verschiedene fiktive Arrangements entgleite[t]", in denen, da „man sein eigenes Leben eigentlich nicht [kennt], man es erfinden [muß]" (Gustafsson 127). So erscheint „Literatur als Software, wo die Spiele durchgespielt werden" (ebd. 129) mit dem Material der Sprache als „eine[m] bewegliche[n] Heer von Metaphern". Man sieht May, mit der Technik dieser Spiele vertraut, in den *Silberlöwen*-Romanen allerdings nie als Hasardeur der Metaphern, eher schon als ihren Don Quijote, mit der Hauptaufgabe des Schriftstellers beschäftigt, „die Dämonen zu transportieren aus den Höhlen des Unbewußten" (Gustafsson 131), was ohne „Risse in der festen Apparatur der Sprache" (ebd. 126) nicht zu leisten ist: dort, wo metasprachliche Erhellungsprozesse unkontrolliert Energien freisetzen und so „diese sprachliche Wendung des Unbewußten [...] ein linguistisches Paradigma" (ebd. 126) abgibt. Dergestalt sind die Kräfte einer linguistischen Geodynamik, die in diesem Spätwerk Mays den ‚alabasternen Stil' generiert.

Literatur als Software ist das Produkt metaphorischen Spieles und der ihm innewohnenden Aleatorik, die die normensetzende, nomothetische Kraft der Sprache in die Arrangements semantischer Beliebigkeit überzuführen droht: (den Antinaturalismus einer Kreisbewegung, in der potentiell alles gleichzeitig passieren könnte;) in der Symbolik der *Silberlöwen*-Romane statten sie das Reich der ‚Sillan', der ‚Schatten', aus, deren Überwindung im ‚wahr'-Sprechen zugleich auch die Eliminierung metaphorischer Instabilitäten bedeuten kann. In den Kraftfeldern dieser metaphorischen Instabilitäten und ‚Desambiguierungen' finden die literarästhetisch doch sehr unterschiedlich zu gewichtenden Teile der *Silberlöwen*-Tetralogie zu einer recht wunderlichen Koexistenz. Was sie einigt, ist die Problematisierung der metaphorischen Existenz, die sich May in seinem Werk geschaffen hat, das grundlegende Erfahrungen seiner vita metaphorisch ‚larviert' und in allen seinen Bereichen zur Entschlüsselung immer wieder einlädt; das heißt: war das Schaffen Mays bisher eine große – von ihm zum Teil sicher auch unbewußt praktizierte – Metapher auf sein Leben, so wird diese Metapher nun ‚metasprachlich' Gegenstand der Untersuchung, einer Befragung der eigenen Existenz: Metapher liefert die Methode einer linguistisch-psychisch verfaßten Introspektion. Und analog dem ‚metasprachlichen' Vorgehen, Sprachliches mit Sprache zu befragen, tritt in diesen Romanen mit ihren ausufernden Digressionen permanenter Selbstexegese, die die seelische Situation des Autors in metaphorische Aggregatzustände umsetzen, wiederum die Metapher in die Rechte eines ‚metasprachlichen-meta-metaphorischen' Inquisitors, der das Wort- und Bildmaterial unbarmherzig auf die Folter reflektierender Analyse spannt. Um im Bilde von Karl Kraus zu bleiben: es geht nicht mehr um die ‚Kleider', es geht um die ‚Haut' des ‚nackt über die Grenze' gekommenen sprachlichen Phänomens, ihrer Dehnung im Denkbild bis auf die Durchsichtigkeit hin; das Wagnis, die Metabühnen der Metaphern auszuleuchten, führt zu Zuständen krankhafter Reizung:

„Es scheint mir, als ob ich da unten keine Knochen, keine Sehnen und kein Fleisch mehr habe, sondern bloß noch die Haut, und diese ist so außerordentlich dünn, daß ich von innen heraus den Stoff der Hose sehen kann!" (XXVIII 180)

Was Halef hier als physische Zustandsbeschreibung meint, liest sich unter anderem auch als linguistische Untertitelung einer Szene, die viele Sprachen spricht. An dieser Stelle läßt sich eindrücklich der Umgang Mays mit Metaphern in den *Silberlöwen*-Romanen beobachten: als ein ‚Zerschreiben' von (Denk)Bildern, Collagieren von Metaphersplittern mythischen Schliffs, in dem aufblitzt, was zutiefst in unseren psychischen Apparat eingeschrieben ist; dabei werden in den metaphorischen Folterkammern dieses Autors Sprache und Bilder betrachtet und gewendet, bis ihre Kehrseite und das in ihnen Abwesende und Unausgesprochene sichtbar wird, ohne das daran gebundene Begehren, die darin eingeschriebenen Träume und Sehnsüchte zu denunzieren; und so wird schon oft Gesagtes bilderreich nochmals so gesagt, daß es als erhellend empfunden werden kann.

Welch naive und doch bewundernswerte Deutlichkeit, mit welcher er diesen Schwächezustand seiner Glieder beschrieb! Er war in dieser Beziehung ja schon überhaupt unübertroffen! Er verstand es, selbst für das unerklärbar Scheinende Worte zu finden, welche trotz ihrer Sonderbarkeit fast stets das Richtige trafen. (ebd.)

Er – das ist der ‚Sohn des Orients'. Und nicht umsonst macht May den Orient zum Schauplatz seiner Exerzitien eines linguistisch-metaphorischen Ikonoklasmus. Etüden dazu erfüllen die Halef-Episoden im dritten *Silberlöwen*-Band, die über die Metaphern-Vorhänge hinaus immer wieder zu einem ‚wahr'-Sprechen vorzudringen versuchen: in einem Transsubstantiationsakt des Logos, ‚Wahrheit' nicht metaphorisch abzubilden, sondern metonymisch in Erscheinung treten zu lassen, heraus aus dem nominalistischen in den mystischen Bereich des Redens, dem wir uns nun zuwenden wollen. Dabei kann angesichts der Komplexität des Materials, der chaotisch-divergierenden Kräfte, die es beherrschen, Systematik nicht geleistet werden, der sich im übrigen Mays ‚theologisches' und ‚anthroposophisches' Denken entzieht. Es liegt daher nahe, im Rahmen dieses ‚Entwurfes' von verschiedenen Standpunkten das zu beleuchten, was May unter ‚wahr'-Sprechen, „die Wahrheit [...] wissen" (XXVIII 531) wollen, versteht; also ein prismatisches Untersuchungsverfahren zu nutzen, wie es der Roman selbst praktiziert.

*

Nur die Deutung der Welt in Bildern metonymischer Inkorporation bannt die Gefahren, die dem Menschen als gleichzeitig magischem und aufgeklärtem Wesen inhärent sind. Dieser Dualismus strukturiert die Handlung vor allem des dritten *Silberlöwen*-Bandes. Von hier aus führt der Weg sprachlicher ‚Statusdramatisierung' zum lieto fine des vierten Bandes, in dem dann deutlich wird, daß May für sich die ‚Rettung' vor diesem Dualismus ausschließlich in einer ‚Kultur der Offenheit' sieht, auch Kompromisse nicht verschmäht, in denen – und seien sie noch so bescheiden – ein nicht geringes Moment an Humanität steckt. In neuer Zunge reden zu lernen, dafür empfiehlt sich seit je der Orient. „Zunächst rede ich nur mit denen, die schon nach dem Orient sehen." (Schlegel II, 280) Die erhellende Bildersprache des Orients betont May oft genug (z.B. XXIX 209), und in der Sprache ‚Basras', der *Märchen aus Tausend und eine Nacht* (XXVIII 1) hat er Schlegels ‚Idee' auf seine Art ja auch ausführlich praktiziert: in einer ‚Einseitigkeit', die aufhorchen läßt, wenn Lindsay nun an exponierter Stelle des Romanes die Sprache des Orients erlernt hat, er „plötzlich [sic!] das Arabische nicht nur verstand, sondern es, freilich noch sehr fehlerhaft, auch sprach" (10). Dieses ‚Arabisch' ist zum Beispiel eine Blumensprache und bedient sich des fleuristischen Dekors eines ‚Rosenkavaliers', „der die silberne Rose überbringt nach der hochadeligen Gepflogenheit" (Hofmannsthal), wenn es darum geht, die Hochzeit (hier mit einem in seiner Existenz bestrittenen Tode) zu annoncieren.

„Da sendet mir der Sultan einen Boten, durch welchen er mir sagen läßt, daß ich nach drei oder fünf Jahren in die Gegend von Edreneh ziehen soll, um Rosen zu züchten, welche mir den Duft ihres Oeles zu geben haben." (71)

Durch die Blume gesagt, ist das eine Warnung: denn „wenn du stirbst, ist es aus: [...] weil du ja nie an den Pierischen Rosen Anteil gehabt" (Sappho III, 58D).³ Wie die Rosenmetapher, deren Ambitus von der Verzauberung

---

3 Das bedeutet hier durch die Sprache der Dichtkunst, durch das inspirierte, mithin ‚wahre' Reden einer – übrigens in den vielen Gedichteinlagen mit Nuance auch den *Silberlöwen*-Romanen eigenen – lyrischen Transparenz: Teilhabe an Göttlich-Schönem, an den Rosen der Musen des Olymp [Pieria = Landschaft in Makedonien]. Doch auch im Veilchen, „Benefsesch", „meinem Lieblingsdufte" (XXVIII 269), liegt eine der Dichterin schon geläufige Symbolik verschlüsselt, ähnlich doppelgesichtig wie die der Rose: Liebe und Tod in sich vereinigend. Ein Fragment (32D, Vers 12) läßt uns im Zweifel, ob Aphrodite oder Persephone, Liebes- oder Todesgöttin, als Trägerin der „duftgen Veilchen" am Busen gemeint ist. In Beziehung zum Jenseits steht das Veilchen jedenfalls schon im griechischen Mythos: auf der Wiese, von der Persephone geraubt wird, wachsen neben Rosen, Hyazinthen und Krokus auch Veilchen.

durch die Blumen des Bösen – auf der Brust Kara Ben Nemsis als Petechien (208) so erblühend wie die Rose von Schiras als tödliche Wunde auf der

> Und diese Beziehung findet sich auch in der Diagnose und Therapie des Typhus im dritten *Silberlöwen*-Band hergestellt: „Es roch trotz der frischen Veilchen, welche ich sah, so dumpf, so moderig, fast wie nach Leiche. Ah! Da kam die Erkenntnis: Ich selbst war es, von dem dieser Geruch ausging, der ein Symptom des Petechialtyphus ist! Nun wußte ich, daß eine wochenlange Betäubung sich meiner bemächtigen werde. Also darum die Veilchen! Diese Blumen hatten bei mir denselben Zweck wie dort bei Halef die Rosen." (XXVIII 278) Die symbolische Funktion des Veilchens erschließt sich aus der Metamorphose, auf die Laertes (*Hamlet* V, 1, 232/34) anspielt: „Lay her i'th'earth / And from her fair and unpolluted flesh / May violets spring." Denn „Violet is for faithfulnesse" (Shakespeare II, 511). Im Durchstehen der Typhuserkrankung vollzieht sich eine Läuterung, stirbt der alte Mensch und wächst der neue heran zu einem neuen Sein, das sich auch einer neuen, der wahren Sprache bedient, jener der Redlichkeit, „faithfulnesse", die im Veilchen ihr Sinnbild gewinnt und dann als mystisch organisierte Sprache in ihrem Bestreben, die platonische Methexis aufzuheben, weitgehend im Romangeschehen das Feld behauptet.
> Als Mittel der Peripetie in einem katastrophischen Wandlungsgeschehen nutzt – zeitgleich (1901/02) – auch Thomas Mann den Typhus. Und seine Darstellung der Krankheit in den *Buddenbrooks* hat entsprechend einer dramaturgisch ähnlichen Aufgabe mit der Mays viel gemein. In beiden Fällen handelt es sich um eine Stilisierung: weniger um „ein im Grunde belangloses Unglück [...], die unangenehme Folge einer Infektion, die sich vielleicht hätte vermeiden lassen und der mit den Mitteln der Wissenschaft entgegenwirken ist", als vielmehr „ganz einfach" um „eine Form der Auflösung [...], das Gewand des Todes selbst, der ebensogut in einer anderen Maske erscheinen könnte" (Mann 513). In beiden Fällen geht es in den tiefen Fieberträumen um die Entscheidung zur Genesung: um Verwandlung, Neuschöpfung, Gewinnen eines neuen Seins oder um Selbstaufgabe. Im Krankheitsbild, wie Thomas Mann es entwirft, „[steht] der Vorhang plötzlich still: er teilte sich nach rechts und links" (XXVIII 272) – zu beachten sind die linguistischen Konnotationen dieser Bilder – ‚öffnet' sich der ‚Aspekt', den Kara Ben Nemsi zur Rettung Halefs nutzt. „In die fernen Fieberträume, in die glühende Verlorenheit des Kranken wird das Leben hineinrufen mit unverkennbarer, ermunternder Stimme. [...] wie weit er auch auf dem fremden heißen Pfad fortgeirrt sein wird, er wird umkehren und leben." (Mann 513f.) Die Überwindung der Krankheit vollzieht sich in einem Akt der Metempsychose, der aus einer Krise von „Denken und Sprechen", das Kara Ben Nemsi schwer fällt, als Frucht eines neuen Redens erwächst. Daher kommentiert der Pedehr: „Ich verstehe dich, Effendi. Wenn Halef erwacht, um zu sterben" – auch hier ist die Paradoxie notorisch – , „soll er seinen Sohn vor sich sehen. Dadurch wird seine Seele vielleicht festgehalten werden." (XXVIII 273) – Stilisierung der Krankheit also zu einem transitorischen Szenarium. In dieser Stilisierung, als „Form der Auflösung, das Gewand des Todes selbst, [...] gegen den kein Kraut gewachsen ist" (Mann 513) außer Veilchen und Rose – in der Sprache der Metaphern gibt der Typhus somit gleichermaßen in der Darstellung Manns wie Mays das Muster ab für die Verwandlung, deren odorierende Begleiterscheinungen den floristischen Aufwand einer Blumensprache besonderer Art notwendig machen, daß nämlich das Veilchen wie auch die Rose zum Antidotum werden gegen die Hypokrisie dieser Welt und das in Auflösung begriffene alte in ein neues Sein überführen: in der Manifestation der Blumenarrangements erscheint dieser neue Mensch teilhaftig geworden am Unsterblich-Schönen, für das die Rosen Pieriens stehen.

Brust seines Freundes Dschafar (XXIX 98) – bis zur Evokation eines neuen Jerusalem (XXVIII 542) reicht, so verbürgt auch das – schon mehrfach erwähnte – Gliedergleichnis Halefs beispielhaft die multiple Aussagestruktur der ‚neuen' Sprache. Es bezieht sich vordergründig auf den Gesundheitszustand des Sprechenden, auf seine körperliche Befindlichkeit; wir müssen es uns freilich an dieser Stelle versagen, in eine Auslegung – so reizvoll sie auch wäre – gemäß dem von Weinrich vorgeschlagenen dreistufigen Deutungsmuster einer „Mikro"-, „Kontext"- und „Text-Metaphorik" (Weinrich 328ff.) einzutreten. Im vorliegenden Zusammenhang ist des Hadschi Beschreibung seiner physischen Schwäche von besonderer Bedeutung als Parabel auf die Dissoziation sprachlicher Erscheinungen und deren Heilung, die in der Tilgung eines individualistisch-nominalistischen („Ich werde einmal versuchen, sie von ihrer Pflichtvergessenheit zurückzubringen", 180) zugunsten eines gesamtmenschheitlich-mystischen Sprechens gesucht wird, einer das Verständnis aller garantierenden, universalistischen Sprache, die als johannitischer Logos, verankert in Gott als höchster Autorität, „die Welt als größtes Wort der Liebe" (540) schafft: einer Sprache mystischen Begehrens also. Eine solche Deutung legt in den *Silberlöwen*-Romanen ein zweites Körpergleichnis, diesem spiegelbildlich, nahe: die „fatale Eigenheit", in Unkenntnis unserer selbst, also dem Schein verhaftet, ‚trügerisch', zu handeln und zu sprechen, besteht danach darin,

> den Zusammenhang mit der Menschheit nur in unser eigenes Belieben zu stellen. Wie sich der Kreislauf des Blutes durch Millionen Körper auf ganz dieselbe Weise vollzieht, so pulsiert in diesen Millionen auch der Geist durch gleiche Adern (XXIX 12f.).

Zu sehen, daß „der Gesamtmensch [...] jedem einzelnen derart eigen [ist]" (12)[4], verhindert eben jener „staarkranke Sprachgebrauch", die „Geister zu distinguieren" (13).

---

4 In wohl unbewußter Widerspiegelung und einem – man könnte sagen – ‚archäologisch' zu definierenden Wiederdenken entfaltet May hier eine Vorstellung Senecas: „membra sumus corporis magni. natura nos cognatos edidit, cum ex isdem et in eadem gigneret." (ad *Lucilium epistulae morales* 95, 52); wenn er „mit absoluter Notwendigkeit große innerliche Ähnlichkeiten, ja sogar Gleichheiten" (XXIX 12) menschlicher Wesenszüge untereinander im ‚Gesamtmenschen' konvergieren läßt, den im bis ins Detail gleichen metaphorischen Experiment auch Pascal im Auge hat: er spricht von der verhängnisvollen „volonté particulière" der Füße und Hände (*Pensées* 475) und fährt fort: „Être membre, est n'avoir de vie, d'être et de mouvement que par l'esprit du corps et pour le corps. Le membre séparé, ne voyant plus le corps auquel il appartient, n'a plus qu'un être périssant et mourant." (483)

Geht man davon aus, das Erzählen Mays als eine große ‚Liebeserklärung' zu werten: als eine Liebesliturgie und als Werbung, geliebt zu werden, was das ‚Ich' in unendlich fließenden Erzählungen ‚deliriert' – „Daß du nicht enden kannst, das macht dich groß", sagt Goethe im *Divan (Unbegrenzt)* –, in denen es sich weder um vertiefte realistische Psychologie bekümmert noch um religiöse ‚Wahrscheinlichkeit', so vollzieht sich im ‚Liebesakt' dieses Spätwerks, „die Welt als größtes Wort der Liebe" (XXVIII 540) zu schaffen, ein großer Bruch: hier und jetzt findet der Versuch statt, Sprache zu bereinigen, den der Liebeserklärung inhärenten Betrug zu eskamotieren und zur Wahrheit zu finden. Die Phänomenologie der Sprache dieses ‚wunderlichen Bruches', von dem Goethe Serlo sprechen läßt, „daß die Summe unserer Existenz, durch Vernunft dividiert, niemals rein aufgehe, sondern daß immer ein wunderlicher Bruch übrigbleibe" (Goethe 345), seinerseits Summe dieser „wunderlichen Erscheinung" (Th. Mann), besteht eben darin, daß „er [May] ästhetisch oft gebrechlich [ist]; aber seine Kräfte lagen zuletzt im Außerkunsthaften", in der „Entmachtungsmacht der Wörter gegen die Welt und ihr Unheil" (Wollschläger), womit der Anspruch des Kunsthaften dieses Werk wieder einholt. Eine Analyse des Mayschen Stils hat sich dieser Aporie zu stellen, die in der Sprache des ‚wunderlichen Bruches' steckt und sich beim späten May so präzis studieren läßt. Nicht weil nun dessen Werk ästhetisch weniger gebrechlich wäre, sondern weil sich der Autor der „Entmachtungsmacht der Wörter gegen die Welt und ihr Unheil" bewußt wird und im bewußten Umgang mit den Zaubermitteln der Rhetorik nun auch das ästhetische Verdikt erst recht provoziert. Denn von jetzt an will er ‚wahr' sprechen. Aber was heißt das? Offenbar handelt es sich dabei ebenfalls um eine der Spiegeltechniken, die die *Silberlöwen*-Romane so virtuos für ihren Aufbau nutzen. Da wird einmal als „große Wahrheit" apostrophiert, „daß der eine sich in dem andern zu erkennen habe" (XXIX 12). Und das ergäbe im übrigen wohl die Definition für das ‚Verzauberte Gebet' aus Alabaster, auf das die Handlung des dritten *Silberlöwen*-Bandes abzielt, die das Ringen um Verstehen und Verstanden-Werden auf Kampfplätzen, die Lüge, Betrug, Verstellung, Larviertheit durch Sprache, auch durch die Körpersprache beherrschen, zum Thema hat. ‚Alabasternes Gebet' ist das vollkommene Vertrauen in die Kraft der Sprache. Im Gebet wird in Anrede und Antwort Verantwortung geheischt. Dekonstruktionen haben hier zwar nichts zu suchen. Auf der anderen Seite droht die ‚wahre' Sprache ideologisch korrumpiert und im Banne ihrer obrigkeitlichen Grammatik von ihrer eigenen Logik an den Abgrund semantischer Unerträglichkeiten getrieben zu werden. Unendliche Messen, hier den Teufel des metaphorischen Verwirrspiels auszutreiben: führen zum offenen Werk. Jeder Leser, der sich auf den Umgang mit der Grammatik der Metaphern einläßt, der die Vieldeutigkeit der narrativen Strukturen aus der Ökonomie des Erzählflusses herauszupräparieren, den an Anforderungen dieser Ökonomie ausgerichteten Code der narrativen Strukturen für sich zu evaluieren willens ist, wird sich durch die Handlung der ersten Kapitel des dritten *Silberlöwen*-Romanes in die Zonenrandgebiete eines verunsichernden Zwielichts aus Realität und Wahn, Trivialität und Traum versetzt sehen: in Arrangements, entrückten, aber sehr suggestiven Albumphotos entsprungen, Zeugnisse bizarrer Praktiken aus dem Atelier eines Amateurbildners, der die beruhigend betulichen Erzählformen seiner bisherigen Bildsprache nun plötzlich einem Entwicklungsprozeß des Irrlichterns aussetzt. Kein Bild fügt sich hier an das andere, ohne daß die vorgegebene Normalität und Realität mit den Ausrufezeichen eines entsprechenden Caveat versehen wird: die raffinierte Verwendung des Konjunktivs in den verunsichernden Bahnen des ‚als ob' zu denken nötigt. Krankheit erscheint nicht mehr als eindeutig. Man kann sich der Auskunft der Symptome keineswegs sicher sein. Der Zweifel am Befund – Idiosynkrasie gegenüber dem Gegebenen wird symptomatisch – ist auch der Zweifel an der kausalen Verfassung der Existenz überhaupt: „Ich wußte nicht, was ich denken sollte, und wurde fast irr an mir selbst." (XXVIII 164) Eine Sprache der „Selbstbeherrschung" waltet, die zum Reden „ungeschickt" macht, zum Schreiben aber um so geschickter: bei einem Autor, in dessen Werk bisher ‚es sich von selbst verstand', daß das Schreiben den Gesetzen des Redens gehorchte und beider Fluß um so hemmungsloser ermöglichte. „Ich that dies nur mit Anwendung aller meiner Selbstbeherrschung. Dies macht mich zum Reden ungeschickt, während Halef sich um so gesprächiger zeigte." (ebd.) Das alte trifft hier auf das neue Verständnis vom Schreiben, der alte auf den neuen Stil, der, einem ökonomischen Prinzip semantischer Maximierung und rhetorischer Minimierung gehorchend, nicht horizontal wie bisher, sondern vertikal operiert. Das führt innerhalb dieses Koordinatensystems auf der Suche nach der ‚wahren' Rede, die im Grunde nur eine ‚asymptotisch' verfaßte sein kann, zu gefährlichen grenzüberschreitenden Operationen linguistisch-semantischer ‚Analysis'.

*

Eine zentrale Stelle, welche ‚die (neue, unerhörte – denn sich ihrer zu bedienen, könnte das Leben kosten) Sprache der Wahrheit' thematisiert, findet sich im dritten *Silberlöwen*-Band (531). Es handelt sich um einen kurzen Dialog zwischen dem Multasim und Kara Ben Nemsi, der die Polarität von ‚Lüge und Wahrheit' pointiert:

„Deine Vorsicht geht oft über alle List. Aber eine Lüge machst du nie. Ist das so?"
„Ja."
„Wirst du jetzt lügen?"
„Nein. Warum fragst du das?"
„Weil ich die Wahrheit von dir wissen will."
„Wenn ich überhaupt spreche, so wirst du nichts anderes von mir hören als nur sie."
„Auch wenn es dein größter Schade wäre? Wenn es dein Leben kosten könnte?"
„Auch dann!"

‚Wahrheit' zu sprechen ist wohl immer lebensgefährlich; (und so kommt es hier auf das „Wenn ich überhaupt spreche" an, was nicht unbedingt heißen muß, ‚wenn ich überhaupt artikuliere') auch das meint die linguistische Fährte, die May zu Beginn des Romans legt und die dann zum Inhalt des linguistischen Propädeutikums wird, das die Halef-Episoden innerhalb dieses Romanes darstellen, wenn er ausführt, daß die „Anwesenheit eines solchen Gefährten", „der die Sprache und die Sitten des Landes nicht kennt und versteht", „sogar verhängnisvoll werden kann" (XXVIII 10). Realität zu erfassen ist eine Frage des richtigen Dolmetsch: „Notwendigkeit, [die Sprache] in ein besonderes Milieu zu versetzen", sagt Valéry (471). Die Verkennung der Situation durch Fehldeutung kann tödlich sein; und so wird wiederum Hermeneutik zur Königsdisziplin in der Erschließung der Welt.

Er hatte sich jedenfalls jahrelang und mit großem Fleiße mit dieser Sprache beschäftigt, und daß er das gethan und die darauf verwendete Mühe nicht für weggeworfen gehalten hatte, das war es, was mir an ihm vollständig fremd vorkam und mich mit Verwunderung erfüllte. (10)

Es handelt sich hier ohne Zweifel um ein Selbstporträt Kara Ben Nemsis als Sir David Lindsay. May ist sichtlich bemüht, in Erfahrung eines ‚pfingstlichen' Ereignisses, der Wende von 1899, eine neue Sprache zu sprechen.

> Hierzu kam ein Umstand, welcher mich bewog, mich über diese seine mir so überraschende Sprachfertigkeit zu freuen: Wenn er mit uns nach Persien ritt [...], war es für uns [...] eine große Erleichterung, nicht jemanden bei uns zu haben, der aus Mangel an Sprachkenntnis keinen Eingeborenen verstehen konnte. (10f.)

„Nach Persien" aber, das heißt in das Land der Magoi, des Ustad und des „Erdenparadieses" (537), dessen Sprache nicht zu verstehen zum seelischen Sinnesverlust führen muß.

Metaphorisch wird hier das Programm einer neuen Sprachfindung und Sprachnutzung entworfen. Es wird eine Sprache der Bilder sein: und das – wie sich bald zeigen soll – in durchaus antimetaphorischem Sinne. „Das ist ein Bild. Ich bringe es, um begreiflich zu machen", heißt es einmal später (XXVIII 535). Oder auch: „Er liebte es, in Bildern zu sprechen. Wer ihn verstehen wollte, hatte nachzudenken. So auch hier." (XXIX 126) „Begreifen, was uns ergreift" – in der schönen Formel Emil Staigers – durch Bilder, so könnte man vielleicht das Projekt Wahrheitsfindung durch Sprache beschreiben, dem May sich in den *Silberlöwen*-Romanen verschrieben hat. Deshalb geht es oft in Grenzbereichen der Semantik nicht mehr um Sinnfindung mittels des Wortes, sondern darum, daß das Wort, die Sprache den Sinn selbst findet, wenn nicht gar produziert, was an die Grenze zum Verstummen führen kann. „Ueber diesen Text ist nichts zu sagen, kein Wort. Er spricht ja selbst!" (XXVIII 539) Eine Feststellung, die bereits Roland Barthes ‚hyphologische' Texttheorie vorwegnimmt (Barthes 94) und deutlich macht, wie schon 1902 ‚mystische Wollust', auf pure Textdekonstruktion regredierend, die Sprache verschlagen und in bloßen Klang umschlagen kann: in eine Entnominalisierung der Sprache hin zum reinen Ton, zur Musik als der ‚wahren', allen verständlichen, weil von allen beliebig erfüllbaren und entsprechend von allen ‚wollüstig' erfahrbaren Sprache. „Indem der Text an die Grenzen des Sagens vordringt, in einer *Mathesis* der Sprache, die nicht mit der Wissenschaft verwechselt werden will, löst er die Benennung auf, und diese Auflösung nähert ihn der Wollust." (Barthes 67) „Er spricht ja selbst!" In diesem Sinne wird an anderer Stelle diese neue Form der ‚Mitteilung', „aus solchen namenlos gewordenen Bestandteilen [zusammengesetzt]" (XXIX 14), neu codiert, in einen musikalischen Aggregatzustand überführt: als Sprechen in Blitzen, prismatisches Sprechen.

> – so that auch dieser erste Ton sich plötzlich auf, um alle Harmonieen, die es gab und geben wird, aufleuchtend von sich auszusenden und aber augenblicklich in sich zu vereinen. (XXVIII 537)

Diese ‚Sprache' arbeitet ganz im Sinne der Romantik mit synästhetischen Effekten. Das Brillieren des prismatischen Tones setzt sich in der Konsistenz des Alabasters fort. Und nicht nur dort: auffallend ist überhaupt die gleiche metaphorische Metamorphose ins Kristalline, die die Vorstellung (gedanklicher) Erleuchtung als prismatischer Effekt im geologischen, optischen und akustischen Bereich erfährt. „Dieses lautere, keusche, unschuldige Weiß, auf welchem Millionen Flammenkörnchen [!][5] brillierten" (XXIX 311); dann – ähnlich paradoxal wie das Bild von den „Flammenkörnchen" – die „Finsternis [...], so verdichtet, daß sie die Wirkung des Lichtes bekommt [...], Phosphoreszenz", in der es „wie von geschliffenen Perlen strahlte [...], von Liliputelektrizitäten beständig wetterleuchtete" (331), Wirkung offenbar jenes vorausgehenden „leise[n], leise[n] Flüstern[s][6], wie Gedanken, welche aus dem Wasser steigen und lebendig zu werden beginnen" (330f.); „Gedanken", die sich im Lichte ebenso ihre Sprache schaffen wie im Ton: „Unendlich mild [...] ward dieser Gedanke jetzt zum ersten Ton", in dem, „wie die Strahlen im Lichte, alle die unzählbaren Klänge der Zeit und Ewigkeit unisono verborgen [lagen]" und „plötzlich [...] durch das Weltall blitzte[n]": ‚revolutionäre' Komponenten jenes „ersten Tones", der „sich plötzlich auf[that], um alle Harmonieen, die es gab und geben wird, aufleuchtend von sich auszusenden und aber augenblicklich wieder in sich zu vereinen" (XXVIII 536f.). Zwar bleibt Skepsis dieser Sprache der ‚Wahrheit' gegenüber ausgesprochen. „Das irdische Maß ist ja doch nur ein Notbehelf. Es wird sich immer irren" (536), heißt es resignierend angesichts der Unmöglichkeit, die Phänomene mystischen Erlebens wenigstens im Sinne der Imitation, geschweige denn der Gleichsetzung in das differente Medium der Sprache hinüberzuziehen, als ob es sich um eine schlichte Parallelaktion handelte, „wie wenn die Sprache gewissermaßen nur die interpretatorische Doublette der Erfahrung wäre, die

---

5   „Flammenkörnchen": das Bild erinnert an die Emanations- und Korpuskulartheorie von der Konsistenz des Lichtes, an Goethes Vorstellung, im Lichte das Höchste zu *erschauen*. Das Licht schafft im Widerspiel mit der Finsternis die Farben. Seine „Thaten und Leiden" (*Zur Farbenlehre* X) – und nicht bloße „Refractionen" – sind es, die so zur Erscheinung drängen, daß die farblichen Tönungen daraus folgen. An diesem *organischen*, quasi korpuskularen Prozeß nimmt der Mensch Anteil als Günstling der Schöpfung, der in sich selbst das lichthafte (‚alabasterne') Erkennen der Phänomene vorbereitet. In den Lichtvisionen der ‚großen Träume' des vierten *Silberlöwen*-Bandes (XXIX 311ff.) finden die Vorstellungen der ‚Farbenlehre' Goethes eine beachtenswert adäquate Umsetzung.

6   In der Sprache des französischen Symbolismus: „suggérer un objet".

hierin zu ihrem Begriff käme" (Haas 32). Und doch wagt May – in Antithese zum barocken Bild der Erde als Jammertal – die Vorstellung vom „Erdenparadies" (537), dessen teilhaftig wird, wer das himmlische Idiom beherrscht, das sich nur oxymorisch-paradoxal, chiastisch beschreiben läßt: „War das Gesang, oder war es Sprache? Gesangssprache oder Sprachgesang?" Oder ist es schließlich nur herderischer Naturlaut: „Unser Gesang ist Kunst; dieser war Natur." (537) Diese neue Sprache des ‚alabasternen Stils' wird – im Rückgriff auf die romantische, quasi-religiöse Kunstphilosophie – beschreibbar durch die Metonymie der Musik, als Konzert in Jamben, in denen große Teile der *Silberlöwen*-Romane verfaßt sind; hier in vollendeten Trimetern, die – entgegen der Vorlage – im folgenden für einmal graphisch sichtbar gemacht werden sollen:

> Es teilte sich der Ton und blieb doch ungeteilt.
> Er gab sich ganz in tausend andern Tönen hin
> und hörte doch nicht auf, zu sei[e]n und zu bleiben,
> was er war. Der Lufthauch kam und wiegte ihn,
> als ob er mit und von ihm träume, auf und nieder.

Das Medium des Traumes ‚gebiert' mystisches (myein = ‚die Augen schließen') Sprechen. „Da gebar der Traum das erste Intervall, welchem, ewig stammverwandt, die anderen alle folgten." (537)[7] Geltungsbereich dieser Lingua franca, die sich einer ‚synästhetischen' Polymerisation

---

[7] Der Sprache dieses Spätwerks droht oft der unmittelbare Zugang zu den Gegenständen verloren zu gehen, womit es auffällig in die Nähe der Poetik des französischen Symbolismus rückt. Es lebt gerade nicht, wie Cézanne einmal über Zola bemerkte, „sous l'influence des événements", hebt sich vielmehr ab vom Stoff, den die Tage mit sich bringen. Nichts läßt sich mehr gleichsetzen, wo jener „subtile mécanisme d'imagination" waltet, außerhalb dessen alles Zufall ist: „hors laquelle il n'apercevait que le hasard." (Valéry über Mallarmé) Es sind reine Welten der Konstruktion, gegen den von May so bekämpften Zufall gesetzt. Hermetik. Das Spätwerk wird erst verständlich im Lichte dieses Verlustes, des Verzichtes auf das événement, das Stoffliche: es geht nicht mehr darum, es zu nennen: „nommer un objet", es geht darum, es zu souffieren: „le suggérer". Die Gefahr, daß diese Prosa zum selbstreferentiellen Lallen, zum skurrilen Ausschußprodukt überschüssiger Gedankenkapazität wird, deren vagabundierende Energie Wahngebilde produziert, ist natürlich so groß wie die Anfälligkeit dieser Sprache für das Schmarotzertum des unkalkulierten Gefühls. Der Mangel an reinem ‚Bild'ge-halt, jenem Attachiertsein an das événement, das die frühen und mittleren Reiseerzählungen auszeichnet; das Erlöschen der Gegenstände in einem Lichtwerk von Vergleichen und Assoziationen, das Clair-obscur, das sich in den gespenstischen Visionen des vierten *Silberlöwen*-Bandes steigert, produziert etwas Unwirkliches, Überwirkliches, das gleichwohl die Wirklichkeit in einem entscheidenden Moment bestimmt: im Moment des Schwindens, da dem Fluß der Imaginationen, dem „subtile mécanisme d'imagination" buchstäblich die Initiative zur Verfertigung der Erzählung überlassen wird.

verdankt, ist Persien, das Land Zoroasters, bei May ein imaginärer Raum, in dem sich Dinge ereignen, die es nur dort gibt, wie bei Baudelaire: tout un monde lointain. Und in diesem Lande des Lichts wirkt Sprache als prismatischer Ton, bricht sich in einer Fülle von Verständnisvarianten.[8] Noch

---

8   Sprache ist eine Eigenschaft, die ja nicht einer einzelnen Silbe, je einem einzelnen Wort zugeschrieben werden kann: Sprache entsteht als emergente Eigenschaft aus der besonderen Organisation von bestimmten syntaktischen Strukturen: ein Prinzip, das bei der Beschreibung des ‚alabasternen Stils‘, seiner Phänomenologie besonders zu beachten ist: der sprachlichen Polymere, der sprachlichen Polymerisation, der sprachlichen Detergenzien, die durch spontane Aggregation oberflächenaktiver Sprachpolymere (Moleküle), aber auch Bildempfindungen, quasi sensorischer Chips ge‚bildet‘ werden. Häufig im Stil dieses späten autobiographischen Schlüsselromanes ist zu bemerken, daß die Rede, in einer Art dissoziativen Verhaltens, die Krankheitssymptome des Autors abbildend, den Bildern die Initiative z.b. der Sinnfindung überläßt. Wiederum ist auf Halefs parabolische Pathographie (XXVIII 180) hinzuweisen. Wie im Gliedergleichnis des Menenius Agrippa (Livius II, 32), das als Vorbild gedient haben mag, wird hier aus der archaischen Tiefe menschlicher Entwicklung ein vorbewußter, vorzivilisatorischer, dissoluter Zustand, unter die biographische Lupe genommen, geschildert, der noch nichts von arbeitsteiliger Ordnung weiß, vielmehr ein simultanes Funktionieren, das stets auf der Suche nach Sinn, auf einem Sinnfindungstrip begriffen ist. Entfernt leuchtet darin mit Worten Rückerts („Ich bin der Welt abhanden gekommen", *Liebesfrühling* IV, 6) die dissolvente Befindlichkeit mentaler Paraplegie auf. „Meine Beine sind mir abhanden gekommen. [...] Ich werde einmal versuchen, sie von ihrer Pflichtvergessenheit zurückzubringen." „Er verstand es, selbst für das unerklärlich Scheinende Worte zu finden, welche trotz ihrer Sonderbarkeit fast stets das Richtige trafen." Worte finden, welche das Richtige treffen, d.h.: „Ce n'est point avec des idées que l'on fait des vers [...]. C'est avec des mots." Was sich hier abspielt, ist das Anliefern von Wörtern, von Sprachelementen zu einer Konstellation, in welcher die Wörter ihre Gewöhnlichkeit verlieren und in einem quasi ‚fraktalen‘ Akte sprachlicher Emergenz unvorhergesehen Unerhörtes sagen, ‚nackt über die Grenze‘ des Sagens mittels einer ‚wunderlichen‘ Dialektik der sprachlichen Leerstellen und Klischees zu einer inhaltlichen Mehrdimensionalität gelangen, in der sich das komplexe Spurensystem frei auf der Suche nach Sinn vagierender Worte und Bilder abbildet. Virtualität ist allerdings dabei notorisch. „Indem der Text an die Grenze des Sagens vordringt, [...] löst er die Benennung auf, und diese Auflösung nähert ihn der Wollust." (Barthes 67) Unterlegt ist diesen Auflösungsbestrebungen die den Satzbau von *Silberlöwe III* dominierende finale Konstruktion, die an ein Ziel zu führen nur supponiert, nie es ernsthaft ins Auge faßt – und damit den Soupçon der Unwirklichkeit in dieser scheinbar so realitätsverhafteten Sprache nährt. Das virtuelle Ziel bemächtigt sich der Finalität der Syntax, die auf die ‚Wollust‘ steter Wiederholung von Unbewältigtem fixiert ist.
    Die Wiederholung ist eines der auffallendsten Stilmerkmale gerade in Mays Spätwerk: die Insistenz der sich stereotyp wiederholenden Anaphern und Geminationes, passivisch-gerundivischen Formulierungen, der Parallelismen, enggeführten Infinitivsätze und ‚als-ob‘-Konstruktionen, diese gleichförmige Syntax korreliert mit einer hämmernden ins Kontraproduktive geratenden Religiosität. Denn durch die stete Wiederholung wird gerade das dementiert, was als verbindlich behauptet erscheint. Der Lustgewinn, der sich im Wiederholungszwang aus dem Bestreben einstellt, sich von dem Wiederholten zu befreien, macht blind dafür, daß die sich beständig wiederholende z.B. religiö-

einmal ist Valéry zu zitieren, der von der „Unmöglichkeit, Sprache in sich zu untersuchen", von der „Notwendigkeit, sie in ein besonderes Milieu zu versetzen", spricht, „das sogenannte psychische". Sprache dieser Art entzieht sich der beckmesserischen Stilkritik, was nicht heißt, daß sie der ‚Kritik der Urteilskraft' enthoben ist. Dieses metonymische Reden im ‚alabasternen Stil' endlich orientiert sich in seinem Wahrheitsbegriff an Valérys Definition von Sprache als: „auf gemeinsame, als fest geltende Referenz gegründet. Muß so behandelt werden, [...] daß die sogenannten physischen Phänomene bewahrt und die psychischen Phänomene durch Phänomengruppierungen, Variations- und Kombinationsbegriffe ersetzt werden" (471).

*

---

se Formel ihren Inhalt gerade durch obstinate Affirmation parodiert oder spielerischer Beliebigkeit aussetzt. (Ein Sachverhalt, der gerade auch das Studium von Mays Marienkalender-Erzählungen so spannend wie peinlich macht.) Dabei ist die Differenz in der Wiederholung zu beobachten: Freuds Hypothese – an Mays Werk mit Gewinn zu verifizieren – , Verdrängtes kehre sich wiederholend wieder, setzt voraus, daß die Elemente der Wiederholung identisch sind: das sind sie jedoch nur mit Nuance; denn Verdrängtes kehrt durch Verdichtung, Verschiebung, Rücksicht auf Darstellbarkeit wieder (vgl. Freud 199: der Stil ist Ausdrucksfeld dieser Dramatisierung, die konstitutiv für die Wiederholung ist: die Maske, ihr Wesen und ihr Schauplatz zugleich. So wie die Wiederholung in ihrem Wesen symbolisch ist, ist sie als Symbol, als Trugbild Buchstabe ihrer selbst, ihrer eigenen Schrift und Sprache. Kraft der Verkleidung und der Ordnung des Symbols ist die Differenz in der Wiederholung enthalten: in den codifizierten (Sprach)Haltungen, als da für Mays Spätstil – neben den schon genannten grammatischen Mustern – zu nennen sind: virtuelle Satzreliefierung durch ‚als-ob'-Konstruktionen, Konjunktivobsession, eine Tempusregie, die das ‚punktuelle' Imperfekt favorisiert, wo ein ‚durativer' Sachverhalt das Perfekt erwarten ließe; das Imperfekt bewirkt hier im Kontrast ein ins ‚Offene' zielenden ‚als-ob'-Finalität jenen entlarvenden, auf die ‚Wahrheit' der anschaulichen ursprünglichen Metaphern, „von denen man vergessen hat, daß sie welche sind" (Nietzsche 881), ausgerichteten anamnetischen ‚Blitzlicht-Effekt' (vgl. etwa XXVIII 79ff.). Sprache so als Ausdruck jener Macht der Anziehung, die die Träume wirken, in der sich jeder seine eigene Strecke, die nur ihm gehört, erfindet, sein eigenes Netz organisiert, ist aber als rhetorisches Zaubermittel in der Textwelt der *Silberlöwen*-Romane nur Kontrapunkt jener mit den Nomina spielenden Welt der Sillan, aus dem sich die Bemühung um die wahre Rede mystischer Veranschaulichung konstruiert.

II. Metonymisches Sprechen – in statu viae – Pferdetausch

Wenn man von May in Anbetracht seines Spätwerkes als Mystiker spricht, als einem ‚Großmystiker' gar, so Arno Schmidt, dann gilt es zuvorderst, die Sprache zu untersuchen, in der sich diese Mystik mitteilt. Und in der Tat ist in den letzten beiden Bänden des Romanzyklus *Im Reiche des silbernen Löwen* Sprache der eigentliche Inhalt der Handlung. Wie schon angedeutet – und wie noch zu beweisen – , handelt es sich um eine ‚Linguistik des Manichäismus', die im Skeptizismus der platonischen Philosophie ihren Ausgang nimmt und im Dekonstruktivismus der Derrida und de Man ihr Ende noch nicht gefunden zu haben scheint. Das Problem auf diese Zeitachse gedehnt, weist May einen prominenten Platz im Diskurs um das Wesen der Sprache zu: vor allem einer mystisch orientierten.

Sie zu erhellen, geht May kontrastiv vor und zitiert auf dem Weg zur Erfassung der ‚Wahrheit' im Wort im ersten Teil von *Silberlöwe III*, den Halef gewidmeten Abschnitten, die Sprache nominalistischer Kasuistik vor das Tribunal der Logik: ein Verfahren, das bis zur Auflösung des Textes als eines Gewebes beliebig wendbarer Zeichen geht. Der sprachliche Befund, der diese Szenen als nominalistisch inspiriert erscheinen läßt, verlangt zunächst eine kurze Charakteristik dessen, was wir unter Nominalismus verstehen wollen. Auf die vorliegenden Texte bezogen ist offenbar – ganz im Sinne des mittelalterlichen Universalienstreites – eine Subversion der Linguistik am Werk, die die Allgemeinbegriffe, mit denen wir das materielle und spirituelle Inventar der Welt erstellen, jeder eigenen Wirklichkeit gegenüber den Erscheinungsformen und Realdaten verlustig erklärt und sie als ein System jenseits der Dinge, als Schattenexistenzen – ‚Sillan' – trügerischer Bilder klassifiziert. Die Sprache hat hier nicht mehr als Bezugsgröße das von Gott verwaltete Reich der Dinge, sondern lediglich den Körper des Sprechenden und bald nur noch sich selbst. Bewegt man sich entlang den Maßgaben Baudrillards, die für sich recht gut eine linguistische Erläuterung des Mayschen ‚Sillan'-Gleichnisses abgeben können, so spricht der Text nicht mehr ‚Gott' oder ‚Wahrheit' – das wäre ein mystischer Gegenentwurf – , sondern er spricht – mit destruktiven Folgen für alle Sinnhaftigkeit – nur noch sich selbst als ‚Gott' oder ‚Wahrheit', er teilt die Wahrheit nicht mehr mit, läßt sie nicht mehr in Erscheinung treten, sondern nur noch ihren wesenlosen Schatten, getarnt als trügerischen Positivismus einer persönlichen Empirie, die alles ethische

Maß der Vagabondage freigibt und letzten Endes eskamotiert. Der Text spricht also nicht mehr von ‚Gott', ‚Wahrheit', ‚Heiligkeit', ‚Vertrauen', ‚Freundschaft' als sinnstiftenden Bezugsgrößen – er warnt sogar explizit vor ihnen: „Sei vorsichtig mit diesem Worte! Es fällt mir schwer, das rechte Vertrauen zu dieser Freundschaft zu haben." (XXVIII 188) – , er spricht in ihrer Falsifizierbarkeit nur noch sich selbst, indem er vermittels subjektiver Schaltungen persönliche Schattenbilder all dieser spirituellen Größen entwirft.[9] Eine Deutung des ‚Sillan'-Gleichnisses hat diese Gefahr der

---

9   Die *Silberlöwen*-Romane *III/IV* thematisieren das ‚vere dicere' (Cicero), das wahre Sprechen, das man beherrschen muß, will man nicht der Gefahr der Täuschung und des Truges erliegen. Die (Sprach)Fälschung ist ja ein zentrales Motiv des Mayschen Werkes, das allerdings im *Silberlöwen* in einem bisher unerhörten Ausmaß die Handlungsstrukturen bestimmt. In einem bemerkenswerten Maße werden hier der sprachlichen Ideologisierung – und geht man davon aus, daß Ideologisierung eine besonders penetrante Form des Kitsches ist –, auch dem sprachlichen Kitsch der Kampf angesagt. Der (Selbst)Betrug erscheint entsprechend linguistisch, in der Welt der Sillan parabolisch instrumentiert, um das Walten des Wahns transparent zu machen und dadurch den Schattenwurf der Wortwelt zu vernichten. Die Welt soll nicht mehr doppelgesichtig sein, das nominalistische Eidolon dem mystischen Eidos weichen, die (platonische) Methexis aufgehoben werden: Gefordert ist in der Modusregie dieser Sprachwelt der Primat des Indikativs; indem „der Indikativ ist" – mit einem Worte Carl Friedrich von Weizsäckers – „das Wagnis der Einfachheit". Ausdruck einer mystischen – im Vokabular der Quantentheorie – ‚Transformation' von ‚Substanz' in ‚Information', letzten Endes ‚Geist'. In den Halef-Episoden des dritten *Silberlöwen*-Bandes geht es um die Krise des Sprechens. Hier einige Kostproben aus dem Requisitenrepertoire, mit dem Subversion der Sprache, mittels derer die Akteure sich der Realität versichern wollen, betrieben wird.
    Es ist das die Ambivalenz: „Die Frage Nafars hatte also einen zweifachen Klang, eine doppelte Bedeutung für uns." (XXVIII 137) – In brachylogischer Verkürzung wird kognitives gegen sensualistisches Verstehen gesetzt: „Man darf nicht hören, sondern fühlen!" (141); droht die dialektische Spannung zwischen Sinn und Bedeutung das ‚Treuhand'-Verhältnis zwischen Wort und Welt, begründet im Urakt semantischen Vertrauens („Das Vertrauen ist nicht wie eine Dattel, die man in der Minute zehnmal hin und her geben kann", 195), in der „Heiligkeit" des Wortes, zu liquidieren: „‚Wir wissen ebensogut wie ihr, was so ein Wort bedeutet!' – Ja, das wußte er wohl ganz gewiß. Aber etwas anderes wußte und fühlte er wohl nicht, nämlich daß das gegebene Wort seine ganze Heiligkeit verliert, wenn es Veranlassung gibt, in einer so peinlichen Weise über seine Bedeutung verhandeln zu müssen." (159) kriminalisiert den Betrug den Gebrauch der Bilder: „Ein einziger Augenblick hatte genügt, ihn in ein Bild der höchsten Energie zu verwandeln." (149) Hinter dem Bild steht die widerständige Realität tödlicher Schwäche. „Ich wußte nicht, was ich denken sollte, und wurde fast irr an mir selbst." (164) Wann im gesamten vorgängigen Werk war das Kara Ben Nemsi je passiert! Hier erlebt er zum ersten Male Irritation.
    Der Text legt allenthalben in den Paradoxien und Antithesen Spuren, aus denen sich eine Hermeneutik der Falsifikation konstruieren läßt, deren nominalistischer Begriff von Erfahrung die Realität nur noch scheinempirisch abzudecken und kaum zu verschleiern vermag, daß der Pakt zwischen Wort und Welt längst brüchig geworden ist. „Er lebt

Dekonstruktion aller geistigen Werte durch die usurpierende Macht der Sprache zu berücksichtigen. Im Lichte des johannitischen Logos, der die Sprache – weil göttlichen Ursprungs – im Realen verankert, muß ihr nominalistisch orientiertes Wirken als ein Schattenspiel trüber Kasuistik erscheinen, wie sie die weitgespannten Gespräche der Dinarun-Passagen beherrscht und in ihrem parasitären Gebaren in den Träumen der Akteure entlarvt wird: als „Vampyr geistiger Natur", als „schwammiges Gespenst von unersättlicher Porosität" (XXIX 319). „Auch ich gehorche nur, um frei zu sein" (318) beschreibt als Motto die Fertigkeit der Sillan in der Fabrikation von Texten, die nicht so sehr eine Mitteilung oder vorgefertigte Autorenaussage generieren, sondern die sich nach dem Muster der Hyphologie Roland Barthes als Gewebe von Strukturkombinationen, unendlichen Verkettungen von Zeichen und Bezügen produzieren und jeden Sinn als Maß verpflichtender Ethik annullieren. Sprache wird so sowohl zum Mittel

---

bereits das Leben, welches für andere Leute erst nach ihrem Tode beginnt." (170) Nicht nur, daß der Tod sich in der Euphorie der Akteure, eine heimtückische Krankheit, das „alte Weib", überwunden zu haben, als Leben larviert (z.B. 140ff.), signalisiert eine Existenzkrise des Sprechens, das tun auch die wirklich dramatischen Brüche, die zwischen ‚Gedanke' und ‚Erkenntnis', ‚Möglichkeit' und ‚Wirklichkeit', ‚Sinn' und ‚Bedeutung' sich öffnen und, um im Bilde zu bleiben, seismische Turbulenzen verursachen, die zielsicher alles Reden in ein „Thal des Sackes" abrutschen lassen, aus dem nur noch die radikale Liquidierung bisheriger Sprachgewohnheiten, das Erlernen einer neuen Sprache im (Licht)-Sprung über den Abgrund, den „Felsenriß", erretten kann. Der quasi tödliche Schlaf ist Durchgang zu neuem Leben, das heißt neuem Sprechen, neuem Erfassen der Welt. Vorerst aber befinden wir uns noch auf dem alten, porösen Terrain, wo im nominalistischen Stile („Der Gedanke an die Möglichkeit brachte die Erkenntnis der Wirklichkeit", 199) der alte Universalienstreit der Reformatoren im Gegensatz von „Sinn" und „Bedeutung" nachhallt: „Das Pferd verstand natürlich nicht den Sinn der Worte, aber die Bedeutung derselben." (204) Als ob die Menschen ihn so viel besser verstünden! „Was liegt daran, daß einer spricht: ‚Das Brot *bedeutet* mein Leib', und der andere: ‚Es ist ein *Bild* meines Leibes', wenn wir doch deutlich sehen, daß im *Sinn* kein Unterschied ist? Mit solch alten Stücklein behelfen sich einige von ihnen; und dabei verstehen sie weder den *Sinn* noch die *Worte*." (Zwingli 259) „Sei vorsichtig mit diesem Worte!" (188) kann mithin als Motto für die Halef-Episoden gelten, die als ein linguistisches Propädeutikum Sprache durchgehend zum Inhalt des Sprechens machen, zu einem Kolleg allerdings, das über die Fragwürdigkeit dieses Instrumentes, Erkenntnis zu vermitteln, handelt. Mehr als Virtualität und verunsichernde Kontingenz im Hinblick auf herkömmliches Sprechen kann freilich von ihm nicht erwartet werden. Die grammatische Struktur macht das überdeutlich: ausgetüftelter Gebrauch des Konjunktivs – die Parabase: „Ich bin von jeher so herzlich gern ein dankbarer Mensch gewesen" (146) verdiente puncto Modusregie eine eigene Abhandlung – , ‚als-ob'-Sätze, Finalsätze, finale Infinitivkonstruktionen sind in den ersten Kapiteln des dritten *Silberlöwen*-Bandes statistisch auf den ganzen Roman bezogen überproportional vertreten, um ab dem Sprung über den „Felsenriß" (255ff.) auffällig stark an Bedeutung zu verlieren.

punktueller Creatio ex nihilo, die umgehend der Vernichtung anheimfällt, als auch zum Demiurgen, der sich im Schöpfungsakt selbst abschafft, indem jeder Sinn und Bezug zur Realität im Rauschen sich repetierender Rede verdampft oder – in ein Bild der so beredten Geographie Mays gefaßt – im Treibsand und Geschiebe eines Schott Dscherid untergeht. Was Lindsay zu Beginn der Expedition ins persische Hochland lernen sollte, ist jene Sprache, deren Unkenntnis „unter Umständen [...] verhängnisvoll werden kann" (XXVIII 10), weil sie es dem aufmerksamen Beobachter ermöglicht, in ‚Texten' Erfahrung zu ‚lesen' und dabei die gefährlichen Unzulänglichkeiten der Sprache, des Ausdrucksvermögens schlechthin zu erleiden, im Verstehen der Spuren ihrem Verursacher zu begegnen und so jene Semantik des Überlebens einzuüben, die May im *Silberlöwen* Schritt für Schritt, zu Fuß und im Ritt entwickelt.

Schritt für Schritt bedeutet im Hinblick auf die Tektonik des Romanes folgendes: den Durchgang durch das ‚Thal des Sackes' und das ‚Fieber-Purgatorium' des Typhus – Reinigungsrituale beide – vom metaphorischen ‚Schein'-Sprechen (approximativ) zum metonymischen ‚Wahr'-Sprechen (absolut). – Der Gegensatz ist in *Silberlöwe IV* pointiert auf einen Nenner gebracht: „‚Du siehst etwas zu schwarz!' – ‚Sag lieber: Ich sehe in das Schwarze!'" (131) Es geht nicht um akzidentelles ‚Wie', sondern um objektives ‚Was'. Das Prozedere schreitenden sprachlichen Substanzverlustes bis hin zum Kollaps der Verwandlung läßt sich an einzelnen Beispielen – Halefs Gliederparabel (XXVIII 180) etwa oder der kosmischen Musik des Chodj-y-Dschuna (536f.) – , am therapeutischen Einsatz, den Rose und Veilchen als Metonymien einer ‚vita nuova' (Dante) erfahren, zeigen. Im Gebrauch dieser beiden rhetorischen Figuren manifestiert sich die Auffassung von Sprache als eines Erkenntnisinstrumentes formaler oder materieller Qualität. Metapher (das ‚Anderswohintragen') überträgt, setzt im Vergleich über das tertium comparationis significans und significatum in eine schwer meßbare Distanz zueinander. Metonymie (‚Umnennung') ersetzt, hebt die Distanz auf und fordert zwischen significans und significatum Identität. Im metonymischen Gebrauch erweist sich das Wort als Träger „realer Gegenwart" (G. Steiner). Metaphorisch eingesetzt produziert das Wort Sinn in Assoziationsoffenheit, metonymisch eingesetzt ist es Ausdruck des Sinnes, läßt es den Sinn in Erscheinung treten, nicht Fabrikant, ‚Monstranz' der Realien. Metapher ist entbindend: sinnlösend, Metonymie bindend; sinnstiftend als religans instrumentum religionis ist sie adäquates Ausdrucksmittel der im vierten *Silberlöwen*-Band die Welt ‚religiös' definierenden Stiftungsurkunde, die sich im ‚wahr'-Sprechen erfüllt: im Übergang vom Kalk der Wesenlosigkeit zum Alabaster des Gebetes, vom ‚Hören' zum ‚Verstehen' (311), in der Explikation, die die Harfenmusik Schakaras (XXVIII 536f.) in ihren Worten findet (XXIX 259): eine den Charakter des ‚wahr'-Sprechens in der Parallelisierung von Musik und Wort nahezu orphisch überhöhende Übersetzungslektion, die allerdings kaum mehr zu leisten vermag als daß das „Konventionelle, Formel- und Floskelhafte [...] unberührt, unverwandelt vom Subjektiven, [...] im Spätwerk öfters hervor[tritt] in einer Kahlheit oder, man möchte sagen, Ausgeblasenheit" *(Faustus* VIII, 73) der Sprache und sie auf ihrer Gratwanderung zwischen pathetischem Effort und banaler Anbiederung vor dem Absturz ins Gestammel[10] bewahrt, damit sie auf ‚wunderliche' – in der Terminologie der deutschen Mystik heißt das ‚widersprüchliche' – Weise aus dem Kontext heraus, d.h. hier vor allem im Vergleich zum zitierten musikalischen Muster im dritten *Silberlöwen*-Band (536), gleichsam im Versagen, Glaubwürdigkeit gewinnt. Antithese, Anapher, und Parallelismus beglaubigen eindrücklich die Beziehungswirklichkeit, diese eigentliche Wirklichkeit, die es aufzuspüren und zu gestalten gilt als Gleichnis zwischen Mensch und Mensch, auch zwischen Form und Form liegt das Geheimnis der Qualität des ‚wahr'-Sprechens und weist über alle ‚ästhetische Gebrechlichkeit' hinaus.

Damals waren es Harfentöne, die ich von ihr hörte. [...] Jetzt waren es Worte, die ich von ihr vernahm; aber alles, was und wie sie es sagte, hatte eine tiefe, innige Verwandtschaft mit jenen Harfenklängen. Es war Alles so melodiös, so harmonisch, so voll, so rein, so ganz ohne jede Spur von Dissonanz. Ich sprach weiter und weiter, nur um diese Lippen antworten zu hören, aus denen nichts Trübes, nichts Entweihtes klingen konnte. Es war, als ob ich ihr alle meine Gedanken hinübergeben müsse, um sie geläutert und geklärt dann wieder in Empfang zu nehmen. (XXIX 259)

---

10 Man vergleiche etwa die Gestikulationen einer mystischen Sprache in den homiletischen Exkursen des ersten *Old Surehand*-Bandes, deren metasprachliches Vokabular die Thematik der *Silberlöwen*-Romane *III/IV* schon anzeigt: „Der Sehnerv [ermüdet] an dieser Anfangs- und Endlosigkeit [...], und es entstehen Gedanken, die nicht auszudenken sind; [...] Vertrauen auf die unfaßbare und doch allgegenwärtige Liebe, welche der Mensch trotz des Wörterreichtums aller seiner Sprachen und Zungen nur durch die eine Silbe anzustammeln vermag: – – Gott – – Gott – – Gott – – !" (397) Dabei ist zu beobachten, daß die Sprache Mays den mystischen Aufschwung aus einfachem Satzbau heraus zu umfangreichen Perioden umsetzt: hier immerhin im Ausmaß von sechzehn Druckzeilen.

Nicht daß diese durch das Vokabular offensichtlich als mystisch ausgewiesene Qualität, die Metamorphose eines Transformationsaktes linguistischer Alchemie, der auf das mystisch Wahre, die Dissonanzlosigkeit, die Einheit zwischen Wort und Welt zielt, in irgendeiner Form in den Binde- und Brückenkräften der Gestalt detailliert durch sich selbst evident, greifbar würde; es bleibt bei der ‚Floskel', die allerdings als ‚sphragistische' Fährte zu den kontextuell versiegelten, aber transparent vorhandenen und spürbaren Bindekräften ‚wahren' Sprechens durch eine spezielle Hermeneutik des Spurenlesens belebt werden kann. Diese besteht in einer linguistischen Spurenauswertung, deren Systematik der Roman gleichnishaft immer wieder zur ‚Sprache' bringt: sehr elaboriert im Kapitel *Am Tode* (XXVIII 183-197), allenthalben metaphorisch larviert, bis hin zum mystischmetonymischen Verständnis von Welt und Sprache als ‚Spur'.[11] Als

---

11 Nominalistische und mystische Sprachgebärde in diesem Werk bedingen einander, und ihr wechselseitiges prekäres Verhältnis gilt es zu bestimmen: in der Verwandlung des metaphorischen Sprechens zum metonymischen. Da ist zunächst in den Halef-Episoden des dritten *Silberlöwen*-Bandes diese (neue) inzitativ zu erfassende Sprache der Serialität der Metaphern, die den Autor May zu einem Kronzeugen der Moderne werden läßt; denn dem traditionellen Schreiben auf ein Ende stellt May hier in carmen continuum seiner Metaphernmetamorphosen ein Schreiben ohne Ende entgegen. Der Text des Romanes unterliegt einer ‚seismischen' Energie beständiger Brüche und Verwerfungen und kann vor allem deshalb nicht zur Ruhe kommen, weil Mays Entwürfe hin zum Ganzen unentwegt von seinem ‚Schreiben in metaphorischen Serien' dekonstruiert werden, einem Schreiben, das sich als ‚potentielle unendliche Semiose' ereignet; insofern erweist sich dieser Text in seinen homöopathischen Bemühungen, den an der Welt leidenden Autor, einen Amfortas des Wortes, durch die „Entmachtungsmacht der Wörter gegen die Welt und ihr Unheil" (Wollschläger) zu heilen, als unendlich assoziativ: die Metapher ist das Mittel des Proteus: dergestalt, daß der Text nur in einem entsprechenden Lesen unendlicher Assoziation ‚erlöst' werden kann, so daß man dadurch zum Leser seiner selbst und ebenso – im Gebet! – zum eigenen Erlöser wird. Die Umgangsformen, die ein so verstandener Text ermöglicht und erfordert, lassen sich an der Metaphernqualität einiger Episoden entwickeln, deren Referenzrahmen in diesem Werk das ‚alabasterne Gebet' liefert, in dem die Welt Wort wird, im Laufe eines komplizierten Verdichtungsprozesses die referentielle Qualität der Metapher in die autonome der Metonymie umschlägt, die nicht so sehr als Wort von den Dingen spricht, sondern die Dinge durch sich selbst sprechen, gemäß der Definition der Rhetorik aus der metaphorischen Vergleichsbeziehung die reale Beziehung erwachsen läßt; was bedeutet, daß im ‚alabasternen Gebet' jener ‚wunderliche Bruch', der als inkommensurables Element allem metaphorischen Sprechen inhärent ist und von dem Serlo Wilhelm Meister bedeutet, „daß die Summe unserer Existenz, durch Vernunft dividiert, niemals rein aufgehe", sich in jenem ‚Lichtsprung' Wolframscher Mystik auflöst, den die Musik des Chodj-y-Dschuna, dieser Sphärenklang, erregend bis in die Koinzidenz der Gebärde mit dem mittelalterlichen Text nachvollzieht:

gegangene Spuren werden sie zum Zeichen und Sigel für dieses Gehen. Die Suche nach dem Grundmuster, nach der ursächlichen Struktur aller Erscheinungen, das Sich-Einschwingen in dieses Gefüge und das Sichtbarmachen solcher Zusammenhänge, das ist das ‚wahr'-Sprechen, zu dem der Autor des *Silberlöwen* unterwegs ist: es ist ein Sprechen in Vernetzungen, oft symphonischer Technik, das auch Verrätselungen bietet, deren Lösungen einer ‚Tabulatur' der ‚Leit'motive bedürfen.

So gewinnt die Verbalisierung der kosmischen Musik durch Schakara, für sich genommen in der Begreiflichmachung des ‚Unbegreiflichen' (XXIX 311) kaum mehr als konventionell, an Gewicht, sieht man sie als Station auf dem Weg zur mystischen Schau vom ‚Hören' (XXVIII 536f.) über das ‚Reden' (XXIX 259) zum ‚Staunen' (311); als „Seligkeit" (XXVIII 537), „Seele" (XXIX 259), „vollendet Seelisches" (311), „aufleuchtend" (XXVIII 537), „geläutert" (XXIX 259), „rein weiß Glitzerndes" (311); die „Harmonie [...], die betend aufwärts steigt" (XXVIII 537), findet ihre Entsprechung im „betende[n] Gigant", der „[empor]steigt" (XXIX 311): und beide vereinigt die Umsetzung durch die „Lippen [...], aus denen nichts Trübes, nichts Entweihtes klingen konnte" (259). Neben der ‚Sphärenharmonie' wird hier das Licht zur Grundkategorie des Glaubens, das im „betenden Giganten" in mann-weiblicher Doppelexistenz das „schneeig Zarte und Unbefleckte" (311) einer virgo immaculata, einer Marienerscheinung, beleuchtet, als die unschwer die Harfenspielerin auszumachen ist, in deren Mund sich alle Gedanken ‚läutern und klären'. In der Beschreibung

---

„Die Gottheit aber, Inbegriff der Reinheit, durchbricht strahlend die Wand der Finsternis (si glestet durch der vinster want). Ohne daß man sie sieht und hört, dringt sie wie der Blitz ins Herz (und hât den helenden sprunc gerant), um es ebenso schnell zu verlassen. Kein Gedanke kann so rasch aus dem Herzen ins Licht der Welt treten, daß Gott ihn nicht schon vorher geprüft [!] hätte (der enduizet noch enclinget, / sô er vom herzen springet. / es ist dehein gedanc sô snel, / ê er vom herzen vür daz vel / küme ern sî versuochet)." (*Parzival* 466, 19-27) „Aber da, plötzlich, als ob der Schöpfer prüfen wolle, wie er dereinst das Licht geprüft, indem er, bevor die Sonnen waren, die Strahlen alle durch das Weltall blitzte und dann wieder zu sich rief, – so that auch dieser erste Ton sich plötzlich auf, um alle Harmonieen, die es gab und geben wird, aufleuchtend von sich auszusenden und aber augenblicklich wieder in sich zu vereinen." (XXVIII 536f.)

Diesem (Licht)Sprung läßt schon die für May eher ungewöhnliche, symmetrisch gewölbte Hypotaxe eine expressive Kraft angedeihen, deren Autonomie der Aussage den metaphorischen Ausleihcharakter jenes hochdramatischen ‚Sprungs über den Bruch' (XXVIII 253), als Parallelstelle hier zu zitieren, sowohl als routiniert entlarvt als auch als Akme, in der die Kräfte der Verwandlung konvergieren, ins rechte Licht setzt.

Schakaras (258f.) wird Sprache in völliger Überforderung ihrer Mittel zur Metonymie der Seele, einer Seele von alabasterner Substanz, wie der Vergleich mit der Schilderung des ‚alabasternen Gebetes' lehrt. Das ‚verzauberte', alabasterne Gebet wäre mithin – in Identität mit Schakara, der ‚Seele', – eine metonymische ‚Sichtbarmachung' der Seele. Als Metonymie gibt das Wort nicht das Sichtbare wieder, sondern macht sichtbar; das, notabene, ein Grundsatz künstlerischen Schaffens überhaupt. Daß die Sprache Mays nun, die punktuell den Anforderungen des intendierten mystischen Sprechens so hoffnungslos unterlegen ist, nicht im ‚wunderlichen Bruch' der Banalität versinkt, hängt mit der mirakulösen textuellen Ökonomie der *Silberlöwen*-Romane *III/IV* zusammen, in denen ein Subsidiaritätsprinzip der Texte waltet, das – in Vorwegnahme von Methoden moderner Informatik – mittels einer ingeniösen linguistischen Vernetzungstechnik in unscharfen Operationen, gemäß dem Fuzzy-logic (Unschärfe)-Prinzip, punktuelle ästhetische Schwäche zur Summe ästhetischer Stärke aufaddiert und damit jenes paradoxale Prinzip befolgt, das mystischem Sprechen zugrunde liegt. Damit bestätigt sich die Überlegung, daß ‚wahr'-Sprechen zum Beispiel nicht eine Sprache genauer Wiedergabe – etwa des Sichtbaren – sein kann; Sprache, die in diesem Sinne ‚wahr' sprechen wollte, würde ‚ideologisch' sprechen und in der Paralysierung des Wirklichen, somit der Verfälschung, das Geschäft der Sillan betreiben. Der zu Beginn des dritten *Silberlöwen*-Bandes angekündigte Paradigmenwechsel im Sprechen besteht also auch darin, daß der Leser lernt, sich auf das genannte Subsidiaritätsprinzip der Texte zueinander einzulassen und, eingeübt in semantisches Spurenlesen, mißtrauisch zu werden im Umgang mit einer Wahrheit, die eine „Illusion [ist], von [der] man vergessen hat, daß sie [eine] ist" (Nietzsche 881). „Mißtrauen" ist ein Schlüsselwort der Halef-Episoden des dritten *Silberlöwen*-Bandes: schicksalhaft. Gerade nach der höchst inzitativen ‚Erlkönig-Episode' – „da begannen die Erlen um mich herum zu tanzen" – , da beim Baden im „klaren und lebendigen Wasser" (XXVIII 206) in den ‚Blumen des Bösen', den ‚petechialen Rosen', auf dem Leib der Reisenden die tödliche Krankheit ihre Epiphanie feiert, im Anblick dieser ‚Wahrheit', gerade da, versagt die Sprache und verschließt Mißtrauen den Mund: „Das höchst fatale Wort ‚Mißtrauen' verschloß ihm und uns den Mund." (212) Schaut man genau hin, so verfolgt May in seinem Bemühen um das ‚wahr'-Sprechen eine aufklärerische Mission. Dieser so ‚mystisch' konzipierte Roman murmelt durchaus nicht kryptisch vor sich hin: er ist wie jede echte Mystik der Gestik der Aufklärung verpflichtet. Auch das meint die kristalline Substantiation des Redens als ‚alabasternes' Beten: Aufhebung der Entmündigung in der Anweisung, sich rechtens seines Mundes zu bedienen: „Such dir den Rückweg selbst; laß ihn dir ja nicht zeigen!" (XXIX 315)

*

Sie ist durch zweifaches Initiationsgeschehen ausgewiesen: Gewitter (XXVIII 79) und Sprung, Waffenverlust und Waffenverzicht auf der Suche nach dem „feste[n], sichere[n] Wort" (XXIX 66), Ziel des Ringens, „anders zu sprechen", nämlich „mit der Stimme der Menschheit reden" (23), das später der Ustad nachvollziehen wird und das im ersten Teil von *Silberlöwe III* Kara Ben Nemsi stellvertretend für ihn durchsteht: wie dort im Tal der Dschamikun findet es hier im ‚Thal des Sackes' sein Ziel, aus dem nur der Sprung über den Felsenriß rettet, über dem dann auch wegweisend der eben noch ‚verschwunden'-verborgene, nun „offene Himmel" steht und der „jenseitige Bord des Abgrundes deutlich zu erkennen" ist (XXVIII 250). Es ist der Abgrund, den jene zu verantworten haben, die vorzüglich semantische „Täuschung und den Schein, die Falschheit und Entstellung verfertigte[n]" (XXIX 320), Meister einer nominalistischen Wortregie, die das Wort ‚sterben' als tyrannische Szenenanweisung für den persönlichen Tod einsetzt und verschweigt, daß der vom Namen gelöste ‚Gesamtmensch' nicht sterben kann: „denn ‚Tod' giebt es ja doch nicht!" Der Abgrund, „aus welchem uns das ‚Sterben' entgegen gähnte" (XXVIII 250), ist Werk einer vom Wort als Träger des Gedankens bewerkstelligten Wahnwelt, für die Wolframs Erkenntnis gilt: „gedanc ist vinster âne schîn" (*Parzival* 466, 19); der Vers beschreibt die innerweltliche Beschaffenheit eines hermetischen Solipsismus, die der Ustad auf seiner Suche nach sprachlicher Wahrheit wie folgt kommentiert: Der Geist „hörte auf, zu leben, als ich dieses letztgeschriebene Wort vernahm, daß des Menschen Gedanken nicht die Gedanken Gottes seien. Warum sollte ich mit den Gedanken meines Geistes noch fernerhin nach jener Wahrheit suchen, die ich mit ihnen niemals finden kann, weil sie ganz andere als die göttlichen sind!" (XXIX 16) Die Finsternis solch gedanklichen huis clos kann – entsprechend der Schlegelschen Ästhetik des ‚revolutionären Momentanismus' – von außen nur der Blitz der

Gottheit, der Lichtsprung über den Abgrund der Wort-Gedankenlüge, durchdringen – mit den Worten Wolframs: „diu gotheit [...] hât den helenden sprunc gerant", d.h. sehr aggressiv: „sie dringt wie der Blitz ins Herz" (*Parzival* 466, 22), freilich „um es ebenso schnell zu verlassen". Im Denkbild einer semantischen Seismik wird hier der „Einseitigkeit", die „uns oft in hohem Grade unbequem geworden [war]" (XXVIII 10), der Prozeß gemacht und als Lichtsprungperforation beschrieben, die das Gefäß persönlicher, hermetisch geschlossener Gedankenwelt unter Einwirkung einer im Mystischen verankerten Wahrheitserfahrung mit Fissuren jener Erkenntnis der Verwechslung des eigenen Ichs mit Gott durchsetzt, daß es „nicht Gottes Geist, sondern dein eigener [war], nach dessen Ruhm du fortan suchen gingst" (XXIX 17); mehr als einen Prozeß der Bewußtwerdung zu ‚incitieren', in Gang zu bringen, ist dieser semantischen Seismik nicht gegeben. Kara Ben Nemsi kann darum dem Ustad auch nur antworten: „Du hättest mit diesem Worte nicht aufhören, sondern mit ihm beginnen sollen. Es mußte dir sagen, daß nicht mit der Schärfe des Geistes, sondern mit dem vertrauenden Blicke des Glaubens zu suchen sei." (XXIX 16)[12]

---

12   Eine genaue Untersuchung der grammatischen und rhetorischen Strukturen des Mayschen Spätstils im *Silberlöwen* ist hier aus Raumgründen nicht zu leisten und muß vorderhand noch Desiderat bleiben. Immerhin sei an dieser Stelle auf den homiletischen Duktus der Rede Kara Ben Nemsis hingewiesen, den Predigtstil, wie er sich hier und auch sonst allenthalben im Roman beobachten läßt, wenn der Autor gleichsam in Digressionen die Handlung unterbricht und von der Kanzel spricht; dabei verfolgt May Methoden, wie sie – zum Vergleich – etwa die reformatorische Predigt praktiziert; es sei z.B. an Zwingli erinnert, dessen Predigtstil stark von der Technik der Digression geprägt ist.
  Bei May lassen sich auffallende Ähnlichkeiten bemerken, führt man sich folgenden Sachverhalt vor Augen: die vorliegende Art von Predigt befleißigt sich der deduktiven Methode. Sie geht schrittweise ‚per gradationem', gleichsam enthüllend, vom Begriff Gottes und dem seines Wortes zu anthropologischen Grundtatsachen, von allgemeinen Feststellungen zu theologischen Sachaufgaben und nutzt dabei in einer rhythmischen Prosa einen Enthusiasmus der Überredung, des steten Wieder-in-Anlauf-nehmens der Argumentation, quasi ein rednerisches Wellenverfahren, das im Periodenaufbau seine Bändigung findet. Über diesen hat sich schon Aristoteles ausführlich geäußert. Perioden lassen den Gedanken nicht gradlinig fortschreiten; sie bringen vielmehr eine Folge von Kreisen hervor: sie sind eben dadurch ein ‚Umgang', ein kreisförmiges Gebilde, daß die am Anfang befindlichen syntaktischen Elemente eine Spannung erzeugen, die sich erst ganz am Schluß löst, insbesondere durch die Endstellung des Prädikats. Diese Lösung aber bewirkt einen Ruhepunkt, so daß sich die Periode als überschaubare formale Einheit von ihrer Umgebung abheben kann. Sie zeigt im allgemeinen eine sorgsam gegliederte Binnenstruktur. Wenn sie lang genug ist, dann besteht sie aus mehreren sogenannten Kola, die wiederum aus Kommata zusammengesetzt sein können. Die Kola einer Periode wiederholen oft eine bestimmte Struktur, d.h. ein jedes Kolon enthält zwei

oder mehrfach dieselben oder fast dieselben syntaktischen Elemente in derselben Reihenfolge. Wenn die hierbei zur Sprache gebrachten Punkte schlechtweg nebeneinander gestellt werden, dann liegt ein sogenannter Parallelismus vor; wenn die Kola jedoch einander entgegengesetzte Begriffe enthalten, dann bilden sie eine Sinnfigur, die Antithese. Die Strukturwiederholungen innerhalb der Periode werden oft durch rhythmische und klangliche Mittel sinnfällig gemacht: zum Beispiel durch Klangentsprechungen, die sogenannten Homoioteleuta (vgl. Jürgen Hahn: *Literarische Strategien zur Übermittlung reformatorischer Glaubensinhalte*. Zürich 1992, S. 41). Ein Periodenbau dieses Stils läßt sich vorzüglich am Beispiel der zitierten Stelle vorführen: vor allem auch, was die Überzeugungsstrategie betrifft, das Vorgehen ‚per gradationem' in einem die Rede nach einem ‚wenn-dann', ‚nicht-sondern'-Verfahren gliedernden dualen Modus.

Betrachten wir kurz die Entgegnung Kara Ben Nemsis: Zwei parallel gebaute Sätze, die aus einander antithetisch zugeordneten Kola bestehen, leiten den Abschnitt prägnant ein:
1) „Du hättest mit diesem Worte nicht *aufhören,*
sondern mit ihm *beginnen* sollen."
Der zweite Satz bringt die Antithese immerhin schon variiert in der Abhängigkeit von Nebensätzen.
2) „Es mußte dir sagen,
daß nicht mit der *Schärfe des Geistes,*
sondern mit dem vertrauenden *Blick des Glaubens* zu suchen sei."
Auch die dritte Periode ist nach gleichem Schema antithetisch gebaut: *„nicht leere Krippen [...] / sondern so manches freundliche Bethanien"*. Die Antithese ist freilich in ein durch viele Kola amplifiziertes Satzgefüge gesetzt; es ergibt sich so ein Dreischritt im Umfang sich steigernder Perioden, der eine gewisse Strophigkeit suggeriert, die im Konjunktiv eine modale Einheit findet, bis in der Mitte der Indikativ eintritt und die zweite Hälfte des ganzen Abschnittes dominiert. Die dritte Periode lebt aus einer doppelten Antithetik, zunächst jener des irrealen Konditionalgefüges, dann aus dem nicht/sondern-Gegensatz. Der Parallelismus *„gehen"-„finden"* verschränkt sich mit der Antithese *„leere Krippen"/„manches freundliche Bethanien"*, und zwar so, daß auf eine verblüffende Weise der Indikativ als Modus der Nebensätze im Schatten des Konjunktivs steht, der hier in Analogie und Parallele zur ersten Periode den Hauptsatz bestimmt. Gerade diese Modusregie ist zu beachten, denn sie wirft im kleinen ein bezeichnendes Licht auf das sprachliche Problem, das den Roman im großen beherrscht: nämlich für die Wahrheitsfindung bedrohliche Tatsache, daß die reale Welt im Schatten einer virtuellen Realität steht. Die elaborierte Sprache eines nominalistischen Positivismus „der Schärfe des Geistes" verweist mystische Erfahrung „des Glaubens" in den Nebensatz. An anderer Stelle spricht May davon, daß die himmlische Wahrheit „sich für ein bescheidenes Märchen ausgibt, welches man passieren lassen kann" (XXIX 74). Die Wahrheit buchstäblich ‚en passant'. In diesem Sinne dominiert ja auch ganz auffällig der Konjunktiv die Sprache der ersten drei Kapitel von *Silberlöwe III* bis zu jenem klärenden Sprung über den Felsenriß und dem Eintritt der tödlichen Krankheit, der die ganze virtuelle Welt der Dinarun enttarnt. So verstellt nominalistische Begrifflichkeit mystische Realität.
3) „Wärest du mit seinen offenen Augen so, wie du sagtest, ‚hier auf der Erde hin und her gegangen,'
so hättest du gewiß nicht *leere Krippen* gefunden, aus denen der Herr vor Herodes *geflohen ist,*
sondern so *manches freundliche Bethanien* und so *manches liebe Emmahus*"

Der hier so spricht, hat die Erfahrung schon gemacht, daß ‚Sterben' als tödliche Gefahr nur da empfunden werden kann, wo der eigene Name jenseits des Systems der Wirklichkeiten steht, wo die eigene Virtualität sich Ewigkeitswert usurpiert. Diese Usurpation kann überhaupt erst die Frage – in einem bedrohlichen Ton – „Sihdi, wie denkst du über das Sterben?" (XXVIII 67) aufkommen lassen, die „uns da unten in der schauerlichen Spalte vielleicht [...] beantwortet werden [sollte]" (250). Kara Ben Nemsi hat sie sich im Sprung über die Spalte beantwortet. Er ist schon dort, wo der Ustad sein möchte – „Bist du vielleicht schon drüben?" – und in Kenntnis jenes „feste[n], sichere[n] Worte[s]" (XXIX 66), das der Ustad von ihm erwartet. Er ist nicht nur ‚drüben', sondern „mit dem vertrauenden Blick des Glaubens" (16) auch in der Lage, nach drunten, in diesen Spalt, zu springen und seine Erfahrung zur Sprache zu bringen. Und er tut das auch: in der Sprache des Traumes, die als einzige noch dem metaphysischen Vorschein Glaubwürdigkeit verleiht (vgl. 327f.). Und auch hier ist es wieder der Blitz, der in der Katastrophe Regie führt, wie sie als revolutionärer Momentanismus für den ganzen Roman strukturbildend wirkt. Eines erhellt aus dem anderen.

Es kommt an dieser Stelle die Einheitlichkeit des Romankonzepts besonders deutlich zum Ausdruck: in einer Vernetzungs- und Spiegelungstechnik, die symmetrische Kräfte entfaltet: rückwirkend finden sich die Geschehnisse der ersten drei Kapitel von *Silberlöwe III* im Gespräche mit dem Ustad zu Beginn des vierten Bandes gespiegelt, erläutert und entschlüsselt. Was Kara Ben Nemsi dort widerfuhr, wird hier am Werdegang des Ustad reflektiert, was dort Handlung war, wird hier Kommentar; wie einst Lindsay seine sprachliche Einseitigkeit zum Verhängnis zu werden drohte, so hat auch hier der Ustad zu seiner ‚Aufklärung' einen sprachlichen Lernprozeß durchzumachen. Die Episoden spiegeln und entschlüsseln sich

---

– zu beachten ist neben dem Parallelismus auch die für Mays homiletischen Gestus so bezeichnende sospirohafte geminatio –
„wo er vor und nach der Kreuzigung bei den Seinen *weilte,* um mit ihnen das Brot zu brechen."
Zu allem insistiert die mystische Realität hier noch auf dem Transsubstantiationsakt im finalen Infinitivsatz. Seine Überzeugungsstrategie läßt May nun aber nicht in einem pragmatischen Aussagesatz gipfeln, sondern bedient sich – ganz im Sinne der Predigtkonvention – der insinuierenden Wirkung einer rhetorischen Frage:
„Meinst du, weil du den Geist des Herrn nicht fandest, können [Indikativ] auch andere ihn nicht gefunden haben?"

gegenseitig gemäß einem hochentwickelten Bauprinzip textlicher Synergie und elaborierter Leitmotivik.

Seine Erhellung bezieht das Zentrum dieser gleichsam elliptischen Romankonstruktion aus dem Feuer des ‚Lichtsprunges' der Gottheit, jener Sprung- und Sturzphantasien, welche die foci der Ellipse bilden: dem Sprung über den Felsenriß, „leicht, wie ein Gedanke" (XXVIII 255), und dem „weite[n] Sprung hinaus in das, was mir als ‚Tod' bezeichnet worden war, [...] aber [...] eine [...] Wirkung [hatte], als ob ich in eine Flut der Kraft, des Lebens tauche" (XXIX 328). Von der Achse des Romanes, dem Ustad-Gespräch, liegen beide Szenen seitenmäßig etwa gleich weit entfernt. Was vor den Augen der Massaban, des Schattenheeres, übersprungen wird, wird im Angesicht des ‚Zauberers', des Schattenherrn, ‚ausgelotet'. Die Zumutung an den „widerstrebende[n] Verstand" dort erhält hier vom „ungetrübten Glauben" (74) ihre Erläuterung, und beide Episoden konvergieren im Ustad-Gespräch in der Überwindung der Sprache des Scheins, kommen „aus solchen namenlos gewordenen Bestandteilen [zusammengesetzt]" in den „vom Staube befreiten Gedanken guter, edler, hoher Abgeschiedenheit hier zusammen, um sich da oben im Alabasterzelte zur Fahrt gen Himmel zu vereinigen" (14). „Eine Himmelfahrt des Wortes" gewiß – wie sie Adorno bespöttelt –, aber eben nicht „autoritätssüchtig", eher vagabundierend, auf der Suche begriffen, den Sinn sichtbar zu machen, nicht ihn diktatorisch abzubilden; jeder pharisäerhaften Demagogie abhold; der „Segen von oben" ist in diesem Worte selber nicht „unmittelbar mitkomponiert" (Adorno 91). Es handelt sich eben nicht um jene „Anbetungsform", die „so verwegen [ist], dem Herrn vorzuschreiben, was er zu dulden oder nicht zu dulden habe" (21).

Es ergibt sich eine literarische Architektur des Romanes, eine ‚Apocalipsis cum figuris' von makellos ausgetüftelter Form, wo sich wie selten der Inhalt im Aufbau spiegelt. Die elliptische Konstruktion des Romanes *Silberlöwe III/IV* ist annähernd folgende:

[225]	[404]	[304]	[301]	
S.1 (III)	S. 255 (III)	S. 659	S. 965	S. 1266
		(S. 23/IV)	(S. 328/IV)	(S. 630/IV)
‚Basra':	ging leicht,	anders zu spre-	Sprung hinaus	leuchtete uns die
Aufbruch;	wie ein Gedanke	chen;	in das, was mir	herrliche Ala-
	über die Spalte	mit der Stimme	als ‚Tod' be-	bastergestalt des
	hinüber	der Menschheit	zeichnet worden	[...] endlich er-
		reden	war	lösten „verzau-
				berten Gebetes"
				entgegen (Tal der
				Dschamikun)
(Focus I)		(Mitte)		(Focus II)

In allen diesen zentralen, miteinander vernetzten Episoden waltet als oberstes Prinzip die Suche nach dem Logos, der Wahrhaftigkeit des ‚Wortes', um die es im *Silberlöwen* geht, um „die Wahrheit und Richtigkeit eines Gedankens wie auch die Wirklichkeit der mit dem Gedanken gemeinten Sache", d.h. ihren Eintritt ins Wort; womit dieses Werk ein platonisches Problem par excellence thematisiert.[13]

Schon der Beginn führt ‚das Erzählen' als Motiv ein und nennt jene für ihre verzaubernde Beredsamkeit berühmte Märchenerzählerin Scheherezade. Ihr Reden ist von ambivalenter Wirksamkeit, aber es kann nicht geleugnet werden, daß letzten Endes – wie „jedem Leser von ‚Tausend und eine Nacht' [...] bekannt [ist]" (XXVIII 1) – auch ihre Geschichten der Aufklärung und Belehrung eines Tyrannen dienen. Indessen: der Umgang mit dieser Art kontingenter Beredsamkeit schafft linguistische Probleme, denen man nicht so „leicht wie ein Gedanke über die Spalte" entkommt. Dazu bedarf es – und im *Silberlöwen* manifestiert er sich in typhöser Krankheit – des Durchgangs durch den Tod; dem Sprung über die Spalte

---

13 „Zu beachten ist von vornherein, daß der Begriff nach zwei Seiten offen ist. a) Er bezeichnet sowohl die Wahrheit und Richtigkeit des Gedankens wie auch die Wirklichkeit der mit dem Gedanken gemeinten Sache. Die Wahrheit zu sagen bedeutet gleichzeitig, von den Dingen so zu sprechen, wie sie wirklich sind. [...] b) [Wahrheit] bezeichnet [...] nicht bloß das Ziel der Erkenntnis, sondern auch das ethische Gebot der Wahrhaftigkeit. Es steht ihm nicht allein der Irrtum, sondern auch die Lüge gegenüber." (Gigon 289)

folgt der Sturz in deren Tiefe, der „Sprung hinaus in das, was mir als ‚Tod' *bezeichnet* worden war" – auch hier geht es also wiederum um den *Zeichencharakter* der Sprache – und was Überwindung dieser Zeichenhaftigkeit, d.h. des nominalistischen Sprechens, bedeutet zugunsten einer Sichtbarmachung, einer Epiphanie des Wesenhaft-Wirklichen im Wort: diese Überwindung wird im ‚Gebet' geleistet, das „anders zu sprechen" lehrt: „mit der Stimme der Menschheit reden"; und dieses Gebet findet im Tal der Dschamikun seine Verklärung, paulinisch gesagt, im Reden mit Menschen- und mit Engelszungen. Es geht um jene „Anbetungsform" (XXIX 21), die es ermöglicht, „mit der Stimme der Menschheit [zu] reden" (23), inspiriert, beflügelt, „wie auf Engelsschwingen getragen, die sich hold und froh zur Erde senken" (630). Diese in ihrer Ausgelaugtheit gleichsam kränklich-durchsichtige Formel gibt „eine ihrer selbst unbewußte Vernunft auf dem Grunde dieser Anstalten zu erkennen" (Benjamin 353), nämlich daß die mystisch geforderte Sprache, in ihrer Leistung überfordert, nur eines Zipfels dessen habhaft werden kann, was über ihr bleiben muß; paradoxerweise liegt eigentliches Sprechen darin, „nur durch [...] eine Silbe anzustammeln", was über die Interjektion hinaus ein „andächtiges Staunen und ein beglückendes Vertrauen" (XIV 397) bleiben muß: ein sprechendes Verstummen. Das Gebet, in dem der Sturz durch den ‚Tod' sich vergegenwärtigt, ist ein „einziges Wort"; man mag wiederum an den johannitischen Logos denken, dessen rationale Erhellung die rhetorische Emphase schuldig bleiben muß: „Ein einziges Wort, ein allereinziges, klang betend in mir auf." (XXIX 328) In diesem Einwortgebet, „diese[m] erste[n] Ton", der „sich plötzlich auf[that], um alle Harmonieen, die es gab und geben wird, aufleuchtend von sich auszusenden und aber augenblicklich wieder in sich zu vereinen" (XXVIII 537)[14], ist der ‚Tod' durchschritten hin zu jener ‚wahren Rede', die sich als synästhetisches Lichtereignis gralhaften Charakters, „wie auf Engelsschwingen getragen", im Tal der Dschamikun als einem neuen Jerusalem erfüllt: in der „Musik [...] jene[r] Kultur, wo das Reich aller Art Gewaltmenschen schon zu Ende ging" (Nietzsche: *Nachlaß*

---

14 Über die Liebe als mystische Synästhesie von Wort, Musik und Licht äußert sich der Chodj-y-Dschuna: „Dieser Ton ist von Chodeh allen Menschen gegeben worden; sie wären ja nicht Menschen ohne ihn. Er ist ihnen so notwendig wie das Licht, ohne welches sie nicht leben könnten. Die Natur giebt täglich neue Strahlen und täglich neue Töne. Sie kommen von dem einen Lichte und von dem einen Tone. Der Mensch besitzt Organe, beide, die Strahlen und die Töne, in sich aufzunehmen" etc. (XXVIII 482f.)

782). Und diese Rosen-Polis, als ob der geographische Topos mit dem architektonischen des Romans Kompatibilität beanspruchen wolle, die Raum-in der Zeitstruktur der Erzählung, das Gesagte im Sagenden, das Wesen im Wort die postulierte Identität finde, das Programm mystischer Rede, das der Roman entwirft, sich in der Handlungsstruktur erfülle in sublimer Subsidiaritätsfunktion der Texte zueinander; diese Rosen-Polis – sie könnte auch Edreneh heißen – , in die, „um Rosen zu züchten, welche mir den Duft ihres Oeles zu geben haben" (71), der ‚Rosenkavalier' des Sultans den Sterbenden als Bräutigam einer ‚vita nuova' aufbietet, hat elliptische Form: „Das vor mir liegende Thal hatte eine elliptische Form [...]. In der Mitte flimmerten die vom Windeshauche bewegten Wellen eines Sees [...], auf dem – ein Wunder hier in Persien! – ein kleines Boot sein helles Segel blähte." (283) Ins Zentrum der Ellipse ist in metaphorischer Spiegelung die Gemeinde (Staatsschiff!) gerückt, deren ‚Wunder'-Charakter – „hier in Persien!" – sich im ganz ‚Neuen' auf dem Gesichte des Vorstehers dieser Gemeinde, des Pedehr, abbildet. Als „Seher" der Offenbarung begegnet er dem Erzähler auf dem Bild eines Freundes, „nach einer Oeffnung in den dunkeln Wolken, aus welcher eine Fülle jenseitigen Lichtes auf ihn niederstrahlte", hinschauend: in Erwartung eines „neuen Himmel[s] und eine[r] neue[n] Erde; denn der erste Himmel und die erste Erde waren vergangen" (321). Das erinnert an die erste Initiation zu Beginn dieses Abschnitts: „Der Himmel war verschwunden. Ein fürchterliches Gewitter tobte. Ein Blitz zuckte nach dem anderen. Der Donner schien keine Pause zu kennen." (79) Inszeniert wird hier die eschatologische Verabschiedung der ‚alten Welt', die im Tal der Dschamikun als neues Jerusalem ihre Auferstehung feiert. Zu den neuen Ufern des Sees in seiner Mitte führt der Weg unter Veilchen und Rosen durch das Purgatorium der Fieberkrankheit: Dantes Gang durch Inferno (Land der Dinarun), Purgatorio (Fieberkrankheit) zum Paradiso (Alabasterzelt im Tal der Dschamikun) nachvollziehend. Der *Silberlöwen*-Roman eine neue *Divina Commedia*? Der Kreis, der sich so schließt, läßt es vermuten. Vergessen wir nicht, daß von der biographisch und historisch getönten Polemik und Invektive bis hin zur metaphysischen Ekstase hier alle Ingredienzien versammelt sind, die auch Dantes Werk verarbeitet; nicht zuletzt – sit venia verbo – in einer beachtlichen Mächtigkeit der ‚neuen Sprache'.

*

Es ist eine Sprache der ‚Wahrheit' auf dem Weg, ‚Welterklärung' zu versuchen, und immer wieder bedroht von dem parasitären Vampirismus der Worthülsen, die vom eigenen Denken und der eigenen Überzeugungsarbeit sich zu dispensieren überreden und, so George Orwell, wie Kavalleriepferde beim Hornsignal zur Verfügung stehen. Nun sind es ja gerade jene Rosse, die den Protagonisten im Land der Dinarun und Massaban abhanden kommen und im Tal der Dschamikun ihre Herrn kaum mehr wiedererkennen: „Er kann dich nicht erkennen, denn du siehst dir nicht mehr ähnlich" (XXVIII 280), heißt es von Assil, dem Rosse Kara Ben Nemsis. Das Befremden ist nur zu erklärlich; denn der Herr hat inzwischen während seines Genesungsprozesses ‚an den pierischen Rosen Anteil gehabt' und sich in hippologischen Lehrbüchern sublimster Zunge umgetan, wobei er die Bekanntschaft eines ganz neuen Pegasus machen konnte. Mochte zum Überspringen des „Felsenrisses" der tüchtige Assil noch taugen, das entscheidende Rennen gegen Ahriman Mirza bedarf eines „Wunderpferdes", wie es nur der Orient hervorzubringen vermag, von „jener[r] wunderbare[n] Kraft von oben, die aus den höchsten aller Sonnen stammt" und „in gedankenreichen Funkenschwärmen [...], hell leuchtend, auf des Dichters Locken über[springt]" (XXIX 209). Daß sie dann „versprühend in das All [knistert]", zeigt den Reiter im Ausbruch aus der Kulissenwelt eines erstarrten Protokollidioms, zeigt aber auch, daß auf dem Weg „in das All", wo der Schöpfer jene berühmte Lichtorgel betätigt, deren Klänge die Musik des Chodj-y-Dschuna evoziert (XXVIII 536), das Musenroß gegen den infektiösen Befall durch parasitäre Zecken der Klischees nicht gefeit ist. Auch noch in den eindrucksvollsten und dank ihrer glücklichen Spiritualität überzeugendsten Bildern und Gleichnissen, zu denen sie sich erhebt, leidet die Sprache des *Silberlöwen*-Romanes an punktuellen Schwächeanfällen von Floskel und Phrase. Wenig zeugt davon, daß dem Autor diese Schwächen explizit bewußt sind, viel jedoch von dem bewundernswerten Induktionsverfahren, dessen psychische Energien in den diffusen Feldern ausgedienten Sprachmülls die zerredete Substanz, in der Mobilisierung ihrer letzten Ressourcen, zu oft wundersamen Gebilden der Imagination gleichsam recyklieren.

Womit wir wieder bei der grundsätzlichen Aporie sind, die mystisches Sprechen kennzeichnet, bei der Rimbaudschen Formel: dem Unbekannten neue Formen zu erfinden (39); das gelingt in einem letztlich nicht entschlüsselbaren Prozeß, wo die nach Ausdruck suchenden seelischen

Bedrängnisse in einem psycho-linguistischen Laborverfahren das Allerweltsmaterial der Sprache in den Aggregatzustand wunderlicher Imagination überführen, wo – man kann sich das an der Darstellung von Wesen und Welt des Tals der Dschamikun vergegenwärtigen – Geo- und Kosmographie in esoterischer Mysterienmusik koinzidieren und eine ‚Imago mundi' entfalten, die weniger „Geographie als Exegese", weniger „Ortsbeschreibung als Weltdeutung" (Becker 140) ist, ein mythographisches Bild der Welt entwerfen, aus dessen Haupt, dem Beit-y-Chodeh, die Musik des Chodj-y-Dschuna die Schöpfung nochmals und immer wieder (nach)inszeniert und in dessen Herzen auf den „bewegten Wellen eines Sees" – „ein Wunder hier in Persien! – ein kleines Boot sein helles Segel blähte" (XXVIII 283): Symbol nun nicht nur einer glücklichen Gemeinde auf ‚glücklicher Fahrt', sondern – wofür das ‚Boot' ja auch stehen kann – Vergegenwärtigung der Überfahrt vom Reich der Lebenden ins Reich der Toten und – ebenso wichtig – umgekehrt (Becker 144), wie sie Kara Ben Nemsi – wachend und träumend, – ‚unter den Ruinen' mehrfach unternimmt. So vermag in den topographischen Digressionen dieser weitausladenden Romanhomilie die Unzulänglichkeit des Wortes doch das Ereignis der Exegese zu leisten.

Was sie nicht leisten kann, ist Nafar Ben Schuris zu Beginn erfolgte semiotische Anweisung auf die Geheimnisse von ‚Waffen und Pferden' durch die Konstruktion einer eindeutigen Formel einzulösen. Diese Formel versagt der Dichter sich und uns, weil sie ihm die Sprache versagt; immerhin bleiben ihm die Bilder, derer sich dieser parabelsüchtige Autor, die Brüchigkeit des einzelnen Wortes zu kompensieren, sehr suggestiv befleißigt: in Tropfen – Virginia Woolf spricht davon – , die sich am Dach der Seele bilden und in denen sich prismatisch etwas bricht, was Licht der Wahrheit sein könnte. Andeutbar wird das inkommensurable Phänomen der Wahrheit durch den ‚Bruch', auf den – nach Goethe – die Mathematik menschlicher Existenz zuletzt hinausläuft. Im Falle des *Silberlöwen* haben wir es mit der Wahrheit des utopischen Werkes zu tun, abgetrotzt dem Selbstbetrug der ‚Normalität', von der her sie die Sprache bezieht und im Überdrehen ihrer Formelhaftigkeit zum ‚Wahr-Reden' bringt. Der *Silberlöwen*-Roman wird so zum Prüfstein eines Werkes, abgerungen den härtesten Dissonanzen, Normalitäten nur als Fiktion. Zugrunde liegt die Katastrophe einer Existenz, in der diese Normalität auf keiner Ebene existiert. Die Kühnheit dieses Sprechens ist Gegenwehr, Notwehr gegenüber jenem

Zeitgeist des Wilhelminismus, der in die Dekadenz und zuletzt in die Destruktion führte. Diese Art der Genese verabschiedet hinsichtlich des poetischen Ranges von Mays Spätwerk kraft seiner selbst jeden Zweifel. Es bedarf zur Bestätigung seines dichterischen Ranges keiner ‚subsidiären' Alibiveranstaltung.

*

Fassen wir ein vorläufiges Ergebnis unserer mehr prismatischen als systematischen Betrachtungen zusammen: Die *Silberlöwen*-Romane intonieren viele Themen; das sprachliche beherrscht eine Neuauflage des Universalien-Streites, des Antagonismus von metaphorischem und metonymischem Sprechen, scholastischem Nominalismus und mystischer Identifikation, die beide auf verschiedene Art an der rhetorischen Wirkung des Oxymorons und des Paradoxons partizipieren. Auch in ihren gelungensten Partien kann diese mystische Rede nur ‚asymptotisch' sein, weil die erstrebte Wahrhaftigkeit wohl in, aber auch immer – nicht faßbar – über ihr steht. In ihrem Vollzug disqualifiziert sie sich für die Aufgabe, die ihr abverlangt wird: ‚wahr' zu sprechen, und leistet sie gerade doch in der Überforderung, am Rande des Verstummens. Denn darum geht es von Anfang an, um das ‚vere dicere', d.h. im Vokabular des ‚alabasternen Stiles' um das Erfassen der „Welt als größtes Wort der Liebe" (XXVIII 540) und seinen Vollzug in der Dialektik einer linguistischen Klimax. Was also sich in den Halef-Episoden des dritten *Silberlöwen*-Bandes vorbereitet, erfüllt sich in den Ustad-Episoden des vierten: in den Schilderungen der staatlichen Organisation, der ‚Rosen-Polis', die der Ustad bei den Dschamikun verwirklicht hat, dieses „Park"-Eidyllions in Form einer elliptischen ‚Fensterrose', durch deren „vielgewundene Gänge schmale, lebendige Menschenströme wie durch Rosenadern pulsierten" (542), wird der Abbild-Aspekt der Repräsentation zugunsten einer ‚unsichtbaren' Realität, der vollzogenen Anwesenheit des Göttlichen entsprechend dem Transsubstantiationsgeschehen, geleugnet und dessen Manifestation in der Musik des Chodj-y-Dschuna (536f.) und dem Lichtwunder des Finales (XXIX 630f.) beglaubigt: im ‚alabasternen Gebet' vollzieht sich dieser Transsubstantiationsakt als metonymisch-lutherisch, nicht metaphorisch-zwinglianisch zu deutender Vorgang; ein Eucharistie-Geschehen, das in einem an den Beginn der *Faust*-Tragödie zweiter Teil gemahnenden Sonnenaufgang in Szene gesetzt wird:

Und wie sie nun emporstieg, die ersehnte Sonne, so kam ihr Licht von der funkelnden Alabasterkrone hernieder, wie auf Engelsschwingen getragen, die sich hold und froh zur Erde senken. (630)

Der Vorgang erinnert an das Eucharistiewunder in Monsalvat. Die Szene wird zum ‚Bühnenweihfestspiel': „Ein blendender Lichtstrahl dringt von oben auf die Schale herab" (Wagner, *Parsifal*, 1. Akt),

küßt die Stirn, die Wangen, den Mund des genau unter dieser Krone stehenden Gebetes und [fließt] dann über das ganze Tal, um zu verkünden, daß es bisher nur Morgen gewesen, nun aber endlich und wirklich Tag geworden ist. (630f.)

Es sind dies Stellen, die die sprachliche Qualität von ‚Erlebnismystik' erreichen, wo das dialektische Verhältnis von Erfahrungs- und Sprachstruktur die Sprache in ständiger Grenzüberschreitung „performativ die menschliche Selbsterfahrung zum Prüfstein der Gotteserfahrung" (Haas 139f.) machen läßt, dergestalt daß ‚Erfahrung' nicht als „logisch formalisierbare[s], verifizier- oder falsifizierbare[s] Ergebnis von Experimenten" (ebd. 141) die Vorhänge eines metaphorischen Empirismus bedient, wie das in den Halef-Episoden zu beobachten ist, sondern „mit der inneren und äußeren Wahrnehmung außerordentlicher, seelischer Ereignisse" (ebd. 142), visionärer Statuserhöhung ‚wahr'-sprechend, vere dicens – in unserer Terminologie ‚metonymisch' – zur Deckung kommt. Die sprachlichen Grenzüberschreitungen werden dabei paradoxal, ambivalent, polymorph, oxymoresk faßbar. Dem Kommentar Titurels zum Heilsgeschehen, das in Monsalvat wie dem Tal der Dschamikun identisch ist: „Oh! Heilige Wonne! Wie hell grüßt uns heute der Herr!" (Wagner), korrespondiert jener Ariels, der das Lichtwunder in jener „anmutige[n] Gegend", die das Tal der Dschamikun ja auch darstellt, resümiert: „Auge blitzt und Ohr erstaunet,/Unerhörtes hört sich nicht." (*Faust* 4673f.) „Unerhörtes" dennoch hörbar zu machen, davon handeln die *Silberlöwen*-Romane *III/IV*: von den Expeditionen der Sprache aus den Niederungen Basras, wo die verführende Rhetorik der Märchen aus *Tausend und einer Nacht* verhext und ‚verzaubert', was in der Strenge des persischen Hochlandes, der Heimat Zarathustras, im Gegenzauber ‚entzaubert' wird: „die herrliche Alabastergestalt des durch die Katastrophe nun endlich erlösten ‚verzauberten Gebetes'" (XXIX 630); von den Wandlungen der Sprache aus den „Wolken [...] eine[r] qualitas occulta" (Herder 39), stets ‚in statu viae' zu den illuminierenden Qualitäten mystischer Sprache begriffen, gleichsam in Kurvendiskussionen der Infinitesimalrechnung und daher zu permanenten Grenzüberschreitungen gezwungen; von den Abenteuern sprachlicher Metamorphosen als work in progress auf dem Kreuzzug gegen den verlogenen Dolmetsch der Sillan: „Die Täuschung und der Schein, die Falschheit und Entstellung verfertigte man hier und trug sie dann hinaus als ehrliche, rechtschaffne, gute Ware!" (320), d.h. – mit Nietzsche – „Metaphern, die abgenutzt und sinnlich kraftlos geworden sind, Münzen, die ihr Bild verloren haben und nun als Metall, nicht als Münzen in Betracht kommen" (Nietzsche 880f.), werden als Wahrheit, als ‚Wahr'-Sprechen ausgegeben. Auf einen Nenner gebracht, sind es die Wucherungen eines ‚linguistischen Manichäismus', seine weit ausholenden Parabasen – persönliche Rechtfertigungen – und Homilien – missionarisch-polemische Predigten – , die metastasierend den Inhalt des dritten und vierten *Silberlöwen*-Bandes aus- und die Romane als monströse Parabasen beschreibbar machen. Daß dem so ist, hat schon häufig erschöpfend dargelegte psychische und biographische Gründe; uns haben an dieser Stelle nur die sprachlichen interessiert: in einem Entwurf, der das komplexe Thema allenfalls umreißen, nicht ausschöpfen konnte. Das muß einer ausführlicheren Darstellung vorbehalten bleiben.

Bibliographische Anmerkungen

Theodor W. Adorno: *Jargon der Eigentlichkeit.* Frankfurt/M. 1964.
Roland Barthes: *Die Lust am Text.* Frankfurt/M. 1974.
Udo Becker: *Lexikon der Symbole.* Freiburg 1992.
Walter Benjamin: *Denkbilder.* In: *Gesammelte Schriften* IV-1. Frankfurt/M. 1980.
Sigmund Freud: *Zwangshandlungen und Religionsübungen.* In: *Studienausgabe.* Bd. VII. Frankfurt/M. 1973.
Olof Gigon/Laila Zimmermann: *Platon Begriffslexikon.* Zürich 1974.
Johann Wolfgang Goethe: *Zur Farbenlehre.* Tübingen 1810.
Johann Wolfgang Goethe: *Wilhelm Meisters Lehrjahre.* Bd. II. Berlin 1795.
Lars Gustafsson/Cord Barkhausen: *„Der Platz der Dämonen ist in den Büchern".* In: *Merkur* 43 (Februar 1989), Nr. 480.
Alois M. Haas: *Sermo mysticus. Studien zur Theologie und Sprache der deutschen Mystik.* Freiburg/Schweiz [2]1989.
Johann Gottfried Herder: *Abhandlung über den Ursprung der Sprache.* In: *Joh. Gottfr. Herders Sprachphilosophie. Ausgewählte Schriften,* hg. v. Erich Heintel. Hamburg 1964.
Großes Karl-May-Figurenlexikon, hg. v. Bernhard Kosciuszko. Paderborn 1991.
Karl Kraus: *Die Sprache.* Wiesbaden 1959.
Heinrich Lausberg: *Handbuch der literarischen Rhetorik.* München 1960.

Thomas Mann: *Buddenbrooks*. Frankfurt/M. 1960.
Thomas Mann: *Doktor Faustus*. Frankfurt/M. 1965.
Friedrich Nietzsche: *Aus dem Nachlaß der Achtzigerjahre*. In: *Werke in drei Bänden*, hg. v. Karl Schlechta. Bd. 3. München ^{4}1960.
Friedrich Nietzsche: *Über Wahrheit und Lüge im außermoralischen Sinne*. In: *Sämtliche Werke. Kritische Studienausgabe*. Bd. 1. München 1980.
Arthur Rimbaud: *Lettres du voyant*. Mainz 1990.
Sappho: *Lieder*. Griechisch und deutsch, hg. v. Max Treu. München 1963.
Friedrich Schlegel: *Ideen*. In: *Werke in zwei Bänden*. Berlin, Weimar 1980.
William Shakespeare: *Hamlet*. Zwei Bände, hg. v. Holger M. Klein. Stuttgart 1984.
Paul Valéry: *Cahiers 1*. Frankfurt/M. 1987.
Harald Weinrich: *Sprache in Texten*. Stuttgart 1976.
Wolfram von Eschenbach: *Parzival*. Mittelhochdeutsch/Neuhochdeutsch. Stuttgart 1981.
Hans Wollschläger: „*Dieser wunderlichen Erscheinung...*". In: *Neue Zürcher Zeitung* 213 (18./19. 7. 1992), Nr. 165.
Huldrych Zwingli: *Auswahl seiner Schriften*. Stuttgart 1962.

Volker Krischel

"Wir wollen nicht Herren über euren Glauben sein, sondern Helfer zu eurer Freude"[1]

Anmerkungen zu Karl Mays Religionskritik im ‚Silberlöwen III/IV'

I

Schon mit dem Titel eines seiner ersten Werke, der *Geographischen Predigten* (1875), nannte Karl May die Aufgabe, die er sich gestellt hatte: seinen Lesern Kenntnisse von Land und Leuten sowie von *Religion* nahe zu bringen. Und noch 27 Jahre später, in *Im Reiche des silbernen Löwen III*[2], läßt er Kara Ben Nemsi Sir David Lindsay erklären: „[...] meine Bücher sollen zwar Reisebeschreibungen, aber in dieser Form Predigten der Gottes- und Nächstenliebe sein" (32). So ist es nicht verwunderlich, wenn Karl May sich gerade in diesem Roman intensiv mit den Religionen und besonders mit dem Christentum beschäftigt. Allerdings fällt im Vergleich mit seinen früheren Werken sein kritischerer Standpunkt auf.

Von den vielen Bildern[3], in denen sich May im Roman mit dieser Thematik auseinandersetzt, sollen hier zwei näher betrachtet werden: der *Etagenbau des ‚hohen Hauses'* und der *Scheik ul Islam und seine Taki*.[4]

II

Im Tal der Dschamikun erhebt sich, angelehnt an eine riesige Felswand, ein gewaltiger alter Etagenbau, das sogenannte ‚*hohe Haus*'.

Dieses aus Felsfundament, Parterrebau und drei Etagen bestehende stufenpyramidenartige Bauwerk gehört zu den imposantesten Bildern in Karl Mays *Silberlöwen*-Roman. Kara Ben Nemsi bezeichnet es als „eine in Stein laut tönende Predigt der Jahrtausende" (XXVIII 501), die die Entwicklung der Beziehung der Menschen zu Gott widerspiegelt. Es ist nicht allzu schwierig, diese „Predigt" zu verstehen, besonders da Karl May die Interpretation dieses Bildes dem Scheik ul Islam schon in den Mund gelegt hat:

Der Etagenbau ist ein Bild der „Lehrgebäude der Religionen", „vom düsteren Heidentum bis zur Sektenvielfalt der Christianer".[5] Das Fundament aller Religionen, der ‚feste Grund', ist das Wissen um Gott, die Begegnung mit ihm. Die alte Sage von ‚Chodeh, dem eingemauerten' berichtet, daß im Anfang den Menschen „die Eifersucht auf Gott und auf die Seligkeit" unbekannt war. Es herrschte „Menschheitsfrieden" (XXIX 213) und Gott war oft bei den Menschen zu Gast.[6] Erst die durch den Teufel herbeigeführte Eifersucht der Menschen untereinander, Gott nur für sich allein besitzen zu wollen, vertrieb Gott. Die Menschen begannen jetzt, *ihr* Gottesbild, das jedoch nur ein Trugbild des Teufels war, einzumauern. Aber auch dieses Trugbild entfloh dem Zugriff der Menschen. Denn weder das Böse (Teufel) noch das Gute (Gott) läßt sich in menschliche Systeme zwingen.[7]

Fand die Begegnung mit Gott im (Sonnen-)Licht, im „*offnen* Alabasterberg" (213, Hervorhebung V.K.) statt, so erstrecken sich jetzt riesige zyklopische Felsquader über das ganze Felsfundament und verwehren den Einblick ins Innere, in das kaum noch Licht dringt.

In seinem ‚Großen Traum' erfährt Kara Ben Nemsi, daß das Innere dieses Baues „völlig leer" ist, „vollständig ausgeraubt" (315f.). Die Ideen der Urreligion sind von den nachfolgenden Religionen für ihre Zwecke „gehörig ausgeklopft und wieder neu poliert" worden, um jetzt in der eigenen Religion als „neu bezeichnet" zu werden (316).

Der *Parterrebau* symbolisiert also die früheste Stufe der Religion. Die Menschen haben – selbstverschuldet – die (direkte) Verbindung mit Gott verloren. Auf dieser heidnischen Stufe bestehen daher die verschiedensten menschlichen Gottesvorstellungen, die aber alle weitgehend gottentleert sind. Weil jedoch, „wo Gott von dem Teufel verdrängt wurde", „das Resultat doch wohl in keinem Nichts bestehen" (217) kann, sondern zumindest latent etwas Wahres vorhanden sein muß, ist der Bau nicht vollständig dunkel: ein „falbes Dämmerlicht" dringt immerhin durch seine „Maueröffnungen" (315).

So kann Kara Ben Nemsi auch von den vielen „Gottesnamen" (Gottesvorstellungen) der damaligen Menschen sprechen, die aber doch auch ein, wenngleich vermenschlichtes, Bild des einen Gottes, „des großen, einzigeinen El" (XXVIII 503) waren.

Das *erste Stockwerk* des Etagenbaus zeigt die nächst höhere Entwicklungsstufe. Auf die düstere (heidnische) Religion der Frühzeit folgt ein

Gebäude, das zwar z.T. noch aus dem gleichen dunklen Gestein wie der Souterrainbau besteht, jedoch schon mit hellerem durchsetzt ist. Diese Stufe der Religion hat zwar noch dunkle, heidnische Grundsubstanz (die dargestellten religiösen Wesen sind noch Mensch und Tier nachgebildet), aber sie bestehen auch schon aus helleren, wahren Elementen, die aus anderen ‚Steinbrüchen' stammen. Auf dieser Stufe der religiösen Entwicklung wird der Stoff bereits stärker vom Geist beherrscht: „Je mehr der Geist den Stoff beherrscht, desto weniger ist von dem letzteren zu gleichem Zwecke nötig" (XXVIII 503). Das zeigt sich einmal darin, daß dieser Bau schmaler als der Parterrebau ist und etwas gegen ihn zurücktritt. Zum anderen weist dieser Bau architektonische Gliederungen und Verzierungen auf. So gewähren die Säulenzwischenräume der Gebäudevorderseite „dem Sonnenlicht direkten Zutritt" (504). Die architektonischen Verzierungen des Religionsgebäudes deuten auf das „alte Persien" (505) hin und erinnern Kara Ben Nemsi „an Zarathustra". Auch dieser Bau ist „leer, vollständig leer": „Kein Mensch, kein andres Wesen ließ sich sehen." (XXIX 316) Dieter Sudhoff deutet das dahingehend, daß sowohl die Urreligion(en) wie auch der Parsismus sich überlebt haben[8], was sich auch daran zeigt, daß die Etagenbauten *Ruinen* sind.

Der auf diese Religionsstufe folgende *zweietagige Bau* besteht ganz aus hellem Gestein, d.h. er besitzt keine heidnische Substanz mehr. Es handelt sich um die erste große monotheistische Religion, die wieder direkten Kontakt zu Gott hatte: das Judentum. Das Symbol des siebenarmigen Leuchters und der beiden Gesetzestafeln belegt dies eindeutig. Die beiden Etagen symbolisieren wohl die biblische Zeit, die Zeit des Gesetzes (die Gesetzestafeln weisen darauf hin), und die Zeit der Diaspora mit ihren verschiedenen innerreligiösen Strömungen (Chassidismus u.a.).

Der zunächst freundliche Eindruck dieser Religion wird aber durch ihre abweisende Architektur und ihr verkommenes Äußeres schnell in sein Gegenteil verkehrt. Durch die Fenster dringt zwar Licht ins Innere, sie deuten also auf die *Möglichkeit* des Einblicks von außen hin (das Judentum steht mitten in der Welt), aber ihr merkwürdiger Bau weist diese Welt zugleich ab. Bestätigt wird dieser Eindruck durch den Anspruch, das von Ewigkeit zu Ewigkeit von Gott einzig auserwählte Volk zu sein. Hier zeigt sich wieder jener „Sonderstolz", der sich einbildet, Gott für sich allein besitzen zu können. Aber man hat Gott und „das Vermächtnis dessen [...], der einst in Chaldäa sein wirklich Auserwählter gewesen war" (XXVIII

507), längst vergessen. Abraham lebte noch im wahren Glauben: er ließ sich von Gott lenken und fordern. Das entleerte Judentum hingegen will Gott nach *seinem* Bild lenken.

Das Unkraut und der zerfallene Leuchter indes deuten an, daß diese Religion heute veraltet, zerfallen und von Irrtümern (Unkraut) überwuchert ist. Aber das Judentum ist noch nicht ganz ausgeraubt. Kara Ben Nemsi entdeckt Spuren, die bezeugen, „daß Menschen hier zuweilen noch verkehrten" (XXIX 316). Jedoch mit dem Erlösungstod Christi ist der Vorhang des Tempels zerrissen.[9] So können auch die Verschwörer im ‚Allerheiligsten' ihr Unwesen treiben. In seinem ‚Großen Traum' erkennt Kara Ben Nemsi, daß, soweit der jüdische Glaube Lüge, Irrtum ist, in ihm „für Fremde, die [...] hier einen Ausgang suchten", die Gefahr lauert, „denn jenseits ging der Sturz jäh ins Bassin hinab" (316), d.h. in Tod und Untergang.

Die zerbrochenen Tafeln weisen auf einen weiteren Grund für diesen Zerfall des Judentums hin: „Sie hatten nicht Festigkeit genug gehabt, den Druck von oben auszuhalten." (XXVIII 506) Das deutet auf die nächst höhere Stufe des Etagenbaus hin. Die Gesamtfassade des Gebäudes dieser Stufe hat auf den ersten Blick „ein freundliches, beinahe einladendes Aussehen", aber dieser erste Eindruck täuscht, der Bau ist ein „architektonisches Quodlibet" (507) mit unzähligen, verschiedenartigsten, nicht zusammenpassen wollenden Türen, Türmen, Fenstern, Dächern etc. Das einzig Einheitliche ist, daß „die Gesamtfassade aus einem und demselben Material bestand. Dies war ein weißlichgrauer, dichter Kalkstein" (ebd.). Dieser *oberste Etagenbau* der Religionen symbolisiert das Christentum, genauer das Wort- bzw. Namenschristentum. Das Christentum war zwar fähig, das Judentum zur Bedeutungslosigkeit zu verurteilen, indem es durch seine Lehre (Freiheit vom Gesetz) das jüdische Gesetz zerbrach, aber von diesem *wahren* Christentum ist auf dieser Etage nichts mehr übrig: Es besteht aus „Kalkstein", der zudem noch mit „den Ueberresten fossiler Organismen" (ebd.) vermengt ist. Dieses Scheinchristentum ist verkalkt. ‚Kalk' steht bei Karl May – im Gegensatz zum ‚Alabaster', der das Reine, Wahre und Edle symbolisiert (etwa im Alabasterberg) – für das Unreine, Gemeine, Falsche und Unedle. Jedoch kann beides sich zueinander wandeln.[10] Hier hat sich offensichtlich das ursprünglich Edle und Wahre in das unedle und falsche Scheinchristentum der Gegenwart gewandelt. Denn das, was sich hier als Christentum darstellt, hat mit seiner ursprünglichen gottgegebenen Substanz kaum mehr etwas gemein. Im Inneren dieses Baus erkennt Kara Ben Nemsi dann auch:

> Es wurde hier gefälscht, gefälscht und nur gefälscht! Das Echte hatte man der Außenwelt entzogen, das Wahre, Reine, Edle hier versteckt. Die Täuschung und den Schein, die Falschheit und Entstellung verfertigte man hier und trug sie dann hinaus als ehrliche, rechtschaffne, gute Ware! (XXIX 320)

So kann das, was aus *diesem* falschen Material hergestellt ist, auch kein einheitliches Gebilde sein, sondern nur eine Vielzahl der verschiedensten Bau- und Kombinationsrichtungen, d.h. eine gewaltige Sektenvielfalt. Ihnen geht es nur noch darum, „ein glänzendes Geschäft" (320) zu machen. Keine Sekte befolgt daher die echten Gebote Christi nach Nächsten*liebe*. Keine bemüht sich um die andere (keine ist echt und aus Alabaster). Jeder baut nach *seinen* (Geschäfts-)Vorstellungen, ohne auf die Stimme Gottes zu hören oder sie überhaupt noch zu vernehmen. Bezeichnenderweise findet in Kara Ben Nemsis ‚Großem Traum' auch gerade im Inneren dieses Baues sein Kampf mit dem Schatten statt. Und Dieter Sudhoff hat sicher recht, wenn er diesen Schatten umfassend darstellt als

> eine exemplarische Personifikation scheinmenschlicher, scheinchristlicher, scheinbarer Geistlichkeit, ein Vertreter der Lüge, der Finsternis, des Bösen, einer von denen, die aus materiellen Gelüsten das wahre Wesen des Christentums pervertieren.[11]

Karl May gibt im Bild dieses Etagenbaus ein höchst kritisches Bild der Religionen. Selbst das Christentum wird nicht verschont – im Gegenteil. Gerade weil das *wahre* Christentum May besonders am Herzen lag – ist es doch die einzige Religion, die von Gott durch seinen eigenen Sohn selbst gelebt und begründet wurde, die Religion der *Liebe* – , betrachtete er ihre jetzige Form besonders genau. Vor allem auch seine eigenen (negativen) Erfahrungen haben ihn wohl veranlaßt, im Bild des Scheik ul Islam und seiner Taki sich noch eingehender mit der christlichen Konfession des Katholizismus auseinanderzusetzen.

III

Als kurz nach der Jahrhundertwende die durch die illegalen Veröffentlichungen seiner frühen Kolportageromane ausgelöste Pressekampagne gegen Karl May und sein Werk einsetzte, beteiligte man sich auch auf seiten des Katholizismus, dessen Vertreter May noch einige Jahre vorher in den höchsten Tönen gelobt hatten[12], an dem ‚Feldzug' gegen den Schriftsteller. Karl Muth veröffentlichte z.b. 1902 in der Wiener Zeitschrift *Die Zeit* einen Artikel über Karl May mit dem bezeichnenden Titel *Ein entlarvter Jugendschriftsteller*[13], in dem er ein vernichtendes Urteil über ihn fällte. Dieses plötzliche Umschwenken gab wohl mit den Anlaß für May, sich in seinem *Silberlöwen* auch mit den Vertretern des Katholizismus (auf der autobiographischen Romanebene) und mit ihrer Religion/Konfession (auf der geistig-weltanschaulichen Romanebene) auseinanderzusetzen. Am Beispiel des *Scheik ul Islam und seiner Taki* soll diese Kritik im folgenden aufgezeigt werden. Es wäre aber sicherlich zu kurz gesehen, wollte man hierbei *nur* an eine Kritik am Katholizismus denken. Mays Kritik zielt auch allgemein auf „defekte Formen des Religiösen"[14], mit den Taki auf den religiösen Fanatismus generell.

Wie aber stellt er die Taki vor?

Taki heißt fromm. Die betreffenden Kurden führen diesen Namen, weil sie in Beziehung auf den Glauben sehr streng gegen Andere sind und mit großer Bestimmtheit behaupten, daß nur sie allein den Himmel erlangen werden. Jeder nicht ganz Gleichdenkende wird als verdammenswerter Ketzer betrachtet und mit unnachsichtlicher, herzloser Strenge verfolgt. (XXIX 230)

Sie haben sich die Gewalt Gottes angemaßt und stellen sich zwischen die Gläubigen und Gott:

Aber die, welche sich seine ‚Hohen' nennen, [...] spiegeln aller Welt die große Lüge vor, er habe ihnen die Gewalt gegeben, die doch nur er allein besitzen kann. [...] Wer still des Herrschers [Gottes] gute Wege wandelt, wird angefeindet, möglichst unterdrückt. (396)

Sicher denkt man hier sofort an den alleinseligmachenden Anspruch der katholischen Amtskirche. Durch Dogmen will sie den Gläubigen den alleinigen Weg zur Seligkeit vorschreiben. Wer anders denkt als sie, bekommt ihre „mißverstandenen Kuransprüche [...] an die Backen" geschlagen (446). Was Karl May hier der katholischen Kirche vorwirft, ist ihr starker Dogmatismus und ihr veraltetes, allzu weltfremdes Kirchenrecht, die seiner Meinung nach die biblischen Aussagen falsch auslegten. Besonders nach dem Tod des reformaufgeschlossenen Papstes Leo XIII. wurde sein Nachfolger Pius X. als „Vertreter einer reaktionären Gegenströmung"[15] empfunden und durch sein scheinbares Festhalten am Dogmatismus und Kirchenrecht als besonders kritikwürdig angesehen.[16] Karl May spiegelte mit der Kritik am Katholizismus seiner Zeit sicher auch die aktuelle Stimmung, wenn auch in pointierter Form, wider.

Daß die Deutung seiner Kritik allein auf die katholische Kirche bezogen allerdings zu einseitig ist[17], wird schnell offenbar, wenn man die Sage vom Baum El Dscharanil zur Interpretation mit heranzieht. Der Fanatismus der alleinseligmachenden Lehre ist nämlich in allen Religionen zu finden:

> Die mich Umringenden waren [...] in die Trachten *aller* Völker gekleidet. *Jeder* von ihnen hatte etwas in der Hand, was er sein „heiliges Buch" nannte, und *jeder* von ihnen versicherte, daß er der einzig und allein berechtigte Aussteller der hier vorzuzeigenden Erlaubniskarte sei. (XXIX 26f., Hervorhebung V.K.)

Die persönliche Bestätigung Gottes für seinen Anspruch, allein ins Paradies einlassen zu können, aber hat keiner!

Der Scheik ul Islam selbst ist „wegen seiner hohen geistlichen Würde unantastbar" (237) und bezeichnet seine Begleiter ebenfalls als sehr hohe Würdenträger: „Hauptpriester", „Divisionsgeneral", „Seliger", „Heiliger" usw. (275). Dementsprechend „pfauenstolz und truthahneitel" (446) geben sie sich. Auch hier liegt die Deutung auf den Papst (Unfehlbarkeitsdogma) und seinen hohen Klerus nahe. Aber Karl May wirft ihnen noch mehr vor: Sie sind „so sanft, so fromm und doch so unverschämt" (456). Alles aus ihrem Mund klingt „so tiefreligiös und gottgefällig, [...] so ekelhaft [...] weihevoll und darum so schändlich, gemein und niederträchtig" (446). Auch ihre Frömmigkeit ist nicht echt: Ihr Gebet ist ein kindisch klingendes Geplärre, ein lautes Plappern und Murmeln.[18] Die Atmosphäre, die sie verbreiten, ist so falsch und beschämend, daß selbst ein Kind (Tifl) sich davon abgestoßen fühlt.

Die Nähe solcher Menschen „lähmt, sie ersticken alles Leben"[19], und so droht dem eben genesenen Kara Ben Nemsi durch die Atmosphäre im Schlupfwinkel der Taki, den er erkundet, ein Rückfall: „Diese Luft hält kein Gesunder aus, viel weniger ein Genesender!" (503)

Die Taki stellen ihre Macht „auf die Seite des Bestehens und Erhaltens" (240), selbst wenn es offensichtlich Unsinn ist. An der Begründung des Scheik ul Islam für die Erhaltung des Ruinenbaus der Religionen zeigt sich das deutlich:

> „Diese Bauten haben zu bleiben, wie sie sind! Sie sind ein Denkmal der Vergangenheit, an welchem nicht gerüttelt werden darf. Denn selbst der Wahn wird heilig, wenn er so lange besteht, daß er durch sein Alter zur Ehrfurcht mahnt." (287f.)

Mit diesem Verständnis stellt sich der Scheik ul Islam auch gegen die Weiterentwicklung der „geistige[n] und sittliche[n] Kultur". Damit aber bringt er den „wahren, unverfälschten Gottesglauben" zum allmählichen

Absterben und fördert eine falsche „Schwachkopf-Frömmigkeit", die schließlich von Gott weg in ein „Schattenland" führt (143).

Das Ziel, das der Scheik ul Islam hiermit verfolgt, ist nun aber nicht, „den Herrgott zu beschützen und seine ganze Menschheit zu behüten und zu bewahren" (446), wie er vorgibt, sondern es geht ihm um *Macht!* Es genügt ihm nicht mehr, „die schönsten Berge" und die „fettesten Weideplätze" des Landes (279) zu besitzen, sondern er stellt sich selbst über Gott. Ahriman Mirza gegenüber bekennt er es offen:

> „So will ich auch einmal ehrlich sein und dich warnen. Wir sind sanftmütig und von Herzen demütig, weil uns das zur Herrschaft führt. Aber hinter dieser Sanftmut steckt die Schonungslosigkeit und hinter dieser Demut der unerschütterliche Wille. Selbst der Kaiser [Gott] hat sich vor uns zu beugen; wenn nicht, so muß er brechen!" (488f.)

Um dieses Ziel zu erreichen, verbindet der Scheik ul Islam sich sogar mit dem Bösen (Ahriman Mirza), dem er sich überlegen fühlt (was sich aber schließlich als Irrtum erweist), und mit der Begierde (Gul-y-Schiras).

Hier spätestens wird deutlich, daß Karl May mit dem Scheik ul Islam und seinen Taki nicht allein die negativen Auswüchse des Katholizismus kritisiert, sondern es muß wohl auch an Sektenführer[20] und ähnliche ‚falsche Propheten' gedacht werden. Vergleiche mit heutigen Sekten, wie etwa den Kindern Gottes (Children Of God), Bhagwan oder der Scientology Church, liegen auf der Hand.

Der Scheik ul Islam ist aber nicht nur das Oberhaupt der Takikurden, sondern auch des *Taki-Ordens*. Dieser Orden ist weit älter als der Takistamm. Er entstand bei der Errichtung des Etagenbaus, „vor ungezählten Jahrhunderten, eine Ewigkeit vor Zoroasters Zeit" (485). Er ist der Herr des Etagenbaus, sein Baumeister, der nach der Sage Gott einmauern wollte. Der Taki-Orden hat sich also gleichzeitig mit der Fehlentwicklung der Religionen gebildet. Er symbolisiert folglich eine Geisteshaltung, die von Anbeginn an sich durch alle Religionen zieht und daher auch beim Katholizismus zu finden ist – eine Geisteshaltung, deren Grundelement die religiöse Eifersucht und Eitelkeit ist und die „die Religion vor allem als ein Mittel zur Begründung und Sicherung von Macht ansieht".[21]

IV

Wenn Karl May im Bild des Scheik ul Islam und seiner Taki *auch* die katholische Kirche sehr heftig kritisierte, so ist sein Urteil über den Katholizismus doch differenzierter als man aus dem bisher Gesagten schließen könnte. Der Scheik ul Islam und *seine* Taki machen nämlich nur einen Teil des Taki-Stammes aus. Der Ustad bezeichnet sie als „Ultra-Taki" und beurteilt sie als „denkschwache Fanatiker" (542). May mag hier wohl an die (verknöcherte) Amtskirche und die traditionalistische Richtung der katholischen Kirche gedacht haben. Die eigentlichen Katholiken sind hingegen die übrigen Taki, die als die ‚Friedfertigen' bezeichnet werden. Bei ihnen findet man noch wahres Christentum: sie hassen und befeinden sich nicht „um des Glaubens willen", sondern achten auch Andersgläubige „als Menschen". „Sie wollen Muhammed verehren, aber nicht den Scheik ul Islam. Sie wollen dem Schah-in-Schah gehorchen und keine willenlose Puppe an seiner Stelle sehen." (543) Bezeichnenderweise heißt der Führer dieser ‚Friedfertigen' Ibn el Idrak, Sohn des Verstandes, ein Mensch, der keiner Hinterlist fähig ist und der den Scheik ul Islam und seine Taki durchschaut.

Daß Karl Mays Kritik an manchen Auswüchsen des Katholizismus nicht ganz unbegründet war, zeigt sich daran, daß bereits 1905/6 unter Papst Pius X. mit der Überarbeitung und Verbesserung des katholischen Kirchenrechts begonnen wurde. May stand mit seiner kritischen Sicht des Katholizismus keineswegs allein. Betrachtet man seine Kritikpunkte nämlich genauer[22], so erinnern sie an die Forderungen der um die Jahrhundertwende in der katholischen Kirche (unter Laien *und* Geistlichen) entstandenen Reformbewegungen, den *Reformkatholizismus* und den *Modernismus*.[23]

Die Forderungen dieser Reformbewegungen nach Entfaltung der Individualität des Einzelnen, Versöhnung der Kirche mit der modernen Kultur, Umdeutung der Dogmen, Abbau des demütigenden Autoritätsgehorsames und des „papalistisch-kurialistischen"[24] Systems sowie der verengten Sicht gegenüber den anderen Konfessionen und Religionen finden sich alle in Karl Mays *Silberlöwen* wieder. Daß May für die innerkatholischen Streitfragen um die Jahrhundertwende starkes Interesse zeigte, bestätigt auch ein Blick in seine Bibliothek. Er besaß allein fünfzehn Bücher, die sich mit dem Reformkatholizismus, der ‚Los-von-Rom-Bewegung' und dem ‚Literaturstreit' befaßten. Alle zu diesen Themen wichtigen Autoren, wie Josef

Müller, Hermann Schell, Karl Muth, Max Bewer und Richard von Kralik, sind mit ihren Werken vertreten.[25]

Der ‚Los-von-Rom-Bewegung' dürfte Karl May allerdings skeptisch bis ablehnend gegenübergestanden haben, „da hier zu starke antisemitische und deutschrassige Töne angeschlagen wurden".[26]

Wenn man die These, daß May den Reformbewegungen innerhalb der katholischen Kirche nahestand, zumindest aber mit ihnen sympathisierte, wie die bisherige Deutung nahegelegt hat, als zutreffend annimmt, ergibt sich auch eine umfassendere Deutung Ibn el Idraks und seiner Taki:

Ibn el Idrak ist der Anführer jener Taki, die sich gegen den Scheik ul Islam und seine Anhänger, also gegen die negativen Auswüchse innerhalb des Katholizismus, wenden. Die Forderungen, die er an den Scheik ul Islam stellt, sind in etwa die gleichen, die auch die katholischen Reformbewegungen an ihre Kirche stellten. Ibn el Idrak heißt Sohn des *Verstandes.* Auch mit diesem Namen setzt May ihn und seine Anhänger betont gegen die „*denkschwachen* Fanatiker" (XXIX 542, Hervorhebung V.K.) des Scheik ul Islam ab. Ibn el Idrak und seine Taki darf man also wohl als dem Reformkatholizismus nahestehende Katholiken deuten, die erkannt haben, daß man den negativen Auswüchsen in der katholischen Kirche Einhalt gebieten und ihre wahre Aufgabe neu erkennen muß.

V

Nach so viel Kritik an den Religionen soll zum Schluß noch ein kurzer Blick auf Karl Mays Konzept der ‚wahren' Religion geworfen werden. Hermann Wohlgschaft hat aufgezeigt, daß es sich hierbei um ein modernes „biblisch begründet[es], theologisch fundiert[es] und gesellschaftspolitisch relevant[es]" Christentum handelt[27], das durch den Ustad und seine Dschamikun (auch durch Kara Ben Nemsi) vertreten wird.

Karl May hat es ebenfalls im Bild des Etagenbaus der Religionen dargestellt. Dieser endet nämlich nicht mit dem Bau des (Schein-)Christentums, sondern über dem Etagenbau, „auf der Spitze des Berges, hoch über der ganzen Umgegend", erhebt sich „in andächtiger Erdenstille" das vom Ustad konzipierte und von den Dschamikun erbaute, „nach vier Seiten offene, weitgespannte, weiße" ‚Alabasterzelt' (XXVIII 510). Dieses Zelt symbolisiert den erfolgreichen Abschluß der Bemühungen des Menschen um Gott:

Es ist *für alle* „auf bequemen Pfaden zu erreichen" (ebd.) und „nach vier Seiten offen", d.h. es hat keinen begrenzten Horizont, sondern steht *allen* Menschen offen. Auch schlägt dieser Bau den Bogen zurück in die Zeit, als Gott noch bei den Menschen weilte, „im offnen Alabasterberg" (XXIX 213). Der ganze Etagenbau der (falschverstandenen) Religionen, diese „steinerne Leiche" (XXVIII 513), stürzt am Ende des Romans in sich zusammen. Übrig bleibt nur das Zeichen der wahren, direkten Verbundenheit mit Gott, „das Zeichen des Bundes, der göttlichen Huld"[28]: das Alabasterzelt. Es bekrönt die einzige, richtige Möglichkeit für den Menschen, mit Gott in Verbindung zu treten, die durch den Etagenbau der (falschverstandenen) Religionen verborgen war: *das Gebet*. (Daß sowohl das Zelt als auch das steinerne Symbol des Gebets aus Alabaster sind, deutet ihre wahre, edle Unverfälschtheit an.) Aber es fehlt noch etwas, und das zeigt nun deutlich, daß hinter Karl Mays ‚Religionskonzept' das wahre *Christentum* steht: „In der senkrechten Linie des Alabasterzeltes" (XXIX 439), „des Symbols der göttlichen Nähe"[29], soll aus den Trümmern der Etagenbauten eine „Kirche" entstehen. Und „zu einer so klaren, liebevollen Beantwortung alter, düsterer Ruinenfragen kann man doch wohl keinen Augenblick lang gleichgültig sein!" (521)

Anmerkungen

1   2 Kor. 1, 12-24.
2   Das Kapitel *In Basra* entstand 1898, in der Buchform erschien es 1902.
3   Vgl. hierzu auch Christoph F. Lorenz: *„Das ist der Baum El Dscharanil". Gleichnisse, Märchen und Träume in Karl Mays ‚Im Reiche des silbernen Löwen III und IV'*. In: JbKMG 1984, S. 139-166; Dieter Sudhoff: *Karl Mays Großer Traum. Erneute Annäherung an den ‚Silbernen Löwen'*. In: JbKMG 1988, S. 117-183.
4   Die folgenden Ausführungen beschränken sich auf die Interpretation von Karl Mays Religionskritik unter geistig-weltanschaulichen Aspekten.
5   Arno Schmidt: *Abu Kital. Vom neuen Großmystiker*. In: A. Schmidt: *Dya Na Sore. Gespräche in einer Bibliothek*. Karlsruhe 1958, S. 176.
6   Sudhoff [Anm. 3], S. 134 deutet diesen Zustand als das Paradies, den Garten Eden.
7   Vgl. ebd., S. 134.
8   Ebd., S. 136.
9   Lk. 23, 45; Mk. 15, 38; Mt. 27, 51.
10 Vgl. Sudhoff [Anm. 3], S. 155.
11 Ebd., S. 137.
12 Vgl. die Äußerungen katholischer Priester und Bischöfe sowie der katholischen Presse in: *„Karl May als Erzieher"* und *„Die Wahrheit über Karl May" oder Die Gegner Karl Mays in ihrem eigenen Lichte, von einem dankbaren May-Leser*. Freiburg i. Br. 1902, S.

69-159, und *Empfehlende Worte Deutscher Bischöfe über Karl May's gesammelte Reiserzählungen,* Flugblatt des Verlags F. E. Fehsenfeld. Freiburg i. Br. 1894.
13 Vgl. Franz Cornaro: *Karl Muth, Karl May und dessen Schlüsselpolemik.* In: JbKMG 1975, S. 203.
14 Hermann Wohlgschaft: *„Was ich da sah, das ward noch nie gesehen".* Zur Theologie des ‚Silberlöwen III/IV'. In: JbKMG 1990, S. 248.
15 Wolfgang Wagner: *Der Eklektizismus in Karl Mays Spätwerk.* SoKMG 16 (1979), S. 28.
16 Heute weiß man, daß diese frühe Beurteilung von Papst Pius X. unzutreffend war. Er trug zwar konservative Züge, entwickelte sich aber zum großen Reformpapst, unter dessen Amtszeit mit der Neufassung des Kirchenrechts begonnen wurde. Vgl. Georg Schwaiger: *Geschichte der Päpste im 20. Jahrhundert.* München 1968, S. 53.
17 Ähnlich Lorenz [Anm. 3], S. 144.
18 Vgl. Tifls Erfahrungen bei den Taki (XXIX 456).
19 Wohlgschaft [Anm. 14], S. 249.
20 Wohlgschaft (ebd., S. 232) deutet auch den Schatten im christlichen Etagenbau in Kara Ben Nemsis Traum so.
21 Cornaro [Anm. 13], S. 46.
22 Vgl. die Auflistung bei Volker Krischel: *Karl Mays „Schattenroman". Gesichtspunkte zu einer „Weltdeutungs-Dichtung".* SoKMG 37 (1982), S. 17.
23 Vgl. Friedrich Heiler: *Reformkatholizismus (Modernismus).* In: *Die Religion in Geschichte und Gegenwart. Handwörterbuch für Theologie und Religionswissenschaft,* Bd. 4, hg. v. H. Gunkel und L. Zscharnak. Tübingen ²1930, Sp. 1795-1802.
24 Ebd., Sp. 1798.
25 Vgl. Franz Kandolf u.a.: *Karl Mays Bücherei.* In: KMJb 1931, S. 212-291.
26 Wagner [Anm. 15], S. 27.
27 Wohlgschaft [Anm. 14], S. 255; zu Karl Mays Religionskonzept siehe auch Krischel [Anm. 22], S. 24-27.
28 Wohlgschaft [Anm. 14], S. 235.
29 Ebd., S. 253.

Christoph F. Lorenz

„Das ist der Baum El Dscharanil"

*Gleichnisse, Märchen und Träume in Karl Mays
‚Im Reiche des silbernen Löwen III und IV'*

I

„Nun befand ich mich auf dem freien Platze vor dem Thore des Paradieses. An der sehr, sehr hohen Mauer standen herrliche Palmen, Bäume und Sträucher, welche prächtig zu blühen schienen. Aber da ich keinen Duft bemerkte, schaute ich schärfer hin, und da sah ich denn, daß es keine wirklichen, sondern nur gemalte waren. Nur ein einziger von allen war ein wirklicher Baum, aber ein höchst sonderbarer. Er war sehr niedrig, doch unendlich breit. Blüten und Früchte trug er nicht, aber tausende von eigentümlichen Blättern, welche die Form menschlicher Köpfe hatten, die lebendig zu sein schienen, denn sie bewegten die Augen immerfort, wobei sie mit den nie schweigenden Lippen plapperten. Ich drehte mich und fragte einen der Dastehenden, was das für eine seltsame Pflanze sei. ‚Das ist der Baum El Dscharanil', wurde mir geantwortet. ‚Kennst du ihn nicht? Er wurde hierher gepflanzt, weil der Baum der Erkenntnis, der einst mitten im Paradiese stand, abgestorben ist. Seitdem muß man die Blätter des El Dscharanil fragen, wenn man wissen will, ob man das Wohlgefallen Allahs besitze oder nicht. Denn nur sie allein sind es, denen er alle Geheimnisse seines Ratschlusses anvertraut, sonst niemandem weiter auf der ganzen Erde.' Kaum hatte ich dies erfahren, so wurde ich von einigen der Blätter gesehen. Es erhob sich erst ein unverständliches Flüstern. Dieses wurde immer lauter, je mehr Augen sich auf mich richteten, bis sich endlich alle Lippen bewegten, und meinen Namen riefen. Infolge dieses vereinten Geschreis thaten sich alle in der Nähe liegenden Thüren auf, und über mich ergoß sich eine Menge von Gestalten [...]. Die mich Umringenden waren [...] in die Trachten aller Völker gekleidet. Jeder von ihnen hatte etwas in der Hand, was er sein ‚heiliges Buch' nannte, und jeder von ihnen versicherte, daß er der einzig und allein berechtigte Aussteller der hier vorzuzeigenden Erlaubniskarte sei. Ich aber machte kurzen Prozeß mit ihnen allen und verlangte die Unterschrift dessen zu sehen, von dem man diesen Himmel gepachtet habe. Das hatte noch niemand gethan, und darum waren sie von dieser meiner Forderung so verblüfft, daß sie alle wieder in ihren Thüren verschwanden. Ich konnte also ungehindert durch das Thor des Paradieses reiten. Doch als ich an dem Baum der Neugierde und Geschwätzigkeit El Dscharanil vorüberkam, riefen alle seine Köpfe in einem und demselben Tone: ‚Er kommt zwar hinein, doch niemals wieder heraus. Wer dieses Himmelreich betrit, der ist verloren. Dafür haben wir gesorgt, wir, die Gottesstimmen!'" Hier machte der Ustad eine Pause. Welch ein Bild er mir da vor die Augen stellte! Fremdartig, aber nicht ganz unwahr. (XXIX 25)

Liest man diesen Text ganz unvoreingenommen und stellt sich dazu vor, man kenne den Verfasser nicht, so wird man nur schwerlich darauf kommen, daß er von Karl May stammen könnte. In der Tat sind die beiden letzten Bände von Mays Tetralogie *Im Reiche des silbernen Löwen,* mit denen May den Schritt zum ‚symbolischen Roman' endgültig und dezidiert wagte, zumindest auf den ersten Blick ganz anders geraten als Mays übriges

Werk. In seinem für die Interpretation der letzten beiden Bände des *Silberlöwen* so aufschlußreichen Brief an Fehsenfeld vom 24. 12. 1902 schreibt denn May auch stolz: „Merken nun auch endlich Sie, wie Karl May gelesen werden muß? [...] Sie werden dann finden, daß Sie etwas ganz Anderes drucken ließen, als Sie glaubten! [...] Also: *Meine Zeit ist endlich da!*"[1]

„Merken nun auch endlich Sie, wie Karl May gelesen werden muß?" – die ganze Ironie des Satzes, dieser rhetorischen Frage wird wohl so recht erst dem bewußt, der sich selber mit der Exegese der beiden letzten *Silberlöwen*-Bände beschäftigt hat. Der Autor hat es da der Nachwelt auch nicht leicht gemacht, als er nach den unter nicht gerade übersichtlichen Verhältnissen entstandenen ersten beiden Bänden des *Silberlöwen*[2] im dritten Band zunächst einmal das Geschehen und den Ton der alten Reiseerzählungen aufgriff und den Leser erst allmählich von der für den wohlbekannten ‚Reiseerzählungs-May' so typischen Schilderung einer Schmugglerschenke in Basra über die doppelbödig-hintergründige ‚Wüstenräuber'- Parabel der Kapitel 2 und 3 (*Ueber die Grenze* und *Am Tode*[3]) hinüberführte über die Felsspalte, die das Reich der Dschamikun von dem Gebiet, in das ihre Feinde vorgedrungen sind, trennt; dieser ‚Sprung über die Vergangenheit', wobei nicht nur der Weg von der Reiseerzählung zum symbolischen Erzählkunstwerk gemeint ist, ist May doch wohl schwerer gefallen, als er selber zugeben wollte, und so ist auch manches Element seines früheren Erzählens mit hineingekommen in die letzten Bände des *Silberlöwen*.

Nicht nur die verwickelte Entstehungsgeschichte und das Hineinwirken von Erzählelementen der früheren Reiseerzählungen in die symbolischen Schlußbände hat den Erfolg der Tetralogie *Im Reiche des silbernen Löwen* entscheidend behindert; die ‚alten' May-Leser waren durch die komplizierte Verschlüsselung persönlicher Erlebnisse und durch die Entwicklung mehrerer Lese- und Handlungsebenen schon im *Silberlöwen III* merklich verstört, was man ihnen nicht verdenken kann. Zu abstrakt, philosophisch, ja unverständlich mußte dem Leser von *Durch die Wüste* usw. schon der größte Teil des *Silberlöwen III* erscheinen; im 4. Band geht May ja sogar noch einen Schritt weiter in diese Richtung.

Auch May durchaus wohlgewogene Kritiker waren dem *Silberlöwen III* und *IV* gegenüber ratlos, ja verärgert. 1908 äußerte sich Dr. Lorenz Krapp, der spätere Mitarbeiter des Karl-May-Verlages, in einer Rezension der

Erzählung *Abdahn Effendi* mit unverkennbarer Bezugnahme auf den *Silberlöwen* wie folgt:

> Seine frisch zugreifende Art der ersten 20 Romane war zuletzt einer für den künstlerischen Wert verderblichen [!] Sucht nach Mystischem, Dunklem, Geheimnisvollem gewichen. Ich weiß zwar, daß ich die Erbitterung manches Verehrers Mays erwecke, wenn ich sage, daß mir das mystische Dunkel vieler Partien aus dem *Reich des silbernen Löwen* geradezu körperlich peinlich war. Aber das kann mich nicht beirren. Mag sein, daß es sich da um ein Licht handelt, „das von jenseits unseres heutigen Horizontes kommt" […]. Ich bekenne, daß mir das Organ noch fehlt, dies jenseitige Licht in mich aufzunehmen, und wie mir, so jedem andern Unbefangenen […]. Ich gebe um die Gestalt Winnetous einige hundert jener Schemen und Traumgestalten aus den „Grotten des versteinerten Gebets" in den letzten Bänden.[4]

Krapp wurde hier ausführlich zitiert, weil seine Ansicht durchaus symptomatisch ist für die verständnislose Aufnahme, die die ‚symbolischen' Bände des *Silberlöwen* auch heute noch finden. Dabei haben sich die Argumente wenig gewandelt: der *Silberlöwe IV* insbesondere gilt als ‚blutleer', ‚mystizistisch', ‚gewollt symbolisch', und ein namhafter Fachgermanist hat in einem Vortrag auf einem internationalen Symposion Karl Mays Traum von Edelmenschentum verglichen mit dem ‚identischen Gnostizismus' der Jahrhundertwende (Jugendstil, besonders Fidus). Dabei konstatiert er eine Verwandtschaft zwischen Mays Idee vom ‚Edelmenschentum' und dem elitären Rassedenken im Dritten Reich.[5] Das scheint stark übertrieben zu sein, aber Mays Spätwerk hat schon häufiger zu Mißverständnissen und Fehlinterpretationen geführt. Besonders die ‚dunklen' Passagen des *Silberlöwen* lenkten, da sie nicht nur auf den ersten Blick mehrdeutig sind, auf ebensoviele interpretatorische Irrwege, wie sie andererseits bei manchen völlige Ablehnung hervorriefen.

May macht es seinen Lesern im *Silberlöwen III* und *IV* nicht leicht; den ernsthaften Exegeten stellt er aber nun geradezu vor einen Berg von Problemen. So schien es lange Zeit, als biete E. A. Schmids Kapitel *Der Schlüssel* im Anhang zu dem Radebeuler Band *„Ich"* von 1916 mit seinen recht allgemein gehaltenen Erläuterungen[6] den einzigen ernsthaften Interpretationsansatz für das symbolische Spätwerk Mays dar, und selbst Wollschläger vertritt in der Neuauflage seiner May-Biographie noch diese Meinung.[7] Dabei wird gerne übersehen, daß Adolf Droop bereits 1909 in seinem lesenswerten Werk *Karl May. Eine Analyse seiner Reise-Erzählungen* interessante und wertvolle Interpretationsansätze gerade zu den letzten beiden Bänden des *Silberlöwen* vorgelegt hatte.[8] Da Droops Schrift jedoch weitgehend unbeachtet blieb, konnten seine Hinweise auch nicht fruchtbringend ausgewertet werden. Erst in den fünfziger Jahren, nach mancherlei Mißverständnissen (hier seien nur die entschiedene Ablehnung des Alterswerks durch Otto Forst-Battaglia in der 1931 erschienenen ersten Fassung seiner May-Biographie sowie Otto Eickes Theorie vom ‚Bruch im Bau' und sein daran anschließender Versuch, den *Silberlöwen* in seiner ursprünglichen Gestalt fortzuführen[9], genannt), wurden entscheidende Anstrengungen gemacht, das Alterswerk Mays der Vergessenheit zu entreißen. An dieser Stelle muß auf Arno Schmidts bahnbrechende Funkessays *Vom neuen Großmystiker* (1956) und *Abu Kital* (1958) hingewiesen werden, in denen Schmidt eine Lanze für die letzten beiden Bände des *Silberlöwen* und für *Ardistan und Dschinnistan* brach. Aufgrund seines *Sitara*-Buches ist Schmidt ja für manchen May-Kenner ein ‚rotes Tuch', doch gebietet es die Fairneß, darauf hinzuweisen, daß Schmidt in seinen Funkessays den hohen literarischen Rang gerade der letzten Bände der *Silberlöwen*-Tetralogie unmißverständlich deutlich gemacht hat – ein Verdienst zweifellos ganz besonderer Art! Als erster hat Schmidt hier jedenfalls aufgezeigt, daß der *Silberlöwe III* und *IV* ein Buch mit mehreren Leseebenen ist, und Ansätze zu einer Entschlüsselung des Textes geliefert; Schmidt nennt die letzten Bände *Silberlöwe* mit einigem Recht „eine Auto- und Psychobiographie einziger Art".[10] Diesen Aspekt hat Hans Wollschläger aufgegriffen, der in unserer Zeit die bedeutendsten Versuche zu einer gerechten Neuinterpretation des Mayschen Spätwerks gemacht hat: zunächst, in den 50er Jahren, als Mitarbeiter des Karl-May-Verlages in einer Reihe von Nachworten für die *Gesammelten Werke*[11], später in den beiden Fassungen seiner May-Biographie und vor einigen Jahren in einem längeren Aufsatz für das *Jahrbuch der Karl-May-Gesellschaft*, der sich bescheiden *Erste Annäherung an den ‚Silbernen Löwen'* nennt.[12] Eine neuere Arbeit zu diesem Thema legte Volker Krischel vor, der sich in seiner 1981 entstandenen Staatsexamensarbeit in zusammenfassender Form mit Mays ‚Schattenroman' befaßt und einen vorzüglichen Überblick über die bisherigen Forschungsergebnisse gibt.[13] Leider berücksichtigt Krischel die autobiographische und ‚psychobiographische' Ebene der letzten beiden Bände *Silberlöwe* kaum und befaßt sich etwas einseitig mit den anthropologischen, philosophischen und menschheitsgeschichtlichen Aspekten des Werkes. Aber das ist ja auch schon viel für ein Buch, an dem nach den Worten Claus Roxins „noch mehrere Germanistengenerationen [...] zu arbeiten haben" werden.[14]

Man sieht, bereits frühere Generationen in der May-Forschung hatten ihre liebe Not mit der Analyse der ‚symbolischen' Bände des *Silberlöwen-Zyklus*, sofern sie es überhaupt für notwendig befanden, sich damit zu befassen. In der Tat bietet die bisherige interpretatorische Arbeit der May-Exegeten zwar manche Anhaltspunkte für eine Interpretation etwa der Parabel vom Baum El Dscharanil, die sich im ersten Kapitel des 4. Bandes *Silberlöwe* findet – doch besteht auf der anderen Seite bei den Forschern nicht einmal Einigkeit darüber, wieviel ‚Leseebenen' und welche im *Silberlöwen* überhaupt unterschieden werden müssen. Die frühe May-Forschung neigte dazu, im *Silberlöwen* eine relativ einfache ‚Doppelbödigkeit' zu konstatieren, wobei einmal die oberflächliche Tatsachenhandlung, die Elemente aus den früheren Reiseerzählungen Mays aufgreift, auf der anderen Seite aber eine zweite allegorisch-symbolische Schicht, die dieser ‚Realhandlung' übergeblendet ist, freigelegt wurde. Differenzierter sah Wollschläger das Problem bereits bei der Abfassung seiner May-Biographie: hier ist nun von einer ‚Handlungsfläche I' die Rede, die „Manier und Stoff der liegengebliebenen Reiseerzählung" wieder aufnehme, ferner von der ‚Lese-Ebene II', die Wollschläger als die „bedeutendste der verbleibenden" bezeichnet und die er wiederum unterteilt in zwei Einzeldimensionen: „die erste enthält ein (freilich nicht vollständiges) Gesamt-Biogramm Mays, die zweite eine detailreiche Bilderprojektion der Jahre 1900-03". Schließlich spricht Wollschläger noch von einer ‚Leseebene III', „der des psychodramatischen Mysterienspiels", die er aber – im Gegensatz zu früheren Forschern – für nicht so bedeutend erachtet wie die ‚Leseebene II', die autobiographische Verschlüsselung.[15] Damit gibt Wollschläger dem am *Silberlöwen* arbeitenden Forscher ein interessantes und brauchbares Interpretationsschema in die Hand, mit dem man zurechtkommt – aber nur unter Schwierigkeiten! In der Tat nämlich durchdringen sich die Leseebenen ständig, und man weiß manchmal nicht, wie man dieses oder jenes Bild deuten soll: als biographische ‚Spiegelung', oder als menschheits- oder religionswissenschaftliche Parabel, als Kunstphilosophie, oder als alles dieses gleichzeitig? Die Schwierigkeiten häufen sich, wenn man sich allzu eng an das ‚vorgeschriebene' ‚3-Ebenen-Schema' Wollschlägers hält. Hinzu kommt, daß man wohl kaum eine Wertung vornehmen kann, welche Leseebene denn nun bedeutender oder wichtiger für den Interpreten sei; eine rein autobiographische Interpretation des *Silberlöwen* stößt ebenso schnell an ihre Grenzen wie eine rein auf der Ebene des ‚Mysterienspiels'.

Will man den *Silberlöwen III* und *IV* etwa als autobiographischen Schlüsselroman lesen, so ergeben sich alsbald große Probleme. Daß May in dem Ahriman Mirza des *Silberlöwen* etwa „das kleine ‚m' aus dem Frankfurter Feuilleton", also Fedor Mamroth, gemeint habe, wird heute kaum ernsthaft mehr bezweifelt[16]; dennoch trägt Ahriman so unverkennbar die Züge des bösen Widersachers, daß man mit Ausnahme der biographischen Spiegelung allein nicht die Figur Ahriman Mirza in ihrer ganzen Komplexität erklären kann. Noch schwieriger ist das bei dem Scheik ul Islam, in dem Wollschläger die Züge von Karl Muth, dem *Hochland*-Herausgeber, zu entdecken glaubte.[17] Franz Cornaro hat überzeugend deutlich gemacht, daß Karl May bei der Figur des Scheik ul Islam wohl kaum nur an Karl Muth dachte, und es ist auch wenig ergiebig, mit Droop zu glauben, daß im Scheik ul Islam „der unserem Schriftsteller feindliche Teil der katholischen Presse" verkörpert werden sollte.[18] Nicht einmal die Annahme, daß Karl May in den Gestalten des Scheik ul Islam und seiner Taki-Kurden den Katholizismus insgesamt habe treffen wollen, will so ganz zutreffen, denn May will ja hier wohl auch das Problem eines religiösen Fanatismus überhaupt aufzeigen. So erweist sich der *Silberlöwe* als noch weitaus vielschichtiger, als dies die Annahme mehrerer Leseebenen allein vermuten läßt.

Spätestens mit dem Kapitel *Ueber die Grenze* (und wie doppeldeutig ist allein dieser Titel!) beginnt die Erzählung *Im Reiche des silbernen Löwen III* doppelbödig und doppelsinnig zu werden: die räuberischen Beduinen, die da nach wenigen Seiten die Helden Kara Ben Nemsi und Hadschi Halef Omar ausrauben und ihnen sogar ihre Pferde stehlen, sind in Wahrheit deutsche Kolportageverleger (Münchmeyer-Fischer) und katholische Publizisten, wie der Kölner Verlag Bachem, der Mays *Gum* als *Die Wüstenräuber* nachdruckte und mit dem May im Jahre 1900 brach. Wenn May also von den ‚Wüstenräubern' spricht (und nicht nur in diesem zweiten Kapitel des *Silberlöwen III*), so sind die Verleger gemeint, die ihm (seiner Meinung nach!) feindlich gegenüberstanden, und auch Wölfe im Schafspelz treten plötzlich im Buch auf, wie Nafar Ben Schuri, der sich als Scheik der (friedlichen) Dinarun ausgibt, aber in Wirklichkeit der Anführer der Ausgestoßenen ist: erkennt man nicht gleich die ultramontanen Heuchler, die May erst unterstützten und ihn zu einem Lieblingsautor der ‚katholischen Lesewelt' machten, ihn aber prompt fallen ließen, als Cardauns in den katholischen *Historisch-politischen Blättern* mit seinen maßlosen

Angriffen gegen May und seine ‚unsittlichen' Kolportageromane begann? Diese Art von Bildlichkeit ist recht leicht zu durchschauen. Aber es gibt noch andere Formen bildhaften Erzählens im *Silberlöwen,* die meist eine so eindeutige Interpretation wie die erwähnten ‚Doppeldeutigkeiten' nicht zulassen.

Es lohnt sich, einmal einen Blick auf die Vielfalt der ‚Abbildungen' biographischer Tatsachen oder geistesgeschichtlicher und philosophischer Ideen zu werfen, die der Leser im *Silberlöwen* vorfindet. Da ist zum einen die Parabel, die gleichnishafte Erzählung mit meist didaktischem Charakter. Die vielleicht wichtigste Parabel des *Silberlöwen* ist die vom ‚Baum El Dscharanil', die ich an den Anfang meiner Untersuchung gestellt habe. Sie findet sich an repräsentativer Stelle, nämlich zu Beginn des *Silberlöwen IV,* in dem langen Nachtgespräch zwischen dem Ustad (‚Meister'), dem ‚höheren Ich' Karl Mays, und Kara Ben Nemsi Effendi, dem Schriftsteller May zur Zeit der Niederschrift des *Silberlöwen.* Bei diesen 194 Seiten handelt es sich also im eigentlichen Sinne um ein Selbstgespräch in Dialog-Verkleidung, und Verkleidung ist überhaupt ein Grundprinzip des Buches. Zu Beginn des *Silberlöwen IV* darf Kara Ben Nemsi einen Blick in die obere Etage des ‚hohen Hauses' werfen, in die ‚Gruft' des Ustad. Was hier – weiter in mystischer Verkleidung – beschrieben und geschildert wird, ist zweifellos die eigene Vergangenheit Karl Mays; was in dieser Gruft begraben ist, sind die Jahre der Selbsttäuschung und der Zwitterexistenz als ‚Dr. Karl May, alias Old Shatterhand', alias ‚Kara Ben Nemsi Effendi'... In der Tat ist die Beschreibung der ‚Gruft' des Ustad denn auch an Karl Mays eigenem Arbeitszimmer und seiner Bibliothek in der ‚Villa Shatterhand' orientiert. Es geht hier, im ersten Kapitel des 4. Bandes *Silberlöwe,* also weitgehend um Selbstläuterung und Selbstfindung, aber auch um Abrechnung mit den Gegnern. Diejenigen, die die entsprechenden Passagen des *Silberlöwen* für eindeutige Dokumente eines zügellosen Hasses halten, seien daran erinnert, daß am Beginn der Auseinandersetzung mit den Feinden für Karl May die Auseinandersetzung mit der eigenen Vergangenheit lag. In der ‚Gruft' des Ustad ist das begraben, „was in mir abgestorben ist" (XXIX 9), auch die Teile des früheren Werks, die May nun nur noch in einem höheren Lichte verstanden sehen wollte (so wie das Pferd Kiss-y-Darr, der ‚Schundroman', sich am Ende des Buches vor den Geistesaugen des Ustad als ‚edles Blut', aber „verhunzt, besudelt, beinahe zur Karrikatur gemacht" durch die „Schinder" – H. G. Münchmeyer & Co. – entpuppt, vgl.

463). Mag das auch vielleicht eine Selbsttäuschung sein, so ist doch die Geste, mit der Karl May in einem späteren Abschnitt des ‚Nachtgesprächs' die eigene Vergangenheit (als ‚Jugendschriftsteller') ablegt, von großer Suggestivkraft:

„Du bist Old Shatterhand?" fragte er. „Ich habe diesen Namen von meinem Freunde Dschafar gehört." „Ich war es," antwortete ich ruhig, aber bestimmt. Er machte, als er hörte, daß ich sein Präsens in das Imperfectum verwandelte, eine Bewegung der Ueberraschung. Dann fuhr er fort: „Du bist Kara Ben Nemsi Effendi?" „Ich war es," erwiderte ich abermals. „Bist es nicht mehr? Beides nicht mehr?" Bei diesen Worten leuchteten mir seine Augen vor erwartungsvoller Erregung förmlich entgegen. „Beides nicht mehr!" nickte ich. „Seit wann? Sage es mir!" „Seit diese beiden Namen das geleistet haben, was sie leisten sollten und leisten mußten! In diesen zwei Namen habe ich denen, die es lösen wollen, ein Rätsel aufgegeben, aus dessen Thür das von seinen psychologischen Fesseln befreite Menschheits-Ich wie ein im Freudenglanze strahlender Jüngling hervorzutreten hat." (67)

Bescheiden klingt das ja nicht, und viele Kritiker haben dem Mayschen Alterswerk gerade das scheinbar übergroße Selbstbewußtsein, mit dem hier die ‚Karl-May-Frage' als Menschheitsfrage schlechthin verstanden wird, übelgenommen. Dennoch läßt sich nicht leugnen, daß Karl Mays ‚Sprung über die Vergangenheit' seine Kämpfe mit sich selber und zahlreichen, teils eingebildeten, teils realen Feinden aus allen politischen Lagern und konfessionellen Richtungen, also das merkwürdige Drama von Mays letzten Lebensjahren, wirklich bedeutsame geistige Auseinandersetzungen ausgelöst hat, in die wiederum nicht unbedeutende Persönlichkeiten wie Ferdinand Avenarius, Karl Muth, Robert Müller und Bertha von Suttner verwickelt waren. Daß May der Ansicht war, seine ‚Ich-Fiktion' als wundersamer Orientheld und schlagkräftiger Westmann habe ihren Zweck erfüllt, daß er ferner nun zu ganz neuen, wenn auch weniger vordergründig abenteuerlichen Fiktionen aufbrach, davon legt der *Silberlöwe IV* beredtes Zeugnis ab. Nach dem feierlichen Bruch mit der Vergangenheit folgt denn auch die bemerkenswerte Evokation einer Zukunft, in der „Leib, Geist und Seele nicht ineinander gekästelt und ineinander geschachtelt sind, sondern Hand in Hand nebeneinander stehen und miteinander wirken". (67) Das ist zweifelsohne ein interessantes anthropologisches Programm, das seine ‚Abbildung' im Werk in dem harmonischen Zusammenwirken zwischen dem Geist (Ustad, Kara Ben Nemsi), der Seele (Schakara) und dem Körper (Halef bzw. Kara Ben Halef als Halefs ‚höheres Ich') auf der Seite des ‚Lichtes' (auf der Seite des Bösen entspricht dem die Kooperation zwischen Ahriman-Geist/Gul-y-Schiras-Seele und Ghulam el Multasim-Körper) gefunden hat. Am Ende gelingt diesem ‚Team' im Zusammenwirken mit den

Kräften der Natur denn auch die ‚Auferstehung' des unter den ‚Ruinen' der Religionen, Konfessionen, Dogmen und Lebensmeinungen begrabenen ‚Versteinerten Gebetes', während auf der Seite der ‚Schatten' alles in sich zusammenbricht. Aber das kommt ja im Buch wesentlich später; haben wir eben die Selbstkonfession Kara Ben Nemsis etwas genauer in den Blick genommen, so kommen wir nun zu der Erzählung des Ustad von seinem Martyrium, in deren Verlauf sich das Bild vom Baum El Dscharanil findet.

„Die Geschichte einer jeden Anbetungsform hat eine Zeit des Martyriums, der Verfolgung um des Glaubens willen, aufzuweisen. Ich meine hier die Verfolgung mit der Todeswaffe. Wenn dem Religionshasse diese Waffe entzogen worden ist, zieht er sich, rachsüchtig grollend, in den Schutz seiner Lehrsätze zurück, um aus ihnen heraus, die er für uneinnehmbare Mauern hält, auch fernerhin die Andersgläubigen nach Möglichkeit zu schädigen." (21)

So beschreibt der Ustad seine Gegner, die religiösen Fanatiker, die an die Stelle der ‚reinen Gottesidee', die der Ustad freizulegen sucht, ihren persönlichen, nach den jeweiligen Dogmen ‚zurechtgemachten' Gott setzen und den Andersgläubigen gegenüber behaupten, im Besitze der ‚alleinseligmachenden' Wahrheit zu sein. Es fällt kaum schwer, diese Sätze auf orthodoxe Strömungen in der katholischen Kirche zu beziehen.

„Im Besitze dieser Offenbarung gebärdet man sich, als ob man den Himmel mit seiner ganzen Seligkeit in Pacht genommen habe und nun ganz nach eigenem Gutdünken am Eingange zu demselben eine Warnungstafel anbringen müsse, auf welcher in den drohendsten Worten zu lesen ist: ‚Der Zutritt ist nur solchen bevorzugten Personen gestattet, welche mit einer eigenhändig unterschriebenen Erlaubniskarte seiner Pächterlichen Hochgnaden versehen sind. Wer ohne diese Bescheinigung hier einzudringen wagt, der wird augenblicklich mit dem leiblichen, geistlichen und ewigen Tode bestraft!'" (21f.)

Das ist sehr deutlich formuliert und weder ‚verkleidet' noch symbolisch; man ist durchaus versucht, hier eine konventionell protestantische Kritik an dem ‚alleinseligmachenden' Gebaren der katholischen Amtskirche zu erblicken. Allerdings muß man sich vor voreiligen Schlußfolgerungen hüten, denn noch hat die eigentliche Parabel nicht begonnen. Der Ustad spricht nun von den „gepachteten Himmeln", den „Paradies[en] der Selbstgerechtigkeit", wie er sie nennt (36).

Von nun an wird auch der Erzählton anders; jetzt befinden wir uns mitten in einem Gleichnis, einer Parabel mit unverkennbar an orientalischen Vorbildern orientierter Bildlichkeit:

„Ich kam auf meinem Pferde Imtichat vom Dschebel Din herab in ebenliegendes Menschenland. Da kehrte ich ein und erfuhr, daß hier der Weg zum nahen Paradiese sei. Ich ließ mir diesen Weg zeigen und folgte ihm. Die Leute, welche mir beggneten, schienen alle sehr fromm zu sein. [...] Bewohnte Zelte und Häuser gab es gar nicht mehr, dafür aber lauter

Gebäude, welche Allah geweiht waren, wenn auch unter anderen Namen. Ich sah Moscheen neben hochfenstrigen Bauten, an denen Türme standen, indische Tempel und chinesische Pagoden, malayische Götterhäuser und amerikanische Medizinzelte, hottentottische Götzenhütten und die in die Erde gegrabenen Andachtslöcher der Australen. Viele, viele Menschen strömten vor mir her. Sie alle wollten in den Himmel. Aber fast ebenso viele kamen traurig zurück, weil sie nicht hineingedurft hatten. Ich fragte sie, warum, und erfuhr, daß sie nicht im Besitze von Erlaubnisscheinen gewesen seien. Da ritt ich weiter. Das Gewühl wurde immer größer, bis ich das Thor des Himmels vor mir sah. Da hielt die Menge an, weil sich quer über den Weg das Chabl el Milal spannte. Ich war nicht da, um schon jetzt in den Himmel zu kommen und dort zu bleiben, sondern nur, um ihn zu prüfen. Darum ging mich dieses Seil nichts an. Ich spornte mein Pferd, und es sprang darüber weg." (24f.)

Hier wird deutlich, daß man diese Parabel in ihrer ganzen Bedeutung nur verstehen kann, wenn man sie nicht zu eng und tendenziös als Polemik gegen den Katholizismus auffaßt. Der Ustad begibt sich vom Berg des Glaubens herab in „ebenliegendes Menschenland". Man kann in diesem Bild einen Hinweis darauf erblicken, daß der Ustad sich bereits auf einer hohen geistigen Stufe befindet (die Metapher des ‚Berges' bedeutet im Spätwerk Mays stets eine hohen Stufe der Geistigkeit, ein Fernziel, das man als Mensch im ‚Erdental' nur unter Anstrengungen erreichen kann). Man kann das aber auch anders deuten, vielleicht als Glaubens- und Lebenskrise des Ustad = Karl May, der nun auf dem Pferd ‚Imtichat' (‚Die Prüfungen') und nicht mehr auf Rih oder Hatatitla einen neuen, geistigen Ritt unternimmt, um festzustellen, welche der vielen Gottesvorstellungen die wahre ist. Auf dem Weg in dieses Paradies begegnet er Gottesäusern aller Religionen und Nationen, muß aber feststellen, daß man in das Paradies nur gelangen kann, wenn man einen ‚Erlaubnisschein' hat, sprich: die Gebote und Normen der jeweiligen Kirche befolgt. Vor dem Himmelstor spannt sich nun nämlich das Seil der Konfessionen, das ‚Chabl el Milal', und man kommt auf dem Weg zur Erkenntnis nur weiter, wenn man sich wie der Ustad um das Seil überhaupt nicht kümmert, den Glaubenszwist ignoriert, um selber prüfen zu können, was das denn für ein Himmel sei, der von den Klerikern aller Religionen so hoch gepriesen wird. Offenbar übt May hier Kritik an allen institutionalisierten Religionen und plädiert für eine vom Konfessionszwist unbeeinflußte Annäherung an Gott. In der Bildersprache der Mayschen Parabel heißt das: das Seil wird übersprungen.

Nun steht der Ustad also endlich „auf dem freien Platze vor dem Thore des Paradieses" (25), und wir sind zu dem Textausschnitt zurückgekehrt, von dem wir ausgegangen waren. Das ‚Paradies der Selbstgerechtigkeit' wird nun näher besichtigt: vor seinen Toren stehen „herrliche Palmen,

Bäume und Sträucher, welche prächtig zu blühen scheinen" (25). Aber es sind keine wirklichen Bäume, sondern „nur gemalte", d.h. das Paradies der selbstgerechten Fanatiker aller Religionen, ob sie Katholiken, Protestanten, Hindus, Moslems oder Sektenführer sind, ist umgeben von Illusionen und Schein. Nur ein einziger Baum ist real, der ‚Baum des Geschwätzes und der Neugierde', El Dscharanil. Das ebenso seltsame wie großartige und kühne Bild vom Baum mit den vielen Köpfen, die alle permanent reden (vom unverständlichen Flüstern bis zum Geschrei, das die Pächter des Paradieses auf den Plan ruft), scheint eindeutig biographisch-polemisch gemeint zu sein. Schließlich interpretiert Kara Ben Nemsi den Baum El Dscharanil ja wenige Seiten später recht unmißverständlich: „Ich kenne ihn! Du hast ihn an das Paradies der Selbstgerechtigkeit gesetzt; das heißt, an seine rechte Stelle. Auch ich habe ihn dort stehen sehen, diesen Baum der sehenden und sprechenden Blätter, der Zeitungen, der öffentlichen Presse." (36) Hier wird ein eindeutiges Feindbild vorgestellt; die Gegner, die May mit der wirksamen Waffe der öffentlichen Presse zu Leibe rückten, ob sie nun – wie Cardauns und Muth – für die ultramontan gesinnte Presse schreiben oder Freigeister waren wie Mamroth, erschienen ihm wie die ‚Blätter' eines neugierigen und geschwätzigen Baumes, und – mit Anspielung auf die katholischen Gazetten – ist in der Parabel ja von den „Gottesstimmen" (27) die Rede.[19]

So ganz einfach kann man es sich mit den Bildern, die May uns hier vor Augen führt, allerdings nicht machen. Immerhin ist das Bild vom Baum El Dscharanil mythisch unterbaut, und sicherlich ist auch Mays Anspruch, die „volle Wahrheit" (33) sagen zu wollen und menschheitsgeschichtliche Perspektiven *für die Zukunft* aufzuzeigen, nicht ganz unberechtigt. Wir erfahren also über den Baum El Dscharanil noch folgendes: „Er wurde hierher gepflanzt, weil der Baum der Erkenntnis, der einst mitten im Paradiese stand, abgestorben ist. Seitdem muß man die Blätter des El Dscharanil fragen, wenn man wissen will, ob man das Wohlgefallen Allahs besitze oder nicht." (26) Karl May macht es seinen Exegeten hier wieder gar nicht leicht. Der ‚Baum der Erkenntnis' stand nach dem Bericht der *Genesis* im Paradies. Solange die Menschen sich noch ganz im göttlichen Schutze wußten (im Paradies), brauchten sie die Erkenntnis von Gut und Böse nicht. Mit der Versuchung aber kam die Erkenntnis und mit ihr die ‚Erbsünde': ‚und sie wurden wie Götter'. Karl May knüpft an das uralte Wissen der Menschen, das dem Bericht der *Genesis* zugrundeliegt, an; im ‚Paradies der

Selbstgerechtigkeit' hat der ‚Baum der Erkenntnis' von Gut und Böse keinen legitimen Platz mehr, er ist abgestorben. Erkenntnis wird durch Lügen und Heuchelei, durch Geschwätz und Neugierde ersetzt; so gewinnt der Baum El Dscharanil als Kontrastbild zu der Wahrheit und Aufrichtigkeit, die in der ‚reinen Gottesidee' verborgen liegt, auch durchaus überpersönliche Bedeutung. Wieder ist die biographische Spiegelung nur ‚Einstieg' in eine höhere Aussage. Mit dem Baum El Dscharanil stehen die Fanatiker in enger Verbindung, die ihre jeweilige Religion als die beste und ihr ‚heiliges Buch' als das einzig heilige von allen preisen: „Die mich Umringenden waren [...] auch in die Trachten aller Völker gekleidet. Jeder von ihnen hatte etwas in der Hand, was er sein ‚heiliges Buch' nannte, und jeder von ihnen versicherte, daß er der einzig und allein berechtigte Aussteller der hier vorzuzeigenden Erlaubniskarte sei." (26f.) Aber die Legitimität dieses Anspruchs kann niemand beweisen, denn keiner kann die Unterschrift dessen zeigen, „von dem man diesen Himmel gepachtet habe" (27). May zweifelt also am Alleinvertretungsanspruch der bestehenden Religionen, denn keiner kann den Beweis dafür erbringen, daß nur sie von Gott allein eingesetzt sei; die Nähe zu Lessings berühmter ‚Ringparabel' ist zu auffällig, um noch besonders darauf hinweisen zu müssen.

Nunmehr ist der Ustad in Mays Parabel in die Lage versetzt worden, das vielgerühmte ‚Paradies' mit eigenen Augen betrachten zu können; er stellt fest, was man nun schon erwarten konnte: jenseits der verlockend bemalten Mauer liegt eine wüste Einöde. „Ich sah weder Baum noch Strauch. Kein Wasser floß. Kein Weg war zu erkennen. Nichts als verwehte Spuren im ausgetrockneten, unfruchtbaren Sande" (28). Bedenkzeit freilich gibt es keine für den Neuangekommenen:

„Es war dafür gesorgt, daß kein am Eingang Stehengebliebener den Nachfolgenden diese seine Bangigkeit verraten konnte. Es gab hier schnellbereite Wesen, welche ihn sofort wegzuschaffen hatten. Sie standen zu beiden Seiten des Thores, um, hinter der Mauer versteckt, bei jeder neuen Ankunft als vorzüglich auf den Mann dressirte Kameele und Esel schnell herbeizueilen" (28).

Es folgt sofort ein neues, seltsames Bild:

„Die Esel waren alle von tiefdunkelster Farbe, klein, fast winzig, doch mit so hochgehendem Sattelgestell, daß der Hinaufgekletterte sich sehr wohl erhaben vorkommen konnte. Anstatt des gebräuchlichen Riemenzeuges gab es nur eine kurze Aufsatzleine, welche das Maul des Esels so in die Höhe zog, daß die Augen nichts mehr von der Erde, sondern nur noch den Himmel sehen konnten." (28)

Ganz anders dagegen verhält es sich mit den Kamelen:

„Ihre tiefhängenden Köpfe waren mit Doppelstricken an beide Kniee gefesselt, so daß sie nie den Himmel, sondern nur die Erde in den Augen hatten. [...] Die Sättel waren hohe Throngestelle, mit farbenreichem Teppichwerk belegt, mit Fransen- und mit Federschmuck behangen, so daß der Reiter [...] sich leicht als Allahs Liebling dünken konnte." (30)

Der Ustad führt in einer Parabel also verschiedene Verhaltensweisen des selbstgerechten religiösen Fanatikers vor; einmal verliert er über seinen Spekulationen auf den ihm gewiß vorbestimmtem gerechten Lohn die Erde aus den Augen und schaut nur noch auf den Himmel, fühlt sich in elysische Höhen emporgehoben, obwohl der doch nur auf einem kleinen, schmutzigen Esel sitzt, zum anderen bleibt er (auf den Kamelen) ein Sklave der Erde, an irdische Begierden und Neigungen gefesselt, ohne Chance, jemals den Himmel wirklich in den Blick zu bekommen, wähnt sich aber in religiösem Wahn (auf dem „hohen Throngestell" sitzend) bereits im siebten Himmel, als Gottes persönlicher Auserwählter. Was May hier in poetischen Bildern vorführt, entspricht interessanterweise dem, was die anthroposophische Geisteswissenschaft festgestellt hat, die von zwei Grunderscheinungsformen des Bösen spricht: „Erdsucht und Erdflucht sind die beiden Lebensirrtümer, denen der Mensch verfallen kann."[20] Die sogenannte ‚luziferische Komponente' des Bösen ist nach diesen Erkenntnissen das Fliehen aus der realen Erdenexistenz in bloß erträumte höhere Welten, eine Art Rausch (‚luziferische' Seite des Bösen, ‚Esel' in der Parabel des Ustad), die ‚Ahrimanische Komponente' aber stellt eine Art ‚Versteinerung' durch zu starke Bindung des Menschen an die Erde dar (‚ahrimanische' Seite des Bösen, ‚Kameele' bei Karl May). Damit keine Mißverständnisse entstehen: hier soll May nicht zum ‚ersten Anthroposophen' hinaufstilisiert werden; vor allzu raschen Vergleichen zwischen Mays Alterswerk, der ‚mystizistisch' angehauchten Theosophie der Jahrhundertwende und der anthroposophischen Geisteswissenschaft ist zu warnen. Dennoch muß festgehalten werden, daß in Mays *Silberlöwen* geistige Erkenntnisse in reichem Maße eingegangen sind, ohne daß man daraus sofort eindeutig auf die Provenienz dieser Erkenntnisse aus gewissen philosophischen Richtungen schließen kann (lediglich die Beeinflussung des Spätwerks durch Swedenborg ist unverkennbar).[21] Wie May zwar die Dreiteilung des Menschen in Körper, Seele und Geist kannte, sie aber sicher nicht bis ins letzte reflektiert hat, so ahnte er wohl auch, daß es ein Doppelantlitz des

Bösen gibt, was ihn nicht daran hinderte, *Ahriman* Mirza mit den unverkennbaren Zügen *Luzifers,* des schönen Versuchers, auszustatten. Dadurch wird die tiefe Wirkung seiner Bilder aber nicht beeinträchtigt. Betrachtet man die Parabel vom Baum El Dscharanil und vom ‚Paradies der Selbstgerechtigkeit' einmal als ein Ganzes, so mag sie als Gleichnis verstanden werden, das sich auf die Verhaltensweisen der selbstgerechten religiösen Fanatiker bezieht. Freilich ist es unverkennbar, daß May in allen Religionen, wie sie geschichtlich geworden sind und sich ihm am Ende des 19. und zu Beginn des 20. Jahrhunderts präsentierten, Züge der Selbstgerechtigkeit und des Fanatismus erblickte. Anders verhält es sich mit der ‚überkonfessionellen Religion der Toleranz', wie er sie für die Zukunft erhoffte, und so läßt er Kara Ben Nemsi dann dem schrecklichen ‚Paradies der Selbstgerechtigkeit' mit den endlosen Grabesfeldern, „aus deren Höhlen das irre Gekicher der Unduldsamkeit schrillte" (31), ein ganz anderes Paradies gegenüberstellen:

„Vor meinem Himmel giebt es kein Seil El Milal, keinen Baum El Dscharanil und keine Wandmalereien. Ihn hat sich auch kein Pächter angemaßt, und an der Straße, die zu ihm führt, stehen keine Götzenhäuser. Auch giebt es keine Mauer und kein Thor. Es führen so viel Wege hinein, wie es Menschen giebt. Er steht ihnen allen offen, wenn sie nur kommen wollen. In diesem meinem Gedankenparadiese ist nichts versunken, vernichtet und vergessen. Da ragen die Gottesideen vergangener Jahrtausende noch so hoch wie damals im Morgenrot empor. Und in der Abendröte erglänzen die neuen, hohen Ideale zukünftiger Jahrhunderte, um zu Wirklichkeiten zu werden" (35).

May hat Recht: es ist *noch* ein Gedankenparadies, was er hier beschreibt, zunächst nur eine Idee, ein schöner Traum von einem friedlichen Nebeneinander der Religionen und Konfessionen, von einem überkonfessionellen Christentum der Zukunft, das die ‚Ruinen' vergangener Lehrmeinungen und Dogmen überwindet. Im Roman *Silberlöwe IV* erstrahlt diese neue Religion der Zukunft am Ende als ‚Alabasterzelt' in der Höhe, aufgestiegen aus den dumpfen Regionen der ‚Ruinen', die unter sich den Scheik ul Islam und sein ‚Paradies der Selbstgerechtigkeit' begraben.

Es gehört nicht zu den geringsten Leistungen der Mayschen Parabeln vom falschen und wahren Paradies, daß in ihnen die ganze kommende Handlung keimhaft angelegt ist. Die Parabel vom Baum El Dscharanil führt direkt weiter zur Takikurden-Handlung späterer Kapitel; die ‚Ultras' unter den Takikurden, angeführt vom Scheik ul Islam, sind genau so wie die Pächter des ‚Paradieses', vor dem der Baum El Dscharanil steht: sie schmeicheln sich mit schönen Reden ein, um Macht auszuüben, sie heucheln, sich unter die Führung des Ustad begeben zu wollen, und planen doch die ‚Machtübernahme' bei den Dschamikun, sie täuschen die anderen mit lammfrommer Miene und geheuchelter Bescheidenheit, sie reden von der Seligkeit, meinen aber die öden Ruinen der überlebten Religionen, die sie um jeden Preis erhalten wollen. Wer diese Parabel vom Baum El Dscharanil aufmerksam liest und versteht, braucht sich um die Deutung der ganzen Takikurden-Episode nicht zu sorgen; wer Kara Ben Nemsis ‚Gegenparadies' aufmerksam studiert hat, der versteht die Bedeutung des ‚Alabasterzeltes' am Ende des *Silberlöwen*. Die Kunstform der Parabel mit ihrem lehrhaften Charakter mag problematischer sein als die ‚unschuldige' Bildlichkeit des von allegorischen Absichten meist unbelasteten *Märchens*; daß Mays Parabeln aber in konzentrierter Bildfülle die Richtung der ganzen Handlung des *Silberlöwen IV* vorwegnehmen, ist dennoch eine seiner herausragendsten Kunstleistungen.

II

Schon bald nach ihrem Erscheinen lösten die beiden Abschlußbände des *Silberlöwen* eine Reihe von Mißverständnissen aus; so wurden (und werden) die Bücher gerne als verschlüsselte Abrechnung mit Mays Gegnern, als symbolisch ‚verkleidete' Polemik gewertet. Sicher trifft ein solches Urteil zum Teil auch zu, aber eben nur *zum Teil*. Eine Interpretation des *Silberlöwen,* die sich vor allem auf die zahlreichen im Text versteckten Detailanspielungen und Seitenhiebe (auch der Pedehr alias Fehsenfeld bekommt am Ende des langen Nachtgesprächs noch einen Hieb ab, als er Ghulam el Multasim die Flucht aus dem sicheren Gewölbe ermöglicht)[22] stützen würde, ginge am gesamten Anspruch des Textes, an seiner Komplexität und Vielschichtigkeit vorbei. Freilich hat May selber solchen Interpretationen dadurch Vorschub geleistet, daß er in seinem Text den ganzen Komplex des beginnenden ‚May-Kampfes' mit eingehen ließ und vielleicht im Bemühen, auch noch dem unbedeutendsten Gegner literarisch einen Seitenhieb zu versetzen, manchmal seine philosophischen und anthropologischen Anliegen aus den Augen verlor. Die Gegner griffen denn auch jede Blöße, die er sich gab, begierig auf; in seinem Artikel *Die ‚Rettung' des Herrn Karl May* machte Hermann Cardauns die Sache recht kurz: „Ich erinnere mich nur noch, daß er in der Einleitung zu einem

Romane seine literarischen Gegner höchst geschmackvoll mit Maden verglich, die sich untereinander auffressen, bis die letzte und fetteste zerplatzt."[23] Dies ist, zumindest, eine unzulängliche Wiedergabe dessen, was May wirklich schrieb. Zum einen handelt es sich bei den von Cardauns inkriminierten Textstellen nicht um die „Einleitung zu einem Roman", sondern um zwei voneinander um 150 Seiten entfernte Textstellen aus der Mitte bzw. dem Ende des III. Bandes *Silberlöwe*. Auch „vergleicht" May hier nicht, er verpackt seine ‚Botschaft' viel subtiler in zwei Fieberträume des kranken Halef. Im ersten Traum treten die Feinde des ‚Sihdi', also Mays, in abendländischer Kleidung auf, um sich bei der Annäherung an May in Maden zu verwandeln, die dessen ‚altes Fleisch' fressen. Der Traum endet im Moment ihrer höchsten Wut; erst später dann wird – und zwar indirekt, aus dem Mund von Hanneh – der zweite ‚Madentraum' berichtet, bei dem sich die Maden wirklich gegenseitig auffressen (vgl. XXVIII 488ff. u. 632). Geschmackvoll ist das wohl nicht, aber doch eine sehr subtile, in poetische Bilder verpackte, als ‚Traumbotschaft' erscheinende Rache an den Gegnern, die viel stärker wirkt als die plumpe Polemik, die man nach Cardauns Beschreibung vermuten darf. Der Verdacht liegt nahe, daß Cardauns den *Silberlöwen III* nicht selber gelesen hat, sondern von Dritten auf den ‚Madentraum' aufmerksam gemacht wurde, und zwar in unangemessener Verkürzung.

Wie autobiographisch eindeutig May selber die Parabel vom Baum El Dscharanil interpretierte, beweist ein interessantes Dokument, der Brief Mays an Fehsenfeld vom 24. 12. 1902:

Bemerken Sie, daß mit Band IV eine neue Aera angebrochen ist? Der bisher so schweigsame „Silberlöwe" tritt endlich, endlich aus seiner Felsenverborgenheit hervor. Das drohende „Rrrrad!" erklingt. Auf wen hat er es wohl abgesehen? Seine Zeit ist gekommen. Wird er wohl hinabspringen in jenes „Paradies", vor dessen Thür der „Baum des Geschwätzes" steht? Die armen Esel und Kameele! Was wird er mit den „lammesblickenden" Füchsen und schleichenden Hyänen machen? Mit den „Seligen", die Einlaßkarten hatten? Mit den „Fischern", die im Trockenen angeln, obgleich sie an der Elbe und am Rheine wohnen? Diese Thoren glauben, gewonnen zu haben! Es hing nur ein Fröschlein niedrigster Instanz am Haken! Da posaunen sie von gewonnenen Beleidigungsprozessen! Nur warten! Im „hohen Hause" ist ganz Anderes beschlossen! Da stehen Todte auf, die nie gestorben sind! Es werden von dort aus die Geister niedersteigen, die man so thöricht war, aus ihrer Ruhe aufzustören. Das giebt dann andere Beleidigungsprozesse, geführt vor jener höheren Instanz, die jeden ärmlichen „Vergleich" vernichtet und nichts verschenkt, auch keine „fünfzig Mark"! – Bitte, lesen Sie Band IV aufmerksam. Und wenn Sie ihn gefunden haben, so sagen Sie mir, wie mein Verleger Fehsenfeld in diesem „Fausthieb" heißt! – Vielleicht wird meine Leserwelt, die „Dschamikun", nun endlich klug! „Jugendschriftsteller"! Lächerlich! „Bärentödter", „Henrystutzen"? Tausende kamen, um sie bei mir zu sehen. Keiner dachte an eine höhere Bedeutung! Wehe, wenn der

Ustad sie mir wiedergeben muß! Man hat Kara Ben Nemsi nicht gekannt. Man glaubte, kurzen Prozeß mit ihm machen zu können. Man überlieferte ihn dem „Löwen der Blutrache". Er stieg getrost den Todesweg hinauf. Doch was geschah da oben und dann unten? Weissagung! – Merken nun auch endlich Sie, wie Karl May gelesen werden muß? Schreibt er nur für dumme Jungens? Bitte, lesen Sie ihn ja noch einmal! Von vorn, von ganz vorn! Aber geistig! Sie werden dann finden, daß Sie etwas ganz Anderes drucken ließen, als Sie glaubten! Unsere Bücher sind für Jahrhunderte bestimmt. Man wird das endlich zuzugeben haben. „Am Jenseits", zweiter Band, „Et in terra pax" und „Marah Durimeh" müssen selbst der Blindheit beide Augen öffnen. – Also: *Meine Zeit ist endlich da!*[24]

Dies ist eine sehr eindrucksvolle Selbstinterpretation, und sie sollte hier einmal bewußt meiner Ausdeutung der El Dscharanil-Parabel gegenübergestellt werden. Scheinbar ist dieser Brief ja ganz eindeutig; da bezeichnet May ganz freimütig den *Silberlöwen IV* als verkleidete Abrechnung mit seinen Gegnern. Der „bisher so schweigsame ‚Silberlöwe'" ist May selbst, der mit dem *Silberlöwen IV* „endlich, endlich aus seiner Felsenverborgenheit hervor[tritt]", und in der Tat sind ja die behandelten Passagen des *Silberlöwen IV* höchst eindeutig zu lesen, wenn man das ‚Paradies der Selbstgerechtigkeit' auf Mays ultramontane Gegnerschaft, allen voran die *Kölnische Volkszeitung*, ihren Chefredakteur Hermann Cardauns und den Kölner Verlag Bachem, bezieht. So weit, so klar; aber das Denken in Bildern ist für May offenbar bereits so selbstverständlich geworden, daß er in seinem Brief nun gleich weitere Metaphern erfindet, die sich im Buch nicht finden. Die „‚lammesblickenden' Füchse" und „schleichenden Hyänen" sind Mays heuchlerische Gegnerschaft, die überall ‚Unsittlichkeit' erblickt, aber die betreffenden Texte offenbar nie korrekt gelesen hat. Die im Trockenen angelnden „Fischer" aber finden sich nicht im *Silberlöwen*; die Herren Fischer (der „an der Elbe" wohnt) und Bachem (der „am Rheine wohnt") waren Fehsenfeld wohlbekannt, und May beweist hier bemerkenswertes Talent, was das Extemporieren von Doppeldeutigkeiten angeht. Doch dann wird der Briefton ernster: wieder einmal bekommt Fehsenfeld von seinem Autor den Beleidigungsprozeß *Kölnische Volkszeitung* contra F. E. Fehsenfeld vom Januar 1902 warnend und klagend vorgehalten (noch kann ja der Verleger nichts vom ominösen ‚Da' wa'l Ihana' ahnen, denn gerade erst sind die ersten 40 Manuskriptseiten des *Silberlöwen IV* fertig geworden).[25] Aber zugleich macht er auch deutlich, daß es nun um ganz andere Beleidigungsprozesse geht, die von jener „höheren Instanz" geführt werden, die wir als ‚Große Literatur' zu bezeichnen pflegen. Natürlich wird dort nichts verschenkt, auch nicht die formelle Buße von 50 Mark, die Fehsenfeld im Verfahren gegen die *Kölnische Volkszeitung* zu erlegen hatte.²⁶ Doch die „höhere Instanz" der Literatur hat nun einmal ihre eigenen Gesetze; diese brachten es auch mit sich, daß der literarische „Fausthieb" ganz andere Dimensionen annahm, als von May ursprünglich wohl beabsichtigt war. Denn der Brief Mays an Fehsenfeld mit seinem eindeutigen Schwerpunkt auf dem Aspekt des ‚Schlüsselromans', der verkleideten Abrechnung mit den Gegnern, hat ja selber den Charakter einer Abrechnung oder zumindest Ermahnung, gerichtet an die Adresse eines von vornherein als verständnislos eingestuften Verlegers. Insofern trieft der Brief geradezu von Ironie: „[...] sagen Sie mir, wie mein Verleger Fehsenfeld in diesem ‚Fausthieb' heißt!" oder, noch um einiges schärfer: „Merken nun auch endlich Sie, wie Karl May gelesen werden muß?" Wie Literatur zur Waffe werden kann, das lehrt nicht nur der *Silberlöwen*-Text, das lehrt auch Mays Brief an Fehsenfeld. „Wehe, wenn der Ustad sie mir wiedergeben muß!" (die Wunderwaffen Bärentöter und Henrystutzen nämlich) – und zeitweilig sieht es ja tatsächlich so aus, als wolle May seine Gegner wieder mit konventionellen Waffen (natürlich nicht mit dem Gewehr, wohl aber mit Prozessen) in die Knie zwingen. Daß unter dem Druck gerichtlicher Auseinandersetzungen und polemischer Briefwechsel hin und her die eigentliche Konversion zur ‚hohen' Literatur immer wieder erschwert wurde in den folgenden Jahren bis zu Karl Mays Lebensende, ist eine unbestreitbare Tatsache; aber als sein Stil erst einmal durchlässiger geworden war für die Einflüsse geistiger Welten, als er begann, nicht bloß ‚doppelsinnig', sondern im wahrsten Wortsinne *auf mehreren Ebenen zu schreiben,* da hatte sich das Werk in gewisser Weise selbst unangreifbarer gemacht gegen die Vorwürfe der Gegner, es handele sich jetzt nur noch um ‚Tendenzschriftstellerei'.

Mays Weihnachtsbrief an Fehsenfeld setzt also die vorhin an die El Dscharanil-Parabel geknüpften Interpretationsversuche nicht außer Kurs; er dokumentiert allerdings, daß in Mays Händen die letzten beiden Bände des *Silberlöwen* jederzeit wieder umgemünzt werden konnten zu einer tödlichen ‚Waffe' gegen die Gegner (oder den uneinsichtigen Verleger). Auf der anderen Seite klingt es aber aus Mays Brief geradezu beschwörend, wenn er verlangt, ‚geistig' gelesen zu werden; im Bemühen, die Integrität seines Werkes zu retten, schrieb er nun auch den ersten Bänden ‚geistige', höhere, symbolische Bedeutung zu, und wenn uns das auch merkwürdig vorkommen mag, so beweist doch gerade die in den letzten Jahren erschienene Sekundärliteratur etwa zu den Orienterzählungen, daß in den ‚frühen'

Werken unter der abenteuerlichen Oberfläche ebenfalls allerhand verborgen liegt, von den autobiographischen ‚Spiegelungen' bis zu ganz archetypischen Urängsten und Urwünschen, die sich in das bunte Gewand der orientalischen Reiseerzählung kleideten.

Immerhin hat Karl May ganz radikale persönliche Konsequenzen aus dem gezogen, was er in den letzten *Silberlöwen*-Bänden in Form von vagen oder konkreten Bildern und Symbolen aussagte: „Ich mache mich jetzt an den Baum El Dscharanil", schreibt er im letzten Absatz des Briefes vom 24. 12. 1902. „Die Wurzel desselben stand in meinem eigenen Hause. Sie haben sie bedauert, doch mußte sie heraus. *Grad Sie* hätten sich am Meisten darüber freuen sollen!!!" Immer stärker kreisen Mays Gedanken (z.b. in den unzähligen Notizen des Jahres 1902, die sich u.a. in den Mappen *Schetana, Weib, Wüste* usw. finden) um den Menschen, den er als den ‚Dämon' seines Lebens zu hassen begann, um seine Frau Emma, geb. Pollmer. Daß er sie als Wurzel des Baumes der ‚Neugierde und der Geschwätzigkeit' bezeichnete, mag nicht verwundern, wenn man weiß, daß er sie späterhin verdächtigte, während der Orientreise wichtige Geschäftsbriefe in ‚Sachen Münchmeyer' verbrannt oder gar an den Gegner, sprich: Pauline Münchmeyer, ausgeliefert zu haben:

Meine erste Frage, als ich mit ihr zusammentraf, war, ob sie die Münchmeyerbriefe heilig aufgehoben habe. Sie antwortete bejahend, und als ich die Frage ihrer Wichtigkeit wegen wiederholte, wurde sie grob. Und doch hatte sie sie verbrannt, ganz absichtlich verbrannt, oder, was noch wahrscheinlicher ist, der Frau Münchmeyer ausgeliefert! Sie wußte, wenn ich das erfuhr, würde ich sofort nach Hause reisen. [...] Sie hatte das, was sie that, nur der Frau Münchmeyer zu Liebe gethan [...].[27]

Ob diese Beschuldigungen der Wahrheit entsprechen, kann hier nicht untersucht werden; wichtiger ist, daß May sich so in sie hineinsteigerte, daß die Pekala des *Silberlöwen IV* nun so ganz andere Züge aufzuweisen beginnt als die des *Silberlöwen III*. Nun ist sie nicht mehr die unbedarfte und naive, aber liebenswürdige Köchin des dritten Bandes, sondern (und hierin ist denn wirklich mit Band IV „eine neue Aera angefangen") „diese geistige Nichtigkeit, zehnfach, hundertfach nichtig grad durch ihre strahlend freundliche Gestalt! Diese Null war hohl; hierüber gab es keinen Zweifel. Aber hinter ihr stand eine ganze Finsternis bereit, sie mit dem Verderben für uns vollständig anzufüllen!" (XXIX 202) Das ist der blanke Haß, und genau wie Emma Pollmer in der *Studie* als vom ‚Pollmerschen Dämon' besessen dargestellt wird, ist sie auch hier im *Silberlöwen IV* dem Reich der

Finsternis zugeordnet, indem sie den Ustad (im Auftrag des ‚Aschyk' alias Max Moritz Welte alias Pauline Münchmeyer) ausspioniert, um seine Entmachtung vorzubereiten. Daß May Emma vorwarf, sie arbeite für die gegnerische Partei und habe seine ‚Vernichtung' geplant, läßt sich dem Buch *Silberlöwe IV* mit unübertrefflicher Deutlichkeit entnehmen. Aber wieder spielt die Literatur ihm einen Streich: im wirklichen Leben kann er sich an den Baum El Dscharanil ganz eindeutig machen, „seine Wurzel [Emma] mußte hinaus", und am 2. 2. 1903 wird Emma das Scheidungsurteil zugestellt (durch die Scheidung wird die Arbeit am *Silberlöwen* unterbrochen, nachdem May den größten Teil des Nachtgesprächs fertiggestellt hatte), doch im Buch ist der ‚Köchin' ein anderer Abgang erlaubt. Zwar muß sie tatsächlich hinaus, und mit ihr verläßt auch Tifl, ‚das Kind' (d.h. alles das, was May in sich selber als unreif erkennt und – um in der Sprache des *Silberlöwen* zu bleiben – zum ‚Sterben' verurteilt hatte), den Ustad, doch wird sie nicht wahnsinnig wie Ahriman und kommt nicht in den ‚Ruinen' um wie der Scheik ul Islam, endet auch nicht wie die Gul-y-Schiras, die „in den Säbel gestürzt" (632) ist. Abseits vom Geistigen zwar, getrennt vom ‚hohen Haus', sucht sie eine neue Existenz und eine neue Liebe (den dicken ‚Kepek'); das ist zwar ein ironisches Ende, aber doch irgendwie ein versöhnliches. So sehr der *Silberlöwe* auch als ein Dokument des Hasses erscheinen mag (in manchen Passagen), so erscheint doch im Lichte der ‚höheren Instanz' Literatur manches verklärter und dadurch *klarer*. So geschieht es, daß die Parabel vom Baum El Dscharanil über die eng begrenzte Biographie des Karl May hinaus Bedeutung gewinnt: als Zustandsbeschreibung überlebter ‚alleinseligmachender' Religionsformen, als Kritik an dem religiösen und politischen Fanatismus, an Selbstgerechtigkeit und Überheblichkeit der Presse: „Unsere Bücher sind für Jahrhunderte bestimmt"[28] – das ist buchstäblich wahr, wenn man die im *Silberlöwen* versteckten unveränderlichen Wahrheiten nimmt und sich nicht über Karl Mays scheinbare Überheblichkeit mokiert. *„Die Angriffe gegen mich lassen mich vollständig kalt. Ich bin überzeugt, daß man sich später ihrer schämen wird. Es ist nur e i n e e i n z i g e S e i t e eines späteren Bandes nöthig, um alle diese Lästerer und Verleumder zum Schweigen zu bringen. Diese Waffen habe ich mir auf meiner letzten Reise geholt."*[29] Auch diese Worte Mays aus seinem Brief an Fehsenfeld, den er nach seiner Rückkehr von der großen Orientreise schrieb, haben sich ja bewahrheitet; nicht in dem Sinne, daß er seine Gegner mit dem *Silberlöwen* zum Schweigen gebracht hätte, im Gegenteil: sie ignorierten das Buch und schrieben munter weiter, Angriff auf Angriff. Aber der *Silberlöwe* ist auch heute noch literarisch bedeutsam; den Namen Cardauns dagegen kennt man nur noch im Zusammenhang mit Karl May... Wie heißt es doch im *Silberlöwen IV*: „Der Kampf mit geistigen Waffen ist der höhere, der edlere" (477). Mays ‚Patronen' waren zu seinen Lebzeiten unwirksam, die geistigen Waffen *(Silberlöwe, Ardistan und Dschinnistan)* aber treffen immer noch...

III

Hier muß nun auch noch eine weitere literarische Form erwähnt werden, in die May seine Bilder gießt: die des Märchens. Im Märchen, dieser uraltehrwürdigen Form des Erzählens, sind tiefe Wahrheiten in ein schlichtes, manchmal buntes Gewand gehüllt. Das Prinzip des Märchens ist das der immerwährenden Verwandlung: der Bettler ist König, der König Bettler, der Frosch ein verwunschener Prinz und der unscheinbare Junge ein Königssohn. Im Märchen kann sich die Phantasie am reinsten bewegen und am freiesten; nicht umsonst läßt May Schakara, die ‚Seele' und Schülerin Marah Durimehs, der ‚Menschheitsseele', zunächst das schöne Bild von dem Roß mit der knisternden Funkenmähne, der ‚Himmelsphantasie', bringen (208f.), bevor sie das Märchen von ‚Chodeh, dem Eingemauerten' erzählt. Märchenhaft und uferlos war ja Mays Phantasie immer, und märchenhaft wirkt alles, was er erzählt; von den ersten Bänden der *Gesammelten Reiseerzählungen* spannt sich ein Bogen der grenzenlosen Phantasie. Mit Recht heißt es in Mays Gedicht vom *Alabasterzelt,* das als Abschluß des *Silberlöwen* geplant war: „Wenn ich belehrte, schien ich nur zu plaudern / vom fernen, märchenhaften Morgenland."[30] Im Alterswerk, wo sich die Phantasie frei macht von der Bindung an die konventionelle Form der Reiseerzählung, wird das Märchen zum beherrschenden Formprinzip. Mays *Märchen von Sitara,* seiner Selbstbiographie vorangestellt, im *Silberlöwen* vorausgeahnt und in *Ardistan und Dschinnistan* ausgearbeitet, bietet ein geschlossenes Bild des ganzen Lebens in märchenhafter Form, so wie May es sah. So lassen sich auch aus dem *Silberlöwen IV* unzählige kleine Märchenpartikel herauslösen; nicht alle Märchen brauchen überhaupt erzählt zu werden (der Ustad erwähnt das Märchen „von dem Sonnenstrahl, der hier auf Erden König wurde und so mild und gut regierte, daß alle seine

Unterthanen, sobald sie starben, sich in helle Sonnenstrahlen verwandelten und zum Himmel stiegen", 75, aber er erzählt es nicht weiter, da Kara Ben Nemsi es kennt), andere bedeuten auch dasselbe, wie das Märchen (May spricht von der ‚Sage') von dem ‚Verzauberten Gebet' und die Sage von ‚Chodeh, dem Eingemauerten'. Nie aber sind Märchen bedeutungslos, denn sie tragen in sich einen Schimmer der göttlichen Wahrheit.

„Die eine Wahrheit geht in Tiergestalt als Fabelwesen durch Wald und Feld, kommt vielleicht auch in Haus und Hof des Menschen, um ihm im Bilde mitzuteilen, was ihm in anderer Weise zu sagen ein Wagnis ist. Die andere ist kühner. Sie nimmt die Form des bekannten Körpers an, der als das Ebenbild Gottes so berühmt geworden ist, und sucht die Städte und Dörfer auf, wo sie sich für ein bescheidenes Märchen ausgibt [...]. Sie hat scheinbar [...] gar nicht viel zu sagen [...]. Doch wenn sie fortgegangen ist, beginnt man unwillkürlich nachzusinnen. Dann kommt es freilich an den Tag, daß dieses sogenannte Märchen ein Himmelskind gewesen ist [...]." (74)

Die Form der Parabel ist kunst- und anspruchsvoller; Parabeln wollen in Bildern belehren. Das Märchen ist scheinbar anspruchsloser und verbirgt seine Wahrheiten in schlichtem Gewand – auch darum hat der in der Welt der ‚Himmelsphantasie' wohlbewanderte Karl May die Form des Märchens so geliebt. In seinem ambitioniertesten Werk, dem Drama *Babel und Bibel,* tritt neben dem alten Märchenerzähler, dem weisen Hakawati, die Phantasie selber auf. Sie erscheint freilich nicht jedem Menschen: „Die Phantasie ist keine Bettlerin / Und keine Narretei, die man belächelt. / Nur wer Sitara kennt, das wunderbare / Und hochgelegne Land der Sternenblumen, / Der wird von ihr besucht, kein Anderer."[31] Was aber haben die Märchen im *Silberlöwen* zu sagen?

Das wohl wichtigste Märchen im *Silberlöwen IV* wird von Schakara erzählt, die als ‚Seele' zu der Welt des Märchens eine ganz besonders enge Beziehung hat; das Märchen von ‚Chodeh, dem Eingemauerten' berichtet von einem Plan des Teufels. Er will Baumeister werden und übt sich nun an frommen Werken, um den Menschen in Form eines großen Bauwerkes sich selber als Gott vorzusetzen. Das Werk gelingt.

„Der Felsen gab das Fundament; die Mauer klammerte sich fest; sie wuchs empor. Der Teufel saß als Gott im Heiligtume. Doch seine Scharen regten sich, ihn eiligst für das Volk hier einzumauern. Das Bauwerk stieg ihm immer höher, bis an den Leib – – – bis an die Brust – – – bis an den Hals! Und betend lag dabei die Andacht auf den Knieen! Der Kopf verschwand nun auch. Fast war der Berg verschlossen. Da schwang ein dunkler Flederhäuter sich aus der letzten Oeffnung und flatterte in das Verschwundensein. Und in demselben Augenblick erschien der Architekt vor seinem Werke und lobte laut, daß er zufrieden sei. – – – Was war es für ein Bau? Kein Mensch vermags zu sagen." (214)

Das ist ein schönes, nachdenkliches Bild, das der Erläuterung bedarf. Der Bau, an dem der Teufel mitgewirkt hat, indem er sich als Gott ausgab, ist die Erde selbst. Überall dort, wo die reine Idee in die Verhärtung der Materie kommt, haben die Widersacher ihre Hand im Spiel. So verhält es sich auch mit den ‚Ruinen', den überlebensgroßen Bildern für die vergangenen und gegenwärtigen Religions- und Anbetungsformen. In allen steckt ein Keim der Wahrheit, aber er ist zugeschüttet worden durch menschliche Überheblichkeit und die Selbstgerechtigkeit kirchlicher und weltlicher Amtsträger. In seinem ‚Großen Traum' entdeckt Kara Ben Nemsi, daß die ‚Ruinen' leer und „ausgeraubt" (316) sind; das bedeutet, daß die modernen Religionen und Philosophien das Vergangene nicht ‚heilig' gehalten haben, sondern daß sie die vergangenen Religionsformen und Weltanschauungen für den eigenen Zweck nutzbar machten und ausplünderten. Aber, so lehrt das Märchen von ‚Chodeh, dem Eingemauerten', irgendwo in den ‚Ruinen' der ausgeplünderten und gottfreien Welt wohnt noch ein Funke der Wahrheit, ein winziger Gottesfunke. „Wo Gott von dem Teufel verdrängt wurde, da kann das Resultat doch wohl in keinem Nichts bestehen. […] Wenn der Teufel Schein auf Schein getürmt hat, so liegt hinter diesem Scheine sicher etwas Wahres verborgen." (217f.) Dieses Wahre zu finden, das „Versteinerte Gebet' aus seiner Verzauberung zu lösen und es emporsteigen zu lassen aus dem Dunkel der Unterwelt in das Licht der im Alabasterzelt abgebildeten und sichtbar gemachten ‚reinen Gottesidee', ist die Aufgabe der Menschen für die Zukunft. Am Ende des *Silberlöwen* hat diese Zukunft in kühnem Vorgriff schon Gestalt angenommen; doch um das ‚Versteinerte Gebet' aus seinem Schlaf zu erlösen, bedarf es nicht nur der Bilder, wie sie uns in Parabeln und Märchen entgegentreten. Hier tritt nun noch eine dritte Form der Bildlichkeit in ihre Rechte: die des Traumes.

Von Alters her haben die Menschen ihre Träume ernst genommen, und in ihnen eine Verbindungsmöglichkeit zur geistigen Welt erkannt. Die ‚Traumliteratur' aller Epochen (von den ‚Somnialien' des Mittelalters bis zu Sigmund Freuds gewichtiger *Traumdeutung* vom Anfang dieses Jahrhunderts) ist voluminös. Auch im *Silberlöwen* wird viel geträumt und auffallend viel geschlafen (im *Silberlöwen IV* schläft Kara Ben Nemsi häufig bis in den Mittag hinein, was er sogar ausdrücklich vermerkt[32]), weil Karl May erkannt hat, daß dem Menschen im Traum andere Augen (Geistes- und Seelenaugen) gegeben werden. So darf Schakara mit Recht sagen, da sie ja die Seele ist: „Was nennst du Schlaf, Effendi? Ich schlafe wohl auch, indem ich hier bei dir wache; aber so oft du die Augen öffnest, wirst du die meinen auch offen sehen." (505) In diesem Sinne wird das Geheimnis der Ruinen Kara Ben Nemsi denn auch erst in seinem ‚Großen Traum' offenbart. Hier erforscht Kara Ben Nemsi als Ustad, als Beherrscher der Geisterwelt, die ‚Ruinen'. Er stellt fest, daß sie leer und ausgeplündert sind, und muß sich nun im Kampf gegen die dort hausenden Schattenwesen, die Chimären, die unvollkommenen und zu Skeletten versteinerten Abbildungen der ‚wahren Gottesidee', bewähren. Er tut dies, indem er Christi Heilstat nachvollzieht: er schwimmt den Skeletten voran durch das eiskalte Wasser des Todes und erlöst sie vom Tode zu neuem Leben im Licht: „ein wunderbarer, heiliger Farbenton" (346) erscheint als Abbild des göttlichen Lichtes, er zeigt den Schatten den Weg ins Freie. Die Erlösung kann nur von dem gebracht werden, der den „Schlüssel Hephata" (346) besitzt. Das ist aber nur einer: der Christus, der dem Taubstummen den Mund auftat mit dem heilenden ‚Epphata': „Und er nahm ihn aus der Menge heraus beiseite, legte ihm seine Finger in die Ohren und berührte seine Zunge mit Speichel, blickte zum Himmel auf, seufzte und sprach zu ihm: ‚Epphata', das heißt: Tu dich auf! Da öffneten sich seine Ohren, und das Band seiner Zunge löste sich […]."[33] Es ist gewiß kein Zufall, daß Karl May hier an das *Markus-Evangelium* anknüpft. Der einzige Weg heraus aus dem Dunkel der ‚Ruinen' in das Licht neuer Gotteserkenntnis führt über ein neuverstandenes Christentum, frei von Dogmen und Konfessionsgrenzen, nur dem verpflichtet, der den Schlüssel ‚Epphata' besitzt. Das ist die Botschaft des ‚Großen Traums', und es ist auch vielleicht *die* zentrale Botschaft des *Silberlöwen* überhaupt.

IV

Gleichnisse, Märchen und Träume – das sind die ‚Medien', mit deren Hilfe May seine weltanschaulichen Erkenntnisse (die mit Recht schon seit längerem als ein eklektizistisches Konglomerat aus christlichen Lehren, esoterischen und spiritistischen Weisheiten, orientalischen und abendländischen Überlieferungen beschrieben wurden[34]) an die Leser weitergibt. Dabei ist im Laufe der beiden letzten *Silberlöwen*-Bände eine ständige Verdichtung, ein immer hermetischer werdender Umgang mit Bildern und Gleichnissen erkennbar. Die ‚frühen' Parabeln des *Silberlöwen III,* auch noch Mays Abrechnung mit dem Baum der Zeitungen, der als ‚Baum El Dscharanil' im ‚Paradies der Selbstgerechtigkeit' eine falsifizierte Form jenes ‚Baums der Erkenntnis' darstellt, von dem die ersten Menschen der biblischen Überlieferung nach verfrüht aßen, sind einfach aufzuschlüsseln. Jedes Bild hat sein Äquivalent in der Wirklichkeit: das Pferd, auf dem der Ustad reitet, meint die Prüfungen, die May auf seinem Lebensweg begleiten, das Seil steht für die Konfessionen, die Esel und Kamele symbolisieren das ‚ahrimanische' bzw. ‚luziferische' Prinzip usw. – alles ist relativ eindeutig und leicht aufzulösen. Dagegen wandeln sich erst im weiteren Verlauf des langen Nachtgesprächs der Ton und die Tendenz des Erzählens. Auch der III. Band des *Silberlöwen* ist über weite Strecken also als ‚Schlüsselroman', als gleichnishafte Lebensbilanz zu lesen, die May nach der Orientreise zieht, als Abrechnung mit dem eigenen bisherigen Leben und Schaffen. Obwohl manche Abschnitte des *Silberlöwen III* wie etwa die Schilderung des ‚hohen Hauses' des Ustad (XXVIII 501ff.), durchaus mehrschichtig gelesen werden können (als philosophische Betrachtung, theologischer Diskurs, menschheitsgeschichtlicher Abriß), erschließt sich die Bedeutung weiter Strecken des Textes vor allem dem leicht, der mit Mays Biographie der Jahre 1901ff. vertraut ist. So beschreibt Kapitel 2 des III. Bandes in verschlüsselter Form die Lebenskrise, in die May – aus seiner Sicht – nach 1899 vor allem durch die Machenschaften betrügerischer Verleger und gegnerischer Journalisten (die ‚Wüstenräuber' des Romans) geraten war. Kapitel 3 beschreibt Mays Ausweg, den ‚Sprung über die Vergangenheit, sprich: die grundsätzliche Änderung, die er seinem Leben und Schreiben nach 1900 zu geben gedachte. Scheinbar in einer Sackgasse angekommen (dem ‚Tal des Sackes'), wird May doch von einem befreundeten Kurdenstamm, den Dschamikun, aufgenommen (und fortan wird in fast jedem Brief der Spätzeit von May das Wort ‚Dschamikun' als Paradigma für die ihm freundlich gesinnte, ihn verstehende Lesergemeinde verwendet). Den Dschamikun steht der väterlich-freundliche Pedehr vor (= Friedrich Ernst Fehsenfeld, den May als Retter in der Not ansah). Unter seiner Regie und mit Hilfe des Chodj-i-Dschuna (in dieser Gestalt porträtierte May seinen Freund Richard Plöhn) gelingt die Heilung des Ich-Erzählers (und die langsame Genesung seiner Anima = Halefs) allmählich, und eine positive Grundstimmung breitet sich aus, die durch das Auftreten des Bluträchers Ghulam el Multasim im vierten Kapitel (= Hermann Cardauns, der Ende 1901 May in öffentlichen Vorträgen als Schwindler und Betrüger brandmarkte) unterbrochen wird. Ghulam repräsentiert den ‚Alten Bund', das Prinzip der Rache und des Blutvergießens, während das Sinnen der Dschamikun einzig und allein auf Liebe und Versöhnung gerichtet ist (Cardauns galt als Erzkatholik und als scharfer Gegner der antikatholischen Politik der preußischen Regierung). Im fünften Kapitel schließlich tritt der Hauptgegner Mays auf den Plan, Ahriman Mirza alias Fedor Mamroth, das ‚m' aus dem Feuilleton der *Frankfurter Zeitung*, dessen Presseartikel in dem angesehenen liberalen Blatt (und Ahriman tritt in der trügerischen Kleidung des persischen Prinzen auf) die Angriffe gegen May erst in Gang brachten. Dennoch bleibt der Grundton optimistisch: gegen Ende des III. Bandes hat Halef seinen zweiten ‚Madentraum', der mit der Selbstvernichtung der Gegner endet (und daß sich Journalisten wie Mamroth oder Cardauns, die in unterschiedlichen politischen Lagern standen, im Grunde genommen nicht ‚grün' waren, wußte May wohl sehr genau).

Man wird der Größe des Mayschen Spätwerks keinen Abbruch tun, wenn man konstatiert, daß also noch im III. Band des *Silberlöwen* über weite Strecken eine deutliche Doppelbödigkeit vorherrscht, eine gleichnishafte Selbstbespiegelung Karl Mays, und daß andere ‚Leseebenen' hier erst ansatzweise erkennbar werden. Dies ändert sich erst im großen Nachtgespräch, dem ersten Kapitel des IV. Bandes, wo May nun noch einmal zusammenfassend, sozusagen retrospektiv, eine Selbstkonfession versucht. Der Ustad ist hier nicht mehr das ‚höhere Ich' Karl Mays, sondern er steht für den Schriftsteller May, der mit seinem bisherigen Leben abgeschlossen hat, der seine Vergangenheit buchstäblich begräbt (so heißt dieses Kapitel ja nicht zufällig *Im Grabe)*. Die ‚Gruft' des Ustad, die drei Lebensräume, die über seiner Wohnung liegen (und die direkt in das Freie, auf das platte Dach, sprich: in die Nacktheit der jeder Legende entkleideten wirklichen Existenz, in jenen Bereich, wo es um Tod oder Leben geht, führen, XXIX 6f.), symbolisieren die drei Bereiche des bisherigen Lebens des Karl May. Das Arbeitszimmer mit seinen trügerischen Zeichen einer erlogenen Existenz als Jäger und Reisender in allen Weltteilen wird zum Museum eines abgeschlossenen Lebensabschnitts; die Astrallampe, die dort brennt, zieht nicht den wirklichen Geist, sondern nur die niederen Erdengeister („die winzig kleinen Geisterlein, welche sich bei dem Oele des Rübsamens und des Rapses einbilden, von ihrem Tische aus das ganze All ergründen zu können", 4) an, wobei auch die Kritiker Mays gemeint sind, zugleich aber auch die bisherige literarische Produktion Mays als noch nicht wirklich geisterfüllt charakterisiert ist. Das Schlafzimmer mit dem Bild der „auf Bergeshöhe" gelegenen „kleinen Dorfkirche" (5) symbolisiert die religiöse Sehnsucht Mays, die Bibliothek mit ihren eingepackten Briefen und Karten soll das bisherige Schaffen Mays repräsentieren. Aus diesem ‚Grab der Vergangenheit' wird ein Ausweg gesucht; zunächst aber erzählt der Ustad seine Lebensgeschichte als Parabel (wobei die Parabel vom Baum der ‚sprechenden Zeitungsstimmen' im Mittelpunkt steht). Dabei wird deutlich, daß sich der Ustad (und mit ihm Karl May) mehr oder weniger intensiv mit der Leidensgeschichte Christi identifiziert (und die Autobiographie des Ustad trägt ja auch den Titel *Mein Leidensweg*); wie Christus sprechen der Ustad und sein Alter ego, der Ich-Erzähler, bei ihrer Selbstkonfession in Gleichnissen und Parabeln. Wie Christus müssen sie nach der Phase der Anerkennung durch die Öffentlichkeit (der „Hosiannazeit", 65) Leid, Kreuzigung und Tod durchmachen.

Die Grundstruktur des großen Nachtgesprächs erinnert an das religiöse Schema der ‚confessio'. In der altchristlichen (christkatholischen) Religion kann die Sünde nur verziehen werden, wenn man sie als Bekenntnis dem Ohr zumindest des Priesters (als Stellvertreter Christi) anvertraut. Darum nennt der heilige Augustinus seine Autobiographie *Confessiones*: es sind die Bekenntnisse eines (in den Augen des Heiligen) langen Irrens, die Beichte von Sünde und Verfehlung. In der Gestalt des Ustad nimmt May eine solche Selbstkonfession vor, auch wenn er sich von der larmoyanten Selbstbeweinung des Ustad distanziert (168ff.). Im christkatholischen Glauben muß die ‚confessio' der ‚communio' vorangehen; erst wer seine Sünden bekannt und die Absolution empfangen hat, darf sich im Sakrament mit der göttlichen Welt verbinden. Erst nach dem langen, schmerzlichen Selbstbekenntnis des Nachtgesprächs, unterbrochen durch einen erneuten Angriff des Bösen (in Form von Ghulams nächtlicher Attacke) ist es May/Ustad möglich, sich zum wahren Dichtertum zu bekennen, d.h. in der Sprache des Alterswerks, mit der „Geisterhand" (182 u.ö.) zu schreiben. Und wie sich der Ton des Nachtgesprächs von der Parabel und der feierlichen Prosa langsam zur Lyrik und zum Vers hin entwickelt, so findet am Ende des ersten Kapitels des IV. Bandes *Silberlöwe* May zur wahren Bestimmung des Dichters, zu der Aufgabe, der er sich in Zukunft widmen will: dem wahren Dichter sind „die Tore anderer Welten offen" (183)[35]. Er wird nicht zum Chronisten des Alltäglichen, sondern zum Medium des

Geistigen. Dies sah May als die entscheidende Aufgabe seines Spätwerks an.[36]

So verwundert es denn auch nicht, wenn May nach dieser grundsätzlichen Neuorientierung seines Denkens und Schreibens im weiteren Verlauf des IV. Bandes *Silberlöwe* auch seine Schreibintentionen ändert und wandelt. An die Stelle von Gleichnissen und Parabeln treten zunehmend komplexere Märchen und Träume wie der des ‚Großen Traums', dessen komplizierte Mehrdeutigkeit ihn gerade so anziehend macht.[37] Sieht sich May im ersten Kapitel des IV. Bandes ‚im Grabe', so folgt im ‚Großen Traum' die Auferstehung. Nicht zufällig ist May/Ustad hier mit dem „Schlüssel Hephata" (346) bewaffnet; der sogenannte ‚Epphata-Ritus', bei welchem dem Täufling Mund und Ohren mit dem Katechumenenöl gesalbt werden (in Anlehnung an das *Markus-Evangelium* vom Taubstummen), ist Bestandteil jeder Taufe im traditionellen, noch heute von der katholischen Kirche gepflegten Ritus. Und Taufe wiederum bedeutet Auferstehung im Geist; so kann sich May nach dem Auferstehungserlebnis des ‚Großen Traums' als Retter und Heiland fühlen, wie es Halef, der Kranke, bereits nach dem Nachtgespräch empfunden hat, als er davon spricht, daß aus der Hand des Ich-Erzählers „Leben", „Kraft" und „Genesung" strömt (vgl. 206). Wie Dieter Sudhoff schon angemerkt hat, mag man es als hybrid empfinden, daß May sich hier so eindeutig als ‚neuen Heiland' darstellt.[38] Dieses Gefühl, vom Tode auferstanden zu sein, das Bewußtsein, auch literarisch neu zu werden, gab May aber erst die Kraft, weiterzuschreiben und weiterzuleben. Daß die Mächte des Bösen am Ende des *Silberlöwen* zusammenbrechen, hängt aber auch mit jenem neuen Werkimpuls zusammen, den May im *Silberlöwen* aus der Rückbesinnung auf Gleichnisse, Märchen und Träume gewann und der ihn dann besonders in *Ardistan und Dschinnistan* leiten sollte. Dieser Impuls ist für Mays spätes Werk ganz besonders charakteristisch und läßt sich auch durch Vergleiche mit anderen Autoren nicht erklären. Hier hat May jedenfalls einmal etwas ganz Persönliches, Eigenes geschaffen.

Anmerkungen

1 Brief Karl Mays an Friedrich Ernst Fehsenfeld vom 24. 12. 1902. Faksimile in: JbKMG 1984, S. 171-174 (hier S. 173f.).
2 Der Vorabdruck im *Deutschen Hausschatz* begann im März 1897 *(Erste Abteilung. Die Rose von Schiras. Einleitung)*, wurde ab Weihnachten 1897 fortgeführt und mit dem Bruch zwischen May und der Redaktion des *Hausschatzes* hastig abgebrochen. Die Buchausgabe ist mit den Worten Wollschlägers „eine grobe Klitterung, flüchtig zum Buchformat zusammengeschoben und nicht zu retten" (Hans Wollschläger: *Karl May*. Zürich 1976, S. 117); May hat in der Tat den II. Band zusammengestellt aus dem zweiten Teil des endlosen *Am Turm von Babel*-Kapitels und der ‚Marienkalender'-Erzählung *Die „Umm ed Dschamahl"*, die May zum Abschlußkapitel *Ein Rätsel* umarbeitete; dazwischen stellte er noch die kleinere Reiseerzählung *Scheba et Thar*. Die Buchausgabe der ersten beiden Bände, im Herbst 1898 von May vorbereitet, ist also schon als Konglomerat verschiedener Reiseerzählungen anzusehen, die alle nur vage miteinander verbunden sind. Zusätzlich hat May dann noch das bereits in den Händen der *Hausschatz*-Redaktion befindliche Textmaterial zu dem Kapitel *Am Turm von Babel* des *Hausschatz*-Vorabdruckes, das er im Juli 1901 zurückerhielt, zum ersten Kapitel des III. Bandes gemacht, „obwohl es zum Spätwerk ebenfalls noch nicht gehört" (Hans Wollschläger: *Erste Annäherung an den ‚Silbernen Löwen'*. In: JbKMG 1979, S. 121). Diese nahezu unüberschaubaren Zusammenhänge sind genauer dargestellt in dem erwähnten Aufsatz von Wollschläger, JbKMG 1979, S. 119-130. Die dort niedergelegten Fakten hatte Wollschläger freilich schon 1962 im Septemberheft der Zeitschrift *Konkret* (*„Herr Karl May von der anderen Seite"*) in nahezu identischer Formulierung mitgeteilt.
3 Das Kapitel 2 sowie der größte Teil des Kapitels 3 des III. Bandes *Silberlöwe* erschienen als Vorabdruck in der Zeitschrift *Rhein- und Moselbote*, Koblenz (55 Folgen, vom 15. 2. 1902 bis 29. 4. 1902); der Text ist, wie Stichproben ergaben, mit der ersten Buchausgabe so gut wie identisch.
4 Lorenz Krapp: *Ein Schlußwort zum Problem Karl May*. In: *Augsburger Postzeitung* (2. 10. 1908), *Literarische Beilage* 44.
5 Klaus Jeziorkowski: *Empor ins Licht. Gnostizismus und Licht-Symbolik in Deutschland um 1900*. In: *The Turn of the Century. German Literature and Art, 1890-1915*, ed. by Gerald Chapple und Hans H. Schulte. Bonn 1981, S. 171-196.
6 *Gesammelte Werke*, Bd. 34 (1. Auflage Radebeul 1916, S. 569ff.). Der Text soll nach Mitteilung von Wollschläger: *Karl May* [Anm. 2], S. 199 (Anm. 209) nicht von E. A. Schmid, sondern von Wilhelm Koch stammen.
7 Wollschläger, ebd.
8 Adolf Droop: *Karl May. Eine Analyse seiner Reise-Erzählungen*. Cöln-Weiden 1909, S. 75-96.
9 Otto Eicke: *Der verschüttete Quell* und *Der Bruch im Bau*. In: KMJb 1930, S. 65-126.
10 Arno Schmidt: *Abu Kital. Vom neuen Großmystiker*. In: *Dya Na Sore. Gespräche in einer Bibliothek*. Karlsruhe 1958, S. 184.
11 Hans Wollschläger: *Das Alterswerk*, in Karl May: *„Ich"*. Bamberg [21]1958, S. 353-370; Hans Wollschläger: *Karl Mays „Schattenroman"*, in: Karl May: *Das versteinerte Gebet*. Bamberg 1957, S. 581-593.
12 JbKMG 1979, S. 99-136.
13 Volker Krischel: *Karl Mays „Schattenroman". Gesichtspunkte zu einer „Weltdeutungs-Dichtung"*. SoKMG 37 (1982).
14 JbKMG 1976, S. 225.
15 Wollschläger: *Karl May* [Anm. 2], S. 117f. (dort finden sich alle diese zitierten Stellen).

16 Ebd., S. 118.
17 Ebd., S. 121.
18 Droop [Anm. 8], S. 90.
19 Das arabische Wort ‚Dscharanil', abgeleitet vom französischen ‚Journal', bedeutet einfach ‚Zeitung'.
20 Alfred Schütze: *Das Rätsel des Bösen*. Stuttgart ²1969, S. 59.
21 Krischel [Anm. 13], S. 11.
22 XXIX 189: „Der Pedehr wird ihm wie in einer Da' wa'l Ihana [Anm.: Beleidigungsprozeß] in die Hände gegangen sein und nicht den richtigen Vergleich zwischen sich und ihm getroffen haben." In der Tat hatte Fehsenfeld sich im Streit mit der *Kölnischen Volkszeitung*, die May auch im Zusammenhang mit dem *Gum*-Nachdruck durch den Verleger der *Volkszeitung*, die Firma Bachem in Köln, in seiner Broschüre *„Karl May als Erzieher"* und *„Die Wahrheit über Karl May"* scharf angegriffen hatte, zu einem eiligen Vergleich überreden lassen (am 24. 1. 1902; vgl. Wollschläger: *Karl May* [Anm. 2], S. 114).
23 Hermann Cardauns: *Die ‚Rettung' des Herrn Karl May*. In: *Historisch-politische Blätter für das katholische Deutschland*, München, 140 (1907), S. 288. Vollständig abgedruckt in: JbKMG 1987, S. 225-242. Zu Cardauns ausführlich: Christoph F. Lorenz: *„Nachforscher in historischen Dingen"*. *Hermann Cardauns (1847-1925): Publizist, Gelehrter, May-Gegner*. In: JbKMG 1987, S. 188-205.
24 Brief Mays an Fehsenfeld vom 24. 12. 1902 [Anm. 1], S. 171-174.
25 Vgl. Wollschläger: *„Herr Karl May von der anderen Seite"* [Anm. 2].
26 Der Streit zwischen May und Bachem um den Nachdruck der *Wüstenräuber*, der den ‚Beleidigungsprozeß' erst auslöste, ist durch Herbert Meier ausführlich dokumentiert worden (Vorwort zum Reprint *Kleinere Hausschatz-Erzählungen*. Regensburg 1982, S. 13f.).
27 Karl May: *Frau Pollmer, eine psychologische Studie* (1907; Manuskript im KMV, S. 899); der KMV Bamberg hat diesen wichtigen Text (wenn auch ursprünglich als Privatissimum nur für den späteren Biographen bestimmt) Ende 1982 in einer dankenswerten Doppelausgabe (Reprint des Manuskripts *und* Textausgabe) wieder zugänglich gemacht.
28 Brief Mays an Fehsenfeld vom 24. 12. 1902 [Anm. 1].
29 Brief Mays an Fehsenfeld vom 10. 9. 1900. Faksimile in: JbKMG 1984, S. 167-170 (hier S. 169).
30 Karl May: *Lichte Höhen. Aus Karl May's Nachlaß*. Bamberg 1956, S. 416.
31 Karl May: *Babel und Bibel. Arabische Fantasia in zwei Akten*. Freiburg i. Br. 1906, S. 44.
32 XXIX 523: „Es ist eigentlich eine Schande, von Tag zu Tag sagen zu müssen, daß man erst gegen Mittag aufgewacht sei; aber ich muß dieses Geständnis schon wieder machen, wünsche aber, zum letzten Male."
33 Markus 7, 33-35 (in der Übersetzung der *Herder-Bibel* von 1965).
34 Vgl. dazu Wolfgang Wagner: *Der Eklektizismus in Karl Mays Spätwerk*. SoKMG 16 (1979); Hermann Wohlgschaft: *„Was ich da sah, das ward noch nie gesehen". Zur Theologie des ‚Silberlöwen III/IV'*. In: JbKMG 1990, S. 213-264.
35 Von dieser Stelle ausgehend hat Joachim Biermann das Bild des Dichters bei May neu untersucht; vgl. Joachim Biermann: *„Ihm sind die Tore anderer Welten offen". Das Bild des Dichters in Karl Mays Werk*. In: Walther Ilmer/Christoph F. Lorenz (Hg.): *Exemplarisches zu Karl May*. Frankfurt/M., Bern, New York 1993. Zur Interpretation des Nachtgesprächs siehe neuerdings auch Dieter Sudhoffs Wiesbadener Vortrag *Morgengrauen im Menscheninnern. Bemerkungen zum Nachtgespräch in Karl Mays ‚Silbernem Löwen'*. In: JbKMG 1992, S. 199-217.

36 Zweifellos haben sich Reste spiritistischer Praktiken in Mays Auffassungen immer gehalten; dazu gehört auch der Glaube an ‚Medien' (hier aber im übertragenen Sinne, nicht als spiritistischer Fachbegriff).
37 Eine ausführliche Interpretation des ‚Großen Traums' bietet Dieter Sudhoff: *Karl Mays Großer Traum. Erneute Annäherung an den ‚Silbernen Löwen'.* In: JbKMG 1988, S. 117-183.
38 Ebd., S. 175.

Dieter Sudhoff

Karl Mays Großer Traum

Erneute Annäherung an den ‚Silbernen Löwen'

Ganz von selber versteht es sich, daß die unverlöschlich tiefen Bilder, welche ich mit nach Hause gebracht hatte, mich noch auf das Lebhafteste beschäftigten, als ich mich [...] zur Ruhe legte. Der Schlaf wollte nicht kommen, und als er sich endlich doch einstellte, nahm er sie mit in jenes seelische Gebiet hinein, welches für uns noch im Geheimen liegt und mit dem Verlegenheitsnamen Traumwelt bezeichnet wird. Ich träumte, und zwar mit einer Lebhaftigkeit und Deutlichkeit, als ob ich nicht schlafe, sondern wache. Und ich träumte sonderbarer Weise, daß ich nicht ich, sondern der Ustad sei. Ich war völlig identisch mit ihm und kannte jede verflossene Minute seines Lebens und jedes Wort, welches er geschrieben hatte. Und das verwischte sich nicht; das blieb auch nach dem Traume. (XXIX 313f.)

Mit diesen Sätzen, die in all ihrer Kürze ein sicheres Ahnen des Autors um die geheime Psychologie des Traumes verraten, nimmt Karl May den Leser seines Altersromans *Im Reiche des silbernen Löwen III/IV* in eine grandiose Traumwelt hinein, in den ‚Großen Traum' (314-352), ein Stück fiktiver Prosa, dessen Bilderfülle und Gedankenreichtum in der deutschen Literatur nur wenig seinesgleichen hat, und das wohl gerade deshalb noch der interpretatorischen Erschließung harrt. Denn wenngleich „Texte wie dieser die Kenner des Mayschen Spätwerkes besonders angezogen haben"[1], schreckte die vermeintliche Unergründbarkeit des ‚Großen Traums' bislang doch so, daß es allenfalls zu Ansätzen von Deutungen kam, am Rande von Arbeiten, deren eigentliches Erkenntnisziel ein anderes war. Tatsächlich berechtigt die strukturelle und semantische Mehrdimensionalität des *Silberlöwen* und der in ihm gebundenen ‚Traum'-Sequenz zu einiger Scheu vor eindeutigen Bedeutungszuordnungen, zumal die facettenreiche Bildwelt Mays sich dort zum Teil traumähnlich aus Quellen des Unbewußten speist und sich so mitunter gegen den bewußten Zugriff des Analysierenden sperrt. Aus gutem Grund wurde daher für den Untertitel dieses Aufsatzes Hans Wollschlägers Wort von der ‚Annäherung'[2] aufgegriffen: mehr ist von einem Forscher allein schwerlich zu leisten. Sinnvoll ist der Untertitel aber noch in anderem Sinne: ein Analyseversuch des ‚Großen Traums', eines bei aller Abgerundetheit doch in mehrerlei Beziehung mit dem Romanganzen verflochtenen Teilstücks, könnte einen Weg eröffnen für eine spätere

Gesamtanalyse des *Silbernen Löwen,* die ja noch ebenso aussteht wie eine umfassende Arbeit über das zweite Großwerk Karl Mays, *Ardistan und Dschinnistan.*

I. Der Schatten

Es gehört zu den Eigenheiten des Spätwerks, daß Karl May dort die Teilphänomene des Menschseins – Körper, Anima, Seele, Geist – personifiziert und miteinander agieren läßt, wobei es sich auf der autobiographischen Ebene um Phänomene des Menschen May, auf der philosophisch-religiösen Ebene um solche des Menschen schlechthin handelt. Im *Silberlöwen* treten diese Personifikationen verdoppelt auf, geschieden durch den Dualismus von Gut und Böse, der hier – angelehnt an die im *Avesta* niedergelegte Lehre Zarathustras – durch den Konflikt zwischen dem Reich des Lichts und dem Reich der Finsternis symbolisiert wird. Von den Ebenen ganz abgesehen (auf der autobiographischen Ebene stehen die meisten Figuren noch für reale Personen aus Mays Leben), wird das Personenverständnis dadurch erschwert, daß auf der Licht-Seite zwei Konfigurationen des Guten auftreten, die für unterschiedliche Entwicklungsstufen des Menschen stehen. Während sich das Menschenbild des Bösen relativ einfach aufspaltet in den bösen Geist Ahriman Mirza (der sich mit dem Scheik ul Islam, dem Geist der frömmelnden Heuchelei, verbunden hat), in die lasterhafte Seele Gul-y-Schiras und den Körper Ghulam el Multasim, repräsentiert Kara Ben Nemsi als Geist zusammen mit seiner ‚Animaseele' Hanneh und seinem Körper/seiner Anima Halef den werdenden und der Ustad als geläuterter Geist mit seiner gottgesandten ‚Geistesseele' Schakara und seinem vom Animahaften weitgehend freien Körper, dem Pedehr, den gewordenen Edelmenschen. Diese Gleichungen sind aber einzuschränken, da ihre Gültigkeit sich nicht über den ganzen Roman erstreckt. Die biographischen Bedrängnisse zur Zeit der Niederschrift zwangen May zur literarischen Bewältigung, bei der dieses anfängliche Figurenkonzept nicht unberührt blieb. So läßt sich die hier nicht einpaßbare Hinwendung Schakaras zum Ich dadurch erklären, daß sie im Romanverlauf zur Spiegelung Klara Plöhns geworden ist, und das animahafte Fehlverhalten des Pedehr (,Da' wa'l Ihana') ist durch seine Funktion als Fehsenfeld-Spiegelung verständlich. Am überraschendsten ist die Wandlung im Verhältnis zwischen Kara Ben

Nemsi und dem Ustad, deutlich ablesbar dem großen Nachtgespräch zu Beginn des IV. Bandes. Die bisherige erzväterliche Idealgestalt des Ustad wird dort zum fehlerbehafteten, zweifelnden und um Selbsterkenntnis ringenden Abbild des Karl May der Niederschrift, während der bislang siechende und suchende Kara Ben Nemsi über sich hinauswachsend zum Prinzip wird, zum Gewissen und zur Menschheitsfrage. Dieser Rollentausch ist inkonsequent und destruiert das ursprüngliche Konzept, ist aber einleuchtend erklärbar: Aufgestört von den Angriffen, in seinem bisherigen Sein verunsichert und zur innerlichen Konfrontation mit der trüben Vergangenheit gezwungen, suchte May sich durch eine literarische Beichte zu erlösen, eine Beichte vor sich selbst, vor der Öffentlichkeit und vor Gott. Da die Identität des Autors im III. Band am weitesten von Kara Ben Nemsi abgedeckt wird, hätte dieser auch die Beichte ablegen müssen, und tatsächlich hat May zunächst versucht, das Ich ein Geständnis sprechen zu lassen – eine psychologisch äußerst interessante Szene. Sie findet sich am Schluß des III. Bandes, also kurz vor dem Nachtgespräch, von dem sie aber bezeichnenderweise durch mehrere Monate Schreibpause getrennt ist. Da wird der Pedehr, der ‚Vater' der Dschamikun, zu Mays eigenem Vater und Kara Ben Nemsi zu seinem schuldbeladenen, um Verzeihung bittenden Sohn. „Ehrlich" und „offen" will May hier „in einem [seiner] Bücher" beichten, aber er wagt sich nicht über Andeutungen hinaus, abstrahiert ins Allgemein-Menschliche, spricht nur vage von „Trotz und Unbedachtsamkeit", von seinem Eigensinn, dem „Forschen nach Bestätigung", von Kämpfen und Niederlagen, „von seinen Fehlern", von der Pflicht, „nachzusühnen". Denn der Satz des Pedehr, von Kara Ben Nemsi leichthin begegnet, wiegt schwer für den angefochtenen May selbst: „Diese deine Menschheit wird dir gern verzeihen; aber alle, alle, die ihr Ganzes bilden, werden einzeln vortreten, um dich zu verdammen!" (XXVIII 623-627)

Für uns ist die Umkehrung der Charaktere von zentraler Bedeutung, weil sie auch noch im ‚Großen Traum' gültig ist, wo die Handlung erst vom Ustad, dann von Kara Ben Nemsi getragen wird. Konsequent schwächt dort der autobiographische Gehalt nach der Wandlung ab.

Nicht als „Beherrscher der Geisterwelt" also[3], sondern als Wahrheitsucher und nach Selbsterkenntnis Strebender kommt der Ustad „in das Land der Dschamikun" und sieht den in Jahrtausenden gewachsenen Ruinentempel „am Berge liegen" (XXIX 314). Dieser ‚Traum'-Einstieg greift zurück auf den kurzen Bericht des Ustad von seiner realen Ankunft im Tal – der

293

,Traum' beginnt also vordergründig in unbestimmter Vergangenheit (und wächst von hier aus in die Utopie) –, als auch die Dschamikun noch in der Gewalt Ahrimans, des Schattenfürsten, standen, als das Tal noch „Geisteswüste" war, „ein flaches, ödes, wüstes Schemenland":

„Der Stumpfsinn kroch im tiefen Bodenstaube. Der Groll schlich zähneknirschend nachts umher. Der arbeitsscheue Müßiggang schlug frömmelnd sich die Brust und schnappte gierig nach der Dummheit Brocken. Stumm lag der ausgenutzte Fleiß in dürrem Sande." (143f.)

Das Tal ist als Erden- und Jammertal zu verstehen, meint unsere gegenwärtige Welt, die Dschamikun sind ihre vom Bösen überschatteten Menschen. In diesem Tal sind über die Jahrtausende hin Tempelbauten übereinandergetürmt worden, philosophisch-religiöse Gedankengebäude, „ein steinernes Kalenderwerk von Anbeginn bis auf die Gegenwart, mit Raum auch noch für die zukünftige Zeit" (XXVIII 502). Jede Religion hat behauptet, im Besitz der alleinseligmachenden Wahrheit zu sein, und doch hat jede nur auf der vorangegangenen gebaut, die sie zugleich verwarf. Der Ustad, der als Fremder, mit einer Schuld aus der Vergangenheit, in diese Welt tritt – es liegt nah, hierin seine erbsündebeladene Geburt zu sehen – und noch „geistig Mündel" (XXIX 350) ist, will auf der Suche nach der ihn und die Menschheit erlösenden Wahrheit das Innere der Religionen ergründen, will prüfen, was sich hinter ihren Fassaden verbirgt, ob ihre Verheißungen Lüge oder Wahrheit sind.

Am Eingang zu den Lehrgebäuden steht ein Türhüter, der ‚Warnende', der sich zum Ende als ‚anderes Ich' des ‚Zauberers' erweist. Er ist kein Mensch („Ich bin kein Dschamiki"), sondern der „Geist, der jeden Nahenden vor der Versuchung warnt, den kühnen Schritt in diesen Bau zu lenken" (314). Die Deutung dieses ‚Warnenden' ist unsicher, da Mays Hinweise allzu spärlich sind. Er bezeichnet ihn als „Vormund" für den, der „geistig Mündel" ist, nennt seine „freundlich ernsten Züge" und seinen „weichen, väterlichen Blick" (350). An dieser Stelle mag uns genügen, in diesem väterlichen Über-Ich das ‚andere Ich' des ‚Zauberers', von Irrtum und Lüge, zu sehen, das zu umschreiben ist mit Begriffen wie ‚Wahrheit' oder ‚Erkenntnis'. Da der ‚Zauberer' auch mit dem gefallenen Engel Luzifer zu identifizieren ist, läßt sich im ‚Warnenden' konkreter noch der Schutzengel sehen, der jedem Menschen beigegeben ist. ‚Warnender' (Wahrheit/Engel) und ‚Zauberer' (Lüge/Teufel) sind *ein* Beispiel für die vielen Doppelgesichtigkeiten des Romans, für seinen allgegenwärtigen ethischen Dualismus. Bei der Wandlung des ‚Zauberers' werden wir auf den ‚Warnenden' zurückkommen, hier sei nur gesagt, daß die Autorität dieser warnenden Wahrheit/dieses Engels gering ist – der ‚Warnende' hat „nur zu warnen, nicht zu zwingen" (314f.), und kann den Ustad nicht hindern, den Ruinenbau zu betreten –, weil es keine selbsterkämpfte, über den Irrtum erstrittene Wahrheit ist. Der Mensch, der sich zur Wahrheit durchringen will, darf sich nicht geistig bevormunden lassen und muß, ungeachtet aller geistigen Risiken, den „kühnen Schritt" ins Ungewisse wagen. Der wahrsprechende ‚Warnende' weiß um die unselige Beschaffenheit der bisherigen und gegenwärtigen Geistesgebäude: In ihnen haust kein geistiges Leben, sondern sie sind bevölkert von den Schatten, geistig nichtigen Chimären des Bösen, die das wahre Sein, die wahren Gedanken nur vortäuschen, indem sie sie nachahmen – aber in schattenschwarzer, also böser Verkehrung. Dies Fälschen dient der materiellen Bereicherung, und es besteht kein Zweifel, daß Mays Kritik hier zuerst der christlichen Gegenwartskirche gilt, doch darüber hinaus aufs Prinzipielle zielt. Ein Mensch mit schwachem Geist, ohne autarken Willen, läßt sich von der schattenhaften Nichtigkeit täuschen und wird selbst zum Schatten-Nichts: „Wer ihn [den Bau] betritt, der hat für alle Ewigkeit auf sich, auf Leib und Geist und Seele zu verzichten." (314) Diese dem Irrtum/der Lüge Verfallenen, Geistesschwachen, werden selbst zu geistigen Verderbern, die „vampyrgleich der Menschen Blut [...] saugen" (315). Aber auch die starken Geister sind verloren, weil sie in ihrem Eigendünkel unfähig sind, die göttliche Wahrheit hinter dem kirchlich-religiösen Irrtum zu suchen; unfähig zur erlösenden Liebe und Verzeihung, ersterben, verkalken sie. Während aber ein Schatten in seiner Nichtigkeit unrettbar verloren ist, bleibt ihnen die Möglichkeit der Erlösung, da es einen endgültigen Tod für May nicht gibt. Der Ustad, obgleich noch ‚geistig Mündel', fühlt sich „wirkliche Persönlichkeit" genug, um den Kampf mit der „mächtige[n] Persönlichkeit" aufzunehmen, „die jeden, der ihr dunkles Reich betritt, zum Schatten macht, verzaubert oder tötet" (314). Das Selbstvertrauen wird ihm durch das Bewußtsein gegeben, als geistige Potenz nicht zum Schatten werden zu können; sein Gottesglaube sagt ihm, daß er den Tod nicht zu fürchten hat, da er nichts ist als eine Lüge des ‚Zauberers' („Was Zauber heißt, ist Lüge. Nur wer die Lüge glaubt, ist ihr verfallen", 315), mit der dieser die Geister zwingen will, zu seinen Schatten zu werden. Der eigentliche Schutz vor der Macht der Irrtums und vor dem geistigen Tod aber liegt im rettenden Gebet, in der direkten Hinwendung zu Gott, und so fragt der ‚Warnende', „besorgt und doch voll Hoffnung" (350): „Kannst du beten?" Als der Ustad dies bejaht, wagt es der ‚Warnende', dem „Ersten", dem „Einzigen" „einen Wink zu geben", kann er doch hoffen, der Ustad könne sich betend bewahren/bewähren – und vage mag im ‚Warnenden' der Gedanke sein, dieser wäre fähig, den Menschen das ‚Verzauberte Gebet', die zur Lüge gewordene Gottesbindung zurückzugeben: „Such dir den Rückweg selbst; laß ihn dir ja nicht zeigen!" (315)

Der Weg, den der Ustad nun durch die Ruinenbauten hinaufschreitet, ist nachvollziehend der geistige Weg der Menschheit in ihrem Verhältnis zu Gott. Zunächst gelangt er „in jenen Urzeitbau, der auf dem festen Felsengrunde steht", dessen „Maueröffnungen ein falbes Dämmerlicht" (315) geben. Er steht für die früheste aller Religionen, die noch direkt auf die Begegnung mit Gott fußen konnte, deren Fundament nicht Glaube, sondern Wissen („fester Felsengrund") war. Aus dieser Urzeit stammt die ‚Sage von Chodeh, dem Eingemauerten', die zusammen mit der „ganz dasselbe meinen[den]" (644) ‚Sage vom verzauberten Gebet' den Hintergrund des Geschehens im ‚Großen Traum' bildet. Nach dieser Sage herrschte anfangs „Menschheitsfrieden", „die Eifersucht auf Gott und auf die Seligkeit" war den Menschen unbekannt, Gott „saß so gern bei ihnen, licht und hehr, im offnen Alabasterberg, sich seiner Sonne freuend" – bis es dem Teufel einfiel, den „Neid der Hölle" zu verbreiten und Wahrheit in Schein zu verkehren. Um Gott allein für sich zu haben, verfielen die Menschen darauf, ihn einzumauern, schufen Kirchen/*die* Kirche, verloren ihn aber durch eben diese Eifersucht: „Da neigte er das Haupt und ging betrübt von dannen. Er sprach den Segen nicht, sprach überhaupt kein Wort." (213) An die Stelle Gottes, der die Liebe und die Wahrheit ist, trat der verführende Teufel, die Lüge, gab vor, Gott zu sein und ließ sich in der Alabasternische des Berges scheinbar einmauern, entkam aber als „dunkler Flederhäuter [...] aus der letzten Oeffnung und flatterte in das Verschwundensein" (214). Das Gute also wurde durch das Böse verdrängt, durch die Riesenquader töricht das Licht in eigendünkelhafte Finsternis verwandelt. Dies Märchen vom ‚eingemauerten Herrgott' wurde dem Geist (Kara Ben Nemsi) von seiner Seele (Schakara) eingegeben. Sie *ahnt* auch (nur der Geist *weiß*), daß die Alabastergrotte, obwohl „weder Gott noch Teufel eingemauert" wurde, nicht leer sein kann, ahnt die Latenz des Lichts: „Wo Gott von dem Teufel verdrängt wurde, da kann das Resultat doch wohl in keinem Nichts bestehen." (217) Und der Geist ergänzt:

„Wenn der Teufel Schein auf Schein getürmt hat, so liegt hinter diesem Scheine sicher etwas Wahres verborgen. Was das ist, das können wir nicht wissen. Gelänge es aber, den Berg zu finden und die Grotte zu öffnen, so würde es sich zeigen." (218)

Das ‚Wahre' wird sich zuerst visionär im ‚Großen Traum' offenbaren, auf der Realebene erst am Schluß des Romans, wenn der Ruinentempel zusammenbricht und das ‚Verzauberte Gebet' freigibt.

Der Ustad entdeckt, daß der Innenraum des Urzeitbaus „völlig leer" ist, „vollständig ausgeraubt, wie man zum Beispiel hier und da mit gottesdienstlichen und philosophischen Systemen tat. Da werden die Gedanken fortgeschleppt wie Möbelgegenstände, die man, gehörig ausgeklopft und wieder neu poliert, in eine neue Wohnung stellt und auch als neu bezeichnet!" (315f.) Die religiösen und philosophischen Ideen der Ursprungsreligion wurden von der ihr nachfolgenden zwar nach außen hin verdammt, in Wahrheit aber übernommen und den „eignen Zwecke[n] dienstbar [gemacht]" (316). Diese eigennützige Fälschung von Gedanken, die ursprünglich einmal richtig waren, ist der einzige Weg, der geistigen Nichtsen bleibt, um sich scheinbar geistige Autorität zu schaffen: Schatten waren es, die die Urreligion ausraubten und ihre Gedanken verfälschten, und wie der Ustad bald sieht, sind sie über alle Religionen, über alle Zeiten hin in dieser Weise betriebsam gewesen und sind es noch. Geboren wurden die Schatten, als die Menschheit sich vom Teufel verführen ließ und in ihrem „Sonderstolz" (215) wähnte, Gott einmauern zu können – Schatten sind ja Geschöpfe der Finsternis; geboren wurde mit ihnen auch der ‚Abgrund', die Todes-Lüge, ihre Erfindung, um die Menschengeister zum Schattendasein zu zwingen: Nach Süden zu war der Urzeitbau einst offen, dort war „der Ort des Sturzes in das Wasser" (316), wo die Schatten all die, welche sich nicht fügten, in den Tod stießen. Die nachfolgende Religion – begründet von den schwachen Geistern, die den ‚Vampyren' der ersten zum Opfer fielen und selbst zu Schatten wurden – hat diesen Ort zwar zugeschüttet, aber doch den Gedanken des Todes weitergeschleppt. So findet der weitersteigende Ustad im „zweiten Bau", dem der erste als Fundament dient und der ihn von außen „an Altiranisches, an Zarathustra mahnte", der also wohl den Parsismus meint, nicht nur erneut völlige Leere vor, sondern auch einen gleichen „Schluß nach Süden", von der wiederum nächsten Religion vermauert. Zugleich stellt er fest: „Kein Mensch, kein andres Wesen ließ sich sehen." (316) Ebenso wie die Urreligion hat sich der Parsismus überlebt, hat keine Anhänger mehr. Anders verhält es sich mit dem nächsthöheren Bau, dem „doppelte[n] Geschoß mit den zersprungenen Tafeln", das für das Judentum steht. Der Mosaismus ist *nicht* ganz ausgeraubt, Spuren verraten, „daß Menschen hier zuweilen noch [verkehren]", und der „letzte Raum nach Süden [ist] verschüttet, doch nicht bis an die Decke". Das Judentum ist noch aktuell, wenn auch lang nicht wie in biblischen Zeiten, und folglich regen sich in ihm auch noch die Schatten; soweit der jüdische Glaube Irrtum ist, lauert in ihm „für Fremde", die hier die Wahrheit, die „hier einen Ausgang [suchen]", die Gefahr, „denn jenseits [geht] der Sturz jäh ins Bassin hinab" (316). Während auf der Realebene des Romans die verbrecherischen ‚Sillan' (Schatten) im Doppelgeschoß ihr Unwesen treiben, sieht der wahrheitssuchende Ustad im ‚Traum' dort erstmals den Herrn der Schatten, den ‚Zauberer', der darauf lauert, daß „ein Andrer stürzt" (317), beachtet ihn aber nicht. Die Beschreibung signalisiert das Alter (aus der Urzeit) und die teuflische Bosheit der Lüge/des Irrtums: „Das Haar war weiß wie Schnee, der Blick spitz wie die Klinge eines Dolches." (316f.)

Zum Konflikt zwischen dem Ustad und den Schatten wie mit ihrem Fürsten kommt es erst in den Bezirken der nächsten Etage, in den Gewölben des vielgestaltigen Obergeschosses, das die gegenwärtige Sektenvielfalt des (Namens-)Christentums meint – erst hier findet Mays Auseinandersetzung mit Glaubensdingen den aktuellen Gegenstand. Eine „dunkle Schattenhaftigkeit" „mit gedämpfter, hohler Stimme" (317) macht sich an den Ustad heran, die exemplarische Personifikation scheinmenschlicher, scheinchristlicher Geistigkeit, ein Vertreter der Lüge, der Finsternis, des Bösen, einer von denen, die aus materiellen Gelüsten das wahre Wesen des Christentums pervertieren.

Dieses „schwammige Gespenst von unersättlicher Porosität" (319) versucht, den Ustad in die Abhängigkeit zu locken, zum Schatten, zum geistigen Nichts zu machen, indem es ihm zeigt, welche materiellen Reichtümer es den Schein-Christen bringt, wenn sie die „Schätze alle [aufspeichern], die sich der Mensch seit Anbeginn erdacht", und diese Ideen und Gedanken fälschen. „Resultat" von Raub und Fälschung des Wahren ist die gegenwärtige christliche Kirche, die so „stein- und ziegelweis entstand" (317). Mays Kirchenkritik ist radikal, sie nimmt niemanden aus und beschränkt sich erst recht nicht auf eine Kritik am Katholizismus. Als utopisches Ziel sah er eine völlige Umbildung und weitgehende Entinstitutionalisierung der christlichen Kirche im Zeichen der Liebe, die

Aufhebung aller Konfessionen, das Gebot einer umfassenden Toleranz gegenüber Andersgläubigen, den Verzicht auf priesterliche Mittler, auf die ‚Einmauerung' Gottes in Gotteshäuser, auf alle nicht neutestamentlich beglaubigten Dogmen und vieles mehr. Der Ustad ist noch kein gesicherter Geist und so gibt er dem Schatten das Wort, zu schweigen über die Machenschaften der Kirche, reicht seine Rechte der Schattenhand, die „gegenstandslos weich, so leichenkühl, so gallertglatt und schlangenschlüpfrig" (317f.) ist. Das ‚geistige Mündel' verschreibt sich dem Scheinchristentum – das wandelbar ist, um sich nutzbringend der Konjunktur anzupassen, das den Tod als Drohung kennt, selbst auch tot und leer ist, das sich gallertig aller Kritik entzieht und schlüpfrig-böse ist wie die Paradiesesschlange. Die Gegenwartskirche wird von geistigen Nichtsen dirigiert und lebt davon, „Leben und Energie" ihrer Gläubigen auszusaugen, die dadurch ihren individuellen Geist verlieren. Der Schatten macht auch den Ustad zunächst zu seinem „Eigentum in Gott, dem Herrn", entzieht ihm vampirhaft die geistige Kraft, um sich selbst mit ihr aufzublähen, und nimmt ihm dogmatisch seine geistige Individualität: „Mein ist dein Geist; mein ist auch deine Seele und nur der Leib bleibt einstweilen dein, bis ich bestimme, wie und wo er uns zu dienen habe." (318) Entindividualisierung, Abhängigkeit und Willenlosigkeit, also das Schattendasein, wird von kleinen Geistern als „höchste[s] Glück" erlebt, da sie sich so „frei von jeder Schuld und Sühne" empfinden. Die Kirche, so Mays Kritik, suggeriert wie jeder aufgeblähte diktatorische Machtapparat die perverse Identität von Gehorsam und Freiheit, wobei die Freiheit nichts als Verantwortungslosigkeit ist. Obwohl es nur Gott zukommt, zu richten, maßt sie sich die Machtvollkommenheit an, „im Auftrag [des] Herrn" jede Tat zu belohnen, die ihr nützt, und jede zu verzeihen, durch die der Gläubige andern schadet, sofern er ihr nur treu bleibt.

Der Schatten beginnt nun mit dem Ustad, dessen Hand er „nicht einen Augenblick" losläßt, „den Gang durch die Gewölbe"; als „Vampyr geistiger Natur" entzieht er ihm dabei „Lebensenergie", „Mut", „Kraft zum Widerstande" (318f.). Wie jedem, der sich aufs Namenschristentum einläßt, droht dem Ustad der Verlust seiner geistigen Potenz. Nur sein Glaube gibt ihm den Mut, dem „schwammige[n] Gespenst" „die Hand so lange zu lassen, bis [er] gesehen [hat], was [er] sehen [will]"; er will die ‚Vampyre' entlarven, und verstellt sich nun wie einst Kara Ben Nemsi vor anderen Potentaten. Welch niedrig-finstere Machenschaften in den Gewölben der Kirche, den

Augen der Öffentlichkeit entzogen, vor sich gehen, signalisiert schon ihr Äußeres: lang und niedrig sind sie, die „wenigen Fackeln" in den „schmalen Mauernischen" geben nicht Licht, sondern sind „düsterrot". Die wahren, wertvollen Gedanken aus den „untern Etagen", früheren Religionen, und die „köstlichsten Schmuggelwaren aus allen Ländern, Zonen und Gedankenreichen" werden hier „aufgestapelt" (319), „das Echte" „der Außenwelt entzogen, das Wahre, Reine, Edle hier versteckt" (320). Schattendämonen, zu keiner eigenen geistigen Leistung fähig, haben „alle Hände voller Arbeit" (319):

> Es wurde hier gefälscht, gefälscht und nur gefälscht! [...] Die Täuschung und den Schein, die Falschheit und Entstellung verfertigte man hier und trug sie dann hinaus als ehrliche, rechtschaffne, gute Ware! [...] Ich sah, es war ein glänzendes Geschäft!

Das Namenschristentum/die Kirche verfälscht Gedanken früherer Religionen und fremder Kulturen, brüstet sich mit geraubter und gefälschter Geistigkeit, um sich zu bereichern.

Der Wahrheitssucher erkennt, daß ihn die Lüge an der Hand hat, und entreißt bei dem Gedanken, als „einz'ge Wahl" nur „Mitmachen oder Tod" (320) zu haben, dem Schatten seine Rechte, kündigt der Kirche seine Gefolgschaft auf. Damit hat er einen ersten wesentlichen Schritt in seiner geistigen Entwicklung hin zur Wahrheit getan. Doch die Erkenntnis der Falschheit und der Entschluß zur Abkehr vom Bösen genügen nicht; das Böse muß besiegt, entlarvt werden – es kommt zum Kampf zwischen Ustad und Schatten, „Wahrheit gegen Lüge, Person gegen Schatten, Individualität gegen Scheinmenschlichkeit, Licht gegen Finsternis". Mit einer brennenden Fackel, Symbol des entlarvenden Lichts und des Guten, sind die Schatten, die sich nicht von des Ustad Geistigkeit nährten, schnell „hinter ihre Gegenstände" getrieben, wohin sie, „bei Licht besehen", als geistlose Materialisten gehören. „Nur der Eine [bleibt]", der den Mut des Ustad „in seine wesenlose Schwammigkeit hinübergesaugt [hat]". Der Kampf mit ihm vollzieht sich still und über die Augen; schließlich kann der Schatten dem festen Geisteswillen und dem entlarvenden Fackellicht nicht mehr standhalten und muß „die Augen senken":

> Ich stand still, fest, unbewegt; er begann zu wanken, zu zittern, endlich gar zu flackern wie die Flamme meiner Fackel. Dann wurde er kleiner, immer kleiner, sank nieder, bis er auf dem Boden lag, und kroch da langsam an mir vorüber, um nach hinten zu kommen. (321)

Der Schatten, dem es gelungen war, sich „durch den Diebstahl fremder Charakterhaftigkeit das Ansehen zu geben, daß er auch eine Art von Person [...] sei", ist nun nichts als „ein entlarvter Lügner und Betrüger", ein ohnmächtiger, „nichtiger, bedeutungsloser Schatten" (321f.).
Der Ustad, durch diesen ersten Sieg gereift, beginnt „den Rundgang durch die Gewölbe von Neuem"; jetzt, wo er nicht mehr ‚geistiges Mündel' ist, kann er „besser und tiefer [...] sehen, als [er] vorher gesehen [hat]". Es war ein Sieg des Geistes über die Geistlosigkeit: „Wo ich mit meiner Leuchte erschien, verkroch sich jeder Schatten augenblicklich." (322) Allein der besiegte Schatten schleicht hinter dem Ustad her.

Autobiographisch meint der Ustad den Karl May der Niederschrift, der nach wahren Idealen strebt, aber noch ‚geistiges Mündel' ist, das nur langsam der väterlichen Warnung, dem väterlichen Leitbild zu entbehren lernt; er ist aber auch der Mensch May, in dessen Vergangenheit eine große Schuld liegt, ein ‚Schatten', mit dem er sich jetzt, nach Jahrzehnten des Verdrängens, erneut konfrontiert sieht.
Der Weg des schuldig gewordenen Ustad ins Land der Dschamikun ist der Weg Mays aus der ‚Abgrund'-Zeit zu seinem Spätwerk, sein Eindringen ins Innere des von vergangenen Epochen geschichteten Ruinenbaus meint das Eindringen in seine eigenen Vergangenheiten. Details lassen sich psychoanalytisch erschließen: So symbolisiert das überwölbte unterirdische Wasserbassin aus der Urzeit die Gebärmutter, läßt nicht nur die Geburt menschlichen Gottesglaubens und Frevels, sondern auch Mays eigene Geburt assoziieren – auf dieser Geburtsstufe steht auch der Urzeitbau. Als Eingang in diesen Bau öffnet sich dem Ustad die Erde, seit jeher Muttersymbol. Von dieser Geburt an geht es aufwärts durch verschiedene Entwicklungsstufen, die aber autobiographisch wenig konkretisiert sind: das Fälschertum etwa erlaubt Assoziationen zu Mays kriminellen Täuschungsmanövern ebenso wie zur Täuschungspraxis des Kolportageverlags Münchmeyer; das Dunkle, die kerkerhaften Mauerungen der Bauten lassen an die Gefängnisse Schloß Osterstein und Waldheim denken, wären aber auch als Geisteshaltungen aus der Zeit des ‚Abgrunds' begreifbar.
Kaum einfacher verhält es sich mit der biographischen Deutung des Schattens. Von Arno Schmidt wird er als Vertreter des Katholizismus gesehen, und in diesem engen Sinn will er dann auch den ganzen ersten ‚Traum'-Teil verstanden wissen: „Dieser 1. Teil des Traumes, Ss. 314-322,

verdichtet die Beziehungen MAY's zum ‚Deutschen Hausschatz'".[4] Weittragender scheint es, hierin den Schatten von Mays Vergangenheit zu sehen. Die Begegnung des Ustad mit dem Schatten wäre dann die durch seine Gegner provozierte Wiederbegegnung Mays mit seiner Vergangenheit, damit zugleich ein zeitliches Zurückfallen in die Phase seiner Delikte – zwei Zeitebenen verwischen sich, werden traumtypisch undifferenzierbar.

Die „dunkle Schattenhaftigkeit" mit der „gedämpfte[n], hohle[n] Stimme" wird in vergegenwärtigter Vergangenheit zur dämonisch-bösen Gestalt der ‚Abgrund'-Zeit, zur „finstere[n], höhnische[n] Hauptgestalt aus dem heimatlichen Sumpf und den Hohensteiner Schundromanen"[5], von der May in seiner Selbstbiographie *Mein Leben und Streben* schreibt:

[Diese] natürlich nicht körperliche, sondern seelische Gestalt, war mir direkt widerlich. Fatal, häßlich, höhnisch, abstoßend, stets finster und drohend; anders habe ich sie nie gesehen, und anders habe ich sie nie gehört. Denn ich sah sie nicht nur, sondern ich hörte sie auch; sie sprach. [...] Und sie wollte nie das Gute, sondern stets nur das, was bös und ungesetzlich war.[6]

Wie der Schatten im ‚Traum' nur „Hauptgestalt" aus der Masse anderer Chimären ist, schreibt May auch in der Autobiographie von unzählbaren „schmutzige[n] Dämonen", „übererbten Gedanken des Sumpfes", „Miasmen einer vergifteten Kinder- und Jugendzeit", „dunkeln Gestalten", die ihn „innerlich gequält und mit Zurufen belästigt hatten".[7] Der Konflikt damals war der gleiche wie im Roman: „die Lüge gegen die Wahrheit, das Laster gegen die Tugend, die eingeborene menschliche Bestie gegen die Wiedergeburt, nach der jeder Sterbliche zu streben hat, um zum Edelmenschen zu werden."[8]

In der Wirklichkeit unterlag das Gute, beging May seine Straftaten, fälschte gleich den ‚Traum'-Schatten, innerlich motiviert durch irrationale Rachegedanken, aber wohl auch – analog den Schatten-Verheißungen im ‚Traum' – durch die Erwartung reichen materiellen Lohns. Er verschrieb sich dem Bösen, überließ sich wie der Ustad trotz innerer Skrupel dämonischer Führung: „Das dunkle Wesen führte mich an der Hand. Es ging immerfort am Abgrund hin. Bald sollte ich dies, bald jenes tun, was doch verboten war. Ich wehrte mich zuletzt nur noch wie im Traum."[9] Das dämonisch Böse entzog ihm mehr und mehr die geistige und moralische „Kraft zum Widerstande" (319), in triebhaftem Zwang beging er immer unsinnigere Betrügereien und Hochstapeleien. Nach außen hin, etwa in seiner Selbstbiographie, entlastete sich May später von Schuld, indem er sich diese Willenlosigkeit, diesen dämonischen Zwang entschuldigend zuschrieb. Innerlich gelang diese Entlastung nicht wirklich – das bezeugt die beharrliche literarische Thematisierung des Schuldigwerdens bis zuletzt und die Tatsache, daß er die scheinbare Entschuldigung im ‚Traum' dem Schatten, also einem Vertreter der Lüge, in den Mund legt:

„Aus meiner Hand strömt dir das höchste Glück, das es für Menschen gibt in Zeit und Ewigkeit: Du bist vollständig willenlos und folglich frei von jeder Schuld und Sühne! Tu alles, was ich sage, ob Gutes oder Böses, der Rechenschaft bist du fortan enthoben, denn ich bin es, der sie zu leisten hat." (318)

Der Ustad befreit sich vom Bösen durch seinen festen Willen und durch die Fackelflamme, gewinnt so seine geistige und moralische Kraft und Energie zurück. Auch Mays Befreiung wäre ohne festen Willen nicht möglich gewesen. Daneben aber verdankt sie sich mehr noch dem Waldheimer Einfluß des katholischen Anstaltskatecheten Kochta, der in ihm Glauben und Zuversicht weckte, und dem etwa gleichzeitigen Entschluß, Schriftsteller zu werden. Beides – Glauben und Schreiben – wird im Lichtsymbol der Fackel umgriffen. Der Schatten des Bösen fällt hinter den Ustad auf den Boden zurück – „Das war der Sieg, in aller Stille, ohne jeden Zorn und ohne alle Worte!" –, wird zum Schatten der Vergangenheit. „Ich war allein. Es getraute sich nichts mehr an mich heran." Zwar verfolgte seine Vergangenheit May auch nach Waldheim durch sein neues Leben, das Böse konnte ihn aber nicht mehr beherrschen: „Der meinige [Schatten] schlich zwar beständig hinter mir her, wagte aber nicht, sich wieder zu erheben." (322)

II. Der Zauberer

Bei seinem Rundgang durch die Kellergewölbe des Namenschristentums bemerkt der gereifte Ustad, daß die Eingangstür nicht mehr vorhanden ist – „starke, dicke, undurchdringliche Mauer" (322) versperrt ihm den Rückweg, aber auch den Weg ins eigentliche Namenschristentum: es gibt in der Geschichte keinen Weg zurück zu früheren Religionen, und es gibt für den, der die Fälschung des Wahren durchschaut hat und sich weigert, selbst zum Schatten, zum Fälscher zu werden, keinen Weg hinaus an die christliche Öffentlichkeit, denn „die Schatten dulden nicht, daß sie verraten werden" (314). Der einzige Ausgang liegt am Südende der Gewölbe und führt „zum jähen Sturz hinunter in das Bassin":

Er war weder vermauert noch verschüttet, sondern bestand aus einer hölzernen, unverschlossenen und unverriegelten Tür [...]. Das sah so unschuldig aus [...]; aber wehe dem, der diesem

Betruge traute! [...] Gleich hinter der Schwelle hörte der Fußboden auf. Der Abgrund gähnte aus dem tiefen Wasser herauf, und eine kalte, feuchte Luft roch nach Verwesungsgasen. (322)

Anders als bei den überlebten Religionen ist die Todes-Lüge im Namenschristentum noch höchst aktuell, ist sie teuflisches Mittel, die Menschen zu geist- und seelenlosen Schatten zu zwingen, die ihr Heil allein in diesseitiger Bereicherung sehen. Der Ustad ahnt nun, weshalb die Starken niemals wiederkehrten:

Sie hatten zwar widerstanden, waren aber nicht auf den Gedanken gekommen, nach einer Fackel zu greifen, um die Schatten von sich abzuweisen. Nach einem Ausgange suchend, waren sie von ihnen zu dieser Tür gewiesen worden und hierauf ahnungslos hinabgestürzt. (323)

Zwar hatten die starken Geister – man ahnt, daß May bei ihnen auch an Nietzsche und dessen Schicksal gedacht hat – sich nicht durch eine falsche Kirchen-Wahrheit täuschen lassen, hatten ihre Zuflucht aber auch nicht bei Gott gesucht und waren so, ohne festen Halt, bei der Suche nach Antwort auf die letzten Weltfragen ins ‚Geistesdunkel', in den ‚Wahnsinn' gestürzt, wo sie verkalkten.

Auch der Ustad begegnet der Lüge und dem Irrtum, begegnet dem ‚Zauberer', doch gibt ihm der Glaube (die Fackel) den Mut, sich ihm zu stellen. Der ‚Zauberer' tritt auf als ‚Herr der Finsternis', als ‚Schattenfürst' – May identifiziert Lüge/Irrtum mit der alten christlichen Idee vom gefallenen Engel Luzifer, eine Rolle, die auf der Realebene Ahriman Mirza einnimmt. Anders als der Ahriman des Parsismus ist Luzifer keine Gegen-Gottheit, sondern ein Geschöpf Gottes; als solches ist er erlösbar: der Irrtum kann in Wahrheit verwandelt werden. Der Ustad, weil er die Wahrheit sucht und den Irrtum/die Lüge „vernichten will", ist der „größte Feind, den [Luzifer] auf dieser Erde [hat]". Es gilt nun „einen zweiten, aber andern Kampf" (323), nicht mehr gegen einen niedrigen Vertreter des Bösen und des Irrtums/der Lüge – der noch konkret als Kirchenvertreter oder persönlicher Dämon aus der ‚Abgrund'-Zeit begreifbar war – , sondern, in Rangordnung und Abstraktionsgrad auf einer höheren Stufe, gegen das Prinzip des Bösen schlechthin, gegen den Teufel. Dessen Macht ist, ähnlich wie die seines Schattenheeres, keine autarke, vielmehr ist sie abhängig davon, wieviel Raum ihr der Menschengeist gibt. Der Ustad verhält sich auch Luzifer gegenüber ruhig-überlegen wie zuvor gegenüber dessen Gefolgs-Schatten und wie früher Kara Ben Nemsi vor anmaßenden orientalischen Obrigkeiten. Die anfängliche Macht Luzifers („Nun überragte er mich um

Kopfeslänge und auch um eine ganze Schulterbreite. Seine Stimme klang fest, stark, keinen Widerspruch erwartend", 323) schwindet rasch auf geringeres Maß („Seine Höhe nahm wieder ab, auch seine Breite. Und seine Stimme klang nicht so voll und so gebieterisch wie vorher", 324). Da seine andere Identität der ‚Warnende' ist, weiß der ‚Zauberer' um das Geschehen am Eingang zum Ruinentempel und mahnt den Ustad an die Wahl „zwischen Schatten und Tod", vor die er nun gestellt sei. Der akzeptiert zwar diese Wahl nicht und münzt sie in alter Heldenherrlichkeit in die Wahl „Du oder ich" um (324), entscheidet sich aber indirekt doch für den Tod, denn er hat das Schatten-Werden als „Geist- und Seelenmord" durchschaut, der allein ihn wirklich vernichten würde, sieht im Tod hingegen nichts als eine von des Teufels „größten Lügen", ein luziferisches „Hirngespinst", einen „lächerlichen Schatten" zur „Knechtung" von „schwachen Köpfe[n]": „Indem sie ihren Leib vor dieser Vogelscheuche retten wollten, verfielen sie dem Geist- und Seelenmorde." (325) Der Gedanke an den Tod, an den Verlust des Körpers, ließ die schwachen Geister sich aufs Diesseits werfen, uneingedenk, daß sie damit ihre eigentliche Identität zum Sterben preisgaben. Indem sie sich gegen den körperlichen Tod entschieden, fanden sie den wirklichen, geistigen und seelischen Tod. Der Ustad hingegen blickt dem Leibestod furchtlos „ins kalte feuchte Antlitz", reißt selbst die Tür zum Abgrund, zum Wasserbassin auf, und provoziert den ‚Zauberer' mit der Aufforderung voranzugehen, „zu zeigen, wo [der Tod] steht": „Hast du den Mut? Ich laß nicht auf mich warten!" War der Ustad anfangs noch ‚geistig Mündel' – was impliziert, daß er dem Leib und seinen Trieben, der Anima, noch ein Maß an Wichtigkeit gab – und drang er durch den ‚Lichtsieg' über den Schatten nur zu einem höheren, noch nicht zum höchsten Grad der Geistigkeit vor, so faßt er jetzt, an der Schwelle des ‚Todes', einen Entschluß, der ihn zu reiner Geistigkeit führen wird: freiwillig will er den (leiblichen) Tod auf sich nehmen, um ihn als Lüge zu entlarven und Erlösung zu finden/zu schenken. Der Entschluß, der ein Sieg über den ‚alten Adam' ist, wandelt ihn von Grund auf: „Ich fühlte, daß seine Kühnheit mir die Wangen rötete und meine Augen leuchten ließ. Und während ich dies empfand, kam mir im Traume das Bewußtsein, daß ich träume und daß ich ich und nicht der Ustad sei. Sonderbar!" (325) Der Ustad wandelt sich zu Kara Ben Nemsi; aus dem in Graden noch individuellen Wahrheitssucher, der spürbaren Ich-Spiegelung des Autors, wird der reine Geist, wird – auf gleicher Abstraktionsebene, auf der auch der ‚Zauberer' steht – die

Menschheitsfrage, der geistige Repräsentant der Menschheit. Als solcher kann er durch sein Handeln nicht nur sich selbst befreien und die Wahrheit entdecken, sondern die Menschheit erlösen – er wird zum Heiland, zum Erlöser.

Die Haltung des ‚Zauberers' zur Wandlung seines Feindes ist zwiespältig: „War es ein Wehe- oder ein Jubelruf, den ich hierauf von seinen Lippen hörte?" (325) Der ‚Zauberer' hat Grund zum Zwiespalt von Angst und Hoffnung („Was soll geschehn; was habe ich zu tun! Ich weiß es nicht; ich weiß es wahrlich nicht!", 326): Als Repräsentant der Menschheit kann Kara Ben Nemsi sein Schattenreich zerstören und die von ihm gestürzten Geister erlösen, er kann durch sein Tun aber auch die Menschheit und ihn, den gestürzten Engel, vom Fluch befreien und Irrtum in Wahrheit wandeln. Soweit er der ‚Zauberer' ist, hat er Angst vor Entlarvung, soweit er der ‚Warnende' ist, hat er Hoffnung auf Erlösung. Als ‚Zauberer' sieht er sich und sein Reich bedroht und drängt verzweifelt darauf, die Menschheitsfrage aus seiner Welt zu verbannen: „Wach auf; wach auf! Ich öffne dir sofort des Berges Tore! Du sollst nicht Schatten sein und auch nicht sterben! Nur eile fort von hier!" Kara Ben Nemsi begegnet dieser Erregung ruhig, beharrt auf seinem Traum und auf der Entscheidung zwischen Schatten und Tod: „Mach mich zum Schatten, oder töte mich! Tu das, was du von Beiden fertig bringst!" Diese Entschlossenheit des Geistes läßt die Macht Luzifers erneut schrumpfen: „Da zog sich seine Gestalt noch weiter zusammen." Nur noch scheinbar hat der Teufel die „alte Kraft", die „Macht, Beides [Schatten oder Tod] wahr zu machen". Daß der ‚Zauberer' „sämtliche Fackeln hinter [ihm] auslöschen und verbergen [ließ]" und „die einzige in [seiner] Hand [...] kaum noch einige Minuten brennen wird" (326f.), kann Kara Ben Nemsi nicht schrecken, da dies nur den ohnehin gefaßten Entschluß bestärkt, den (leiblichen) Tod auf sich zu nehmen. Es ist wahrscheinlich, daß die Fackeln hier eine zusätzliche Bedeutung haben und das Leben symbolisieren, entsprechend der bildhaften Wendung ‚Lebenslicht auslöschen': „Verlöscht das Licht, so steht die Tür hier [zu Tod und Erlösung] offen!" (327) Im Verlöschen des Lebens, im Sterben, liegt nicht Gefahr, sondern Hoffnung auf Erlösung.

Luzifer muß einsehen, daß er dem Menschheitsgeist nicht „den Willen und die Kraft" rauben kann, ihn nicht zu seinem nichtig-bösen Schatten machen kann. *Eine* mögliche Rettung bleibt dem Irrtum/der Lüge: der ‚Zauberer' will Kara Ben Nemsi zu einem Gebet „vor [seinem] letzten

Augenblick" verleiten, das er ihm vorbeten will, also zu einem teuflischen, lügnerischen Fluchgebet, das die Verbindung zu Gott lösen anstatt herstellen würde und so die Erlösungstat Kara Ben Nemsis zunichte machte. Dieser durchschaut denn auch die Absicht:

„Meinst du, daß ich dich brauche, dich, dich, wenn ich zu beten habe? Für mich ist das Gebet von göttlicher Natur, und darum ist das rechte, wahre Beten wenn nicht die allergrößte, so doch die schwerste und die heiligste der Künste. Hier aber sah ich nichts als Trug und Fälschung, und darum glaube ich, daß du sogar betrügst, indem du betest!" (327)

In unsinniger Wut – anders als früher bei den gestürzten starken Geistern, die Einzelindividuen und ohne Gottesglauben waren, droht ihm ja durch den ‚Tod' des gläubigen Menschheitsrepräsentanten die Niederlage – will der Teufel Kara Ben Nemsi in den Abgrund stürzen, gerät dabei aber selbst „in die Türöffnung hinein", auf die Todesschwelle, und wird mit einem Fausthieb „hinaus ins Bodenlose" gestoßen: „ein Schrei und dann ein dumpfer Schlag." Das Menschheits-Ich geht nun, in der geistigen Nachfolge Christi, ans Sterben. Die Leben symbolisierende Fackel „[steht] im letzten Flackern", Kara schleudert sie in „die tiefste Finsternis", tritt auf die Schwelle des Todes, gibt sich mit einem einzigen Gebetswort in Gottes Hand und: „Dann schnellte ich mich [...] mit weitem Sprung hinaus in das, was mir als ‚Tod' bezeichnet worden war." (328)

Eine autobiographische Deutung läßt der zweite ‚Traum'-Teil nur bedingt zu, weil May hier mit der Wandlung des Ustad das Ich bewußt auf eine allgemeine Menschheitsebene abstrahiert, auf der es allenfalls noch Spuren unbewußter Spiegelungen aufweist. Einige Exegeseandeutungen können genügen.

Der Ustad/May hat sich durch festen Willen, den Einfluß Kochtas und den Ausweg des Schreibens von seinem Dämon der ‚Abgrund'-Zeit befreit und seine Vergangenheit hinter sich gelassen. Er beginnt nun einen zweiten Rundgang, ein neues Leben, und bemerkt dabei, „wenn nicht zu [seinem] Schrecken, so doch zu [seiner] Ueberraschung", daß es keinen Weg zurück ins alte Dasein gibt, daß ihm der Rückweg – zum Lehrerberuf? – mit „undurchdringliche[r] Mauer" (322) versperrt ist. Die Fackel, die wir u.a. als sein Schreiben deuten, in der Hand, begegnet er nun dem ‚Zauberer', der – wie sein ‚anderes Ich', aber in negativer Umkehrung – väterliche Attribute aufweist („weiße Haare"; „Dolchaugen", die Jähzorn signalisieren; anfängliche Dominanz; Autoritätsgehabe; Lügenhaftigkeit; „Schwachheitshaß", vgl. 323f.), und ihn zu seinem Schatten machen, also nach seinem Ebenbild formen will – erinnern wir uns an Heinrich Mays exzessive Erziehungspraxis. Gehen wir davon aus, daß der Einstieg des Ustad in die Erde Mays Geburt, und der Aufstieg durch die Etagen seine Lebensetappen meint, und denken daran, daß das Ich den ‚Zauberer' erst auf einer späteren dieser Stufen *sah* – nämlich auf *der* Religionsstufe, die mehr als alle früheren vom Patriarchalischen geprägt ist, ließe sich hier eine Anspielung darauf vermuten, daß der in seinen ersten Lebensjahren blinde May seinen Vater wirklich erst auf einer späteren Lebensstufe *gesehen* hat. Als *Herr* der Schatten ist der ‚Zauberer'/der Vater dann auf einer folgenden Stufe verantwortlich für deren Machenschaften, verantwortlich mithin für Mays Straffälligwerden. May ahnte, daß es Erbteil und Einfluß des Vaters waren, des ‚Lügners', die in ihm den ungebärdigen Drang nach gesellschaftlicher Macht und Anerkennung geweckt hatten, der ihn zu seinen aberwitzigen Hochstapeleien und Amtsanmaßungen, zu seinen ‚Lügen' in der Krisenzeit bewegt hatte. Der zweite ‚Traum'-Teil läßt vermuten, daß er ebenso ahnte, welch große Bedeutung das verinnerlichte Vater-Ideal auch danach noch hatte, für sein Schreiben – der Ustad begegnet dem ‚Zauberer' ja mit der Fackel in der Hand. Nach der Jahrhundertwende empfand May seine jahrelange Selbststilisierung als Überheld väterlicher Provenienz, als omnipotenter Old Shatterhand/Kara Ben Nemsi, nur noch als ‚Lüge'. Während im ‚Traum' der Ustad sich des väterlichen ‚Zauberers' erwehren kann, wurde May in der Wirklichkeit zum ‚Lügner', wurde das Ich seiner Reiseerzählungen zum ‚Schatten' des Vaters. Autobiographisch ist der zweite ‚Traum'-Teil also in der Zeit nach Waldheim bis zur Orientreise zu fixieren – realitätsnahe Spiegelungen sucht man aber vergeblich. Wichtig ist, daß der Ustad hier nicht mehr als ‚geistiges Mündel' auftritt, sondern durch seinen ‚Lichtsieg' zum ‚Erwachsenen' gereift ist, den nur „des Irrtums eigne, andre Stimme [warnt], die stets die volle reine Wahrheit spricht" (350). May kommt zur Erkenntnis seines Irrtums, zur Erkenntnis der Lüge seines Schreibens, durchschaut den väterlichen ‚Zauberer', und entscheidet sich bei der Wahl zwischen Schatten und Tod, zwischen Vater-Ideal und dessen Abbau, für den Tod, den Neubeginn auf geistiger Ebene. Schon vor der Jahrhundertwende wurde das Ideal mehr und mehr abgebaut und begann einem mütterlich bestimmten Liebes-ideal zu weichen. Literarische Dokumente dieses einsetzenden Umbruchs in Leben und Werk sind bereits die Romane *„Weihnacht!"* (1897) und *Am Jenseits* (1899). ‚Am

Jenseits', an der Schwelle zum Tod, steht auch der Ustad während des Disputs mit dem ‚Zauberer'. Zur eigentlichen Wandlung Mays kam es während der Orientreise 1899/1900; da wurde der neues Bewußtsein schaffende Entschluß geboren, den alten Old Shatterhand/Kara Ben Nemsi sterben und als Menschheitsfrage auferstehen zu lassen: „Ich fühlte, daß seine [des Entschlusses] Kühnheit mir die Wangen rötete und meine Augen leuchten ließ." (325) Im *Silberlöwen* kann May dann das Ich auf die Fragen des Ustad im Nachtgespräch, ob er Old Shatterhand, ob er Kara Ben Nemsi sei, antworten lassen: „Ich war es" (67). Aus dem Ustad, dem alten May, wurde der Menschheitsvertreter, wird im ‚Traum' Kara Ben Nemsi, „der fremde Effendi, der jetzt [...] im hohen Hause wohnt" (326). Das neue Ich stürzt das lügnerische Vaterbild, den ‚Zauberer', in den Abgrund und schleudert ihm das alte Leben und Schreiben, die Fackel, nach. Der Neubeginn war für May ein Wagnis, ein Sprung ins Ungewisse, aber auch der einzige Weg, sich ‚Willen' und ‚Kraft' zu bewahren und der Lüge und Nichtigkeit zu entkommen: „Vor mir die tiefste Finsternis und hinter mir das Grausen aller Schatten!" (328)

III. Die verkalkten Geister

In der real-geschilderten Erkundung des unterweltlichen Wasserbassins durch Kara Ben Nemsi und Kara Ben Halef, die dem ‚Großen Traum' vorausgeht, hatte May das unheimlich-eindringliche Terrain des dritten ‚Traum'-Teils genau beschrieben, und so eine Exposition von Bildern geschaffen, die er nun mit phantastischem Leben erfüllen konnte, ohne die Handlungsstringenz durch Beschreibungsballast zu stören. Anzunehmen ist, daß er sich dabei wie sein Roman-Ich mit einer Zeichnung der Unterwelt-Topographie half. Ein Leser, der sich die gleiche Mühe machte, würde bemerken, daß seine Skizze den weiblichen Fortpflanzungsorganen nicht eben unähnlich sähe: Die „Maueröffnung hinter dem Gestrüpp" kann als äußeres Genital gesehen werden; der „stetig geradeaus [gehende]" Eingangskanal läßt eine Vagina phantasieren; das vordere Wasserbecken, eine „natürliche Höhlung" (304), läßt Uterus-Assoziationen zu. Über allem liegt tiefste Finsternis, wesentliches Element ist allerorten das Wasser, das die Symbol-Bedeutung der Geburt hat. Die Faszination, die den empfindsamen Leser bei der Imagination dieser düster-archaischen Katakomben erfüllt, läßt sich auch durch das Gefühl des déja vu erklären, durch sein unbewußtes Rückerinnern angesichts der archaischen Bildwelt in die Vorgeburtlichkeit, in Abhängigkeit und in den Schutz der Mutter – in eine Geborgenheit, die aber in ambivalenter Weise auch als bedrohlich und angsteinflößend erinnert wird. May selbst spricht diese Ambivalenz deutlich an, wenn er dem Ich die innere Frage eingibt, „ob dieses Wasser wohl als lebensspendendes Element oder aber als verschwiegener, düsterer Helfer des Todes betrachtet worden sei" (302).

Die Sexualsymbolik nimmt vorweg, daß die Unterwelt, der scheinbare Tod, zum Ort der Geburt werden wird. Todesort ist sie durch die „schauerliche Verbindung" (307) der Nebenkanäle mit dem Ruinenbau. Bringt man zeichnend die „Grundebene mit der Neigung des äußern Terrains in Einklang" (313), ergibt sich, daß „die Seitenkanäle [...] genau unter den sich amphitheatralisch erhebenden einzelnen Stockwerken [liegen]" (377). Jeder dieser nach und nach auf den jeweiligen Religionsstufen von Menschenhand gemauerten Kanäle endet in einer „dunkel gähnenden Öffnung oben" (305), durch welche die starken Geister jeweiliger Zeit vom ‚Zauberer' und den Schatten in Tod und Wahnsinn gestürzt wurden. Nur im hinteren Bassin, wo der wahre Glauben geboren werden soll, findet sich kein solcher Kanal, fand niemals jemand sein Grab. „Genau über der Nische des hintern Bassins" (377) steht keine Etage des Ruinentempels mehr, sondern das Alabasterzelt, Bild der ‚reinen Gottesidee'. Das hintere Becken wird so zum Ort der Utopie, der letzte Nebenkanal aber, über dem die Etage des jetzigen Namenschristentums ragt, ist Menschenwerk – besser: Schattenwerk – der gegenwärtigen Religionsform. Aus frühester Zeit, der Zeit der Urreligion und der Sagen vom ‚eingemauerten Chodeh' und ‚verzauberten Gebet' stammt andere Menschen-/Schattenarbeit:

Es gab eine breite Mauer von gewaltigen, unbehauenen Blöcken, welche auf kompaktem Fels errichtet worden war. Es schien, als ob man durch diese Mauer das hintere Bassin habe vollständig verschließen und verbergen wollen. Warum wohl das? (309)

Durch diese Mauer sollte der Menschheit das ‚Verzauberte Gebet' verschlossen werden, die Möglichkeit der wahren Bindung an Gott. May erzählt zwar die Sage vom ‚Gebet' nicht, deutet aber am Schluß des Romans an, daß sie „wohl ganz dasselbe [meint]" wie die Sage von ‚Chodeh, dem Eingemauerten' (vgl. 644). An diese fühlt sich Kara Ben Nemsi auch bei der realen Erkundung des hinteren Beckens erinnert:

Es bildete einen Halbkreis, dessen schnurgerade gebauter Durchmesser die Mauer war. Der Bogen bestand aus lückenlosem Fels, der sich hoch oben nischenförmig zusammenzuneigen schien. Als ich dies bemerkte, fiel mir die Sage von „Chodeh, dem eingemauerten" ein, welche Schakara mir erzählt hatte. Fast unbegreiflicher Weise war dieser Fels fast glänzend schwarz, so ungefähr wie recht dunkler, polierter Serpentin. Wie das wohl kam? (310)

Das hintere Becken ist der Ort, wo Gott einst, „licht und hehr, im offnen Alabasterberg, sich seiner Sonne [freute]" (213). Aus dem hellen Alabaster wurde dunkler Serpentin, aus dem lichten Ort Gottes wurde der finstere, vermauerte Ort des Teufels, dessen eines Symbol die Schlange ist (lat. serpens = die Schlange). Einst fand sich hier die Menschheit im Gebet: „Da kamen sie herbei, die er geschaffen, sie alle, groß und klein, von seiner eignen Hand den Segen zu empfangen." (213) Symbol dieser frühen Gottesbindung ist eine riesige Figur, die „im alabasternen Gebete [kniet]" (311). Der Teufel zerstörte diese Bindung und ließ sich „als Gott im Heiligtume" an gleicher Stelle einmauern. „Und betend lag dabei die Andacht auf den Knieen!" (214) Aus dem wahren, Segen bringenden Gebet wurde der „tausendjährige Fluch", das Gebet wurde ‚verzaubert' und auch noch vermauert, um seine Erlösung unmöglich zu machen. Utopisches Ziel Mays war es, der Menschheit wieder den wahren Glaubensweg zu zeigen, ihr die Gottesbindung wiederzugeben, die sie durch ihren Egoismus verloren hat. In einem Brief an die junge Lu Fritsch schrieb er 1905: „Mein höchstes Bestreben ist, der Menschheit das ‚versteinerte Gebet' zurückzugeben, von dem Sie in Bd. IV des ‚Silberlöwen' gelesen haben. Vielleicht gelingt es mir."[10] Im Roman gelingt dies erst am Schluß, doch nimmt der ‚Große Traum' die Erlösung des ‚Gebets' in abgewandelter Form vorweg. Die Zeit scheint reif dafür, denn die Schatten bauten ihre Mauer, die der Menschheit den Weg zu Gott versperren sollte, wenn nicht auf Sand, so auf kalkigem Felsen; die Lüge kann sich nicht ewig halten: „Das Wasser" – Element der Reinheit – „hatte [...] hier so auflösend und zerstörend gewirkt, daß nur noch die allerhärtesten Teile von ihm [dem Kalkfelsen] vorhanden waren." (158)

Durch seinen freiwilligen Sprung in den gelogenen Tod des Namenschristentums der Gegenwart entlarvt der Heilsbringer Kara Ben Nemsi diesen als ‚Vogelscheuche'; zugleich wird er durch seine Heilstat selbst zum reinen Menschheitsgeist: „Es war mir, als ob ich in eine Flut der Kraft, des Lebens tauche, die nur im ersten Augenblick erschrecke, dann aber grad das Gegenteil von der Erstarrung bewirke." (328) Aufgabe der Geistesmenschlichkeit ist es, Irrtum in Wahrheit zu wandeln, den – nun in anderem

Sinn gestürzten – Engel Luzifer zu erlösen. Kara Ben Nemsi also hat den ‚Zauberer' zu retten. Die Bedingungen dieser Rettung nennt die ‚Sage vom verzauberten Gebet'; einige hat Kara Ben Nemsi bereits erfüllt: Das Menschheits-Ich darf sich nicht in Eigendünkel über die Schatten erheben und sie, die notwendiges Äquivalent des Lichts sind, vernichten wollen; es darf nicht vor dem Irrtum zurückschrecken und so darauf verzichten, die Wahrheit hinter ihm aufzudecken; es muß auf Gott und aufs Gebet vertrauen; es darf sich nicht vom leiblichen Tod schrecken lassen, sondern muß ihn auf sich nehmen, um so zur reinen Geistigkeit zu gelangen und ewiges Leben zu gewinnen (vgl. 341). Dadurch, daß Kara Ben Nemsi den Teufel aus den Gewölben der Fälschung stürzte und den Tod durch den eigenen Sprung als dessen Lüge entlarvte, hat er die Grundlage zur Erkenntnis der Wahrheit geschaffen, zur Erlösung Luzifers. Dieser ist schon jetzt ein Verwandelter, der zwischen Angst und Hoffnung auf Erlösung harrt, nicht nur auf die eigene, sondern auch auf die der ganzen irrenden Menschheit. Es wird deutlich, daß er kein autarker Satan ist, sondern Geschöpf Gottes, das nun zu ihm zurückfinden will: Der ‚Zauberer' hat sich schwimmend ins innere Bassin gerettet und den Sockel des Riesenpostaments mit dem einst von ihm ‚verzauberten' ‚Gebet' erklommen. Dort, zu Füßen des verfinsterten, zum Fluch gefälschten ‚Gebets', spricht der bisherige Antipode Gottes „kein angelerntes sondern eingegebenes" „Gebet" für Kara Ben Nemsi, für die Menschheit: „Mein Gott und Herr, laß ihn doch leben! Erhalte ihn, den Ersten, den Allerersten und den Einzigen, der über unsre ,Vogelscheuche' lachte!" (329) Er, der bisher voller Furcht war, das von ihm initiierte Schattenreich könnte zerstört werden, setzt jetzt nach dem Sturz, als innerlich seine andere Identität als Schutzengel, als ‚Warnender' durchscheint, seine ganze Hoffnung auf diesen Ersten, der kraft seiner Persönlichkeit fähig scheint, die Menschheit vom Irrtum zu befreien, und ihn selbst damit zur Wahrheit hin zu erlösen. „Komm, rette mich!" (330), ruft er Kara zu, als der seinen Sieg über den Tod verkündet: „Ich lebe, denn es gibt ja keinen Tod!" (329) Kara schwingt sich auf den Sockel und hockt sich ebenfalls, aber auf der anderen Seite, zu Füßen des ‚Verzauberten Gebets'.

Was nun beginnt, ist als mystisch phantasiertes, in einer Utopie vorweggenommenes ‚Jüngstes Gericht', als „Stunde des Gerichtes" zu begreifen, in der über „Segen oder Fluch? Seligkeit oder Verdammnis!" (333) entschieden wird. Schon durch seine Läuterungsfunktion als Purgatorio erkennbar, wird die katakombische Finsterwelt jetzt auch als Ort des Gerichts zum

Fegefeuer. Im vorderen Becken erstarben im Kalk seit Jahrtausenden die Geister, die zwar den schattenhaften Lügen der Religionen widerstanden, dem ‚Zauberer' in ihrer Überheblichkeit aber in anderer Weise verfielen. Der Todessieg, der Siegesruf Kara Ben Nemsis hallt bis zu ihnen hinaus und beginnt sie zu wecken: „Die Schallwellen fluteten unter der hängenden Mauer hinaus in das vordere Bassin, und da hörte ich es von Säule zu Säule durch die Finsternis weiter und weiter klingen: ‚Keinen Tod – – keinen Tod [...]!'" (330) Die starken Geister standen den jeweiligen Religionsformen der Jahrtausende feindlich gegenüber, schlossen von ihren Vertretern und Fälschern, den Schatten, auf die Nichtigkeit Gottes und konnten daher auch keine Hoffnung auf göttliche Erlösung setzen. Ihre Verkalkung gilt ihnen als endgültig, als Tod, und sie ahnen nicht, daß es nur ihr eigener Wahn ist, in dem sie als Geister erstorben sind. Karas Todesleugnung muß ihnen unerhört scheinen. Sie, die zum Teil seit Jahrtausenden als verkalkte Leichen in der „eiseskalte[n] Flut" (307), auf dem Grund ihres Wahns liegen, und nur jeweils am „ersten Tag des neuen Mondes" für kurze Zeit rege werden können, bewegen sich verlebendigt zur Wasserfläche: „von weitem war es, als ob es draußen im vordern Bassin ein leises, leises Flüstern gebe, wie Gedanken, welche aus dem Wasser steigen und lebendig zu werden beginnen." (330f.) In der sich dabei zeigenden Veränderung, ‚Wandlung' des Wassers und der auf ihm „liegende[n], dichte[n] Finsternis" nimmt May das spätere Geschehen der Erlösung in einem konzentrierten, dem Alten Testament entlehnten Bild vorweg. So wie übergroße Kälte als Wärme empfunden wird, „kann die Finsternis verdichtet werden, so verdichtet, daß sie die Wirkung des Lichtes bekommt". Ist in der Kälte latent Wärme vorhanden, so in der Finsternis (im Bösen, im Irrtum oder Wahn) latentes Licht (das Gute, die Wahrheit, der Glaube), das erlöst werden kann. Das Nichts, der Tod kann zum Leben erweckt werden, durch die Gnade Gottes, ganz wie es die *Genesis* vom ersten Schöpfungstag berichtet:

So wie hier konnte es, freilich im unendlich Großen, gewesen sein, als sich einst am Anfange das Licht von der Finsternis zu scheiden begann. Das Licht wurde aus seiner Gefangenschaft errettet, aus seiner Latenz befreit, aus seiner Verzauberung erlöst und schwamm zunächst als Phosphoreszenz, so fast wie Wasserleuchten, auf dem Dunkel. Dann zog es Fäden, erst feine, doch immer deutlicher werdende Fäden, die nach und nach Maschen bildeten, in denen es wie von geschliffenen Perlen strahlte. Und in gewisser Höhe darüber erzitterte es von märchenzarten, orangebunten Wölkchen, in denen es von Lichtelektrizitäten beständig wetterleuchtete, bis sich die Luft von aller Finsternis gereinigt hatte und eine Schicht entstanden war, in der man endlich, endlich das, was sich in ihr bewegte, sehen konnte. (331)

Auf derart ausgeleuchteter Bühne, deren Lichteffekte Geburt und Erlösung ankündigen, erscheint als exemplarischer Protagonist der verkalkten Geister „das Gerippe von dem Säulensteine am zweiten Seitenkanale" (332) und schwimmt ins innere Bassin vors ‚Verzauberte Gebet'. Bei der realen Erkundung der Unterwelt hat May es bereits in seiner Totenstarre beschrieben:

Es war feucht, aber hart wie Stein, von Kalk ganz durch- und überzogen. Ein ausgewachsener Mann in den kräftigsten Jahren. Eine hohe, breite Stirn. Im Leben wohl ein schöner, kluger Denkerkopf. Der erste Gedanke seines Lebens ein Segen für die Mutter, der letzte eine Verwünschung seiner Geburt! (306)

Ein großer Denker, ein starker Geist, von den Schatten, die er kritisierte und vernichten wollte, in den Tod geschleudert. Die Skelettgestalt besagt nur, daß er als Mensch den leiblichen Tod fand, wichtiger ist sein Durch- und Überzogensein mit Kalk. Zu den vielen Dualismen des *Silberlöwen* gehört auch der von Kalk und Alabaster. Dabei steht der Alabaster für das Edle, Reine, Wahre (Alabasterberg, Alabasterzelt, Alabasterfigur), der Kalk für das Unedle, Gemeine, Unreine, Falsche, Versandete (Kalkhöhlen, verkalkte Geister). Beides, Kalk und Alabaster, kann sich zueinander wandeln: So waren die starken Geister nicht von Anbeginn verkalkt – May spricht bei der Entdeckung der verkalkten Skelette von „aufgelöste[m], weiße[m] Ruchamstein" (307) – , und sie können, wie der Aschyk sagt, „aus dem Kalk erlöst" (426), von ihren Sünden befreit werden zu reiner Geistigkeit. Über das Genannte hinaus steht die Verkalkung für das (reversible) geistige Abgestorbensein, den Geistestod, der mit der ‚Verhärtung' in Sündhaftigkeit einhergeht.

Alle bisherigen Geister haben das Gebot der Nächstenliebe, selbst die Feinde zu lieben, mißachtet und an seine Stelle in ihrem Wahn den Fluch gesetzt. Die Haltung des neuen Menschen, der Fluch in Segen verwandeln will, ist ihnen unverständlich – das Erstaunen des Skeletts dringt bis „in das vordere Bassin hinaus", wo es „von Säule zu Säule [ertönt], wie ein Befehl für die Toten, zu erwachen":

Und sie kamen, Viele, Viele, Viele! Unhörbar, vollständig unhörbar! Kopf an Kopf versammelten sie sich hinter ihm! Kopf an Kopf zog ihre Menge sich unter der Hängemauer in die Unsichtbarkeit hinaus. [...] Still war es, still. Keiner der Köpfe regte sich und keines der Wasser bewegte sich mehr. Nur der „Zauberer" hier oben bei mir bebte; denn alle, all die leeren Augenhöhlen waren starr herauf nach uns gerichtet. Und das Gerippe sprach: „Heut ist der erste Tag des neuen Mondes, der Tag, an dem wir stets aus unserm Schlaf erwachen, um zu vollenden, was wir einst beschlossen. Der Tag der Arbeit an dem Werk der Rache!" (332f.)

Die Angst des ‚Zauberers' ist doppelt begründet: einmal ist er es mit seinen Schatten, der die Rache der Geister, seiner Opfer, zu fürchten hat; dann zittert er als Gottesgeschöpf um das Gelingen des Erlösungswerkes, das ihn, die Geister und das ‚Verzauberte Gebet' befreien soll. Das Rachewerk der Geister, zu dem sie an jedem ersten Mondestag erwachen – auch dies ein Bild der Geburt – , verfolgt zwei Ziele: die Zerstörung des lügnerischen Ruinentempels, der bisherigen Religionen, durch das Auswaschen ihrer Grundlagen, der kalkigen, also falschen ‚Säulen' („Wir wuschen seit Jahrtausenden sie aus, zernagten ihre Stärke und kratzten an dem alten Gleichgewicht, bis von ihm nur so viel noch übrig war, daß es verschwinden wird, sobald wir wollen! Das ist die Hälfte unsers Werkes, die Zerstörung!", 333f.), dann die Vollendung des ‚Verzauberten Gebets' zum Bild des Fluches, der ihnen in ihrer Verblendung als ‚Wahrheit' erscheint:

„Doch wir zerstören nur, um zu erzeugen. Vernichten wir da draußen allen Trug, so fördern wir in diesem Raum die Wahrheit. Sinkt dort der Fels zertrümmert in den Tod, so geben wir ihm hier Gestalt und Leben. [...] Es ist der Fluch, an dessen Fuß ihr hockt! Der Fluch, der Fluch, der hier so oft erklungen, daß er des Steines Seele werden mußte! Wir wuschen diesen Stein mit unsern Tränen aus. Wir meißelten mit unsern Fingernägeln. [...] Nun ist es bald vollbracht. Nur noch zwei Mondestage, den heut und dann noch einen, so sinkt der falsche Segen in die Nacht, und unser Fluch, die Wahrheit, tritt zu Tage!" (334)

An Stellen wie diesen wird deutlich, daß May im ‚Traum' Kritik übt an Geisteshaltungen, die zwar mit allem Recht die Lügengebäude überlebter und falscher Weltanschauungen destruieren wollen, an ihre Stelle aber nicht den wahren Gottesglauben setzen, sondern den Haß, und schließlich gar den Fluch auf Gott, auf Christus werfen. Als Hauptvertreter solchen im Ende atheistischen Denkens lernte May zur Zeit des *Silberlöwen* Friedrich Nietzsche kennen, und so ist in den Reden des Gerippes unschwer dessen Philosophie erkennbar.

Der utopische reine Menschheitsgeist, so will es May, soll den falschen Zeitgeist wieder zum Glauben und zu Gott hin erlösen. Umgekehrt wollen die Geister Kara Ben Nemsi bewegen, das zum Fluch ‚verzauberte' ‚Gebet' durch eine Sockelinschrift der Öffentlichkeit und Nachwelt als Wahrheit zu predigen, wohlwissend, daß ihr Zerstörungswerk auch sie selbst treffen wird: „Doch fehlt uns noch das Wort für seinen Sockel, die Zeilen, welche droben sagen sollen, was wir dann nicht mehr selber sagen können, weil wir da draußen mit zerschmettert werden." (334) Erst durch dieses Wort ist das Werk vollendet, da Geist und Seele sich vereinen müssen, um ein Ganzes zu bilden: „Die Seele dieses Bildes ist der Fluch; die Unterschrift wird ihm den Geist verleihen."(335)

Kara Ben Nemsi, Reinkarnation des Heilands, bereit, in anderm Sinne als erwartet seinen Geist zum Werk zu geben, beginnt sein Gericht über die Verkalkten, das Bekehrung will und Erlösung bringen soll:

> „Heut ist der erste Tag des neuen Mondes, der Tag, an dem er aus dem dunkeln Schatten der Erde tritt, um wieder ihr zu leuchten. Und dieser Tag, so hoffe ich, soll auch für Euch das wiederbringen, was Euch der Schatten dieser Erde nahm – – der Sonne goldnes Licht!"

Es ist der Tag der Neugeburt, der Erlösung; vom Schatten, dem Bösen der Welt, in Finsternis und Tod gestoßen, sollen die Geister nun zum Guten bekehrt, zum Licht und ewigen Leben hin erlöst werden. Die Erwartung Karas gründet sich auf den wahren Gottesglauben und sein Gottvertrauen; in ihnen liegt die Potenz, das Lügengebäude des Pseudoglaubens zu zerstören. Das Wort vom Licht, vom Prinzip des Guten und der Liebe, erschüttert die „morschen Säulen" (335) und bewirkt „ein tiefes Rollen am Gewölbe hin", das das „Nahen schwerer Wetter" ankündigt – den Zusammenbruch der Lüge, der sich am Ende des Romans endgültig ereignen wird. In der Notwendigkeit dieses Zusammenbruchs sind sich der reine Menschheitsgeist und die unreinen gottfernen Geister einig (der Konflikt liegt in der unterschiedlichen Ansicht, welche ‚Wahrheit'– Fluch oder Segen/Gebet, Haß oder Liebe – die ‚Lüge' ersetzen soll), aber die Kraft der Liebe/des Lichts ist der von Haß und Finsternis überlegen – „Wenn schon mein Wort um so viel stärker wirkt, um wieviel mehr wird erst die Kraft Euch überlegen sein!" – und sie bringt dem Liebenden Erlösung, wo der Haß nicht nur die Lüge, sondern auch den Hassenden selbst vernichtet: „Ihr selbst gestandet ein, daß Euer Wort Euch mit zerschmettern werde. Glaubt an das meinige, so werdet Ihr von ihm hinaus zur Sonne und an das goldne Tageslicht geführt!" Die verkalkten Geister, überzeugt von Todes-Endgültigkeit, können an diese Erlösung nicht glauben, sind ganz in „Verzweiflung", „Hoffnungslosigkeit", „Wahn" und „Wahnsinn" gefangen. Kara verweist auf die Licht-Latenz der Finsternis („Ihr gebt ja mir schon Licht!") und auf die Kraft des reinen Geistes („Um wieviel mehr kann ich nun Euch es bringen!"). Er sieht „in Sonnenklarheit", daß die Geister aus ihrer Schuld, die sie den geistigen Tod finden ließ, erlösbar sind, daß sie entschuldigt werden können, da nur „die Hoffnungslosigkeit" und Verblendung durch den Irrtum sie „den Fluch ersinnen [ließ]" (336).

Dennoch geht das lichte Menschheits-Ich scharf und nachdrücklich mit den „armen, armen Geistern" (336) in das Gericht, soll es sie doch zur Selbsterkenntnis und Wandlung/geistigen Erweckung – Grundvoraussetzung der Erlösung – bewegen. Während Kara Ben Nemsi in das „drohende Gemäuer" kam, um das ‚Gebet' aus seiner ‚Verzauberung' „zu erretten" (338), gingen die Geister zum Berg, „mit Schatten [sich] zu streiten". Die Stärke ihres Geistes hatte sie die Täuschungen der religiösen Systeme durchschauen lassen. Ihr Frevel ist, daß sie sich in Eigendünkel und Überheblichkeit selbst für unfehlbar und fehlerfrei hielten, ihr Wahn, daß sie es für möglich hielten, „daß es auf Erden Strahlung ohne Schatten und Wahrheit ohne Täuschung geben könne" (336). May, sein eigenes verschattetes Ich vor Augen, wußte sehr wohl, daß auch das Böse wesensmäßig zum irdischen Menschen gehört und erst im Jenseits überwunden werden kann: Ohne solche „ethischen Fäulnisstoffe" wären „wir Sterbliche nicht mehr Menschen sondern Götter" (XXVIII 491). Schakara, die Seele, findet später, als ihr Kara Ben Nemsi von seinem Traum erzählt, ein gültiges Bild für den notwendigen moralischen Dualismus von Gut und Böse im Menschen:

„Ich sehe eine Linie, von rechts nach links gezogen. Am Ende rechts gibt's eine Sonnenglut, die Alles, was da lebt, verbrennen würde, wenn es so unbesonnen wäre, sich ihr zu weit zu nähern. Das linke Ende taucht in eine Finsternis, die jeder Kreatur mit augenblicklicher Vernichtung droht. Die Linie ist unser Menschenleben. Zu weit nach rechts, zu weit nach links bringt sicheres Verderben. Grad in der Mitte liegt die Unverletzlichkeit und auch die Durchschnittslänge der geworfnen Schatten. Wer diesen Durchschnitt haßt, der wendet sich nach einer von den Seiten." (XXIX 354)

Der Mensch lebt diesseitig in der ‚Vermählung' von „Finsternis und Licht", im „Zwielicht" (vgl. 354). Seine Moralität definiert sich durch seine Stellung auf der Lebenslinie, durch das jeweilige Maß an Finsternis. Gäbe es das Böse nicht, ließe sich auch das Gute nicht definieren, alles verschwämme in einem vagen Immoralismus, der auch Jenseitsvorstellungen, den Dualismus von Himmel und Hölle unsinnig machte. Die Schatten haben von daher göttliche Existenzberechtigung. Der Mensch aber, der sich das Paradies verdienen will, hat schon im Diesseits von der Finsternis zum Licht zu streben, sich nach der rechten (richtigen) Seite zu wenden. Zum reinen Geist, zum Engel, kann er aber erst nach dem leiblichen Tod in der „Sonnenglut" werden. Umgekehrt wird auch der sich in die Finsternis wendende Mensch erst im Jenseitigen zum Teufel – falls er nicht göttliche Erlösung findet. Schakaras Bild erklärt die Wahl zwischen Schatten und

Tod als Wahl zwischen Leben/Zwielicht und Tod/Licht (resp. Finsternis). Den Gedanken Schakaras, daß die Vernichtung der Schatten zugleich Leben und Welt vernichten würde, wirft schon Kara Ben Nemsi den Verkalkten entgegen: „Ihr hättet alle Wesen töten und jedes Licht im All verlöschen müssen, und damit nur erreicht, daß dieses All in Finsternis versank. Dann freilich gab es keine Schatten mehr; an ihre Stelle war der eine, einzige, der ewige getreten!" (336) So ist es ‚Wahnsinn', daß die Geister dem Bösen fluchen und nicht ihrem Wahn, eigendünkelhaft die Welt diesseitig vom Bösen befreien zu können. Die Idee einer diesseitigen Erlösung läßt Gott außen vor, ohne Gott aber mußten die Geister beim Angehen der letzten Weltfragen in die „Bodenlosigkeit" (338), ins „Geistesdunkel", in die „Fluten [ihres] Irrsinns" (337) stürzen. In ihrer „Ueberhebung" mißachteten die „erhabne[n] Geister" den einzig wahren „Weg ins Freie", nämlich die Hinwendung zu Gott, das Gebet. („‚Ist das Gebet für so erhabne Geister, die wir waren?' ‚Für so erhabne Geister! Ach so! Entschuldigt mich! Verzeiht, daß ich, der arme, kleine Mensch, es wage, zu Euch zu sprechen, die Ihr so erhaben seid, daß Ihr nicht einmal mehr mit Gott, dem Höchsten, redet!'", 337) Auch noch in ihrem Purgatorio hätte ihnen das Gebet, auf das sie der ‚Warnende' verwies, „sofort das Licht gebracht" (337) – sie im Gegenteil fluchten den Schatten, bauten und bauen noch am Bild des Fluchs statt das ‚Gebet' aus seiner ‚Verzauberung' zu erlösen. Doch noch ist Zeit zur Umkehr, das Geisterwerk noch nicht vollendet.

Als Kara Ben Nemsi den Geistern von seinem Weg zu ihnen berichtet – von seinem Verzicht, die Schatten zu vernichten, seinem Widerstand gegen den ‚Zauberer', seinem Glauben ans Gebet, seiner Todesfurchtlosigkeit und seinem freiwilligen Sprung in den leiblichen Tod – , beginnen die Verkalkten zu ahnen, daß die Möglichkeit ihrer ‚Entkalkung' (und der ‚Entzauberung' des ‚Gebets') nicht verloren ist: sie erkennen, daß der neue Menschheitsgeist die ersten Bedingungen erfüllt hat, welche die ‚Sage vom verzauberten Gebet' fordert. Von dieser Sage erzählte ihnen vor Zeiten einer der letzten „durch eigne Schuld" herabgestürzten Geister. Sie weckte in ihnen leise Hoffnung auf Erlösung („Das war für uns der erste Mondestag, nach welchem wir, still hoffend, schlafen gingen. Was wir bisher für ganz undenkbar hielten, das war nach dieser Sage Möglichkeit!"), doch eine allzu leise, um sie vom Werk der Rache abzubringen, denn *ein* Erlöser „war vorgeschrieben, ein Einziger, der aber Alles tat", „ohne Ahnung", und an die Erlösung „soviel Bedingungen geknüpft, daß sie ein Mensch fast nicht erfüllen konnte" (340). Kara Ben Nemsis Tun im Geist der Sage hat nun die Hoffnung so wachsen lassen, daß das Gerippe „schon mit [seinen] Worten" von der Erlösung spricht und verkündet: „Vielleicht geschieht es noch, daß wir nach diesen Worten handeln." (339)

Während die Worte Kara Ben Nemsis allein die verkalkten Geister wohl niemals überzeugt hätten, daß sie „durch Jahrtausende hindurch nur [ihrem] Wahn und Hirngespinste dienten" (342), sehen sich die Geister in dem Moment besiegt und von ihrem Irrtum befreit, als sie erfahren, daß das Menschheits-Ich den ‚Zauberer' in den Abgrund gestoßen hat, nicht um ihn zu vernichten, sondern um ihn nach dem Gebot christlicher Nächstenliebe „vielleicht zu retten" (341), um Irrtum durch Liebe und Verzeihung in Wahrheit zu wandeln, ganz so, wie die wichtigste Bedingung der Sage es vorschreibt. Durch seine Heilstat hat der Vertreter der neuen Menschheit die Geister von ihrem Irrtum und ihrer Schuld befreit – ganz ebenso, wie es einst Christus durch seinen leiblichen Tod am Kreuze tat –, doch steht der Irrtum „unter Menschenschutz und ist [...] der Menschlichkeit, der früheren, empfohlen" (342), d.h. die Geister finden erst dann wirklich Erlösung, wenn auch sie sich nun gläubig Gott anvertrauen und Menschlichkeit, Nächstenliebe selbst gegenüber dem ‚Zauberer', gegenüber Luzifer üben, dem wie sie gestürzten Gottesgeschöpf. Durch den Sieg über den ‚Zauberer' und durch die Erkenntnis eigenen Wahns ist die „Hälfte [des] Werkes, die Zerstörung" der Lüge, getan; wesentlicher ist, „zu erzeugen" (334): Glauben, Gebet, Liebe, Verzeihung. Erst dieses wahrhaft christliche Tun bringt endgültige Erlösung. Die Geister zögern nicht: Ihre Selbsterkenntnis, daß es Frevel war, sich über Schatten und Irrtum erhaben zu dünken und diese vernichten zu wollen, führt sie zum Bekenntnis ihrer Schuld und damit zu Gott und zum Gebet:

„Vergib uns unsre Schuld – – – vergib uns unsre Schuld!" klang es von Kopf zu Kopf und auch hinaus ins vordere Bassin. Da bog ich mich in großer, großer Freude so weit wie möglich vor und sprach: „Was habe ich gehört? Das war ja ein Gebet! Die Seele naht, die Seele Eures Bildes. Der Fluch kann niemals, niemals Seele sein. Und soll der Stein an Gottes Stelle reden, der nichts und nichts und nichts als segnen kann, so gebt ihm Hände, welche benedeien!" (342f.)

Das Zitat macht deutlich, daß die Alabasterfigur nicht nur das Verhältnis der Geister zu Gott (Fluch/Gebet) symbolisiert, sondern auch umgekehrt, als Hinwendung Gottes bildkräftig werden kann. Der Stein steht ja tatsächlich „an Gottes Stelle", am Ort, wo Gott in Urzeiten in der Nische des Alabasterberges saß. Durch die ‚Entzauberung' des fluchgewordenen ‚Gebets' wird Gott wieder zu den Menschen zurückkehren, um ihnen den Segen zu bringen. Diesen Segen sollen dann auch die Menschen ihren Nächsten schenken, sie sollen zu Gottes Werkzeug werden, ihm „Hände [geben], welche benedeien".

Die Geister werden den Fluch in Segen münzen und durch dieses harte Tun ihre Schuld „bis zum Ende" büßen (vgl. 348). Sie werden dies im reinen Geist der neuen Menschheit tun, im Sinne der Worte, die Kara Ben Nemsi für den Sockel gibt:

> Gesegnet sei, wer nach der Wahrheit suchte
> Und ihr zu Füßen auch den Irrtum fand.
> Drum leg ich ihn, den ich bisher verfluchte,
> Mein Gott und Herr, in deine Gnadenhand! (343)

Die Verse brauchen kaum übersetzt zu werden. Schlicht meinen sie, daß jeder gottgesegnet ist, in Gottes Schutz steht, der nach der Wahrheit sucht. Da die reine Wahrheit bei Gott liegt (Gott die Wahrheit ist), kann sie erst im Jenseits gefunden werden; der Wahrheitssucher hat im Diesseits also den eigenen wie fremden Irrtum zu akzeptieren, denn wie im Erdenleben das Licht nicht ohne Schatten, das Gute nicht ohne das Böse denkbar ist, so auch die Wahrheit nicht ohne den Irrtum. Niemand darf sich daher im Besitz der alleinseligmachenden Wahrheit wähnen und selbstgefällig dem Irrtum und der Fälschung anderer fluchen, wie es die starken Geister bislang taten. Er darf aber auch Irrtum und Täuschung nicht segnen, sondern hat sie ‚in Gottes Hand' zu geben. Gottes Gnade wird sie, wird den ‚Zauberer' erlösen.

Mit der Überantwortung des Irrtums an Gott hat Kara Ben Nemsi die vorletzte Bedingung der ‚Sage vom verzauberten Gebet' erfüllt; befreit und selig atmet der ‚Zauberer' auf: „Nun nur noch Eins, noch Eins!" (343) Die letzte Bedingung ist es, dem Irrtum, dem ‚Zauberer' in christlicher Nächstenliebe zu verzeihen:

„Hier halt ich ihn, den unbedacht Verfluchten. Was er an Andern tat, ist nicht von mir zu richten. Daß er auch mich bedrohte, verzeihe ich ihm gern. Denn ich will ihn aus seiner Finsternis hinaus zum Lichte leiten. Er sei von dieser Schuld erlöst, sei von ihr – – – frei!"

Dieser Vergebung durch Kara Ben Nemsi schließt sich das Gerippe mit seinen „Wahngefährten" (344) unisono an, eine „letzte Torheit", wie der nun erlöste ‚Zauberer' „hell, rein, klar und selbstbewußt" verkündet, haben sich die Geister dadurch doch nur selbst verziehen. Nicht der Irrtum, nicht Luzifer hat sie ins Geistesdunkel gestürzt, sondern ihre Angst, zu irren, die „Furcht vor dem Gespenste", ihre Anmaßung, „groß" und „erhaben" zu sein, und der „Stolz, der sich zu beten schämte". Sie wußten nicht „das erlösend wahre Wort", daß jeder Diesseitige durch seine Leiblichkeit notwendig fehlerhaft ist: „Wer keinen Schatten wirft, der kann kein Wesen sein und wird vom Menschheitskörper nicht empfunden." (345) Da sie nicht wagten, dem ‚Zauberer' ins Auge zu blicken, konnte er ihnen nicht sagen, daß er nichts als ihr eigener Irrtum war. Erst nach und nach können die Geister zu dieser Selbsterkenntnis kommen, „weil Geisterwahn nicht schnell, nicht plötzlich heilt". Gerade dadurch aber, daß die Geister nicht wußten, daß ihre Verzeihung nur ihnen selbst gilt, ihre Entschuldigung die eigene ist, handelten sie in christlicher Selbstlosigkeit und Nächstenliebe, als sie dem ‚Zauberer' verziehen, und haben sich das Licht verdient. Der erlöste Teufel, der nun – noch bei alter Gestalt – als ‚Warnender', als Engel Gottes, spricht, will „[ihren] Wahn und [ihren] Selbstbetrug nicht länger strafen": „Ihr habt gesühnt; so geb ich Euch denn Eure Schatten wieder: Es werde also Licht!" (345) Der einst gestürzte Engel Luzifer kann als Erlöster wieder seines göttlichen Amtes als Lichtträger walten und der Menschheit das Licht des ‚Verzauberten Gebets' zurückgeben. In den Licht-Ruf, in die Anrufung des Guten und der Liebe, stimmen alle ein – und alle Säulen des Lügentempels zittern und beben bei seinem Widerhall.

Die Lichtwerdung lehnt sich erneut an die Schöpfungsgeschichte an; was sich nun vollzieht, ist ein neuer, von Gott geschenkter Anfang: Im Bild des sich ‚entzaubernden' ‚Gebets' offenbart sich Gott selbst und kündigt Verzeihung und Erlösung an. Zunächst herrscht wieder Finsternis, Bild auch der ehemaligen Finsternis der Geister: „Da plötzlich war die lichte Schicht verschwunden, die auf der dunkeln Flut gelegen hatte, und Finsternis lag wieder um uns her." (345) (*Genesis* 1, 2: „Die Erde war wüst und leer, Finsternis lag über der Urflut".) Dann gibt May ein Bild der „Schöpfungsworte Gottes" (XXVIII 485):

Doch es erklang ein Ton, so weich und doch so hell, so lind und mild und doch so siegreich klar. Wo kam er her, und wo ließ er sich nieder? Aus einer andern Welt – – – im Bilde neben mir. Erst war er nur zu hören, doch bald dann auch zu sehen, ein wunderbarer, heiliger Farbenton! Wie Sonnengold, vermählt mit Himmelsblau! Wo seine Quelle lag? Im Alabaster! (XXIX 345f.)

Daß mit dem „heiligen Farbenton" das Gotteswort gemeint ist, läßt sich den musikphilosophischen Überlegungen des Chodj-y-Dschuna aus dem III. *Silberlöwen*-Band ablesen. Der setzt seine Theorie dort Nietzsches „Tönender Weltidee" entgegen:

„So haben sich die Schöpfungsworte Gottes zu Welten verkörpert und zu allem, was sich auf diesen Welten befindet. Jedes dieser Worte hatte seinen eigenen Ton, und alle diese Töne sind auf die Verkörperungen der Worte übergegangen. [...] Die Verkörperung des Wortes löst sich in demselben Ton auf, in welchem das Schöpfungswort erklungen ist. [...] alle [Töne] vereinen sich zum Klange des einen großen Wortes, welches vom Munde Chodehs ausging und wieder zu ihm zurückkehrt. Das ist das Wort der Liebe." (XXVIII 484f.)

So symbolisiert der Ton des ‚Gebets' das Wort Gottes, das den Geistern neues Leben, Liebe und Verzeihung schenkt; Leben, Liebe, Verzeihung selbst sind durch das „Eigenlicht des Alabasters" (XXIX 353) symbolisiert:

Das Bild ward nicht von außen her beschienen. Es trug das Licht in sich und warf darum auch keine Spur von Schatten. Erst leise, wie ein Morgenhauch beginnend, entwickelte die reine, keusche Klarheit sich nach und nach zum tageshellen Glanze, so daß es war, als leuchte uns die Sonne. (346)

Nach Schakaras Bild von der Lebenslinie mit ihren Polen ‚Sonnenglut' und ‚Finsternis' ist das reine Licht des Gebets auch Symbol des Paradieses und damit des ewigen Lebens. Christlicher Logik folgend, müßten die Geister nun, da sie von ihrer Schuld befreit sind, in dieses ewige Licht eingehen, tatsächlich aber fliehen sie vor dem wachsenden Leuchten und suchen den Schutz des Schattens, um nicht verbrannt, nicht verzehrt zu werden. Durch Gottes Gnade erhalten sie ihre Schatten zurück, bewegen sich wieder auf zwielichtiger Lebenslinie. Die gottgeschenkte Geistergeburt ist daher nicht als eine zum ewigen Leben zu verstehen, sondern als eine Wiedergeburt ins Erdendasein. Aus Purgatorio und Geistestod werden die Geister zurück in Welt und Geistigkeit entlassen, um sich dort in einem zweiten Leben für die Ewigkeit zu bewähren.

Kara Ben Nemsi, der reine Geist, Sieger über den Stoff, erweist sich nach seinem Todessieg ein zweites Mal als Heiland und Wegweiser in Christi Nachfolge: Er allein weiß den vor dem Licht rettenden Weg ins Freie, er ist „diese[r] Eine", der nach der Sage „den Schlüssel Hephata besitz[t]", dem auch die „Felsen und Gigantenmauern" (346) der verlogenen Religionen nicht widerstehen können. (Schon dröhnen die Säulen und löst sich Stein um Stein vom Gewölbe, vgl. 347.)

Die Wiedergeburt der Geister ist mit konkreten Geburtsassoziationen, mit Sexualsymbolik belegt: Kara Ben Nemsi springt in das Wasser, der

,Zauberer' folgt ihm und hält sich dann an seiner Seite; beide schwimmen den Geistern voran und zeigen den Weg, „durch die Wasserflut der Lichtflut zu entgehen". Wasser symbolisiert die Geburt – die Psychoanalyse sieht in ihm daher auch ein Symbol des Weiblichen – , tritt in zahlreichen Schöpfungsmythen als Symbol des Uranfangs auf, als ‚materia prima', gilt zugleich auch in vielen Kulturen als Symbol der geistigen Reinigung. Das Hineintauchen des Heilsbringers Kara Ben Nemsi ins Wasser vollzieht die Taufe Christi, seine spirituelle Reinigung nach, meint auch die christliche Taufe überhaupt, die nach Paulus Symbol für Sterben und Auferstehen in Christus ist. Ihr Schwimmweg führt die Geister aus dem hinteren in das vordere Wasserbecken, in den Uterus, und von dort gleich nach dem „Hauptkanale, wo der letzte Lichtreflex verloren [geht]", in die steinerne, sich verengende Vagina. Der „in tiefster Finsternis" liegende Weg ist „durch die engen Seitenmauern" vorgeschrieben:

Wir konnten weder rechts noch links abweichen, sondern nur immer vorwärts, vorwärts, vorwärts, und daß die Andern folgten, das hörten wir an ihrem Schwimmgeräusch, welches in dieser steinernen Röhre wie dumpfes Meeresbrausen rauschte.

„Durch das Gestrüpp hinaus" geht es „ins Freie, in den See" (347). Mit dem ‚Zauberer' zusammen schwimmt Kara Ben Nemsi eine Strecke weit hinaus und beobachtet den Auszug der Geister, deren Zahl erst jetzt im Sternen- und Mondlicht – also im Zwielicht des Lebens – überschaubar wird:

War es möglich, daß alle, alle diese Vielen, die ich erblickte und die noch immer nachdrängten, sich da drin im Berg befunden hatten? Kann es wirklich eine solche Menge von Geistern gegeben haben, die von ihrer Gedankenhöhe stürzten, weil ihnen plötzlich dort der feste Boden schwand?

Genau datiert May die Stunde der Wiedergeburt: Grad über den Geistern am Himmel steht die „schmale Sichel des ersten Viertels" – es ist der erste Tag des neuen Mondes – , „Adan, der Stern der Erdenmitternacht, erglüht grad über" ihnen „am Firmamente", es ist „heilige Geisterstunde". Das Skelett entschlüsselt selbst das Himmelsbild: „Heut ist der erste Tag des neuen Lebens, der Tag, an dem das Licht uns wiederkehrte." Im Namen aller, deren „Hochmut einst" Gott „nicht anerkannte", spricht es von „Dank", von „Lob und Preis", also vom Beten, das sie Gott nun schuldig sind, dem „einzig Einen", dem sie jetzt im Beit-y-Chodeh sagen wollen, „daß [sie] wieder beten werden". Rosen – christlich auch Bild der mystischen Wiedergeburt – symbolisieren bei May u.a. das Gebet, die Hinwendung zu Gott, aber ebenso Gottes Gnade, sich den Menschen zuzuwenden;

so ist der Rosentempel Ort der wahren Gottesbegegnung. Die Geister, bekennt das Skelett, haben ihren Irrtum zwar „gebüßt, jedoch nicht bis zum Ende". Ihr Lebenswerk muß nunmehr sein, büßend den bisherigen Fluch in Segen zu verwandeln, im Geist der Nächstenliebe, im Geist Christi: „Wir haben nun den Schlüssel Hephata." Die Umbildung der Alabasterfigur ist möglich, weil die Lügenmauern der Religionen noch bestehen und das nötige Zwielicht des Lebens verbreiten: „was uns tödlich war, des Bildes Eigenlicht, wird sich im Bergesdunkel schnell verlieren. Dann kehren wir zurück und lassen jene Faust, die sich im Grimm des Fluches ballen sollte, zur offnen Hand des Fürgebetes werden." (348) Wenn das Werk und die Buße der Geister vollendet sind, wird die Kraft des Lichtes die Säulen zusammenbrechen lassen, werden die Geister ins Paradies eingehen. Als Zeichen wahrer Gottes- und Nächstenliebe wird durch das Wirken der bekehrten Menschengeister das endlich aus der Finsternis erlöste ‚Verzauberte Gebet' ‚entzaubert' unter dem Alabasterzelt/der Alabasterkrone, dem Bild ‚reiner Gottesidee', sichtbar werden: Dann wird es „seine emporgehobenen Arme dem Aufgange der Sonne entgegen[strecken], um mit offenen Händen den Segen zu nehmen und zu spenden, in den der tausendjährige Fluch verwandelt worden [ist]." (630)

Die Geister schwimmen ans Ufer und wandeln den Berg hinauf zum Beit-y-Chodeh, der Mensch Kara Ben Nemsi wendet sich mit seinem Schutzengel, dem ‚Zauberer', zur Landestelle; von dort gehen sie durch den nachtschlafenden Duar zum ‚hohen Haus' des Ustad, in die „stille Denkerklause", in deren Schlafraum der schlafend entseelte (richtiger: entgeistigte) Leib Kara Ben Nemsis ruht. Auf dem übersternten Dach will der erlöste Teufel erklären, „warum es Schatten gibt und Fehler bei den Menschen" (349). Von dort blicken sie zum Beit-y-Chodeh hinüber:

Der Sterne Glanz lag auf dem ganzen Tal; der Tempel aber stand in jenem Lichte, das aus dem Alabaster hell ertönte – – – im Sonnengold, mit Himmelsblau vermählt. Die Geister lagen alle auf den Knieen. Ein süßer Rosenduft umwehte uns. Kam er von drüben? Sollte er es sein, der uns die leise, leise Strophe brachte:

„In allen Himmeln leuchten heut die Sonnen;
Auf allen Erden wird zum Tag die Nacht,
Denn was der Wahn im blinden Haß begonnen,
Wird von der Wahrheit segensreich vollbracht!" (349f.)

Die Geister sprechen mit Gott und begegnen ihm im Gebet. Der ‚Zauberer' meint, Kara Ben Nemsi das Gebet der Geister erklären zu müssen, obgleich die Worte ganz unverstellt vom Wandel der Finsternis zum Licht, von

Wahn in Wahrheit und von Haß in Segen künden. Der bislang dominierende ‚Heiland' Kara ist wieder auf menschliches Maß reduziert, kann in „menschlicher Bescheidenheit" das „Kyrie" der Geister „nicht verstehn" (349) und bedarf der dolmetschenden Aufklärung durch den Engel Gottes. Kara soll die Erklärung „nicht nur hören, sondern auch sehen", soll erkennen, daß sich der Irrtum nun in Wahrheit gewandelt hat und aus dem Teufel Luzifer, dem Vertreter des Bösen und der Lüge, der warnende Engel, der Vertreter des Guten und der Wahrheit, geworden ist: Innerlich längst vollzogen, wandelt sich der ‚Zauberer' in einer Szene märchenhafter Phantastik endlich auch äußerlich vor dem Menschenauge in den ‚Warnenden':

Seine Gestalt begann, zu verschwinden, sich wie in Nebel zu verwandeln. Doch nahm dieser Nebel sehr rasch wieder Formen an, und wer, wer stand da vor mir? Nicht mehr er, der „Zauberer", sondern der „Warnende", mit dem ich gesprochen hatte, ehe ich in den Berg gestiegen war. Ich sah nicht mehr den weißbehaarten Kopf mit stechend scharfen, kalten Feindesaugen, nein, sondern jene freundlich ernsten Züge und jenen weichen, väterlichen Blick, der bei der Frage, ob ich beten könne, besorgt und doch voll Hoffnung auf mir ruhte.

Von hoher Warte resümierend stellt der ‚Warnende', fest: „Du hast dein Wort gehalten. Bist weder meinem andern Ich [Irrtum, Lüge, Schattenfürst, Luzifer] noch jenem Wahn verfallen, der aller Welt den Schatten rauben will, weil er sich selbst für ohne Schatten hält [der geistigen Überhebung]." Nicht als ‚Warnender', als ‚Zauberer' sieht er sich besiegt: „Du hast mich nicht besiegt und aber doch besiegt." (350) Der zum Engel erlöste Teufel fühlt sich dem Menschen Kara Ben Nemsi verschuldet und führt ihn zum Dank in das – später von Schakara aufgegriffene – „Geheimnis" ein, „daß Beide, Licht und Finsternis, den Tod bedeuten würden, wenn sie sich nicht versöhnt die Hände reichten, grad ihn in ewiges Leben zu verwandeln. Darum die Wahl, die keine Lüge war, obgleich es Tod nicht gibt und doch kein Schatten lebt: Tod oder Schatten!" (350f.) Der Mensch hat die Aufgabe, im Zwielicht des Lebens zum Licht zu streben, sich im Diesseits zwischen den Polen Gut (Geist) und Böse (Materie) zu bewähren, um, den Tod besiegend, jenseitig ins Licht, ins ewige Leben einzugehen. Die Wahl zwischen Schatten und Tod ist so faßbar als die Wahl zwischen Diesseits und Jenseits, zwischen Materie und Geist, eine Wahl, vor der jeder Mensch im Erdenleben steht.

In langer Nacht bis zum Morgen erzählt der Engel exemplarisch vom bisherigen Weg der Menschheit, „ein Menschenleben, ein Geistesleben, und aber doch das ganze Menschheitsleben". May berichtet nicht mehr davon, doch gilt ja sein ganzes Schreiben nun der Schilderung der Menschheitsentwicklung. Beim „erste[n] Sonnenstrahl" verabschiedet sich der ‚Zauberer' und gibt dem ‚Traum'-Geist Kara Ben Nemsi einen „Kuß für den, der drinnen schläft", für den realen leiblichen, nur für die kurze Zeit des Schlafes entgeistigten Menschen, der die Lehre des Traums nun im Leben zu verwirklichen hat. „Du wirst gebraucht", sagt folglich auch der ‚Zauberer' zum erkenntnisgeschwängerten Geist, und gibt ihm die „Weisung":

„Sobald du dich ihm [dem Schlafenden] nahst, wird er zu träumen haben, was du bei mir erlebtest. Geh langsam, langsam hin, und gib ihm meinen Kuß! Nicht übereilt sei deine Wiederkehr, weil er des Traumes sich nach dem Erwachen genau erinnern soll. Kein Wort sei ihm verloren!" (351)

Der Traum war Utopie – noch innerhalb der ohnehin utopischen Dimension des Romans –, so daß das Wort des ‚Zauberers', er werde „wohl noch viel mehr" als der Geist Kara Ben Nemsis gebraucht (351), sich nicht nur auf seine Existenz als warnender Schutzengel, sondern auch wieder auf sein luziferisches Sein bezieht, auf das im Diesseits notwendige Äquivalent des Bösen und des Irrtums/der Lüge zum Guten und zur Wahrheit, auf die Legitimation der Schatten.

Märchenhaft endet der ‚Traum' mit einem langsamen Traum-Gang und einem weckenden Dornröschen-Kuß, der dem Leib Kara Ben Nemsis den prinzlichen Geistes-Odem der Erkenntnis einbläst:

Ich [...] ging nur Schritt um Schritt quer durch das Mittelzimmer, dann durch die offne Tür ins Schlafgemach, in welches grad mit mir der Sonne Licht auch trat. Sein Angesicht begann, sich geistig zu beleben, und dieses Leben ward um so bewegter, je näher ich ihm kam. Nun war ich dort und bog mich zu ihm nieder, gab ihm den Gruß des „Zauberers", der an der Tür noch stand, und – – – – –
– – – – – und erwachte aus dem Schlafe, riß beide Augen auf, sah mich aber schon nicht mehr stehen, sprang eiligst aus dem Bett und dann schnell durch die Tür hinaus ins Mittelzimmer. Der Zauberer war fort, das Zimmer leer und auch das platte Dach!
„Geträumt, geträumt!" rief ich. „Und aber wie geträumt! ..." (351f.)

Sind schon bei einer autobiographischen Entschlüsselung der ersten beiden ‚Traum'-Phasen Skepsis und Scheu angebracht, so entzieht sich der unterweltliche Geisterdisput und die Befreiung aus Finsternis zum Licht, die Erlösungseuphorie des dritten ‚Traum'-Teils erst recht einem solchen Versuch. Das Persönliche der Befreiung ist am ehesten zu fixieren in der dreistufigen *Befreiung vom Persönlichen:* Im ‚Großen Traum' gelingt May der fiktive Sieg über die quälenden Schatten der Vergangenheit, das auch real erstrittene Niederringen des Vater-Imagos und die erträumte, von allen

Qualen und Schuldgefühlen erlösende Entindividualisierung zum reinen Menschheitsgeist, zum Heiland, dessen subjektive Leiden notwendig zu erleben waren, um wegweisend für die ganze Menschheit zu wirken. Die Idee zeugt von einigem Größenwahn, ist aber zu begreifen und zu entschuldigen vor dem Hintergrund beispielloser, Leben wie Werk betreffender Legitimationsnot vor einem nahezu unmenschlichen Presse- und Gerichtstribunal.

Das Ich der dritten ‚Traum'-Phase ist bis zum Dominanzgewinnen des ‚Zauberers'/‚Warnenden' gegen ‚Traum'-Ende ein utopisches Wunsch-Ich, das sich daher realbiographischer Hineinklügelei weithin entzieht. Andererseits weiß auch ein naiver Leser, daß Literatur ihre Bausteine dem Steinbruch persönlicher Erfahrungen dankt. Aus dem Unbewußten kommend, können diese sich gar gegen die bewußte Textintention sperren, und geben auch unter sich nicht immer ein logisches Gefüge. So auch hier: Folgen wir unseren Andeutungen zum zweiten ‚Traum'-Teil, so findet das Ich durch seinen Sprung in den Abgrund – analog zur Regression und Wandlung Mays während der Orientreise – zu erlösender Wiedergeburt in neuem Geist: deutlich genug erscheint das unterweltliche Wasserbecken mit seiner „Flut der Kraft, des Lebens" (328) als uteraler Ort der Geburt, als Ort ursprünglicher und nun wiedergewonnener Reinheit. Nur als Wunsch-Ich reflektiert das abstrahierte und entindividualisierte Ich hier noch die Subjektivität Mays: Durch seine Geisteskraft, durch das Vorbild seines Lebens (sein Verhalten im Konflikt mit Schatten und ‚Zauberer') und durch sein Schreiben („die Worte für den Sockel", 343) gelingt Kara Ben Nemsi die Bekehrung/Erlösung des ‚Zauberers' und der ungläubigen, in ihrem Irrtum verkalkten Geister. Dem ‚Traum'-Ich ist die Unterwelt daher ein guter Ort, an dem es ungefährdet, in übermenschlicher Integrität die Triumphe Mayschen Wunschdenkens auslebt. Obwohl dieser mit Ausnahme der Geburtssymbolik eher bewußten Gestaltung widersprechend, hat aber auch Arno Schmidt recht, wenn er im unterweltlichen „Totenhause" – die Parallele zum Maha-Lama-See aus *Ardistan und Dschinnistan* ziehend – eine unterbewußte „Gefängnisabbildung vom Typ Osterstein" mutmaßt.[11] Die Bewältigung seiner finstersten Lebensphase konnte May nicht gelingen, weil sich sein Bewußtsein aus gutem Grund bis zuletzt gegen eine öffentliche, literarische Aufarbeitung dieser Leidenszeit wehrte, die ihn innerlich entlastet hätte. Selbst unbewußte Versuche solcher Aufarbeitung, wie hier im ‚Großen Traum', dokumentieren eher die Mühen der Verdrängung als der Bewältigung: Die finster-kalten, mit Riesenquadern vermauerten Kerkerhallen werden vom eigentlichen Identifikations-Ich gar nicht als solche erlebt, sondern sie sind ihm Geburtsort – und er hat den Schlüssel Hephata. Gefängnis ist diese Unterwelt nur den verkalkten Geistern: wie auch sonst oft delegiert May problematische Ich-Erfahrungen auf Außenfiguren und setzt das offizielle Ich in Distanz zu ihnen. Da nicht einmal das „vorzüglich schwimmende und viel sprechende Gerippe" (373) Kontur gewinnt und alles Geistertun von philosophisch-religiösen Ideen gesteuert ist, kommt es im ‚Traum' nur sehr vage zu einer bescheidenen Konfrontation mit der erlittenen Gefängnisperiode. Vielleicht war es aber diese Unterlassung, die May insgeheim nicht ruhen ließ und ihn dazu drängte, im späteren Handlungsverlauf des *Silberlöwen* das Thema der Gefangenschaft zu individualisieren: So eindeutig der Aschyk in seinem Verhältnis zu Pekala den wahrscheinlichen Liebhaber seiner Frau Emma, Max Welte, abgibt, so deutlich spiegelt sich in seiner Gefangenschaft das subjektive, nie verwundene Leiden des Sträflings Karl May.

Schon die Vergangenheit des Aschyk („ein Dieb, ein Fälscher, ein Betrüger", 431) erinnert an Mays eigene Verstrickungen im kriminellen Dickicht – dabei blinkt heimlicher Stolz auf die Raffinesse der Hochstapeleien und Betrugsdelikte durch: als den „beste[n] Muzabirdschi [Anmerkung: Wegfuchsler, Taschenspieler] [...] im Lande" läßt May den Aschyk betiteln, der „wegen schwerer und sehr pfiffiger Diebstähle zu mehreren Jahren Gefängnis bestraft [wurde]" (285). May selbst fand in Waldheim zu einem neuen Anfang, der „vermeintliche Abgrund" war ihm später „ganz und gar kein Abgrund", es waren ihm „vier Jahre der ungestörten Einsamkeit und konzentrierten Sammlung", die ihn „sehr, sehr weit vorwärts gebracht" hatten. Das mag ein Versuch sein, verlorenen Jahren nachträglichen Sinn zu geben, in jedem Fall hatte May diese Idee so verinnerlicht, daß er von der Resozialisationskraft der Gefangenschaft überzeugt war und sie im Werk auch aus diesem Grund manch wandelfähigem Bösewicht angedeihen ließ – der ihm dann zum seelischen Ebenbild vergangener Zeiten geriet. Kara Ben Nemsi gibt dem schuldbeladenen Aschyk „ein Gefängnis, wo er sich zu entscheiden hat: Wahnsinn oder Reue". „Unten im Bassin, im finstern Bergesinnern" (363), wird der Wandelbare auf dem Stein mit dem Gerippe ausgesetzt, um dort „den Ausweg aus der innern Hölle [...] durch die äußre Hölle [zu finden]" (364). Nur vordergründig „unerbittlich kalt und streng" (363), ist diese Isolationshaft – wie May aus eigener Waldheim-Erfahrung meint – der einzig richtige Weg zur Wandlung durch Selbstbesinnung und Reue. Das Skelett ist dem Gefangenen nun Symbol des eigenen Todes, dem er schaudernd ins Auge sehen muß, und solche Todesangst, Angst vor dem Unabwendbaren, das Zurückgeworfensein auf die ganz existentielle Not, mag auch den Waldheimer Gefangenen „in der schrecklichsten aller Finsternisse, in der innerlich laut heulenden tiefen Stille" (500) überfallen und gequält haben: „Erbarmen, [...] Erbarmen! Hier gehe ich zu Grunde!" (375) May fand durch den Einfluß Kochtas zu tiefer Religiosität, fand durch den Glauben zu neuer Lebenskraft: Der Aschyk lernt im Elend seiner Gefangenschaft, in dem ihm „das rechte, wahre Licht" (500) aufgeht, das Beten. Bewußt assoziiert May den ‚Großen Traum', als er Kara Ben Nemsi mit Kara Ben Halef den Aschyk nach zwei Tagen befreien läßt: „Mußte sich hier, in dieser tiefen, dunkeln Verlassenheit, denn Alles, Alles, selbst die ärgste Verkalkung und Verhärtung, schließlich doch und doch noch zum Gebet verwandeln? Nicht nur im Traume, sondern auch in der Wirklichkeit?" (425)

Das philosophisch-religiös besetzte ‚Traum'-Thema der ‚Verkalkten Geister' wird unter autobiographischem Aspekt erneut aufgegriffen, ein Versäumnis in paralleler Handlungsschaltung nachgeholt. Der Gefangene berichtet von einem Traum, einer Vision, in der ihm die „Geister [seiner] Lebenstage" (429) erschienen:

> „Ich schlief hier ein, ermüdet vom Rufen, Schreien, Brüllen. Da kam ein Traum – – ein Traum! Ich hatte tausend Jahre, tausend Jahre lang hier im Wasser gelegen, verhärtet und verkalkt in meinen Sünden. Niemand wollte mich retten, und ich selbst konnte es nicht. Da kam ein Ruf von oben, einmal – zweimal – – dreimal; der weckte mich." (426)

Der Ruf kam von Kara Ben Nemsi, der so während seiner mit Schakara unternommenen Erforschung des Ruineninnern ein Lebenszeichen des Aschyk provozieren wollte (vgl. 395). Über den Inhalt ist nichts gesagt, doch ist er, von der Handlungsebene abgehoben, sicher als Auf-Ruf zur Umkehr zu verstehen – damit bieten sich autobiographisch zwei Deutungen an, die sich nicht ausschließen müssen: Kara Ben Nemsi handelte hier in der Rolle Kochtas oder als göttlicher Mahner. Durch solchen Ruf fand May jedenfalls in Waldheim zur Selbstbesinnung, zum inneren Gericht mit seiner Vergangenheit:

> „In mir, in mir, tief unten, da wurde es laut und laut und immer lauter! Da kamen die Tage meines Lebens, einzeln, furchtbar einzeln, einer nach dem andern! Sie klagten mich nicht an, nein nein, nein nein! Das tat ich ja schon selbst! Sie gaben gute Worte! Ein jeder, jeder, jeder von ihnen kniete im Büßergewande neben mir nieder, griff nach meiner Hand und drang in

mich, mit ihm zu beten, zu beten, zu beten! Und als sie alle um mich lagen, alle, alle, vom ersten bis zum letzten, da kniete ich inmitten meines Lebens und faltete die Hände wie sie alle." (426f.)

Die im ‚Traum' als individuelle Geistesgrößen zu begreifenden Skelette sind autobiographisch hier die Repräsentanten des individuellen Lebens von Karl May geworden; im Gefühl des Lebens-Endes – wenn auch nicht des realen Todes – lief vor dem Auge des Waldheimer Gefangenen quälend langsam und chronologisch der Film seines verfehlten Lebens ab. Die Konfrontation mit seiner Vergangenheit, die Idee des Gottesrufes („Hier [...] griff er in die Finsternis und stellte meine Seele vor mich hin, die ich mir aus der Brust gerissen und weggeworfen hatte"), ließ May zu neuem Selbstverständnis, zu neuem Lebenswillen finden. Der Aschyk bei seiner Befreiung aus der Unterwelt:

„Dort laß ich das Gerippe! Mir ist, als ob es mein eigenes Skelett sei, mein früheres. Ich habe jetzt ein neues. Das ist nicht starres Knochenwerk, aus dem mir das Vergangene, die Zähne fletschend, in die Augen grinst, sondern ein fester, froher Wille, der vor Freude jauchzt, gutmachen zu können, was ich verbrochen habe." (428)

Gestalt fand dieser Wille bei May im Schreiben.

Analog zum ‚Traum'-Geschehen folgt dem Aschyk bei der Befreiung aus dem Unterwelt-Gefängnis die Geisterschar seiner Lebenstage in den „helle[n] Mondschein": „Die Tage meines Lebens sollen mit mir hinauf zum Tempel steigen. Sie, meine Ankläger, sollen mit mir beten und werden dann verschwinden; so hoffe ich!" (429) Die ‚Traum'-Geburt in der (scheinbaren) Handlungsrealität in autobiographischer Dimension wiederholend, lenkt Kara Ben Nemsi das Boot mit dem Aschyk den bekannten Weg hinaus in den See und gibt „dem Fahrzeuge die Richtung nach dem südlichen Ufer, nach derselben Stelle, wo die erlösten Geister an das Land gestiegen waren" (430). Allein geht der Aschyk, der aus dem Zuchthaus entlassene May, hinauf zum Beit-y-Chodeh, dort Zwiegespräch mit Gott zu halten. Später begleitet er, den Weg des ‚Zauberers' nachschreitend, Kara Ben Nemsi zum ‚hohen Haus': Die Erfahrungen des Sträflings May sollen dort dem Schreibenden zur Erkenntnis und zur Entlarvung seiner Feinde aus kirchlichem und weltlichem Lager dienen. Aber auch Verbitterung über sein Schicksal und das Gefühl, Unrecht erlitten zu haben, folgten May bis ins Alter:

„Warum gibt es so viele Verlorene? Sie müssen verloren gehen, weil man ihnen schon den ersten, kleinen Fehltritt nicht verzeiht. Warum spricht man nur von Gerechten und nur von Ungerechten? Weil in der Mitte zwischen ihnen Diejenigen fehlen, welche Menschen sein würden, wenn es welche gäbe! Ich meine die Menschen, welche ihrer Natur nach zuweilen sündigen dürfen, ohne sofort ausgestoßen zu werden!" (433)

May ging verloren, weil er 1862 keinen verständigen Richter fand, der die besondere ‚Natur' des Delinquenten entlastend berücksichtigt hätte.

Auf der Plattform des ‚hohen Hauses' beichtet der Aschyk dem „Menschentum" (436) seine Vergangenheit, „ein Menschenleben nur, und aber doch ein Menschheitsleben". May deutet den Inhalt nur an – wie in der Parallelszene mit dem ‚Zauberer' – , aus Erzählökonomie, aber auch aus Furcht, sich zu entblößen, und im Wissen, daß diese autobiographische Dimension nur in großen Handlungsgefügen aufzuarbeiten ist: „Vom ‚Zauberer' hatte ich erfahren, warum es Schatten geben muß. Heut nun erfuhr ich, wie diese Schatten wirken und wie man sich verhalten sollte, um sie so klein wie möglich zu machen." (435) Dies ist das große Thema des Mayschen Spätwerks: das Niederringen der Schatten der Vergangenheit (autobiographische Ebene) und der Schatten des Bösen (philosophisch-religiöse Ebene), die persönliche und die allgemeine Entwicklung zur Edelmenschlichkeit, von Ardistan nach Dschinnistan.

Anmerkungen

1 Heinz Stolte: *Karl May literarisch*. Vorwort zu Karl May: *Der Große Traum. Erzählungen*, hg. v. Heinz Stolte u. Erich Heinemann. München 1974, S. 22
2 Hans Wollschläger: *Erste Annäherung an den ‚Silbernen Löwen'. Zur Symbolik und Entstehung*. In: JbKMG 1979, S. 99-136.
3 Christoph F. Lorenz: *„Das ist der Baum El Dscharanil". Gleichnisse, Märchen und Träume in Karl Mays ‚Im Reiche des silbernen Löwen III und IV'*. In: JbKMG 1984, S. 162.
4 Arno Schmidt: *Sitara und der Weg dorthin. Eine Studie über Wesen, Werk & Wirkung Karl May's*. Frankfurt/M. 1974, S. 211f.
5 Karl May: *Mein Leben und Streben*. Freiburg i. Br. 1910, S.117.
6 Ebd., S. 112.
7 Ebd., S. 176.
8 Ebd., S. 114.
9 Ebd., S. 119.
10 Brief vom 8.11.1905. In: MKMG 35 (1978), S.4.
11 Schmidt [Anm. 4], S. 214.
12 May: *Mein Leben und Streben* [Anm. 5], S. 169 u. 175.

Hansotto Hatzig

Die Frauen im Reiche des silbernen Löwen

Lesenotizen und Impressionen

Für Inge – in stetem Gedenken

Es war am 4. April 1899, als der Reichspostdampfer ‚Preußen' vom Norddeutschen Lloyd Genua in Richtung Port Said verließ. Das Schiff hatte den Leuchtturm am äußersten Ende der Hafenmole hinter sich gelassen; die Fahrgäste suchten nach und nach wind- und sonnengeschützte Stellen auf oder gingen unter Deck. Die Sonne des italienischen Frühlings stand hoch am Himmel und strahlte auf das Silberspiel der Wogen. Nur ein Mann war an der Reling zurückgeblieben und blickte auf das Land hinüber, auf Genua, das im weiten Halbrund, im Schutze der kahlen Berge, vor seinen Augen lag. Die amphitheatralisch aufsteigenden Häuser standen im grellen Glanz der Sonne wie Gebilde aus Alabaster, überragt von der schneeweißen Kuppel der Santa Maria Assunta di Carrignano und von den Türmen der Kathedrale San Lorenzo. Am Strand und in den Gärten wiegten sich Palmen und Zypressen.

Der Mann stand reglos. Manchmal wehte ihm der Wind die langen grauen Haare über die Augen. Seine Gesichtszüge zeigten eine gesunde Farbe; seine Stirn war hoch gewölbt; die Nase edel, die Linien der Lippen von beinahe fraulicher Empfindsamkeit geformt. Sein Schnurrbart wie auch das kleine Bärtchen unter den Lippen waren fast weiß.

Er wußte wohl selbst kaum, wie lange er schon so stand. In immer größerer Ferne blieb Genua zurück. Er ahnte auch wohl nicht, was ihm diese Reise einmal bedeuten würde. Seine Gedanken wanderten. Er hat ein unvollendetes Werk zurückgelassen und eine Frau, mit der er seit beinahe zwanzig Jahren verheiratet ist. Er hört eine Stimme: „Ein Mann, der eine Frau hat, ist doch ein ganz anderer Mann als einer, der kein Weib besitzt!" (XXVI 385) Es ist Halefs Stimme. Deutlich sieht er den kleinen lieben Kerl wieder vor sich. Es ist Nacht. Ein kleines Feuer brennt. Sie sitzen am Ufer des Tigris. Die Pferde rascheln neben ihnen im Schilf.

Wieder hört er die Stimme: „Wenn man sich nach denen sehnt, die man verlassen hat, macht einem selbst der Hunger keinen Appetit" (XXVI 385)... Wann hat er das geschrieben? Ist das wirklich erst zwei Jahre her? Die Stimme drängt: „Schau, Sihdi, als die Frauen noch keine Seelen hatten, da – – –" – „Still", fährt er dazwischen, „sie haben stets welche gehabt!" – „Höre, das kannst doch du nicht wissen! Erst dann, wenn du auch ein Weib besitzen wirst, kannst du dich überzeugen, ob und daß – – –" – „Lieber Halef, ich habe eins!" – „Welch ein Scherz! [...] hättest du denn das Geschick dazu, eine [...] Frau zu besitzen?" – „Warum denn nicht?" – „Hast du diese deine Frau denn lieb?" – „Von ganzem Herzen." (XXVI 390f.) – „Hat sie dich lieb, Sihdi?" – „Nicht weniger als ich sie." – „Und sag, Effendi, sie hat doch auch eine Seele?" – „Ihre Seele gleicht ganz genau derjenigen deiner Hanneh." – „Darf ich nun auch noch wissen, wie der Name deines Weibes ist?" – „Nach eurer Ausdrucksweise wird sie Emmeh genannt." (394f.)

Emmeh ist die zweite Frau, die in dem vierbändigen *Silberlöwen*-Roman ‚erscheint'. Die erste ist Hanneh, mit der sich noch vor dem Aufbruch nach Persien eine rührende Szene abspielt. Doch von Hanneh, der bewundernswertesten Frau, die May je geschaffen hat, soll später im Zusammenhang gesprochen werden.

Nach diesem Gespräch am Tigris wird Emmehs Name zwar kaum noch genannt, aber sie ist immer noch präsent. Später, beim Ustad, dem zweiten Ich Kara Ben Nemsis, bewundert Kara einen seidenen Lampenschirm, in den von Frauenhand ein Spruch eingestickt ist, worüber sich der Ustad wie folgt äußert:

„Die Liebe hört nimmer auf! Jawohl, die göttliche! Aber diese hier, sie ging für mich zu Ende. Oder hatte sie überhaupt niemals bestanden? Waren diese herrlichen Worte nicht mit dem Herzen, sondern nur mit der Hand gestickt worden? Mit dem kleinen, zarten, schönen Händchen, welches für mich zur Kralle wurde, obgleich ich es so oft, so oft an meine wahrheitstreuen Lippen gedrückt hatte?" (XXIX 14)

Als Karl May das schrieb, war die Scheidung von Emma schon vollzogen. Und doch hat er ihr wohl ein Leben lang nachgetrauert. Wie im Leben war May auch als Schriftsteller nicht unfehlbar. Mehrmals gibt es bei ihm Verwechslungen von Verwandtschaftsgraden, wie Bruder und Schwager, Kinder und Enkelkinder. Dazu Namensverwechslungen, die allerdings auch als bloße Verschreibungen gewertet werden können, einmal ‚Pferde' statt ‚Kamele', oder ‚Rih' statt ‚Swallow'.

Nun hat er aber bei dem zitierten Gespräch mit Halef eine ganz bedauerliche Fehlleistung begangen, indem er ab der 5. Auflage (1905) den Namen ‚Emmeh' durch ‚Dschanneh' (‚Sonnenstrahl', gelegentlich auch als ‚Seele' bezeichnet) ersetzte.[1] Dschanneh ist jedoch – hatte er das vergessen? – in der zweiten Hälfte des Romans nur als Kosename oder als Märchenfigur zu werten. So teilt er zum Beispiel Schakara diesen Namen zu. Auch einer seiner jungen Verehrerinnen, Lisbeth Barchewitz, gab er diesen Namen.[2] Gerade für den aufmerksamen Leser bleibt dadurch nur Verwirrung zurück. Im Gespräch mit Halef änderte er den Text darüber hinaus. Nun beleidigt er seinen Halef sogar, indem er im Gegensatz zu der alternden Hanneh von seiner Dschanneh behauptet, sie werde „ewig jung" bleiben, während die Stelle früher lautete, daß Emmeh „so gut und schön wie [...] Hanneh" sei (XXVI 394). Das steht nun auch in völligem Widerspruch zu dem, was May im dritten *Silberlöwen*-Band über Hanneh zu erzählen weiß, und das ist zutiefst bedauerlich. Nur im zweiten Band (XXVII 40) ist der Name noch einmal stehengeblieben, ein Indiz, das den interessierten Leser auf die vorangegangenen Änderungen aufmerksam machen konnte.

Es gibt immer noch Interpreten, die meinen, May habe nur so vor sich hin geschrieben. Der Karl-May-Verlag hütet jedoch in seinem Archiv Belege, die diese Ansicht widerlegen: Foliobögen zu *Am Jenseits* bis *Winnetou IV* mit handschriftlichen Notizen über das, was May bisher geschrieben hatte und wie es weitergehen sollte[3], mit Namen („Scheik der Kutubi = H.G.M."), Wochentagsangaben („Montag: Ustads Abreise") und dergleichen mehr. So gibt es auch drei Entwürfe, wie es nach dem als *Einleitung* bezeichneten Teil *Die Rose von Schiras* weitergehen sollte. Für das erste Kapitel war zunächst die Überschrift *Am Euphrat* vorgesehen; Abd el Kahir, der Scheik der Muntefik, sollte darin auftreten, ebenso „Allan Forster, aus Bombay kommend".[4] In der dritten Version heißt das Kapitel *Am Thurm von Babel*. Das ist dann die Fassung, wie sie im *Hausschatz*-Abdruck vorliegt, mit folgendem Abschluß, der in der Buchausgabe fehlt:

Wie es kam, daß wir unsere Reise nach Schiras hier unterbrachen und zunächst einen zwar kurzen, aber sehr interessanten Ausflug hinauf in die Berge von Kermanschah machten, und was wir während dieses Rittes erlebten, das steht – ich will es gern verraten, obgleich ich das eigentlich nicht sollte – im Regensburger Marienkalender für das Jahr 1899 zu lesen.[5]

Bis zu diesem Einschnitt sind Frauen nur am Rande genannt worden. So im Gespräch mit Dozorca (XXVI 545ff.) über seine verschollene Familie, mit der er im Duar der Dschamikun endlich wieder zusammengeführt werden kann (XXIX 121ff.). Dozorca sagt:

„Wie glücklich ich war, können dir die Namen sagen, welche ich meinen Kindern gegeben hatte. Mein Sohn hieß Ikbal [Anm.: Glück] und meine Tochter Sefa [Anm.: Wonne]. Auch mein Weib hatte einen bedeutungsvollen Namen, nämlich Aelmas [Anm.: Diamant], und sie war für mich ein Edelstein." (XXVI 548)

Auch mit Amuhd Mahuli kommt es zu einem Gespräch über dessen Frau und sieben Kinder (XXVII 305). „Wir hatten das Glück, [...] auch seinen ‚Harem' kennen zu lernen, Frau und Kinder, einfache, aber gute Menschen" (435).

Mit dem Einschub des Kapitels *Ein Rätsel* wird das im *Hausschatz* Gesagte insofern eingehalten, als die Reisenden einen Abstecher zur Stammesfürstin ‚Umm ed Dschamahl' machen, um eine Schönheitssalbe für Hanneh zu besorgen. Diese Geschichte wird aber an dieser Stelle nicht vollständig erzählt, sondern nur referiert. Es gibt Interpreten, die der Ansicht sind, daß es sich bei *Ein Rätsel* um ein überflüssiges Kapitel handele, nur eingeschoben, um einen Band zu füllen.[6] Wieviel ärmer wäre aber die *Silberlöwen*-Tetralogie, wenn nicht Marah Durimeh wenigstens in diesem einen Kapitel persönlich auftreten würde! Denn später wird nur noch von ihr gesprochen. Man sieht sie erst auf Sitara wieder.

Es kommt aber noch etwas hinzu. Bei einem anderen Schriftsteller hätte man wohl eher beachtet, wenn er das Kernstück seines Romans – Rettung des Mannes durch die Frau – mit zwei Episoden eingerahmt hätte, die am Rande nochmals zeigen, wozu liebende Frauen fähig sind. Gegen Schluß zu ist es seltsamerweise die zweifelhafte Gul-y-Schiras, die das Thema noch einmal anspricht, indem sie zeigen will, „daß das Weib in den Augenblicken der Gefahr oft hoch über dem Manne stehe" (XXIX 620).

Dies sind nun, kurzgefaßt, die beiden Geschichten:

Die Kurdin Adir Beg alias Adsy (= Namenlos) zieht als Mann verkleidet mit einigen treuen Hamawandi-Kurden aus, um Mann und Sohn zu befreien, die von Feinden in einem Turm gefangengehalten werden, im gleichen Kulluk, in dem auch Marah Durimeh schmachtet. Die Befreiung gelingt mit Hilfe Kara Ben Nemsis. Adsys Mann, der Kurde Jamir, und seine Familie sind historische Gestalten. Jahre später wurde er als Gast eines persischen Prinzen ermordet. Da stellte sich sein Weib an die Spitze der Hamawandi-Kurden und rächte ihn blutig (vgl. XXVII 626).

Die zweite Geschichte wird von Kara Ben Halef erzählt, als Kara Ben Nemsi sich schon wieder auf dem Wege der Besserung befindet. Der junge Scheik der Kalhuran wird von dem Steuereintreiber Omar Iraki bis aufs Blut gefoltert. Amineh, die Frau des Scheiks (ihr Name bedeutet ‚treu' und ‚zuverlässig', wenn man ihn von Amihn, dem Scheik der Ussul, ableitet), erschießt den Beamten. Amineh ist Angehörige des Dschamikun-Stammes. Sie kann mit ihrem Mann nach dort fliehen. In ihren Augen, „die sie kaum von ihm lassen konnte", „lag ein so inniges und doch zugleich so stolzes Erbarmen" (XXVIII 406). In Vertretung des Ustad muß Kara Ben Nemsi das Urteil sprechen. Er sagt: „Ich halte sie [...] für ebenso unschuldig, wie mich und dich, und gebe nicht zu, daß sie bestraft wird" (XXIX 253).

Bevor sie Marah Durimeh und Adsys Familie befreien, treffen Kara Ben Nemsi und Halef auf zwei alte Bekannte: Ingdscha (die Perle), eine Chaldäerin, „die schöne Tochter des [...] Raïs von Schohrd, [...] stand neben Halef ganz in derselben schüchternen Haltung, wie ich sie bei unserm ersten Zusammentreffen gesehen hatte, auch mit derselben Röte der Befangenheit auf ihren weichen, bräunlichen Wangen" (XXVII 569f.). Sie war früher schon ein wenig verliebt in Kara Ben Nemsi. Damals war der „Liebling Marah Durimehs" (II 566) 19 Jahre alt. „Das Gesicht [war] ein mädchenhaft weiches und hatte [...] sogar einen sehr bemerkbaren Anflug von Schüchternheit." Halef sagte damals: „Sihdi, wäre ich ein Pascha, so würde ich Madana belohnen und Ingdscha heiraten." (II 579) Diese Madana (Petersilie) ist auch jetzt in Ingdschas Begleitung, eine ‚Komische Alte', wie sie bei May öfters vorkommt, die gelegentlich „den zahnlosen Mund wie eine schwarzlederne Reisetasche auseinanderklappte". Aber sie ist „ein herzensbraves gutes Menschenkind" (XXVII 568).

Beide sind um Marah Durimehs willen in dieser Gegend, wo sich der Kulluk befindet, in dem diese gefangengehalten wird. Marah Durimeh wird von türkischen Soldaten bewacht. Keiner weiß, warum. Kara Ben Nemsi verschafft sich Zugang:

Sie war wie damals eingehüllt in einen weiten dunkeln Mantel, aus welchem mir ihr hageres Gesicht wie dasjenige eines Totenkopfes entgegengrinste. Auch heut hingen ihr die dicken, schneeweißen Haarzöpfe bis fast auf die Erde herab (XXVII 606f.).

Das ist die gleiche Charakterisierung wie früher (II 207, 594). Aber während Marah Durimehs Beschreibung im Kulluk unverändert blieb, hat May später den Text im *Kurdistan*-Band wie folgt geändert:

Sie war gewiß hundert Jahre alt, doch ihre Gestalt stand gerade und hoch aufgerichtet; ihre Augen hatten jugendlichen Glanz; ihre Züge waren seltsam schön und weich, von ihrem Haupte hingen schwere weiße Haarzöpfe fast bis auf den Boden herab.[7]

Aber trotz alledem: „Ich fühlte eine tiefe, fast heilige Verehrung anstatt Grauen." (XXVII 607)

Marah Durimeh sagt:

„Ich habe einst Abschied für das ganze Leben von dir genommen, und siehe da, mein Auge darf dich wiederschauen! [...] Du bist mein Sohn, mein Kind, nicht nach dem Körper, sondern nach dem Streben meiner und deiner Seele" (XXVII 612f.).

Bevor sich ihre Wege wieder trennen – kein Mensch weiß, wo Marah Durimeh hingehen wird – , schenkt sie Kara Ben Nemsi einen Talisman. In Kurdistan damals hatte sie ihm ein Amulett gegeben.

Die Reisenden kommen in Basra an, haben also immer noch den Plan, per Schiff nach Schiras zu gelangen und auf diese Weise endlich das ‚Reich des silbernen Löwen' zu betreten. May versäumt nicht mitzuteilen, daß er früher schon einmal in Basra war (XXVIII 4, Fußnote: „Siehe: Karl May ‚Auf fremden Pfaden' pag. 261"), und siehe da: das ist die Erzählung *Blutrache,* worin der Scheik Abd el Kahir eine Rolle spielte, den er sich schon als abermaligen ‚Mitspieler' notiert hatte. Doch die Schiffsreise läßt May scheitern (Kapitel: *In Basra*). Halef und Kara gehen zu Pferde in die persischen Berge.

Sie haben sich in den Sumpfgegenden von Basra eine schwere Krankheit zugezogen; in ihrer Erschöpfung erleben sie alles wie im Fiebertraum (Übertölpelung durch die Massaban). In dieser Atmosphäre drohen sie zu ersticken und überwinden mit einem verzweifelten Sprung zu Pferde den Abgrund – hinüber ins Land der Dschamikun. May weist auch in diesem Zusammenhang darauf hin, daß er schon einmal etwas Ähnliches erlebt hat, nämlich den Sprung über die „Spalte des Verräters" (XXVIII 248, mit Fußnote: „Siehe Karl May, ‚Der Schut', pag. 499").

Die erste Frau, mit der Kara Ben Nemsi bei den Dschamikun in Berührung kommt, ist die Harfenspielerin Schakara (die Dankbare[8]). Es geht ihm noch sehr schlecht; er öffnet die Augen:

Da sah ich in ein liebes, ernstes, reines Frauengesicht. Es war von einer so frommen, edlen Schönheit, wie man Heilige abzubilden pflegt. [...] Mir war, als ob ich dieses Antlitz schon einmal gesehen habe (XXVIII 264).

Ja, er hatte sie vor Jahren als kleines Mädchen in Kurdistan getroffen und konnte sie von einer Tollkirschen-Vergiftung heilen. Damals war die Urenkelin Marah Durimehs 16 Jahre alt. Schakara widmet sich dem Kranken ganz besonders; Marah Durimeh hat ihr den Auftrag dazu gegeben. An dieser Stelle ist es unumgänglich, sich auch mit den Menschen zu befassen, die sich möglicherweise hinter dieser oder jener Frauenfigur verbergen. Schakara wurde von den Interpreten zumeist auf Klara May festgelegt. Dazu hat May in *Mein Leben und Streben* eine seltsame, aber sicherlich wohlüberlegte Bemerkung hinterlassen, wenn er von der „gottgesandten Frauenseele" schreibt, „der ich die Gestalt [!] meiner jetzigen Frau gegeben habe".[9] Er mochte Schakara wohl nicht bucklig darstellen wie das ‚Herzle' in der Dorfgeschichte *Das Geldmännle*. Auf einer seiner Harzreisen in den 90er Jahren hatte May in Wernigerode die etwa 15 Jahre alte Arzttochter Marie Hannes kennengelernt, ein Mädchen, das an einer Rückgratverkrümmung litt. In Mays letztem Lebensjahrzehnt gehörte Marie neben Lu Fritsch zu den in der ‚Villa Shatterhand' am liebsten gesehenen Gästen. In seinem Roman *Am Jenseits* hat May sie möglicherweise mit seinem „Schutzengel" Marie (XXV 170) gemeint.[10] Arno Schmidt hielt übrigens nicht nur Schakara, sondern auch Ingdscha, Schefaka und Merhameh für „schwärmerisch ‚junge Leserinnen'".[11] Für Merhameh ist das sogar nachweisbar.[12] Möglicherweise stehen zwei Personen hinter Schakara, Klara allein sicherlich nicht, auch wenn Schakara nach dem Abgang Pekalas (Emmas) äußert: „Von jetzt an werde ich es sein, die für dich sorgt." (XXIX 219) Denn das könnte in anderem Sinn auch für Marie Hannes zutreffen, die für May eine Verteidigung schreiben wollte, was dieser mehrmals zurückwies. Zur Deutung der Person sollte auch zu denken geben, daß es eine Frau des Chodj-y-Dschuna gibt (dessen Entschlüsselung als Richard Plöhn genau so gesichert sein dürfte wie die des Pedehr als Fehsenfeld). Auf der vorletzten Seite des Romans heißt es:

Als wir [...] an der offenen Küche vorüberkamen, sah ich, daß da drin die in der Kochkunst wohlerfahrene Frau des Chodj-y-Dschuna als heutige Gebieterin waltete. Sie hatte das große Werk übernommen, den Hunger aller unserer Diplomaten und Feldherren zu befriedigen. Schakara's Aufgabe aber war gewesen, „die prunkende Tafel zu decken". (XXIX 643)

Mays Symbolik, seine Allegorien und Verschlüsselungen sind nicht ‚logisch' nachzuvollziehen, bemerkt Hans Wollschläger:

Es sei denn, wir wollten uns nun entschließen, die Mitwirkung des Unbewußten am kreativen Prozeß generell voll anzuerkennen und generell nicht mehr, und schon gar nicht im Sinne einer Rangwertung, von den Gestaltungen des Bewußtseins zu sondern – von jener allerletzten Verwandlungs- und Ordnungsarbeit, die nur das Innerste und Unterste in die Rationalwelt nach außen bringt und es für sie beständig macht. Bei May läßt sich, als an einem Musterfall, hier nur besonders deutlich darstellen, was allgemein gültig ist; daß seine Produktion sich regelmäßig bei halbwachen Befindenszuständen vollzog.[13]

Die zweite Frau, der Kara Ben Nemsi bei den Dschamikun begegnet, ist die Köchin des Ustad, Pekala (die Köstliche):

> Da stand ein weibliches Wesen, so strahlend weiß wie eine abendländische Festjungfrau gekleidet. Festjungfräulich waren auch die langen Zöpfe, in welche sie ihr herabhängendes Haar geflochten hatte. Festlich auch die beiden Rosen, die rechts und links auf die Ohren niederschauten. [...] Dieses Gesicht war [...] etwas seltsam Harmonisches [...]. Und wie das Gewand, so war auch dies Gesicht ein Abglanz allergrößter Sauberkeit. [...] Wenn diese personifizierte Reinlichkeit etwa die Gebieterin der Küche war, so konnte man von ihr alles [...] mit Vergnügen essen! (XXVIII 348f.).

Daß May mit diesen freundlichen Worten seine Frau Emma darstellen wollte, mit der er zu jener Zeit schon in Scheidung lebte, ist nicht leicht nachzuvollziehen.

Der Geburtstag Pekalas ist zugleich der Todestag von Karas zweitem Ich, des Ustad, der alljährlich gefeiert wird. Die Belege häufen sich. Als der Ustad in die Hauptstadt Teheran reist, soll er für Pekala eine Kasaweika, einen Mantel, mitbringen. Dazu aus einem Gerichtsprotokoll mit Aussagen Emmas:

> Im Juli 1902, nachdem mein Mann gerade damals seinen dreibändigen Reiseroman „Im Reiche des silbernen Löwen" vollendet hatte, entschloß er sich, mit mir und Frau Plöhn eine längere Erholungsreise zu unternehmen. Er wollte längere Zeit auf die Mentel bei Bozen. [...] In Berlin kaufte ich mir einen keineswegs auffälligen Mantel für 125 Mark. Die Frau Plöhn bekam im Einverständnis meines Mannes einen Mantel für denselben Preis. Beide Mäntel hat mein Mann bezahlt. – Mein Mann zog sich immer sehr nachlässig an. So trug er meistenteils zusammengesetzte Anzüge und nur selten einen kompletten Anzug. Ich habe ihn wiederholt darum gebeten, einen kompletten Anzug anzuziehen. Ich meinte es damit nur gut mit ihm. Eines morgens kam auch die Plöhn in mein Zimmer in Berlin und sagte zu mir: „Nein! Du sollst einmal sehen, wie der Kerl sich wieder angezogen hat. Er sieht schauderhaft aus." Beim Mittagessen habe ich mich auf diese Hetzereien der Plöhn dazu verleiten lassen, zu meinem Manne zu sagen: „er solle sich doch nicht so anziehen, er sehe wirklich so aus, wie unser Louis."
> [Reisestation München:] Ich bat darauf meinen Mann, er solle mir doch verzeihen. Ich würde ihm in Zukunft alles zu liebe tun. Darauf küßte er mich, verzieh mir und sagte: „Deinen Körper habe ich besessen, nicht Deine Seele, die muß ich haben, die lasse ich nicht." Als ich ihm dann noch etwas liebes sagte, meinte er: „Dafür mußt du noch extra einen Kuß haben", drückte mir dir Hand und weinte.[14]

May scheint die Aussage auf seine Weise in auf dieser Reise entstandenen Fragmenten zu bestätigen:

> *Den* Kuß gieb mir, den nur die Seele gibt,
> Die nicht verlangt, im Kusse zu verschwinden.
> Wenn mich dein Herz nur mit der Lippe liebt,
> Wird zu dem meinen es sich niemals finden.[15]

Pekala ist geschwätzig. Das wird von den Feinden der Dschamikun ausgenutzt; somit wird sie sogar zur Verräterin und muß den Duar verlassen. Aber das geht alles sehr sanft vonstatten. Der reiche Kaufmann Agha Sibil, der seinen Schwiegersohn Dozorca gerade wieder mit seiner Familie hat zusammenführen können, engagiert sie als Köchin und nimmt sie mit; sogar ihr Freund Tifl darf sie begleiten. Doch das entspricht nicht Mays Biographie. Es war auch schon eine andere ‚Umkehrung' zu beobachten. Pekala fühlte sich berufen, Männer zu erziehen; in Wirklichkeit hatte May danach gestrebt, aus Emma eine Schriftstellersfrau zu machen. Es ist ziemlich sicher, daß May ein Leben lang die Scheidung von Emma nicht überwunden hat. Auch Tifl, der ‚Kindskopf', ist nicht weggeblieben, sonst hätte May nicht fünf Jahre später – wie aus geradezu kindlichem Trotz – die ‚psychologische Studie' *Frau Pollmer* schreiben können.

Im Erstabdruck des Romananfangs im *Deutschen Hausschatz* trägt eine ‚Erste Abteilung' den Titel *Die Rose von Schiras*. Diese ‚Gul-y-Schiras' tritt in der Buchausgabe schließlich auch in Erscheinung, aber sie bleibt selbst für den aufmerksamen Leser ein ‚Rätsel', wie wohl für May auch. Einmal wird die Gul als „Witwe des Herrschers" bezeichnet (XXVII 324), dann erscheint sie auf einem Doppelporträt, zusammen mit Dschafar Mirza (XXVII 383f.). Auch der Ustad muß mit ihr in Verbindung gestanden haben, denn an seinem ‚Todestag', der zugleich Pekalas ‚Geburtstag' ist, trägt er an einer Perlenschnur das Bild der Khanum Gul auf seinem Herzen (XXVIII 549). Ahriman Mirza steht ebenfalls zu ihr in Beziehung. In dessen Zelt findet der Ustad ein Bild der Gul und vergleicht es mit dem seinigen (XXIX 634). Die Gul besitzt

eine hohe, volle Gestalt. Sie hatte ihre Kleidung überreich mit Schmuck beladen. [...] Ihr Haar war vorn abgeschnitten und bedeckte die Stirn, ganz nach Art unserer sogenannten Simpelfransen, zuweilen auch Ponnyfrisur genannt. [...] Hinten hingen die Zöpfe fast bis auf den Boden herab. (XXIX 551f.).

Auch in der Gul sind Spuren von Emma zu finden, aber nicht von ihr allein; sie sind eher vermischt mit denen von Emmas Freundinnen, wie Frau Achilles, mit Spitznamen ‚Kaninchen', oder Pauline Münchmeyer.

Obwohl die Gul einmal äußert, „daß das Weib in den Augenblicken der Gefahr oft hoch über dem Manne stehe", ist sie in Wahrheit töricht. Beim Einbruch der Schatten in das Reich der Dschamikun stürzt sie von einer Mauer und wird von ihrem eigenen Säbel durchbohrt.

Mit Hanneh hatte Kara Ben Nemsi vor dem Aufbruch in das Reich des silbernen Löwen ein nächtliches Gespräch geführt: Hanneh, eine Frau, die dem Freund ihres Mannes voll vertraute.

Was mußte diese Frau im tiefsten Innern durchgefühlt und durchgebangt, durchgehofft und durchgefürchtet haben, daß die Schreie, von denen sie sprach, aus dieser Tiefe nun auch zu meinen Ohren drangen! (XXVI 371)

Ehe wir uns Hanneh weiter zuwenden, müssen wir an Mays Droschkengleichnis denken, das er 1908 in Lawrence/USA vortrug, und das er als „Seelenkunde der Zukunft" bezeichnete[16]: Der Mensch gleicht einer Droschke. Der Wagen ist der Leib, das Pferd ist die Anima, der Kutscher ist die Seele, der Fahrgast ist der Geist. Ohne auf dieses Gleichnis Bezug zu nehmen, gibt May in *Mein Leben und Streben* folgende Aufklärung: Kara Ben Nemsi ist der Geist, Halef die Anima, Hanneh die Seele.[17] Man kann in jedem lateinischen Lexikon nachlesen, wie ‚anima' zu definieren ist: als Lebenskraft oder Lebensprinzip und als das, was auch wir heute noch als Seele bezeichnen. Wenn irgend etwas von den genannten Qualitäten fehlt, ist der Mensch nicht mehr lebensfähig.

In dieser Situation befanden sich Kara Ben Nemsi und Halef nach dem Sprung über den Abgrund. Beide waren auf den Tod erkrankt. Kara Ben Nemsi erholte sich langsam, Halef nicht. Da kam man auf den Gedanken, Boten zu den Haddedihn zu senden, um Halefs Sohn herbeizuholen, dessen Anblick den Gesundungsprozeß möglicherweise unterstützten könnte. Kara Ben Halef traf ein, aber Hanneh mit ihm; von einigen Getreuen begleitet, als Mann verkleidet, mit einer blauen Brille, war sie auf einem Eilkamel geritten.

Das Schönste, was May jemals über eine Frau geschrieben hat, bezieht sich auf Hanneh. In seinem polemischen Artikel *Auch „über den Wassern"* gibt er unter anderem eine interessante Deutung der beiden wichtigsten Frauen im *Silberlöwen*: „Hanneh ist die Animaseele, Schakara die Geistesseele".[18] Die ‚eigentliche' Seele also, die ‚eigentliche' Frau, das ‚Ewig Weibliche' ist Hanneh. Ein Ausspruch des Ustad lautet: „Du bist die Seele des weiblichen Geschlechtes, die aus der Höhe niederstieg, um Geist in Seele zu wandeln." (XXVIII 303) Auch das ist an Hanneh gerichtet.

Nun steht sie vor Kara Ben Nemsi, der noch von der Krankheit gezeichnet ist. Beide brechen in Tränen aus, als sie sich trotz Krankheitszeichen und Verkleidung erkennen. Dann führt Kara Ben Nemsi sie zu Halef, der auf sein Lager gebettet ist, „wie man nur Leichen sieht". Hanneh sagt: „Vielleicht erschrecke ich, doch eine Klage wirst du nicht aus meinem Munde hören." Der Erzähler ist von seiner eigenen Erfindung überwältigt. Auf einer einzigen Seite ruft er gleich zweimal aus: „Welch eine Frau!" (XXVIII 304)

Das Kapitel, in dem dies geschieht, ist überschrieben mit *Am Tode*. Etwa gleichzeitig mit diesem Kapitel sind auch mehrere Gedichtstrophen mit dem „Tag der tausend Seligkeiten" entstanden, denen man eine „*krankhafte* Häufigkeit" bescheinigte und nur eine einzige davon veröffentlichte.[19] Man hat diese Strophen für an Klara gerichtet gehalten, was noch im Jahre 1987 im *Karl-May-Handbuch* zu der interessanten Verschreibung „Nacht der Tausend Seligkeiten" führte.[20] Aber schon 1910 überlieferte Lebius, May sei noch vor seiner Scheidung mit einem zweifachen ‚Hurra' in das Bett von Klara Plöhn gesprungen. (Es lohnt sich nicht, diese Stelle wieder aufzusuchen!) All das stimmt nicht. Durch einen Glücksumstand kann hier eine der ‚Seligkeits-Strophen' wiedergegeben werden. Sie sind wohl nur der Versuch, das Kapitel *Am Tode* in einer anderen Form wiederzugeben – hier der Text:

> Heut ist der Tag der tausend Seligkeiten.
> Die Sonne schwand; der blasse Mond erscheint.
> Schau ich hinab in unsre Erdenzeiten,
> So fliesst die Thräne, die der Vorwurf weint.
> Ich höre dort des Todes Glocken klingen,
> Und klagend zieht die Trauer durch das Land.
> Wann darf ich hin, für uns zurückzubringen,
> Was ich dereinst zu halten nicht verstand![21]

Hanneh und ihr Sohn sitzen an Halefs Lager; Halef beginnt zu sprechen, „obwohl die Stellung seiner Lippen sich nicht im geringsten verändert hatte". Ganz im Trauma der Krankheit und im Traume gefangen. Kara Ben Nemsi versucht, mit Halef zu reden. Schließlich formen Halefs fast unbewegte Lippen die Worte: „Wo ist Hanneh? Sie ist nicht da! [...] Ich suche sie!" (XXVIII 306) Hanneh aber sitzt neben ihm. Schließlich erwacht Halef, und im Anblick von Hanneh beginnt sein Gesundungsprozeß. Zu Halef muß Hanneh nun gar nicht mehr sagen, was sie Kara Ben Nemsi gegenüber beschworen hat: „Ich mache dich gesund [...]" (301). Das ergibt sich ganz von selbst. Nicht nur das; Hanneh nimmt als einzige Frau auch am Rennen teil und siegt mit einer ihrer Eilkamele. Das sind ihre letzten Worte: „Ihr lachtet über das Weib; das Weib lacht nicht, aber es siegt!' (XXIX 589)

Die Erzählhandlung des *Silberlöwen* weist – abgesehen von den einleitenden Amerika-Kapiteln – keine Lücken auf. Im Gegenteil, was an Episoden dieser Reise anderswo erzählt wird, darauf weist May ausdrücklich hin (*Die „Umm ed Dschamahl"*, XXVII 473). Er denkt sogar an das, was er gerne noch mit eingebracht hätte, so in XXVIII 4, wo er auf den Band *Auf fremden Pfaden* hinweist, genauer auf die Erzählung *Blutrache,* in welcher der Scheik Abd el Kahir vorkam, der er jetzt noch einmal auftreten lassen wollte.

Nachdem auch Halef gerettet und das Rennen gewonnen ist, endet alles mit einem ungewöhnlichen Schluß. Der Angriff und die Abwehr der Sillan sowie der Zusammenbruch der alten Gemäuer scheinen mit der sonstigen Erzählwirklichkeit nichts mehr zu tun zu haben.

Aber das Leben geht weiter. Der Ich-Erzähler ist nun wieder „eine und dieselbe Person" (XXIX 21), die Droschke ist komplett. Und er befindet sich ‚Am Jenseits', auf dem Weg nach Mekka. Mehrere Hinweise in diesem Buch belegen, daß die Persienreise, von der er noch gar nicht berichtet hatte, hinter ihm liegt (XXV 32, 142, 341), und er wird an jene Nacht am Tigris gedacht haben, als Halef Heimweh nach seiner Hanneh hatte. Als er jetzt neben ihm reitet, spricht Halef von ihr als einem

„Bild der Liebe, die mir jeden Tag zur Wonne und jede Stunde zum Vergnügen macht. Und diese Spenderin des Glückes auch während der Reise bei sich haben zu können, das ist eine Seligkeit, die mir auf unsern früheren Ritten leider versagt bleiben mußte." (4)

Halefs Umschreibungen für Hanneh sind ‚reifer' geworden, auch wenn er von Hanneh spricht als von seinem „Stern im Wachen und im Träumen" (19). May meint: „Sie war aber auch [...] eine Prachtfrau!"(7)

In *Ardistan und Dschinnistan* fängt dann aber alles wieder von vorne an. Dort ist zwar keine ‚Verräterspalte' zu überwinden, aber die Entfernung zu einem anderen Stern. Der ganze Jammer beginnt von neuem. Halef wäre lieber bei Frau und Sohn zurückgeblieben, als nach Ardistan aufzubrechen (XXXI 29). Halef: „Wir können heimziehen aus der Welt, die sich niemals verträgt und darum unaufhörlich schlägt. [...] Ich kehre heim zu meiner Hanneh [...]" (468). Aber sie halten durch und machen sich auf den Weg nach Dschinnistan.

Da klingen Schakaras Worte im Reiche des silbernen Löwen zuversichtlicher und endgültiger:

„Bevor du kamst, stand ich hier und dachte darüber nach, ob diese beiden Sagen wohl ganz dasselbe meinen. Ich glaube, ja. Und wenn das richtig ist, so habe ich den Berg gefunden, den ich suchte." (XXIX 644)

Hat May nun gefunden, was seine Seele so lange suchte: das ‚Versteinerte Gebet', die Verkörperung des Höchsten, was der Mensch jemals erreichen und jemals aus sich machen kann? Endet sein Werk wie das Werk des Ustad, dessen letzte Handschrift mit den Worten der Mekkapilger schließt: „Hier bin ich, o mein Gott" (XXVIII 324)?

Wenn man den *Silberlöwen* im Laufe von Jahrzehnten mehrmals gelesen hat, kann es geschehen, daß man eine Wand durchdringt und erkennen muß, daß zumindest die zweite Hälfte des Romans – wenn man Biographie und Nebenaufzeichnungen mit berücksichtigt – ein Werk der Resignation ist. Es geht alles um Trennung, Trauer und Tod. Hoffnungen werden zwar ausgesprochen, gelangen aber selten zur Realität. So auch der Schluß von *Am Jenseits,* wenn der blinde Münedschi sagt: „Schaut noch einmal zurück, und merkt euch diese Stelle, denn ihr kommt wieder her, wenn abgerechnet wird!" (XXV 594) Auch das nur eine Hoffnung. Einmal äußert May ganz beiläufig: „War das ein Wink von innen heraus? Wer vermag die dort wohnenden Geheimnisse zu ergründen!" (XXVIII 243)

Von einer Frau aus dem Reiche des silbernen Löwen wurde noch nicht gesprochen. Es gibt sie zwar nur auf einem Bild, aber was May dazu zu sagen hat, faßt noch einmal alles zusammen, was er mit seinem Werk zum Ausdruck bringen wollte:

Ich kenne ein Bild, „Die Genesende" unterzeichnet. Eine weibliche Gestalt sitzt bleichen Angesichtes in hochgelegener, offener Laube, von welcher aus einer der herrlichsten Punkte des Rheintales zu überschauen ist. Soeben dem Tode entronnen, hat sie das Krankenzimmer mit dieser freien, vom Blumendufte umwehten Stelle vertauscht, um neues, sonniges Leben einzuatmen. Sie nimmt es mit einem stillen, milden, unendlich dankbaren Lächeln entgegen; aber die großen, ernsten Augen sind nicht hinunter auf die glitzernden Fluten des Stromes oder die grünenden Rebenhänge sondern weit, weit hinaus in die grenzenlose Ferne gerichtet, die selbst den Horizont unter sich nur als trügerische Vorspiegelung des Menschenauges kennt. Es ist, als ob diese Augen, welche nur Unbegrenztes schauen, noch immer nach der unsichtbaren Pforte jener Geheimnisse suchten, deren Schlüssel in der verschwiegenen Erde des Friedhofes vergraben liegt. Die Seele, welche sich von dem Körper trennen wollte, hat die Verbindung mit ihm noch nicht vollständig wieder hergestellt. (XXVIII 317)[22]

Zum Abschluß noch zwei denkwürdige Sätze, die Kara Ben Nemsi an Halef richtet (XXVII 470):

„Ich sage dir, daß jede liebevolle, gute Frau eine Dichterin ist, denn ihr Zelt, ihre Häuslichkeit, ihr ganzes Wesen und Leben gestaltet sich zu einem schönen, wohllautenden Gedichte, welches das Herz des Mannes mit jedem Tage neu entzückt. [...] Im Ben Schir steht zu lesen:

[...] Als er [Allah] die Erde geschaffen hatte, schenkte er ihr zur Verherrlichung seiner Schöpfung ein göttliches Gedicht, nämlich das Weib."

Anmerkungen

1 Vgl. Hansotto Hatzig: *Dschanneh, ein Name ohne Gestalt.* In: MKMG 25 (1975), S. 18-23, sowie Roland Schmid: *Anhang zur Reprint-Ausgabe* v. Karl May: *Im Reiche des silbernen Löwen II.* Bamberg 1984, S. A1-A12.
2 Vgl. Erich Heinemann: *Die Lisbeth-Barchewitz-Story.* In: MKMG 11(1972), S. 15-22.
3 Etliche dieser Notizen sind enthalten in Ulrich Schmid: *Das Werk Karl Mays 1895-1905. Erzählstrukturen und editorischer Befund.* Ubstadt 1989.
4 Abd el Kahir stammt aus der Erzählung *Blutrache,* enthalten in *Auf fremden Pfaden* (1897); Allan Forster aus der Erzählung *Eine Befreiung,* enthalten in dem Band *Die Rose von Kaïrwan* (1894).
5 Karl May: *Im Reiche des silbernen Löwen* (*Hausschatz*-Reprint). Hamburg, Regensburg 1981, S. 263. Die *„Umm ed Dschamahl"* auch in dem Reprint-Band *Christus oder Muhammed. Marienkalender-Geschichten.* Hamburg, Gelsenkirchen 1979, S. 121-135.
6 Vgl. Hans Wollschläger: *Erste Annäherung an den ‚Silbernen Löwen'. Zur Symbolik und Entstehung.* In: JbKMG 1979, S. 133 (Anm. 67).
7 Vgl. Roland Schmid: *Anhang zur Reprint-Ausgabe* v. Karl May: *Durchs wilde Kurdistan.* Bamberg 1982, o. S.
8 Die Deutung dieses Namens verdanke ich Andrea Najm, Mannheim: ‚schákara' bedeutet ‚dankbar sein, loben, preisen'. Erst später entdeckte ich, daß es ähnlich auch bei May steht: „Man ruft dich ‚Schakara', damit du ‚dankbar' seist." (XXIX 387)
9 Karl May: *Mein Leben und Streben.* Freiburg i. Br. 1910, S. 212.
10 Vgl. Hans-Dieter Steinmetz: *Mariechen, Ferdinand und Onkel Karl. Zu einem unbekannten Kapitel im Leben des Ustad.* In: MKMG 69 (1986), S. 6-24. Ein Autorenteam arbeitet an diesem Thema weiter.
11 Vgl. Arno Schmidt: *Sitara und der Weg dorthin. Eine Studie über Wesen, Werk & Wirkung Karl May's.* Karlsruhe 1963, S. 241.
12 Merhameh ist Lu Droop. Vgl. Rudolf W. Kipp: *Die Lu-Droop-Story.* In: MKMG 37 u. 38 (1978), sowie Hansotto Hatzig: *Karl May und Sascha Schneider. Dokumente einer Freundschaft.* Bamberg 1967, S. 180.
13 Wollschläger [Anm. 6], S. 108.
14 Rudolf Lebius: *Die Zeugen Karl May und Klara May. Ein Beitrag zur Kriminalgeschichte unserer Zeit.* Berlin-Charlottenburg 1910, S. 48-52.
15 Vgl. Max Finke: *Aus Karl Mays literarischem Nachlaß.* In: KMJb 1922, S. 51. – Wollschläger weist in seinem unter Anm. 6 genannten Aufsatz nach, daß das Geschehen in *Silberlöwe IV* Tag für Tag der von Emma beschriebenen Reise folgt.
16 *Drei Menschheitsfragen: Wer sind wir? Woher kommen wir? Wohin gehen wir?* Vortrag Mays vom 18. 10. 1908 in Lawrence/USA. In Bd. 34 der ‚Gesammelten Werke', 56.-60. Tsd., S. 230f.
17 Vgl. May: *Mein Leben und Streben* [Anm. 9], S. 209f.
18 Karl May: *Auch „über den Wassern".* Mit Anmerkungen von Hansotto Hatzig und Ekkehard Bartsch. In: JbKMG 1976, S. 239.
19 Vgl. KMJb 1922, S. 51.
20 *Karl-May-Handbuch,* hg. v. Gert Ueding. Stuttgart 1987, S. 299.
21 Archiv des Karl-May-Verlags, Bamberg. Die hier vorliegenden Zeilen sind nur ein Beispiel aus mehreren bisher nicht veröffentlichten Strophen über den „Tag der tausend Seligkeiten". – Ein weiteres Beispiel: Auch das Gedicht *Am Hochzeitstag* (KMJb 1919,

S. 250f.) mit den Schlußzeilen „Wir sind auf Erden nur verlobt gewesen, / der Todestag ist unser Hochzeitstag", das Klara May für sich reklamierte, wurde zu der Zeit niedergeschrieben, als die *Silberlöwen*-Kapitel *Am Tode* und *Im Grabe* entstanden sind. In der Originalhandschrift hat das Gedicht keine Überschrift, aber den Zusatz: „Letzter Morgen in Riva. Montag 15./12. 2." Roland Schmid wies das bereits 1983 nach, in seinem Sonderdruck *Karl May an Klara May.* Karl Serden hat mich dankenswerterweise daran erinnert.

22 Das von May beschriebene Bild, das mir noch als Einschalttafel in einem Lesebuch für die Unterstufe (Jahrgänge 1930-32) in Erinnerung ist, konnte, vor allem weil der Maler nicht bekannt ist, trotz verschiedener Bemühungen nicht wieder aufgefunden werden.

Franz Hofmann

Höllensturz und Verklärung

*Der Handlungsabschluß im ‚Silberlöwen'
als Paradigma für die Alterswerke Karl Mays*

Oft ist darauf hingewiesen worden, daß in den Werken Karl Mays aus allen Schaffensperioden Höhlen, unterirdische Gänge, Verliese und Bauwerke eine die Handlung prägende Rolle spielen. Es fehlt nicht an Interpretationen, diese ‚Höhlen' als weithin unbewußt bzw. unterbewußt variierte Symbole für das Trauma des ehemaligen Häftlings, des Eingeschlossenen, zu verstehen, dem jene Höhlenabgeschiedenheit zugleich ‚Hölle' war. Ebenso bedeutet der befreiende Aufstieg topologisch und seelisch Läuterung und Heilung.

Davor lagen im Leben und Schaffen Katastase und schließlich Katastrophe. Wer sich darum bemüht, das Werk Karl Mays als strukturierte Ganzheit zu begreifen, d.h. es nicht in Abenteuer-, Jugend- und Volksschriftstellerei vor 1900 und in symbolische Gestaltungsphase danach zu scheiden und letztere für eine nachträgliche mystifizierende Selbstrechtfertigung zu halten, wird der Triade von Abstieg, Katharsis und Aufstieg ins Helle und Bessere, in theologischer Sicht eine Widerspiegelung des heilsgeschichtlichen Prozesses von Sündenfall, Buße und Erlösung, eine sinnerschließende Funktion beimessen.

Im Spätwerk *Im Reiche des silbernen Löwen,* insbesondere Band IV, weisen schon die Überschriften der Kapitel *Im Grabe, Unter den Ruinen* und *Zusammenbruch* darauf hin. Hier findet sich in archetypischer Form jener Spannungsbogen der Erzählung, der sich zwischen Absturz und Apotheose, ja Epiphanie breitet.

Wie nachzuweisen sein wird, begegnet der Leser den gewandelten Abbildern dieses Handlungsablaufs auch in den folgenden Schriften der Spätzeit: In *Und Friede auf Erden!* stürzt der vom Dämon der Arroganz, der Intoleranz und des Unfriedens besessene Dilke in die Wasserkatarakte eines Elektrizitätswerks, um den Friedens- und Versöhnungsweg freizugeben; in der Schlacht am Dschebel Allah des *Mir von Dschinnistan* kommt den Guten das Eingreifen von Naturgewalten und göttlicher Macht zu Hilfe. In *Winnetou IV* verschlingt der bebende Grund das Winnetous Seele entstellende Denkmal, und reine Menschlichkeit obsiegt.

‚Silberlöwe' – Die Berge „machten sich auf"
und es „wurde Licht"

Mit diesen Worten aus *Jesaja* (XXIX 641) kennzeichnet Karl May den Untergang der Mächte des Bösen, verkörpert in Ahriman Mirza, seiner durch Haßliebe und Machtgier an ihn gefesselten Khanum Gul, dem scheinheiligen Ideologen Scheik ul Islam und ihren Schatten.

Die zwingend zu deren Untergang führenden Geschehnisse vollziehen sich auf mehreren Ebenen, da sich Äußeres und Inneres spiegeln und verschränken: in der Erforschung der bedeutungsschweren landschaftlichen Um- und Unterwelt des Tals der Dschamikun, beim großen Rennen, da sich in Rossen und Reitern versinnbildlichende geistig-seelische Werte messen, in der bei May nicht selten stilisierten Umzingelungsschlacht – und in der den Sieg des Hellen und Guten sowie den Untergang des Verderblichen besiegelnden Naturkatastrophe.

Über die „komplexe Tiefenstruktur", die „Strategien des Schlüsselromans" und die in den Personen der Erzählung vermutete „Chiffrierung von Mays privaten und öffentlichen Kämpfen"[1] liegen umfangreiche Studien vor. Von ihnen ausgehend sei versucht, den das Endgeschehen begleitenden und dasselbe vollendenden apokalyptischen Vorgängen Aufmerksamkeit zu widmen.

Unter dem ‚hohen Hause', dem „steinerne[n] Kalenderwerk von Anbeginn bis auf die Gegenwart" (XXVIII 502), einem Turm von Babel und einer Archäologie der Menschheitskultur, und dem es tragenden Gebirge erkundet der Ich-Erzähler Kara Ben Nemsi „unterweltliche Trakte"[2], sich verzweigende lichtlose Kanäle, in deren fauligen Wassern verkalkte menschliche Skelette von gewaltsamem Tod künden. Beobachtungen über die Struktur der darüber gelagerten Felsen und des darauf gründenden Bergmassivs weisen auf kommendes Unheil hin. Vom Wasser umspülte, die Decke tragende Säulen „hatten alle, ohne Ausnahme, das Aussehen, als ob sie aus weißen Pfefferkuchen beständen". „Es gab in diesen ausgelaugten Gebilden Stellen, bei deren Anblick es mir war, als ob ich sie laut krachen und prasseln höre" (XXIX 308), berichtet der Erzähler. „Und auf diesen wenigen, leichten Ueberresten lag die ganze Wucht der Riesenmauer", heißt es weiter, und die Befürchtung droht, „ein Gewitter, ein kleiner Erdrutsch oder etwas dem Aehnliches könnte die letzte, wenn auch unbedeutende Veranlassung zu dem gewaltigen Zusammenbruche sein, welcher längst schon vorbereitet war" (XXIX 309f.).

Das geschilderte unterhöhlte Massiv aus brüchigem Kalkstein führt zu einem hinteren Bassin, das von einer Mauer aus lückenlosem Fels umgeben wird. Es verjüngt sich oben nischenartig und enthält einen von Menschenhand nach Schnur und Wasserwaage behauenen Sockel. Im Licht der Fackel zeigt sich dem Staunenden „etwas wunderbar rein weiß Glitzerndes, etwas [...] schneeig Zartes und Unbeflecktes", auf dem „Millionen Flammenkörnchen brillierten" (311). Die nähere Beschreibung dieses Wundersamen im Höhleninnersten lautet:

„Es kniet hier Jemand, den ich bloß nur ahne. Ein betender Gigant! Mir leuchtet nur das Glied, das er vor Gott, dem Allerhöchsten beugt; das Andre steigt empor in Nacht und Grauen. Hebt er die Hände fordernd auf zum Himmel? Hält er sie still gefaltet in Ergebung? Hebt kühn er seine Stirn? Ist sie gesenkt zur Erde? Wirft er den Blick vertrauensvoll ins Weite? Bedeckt er zaghaft ihn mit demutsvollen Lidern?" (311)

Eine spätere Vermessung der Ruinen ergibt, daß die Kanäle „genau unter den sich amphitheatralisch erhebenden einzelnen Stockwerken" des Bauwerks und ‚Kalenderwerks' liegen (377).

Neben und während dieser Entdeckungen vollzieht sich der zweite Handlungsablauf, das große Rennen ‚zum Fest der fünfzig Jahre' im Tal der Dschamikun, eine Volksbelustigung mit ernstem Hintergrund und schicksalsschwerem Ausgang. Obwohl „alle Arten der Tiere" um die Wette laufen sollen, „Schafe, Ziegen, Esel, Maultiere, Lastkamele, Reitkamele, gewöhnliche Pferde", steigert es sich mit dem „Rennen zwischen Tieren edelster Rasse" (422) zu seinem Höhepunkt. Die in diesem Wettkampf laufenden Pferde verkörpern nach Physiognomik und Temperament das Wesen ihrer Reiter. ‚Syrr', der hochedle Glanzrappe des Schah-in-Schah, und ‚Iblis' – nomen est omen – , der „oberste aller Teufel" (459), sind die den Wettkampf entscheidenden Renner. Auf dem fliegenden ‚Syrr' erringt Kara Ben Nemsi die Siegespalme. ‚Iblis', mit Ahriman im Sattel, unterliegt und wird grausam mißhandelt und getötet. Aber als Zeichen seiner teuflischen Rache bringt er den ‚Fürsten der Schatten' an den Rand des Wahnsinns.

Dieses Wettrennen erhält zusätzliche Bedeutung und eine Art höherer Weihe dadurch, daß Schakara, die Vertraute und Abgesandte von Marah

Durimeh, Ahriman Mirza provoziert, seine Waffe, sein „Höchstes" (595), den Talisman seiner Macht, als Unterpfand seiner Siegesgewißheit einzusetzen. Durch eine solche Einbindung der Handlung in den metaphorischen Überbau des vorweggenommenen Märchens von Dschinnistan erfährt das nachfolgende Geschehen Vertiefung und Verhängnis ankündende Bedeutung.

Das Pferd, das Ahriman reitet (oder treffender: den Teufel, von dem er geritten wird), beschreibt May in drastischer Weise. Es erscheint „starrsinnig und bis zur Glühhitze kalt [...]. Die Ohren groß [...]. Die Stirn verschwindend niedrig, doch knochig, höckerig und überbreit. Das Auge boshaft, aus dem Weißen schielend." (596)

Das Diabolische schreit bei seiner Niederlage aus Ahriman: „Ich habe gekämpft mit ihm", also mit dem Vertreter des Guten,

„er empörte den Teufel gegen mich – – – er warf mich unter ihn nieder – – – er faßte mein Gehirn mit des Satans Zähnen – – – der Biß ging durch und durch – – – durch den Geist und durch die Seele – – – [...] der Fürst der Schatten ist von jetzt an nur ein Aas – – – ein verwesendes Aas für den Schinder – – –" (600f.)

Mit dem Geschehen im landschaftlichen Bereich und dem ebenso ominösen Pferderennen verbindet sich die militärische Auseinandersetzung als dritte Komponente der Handlung. Die von engstirnigen und intoleranten Fundamentalisten inspirierten und verführten Feinde des guten Prinzips, die ‚Ultra-Taki', rüsten sich zum Streit gegen die Dschamikun und deren Verbündete, die Dinarun und Kalhuran. Da die lokale Auseinandersetzung zugleich ein Gleichnis für den Kampf gegen den höchsten Herrscher, den Schah-in-Schah (also Gott), ist, stehen den Wohlgesinnten Truppen des Kaisers und von Marah Durimeh abgesandte Bewaffnete zur Seite.

Der Schlachtplan stellt sich als strategische Variante jener an Cannae orientierten und von May mehrmals geschilderten Umzingelungen dar, die den Sieg mit einem Minimum an Blutvergießen zu erringen gestatten.

Die Gegner vermögen ungehindert in ein Tal einzudringen. Von den umgebenden Höhen werden sie bedroht; die Rückzugswege werden zerniert. Das Ziel des Überfalls, der Duar der Dschamikun, wird durch Elitetruppen und Artillerie geschützt.

So ist die Lage der Feinde von vornherein hoffnungslos, auch wenn gemäß dem symbolischen Subtext der Erzählung im Kampf des Guten und Edlen mit dem infernalisch Bösen *nicht* höhere Gewalten auf den Plan gerufen würden.

Der Zusammenbruch kündigt sich durch zwei Naturerscheinungen als Vorzeichen an. Beobachtungen verwiesen auf den statisch beängstigenden Zustand der den unterhöhlten und unterspülten Berg tragenden Steinsäulen. Ein sich mit Blitz, Donner und Regenflut als „Wucht und Masse" ankündigendes Unwetter hat „das ganze Erdreich von der zurückliegenden Bergkuppe herabgeschwemmt und, mit schweren Steinen vermischt, in eine Art von Moräne verwandelt, welcher das abschüssige Terrain keinen Stillstand erlaubte" (603). Das weitere Vorrücken dieser Mure ist abzusehen.

Der Bedrohung aus der Höhe tritt die aus der schrecklichen Unterwelt zur Seite. Selbst die Tiere wittern nahendes Unheil und werden unruhig. Sie ahnen die Gefahr, die „unter ihnen in der Erde lag". Unter den Füßen macht sich ein „dröhnendes Geräusch" bemerkbar, „dem ein fortrollendes Donnern und Beben folgte" (605).

Eine nochmalige Rekognoszierung der Höhlen und Kanäle bestätigt die schlimmsten Befürchtungen:

Heut konnten wir die Decken über uns erkennen, wohl wegen des Wasserhochstandes. Diese Flut mußte drücken und heben. Gleich an der ersten Säule sahen wir, daß an ihrer Basis ein großes Stück ausgewuchtet worden war; oben aber prasselte es. [...] Es bröckelte überall, und zwar in beängstigender Art und Weise. Stein auf Stein fiel klingend und gluchzend in die Flut. (606)

Eindrucksvoll komponiert und gestaltet, versteht es Karl May im Schlußteil des *Silbernen Löwen,* die Charakteristik der Personen, die Darstellung ihres Handelns, die Zeichnung ihrer Umwelt und jenes eigenartig zwischen Wirklichkeit und Allegorie oszillierende Atmosphärische zu schildern. Im ‚Großen Traum', der „eine Folie des Gesamtromans abgibt, [indem] er Mays Gedankenwelt episodisch zusammenfaßt"[3], in den sinnbeladenen Gesprächen Kara Ben Nemsis mit dem Ustad sowie in den die erzählte Thematik substruierenden, sie ins Allgemeine und Wesenhafte erhebenden sowie mit Vor- und Nachgeschichte geistige Korrespondenz andeutenden Märchen von ‚Chodeh, dem Eingemauerten' oder vom ‚Verzauberten Gebet' weitet sich die nur dem Anschein nach ‚Reiseerzählung' bedeutende Geschichte ins Philosophisch-Religiöse.

In der Katastrophe, einer kleinen Apokalypse, polarisieren sich die Parteiungen und verdichten sich die gekennzeichneten Stränge der Geschehnisse zu einem explosiven Gemisch.

Im Ergebnis der Rennen, da sich Rosse und Reiter, Vertreter des Guten und Hellen, den Protagonisten des Bösen turmhoch überlegen zeigen, ist die

Vorentscheidung gefallen. Die der Herr strafen will, die schlägt er auch hier mit Blindheit. Die sich gegenseitig hassenden Verschwörer um den Scheik ul Islam, Ahriman Mirza und die Khanum Gul durchschauen weder die militärische Ausweglosigkeit ihrer Situation noch die Bedrohung durch die Naturgewalten aus der Höhe und aus der Tiefe. Einen beträchtlichen Teil ihrer Truppen lassen sie durch Felsstollen heranführen, die durch ihre Gegner leicht zu blockieren sind. Außerdem schlagen sie unbedacht alle Warnungen, das Ruinengelände zu betreten, in den Wind.

Karl May entwarf, um die Niederlage der dunklen Kräfte zu schildern, die unheilschwangere Szenerie eines Schicksalsdramas:

Am Himmel waren die Sterne verschwunden, nicht etwa infolge von Regenwolken, sondern es schien, als habe er sich in einen dichten, undurchdringlichen Schleier gehüllt, um nicht sehen zu müssen, was sich hier unten ereignen werde. Es nahte eine zwar nicht vollständig dunkle, aber fahl obskure Mitternacht, so recht geeignet für Schemen, Phantome und Chimären.

Die entscheidende Endhandlung spielt sich – auch topographisch – auf drei Ebenen ab:

Der Ustad, Kara Ben Nemsi und ihre Begleiter begeben sich „hinauf nach dem Beit-y-Chodeh" (615), zum Säulentempel. Auf dem Weg dorthin durchstoßen sie die Zone des sich über das Tal lagernden Nebels. Sie gelangen in die freie, durchsichtige Morgenluft, denn der neue Tag will anbrechen. Auf den benachbarten Bergspitzen lodernde Feuer zeigen an, daß die Lawine zum Sturz ausholt. Der einem Windhauch weichende Nebel „wickelte und wirbelte" (617) auf die Ruinen zu. Schließlich gibt er den Blicken der Beobachter die beiden anderen Handlungsebenen frei.

Auf der nächst tieferen befindet sich auf einem Felsvorsprung neben einer steil abfallenden Mauerkante der Befehlsstand der Feinde, Ahriman Mirzas und der Khanum Gul. Ihrem Angriffsbefehl gegen die Heimstatt der Dschamikun und ihr gräßlicher Sturz in die Tiefe wird von der beinahe gleichzeitig niedergehenden Moräne überdeckt.

„Das war kein Krach, den es gab, kein Schlag, kein Knattern und Prasseln, kein Dröhnen und Rasseln, kein Knirschen und Tosen, kein Brausen und Sausen, kein Zerbersten, Zerspringen und Zerplatzen, kein Knallen, kein Beben, kein Zittern, kein Rollen", heißt es in einer onomatopoetischen Wortkaskade, „und doch aber war es dieses Alles, Alles, Alles, aber in so entsetzlicher und betäubender Weise vereint, daß es ganz unmöglich beschrieben werden kann." (622)

Die damit einhergehende Druckwelle wirft alle zu Boden. Die von einem ungezügelten Trieb des Hasses gepeitschte Khanum Gul gibt den Angriffsbefehl – und wird in den Abgrund gefegt. Der dem Irrsinn geweihte

Ahriman Mirza wird „von der Mauer hinweg und weit in die Luft hinausgeblasen". Dann verdunkelt aufwirbelnder Staub die Sicht. Der Aufprall der Lawine läßt den Boden erzittern und weckt Laute des Schreckens bei Menschen und Tieren, ein „überlaut zeterndes Getöse" (622).

Diese Naturkatastrophe und ihre Begleiterscheinungen machen auf der untersten Ebene des Geschehens den Kampf der Dschamikun und ihrer Alliierten gegen die Mächte der Finsternis beinahe überflüssig: Der Morgenwind, der das vorgesehene Schlachtfeld vom Staub reinigt, läßt die durch die höhere Gewalt verängstigten Haufen der Schatten-Krieger, ihrer Anführer beraubt, wie „fliehende Ratten" (628) ihr Heil in der Flucht suchen, sofern sie nicht in Gefangenschaft geraten.

Dort im ‚Tiefland' hat die Geröll- und Felslawine den Boden erschüttert. Durch eine unheimliche Bewegung, ein „langsames Wiegen hin und her", werden „wie von einem gigantischen Ungeheuer, welches Berge verzehrt und die Felsenknochen" in seinem „heißhungrigen, gefräßigen Schlund" verschlingt, die Ruinen durch sich bildende Schächte nach unten gesogen. Dieser gewaltige Druck von oben preßt das Wasser der unterirdischen Kanäle in den See, „daß es sich wie ein beutegieriger, springender Leviathan über seine Fläche stürzte und erst weit draußen verendend niedersank" (629f.).

Während dieser Entfesselung der Naturgewalten, einer wortmächtig geschilderten Allegorie, die Bildelemente des Turmbaus von Babel, der Sintflut und des Leviathan aus *Hiob* verschmilzt, hat sich aus allem Chaos jene als Symbol des Hohen und Reinen charakterisierte ‚Alabasterkrone' von ihrer über Jahrtausende dauernden Verhüllung befreit. Sie wird wahrgenommen, als sich die Staubwolke nah dem Felsensturz gesenkt hat, und ragt auf einem „freien, nackten, starken Felsenarm weit in die Luft" hinaus, „in dessen gewaltiger Faust die glänzend weiß blinkende Alabasterkrone" ruht. Sie ist Zeichen des anbrechenden Lichts. „Es war im Osten vollständig morgenrot geworden, und die Sonne stand dem Aufgange nahe. Die Alabasterkrone hoch oben lag bereits in vollster, goldiger Glut." May bietet sprachlich-stilistische Mittel von hohem Rang auf, um dem Verfall und der Finsternis des Bösen Glanz und Pracht eines Weltentages der Glorie entgegenzusetzen. Die Krone ist gleich dem Gral. „Sie flimmerte wie von millionen Diamanten und Rubinen." (629) Als Widerschein des Göttlichen erhellt sie im Sanctuarium des Gotteshauses das Bild des endlich erlösten ‚Verzauberten Gebetes', eine Paraphrase der Vorstellung vom verborgenen

Gott in der von Schakara erzählten Legende von ‚Chodeh, dem Eingemauerten'.

Bei der Erkundung der unterirdischen Kanäle und Höhlen hatte der Ich-Erzähler entdeckt, daß im hintersten Bassin auf einem „gewaltigen Sockel oder Postament" (310) die alabasterne Gestalt eines betenden Giganten aufragt. „Vom dunkeln Hintergrunde der Nische uns doppelt hell gezeigt", streckt dieses ‚alabasterne Gebet' nun seine „emporgehobenen Arme dem Aufgange der Sonne entgegen, um mit offenen Händen den Segen zu nehmen und zu spenden, in den der tausendjährige Fluch verwandelt worden war":

> Und wie sie nun emporstieg, die ersehnte Sonne, so kam ihr Licht von der funkelnden Alabasterkrone hernieder, wie auf Engelsschwingen getragen, die sich hold und froh zur Erde senken. Sie küßte die Stirn, die Wangen, den Mund des genau unter dieser Krone stehenden Gebetes und floß dann über das ganze Tal, um zu verkünden, daß es bisher nur Morgen gewesen, nun aber endlich und wirklich Tag geworden sei. (630f.)

Die Fülle des Lichts von oben läßt die Finsternis schwinden. Das ‚Gebet' offenbart die „frohlockende Menschheitsseele" (641).

Der *Silberlöwe* klingt nach der Katastrophe des unmenschlich Niedrigen in dieser durch poetisch überhöhte sprachliche Gestaltung aufgewerteten Apotheose der durch Liebe und Friedensgesinnung getragenen Menschlichkeit aus.

So kann man sich der Aussage Dieter Sudhoffs über Karl Mays „Phantasmagorie der Erlösung" im *Silberlöwen* anschließen. Was er über den ‚Großen Traum' deutend schrieb, gilt gewiß für das gesamte Spätwerk: „Mays Ansprüche waren und sind illusionär, aber es gehört zu den Aufgaben der Literatur, solche Utopien zu entwickeln, und sei es nur, um das Elend der Wirklichkeit fühlbar zu machen."[4]

Thema und Variationen

Der ‚heilsgeschichtlich' orientierte Ablauf der Handlung, wie er bisher anhand der abschließenden Partien des Werks *Im Reiche des silbernen Löwen* nachzuzeichnen versucht wurde, ist – wie an dieser Stelle nur anzumerken, nicht durch detaillierte Werkanalysen nachzuweisen ist – in Hinblick auf Inhalte und literarische Formung schon in den Reiseromanen und -erzählungen, ja rudimentär sogar in den Lieferungsromanen vorgebildet.

Im *Silberlöwen III* und *IV* werden diese Präfigurationen in einer für Karl Mays damalige Lebenskrisen erstaunlichen und bewunderungswürdigen Steigerung der Invention und Gestaltungskraft ins weltanschaulich Allgemeine erhoben und zugleich durch einen philosophisch-religiösen Synkretismus unterbaut.

Die Reiseerzählung *Und Friede auf Erden!* (1901 und 1904) weist, was Sujet und Sinngehalt anbelangt, auf Grundanliegen der letzten beiden Teile des *Silberlöwen* hin, nämlich auf den zwischen ‚Ange et Diable‘, zwischen gutem und bösem Weltprinzip, zwischen geistig-moralischem Aufstieg und Niedergang gestellten Menschen und auf dessen Erlösung durch eine von höheren Gewalten begleitete Pädagogie. Unübersehbar sind Verwandtschaften und Parallelitäten im Schicksal der handelnden Personen, im Spannungsbogen der Ereignisse und in den literarischen Instrumentarien. Auch in *Und Friede auf Erden!* findet sich die Antwort auf die ‚Menschheitsfrage‘ am Ende einer langen Reise und führt eine ‚communio viatorum‘ in ein paradiesisches Land Nirgendwo edler Humanität; auch in diesem Werk stürzen die Verächter menschlicher Hochziele in ein höllisches Chaos. Die Ähnlichkeit der erzählerischen Mittel und Techniken, die bei allen Mayschen Spätschriften festzustellen ist, zeigt sich im Symbolgehalt der Ereignisse, in der oft melodramatisch und ikonographisch komponierten Erzählsequenz und nicht zuletzt beim Einsatz von Märchen, Legenden und Gedichten, die eine psychagogische Funktion besitzen und Geschehnisse zum Gleichnis werden lassen.

Obwohl sich die Arbeit am *Silberlöwen* und an *Und Friede auf Erden!* zeitlich überschnitten haben mag, lassen sich auch bezeichnende Unterschiede konstatieren. Letzteres Werk, das hohe Lied vom Weltfrieden, ist ohne Zweifel wirklichkeitsnaher. Die Reise von Kairo nach China bildet Erlebnisse der Orientreise Mays (1899/1900) nach; der sogenannte Boxeraufstand und der Opiumkrieg lieferten – im weiteren Sinne – den historischen Hintergrund; ein Teil der Personen ist realen Gestalten oder in früheren Schriften vorkommenden nachgezeichnet. Karl May ist Ich-Erzähler, der im *Silberlöwen* seine Kriegsnamen und Wunderwaffen in der „Rumpelkammer" (XXIX 64) zurückgelassen hat, tritt unter seinem wahren Namen auf und wird von seinen Bekannten aus Old England ‚Charley‘ genannt. Der Realität angenähert, bewegt er sich auf Reittieren nur als Tourist. Ansonsten benutzt er die Verkehrsmittel des 20. Jahrhunderts.

Erwähnt werden Telegraf und Telefon, und die Rede ist von modernen Lehranstalten.

Ungeachtet dieses Übergangs aus der im *Silberlöwen* stilisierten zeitlosen orientalischen Sphäre in die Umwelt des beginnenden 20. Jahrhunderts scheint jedoch über dem gesamten Erzählwerk ein Gespinst von dem Stoff zu liegen, aus dem Träume gemacht werden sowie hohe menschliche Ziele. Verdichtet begegnet ihm der Leser in dem Kapitel mit der Überschrift *Der Shen-Ta-Shi*. Dort befinden sich Wurzel und Mittelpunkt einer ‚Verbrüderung', die sich über Länder erstreckt, „in denen über siebenhundert Millionen Menschen wohnen" und die „immer weitergreifen möge, hoffentlich auch bis in das Abendland hinüber" (XXX 517).

Die ‚Shen' soll zur „Gesamtheit von allen, allen Menschen" wachsen, „die auf Erden endlich einmal Frieden haben wollen" (551). Ihre Losungen heißen ‚Schin'– Humanität, ‚Ti' – Bruderliebe, und ‚Ho'– Frieden (626).

Den Absichten dieses Bruderbundes, jenem allen utopischen Menschheitsträumen eigenen ‚spiritus rector' und Ferment der Verbesserung, steht das Alte, Überholte und zum Untergang Verurteilte bedrohlich entgegen. Im *Silberlöwen* wurde es durch den Taki-Fundamentalismus und dessen Protagonisten Scheik ul Islam und durch Ahriman Mirza verkörpert.

In *Und Friede auf Erden!* werden Arroganz, Borniertheit und Aggressivität von Vertretern eines intoleranten Konfessionalismus sowie des abendländischen Rassismus als „Sünder gegen die Völker- und Menschenrechte" (134) exemplarisch in dem Kreis um den ‚Leutnant Dilke' geschildert.

Im abschließenden Teil der Erzählung, da sich der ‚Höllen-Sturz' vorbereitet, ballt sich die Konfrontation von Spiel und Gegenspiel im wesentlichen um drei Geschehnisse:

Die Parteigänger Dilkes werden von den chinesischen Bewohnern von ‚Shen-Kuo', Land der Shen, überwältigt. Ihr Dampfer ‚Seine Exzellenz der Europäer' mit seiner Ladung von Opium und Waffen wird ein Raub der Flammen.

In den anschließenden Szenen entwickelt May ein Bild vom geistigen Verfall des einst so forschen Kolonisators Dilke in einer Abwandlung der ‚Chodem'-Passage aus dem *Silberlöwen*. Trat dort der Ustad in persischer Tracht Ahriman Mirza als dessen ‚zweites Selbst' entgegen und ließ ihm die Wahl zwischen Tod und Wahnsinn, so nistet sich in Dilke in zunehmendem Maße die psychische Beschädigung seines Onkels Waller ein. Sie hatte sich als mit äußerster Unduldsamkeit gepaarte Missionierungssucht in psychosomatischem Verfall offenbart, dem in einem schwierigen und langwierigen Prozeß Rekonvaleszenz und Heilung beschieden war. Bei der seelischen Genesung waren die bedrohlichen traumatischen Zustände durch die Strophen von Karl Mays Gedicht *Tragt Euer Evangelium hinaus* gelindert worden.

In einem seelischen Zweikampf erreicht Wallers ‚Heilung durch den Geist' seinen Höhepunkt. Der ihn quälende ‚Ungeist' ergreift vom Neffen Dilke Besitz. Waller wird mit Hilfe der Mayschen Verse von der siegenden Liebe vom Abgrund zurückgerissen; in Dilke ‚fährt' gleichsam als dem Alter ego seines Onkels die Verwirrung des Wahnsinns. Seine Gestalt sinkt nach dem konträren ‚Exorzismus' zusammen:

„Die Gesichtszüge begannen sich zu verzerren." Er zog „die Schultern wie unter Schmerzen in die Höhe, fuhr sich mit den Händen nach den Ohren und rief: ‚Lieben, lieben, lieben und nur immer lieben! Das ist ja eben die ‚Shen', die ‚Shen', die ‚Shen'! [...] Wenn das hier wieder beginnt und so weitergeht wie bisher, so mache ich es wie der Teufel dort auf dem Bilde: Ich stürze mich in den Abgrund [...]!" (645)

Der „religiöse" und der „zivilisatorische" „Raufbold" sind in der Person Dilkes eins geworden, das „hinunter in den Schlund" muß (647).

Der irrsinnige Dilke entweicht und stürzt in den gähnenden Abgrund des Felsenkamins, durch den die fallenden Wassermassen die Turbinen eines Elektrizitätswerks antreiben. „Wenn er nicht vollständig zermalmt und zerrieben wird", lautet der Kommentar, „so hat das höchstens, falls seine Leiche in das Werk gerät, eine kurze Störung des elektrischen Stromes zur Folge" (651).

In der entstehenden Dunkelheit, die durch die „Leiche eines aus dem Paradies Gestürzten" verursacht wurde, wird die dunkle Botschaft, die „Trauerkunde", verkündet, daß es Krieg gibt. Aber die Niedergeschlagenheit währt nur kurze Zeit, da doppeltes Licht erstrahlt: der wieder fließende elektrische Strom verbreitet „leuchtende Glut" und wird jubelnd begrüßt, denn die erwachende Helle zeugt von der unversiegbaren Quelle jenes „Lichtes, das zwar verdunkelt werden, doch nie verlöschen kann". Es ist „die allerhöchste Gnade und der allerhöchste Schutz" „des Allmächtigen und Allliebenden, bei dem es ewig Frieden gibt, selbst wenn des Krieges Ruf hier bei uns Törichten sogar am ‚großen Tag der Menschlichkeit' erklingt" (658-660).

Auch im *Mir von Dschinnistan* (*Ardistan und Dschinnistan*) begegnet der Leser jenem Gefüge der Handlung, das im *Silberlöwen* urbildlich in Erscheinung trat und in *Und Friede auf Erden!* in der eben skizzierten Abwandlung gestaltet wurde.

Dieses dritte Alterswerk Karl Mays, das ein wahrhaft großer Roman sui generis ist, schließt nach Inhalt, Milieu und Atmosphäre unmittelbar an den *Silberlöwen* an. Der dort nach der Vorübung in *Am Jenseits* geprägte neue Stil, mit dem es zu einem im „mythenhaften Nirgendwo" spielenden, „rein visionäre[n], surreale[n] Phantasiegebilde" mit durchgehender „Allegorisierung und Chiffrierung der Handlung"[5] kommt, treten wiederum die vertrauten Personen Kara Ben Nemsi, Hadschi Halef, Marah Durimeh, Schakara usw. auf. ‚Sitara', das Land der Sternenblumen, und die auf dem imaginären Weg zu ihm zu durchquerenden und seelisch zu bewältigenden Länder Ardistan und Dschinnistan sind Gleichnisse des menschheitlichen Aufstiegs vom naiv-zutraulichen Tiersinn über die machtgierige Bestialität zum sittlichen Zustand der Humanität.[6] Der *Mir* umfaßt Weltanschauung und Geschichtsphilosophie.

Kara Ben Nemsi, der im Auftrag von Marah Durimeh als Bote des Friedens und der Versöhnung nach Ardistan, ins Reich der Machtmenschen reist, um dessen Herrscher davon zu überzeugen, seine Untertanen in Güte und Gerechtigkeit zu beherrschen, erlebt in einer an Bedeutungen überreichen Fülle von Landschaftsformen und Bauten, wie der Gewaltherrscher von Ardistan durch Leid und Gefangenschaft schmerzhaft belehrt und durch Vorbilder sittlichen Verhaltens geläutert wird. Vor allem wird er zum Widerstand gegen eine Verschwörung ermuntert, die gegen ihn angezettelt worden ist. Nach dem Modell des *Silberlöwen* erweist sich als deren geistiger Leiter der Wächter über die Rechtgläubigkeit der Moslems. Der militärische Kopf des Aufstands ist der böse Prinz, der ‚Panther', „der sich in den Kopf gesetzt [hat], Herrscher sein zu müssen".[7] Der ‚Panther' repräsentiert den Gewaltmenschen; er ist eine Verkörperung der Niedrigkeit und Roheit, „das Tier im Menschen, die Bestie", die gegen den „eigenen Bruder wütet und stündlich auf der Lauer liegt, seine Wohltäter zu zerfleischen".[8] Dieser ‚Über-Ahriman' ist begabt, ein großer Mann zu werden. In seinem Innern jedoch herrscht das Naturell „wie ein wildes Tier".[9]

Der zum Positiven gewandelte Mir von Ardistan tritt gegen die Heeresmacht des ‚Panthers' an. Seine Truppen, verstärkt durch die ‚Schwarzgepanzerten' des Mir von Dschinnistan, stellen sich am Dschebel Allah zur

Entscheidungsschlacht. Deren strategische Disposition erinnert erneut an das im *Silberlöwen* geschilderte Schema der Umfassungsschlacht:

> Die Spitzen unserer beiden Flügel hatten den Fuß des Gebirges und die Saumpfade erreicht, auf die sie [die Streitkräfte des ‚Panthers'] angewiesen waren. Der „Panther" war also im Süden von unserm Halbkreise und im Norden von dem Gebirgszuge derart umschlossen, daß ihm zum einstweiligen Entkommen nur die eine Lücke blieb, welche von dem Passe des Dschebel Allah gebildet wurde. Dort hatten die Lanzenreiter von El Hadd und Halihm Fühlung mit den „Schwarzgepanzerten" des 'Mir von Dschinnistan bekommen [...]. Damit saß der „Panther" in der Falle.

Auch in dem folgenden Endkampf drohen Vorzeichen und Warnungen aus der Tiefe und von den Höhen. Eine Verfinsterung des Himmels und ein „scharfer Wind" prophezeien Unheil. Die gotteslästerliche Prahlerei des ‚Panthers' wird durch ein Geräusch unterbrochen, „als müsse Himmel und Erde zugrunde gehen, und die letztere begann zu wanken".[10] Die Erdstöße, die nach dem erschreckten Aufschrei des ‚Panthers' nur ein Werk des ‚Scheitan' darstellen können, weisen wie im *Silberlöwen* auf die Gewalt höherer Macht hin, die in die Auseinandersetzung des Bösen mit dem Guten eingreift. Die ‚Natur' ist in dieser Nacht voller apokalyptischer Bedrohungen: „Die Sterne verschwanden, oder vielmehr, sie waren noch da, aber man konnte sie nicht mehr unterscheiden [...]. Auch der Mond wurde immer unklarer und verlor die Schärfe seiner Umrisse." Pferde und Menschen werden von einem „ganz eigenartigen Gefühle der Unsicherheit" und der „seelische[n] Beklemmung" erfaßt.[11]

Die Heere befinden sich zu dieser Zeit im ‚Gebiet der Vulkane', deren Leuchten und Glühen während des Rittes hinauf nach Dschinnistan zu sehen gewesen ist. Begleitet wurde dies von einem sich verstärkenden unterirdischen Beben.

Die Glut der Berge „im ferneren, im höchsten Dschinnistan" beginnt zu steigen; aus den Seitenkegeln des Dschebel Allah glüht Dämmerschein, und pfeifende Luftstöße werden aus den Kratern gepreßt, „als ob sich im Innern der Erde Kräfte gesammelt hätten, die sich befreien wollten und doch nicht konnten".

Es soll sich bewahrheiten, was die Anhänger alter Mythen zu vermelden wußten, daß nämlich „das gegenwärtige Jahr das bekannte hundertste sei, in dem das Paradies sich öffne, um seine Erzengelfrage über die ganze Erde und über die ganze Menschheit erklingen zu lassen".[12]

Der Ausbruch des Dschebel Allah steht bevor. Karl May schildert beeindruckend das anbrechende Inferno, das Getöse sich loslösender, niederschmetternder zerberstender Felsenstücke, die Todesschreie der von ihnen vernichteten Tiere und Menschen, Blitz und Donner und die in den Farben des Regenbogens sich aus dem Erdinnern ergießende Fontäne des die Wüstenebene belebenden Wassers.

Nach diesen Schrecknissen erhebt sich aus dem Chaos der Nacht ein „einzig schöner Morgen [...] im friedlichen Lichte des auferstandenen Tages".[13]

Die Schlacht am Dschebel Allah ist entschieden. „Die Kanonen wurden in die Schluchten und Abgründe gestürzt, und wer nicht Zeit zu fliehen fand, der liegt zermalmt unter Felsen oder zerschmettert in der Tiefe."[14] Der strafenden höheren Gerechtigkeit ist allein noch einmal der ‚Panther' mit einer kleinen Truppe seiner Anhänger entkommen. Aber nur eine kurze Gnadenfrist wird ihm gegönnt. Er geht in die ‚Pantherfalle', eine sich mit steigenden Wassern füllende Zisterne, in der er, der Gnade verschmäht, schimpflich untergeht. Wie bei Ahriman und Dilke geht jedoch dem körperlichen Tod der seelisch-geistige, der Wahnsinn, voraus. Der „Wahngedanke seines ganzen Lebens"[15], Macht zu besitzen und zu herrschen, treibt ihn in das sichere Verderben.

Die Ur-Mutter und Menschheitsseele, Marah Durimeh, zelebriert die Apotheose und Zukunftshoffnung:

„Die Zeit dieser Menschen ist dahin. Sie verschwindet, wie die Sonne da vorn verschwunden ist [...]. Zwar kommt morgen ein neuer Tag, unaufhaltsam und unwiderstehlich, aber es ist ein ganz anderer Tag als der heutige. Die Erde sehnt sich nach Ruhe, die Menschheit nach Frieden, und die Geschichte will nicht mehr Taten der Gewalt und des Hasses, sondern Taten der Liebe [...]."

Die neue Zeit soll „Helden der Wissenschaft und der Kunst, des wahren Glaubens und der edlen Menschlichkeit" hervorbringen.[16]

Von diesen Tagen, da alles neu werden will, erzählt Karl May auch in seinem letzten großen Werk, in *Winnetou IV*. Damit griff er eines der Leitthemen seines Schaffens auf, formte es gemäß den Idealen seiner Altersschriften und führte die nordamerikanische und die orientalische Komponente seines Erzählens zur imponierenden Ganzheit zusammen. Auch *Winnetou IV,* über das gleichsam die späte Sonne des Indianersommers und die gedämpften Töne des Abschieds hingebreitet sind, weist beinahe alle den großen Werken nach 1900 eigenen Wertvorstellungen,

Bilder, Motive, unter anderem auch die kompositorischen Elemente der Schlußkatastrophe auf.

Mit *Winnetou IV* knüpfte Karl May, was den Zeithorizont des Erzählers und die Grundkonzeption anbelangt, an *Und Friede auf Erden!* an. Bot dort seine Orientreise eine imaginäre Realität für die erzählte Handlung, so hier die Amerikareise von 1908. Dort erlaubten ihm die Umstände personeller und geographischer Natur auf seinen Heldennamen zu verzichten. In *Winnetou IV* griff er einen altvertrauten Stoff auf und war genötigt, als Ich-Erzähler mit seinem Klarnamen ‚May' und als ‚Old Shatterhand a.D.' sowie unter dem Pseudonym ‚Mr. Burton' aufzutreten und ‚dreißig Jahre danach' alte Wild-West-Gefährten wiederzubeleben.

Die allgemeine Motivation, sich erneut der Winnetou-Thematik zuzuwenden, sie zum Winnetou-Mythos zu verklären und begrenzt die Shatterhand-Legende zu beleben, ist wohl in der Annahme aus *Und Friede auf Erden!* zu suchen, daß es ‚schlafende Völker' und ‚Rassen' gibt, die zu ihrer Zeit aufwachen und zu neuer weltgeschichtlicher Aktivität finden können. In *Und Friede auf Erden!* beklagt er: „Die rote [Rasse] haben wir glücklich hingemordet, denn was von ihr noch übrig ist, das sind nur noch die letzten, ersterbenden Hauche einer vierhundert Jahre langen, ununterbrochenen Todesklage." (XXX 140) In der Exposition von *Winnetou IV* legt er einem ‚Universitätsprofessor' diese inzwischen überwundene Anschauung vom Schicksal der roten Rasse in den Mund. Mays Kritik gilt dessen Auffassung vom Aussterben der Indianer. In Wahrheit, so May, handle es sich nur um einen „seelischen Schlaf". Die „Hauptaufgabe des Menschengeschlechtes" bestehe nicht – wie jener Völkerkundler meine – „in der Entwickelung der völkerkundlichen Sonderheit und Individualität", sondern „in der sich immer mehr ausbreitenden Erkenntnis, daß alle Stämme, Völker, Nationen und Rassen" sich „zur Bildung des einen, einzigen, großen, über alles Animalische hoch erhabenen Edelmenschen" zusammenschließen sollen. „Erst dann, wenn die Menschheit sich von innen heraus [...] zu dieser harmonischen, von Gott gewollten Persönlichkeit geboren hat, wird die Schöpfung des wirklichen ‚Menschen' vollendet sein und das Paradies sich uns [...] von neuem öffnen." (XXXIII 3)

Ausgehend von dieser globalen Zielvorstellung vom Sinn der Menschheitsgeschichte wird jenes das Alterswerk Mays leitende heilsgeschichtliche Grundthema aufgegriffen, weitergeführt und aus den orientalischen Regionen in die indianischen Lebensräume der klassischen Reiseerzählungen verlagert.

Das Geschehen konzentriert sich um die Errichtung eines Winnetou-Denkmals als Symbol des wahren Indianer- und Menschentums im südlichen Winkel zwischen Arizona und New Mexico. Es soll eine das Wesen und die Botschaft des „berühmtesten Häuptlings aller Nationen" (8) verherrlichende Statue werden. Altbekannte Personen und Nachwuchs handeln in einer veränderten Umwelt, die in erster Linie modernisiert ist durch technische Errungenschaften des beginnenden 20. Jahrhunderts, z.B. Elektrizität, Flugzeug u.a.m.

Wie in den vorangegangenen Spätschriften lassen sich in Spiel und Gegenspiel drei Gruppen unterscheiden: Die Vertreter des guten, Menschenliebe und Frieden erstrebenden Prinzips, die auf dem mit Hindernissen äußerer und innerer Natur, abenteuerlichen Aktionen aus dem Repertoire der früheren Reiseerzählungen sowie geistigen und sittlichen Affektionen angereicherten Weg dorthin die macht- und rachsüchtigen Widersacher erfolgreich bekämpfen – und jene Gestalten des Übergangs, deren ‚Bekehrung' den Sieg edler Humanität befördert.

Zu denen, die das kostspielige und ehrgeizige Vorhaben ablehnen, das einen ‚äußeren' Winnetou zeigt, der ein „aal- oder schlangenhaftes" Aussehen wie ein aus dem Hinterhalt hervorschnellender „Panther" (446) besitzt, zählen neben Shatterhand-Burton samt Frau und Begleiter die im ‚Clan Winnetou' vereinten Hoffnungsträger.

Ihre Feinde sind die Mitglieder des von Gewinnsucht angetriebenen ‚Komitees', deren Helfer und die in ihrer alten Feindseligkeit und Rachsucht vergreisten Häuptlinge der Komantschen und Kiowa. Die von der Untat ihres Vaters, des Mörders Santer, und von Schuldkomplexen getriebenen Brüder Hariman und Sebulon Enters sühnen durch ihren Tod das Verbrechen des Vaters. Old Surehand und seine Söhne, die Schöpfer des Winnetou-Denkmals, werden von den Vorkommnissen am Mount Winnetou belehrt und widmen sich wertvolleren Aufgaben. Tatellah-Satah, der ‚Bewahrer der großen Medizin', verkörpert die herausragenden Traditionen des Indianertums und deren ‚Aufhebung' im Zeitalter künftiger Wiedergeburt.

Die Auseinandersetzungen zwischen diesen Parteiungen vollziehen sich nach dem bereits im *Silberlöwen* vorgezeichneten Grundmuster von unheilträchtigen Geheimnissen der ‚Höhle' und Erhebung zu lichten Höhen.

Erneut verdichtet sich die Endhandlung in einer Landschaft von bizarrer Schönheit mit Bergen, Felstürmen, stürzenden Wassern, verzweigten Höhlenlabyrinthen und Bauten uralter indianischer Kultur. Der materialisierte Inbegriff eines falschen, entseelten Winnetou-Verständnisses, das begonnene Monumentalstandbild, erhebt sich auf einer statisch ungesicherten Basis. Es handelt sich um ein von Tropfsteinhöhlen, Gängen, Tunneln und Sälen, die hinauf in die ‚Oberstadt', in die Residenz Tatellah-Satahs führen, unterminiertes Massiv. Dort befindet sich der Wohn- und Andachtsraum Winnetous, des ‚Herrlichen und Unvergleichlichen', mit dem Kreuz, dem Zeichen „für die Erlösung seiner Rasse" (478). In diesem Raum der symbolisch zu verstehenden ‚Höhe' versammelt May-Shatterhand die jungen Häuptlinge, die Garanten der Zukunft, um aus den testamentarischen Niederschriften Winnetous vorzulesen. Darin war nicht nur für sein Volk, sondern für alle Menschen die frohe Botschaft aufgezeichnet am Beispiel der inneren Entwicklung des ‚Edelmenschen' Winnetou, des ersten Bürgers einer besseren Menschheit.

Wie in vorangegangenen Spätwerken ließ Karl May auch in *Winnetou IV* Perspektiven für sein weiteres Schaffen transparent werden, indem er schrieb: „Den Inhalt dessen, was ich vorlas", also des schriftlichen Nachlasses Winnetous, „wird man kennen lernen, wenn das Testament im Druck erscheint." (522)

Indem sich die Auserwählten mit dem wahren Winnetou vertraut machen, mehren sich die Anzeichen des Untergangs. In den unterirdischen Höhlen und Gängen machen sich zunächst unscheinbare Risse bemerkbar. Herabbröckelndes Deckengestein und prasselnde Geräusche weisen darauf hin, daß Winnetous Kolossalstatue, die „fatale Figur" (493), auf unsicheren Fundamenten steht und sich die umgebenden Baugerüste bedenklich zur Seite neigen. Der äußeren Schieflage entspricht das verfehlte Unternehmen. „Weshalb hat Winnetou gelebt? Weshalb ist er gestorben?", fragt Old Shatterhand. „Wo ist sein Geist, wo seine Seele? Jeder Cowboy, Runner, Loafer oder Tramp kann genau in derselben Rowdy-Pose stehen wie die tönerne Figur [...], von der man uns sagte, daß sie Winnetou bedeute!" (498)

Der Kampf zwischen den guten und den bösen Kräften vollzieht sich in einem, aufs Ganze gesehen, dreifachen ‚Duell'.

Old Shatterhand stellt sich der Herausforderung der ‚alten Häuptlinge'. Er besiegt sie kampflos, da sie – befangen im Väterglauben – nicht auf ihre ‚Medizin' zu schießen wagen, die er an sich brachte und als Schild benutzt.

Die durch einen unterirdischen Gang herangeführten Krieger der feindlichen Stämme werden durch das folgende Naturereignis unschädlich gemacht.

Diese große Katastrophe bricht nach dem Modell des *Silberlöwen* und des *Mir von Dschinnistan* über alle jene herein, die den Idealen des Winnetou-Heilands Abbruch tun wollen. Die Erde bebt, das unvollendete Monument stürzt, „ein Donner rollte [...] – – ein Krach, als ob die ganze Welt untergehen wolle – – – " (593). Das Un-Bild Winnetous stürzt in den gähnenden Abgrund. Die in den tiefen Gängen zum Überfall bereitgestellten indianischen Krieger werden zunächst verschüttet, doch schließlich gerettet.

Dreigestaltig folgen darauf auch Triumph und Verklärung. Das technische Zeitalter gestattet es, mit Hilfe eines Projektionsapparates das Bild des von Mays Künstlerfreund Sascha Schneider gestalteten, zum Himmel emporstrebenden Winnetou, „mit wehendem Haar und zur Erde zurückkehrender Häuptlingsfeder" (615), vorzuführen.

Zum zweiten erfüllt der ‚junge Adler' als Vertreter einer neuen, zukunftsorientierten Generation die alte Verheißung indianischer Mythen. Er umkreist mit einem Flugapparat dreimal den ‚Berg der Medizinen' und holt den ‚Schlüssel' zu den Königsgräbern, da sich das Erbe indianischer Geschichte und Kultur mit allem Licht und Schatten enthüllt und „Freude, Hoffnung und Zuversicht" für alle anhebt, die gewillt sind, „sich an dem großen Aufstieg nach den Höhen der Menschheit" (610) zu beteiligen.

Die Keimzelle dieser zum Lichten und Höheren Strebenden stellt der ‚Clan Winnetou' dar, dessen Mitglieder das ‚Gesetz von Dschinnistan' heilig halten, daß jeder Mensch zum Schutzengel eines anderen werden soll.

Als geistige Krönung des Menschheitsdramas, wie es Karl May zu schildern unternahm, führt er in dem Märchen von Dschinnistan, dem „Land der Schutzengel" (276), den orientalen und den okzidentalen tiefsten Sinn seines Fabulierens schließlich zu jenen „goldene[n] und diamantene[n] Reifen"[17] zusammen, von denen im *Mir von Dschinnistan* die Rede war.

„Es sind viele, viele tausend Jahre her", lautet die Sage, „da war Amerika noch mit Asien verbunden. Es gab im hohen Norden eine Brücke von dort nach hier herüber. [...] Zu dieser Zeit, also vor Tausenden von Jahren, kamen große, herrliche Menschen, die körperlich und geistig wie Riesen gestaltet waren, über diese Brücke zu unsern Ahnen herüber und brachten Grüße von ihrer Herrscherin, der Königin Marimeh. [...] Die Gesandten Marimehs erzählten von dem hochgelegenen Reiche Dschinnistan. In diesem gibt es nur ein einziges Gesetz, welches das ‚Gesetz der Schutzengel' heißt. [...] Ein jeder Untertan dort hat im Stillen der unbekannte Schutzengel eines andern Untertanen zu sein." (276f.)

Aber die Festlandsbrücke stürzte ein; die Gesandten aus Dschinnistan erschienen nicht mehr, und das Paradies der Menschenbrüderschaft wich der Zersplitterung der Völker und der Gewaltherrschaft. Die rote Rasse zerstäubte in Atome. Sie ist verloren, „wenn nicht aus der Tiefe dieses Sturzes sich ein großer, rettender Gedanke erhebt" (279).

Winnetou wurde sein Messias, der Künder besseren Menschseins. Seine ihm würdigen Nachfolger, die ‚Winnetahs' und ‚Winnetous', im ‚Clan Winnetou' vereint, wollen erreichen, daß jeder „rote Mann sich bestrebt, der Engel seiner Brüder zu sein", und daß „dieser Himmel sich [...] dann wieder zur Erde neigt" (287).

So strebte der alte Karl May immer wieder aufs Neue zum ‚Eigentlichen'. Seine Visionen von dem die Menschheitsgeschichte und das Einzelschicksal beherrschenden Kampf des tierisch Bösen mit dem obsiegenden Guten variierte er in seinem Spätwerk in immer neuen Anläufen. Dabei waren ihm die dieses Drama gleichnishaft abbildenden Kräfte der Weltreligionen und die es dichterisch thematisierenden Licht- und Schattengestalten der Literatur bewußt oder unbewußt präsent. Daß Karl May unentwegt um diese Menschheitsfrage rang, mag auch die Erschöpfung seiner schöpferischen Invention mitbewirkt haben. Vor allem aber war es ein innerer Zwang, nach Maßgabe der ihm verliehenen und durch immensen Fleiß vervollkommneten Gaben vom ‚Tiefland' zum ‚Hochland' und vom animalischen zum ‚Edelmenschen' streben zu müssen.

Anmerkungen

1   *Karl-May-Handbuch*, hg. v. Gert Ueding. Stuttgart 1987, S. 295 (Joachim Kalka).
2   Hans Wollschläger: *Das „Hohe Haus". Karl May und das Reich des Silbernen Löwen.* In: JbKMG 1970, S. 127.
3   Dieter Sudhoff: *Karl Mays Großer Traum. Erneute Annäherung an den ‚Silbernen Löwen'.* In: JbKMG 1988, S. 175.
4   Ebd.
5   *Karl-May-Handbuch* [Anm. 1], S. 309 (Heinz Stolte).
6   Vgl. Franz Hofmann: *J. H. Pestalozzis politisch-pädagogisches Bekenntnis in seinen ‚Nachforschungen' als Zeitgemälde in einem Triptychon hoch- und spätbürgerlicher Geschichtsphilosophie und Anthropologie.* In: Pädagogische Rundschau 34 (1980), S. 143-162.

7	Karl May: *Der Mir von Dschinnistan* (*Hausschatz*-Reprint). Hamburg, Regensburg 1976, S. 215.
8	Ebd., S. 293.
9	Ebd., S. 179.
10	Ebd., S. 301f.
11	Ebd., S. 304.
12	Ebd.
13	Ebd., S. 307.
14	Ebd., S. 309.
15	Ebd., S. 315.
16	Ebd., S. 318.
17	Ebd.

Bibliographie

Aufgenommen sind Publikationen, die monographisch oder themenübergreifend Karl Mays Tetralogie *Im Reiche des silbernen Löwen* behandeln. Die mit * gekennzeichneten Titel sind im vorliegenden Band vollständig oder in Auszügen abgedruckt.

Anonym: *Karl Mays Rache.* In: *Kölnische Volkszeitung* 44 (20.8.1903), *Literarische Beilage* 34.
Anonym: *Im Reiche des silbernen Löwen, Und Friede auf Erden* (Rez.). In: *Bayerischer Kurier*, München (27.12.1906).
Barnick, Eugen: *Der Edelmensch in Karl Mays Werken.* In: KMJb 1920, S. 461-468.
Becker, Sibylle: *Karl Mays Philosophie im Spätwerk.* Ubstadt 1977.
Biermann, Joachim: *Karl May, Friedrich Naumann und die Datierung des zweiten ‚Silberlöwen'-Bandes.* In: JbKMG 2007, S. 9-20.
Cornaro, Franz: *Karl Muth, Karl May und dessen Schlüsselpolemik.* In: JbKMG 1975, S. 200-219.
Dernen, Rolf: *Im Reiche des silbernen Löwen. Aus der Werkstatt eines Erfolgsschriftstellers VI, 1. Teil: Band I und II.* In: *Karl May & Co* 92 (2003), S. 37f.
Ders.: *Im Reiche des silbernen Löwen. Aus der Werkstatt eines Erfolgsschriftstellers VII, 2. Teil: Band III und IV.* In: *Karl May & Co* 93 (2003), S. 15-17.
*Droop, A[dolf]: *Karl May. Eine Analyse seiner Reise-Erzählungen.* Cöln-Weiden 1909 [Auszug: S. 75-95].
Eicke, Otto: *Der verschüttete Quell.* In: KMJb 1930, S. 65-76.
Ders.: *Der Bruch im Bau.* In: KMJb 1930, S. 77-126.
*Ellwanger, Wolfram: *Begegnung mit dem Symbol. Gedanken zu Karl Mays ‚Im Reiche des silbernen Löwen IV'.*
Grumbach, Gernot: *Das Alterswerk Karl Mays. Ausdruck einer persönlichen Krise.* SoKMG 32 (1981).
Haefs, Hanswilhelm: *Kopfidentitäten.* In: MKMG 81 (1989), S. 14-18.
*Hahn, Jürgen: *Sprache als Inhalt. Zur Phänomenologie des ‚alabasternen Stiles' in Karl Mays Roman ‚Im Reiche des silbernen Löwen'. Ein Entwurf.*
Hatzig, Hansotto: *An einem Tag in Riva.* In: *Der Hausfreund* (30.3.1957).
Ders.: *Karl May und seine Welt. Biographische Streiflichter aus seinem „Schattenroman".* Masch. Arbeit. 1958.
Ders.: *Die Wende in Leben und Werk des Karl May. Zu seinem 50. Todestag am 30. März 1962.* In: *Fuldaer Volkszeitung* (30.3.1962).
Ders.: *Litanei über den Kerbel.* In: *medico* (1963).
Ders.: *Karl May und Sascha Schneider. Dokumente einer Freundschaft.* Bamberg 1967.
Ders.: *Dschanneh, ein Name ohne Gestalt.* In: MKMG 25 (1975), S. 18-23.
Ders.: *Karl Mays letzte Reise nach Tirol.* In: MKMG 35 (1978), S. 17f.
Ders.: *Karl-May-Register: Band 26/27, 28/29.* SoKMG 11 (1978).
*Ders.: *Die Frauen im Reiche des silbernen Löwen. Lesenotizen und Impressionen.*
Ders.: *Abrechnung mit dem „Bruch im Bau".* In: MKMG 99 (1994), S. 20-23.

Ders.: *Register zu Karl Mays Reiseerzählungen. Mit Anmerkungen und Zitaten.* Ubstadt 1995.
* Hofmann, Franz: *Höllensturz und Verklärung. Der Handlungsabschluß im ‚Silberlöwen' als Paradigma für die Alterswerke Karl Mays.*
Ilmer, Walther: *Einführung*, in Karl May: *Im Reiche des silbernen Löwen* (*Hausschatz*-Reprint). Hamburg, Regensburg 1981, S. 2-12.
Ders.: *Nachwort*, in Karl May: *Im Reiche des silbernen Löwen* (*Hausschatz*-Reprint). Hamburg, Regensburg 1981, S. 265-276.
Ders.: *Karl May – Mensch und Schriftsteller. Tragik und Triumph.* Husum 1992.
*Ders.: *Mißglückte Reise nach Persien. Gedanken zum ‚großen Umbruch' im Werk Karl Mays.*
Jeziorkowski, Klaus: *Empor ins Licht. Gnostizismus und Licht-Symbolik in Deutschland um 1900.* In: *The Turn of the Century. German Literature and Art, 1890-1915*, ed. by Gerald Chapple and Hans H. Schulte. Bonn 1981, S. 171-196.
Kalka, Joachim: *Im Reiche des silbernen Löwen I-II.* In: *Karl-May-Handbuch*, hg. v. Gert Ueding. Stuttgart 1987, S. 282-288; 2. erweiterte u. bearbeitete Auflage Würzburg 2001, S. 236-240.
Ders.: *Im Reiche des silbernen Löwen III-IV.* In: *Karl-May-Handbuch*, hg. v. Gert Ueding. Stuttgart 1987, S. 288-301; 2. erweiterte u. bearbeitete Auflage Würzburg 2001, S. 240-249.
Keindorf, Gudrun: *„Ich bin Schakara, welche du vom Tode errettet hast." Überlegungen zu Identifikation und Identität.* In: MKMG 104 (1995), S. 3-7.
Dies.: *Weibliche Seele – Männlicher Geist? Zur Rollenverteilung im Spätwerk Karl Mays.* In: JbKMG 2002, S. 181-233.
Kittler, Udo: *Karl May auf der Couch? Die Suche nach der Seele des Menschen. Eine literaturpsychologische Studie zur Rezeption der „Lehre vom Unbewußten" im Spätwerk Karl Mays.* Ubstadt 1985.
Kittstein, Werner: *Fiktion als erlebte Wirklichkeit: Zur Erzähltechnik in Karl Mays Reise-Romanen. Teil II: Einzeluntersuchungen an Beispielen der späten Reise-Romane und Altersnovellen.* In: JbKMG 1998, S. 208-252.
Klußmeier, Gerhard/Plaul, Hainer: *Karl May. Biographie in Dokumenten und Bildern.* Hildesheim, New York 1978; aktualisierte und erweiterte Neuausgabe (*Jubiläums-Bildband*) Hildesheim, Zürich, New York 1992.
Dies.: *Karl May und seine Zeit. Bilder, Texte, Dokumente. Eine Bildbiografie.* Bamberg, Radebeul 2007.
Koch, Eckehard: *Zur Person Osman Paschas alias Adolf Farkas in Mays „Silbernem Löwen".* In: MKMG 75 (1988), S. 24-28.
Kosciuszko, Bernhard (Hg.): *Großes Karl-May-Figurenlexikon.* Paderborn 1991; zweite, verbesserte, überarbeitete und erweiterte Auflage Paderborn 1996; dritte, verbesserte u. ergänzte Auflage (*Das große Karl May Figurenlexikon*). Berlin 2000.
Krenski, Werner von: *Friedrich Nietzsche – Karl May.* In: KMJb 1923, S. 198-237.
Krischel, Volker: *Karl Mays „Schattenroman". Gesichtspunkte zu einer „Weltdeutungs-Dichtung".* SoKMG 37 (1982).
*Ders.: *„Wir wollen nicht Herren über euren Glauben sein, sondern Helfer zu eurer Freude." Anmerkungen zu Karl Mays Religionskritik im ‚Silberlöwen III/IV'.*

Kühne, Hartmut: *Der Nachtmahr.* In: MKMG 11 (1972), S. 12-14.
Lieblang, Helmut: *Glocken im persischen Kurdistan. Karl May blättert im Lexikon.* In: MKMG 131 (2002), S. 34-36.
*Lorenz, Christoph F.: *„Das ist der Baum El Dscharanil". Gleichnisse, Märchen und Träume in Karl Mays ‚Im Reiche des silbernen Löwen III und IV'.* In: JbKMG 1984, S. 139-166.
Ders.: *Vielsagend oder unsäglich? KMG-Mitglieder diskutieren über das Spätwerk Karl Mays.* In: MKMG 79 (1989), S. 22-25; MKMG 80 (1989), S. 21-23.
Lowsky, Martin: *Alterswerk und „Wilder Westen". Überlegungen zum Bruch in Mays Werk.* In: MKMG 36 (1978), S. 3-16.
Ders.: *Der kranke Effendi. Über das Motiv der Krankheit in Karl Mays Werk.* In: JbKMG 1980, S. 78-96.
Ders.: *Karl May.* Stuttgart 1987.
Ders.: *Angst vor der „scharfen Nachtluft"? Modernes Erzählen in Karl Mays Roman ‚Im Reiche des silbernen Löwen'.* In: JbKMG 2000, S. 112-129.
*Melk, Ulrich: *Vom klassischen Reiseroman zum mythisch-allegorischen Spätwerk. Kontinuität und Wandel narrativer Strukturen in Karl Mays ‚Silberlöwen'-Tetralogie.*
Nölle, Wilfried: *Indianer und Orientalen* (Nachwort), in Karl May: *Im Reich des silbernen Löwen I.* Gütersloh 1966, S. 431-437.
Ders.: *Zwischen Euphrat und Tigris* (Nachwort), in Karl May: *Im Reich des silbernen Löwen II.* Gütersloh 1967, S. 441-446.
Ders.: *Abraham und Gilgamesch* (Nachwort), in Karl May: *Im Reich des silbernen Löwen III.* Gütersloh 1967, S. 431-436.
Ders.: *Zwischen Gut und Böse* (Nachwort), in Karl May: *Im Reich des silbernen Löwen IV.* Gütersloh 1967, S. 433-438.
Oel-Willenborg, Gertrud: *Von deutschen Helden. Eine Inhaltsanalyse der Karl-May-Romane.* Weinheim, Basel 1973.
Plaul, Hainer (Hg.): *Karl May, Mein Leben und Streben.* Hildesheim, New York 1975.
Ders.: *Illustrierte Karl-May-Bibliographie.* Unter Mitwirkung v. Gerhard Klußmeier. Leipzig 1988.
Rothenburg, Dorothea: *Eine Betrachtung der Marah Durimeh in den Abenteuererzählungen Karl Mays, unter besonderer Berücksichtigung der Thesen Wollschlägers.* Masch. Magisterarbeit (Leihverkehr der KMG). Berlin 1980.
Roxin, Claus: *„Dr. Karl May, genannt Old Shatterhand". Zum Bild Karl Mays in der Epoche seiner späten Reiseerzählungen.* In: JbKMG 1974, S. 15-73.
Sahlberg, Oskar: *Therapeut Kara Ben Nemsi.* In: *Karl May – der sächsische Phantast. Studien zu Leben und Werk,* hg. v. Harald Eggebrecht. Frankfurt/M. 1987, S. 189-212.
Schäfer, Hagen: *Das versteinerte Gebet und die Enthüllung der Horkruxe. Parallelen zwischen Karl Mays ‚Im Reiche des silbernen Löwen IV' und Joanne K. Rowlings ‚Harry Potter und der Halbblutprinz'.* In: MKMG 152 (2007), S. 38-44.
Schaefer, Hermann: *Im Reiche des silbernen Löwen.* In: *Auf den Spuren von Karl May. Reisen zu den Stätten seiner Bücher,* hg. v. Randolph Braumann. Frankfurt/M. 1978, S. 138-154.

Schmid, Euchar Albrecht [recte Wilhelm Koch]: *Der Schlüssel*, in Karl May: *„Ich"*. Radebeul 1916, S. 569ff. [heute in von Roland Schmid veränderter Form in das Kapitel *Gestalt und Idee*, Abschnitt *Symbolik*, des Bandes *„Ich"* eingegangen: Bamberg [30]1976, S. 390-405].
Schmid, Roland: *Nachwort zur Reprint-Ausgabe* v. Karl May: *Am Jenseits*. Bamberg 1984, S. N1-N54 [N24-N54].
Ders.: *Anhang zur Reprint-Ausgabe* v. Karl May: *Im Reiche des silbernen Löwen II*. Bamberg 1984, S. A1-A12.
Ders.: *Nachwort zur Reprint-Ausgabe* v. Karl May: *Im Reiche des silbernen Löwen III*. Bamberg 1984, S. N1-N28 [N1-N12].
Ders.: *Anhang zur Reprint-Ausgabe* v. Karl May: *Im Reiche des silbernen Löwen IV*. Bamberg 1984, S. A1-A12.
Schmid, Ulrich: *Textkritik des Abenteuers – Abenteuer der Textkritik. Ein Versuch über Leben und Schreiben, über Kleben und Streichen*. In: JbKMG 1988, S. 66-82.
Ders.: *Das Werk Karl Mays 1895-1905. Erzählstrukturen und editorischer Befund*. Ubstadt 1989.
*Ders.: *Die verborgene Schrift. Karl Mays Varianten zum ‚Silberlöwen III/IV'*.
Schmidt, Arno: *Abu Kital. Vom neuen Großmystiker*. In: *Dya Na Sore. Gespräche in einer Bibliothek*. Karlsruhe 1958, S. 150-193; heute in: Arno Schmidt: *Dialoge 2* (*Bargfelder Ausgabe*, Werkgruppe II/2). Zürich 1990, S. 31-59.
*Ders.: *Vom neuen Großmystiker (Karl May)*. In: Arno Schmidt: *Dialoge 1* (*Bargfelder Ausgabe*, Werkgruppe II/1). Zürich 1990, S. 207-233.
Ders.: *Sitara und der Weg dorthin. Eine Studie über Wesen, Werk & Wirkung Karl Mays*. Karlsruhe 1963; heute in: Arno Schmidt: *Bargfelder Ausgabe*, Werkgruppe III/2. Zürich 1993.
Schmiedt, Helmut: *Karl May. Studien zu Leben, Werk und Wirkung eines Erfolgsschriftstellers*. Königstein/Ts. 1979; überarbeitete Ausgaben: Frankfurt/M. 1987 und Frankfurt/M. 1992 (*Karl May. Leben, Werk und Wirkung*).
Schönthal, Walter: *Christliche Religion und Weltreligionen in Karl Mays Leben und Werk*. SoKMG 5 (1976).
Schweikert, Rudi: *Babylon aus dem Lexikon. Eine quellenkundliche Analyse der Babylon-Erwähnungen Karl Mays von den ‚Geographischen Predigten' bis zu ‚Im Reiche des silbernen Löwen'*. In: JbKMG 2000, S. 232-251.
Ders.: *Historische ‚Schatten'. Quellen und Anregungen zu einer Grundidee von Karl Mays ‚Im Reiche des silbernen Löwen'*. In: JbKMG 2005, S. 293-303.
Sudhoff, Dieter: *Die Kraft der Imagination. Bilder zum „Großen Traum"*. In: MKMG 67 (1986), S. 3-12.
*Ders.: *Karl Mays Großer Traum. Erneute Annäherung an den ‚Silbernen Löwen'*. In: JbKMG 1988, S. 117-183.
Ders.: *Morgengrauen im Menscheninnern. Bemerkungen zum Nachtgespräch in Karl Mays ‚Silbernem Löwen'*. In: JbKMG 1992, S. 199-217.
Ders./Steinmetz, Hans-Dieter: *Karl-May-Chronik*, Bd. 2 u. 3. Bamberg, Radebeul 2005.
Dies. (Hg.): Karl May: *Briefwechsel mit Friedrich Ernst Fehsenfeld*, Bd. 1. Bamberg, Radebeul 2007.

Ueding, Gert (Hg.): *Karl-May-Handbuch*. Stuttgart 1987; 2. erweiterte u. bearbeitete Auflage in Zusammenarbeit mit Klaus Rettner. Würzburg 2001.
Vollmer, Hartmut: *Ins Rosenrote. Zur Rosensymbolik bei Karl May*. In: JbKMG 1987, S. 20-46.
Ders.: *Marah Durimeh oder Die Rückkehr zur ‚großen Mutter'*. In: *Karl May*, hg. v. Heinz Ludwig Arnold. Sonderband *text + kritik*. München 1987, S. 177-205.
Ders.: *Die ‚eigentliche Aufgabe' des Künstlers. Karl May und der Symbolismus*. In: JbKMG 1992, S. 218-237.
Wagner, Wolfgang: *Der Eklektizismus in Karl Mays Spätwerk*. SoKMG 16 (1979).
Weber, Ernst: *Karl May. Eine kritische Plauderei*. In: *Zur Jugendschriftenfrage. Eine Sammlung von Aufsätzen und Kritiken*. Leipzig 1903. Zweite verm. Aufl. 1906, S. 22-47.
Wörner, Hartmut: *Ezechiel 37, 1-14. Das Grundmotiv des „Grossen Traums"?* In: MKMG 51 (1982), S. 13-16.
Ders.: *Der Großinquisitor im Reiche des silbernen Löwen*. In: MKMG 54 (1982), S. 11-18.
Wohlgschaft, Hermann: *„Was ich da sah, das ward noch nie gesehen". Zur Theologie des ‚Silberlöwen III/IV'*. In: JbKMG 1990, S. 213-264.
Ders.: *Große Karl May Biographie. Leben und Werk*. Paderborn 1994, S. 290-294, 435-455 u. 634-659.
Ders.: *Karl May. Leben und Werk. Biographie*, Bd. 3. Bargfeld 2005, S. 1068-1082, 1382-1435.
Ders.: *Die „größte Macht der Erde". Das ‚ewig Weibliche' in den Spätwerken Karl Mays*. In: JbKMG 2006, S. 267-307.
Ders.: *„...und wandeln durch die Gärten von Ikbal, um alles Leid der Erde zu vergessen." Zum Garten-Eden-Topos in Mays literarischem Werk*. In: JbKMG 2008, S. 49-87.
Wollschläger, Hans: *Karl Mays „Schattenroman"*, in Karl May: *Das versteinerte Gebet*. Bamberg 1957, S. 581-593.
Ders.: *Das Alterswerk*, in Karl May: *„Ich"*. Bamberg [21]1958, S. 353-370.
Ders.: *„Herr Karl May von der anderen Seite". Zur Textsituation des „Silbernen Löwen"*. In: *Konkret* (September 1962), Nr. 9, S. 18f.
Ders.: *Karl May in Selbstzeugnissen und Bilddokumenten*. Reinbek b. Hamburg 1965; Neufassung: *Karl May. Grundriß eines gebrochenen Lebens*. Zürich 1976.
Ders.: *Das „Hohe Haus". Karl May und das Reich des Silbernen Löwen*. In: JbKMG 1970, S. 118-133.
Ders.: *„Die sogenannte Spaltung des menschlichen Innern, ein Bild der Menschheitsspaltung überhaupt". Materialien zu einer Charakteranalyse Karl Mays*. In: JbKMG 1972/73, S. 11-92.
*Ders.: *Erste Annäherung an den ‚Silbernen Löwen'. Zur Symbolik und Entstehung*. In: JbKMG 1979, S. 99-136.
Zahner, Silvia: *Karl Mays ‚Ich' in den Reiseerzählungen und im Spätwerk. Eine erzähltheoretische Analyse*. SoKMG 123 (2001), S. 52-63.

Die Karl-May-Studienbände im Igel Verlag

Karl Mays „Orientzyklus". KMS Bd.1
Br. 312 S., 21,- €; ISBN 978-3-927104-19-8.
Karl Mays „Im Reiche des silbernen Löwen". KMS Bd. 2
Br. 380 S., 24,90 €; ISBN 978-3-86815-505-1; Neuauflage 2010.
Karl Mays „Old Surehand". KMS Bd. 3
Br. 384 S., 24,90 €; ISBN 978-3-86815-509-9; Neuauflage 2011.
Karl Mays „Ardistan und Dschinnistan". KMS Bd. 4
Br. 222 S., 24,90 €; ISBN 978-3-86815-504-4; Neuauflage 2010.
Karl Mays „Satan und Ischariot". KMS Bd. 5
Br. 281 S., 24,- €; ISBN 978-3-89621-099-9.
Karl Mays „Und Friede auf Erden!" KMS Bd. 6
Br. 318 S., 24,90- €; ISBN 978-3-89621-135-4.
Karl Mays „Im Lande des Mahdi". KMS Bd. 7
Br. 297 S., 24,90 €; ISBN 978-3-86815-506-8; Neuauflage 2010.
Karl Mays „El Sendador". KMS Bd. 8
Br. 324 S., 24,- €; ISBN 978-3-89621-207-8.
Karl Mays „Weihnacht!" KMS Bd. 9
Br. 320 S., 24,- €; ISBN 978-3-89621-222-1.
Karl Mays „Winnetou". KMS Bd. 10
Br. 432 S., 24,- €; ISBN 978-3-89621-223-8.